LE
VIRGILE TRAVESTI

EN VERS BURLESQUES

PAR

PAUL SCARRON

AVEC LA SUITE DE MOREAU DE BRASEI

NOUVELLE ÉDITION

REVUE, ANNOTÉE

ET PRÉCÉDÉE D'UNE ÉTUDE SUR LE BURLESQUE

PAR

VICTOR FOURNEL

PARIS

GARNIER FRÈRES, LIBRAIRES-ÉDITEURS

6, RUE DES SAINTS-PÈRES, 6

LE

VIRGILE TRAVESTI

EN VERS BURLESQUES

ORLÉANS. — IMP. ORLÉANAISE, RUE ROYALE, 68.

DU
BURLESQUE EN FRANCE

ET EN PARTICULIER

DU *VIRGILE TRAVESTI*

DE SCARRON.

Le meilleur et peut-être le seul moyen d'étudier à fond une question importante, c'est d'en circonscrire nettement les diverses parties. Sans donc nous attacher ici à l'histoire générale du burlesque, qui nous entraînerait dans des développements infinis; sans aller rechercher dans l'antiquité grecque et latine, non plus que chez les nations étrangères, les ouvrages qui rentrent plus ou moins directement dans ce genre (si l'on veut bien nous permettre de donner le nom de genre à cette branche parasite et suspecte de la littérature), nous nous bornerons au pays et au siècle où parut notre auteur. Ce que nous nous proposons surtout, sans nous interdire absolument quelques rapides excursions sur les terrains d'alentour, c'est d'examiner la floraison maladive et bizarre de la littérature burlesque en France, dans ce siècle correct et solennel qu'on s'est accoutumé trop longtemps à ne voir qu'à travers les œuvres classiques et les histoires officielles. Aussi bien, n'aurons-nous pas besoin de remonter plus haut pour constater, sinon la première origine, du moins la première apparition régulière, la première existence viable et sensible du genre ; le dix-septième siècle, le siècle de Racine, de Boileau et de Louis XIV, celui qui a donné naissance à la tragédie qu'on sait, et aussi celui qui, par un singulier contraste, dont il offre bien d'autres exemples, a créé chez nous le burlesque proprement dit. Auparavant, le mot n'existait même pas, et, quand la chose se produisit, ce ne fut que par accident. Quelques pages de Rabelais (par exemple, la harangue macaronique de Janotus de Bragmardo)[1], de ses imitateurs, de Marot, et de deux ou trois autres, voilà tout ce qu'il avait jusqu'alors mis au jour, et l'on ne s'était même jamais préoccupé de créer un nom à part pour en baptiser ce qui était né à peine, et dont on ne pouvait prévoir les développements futurs.

Ce fut le dix-septième siècle qui, en travaillant sur ce germe à peine visible, et en lui donnant tout à coup croissance, sentit le besoin de faire un mot nouveau pour une chose nouvelle. Suivant Ménage, dans ses *Origines*, et Pellisson, dans son *Histoire de l'Académie*, Sarrazin est le premier qui se soit servi de ce terme, emprunté à l'italien *burla* (plaisanterie ou farce), et *burlesco*, qui en dérive. On voit, par un passage de Pellisson, qu'en 1637 le mot n'était pas encore en usage, et qu'on y suppléait par celui de *grotesque*, sans parler de bien d'autres, plus ou moins synonymes, et que l'on trouve souvent chez les auteurs du temps, comme *narquois, familier, goguenard, enjoué, comique*. C'est tout ce que nous dirons sur l'étymologie de ce vocable, qui, grâce aux circonstances, prit bien vite et bien définitivement racine dans la langue.

Avant d'aborder l'histoire du burlesque, je crois n'avoir pas besoin de donner une définition mathématique de ce mot : peut-être serait-ce aussi difficile que superflu. Il importe toutefois d'établir quelques distinctions préliminaires, qui aideront à en préciser le sens un peu élastique. Pris dans sa signification absolue, le burlesque diffère du bouffon, de l'héroï-comique et de la parodie, avec lesquels on l'a souvent confondu. Le genre burlesque s'attaque à de hauts personnages, qu'il fait agir ou plutôt parler bassement, comme Scarron dans son *Virgile travesti*; d'Assoucy, dans son *Ovide en belle humeur*, et, avant eux, l'auteur de la *Batrachomyomachie*[2], ceux du *Margitès* et de l'*Apokolokyntose*. Or c'est là justement le contre-pied du poëme héroï-comique, qui prête le langage et les allures des héros à des gens de basse condition, et qui cherche un contraste plaisant entre la grandeur du style et la petitesse des actes. La *Batrachomyomachie*, qui appartient au burlesque par une de ses faces, par l'autre, aussi bien que par la pompe du style, se rattache surtout au genre héroï-comique ; car, en rabaissant les dieux à des proportions ridicules, elle relève les grenouilles jusqu'à la taille héroïque. Dans une préface de sa traduction, que nous ont conservée les Mémoires de Trévoux, le savant Boivin y voit une seconde espèce de burlesque, plus noble que la première. Il est certain qu'elle alarme moins le goût, et que les esprits délicats qui rejettent celle-ci peuvent se plaire à celle-là. Boileau l'a abordée, on sait avec

---

[1] Le genre macaronique touche de si près au burlesque, qu'on peut les regarder comme deux branches, et les plus voisines, d'un seul et même arbre.

[2] Homère, d'après l'opinion commune ; le Carien Pigrès, d'après Plutarque et quelques autres.

quel succès, dans le *Lutrin*, resté le modèle et le type du genre, avant les poëmes ingénieusement puérils et solennellement badins de Pope et du Tassoni.

La parodie, qui peut se confondre souvent et par beaucoup de points avec le burlesque, en diffère toutefois en ce que, lorsqu'elle est complète, elle change aussi la condition des personnages dans les œuvres qu'elle travestit, et c'est ce que ne fait pas le burlesque, qui trouve une nouvelle source de comique dans cette perpétuelle antithèse entre le rang et les paroles de ses héros. Le premier soin d'un parodiste aux prises avec l'œuvre de Virgile eût été d'enlever à chacun son titre, son sceptre et sa couronne : il aurait fait, par exemple, d'Énée (puissent les émérites pardonner à un profane, en faveur de son inexpérience, la maladresse de ces suppositions toutes gratuites), un commis voyageur sentimental et peu déniaisé ; de Didon une aubergiste compatissante, et de la conquête de l'Italie quelque grotesque bataille pour un objet assorti à ces nouveaux personnages.

Quant au mot *bouffon*, il a une signification plus large et plus générale : il s'applique à toute œuvre plaisante, populaire et sans gêne, en dehors du travestissement des caractères. Le poëme bouffon n'offre que des personnages bas et triviaux, en rapport avec la bassesse et la trivialité même de son style. Il rit enfin dans le seul but de rire, tandis que le burlesque proprement dit et bien entendu doit quelquefois cacher une critique sous son masque joyeux.

On trouvera peut-être ces définitions et ces distinctions bien subtiles, et, en effet, elles sont plus faciles à établir dans la théorie que dans la réalité. Le plus souvent même, si l'on en excepte le genre héroï-comique, essentiellement distinct du burlesque, ces frontières, tracées ou reconnues avec tant de soin par les rhéteurs, se confondent entre elles. A vrai dire, et si l'on se place à un point de vue moins scolastique, il y a autant d'espèces de burlesque qu'il y a de gens pour le cultiver, et il varie presque nécessairement suivant la tournure d'esprit de ceux qui s'y consacrent. Tel est le propre des genres qui, au lieu de reposer sur les lois de la raison et l'observation de la nature, ne reposent que sur la fantaisie d'une imagination capricieuse : ils ne peuvent avoir de règles fixes. Ce n'est pas d'hier que Montaigne l'a dit, et on l'avait dit avant lui : « Le revers de la vérité a cent mille figures... Mille routes dévoyent du blanc ; une y va. » Si nous voulions nous borner ici à l'examen des œuvres qui réunissent tous les caractères que nous avons assignés au burlesque proprement dit, notre tâche serait bientôt terminée ; mais nous étendrons un peu la portée rigoureuse de ce terme, pour comprendre dans notre étude des ouvrages que leur physionomie générale rattache au burlesque et que chacun range naturellement dans cette catégorie, bien qu'ils ne répondent pas exclusivement aux conditions énoncées plus haut.

Dans les premières années de l'Académie, Saint-Amant, nous apprend Pellisson, demanda et obtint d'être exempté des discours que devait prononcer chaque membre à tour de rôle, se chargeant, en échange, de recueillir, pour la partie comique du Dictionnaire, tous les termes *grotesques*, « c'est-à-dire, comme nous parlerions aujourd'hui, *burlesques*, » ajoute l'historiographe de la célèbre compagnie. Saint-Amant était l'homme qu'il fallait pour cette tâche, car ses nombreuses chansons bachiques, ses petits poèmes satiriques et ultra-familiers, si étincelants d'une verve congruente au sujet, s'ils ne sont pas burlesques dans le sens absolu du mot, touchent du moins au genre d'aussi près que possible, et y rentrent tout à fait par la langue. On peut dire la même chose de beaucoup d'autres écrivains du même temps : sous Louis XIII, la littérature a je ne sais quelle sève bizarre et désordonnée qui la confine presque tout entière au burlesque, lors même qu'elle est sérieuse au fond. Ces pointes, ces *concetti*, ces métaphores extravagantes, ces épithètes qui font la grimace, ces accouplements bouffons, ce style de capitan qui passe, ivre et fier, le plumet au chapeau et la moustache en accroche-cœur, n'est-ce pas au moins le vêtement et la physionomie du genre? Tous ces écrivains font du burlesque sans le savoir, comme tant d'autres, et ce n'est pas toujours le plus mauvais. Aussi, est-ce à cette époque que Leroux a pu prendre les principaux éléments de son Dictionnaire [1], et M. Th. Gautier la plupart des figures qui composent son Musée des *Grotesques*.

Il y a des traces du genre dans Boisrobert, dans Théophile, comme dans la plupart des autres poètes du *Cabinet*, *du Parnasse*, de l'*Essence*, de l'*Espadon* et des *Délices satiriques*. Cyrano de Bergerac en a plus d'une fois le style, surtout dans ses *Lettres*. On trouve, dans le recueil des œuvres de Voiture, des poésies que leur auteur a intitulées *burlesques*, sur Neufgermain, qui était lui-même un poète burlesque sans le vouloir. Mais le vrai burlesque, le burlesque complet et proprement dit, dont le goût avait été importé chez nous d'Espagne et surtout d'Italie, fut créé en France par Scarron, qui n'imita personne et que tout le monde imita.

On a coutume de ranger sous cette étiquette l'œuvre presque entière du joyeux cul-de-jatte : c'est une erreur. Toutes ses petites pièces, requêtes à la reine, estocades au ministre, Foire de Saint-Germain, Légendes de Bourbon, etc., désignées sous le titre commun de vers burlesques, seraient plus justement appelées vers bouffons. Il en est de même de ses comédies. Mais la confusion était facile à faire et elle est pardonnable. Au temps de Scarron,

---

[1] *Dictionnaire comique, satirique, critique, burlesque, libre et proverbial*, 2 vol. in-8°.

les gens experts la poussaient quelquefois eux-mêmes beaucoup plus loin, trompés par le sens encore vague et mal fixé de ce mot naissant, qui se prenait le plus souvent pour synonyme d'une certaine plaisanterie ingénue et triviale. Ainsi, dans sa vingt-neuvième dissertation critique, Balzac présente comme les modèles du genre, outre l'*Épître* de notre auteur au cardinal de Richelieu, les *Aventures de la souris* par Sarrazin, et la *Requête des Dictionnaires*, par Ménage. Or ces deux dernières pièces surtout s'éloignent, beaucoup plus encore que la première, des conditions du genre, que Balzac paraît avoir toutes réduites au naïf, comme il semble avoir confondu le style marotique avec le style burlesque. La naïveté est sans doute une des qualités essentielles du burlesque, de celui-là, du moins, que peut avouer le goût; mais elle est loin de suffire : le burlesque, en particulier celui de Scarron, qui est resté le type du genre, admet aussi la bouffonnerie, et ne peut se passer d'un extrême enjouement. La définition de Balzac s'arrêterait à la Fontaine, à Chapelle, à Voiture, et n'irait même pas jusqu'à la plupart des œuvres de Scarron.

Comme Balzac, le P. Vavasseur, dans un traité *ex professo* sur le style burlesque (*de ludicra dictione*), dont nous reparlerons, fit une confusion semblable, ou plutôt prit dans sa signification la plus large ce mot auquel nous avons cherché à restituer son sens précis et légitime.

En 1644, Scarron publia le *Typhon* ou *la Gigantomachie*, poëme en cinq chants, dont Boileau convenait lui-même, au rapport de Brossette, que les premiers vers sont d'une plaisanterie assez fine, bien que, dans son *Art poétique*, il le renvoie à l'admiration des provinces. Voilà qui se rapproche beaucoup plus du burlesque proprement dit, aussi bien que son *Combat des Parques et des Poëtes*, mais toutefois sans en être tout à fait. S'il est vrai, en effet, comme nous l'avons déjà dit, et comme, avant nous, l'avait dit mieux que nous M. Gérusez, dans ses *Essais d'histoire littéraire*, que le burlesque soit « la transformation des caractères et des sentiments nobles en figures et en passions vulgaires, opérée de telle sorte que la ressemblance subsiste sous le travestissement, et que le rapport soit sensible dans le contraste, » je ne puis guère voir la matière première du burlesque dans le *Typhon*, où cette transformation n'est pas possible, puisque Scarron n'avait pas un modèle primitif à travestir, et agissait sur ses propres créations. Je sais bien qu'il y a le caractère et la physionomie des dieux, tels qu'ils sont dépeints par la Fable; mais ces dieux, avec les idées vagues, contradictoires et souvent peu élevées qu'en ont données les mythologues, laissaient beaucoup de latitude aux bouffonneries du poëte; ils n'avaient point par eux-mêmes des traits assez nettement, assez majestueusement accusés, pour qu'on pût voir, entre leur nature réelle et la fantastique peinture de Scarron, un de ces contrastes tranchés qui forment une des bases les plus essentielles du genre. Ce contraste, du moins, à supposer même qu'il fût possible et réel, était loin d'être aussi sensible que dans le *Virgile travesti*, où Scarron s'attaquait, pour les défigurer, à des types fixés par le poëte latin dans tous les esprits et toutes les mémoires. Mais c'est surtout Typhon et les géants ses frères qui, au lieu d'être des travestissements, sont simplement des figures grotesques : personnages de pure convention, n'existant pas avec des traits précis, ou n'ayant qu'une existence légendaire et abstraite qui n'en est pas une, ils pouvaient être peints en toute liberté sous la physionomie qu'il plaisait à Scarron de leur donner, sans qu'il y eût de contraste réel entre leur nature primitive et la vulgarité plaisante de leurs actes ou de leurs propos. Il faudrait donc plutôt appeler le *Typhon* un poëme bouffon, comme la *Baronéide*, une satire bouffonne, comme *Don Japhet d'Arménie*, l'*Héritier ridicule* et les *Jodelets*, des comédies bouffonnes. Un poëme bouffon, c'est ainsi d'ailleurs que Scarron le qualifie lui-même. Ajoutons que cette bouffonnerie est le plus souvent excellente, et qu'elle mérite certainement d'être sauvée de l'oubli.

Les premiers livres du *Virgile travesti* suivirent de près (1648). Ce fut le succès de tous ces ouvrages, et surtout du dernier, qui jeta alors la littérature dans la passion et, pour ainsi dire, dans le vertige du burlesque. Le public avait été charmé de cette invention; les lecteurs étaient accourus en foule : on s'était pris d'enthousiasme pour cette gaieté intrépide. Un grand éclat de rire avait répondu à Scarron d'un bout de la France à l'autre, et Quinet, se frottant les mains, demandait force burlesque au cul-de-jatte et à tous les poëtes qui entraient dans sa boutique. On vit alors se renouveler un de ces phénomènes intellectuels, comme il s'en produit à toutes les époques : l'engouement pour un genre poussé à un tel point, que rien, pour ainsi dire, n'est plus admis en dehors et n'existe plus aux yeux des libraires ni de la plupart des lecteurs.

Cette mode, cette rage plutôt, dura une vingtaine d'années, de 1640 environ, mais surtout de 1648 à 1660, où elle tomba tout à coup comme elle était venue, feu de paille que le vent allume et que le vent abat. Il semble même, si nous n'interprétons pas trop rigoureusement deux vers bien connus de Boileau, que les meilleurs poëtes et les plus hauts genres en furent infectés comme les autres :

> Le Parnasse parla le langage des halles...
> Apollon travesti devint un Tabarin.

Aujourd'hui le burlesque, du moins pris dans le sens que nous avons dit, est bien mort, et depuis longtemps déjà. Ce n'a été qu'un accident de notre histoire littéraire, mais un accident qui mérite d'être étudié par son caractère spécial, sa fécondité et sa bizarrerie.

La Fronde se rencontra à point nommé pour lui donner un plus large essor, pour le développer et l'affermir. Ce ne fut pas elle qui le créa, sans doute. Il est vrai qu'il y a un rapport réel entre cette petite guerre d'écoliers en révolte contre leur pédagogue, et ces petits vers à la taille des combattants, qui semblaient des armes faites tout exprès pour eux. Le règne du burlesque est, comme on l'a dit, dans notre histoire littéraire, ce que fut la Fronde dans notre histoire politique, c'est-à-dire une révolte contre un joug tyrannique, une protestation légitime au fond, quoique souvent ridicule par la forme, contre une autorité excessive. Seulement il ne faut pas exagérer ce rapport, et il est fort douteux d'ailleurs que les sectateurs de cette nouvelle muse aient eu conscience de la *philosophie* de leur réaction, et qu'ils aient prétendu se poser en réformateurs. Nous avons vu le burlesque exister déjà auparavant; mais la Fronde lui communiqua tout à coup une puissance et une extension si considérables, qu'on put croire à un moment à l'apparition d'un genre national. Scarron fu l'Homère bouffon de cette guerre bouffonne[1], qui voulait des instruments en rapport avec sa nature. Ce fut surtout par sa *Gazette burlesque* et par sa *Mazarinade*, qui toutefois dépasse de beaucoup les limites de la plaisanterie et dont la verve atroce eut le don de piquer au vif l'impassible Mazarin, que notre poète paya directement de sa plume dans la bagarre. Mais on le sent, pour ainsi dire, partout où on ne le voit pas; on le devine caché derrière cette nuée de pamphlétaires qu'il anime de sa comique audace, qu'il inspire de sa colère plaisante et de ses audacieux lazzis. L'imitation du maître est patente dans la moindre de ces facéties satiriques, guêpes menaçantes et bourdonnantes qui s'abattent chaque jour du pont Neuf sur le cardinal. C'est lui qui est l'âme de toute cette bataille enragée des scribes et des poètes contre le malencontreux Italien, si chiche aux quémandeurs. A tout instant, le mot *burlesque* reparaît dans les titres des livrets et journaux qui sortent de dessous chaque pierre. Ce ne sont que : *Courriers burlesques, Courrier de la cour en vers burlesques, Courrier burlesque de la guerre de Paris, Courrier burlesque de la guerre de Bordeaux, Gazette burlesque, Récit burlesque, Babillard du temps en vers burlesques*[2], etc., et tout cela semble plus ou moins grossièrement calqué sur les patrons fournis par Paul Scarron.

---

[1] Bouffonne, non par sa cause première, ni son but plus ou moins réfléchi, loin de là ; mais bouffonne par la plupart de ses héros et de ses actes ; par la marche qu'elle suivit, ses bavardages puérils, ses émeutes en l'air, ses stériles et ridicules agitations.

[2] Voir M. L. de Laborde, le *Palais mazarin*, n° 1.

N'oublions pas, dans le même genre, la *Muse historique* de Loret, qui a laissé aussi des *Poésies burlesques* (Paris, Sommaville, in-4°, 1647). Ce recueil périodique, écrit avec beaucoup de facilité et de naïveté, à défaut d'un plus grand mérite littéraire, est le type de nombre d'autres moins connus, parmi lesquels nous citerons ceux de son gendre Mayolas, et de son continuateur Robinet, la *Gazette* de Colletet, la *Muse de la cour* de Subligny, nommée ensuite *Muse dauphine*, enfin, la *Gazette burlesque*, qui valut à Boursault, à peine âgé de vingt ans, quelques mois de Bastille, et qu'il remplaça plus tard par sa *Muse enjouée*, destinée à divertir tous les mois le duc de Bourgogne[1].

Alors la burlescomanie, ainsi avivée, devint une frénésie qui ne connut plus de bornes. Tout le monde s'en mêla, jusqu'aux femmes de chambre et aux valets, dit Pellisson. C'est à cette époque que se rapportent les vers indignés de Boileau :

> Au mépris du bon sens le burlesque effronté
> Trompa les yeux d'abord, plut par sa nouveauté :
> On ne vit plus en vers que pointes triviales...
> Cette contagion infecta les provinces,
> Du clerc et du bourgeois passa jusques aux princes.
> Le plus mauvais plaisant eut ses approbateurs,
> Et, jusqu'à d'Assoucy, tout trouva des lecteurs.
> (*Art. poét.*, I.)

Aussi arriva-t-il que, soit ignorance, soit calcul, pour mieux débiter leurs marchandises, sous le couvert de la vogue du jour, les libraires donnèrent même le nom de burlesques aux ouvrages les plus sérieux, — voire à un poëme sur la Passion, qui parut en 1649, — pourvu qu'ils fussent écrits en petits vers, qui étaient le mètre réservé à ce genre et qu'on nommait pour cette raison vers burlesques. « L'usage d'appeler ainsi les petits vers, fait remarquer à ce propos Bruzen de la Martinière dans son discours en tête des œuvres de Scarron, ne laissait pas d'être fondé en raison; car, si *burla* veut dire *farce*, et *burlesco* ce qui appartient à la farce, quantité de farces anciennes et quantité d'autres petites comédies de ce temps-là sont écrites en vers de cette mesure; et, de même qu'on a appelé vers héroïques les vers alexandrins, ou de douze à treize syllabes, rien n'empêchait qu'on n'appelât vers comiques ou burlesques les vers de huit à neuf, qui avaient été choisis par préférence par les petits poëtes comiques. » Ce mètre était si bien consacré au genre par une habitude devenue en quelque sorte une loi, que Brébeuf, en publiant son travestissement de Lucain, se crut obligé de faire des excuses au public pour avoir employé des vers de sept syllabes, au lieu du rhythme usuel.

---

[1] Mémoires du P. Niceron. Ces ouvrages sont probablement restés manuscrits.

Mais ce ne furent pas seulement les pamphlétaires de la Fronde qui s'attachèrent en foule à marcher sur les traces de Scarron, à imiter son style, à copier sa manière. Aussi bien que la *Mazarinade*, le *Virgile travesti* piqua d'émulation la tourbe moutonnière des imitateurs à l'affût, toujours empressés d'exploiter la vogue. Pendant que les uns suaient à suivre le cul-de-jatte sur le terrain politique, si ce n'est pas là un trop gros mot pour un homme qui ne vit guère de politique en dehors de ses pensions et de son pot-au-feu, les autres s'évertuaient à rivaliser avec lui sur le terrain purement littéraire. On vit paraître coup sur coup diverses parodies des principaux classiques de l'antiquité. Dès 1649, Furetière, alléché par les applaudissements de Scarron, se hâtait de publier avant lui son travestissement du quatrième livre de l'*Énéide*, sous le titre des *Amours d'Énée et de Didon* (in-4°), œuvre peu digne de l'auteur du *Roman bourgeois*, malgré le chaleureux suffrage de l'abbé Marolles. La même année parut (in-4° et in-12), l'*Enfer burlesque, ou le sixième livre de l'Énéide travestie et accommodée à l'histoire du temps, par un anonyme* (M. C. P. D.) : c'est une véritable satire, où l'auteur s'échappe souvent, comme d'ailleurs le titre le fait suffisamment entendre, à des illusions contre l'histoire contemporaine. La même année encore, Sommaville publiait l'*Énéide en vers burlesques*, par Dufresnoy (in-4°; le livre II). En 1650, Barciet, si ce nom n'est point un pseudonyme, donnait la *Guerre d'Énée en Italie, appropriée à l'histoire du temps, en vers burlesques* (in-12), et Brébeuf le septième livre de l'*Énéide enjouée* (in-4°). On doit à Claude Petit Jehan, avocat (tel est du moins le nom que donne le privilége, tandis que l'épître dédicatoire est signée L. D. L.) le *Virgile goguenard, ou le douxième livre de l'Énéide travesti, puisque travesti il y a* (1652). Suivant Marolles, l'auteur était un jeune abbé, fils d'un magistrat. L'ouvrage est dédié à Henri de Savoye, archevêque de Rhodes ; il est précédé d'une épître et d'une préface très-longues, qui contiennent l'apologie du style burlesque ou goguenard, mélangée de fréquentes digressions et d'historiettes en français farci de latin.

Les frères Perrault firent aussi un travestissement, resté inédit, du sixième livre de l'*Énéide*. C'est là qu'on trouve ces vers si connus, souvent cités, en particulier par Voltaire et Marmontel, comme de Scarron :

> Tout près de l'ombre d'un rocher,
> J'aperçus l'ombre d'un cocher,
> Qui, tenant l'ombre d'une brosse,
> Nettoyait l'ombre d'un carrosse.

En 1653, les frères Perrault avaient publié aussi les *Murs de Troie ou l'origine du burlesque*, en deux chants (in-4°), ou du moins ils en avaient publié le premier chant, composé en commun ;

mais le second, tout entier de Claude, est resté manuscrit. Dans cette œuvre d'une plaisanterie ennuyeuse et fade, ils attribuent l'origine du burlesque à la fable que les poëtes nous ont laissée sur la construction des murs de Troie par Neptune et Apollon. Ils y ont tracé, sans peut-être s'en apercevoir, la critique du genre en quelques vers, comme l'ont fait d'ailleurs plusieurs autres poëtes burlesques, entre autres Scarron lui-même. — le plus intéressé pourtant à ménager sa création, — dans une de ses épitres, dans la dédicace du cinquième livre de son *Virgile*, et dans le passage du sixième livre, où il décrit les champs de deuil des enfers. Les frères Perrault préludaient par là à leurs attaques contre l'antiquité. Remarquons d'ailleurs que tous ces travestissements, toutes ces parodies irrévérencieuses, étaient les préliminaires naturels de la guerre contre les classiques anciens : elles l'annonçaient et y préparaient en même temps les esprits.

Malgré la décadence du burlesque, depuis longtemps disparu de la scène, notre siècle a aussi donné naissance à une de ces bizarres mascarades du *Cygne de Mantoue* : nous voulons parler du *Virgile travesti en dix chants* (dont il n'a paru que les quatre premiers) par M. Chayrou (Paris, Dondey-Dupré, 1817, in-8°)[1].

Le patois, lui aussi, s'en mêla, et le poëte ne fut pas épargné dans le dialecte du midi de la France. L'année même où Scarron avait commencé son œuvre, c'est-à-dire en 1648, nous pouvons citer *Virgilo deguisat o l'Eneido burlesco*, par Devales de Mountech (Toulouso, Boudes, in-4°). Plus tard parurent *Los Bucolicos de Virgilio tournados en bers agenes*, par Guill. Duprat, 1666; puis l'*Eneido, libre IV, revestit de naous et habillat à la burlesco*, par le sieur de Bergoing, 1652; *Virgille virai en borguignon* (Dijon, 1718-19-20, in-12), les deux premiers livres et le commencement du troisième de l'*Énéide* : Pierre Dumay est auteur du premier livre et d'une partie du deuxième; le surplus est de l'abbé Paul Petit. Ce n'est pas, à proprement parler, une parodie burlesque, mais cela y revient par la nature de l'idiome choisi pour cette version. La traduction complète des douze livres de l'*Énéide* en vers bourguignons, lit-on dans Brunet (IV, 662-3), existe en manuscrit : c'est un badinage un peu long, comme on voit, auquel ont eu part le P. Joly, jacobin, et François-Jacq. Tassinot. Afin que le travail de ces joyeux Bourguignons ne fût pas entièrement perdu pour le public, on en a publié, il y a peu de temps, un extrait (les livres II, IV et VI avec quelques épisodes) sous le titre suivant : *Virgille virai en borguignon* (1831, grand in-18[2]).

---

[1] En 1807, parut le *Plat du Temple, Virgile en France ou la Nouvelle Énéide*, poëme héroï-comique en style franco-gothique (Bruxelles, 2 vol. in-8°). Ce n'est pas une parodie burlesque de Virgile, comme on pourrait le croire d'après le titre, mais une violente satire contre la Révolution, Napoléon et sa famille.

[2] Si l'on veut avoir une idée des travestissements de *Virgile*, en anglais, al-

Virgile fut sans doute celui qui eut le plus à souffrir de cette espèce de démence littéraire; néanmoins les autres poëtes, ses confrères, grecs ou latins, ne furent guère plus épargnés. Ovide, par exemple, avait un côté par lequel il se prêtait mieux au travestissement, et avec de moindres dangers aux yeux des gens de goût : c'est un ancien par la date, mais par la nature de ses ouvrages, un bel esprit moderne, presque un Français du dix-huitième siècle. On se le représente volontiers poudré et frisé, faisant la cour aux dames de Trianon, en compagnie du chevalier de Boufflers. Aussi Richer publia-t-il avec succès, en 1649, l'*Ovide bouffon ou les Métamorphoses burlesques*, d'abord les quatre premiers livres seulement; il n'y en a qu'un de plus dans les éditions de 1662 et 1665. Scarron a mis un madrigal en tête de cette œuvre rivale, presque digne de la sienne.

L'année suivante vit éclore le premier livre de l'*Art d'aimer travesti en vers burlesques*, par D. L. B. M. (rien dans Barbier sur cet anonyme). Ce fut la même année aussi que parut la plus célèbre de ces mascarades : l'*Ovide en belle humeur* du sieur d'Assoucy, empereur du burlesque, qui s'est attaqué également à Claudien, dans son *Ravissement de Proserpine*.

En 1662, un anonyme, sur le compte duquel le Dictionnaire de Barbier ne nous renseigne pas non plus, travestit encore l'*Art d'aimer* et le *Remède d'amour*, avec une préface cavalière où il avertit le lecteur qu'il se soucie fort peu de ce qu'on dira de son œuvre : c'est pourquoi nous n'en dirons rien. Ce dernier poëme fut platement translaté en vers burlesques par le médecin du Four, en 1666. L'année précédente, le chevalier de Lontaud avait traduit dans la langue de d'Assoucy les harangues d'Ulysse et d'Ajax pour la dispute des armes d'Achille, et le changement du sang d'Ajax en hyacinthe.

Les Héroïdes avaient fourni aussi, en 1650, à Henri de Picou le sujet d'une *épitre burlesque de Pénélope à Ulysse*; mais ce n'était là que l'accessoire et l'appendice d'une œuvre plus considérable du même auteur : l'*Odyssée d'Homère ou les Aventures d'Ulysse en vers burlesques* (les deux premiers livres seulement), in-4°, dédiée au prince de Conti. On voit que la parodie ne respectait pas même le père des poëtes et de la poésie. En 1657, un anonyme publiait le premier livre de l'*Iliade* en vers burlesques (in-12), d'un style assez aisé.

Au siècle suivant, Marivaux, se faisant à son tour l'adepte d'un genre qui semblait devoir révolter tous ses instincts littéraires, donnait (1716) l'*Homère travesti ou l'Iliade en vers burlesques*. Mais,

---

lemand, russe, hollandais, etc., on peut consulter les *Additions* faites par Barbier à la *Notice raisonnée* de Heyner sur les éditions de *Virgile* (collect. Lemaire, t. CXXXII, p. 573-4) ; la *Bibliographie des auteurs grecs et allemands*, par Guillaume Engelman, in-8°, etc.

indépendamment de sa nature d'esprit, qui était la moins faite pour réussir dans une pareille œuvre, il y avait deux raisons qui suffiraient à expliquer l'échec de l'auteur. D'abord il voulut travestir Homère sans l'avoir lu, se réglant simplement sur la prétendue traduction de la Motte, qui ne l'avait pas lu davantage. En outre, il eut assez peu de goût pour dénaturer un genre innocent et inoffensif, en essayant d'en faire un instrument de polémique contre Homère. Cette parodie, au lieu d'être un badinage d'esprit, affichait les prétentions d'une machine de guerre contre les partisans de l'antiquité : il était impossible d'y mettre plus de maladresse. Marivaux fut également soupçonné, malgré ses dénégations, d'être l'auteur du *Télémaque travesti* [1], et c'est encore à lui qu'on l'attribue généralement aujourd'hui. Il avait raison de se défendre de cette œuvre honteuse, mais il aurait eu plus raison encore de ne pas l'entreprendre.

En 1726 paraissait *Homère danseur de corde* (ou *l'Iliade funambulaire*), petit volume in-12, attribué à l'abbé Faure par Goujet, qui dit n'en connaître que le titre.

Homère fut à peu près le seul poëte, mais non le seul écrivain grec auquel se soit attaqué le burlesque. Hippocrate lui-même, qui le croirait ? paya son tribut à la contagion générale, et l'on vit paraître, en 1654, l'*Hippocrate dépaysé, ou la version paraphrasée de ses aphorismes en vers françois*. Deux ans après, c'était le tour de l'Ecole de Salerne, que Martin mettait en vers burlesques (Leyde, Elzév., in-12). On prétend que Guy-Patin prit part à cet ouvrage.

Revenons aux auteurs latins, dont nous sommes loin d'avoir épuisé la liste, car ils se prêtaient plus facilement aux tentatives de la Muse comique, et chacun, en fouillant dans ses souvenirs de collège, y pouvait trouver sans peine une base suffisante pour y asseoir son monument burlesque. En 1652, il parut (in-4°) trente-huit odes d'Horace travesties, sans avertissement, préface, ni nom d'auteur. La plaisanterie était fade ; l'ouvrage rempli de quolibets et, malheureusement, de platitudes. Ce petit livre lancé dans le monde sans répondants fut attribué par les uns à d'Assoucy, à l'*Ovide* duquel on le trouve souvent réuni ; par les autres à Henri de Picou, dont nous avons vu le nom plus haut : c'est, en particulier, l'opinion de Bruzen de la Martinière, l'éditeur de Scarron. Mais la Monnoye, Camusat dans ses *Mémoires historiques et critiques*, et Barbier, le mettent, avec toute vraisemblance, sur le compte de Ch. Beys, auquel on doit l'*Hôpital des fous*.

Brébeuf, non content de son *Énéide enjouée*, publia, en 1656, un travestissement du premier livre de Lucain, qu'il avait si fièrement traduit un an auparavant. On voit que les esprits les plus sérieux,

---

[1] Il y a aussi l'*Élève de Minerve ou Télémaque travesti*, 1769, trois vol. in-12, par Junquières.

et, si je puis dire, les plus hautains, se laissaient entraîner comme les autres. Sans adhérer entièrement au panégyrique outré de du Hamel, confirmé par Baillet, ni même aux éloges de Guéret, qui, dans son *Parnasse réformé*, fait louer le travestisseur par la bouche même du travesti, il faut reconnaître qu'en somme, malgré des longueurs, des bouffonneries froides et forcées, il y a dans cet ouvrage un assez grand nombre de passages agréables, et qu'on n'y trouve pas la platitude qui fait le principal caractère de tant d'autres.

En 1657, François Colletet, le fils de l'académicien Guillaume, donna le *Juvénal burlesque*, satire sur les mœurs du temps, où, en réalité, il se borne à imiter quelques endroits de la première pièce de Juvénal.

De toutes ces mascarades de poëmes sérieux, le meilleur peut-être, après le *Virgile travesti*, c'est la *Henriade travestie*, publiée par Monbron (Berlin, 1758, in-12, aux dépens du public), où l'on trouve d'excellentes pages et qu'on réimprime souvent encore.

On a souvent rangé sous la même dénomination un grand nombre d'autres ouvrages qui se rattachent beaucoup mieux, ou même qui se rattachent nécessairement à d'autres catégories, par exemple au poëme badin ou héroï-comique. Tels sont le *Dulot vaincu* de Sarrazin, l'*Hudibras* de Butler, la *Querelle des apothicaires et des médecins* du docteur Garth, dont Voltaire a finement traduit le début, et dont le titre, sinon le contenu, rappelle une œuvre bouffonne du P. Carneau, Célestin : la *Stimmimachie ou le Grand combat des médecins modernes touchant l'usage de l'antimoine*, poëme histori-comique, 1656, in-8°. D'autres appartiennent au paradoxe plaisant, comme l'*Éloge de la folie* d'Érasme, prototype d'une foule de badinages de même nature, qui n'ont pas tous, à beaucoup près, ce bon goût, cette finesse, cet élégant atticisme. Nous citerons entre autres, pour avoir été souvent rangés dans le genre burlesque : au seizième siècle, l'*Éloge de l'ivrognerie*, par l'Allemand Chr. Hegendorf ; l'*Éloge de Néron* par Jérôme Cardan ; au dix-septième, les panégyriques de l'Ane et du Pou, par Daniel Heinsius ; au dix-huitième, une nouvelle apologie de ce dernier animal, par Mercier, qui y joignit un autre panégyrique encore plus étrange, que je n'ose désigner plus nettement ici ; celle de la Goutte, par Coulet, de l'Ivresse, par Sallengre [1], etc.

En dehors des travestissements cités plus haut, nous ne devons pas négliger un certain nombre d'autres ouvrages, burlesques aussi, si l'on veut bien prendre ce mot dans son sens usuel le plus large, et, en définitive, celui auquel nous sommes obligés de revenir le plus souvent, pour ne pas dérouter les idées du lecteur. Nous rencontrons d'abord cette étiquette en tête de beaucoup de productions,

---

[1] On peut voir beaucoup d'autres exemples cités dans les *Curiosités littéraires* de M. Lud. Lalanne, ch. du genre burlesque (Delahays, in-16).

comme le *Tracas du pré de la Foire en vers burlesques*, 1620 [1]; le *Procès burlesque entre M. le Prince et madame la duchesse d'Esguillon*, 1649, in-4°; la *Ville de Paris en vers burlesques*, par Berthaud (1654, in-4°); les *Tracas de Paris en vers burlesques*, par Fr. Colletet; la *Description de la ville d'Amsterdam en vers burlesques*, par Pierre le Jolle, 1666; la *Relation du voyage de Brême en vers burlesques* (par Clément, 1676, in-12). En 1649, nous trouvons la *Guerre burlesque* (par de la Frenaye, in-4°), de laquelle nous rapprocherons, uniquement à cause de la similitude des titres, la *Guerre comique* (anonyme, 1668, in-12), imitation ou paraphrase languissante de la *Batrachomyomachie*. Puis des pièces de théâtre : l'*Apothicaire dévalisé*, comédie burlesque (1660) de l'acteur-auteur de Villiers, qui a fait suivre aussi son acte des *Ramoneurs* de *Fragments burlesques*, petites pièces à la façon de Scarron; la *Mort burlesque du mauvais riche*, par Les Isles le Bas (Caen, 1663, in-12), une de ces tragédies bouffonnes, comme il y en eut alors un certain nombre, par exemple le *Galimatias*, du sieur Deroziers-Beaulieu (1639), véritable amphigouri, qui a pu servir de modèle à ceux de Collé; la *Mort de Lustucru lapidé par les femmes*, dont on voit la première scène dans les *Véritables précieuses* de Somaize; la *Mort de Cochon* de mademoiselle Deshoulières, et au siècle suivant les *Tragédies burlesques* de P. Rousseau, de Grandval père et fils, de MM. Fleury et De Lorme. Joignons-y encore les *Ivrognes*, comédie satiri-burlesque (Cologne, 1687, in-12).

Ce n'est pas tout à fait sans doute une pièce de théâtre, comme ce n'est pas tout à fait non plus une œuvre burlesque, que le *Chapelain décoiffé*, mais il tient d'assez près aux deux genres pour que je le mentionne ici. On sait que Boileau y a largement contribué. Bien plus, cet adversaire intraitable de Scarron, de d'Assoucy et de leurs adhérents, a fait expressément une parodie burlesque de la première ode de Pindare, en la tournant contre Perrault; il l'a commencée du moins : on en peut lire le début dans ses œuvres, et Brossette nous apprend que, sans sa réconciliation avec l'auteur de *Peau-d'Ane*, il l'aurait poursuivie jusqu'au bout. Voilà donc Boileau lui-même rangé parmi les auteurs des classiques mis en burlesque !

On sait qu'on doit encore au même un *Arrêt burlesque*, qu'il rédigea, en collaboration avec Racine et Bernier, lorsqu'il fut question, en 1674, d'interdire l'enseignement de la philosophie de Descartes. Cet arrêt avait été précédé d'une *Requête burlesque* de Bernier, beaucoup moins connue.

Citons enfin les *Fantaisies, Imaginations et Paradoxes* de Bruscambille; les œuvres de Tabarin et de ses disciples; les prologues

---

[1] Si ce dernier mot fait partie du titre, comme semble l'indiquer le *Manuel* de Brunet, il faudrait en conclure qu'il était employé en France avant Sarrazin.

et chansons de Gaultier-Garguille et Turlupin ; les productions du Savoyard, le chantre patenté de la Samaritaine ; les *Bigarrures et Touches du S^r des Accords*, Tabourot, et une foule d'autres qu'on peut voir dans Brunet (t. V, p. 366-67) ; les *Jeux de l'inconnu*, d'Adrien de Montluc, comte de Cramail, l'auteur de le *Herty* ; le *Paris ridicule* de Claude le Petit et la *Rome ridicule* de Saint-Amant ; les *Amitiés, Amours, Amourettes*, du bouffon le Pays ; la plupart des ouvrages de du Souhait, son digne confrère ; les *Œuvres burlesques* de Nouguier (1650, in-8°) ; la *Petite varlope en vers burlesques*, à la fin du siècle ; le *Testament sérieux et burlesque d'un maître savetier* (Troyes, in-12, sans date). Les recueils du temps, sotisiers, trésors des récréations, courriers facétieux, etc., sont remplis de beaucoup d'autres pièces analogues, qui se vendaient par milliers sur le pont Neuf, et dont on trouvera quelques-unes, qui peuvent servir d'échantillons, dans les *Variétés historiques et littéraires*, éditées par M. Édouard Fournier. Tout cela ne mérite guère de nous arrêter.

La dévotion même s'était aussi lancée dans le burlesque, et elle s'exprima plus d'une fois alors dans cette langue peu dévote par nature et par tempérament. Il suffira de citer la *Seringue spirituelle pour les âmes constipées en dévotion;* le *Démon travesti, découvert et confus*, par Jacques-Jacques ; la *Tabatière spirituelle pour faire éternuer les âmes dévotes vers le Sauveur*, ouvrages fort sérieux, non par la forme, mais par le but et par le fond.

Marigny, le chansonnier de la Fronde, Colletet, Bautru, Ch. Sorel, Pelletier, Oudin, Gabriel Chapuys, de Cholières, etc., ont également fourni leur contingent au genre. L'auteur anonyme de la *Pompe funèbre de Scarron*, une de ces pièces comme on en faisait alors à la mort de chaque écrivain marquant, et qui se rattachent souvent par quelque point au burlesque, met les statues de Regnier, d'Ouville et Maynard dans le temple où s'accomplissent les funérailles de l'auteur du *Typhon*. Mourant, celui-ci a choisi pour successeur Bois-Robert ; mort, son cercueil est escorté par Audin, Bardou, Monbrun, du Bosc, etc. Cette fiction peut nous aider à reconstituer les forces actives de l'armée du burlesque à cette époque, en nous indiquant quels étaient alors, dans l'opinion, les meilleurs rivaux et les héritiers présomptifs de Scarron.

Mais on juge bien que, dans cette rapide et très-incomplète esquisse, nous avons beaucoup moins prétendu épuiser chaque série, ce qui serait absolument impossible, et ce que nous n'aurions pas tenté quand même nous eussions pu à la rigueur en venir à bout, qu'en donner simplement une idée que nous croyons suffisante pour notre but, et qui mettra le lecteur curieux à même de compléter nos recherches, s'il en a envie. Une fois sur ce terrain large et vague, le champ qui s'offre à nos yeux est, pour ainsi dire, illimité : il faudrait énumérer jusqu'à la moindre de ces facéties innombrables, jusqu'au dernier de ces livrets bouffons, que l'on voit éclore par myriades, surtout aux alentours de la Fronde, dans les bas-fonds de la littérature. Toutes ces productions infimes, dont les meilleures sont presque toujours si pitoyables, étaient engendrées par l'apparente facilité du genre. Scarron rimait si aisément, ses vers coulaient à la douzaine, comme il dit, avec tant de négligence et de laisser-aller, qu'il n'y avait, ce semble, qu'à mettre la main à la plume et à jeter sur le papier les moindres billevesées qui passaient par la tête, pourvu qu'elles fussent contre la raison et le bon sens, pour rivaliser avec lui. Tous ces avortons de la Muse, qui, ne pouvant atteindre au poëme ni même au sonnet, se rejetaient sur cette proie, s'étaient mépris sur la nature du burlesque, qu'ils pensaient consister simplement en quelques fades pointes et en quelques plats et grossiers badinages; ils n'avaient pas réfléchi que ce qui faisait la supériorité de Scarron, c'étaient un naturel et une naïveté qui ne s'imitent point. Le burlesque coulait chez lui de source, et il lui eût été impossible de n'en pas faire, tandis que, chez eux, c'est une allure qu'ils prennent de propos délibéré, un masque qu'ils revêtent à force d'efforts, une physionomie *empruntée*, c'est-à-dire fausse et froide.

Une fois à l'œuvre, ils virent, à leur honte, que la chose était tout autre qu'ils n'avaient cru. Le nombre est immense alors de ces victimes de Scarron. Tous ces échecs sont peut-être le meilleur éloge qu'on puisse faire de notre auteur; mais, sur le moment, ce fut ce qui contribua le plus à décrier le genre et à le faire tomber dans un irrémédiable discrédit.

En 1658, ce débordement malsain de la vase littéraire en était venu au point que le père Vavasseur jugea urgent de jeter le cri d'alarme, dans un in-quarto latin, portant pour titre, *De ludicra dictione*. Il y démontrait catégoriquement, avec toutes sortes d'élégances cicéroniennes : 1° qu'aucun écrivain grec n'avait usé du burlesque ; 2° qu'aucun écrivain latin n'en avait usé davantage ; 3° qu'il n'en est même question nulle part dans l'antiquité, non plus chez Aristote ou Longin que chez Quintilien ou Horace ; 4° qu'il n'y a pas une seule raison qui en puisse autoriser l'usage ; 5° qu'il y en a beaucoup, au contraire, qui l'interdisent. La conclusion découlait naturellement de ces prémisses rigoureuses. Comment résister à ce formidable appareil de logique, d'éloquence et de beau style ; et que voulez-vous que fît ce pauvre burlesque contre un si rude jouteur ? Évidemment, il n'était ni assez docte ni assez grave pour répondre sur le même ton : il ne lui restait qu'à rire du savant homme qui s'évertuait à broyer une fourmi avec des pieds d'éléphant, et c'est là ce que dut faire Scarron, j'imagine, s'il lui prit fantaisie de lire, dans son fauteuil mortuaire, cette admirable dissertation.

Le père Vavasseur n'avait oublié qu'un point : c'était d'éclairer sa lanterne. Son livre ne porte pas, faute d'avoir nettement défini le burlesque proprement dit, d'en avoir discerné le caractère précis et dessiné les linéaments. Il est vrai que c'était difficile, mais ce n'était pas moins indispensable. D'ailleurs, on se fera une idée des préventions du révérend père quand on saura que, rencontrant sur son chemin, dans l'antiquité, le petit poëme bouffon *Marcus Grunnius Corocotta Porcellus*, testament d'un pourceau dicté par lui-même, il ne manque pas d'en faire gravement l'éloge. Dès lors, il est permis de conclure que la question était jugée pour lui *à priori*, avant tout examen, et qu'il eût loué de même le *Virgile travesti*, s'il l'eût rencontré chez les Grecs ou les Latins.

C'est d'après le conseil et sur la demande de Balzac qu'il avait entrepris son œuvre. Celui-ci étant mort avant qu'elle fût achevée, il n'en conserva pas moins la forme adoptée d'abord. Dans tout le cours du livre, c'est à Balzac qu'il adresse la parole, et dans sa péroraison, c'est encore lui, avec l'Académie tout entière, qu'il appelle à la rescousse contre les barbares.

Il était un peu tard, on en conviendra, et les vivants n'ont pas grand'chose à redouter d'un mort. Mais, auparavant, Balzac lui-même avait dit son mot dans le débat. Sa vingt-neuvième dissertation critique, justement adressée au père Vavasseur, est une sévère condamnation du burlesque ; mais il a eu soin de faire remarquer qu'il n'était en cela que le rapporteur et le greffier d'un ami, ajoutant que, pour lui, il gardait un tempérament entre une trop grande indulgence et une rigueur excessive ; qu'en tout cas il voudrait au moins, comme nous l'avons vu, excepter quelques pièces de la proscription, mais qu'il n'admet point un burlesque durant toujours et dégénérant en habitude, pas plus qu'un carnaval perpétuel. Ce jugement est fort juste et fort sage. Si nous avions besoin, d'ailleurs, de compléter son opinion et de l'éclairer par ses fluctuations mêmes, pour mieux faire voir encore qu'il était loin d'aller, lui le pompeux écrivain et l'ami de toutes les élégances, jusqu'à l'hostilité systématique contre une littérature qui semblait devoir exciter toute son antipathie, nous citerions cette lettre à Costar, reproduite en tête des œuvres du cul-de-jatte (1648, in-4°, Touss. Quinet), où il exalte, en prose française et en vers latins, la personne et les productions de Scarron.

Mais, en dépit de ses adversaires et de ses champions, le burlesque n'eut qu'une courte durée de vogue. Le *législateur du Parnasse* acheva de lui porter les derniers coups. Passé 1660, cette monographie ne pourrait plus guère enregistrer que des pièces aussi courtes que rares. Seulement le mot s'est implanté dans la langue, et reparaît souvent.

II

L'idée du *Virgile travesti* a pu être fournie à Scarron par l'*Eneide travestita* de l'Italien Jean-Baptiste Lalli ((Roma, 1633, in-8°), comme celle de son *Roman comique* par le *Viage entretenido* de l'Espagnol Rojas. Mais, dans l'un aussi bien que dans l'autre cas, ce ne fut qu'une inspiration lointaine, dépouillée de toute imitation directe, et même, à ce qu'il semble, de toute réminiscence. Les sujets seuls se tiennent par le fond ; quant aux détails et à l'exécution tout entière, ils diffèrent, parce qu'ils portent dans chaque ouvrage l'empreinte particulière de la personnalité de chaque auteur.

C'était une bonne fortune pour Scarron qu'un pareil sujet, fait à souhait pour un poëte burlesque, car il offrait la ressource immense d'un contraste prononcé, non-seulement entre les personnages et leur manière de parler ou d'agir, mais encore entre le poëme original et celui du parodiste. Par là se trouvaient élevées à un degré plus haut pour quiconque avait lu Virgile et s'en souvenait, c'est-à-dire pour tout le monde, la puissance et la portée de la plaisanterie de Scarron.

J'ai démontré comment et pourquoi le *Virgile travesti* était un poëme burlesque, tandis que le *Typhon* n'était qu'un poëme bouffon. Cette même différence, qui les range dans des genres si distincts, est cause également de la supériorité essentielle du premier sur le second. Pour mieux le comprendre, qu'on se représente la distance qu'il y aurait entre une caricature de fantaisie, spirituelle sans doute, mais ne répondant à aucun objet réel, et une charge, juste et vraie dans sa comique exagération, qui consisterait à travestir des types connus de tous et auxquels tous s'intéressent ; par exemple entre ces magots chinois qui grimacent sur les potiches, et ces dessins où Granville a si bien su, en outrant certains traits, qui existent réellement dans le modèle, et qui ressemblent encore, même sous ce nouveau masque, donner à l'homme une physionomie d'animal. Dans le premier cas, il n'y a guère que l'intérêt d'une curiosité vulgaire et de ce rire instinctif qu'excite en nous une certaine espèce de difformité ; ou, si quelque idée de comparaison s'y mêle, c'est d'une manière vague et sans pouvoir s'arrêter sur un objet fixe. Dans le second, à ce banal attrait de curiosité et de rire, s'ajoute l'attrait plus relevé du rapprochement que fait le lecteur entre l'original et la caricature, de la signification qu'il cherche à la parodie.

Figurez-vous qu'un dessinateur vienne, qui, d'un crayon alerte, facile, spirituel, exécute devant vous la charge de l'Antinoüs ou de la Vénus de Milo : il y aura là, sans doute, quelque chose de sacrilége au premier abord pour les esprits délicats et les goûts sévères ; mais que cette charge soit faite avec candeur, sans intention de dénigrement, par le naturel et invincible penchant d'un esprit tourné vers le côté plaisant des choses, bien qu'il n'en comprenne pas moins ce bel original et qu'il le montre même dans sa parodie ; qu'il ait ingénieusement saisi les points vulnérables du chef-d'œuvre, et qu'il ait su les noter de son crayon avec une malignité naïve et sans prétention ; enfin que son œuvre soit vraiment d'un effet irrésistible ; que ce travestissement qui, manqué, ferait mal au cœur, soit absous par un franc succès de rire, — car c'est là le point difficile et la justification sans réplique, — il y aura dans ces qualités de quoi faire passer son audace aux yeux de tous, de quoi même intéresser les meilleurs et les plus judicieux esprits. Or, voilà justement ce qu'a fait Scarron : nous le verrons plus à loisir et en détail.

Je désire seulement qu'on ne m'accuse pas, dès à présent, de traiter le *Virgile travesti* en chef-d'œuvre et d'exagérer la louange, comme font la plupart des commentateurs. Le tour de la critique viendra après celui de l'éloge ; ou plutôt mon intention ici est moins de tracer un éloge que d'expliquer ce livre et d'en exposer la nature précise. J'espère qu'on a compris maintenant l'avantage que le *Virgile travesti* a sur le *Typhon,* du moins par le sujet, car il n'entre pas dans mon but de poursuivre la comparaison jusque dans les détails.

Scarron trouvait donc non-seulement son canevas tout fait, mais, pour ainsi dire, les contrastes même indiqués d'avance. Virgile lui fournissait les vers, le langage, les actes, les caractères tout prêts pour son travestissement. La route s'ouvrait en ligne directe ; il n'avait qu'à marcher droit devant lui, en se laissant aller à son génie naturel, invinciblement porté à tout voir, même les plus grandes choses, sous la physionomie la plus commune et avec les particularités les plus bourgeoises. De là devait résulter un perpétuel contraste, qui ne pouvait manquer d'être fécond en situations plaisantes. Il était bien sûr d'avance que là où, de lui seul, il eût excité le rire, il l'exciterait doublement par l'opposition avec son modèle, et que Virgile se chargerait, en quelque sorte, de donner une nouvelle force aux bouffonneries de Scarron. Et combien Virgile ne se prêtait-il pas mieux à cette entreprise, sinon qu'Homère, du moins qu'Horace et Lucain ! Et combien ce choix n'était-il pas le plus heureux de tous, car je n'ose dire le plus judicieux, de peur que le mot ne paraisse déplacé en semblable matière. C'était une étrange aberration du *sens burlesque* de s'attaquer à Horace, qui n'offrait pas de caractères à parodier, c'est-à-dire qui manquait de la plus précieuse ressource du genre ; à Lucain, le poëte austère, ou plutôt l'historien éloquent et tendu, à qui font défaut et le merveilleux et la variété. Scarron n'eût pas commis cette maladresse.

Que ceux qui n'ont pas lu l'*Énéide,* s'il en est qui ne l'aient pas lue, ne lisent pas le *Virgile travesti* : la plupart des traits de Scarron, et ses meilleurs, seraient perdus pour eux. Mais les autres, sans en excepter ceux-là qui refuseront le plus complétement leur suffrage à l'entreprise, seront certainement frappés, je ne dis pas de l'art (il n'y en a pas à proprement parler dans Scarron), mais du bonheur singulier avec lequel il trouve toujours le côté burlesque des plus grandes choses, des plus nobles personnages et des plus beaux vers, et de la verve abondante et facile avec laquelle il les met en lumière. A défaut d'atticisme, ils lui reconnaîtront un si riche fonds de bonne humeur, qu'il est impossible de ne pas se laisser envahir par cette gaieté communicative dont les grimaces mêmes, — car elle en a quelquefois, — ne trahissent jamais l'effort. C'est une mascarade sans doute; mais il y a des mascarades ingénieuses et divertissantes dont les esprits les plus sérieux et les plus sévères ne peuvent s'empêcher de rire. Quant aux critiques qui s'évertuent à démontrer doctement que cette mascarade est contraire au bon goût, ils ressemblent à ces gens moroses qui, voyant passer un homme en carnaval sous un déguisement grotesque, l'arrêteraient pour lui dire que son habit n'est pas conforme aux idées reçues et au décorum. « Eh! mon ami, pourrait répondre Scarron comme ce masque, je le sais bien, et c'est précisément ce que j'ai voulu. »

Mais il ne faut pas seulement chercher dans le *Virgile travesti* l'épanouissement d'une haute faculté comique, on y trouve aussi une véritable critique littéraire, souvent sérieuse sous sa bouffonnerie : MM. Guizot et Gérusez l'ont fait remarquer avant nous, et, avant eux, Marmontel voyait dans Scarron un des hommes de son temps qui aient eu le plus de goût, et assurait que c'est dans son poëme burlesque qu'on rencontre les critiques les plus fines de l'*Iliade* et de l'*Énéide*. De ce côté, en effet, le cul-de-jatte est bien supérieur à Perrault et à la Motte. Sous l'enveloppe la plus folle peut se cacher beaucoup de philosophie, de jugement et de raison. On assure qu'il en est ainsi pour Rabelais; il en est certainement de même, au moins quelquefois, pour Scarron. Qu'il transforme *dame Élise* en une grosse, grasse et vigoureuse dondon, camuse, sentimentale, à qui le veuvage pèse; Anne, sa sœur, en une entremetteuse complaisante; Cassandre en faiseur d'almanachs; Vénus en *gouge*; Anchise en un bonhomme ennuyeux et paterne; Évandre en un vieux radoteur qui se perd dans des souvenirs puérils et d'interminables parenthèses; Priam (dont le portrait est la perfection du genre) en un barbon crédule et envieux; Junon en une dame acariâtre, troublant sans cesse le ménage divin, il n'y a là, d'une part, qu'une bouffonnerie adroite, sachant tourner au burlesque les plus sérieuses peintures par la seule exagération de quelques traits; de l'autre, qu'une satire individuelle de certains personnages historiques ou fabuleux, sans que le poëme de Virgile soit précisément en cause. Mais il n'en est plus de même dès qu'il s'agit d'Énée, qui appartient en propre à l'*Énéide*, et qui *existe* à peine en dehors. Il y a donc autre chose et plus qu'une bouffonnerie dans ce bigot pleurard, un peu niais, prolixe, ennuyeux, tout confit en oraisons jaculatoires et en tendresses inopportunes, que nous voyons reparaître de l'un à l'autre bout dans le *Virgile travesti;* il y a, comme je le disais plus haut, une critique littéraire, et très-finement conçue, quoique souvent écrite avec grossièreté. C'est moins à Énée qu'à Virgile lui-même que s'adresse cette joyeuse parodie. Pour faire son héros, Scarron n'a rien eu à inventer, rien même à dénaturer dans le sens rigoureux du mot; il n'a eu qu'à appuyer plus fort et à marquer davantage. Ainsi ce travestissement n'est pas aussi grotesque qu'on pourrait le croire. Les héros de Virgile sont déguisés, non en caricatures, mais en bons bourgeois de Paris, vrais, naïfs, naturels, ayant chacun sa physionomie digne de la vraie comédie et non de la farce. Ce qui est burlesque, c'est le contraste, et le contraste seul. Que ce soient des personnages de fantaisie au lieu d'être des personnages consacrés par la poésie et l'histoire; qu'ils agissent dans un autre milieu, dépouillés de leurs titres et de leur dignité, et ils seront simplement comiques.

C'est donc à la fois, d'une part, avec des traits pris dans le vif et le vrai de la nature humaine, de l'autre, avec les propres caractères de ces personnages et les propres idées du poëte latin, que Scarron a fait sa parodie, en se donnant l'allure d'un conteur ignorant, ingénu, positif et trivial.

Tous les juges ont reproché à Virgile la faiblesse, l'indécision de son héros, ses larmes continuelles, et cette fastidieuse répétition du *pius Æneas*, qui revient à chaque page. Ces défauts, Scarron les lui a reprochés aussi à sa manière. Il a fait mieux, il les a mis en relief, comme ce critique qui, voulant démontrer à un peintre les mauvaises proportions d'une figure à peine dessinée dans la pénombre de son tableau, accusa plus fortement, en les marquant d'un crayon un peu brutal, mais sans les déformer, des traits que leurs contours trop vagues dérobaient en quelque sorte aux regards.

Le *Virgile travesti* est plein de vers coulant de source, qui sont autant de coups de crayon donnés sur les contours de la figure d'Énée. « Et moi, lui fait dire notre auteur,

> Et moi, qui suis un peu trop prompt,
> Du poing je me cogne le front. — (L. II.)

> ... Il étoit homme fort tendre...
> Et son visage de rosée
> Avoit la peau tout arrosée
> Quand quelqu'un devant lui pleuroit. — (V.)

> Pour Æneas, je sais fort bien
> Qu'il parloit longtemps en un rien,
> Tant sa langue étoit bien pendue. — (VIII.)

> Æneas pleurant comme un veau...
> Je crois vous avoir déjà dit
> Qu'il donnoit des pleurs à crédit
> Et qu'il avoit le don de larmes [1]. — (VI.)

[1] Pour le dire en passant, Scarron pouvait bien avoir ses raisons particulières d'appuyer si souvent sur ce larmoiement d'Enée : il paraît que lui-même res-

Si des caractères nous passons aux détails des faits, nous retrouverons encore, en de nombreux passages, la critique mêlée d'une façon piquante à la parodie, et toujours, ce qu'il importe de remarquer, avec une incontestable justesse. Scarron relève au passage d'une façon dont l'auteur le plus irritable aurait peine à se fâcher, les invraisemblances, les impossibilités, les singularités, les inadvertances de son modèle, tantôt directement, tantôt indirectement, sans avoir l'air d'y toucher. Ce n'est pas que je veuille lui prêter l'impertinent dessein de se poser en redresseur et en Aristarque de Virgile. Non. Son poëme burlesque ne visait certes pas si haut. Il n'y a vu qu'un magnifique thème à bouffonneries ; mais cela ne l'empêche pas, chemin faisant, de noter d'un doigt malin les taches de l'original, plutôt par espièglerie d'écolier que par fatuité de critique.

Nous allons citer quelques passages à l'appui de cette remarque, parce que le fait est curieux et qu'il y a assez à reprocher à Scarron pour qu'il soit équitable de relever ce qui est à son honneur.

Dans le premier livre, Énée et Achate, arrivés à Carthage, examinent une galerie de tableaux :

> Mais qui n'étoient pas peints à huile,

ajoute aussitôt Scarron. Et voilà l'anachronisme de Virgile discrètement souligné. Ces tableaux représentent les malheurs de Troie. Comment la nouvelle a-t-elle pu en parvenir assez vite en cette contrée lointaine, pour que les Troyens, en débarquant, les trouvent faisant déjà le sujet d'un musée ? C'est de quoi n'oublie pas de s'étonner Scarron, mais avec bonhomie, sans contester la chose, puisqu'elle est avancée par Virgile, et se bornant à s'écrier :

> Eh ! qui l'auroit jamais pensé
> Que de tout ce qui s'est passé
> Dans les affaires de Phrygie,
> On eut nouvelle en la Libie ?

Si Énée et Anchise demeurent cachés dans la nue plus longtemps qu'il ne semble nécessaire, surtout lorsqu'ils sont assurés de la bonne volonté de Didon, notre auteur a soin de faire dire à ce dernier :

> Passerons-nous ici l'année ?
> Qu'espérons-nous gagner ainsi ?
> Nous n'avons plus que faire ici.

A ces passages déjà signalés avant nous, nous en ajouterons d'autres, choisis au milieu d'un grand nombre.

Scarron n'a pas manqué de se récrier, toujours avec la même can-

---

semblait, de ce côté, au héros de Virgile. Nous en trouvons le témoignage en maint endroit de ses œuvres (*Ep. à madame Tambonneau; Ep. chagrine au maréch. d'Albret; 2e légende de Bourbon; Lettre à M. de Vivonne*).

deur apparente, à propos de ce cheval de bois, l'une des plus singulières inventions de l'épopée [1], contre lequel Napoléon, à Sainte-Hélène, s'élevait avec tant de force, le regardant comme une imagination impossible et ridicule :

> Je ne sais comment diable ils firent :
> Dans ce grand cheval ils bâtirent
> Toutes sortes de logements,
> Sans oublier des aisements.

Un peu plus loin, Priam interrompt Sinon qui commence, lorsqu'on lui demande son histoire, par entretenir ses auditeurs de Palamède, fils de Bélus :

> ... Laissons, je vous prie,
> En repos ce Palamedes,
> Sa femme et son père Aulides,
> Et nous racontez votre vie
> Sans tant de généalogie.

Il est vrai que là Scarron avait un peu enchéri sur l'original, pour avoir le droit de placer cette boutade dans la bouche de Priam.

Après la distribution des récompenses aux vainqueurs dans la course des vaisseaux, il a grand soin de nous faire remarquer un oubli du poëte.

> En cet endroit maître Virgile
> Ne nous fait point savoir qui fut
> Celui qui ces beaux présents eut.

A propos du rameau d'or que cueille Énée, voici une observation fort juste, sous sa forme plaisante :

> Messire Maron le compare
> A la gomme jaune qui luit
> Sur la branche qui la produit.
> La comparaison est faiblette,
> N'en déplaise à si grand poëte :
> Il devait en sujet pareil,
> Mettre lune, étoile ou soleil.

On connaît le beau vers que Virgile place dans la bouche de Salmonée au Tartare :

> Discite justitiam moniti, et non temnere divos.

Il n'a qu'un tort, et Scarron va nous l'apprendre :

---

[1] Il faut bien avouer que les anciens n'étaient pas forts même dans leurs ruses les plus renommées : je n'en excepte pas le prudent Ulysse, dont les stratagèmes tromperaient peu de monde aujourd'hui, et à qui pourraient en remontrer plus d'un simple lycéen en lutte avec un maître d'études.

> Cette sentence est bonne et belle ;
> Mais en enfer à quoi sert-elle ?

Salmonée s'adresse, en effet, à des gens qui ne peuvent plus guère profiter de cet excellent conseil.

A la théorie déroulée par Anchise à Énée, sur les corps et l'âme du monde, théorie d'une poésie élevée, mais dont la clarté n'est pas la qualité première, notre auteur burlesque fait répondre irrévérencieusement par le héros ce que beaucoup de lecteurs se sont dit certainement, avec plus de respect :

> Ma foi, je ne vous entends pas,
> Et, dès la quatrième ligne,
> Soit que je n'en sois pas trop digne,
> Je n'ai rien du tout entendu.

Ailleurs, sa critique est plus générale, et va droit à tous les poëtes anciens et aux fictions mythologiques. C'est ainsi que, nous représentant Mercure qui s'ajuste des talonnières, comme un postillon mettrait ses bottes, il ajoute :

> Car ce dieu ne pourroit sans elles,
> Quoique dieu, non plus qu'un caillou,
> Voler sans se casser le cou.

S'agit-il de la comparaison classique, et si mal fondée, des chants les plus mélodieux avec celui du cygne :

> Je crois savoir, de bonne part,
> Qu'un cygne, non plus qu'un canard,
> N'a pas la voix fort agréable.

Quelquefois même, c'est un trait de satire qui s'adresse aux mœurs du temps, aux vices, aux ridicules, aux modes, comme eût pu faire Boileau, par exemple, quoique en tout autre style. Là, il nous représente Didon, parlant un peu gras pour se donner bon ton (liv. I) ; ici il exclut des Champs-Élysées (liv. VI)

> Les fats qui contrefont les tristes,
> Les plus importuns des humains,
> Ceux qui montrent leurs belles mains,
> Ceux qui se disent sans mémoire,
> S'imaginant qu'ils feront croire
> Qu'ils en ont plus de jugement...
> Ceux qui ne disent jamais mot,
> Finesse ordinaire à tout sot
> Qui de soi ne peut rien produire,
> Et qui croit que, par un sourire
> Et par un silence affecté,
> Il couvre sa stupidité, etc.

On trouve ainsi plus d'une page dans le *Virgile travesti*, où se trahit l'observateur à côté du bouffon

Il y a plus : parfois le bout de l'oreille du *philosophe* (si l'on veut bien me passer ce mot singulier en parlant de Scarron) apparaît derrière le masque grotesque, et le poëte profite des libertés du genre pour glisser son utopie sous le couvert de Virgile. Avant l'auteur de *Télémaque,* Scarron avait rêvé sa ville de Salente, et il nous a tracé son idéal, en nous montrant (l. I) la manière dont la reine rend la justice, et fait la police de Carthage.

Scarron a cinq ou six sources où il va puiser habituellement son burlesque, et un petit cercle de procédés dont on peut noter les diverses allures. Tout son poëme est une mascarade triviale, un travestissement très-familier des caractères, des faits et du langage ; une antithèse perpétuelle entre la grandeur des actes et la manière dont ils sont racontés, la grandeur des personnages et la façon dont il les peint. Il aime à mettre à l'improviste une réflexion bien bourgeoise, un point de vue sentant son petit rentier du Marais, sur les lèvres d'un héros. Énée, par exemple, demande à Jupiter, pour éteindre l'incendie de ses navires, un peu de cette pluie qu'il donne si souvent en abondance,

> Alors qu'on s'en passeroit bien,
> Qu'un chapeau neuf ne dure rien.

Quand le fils d'Anchise abandonne si singulièrement Didon, Scarron, enveloppant sa critique sous son air de bonhomie habituel, ajoute encore une remarque du même genre :

> Il gratte et regratte sa tête
> Pour trouver un prétexte honnête
> De quitter ces aimables lieux...
> Je conseillerois le beau sire
> De s'en aller sans en rien dire,
> Quitte pour crier au larron.
> En cet endroit, maître Maron,
> N'a point approfondi l'affaire.
> Tellement qu'il se peut bien faire
> Que maître Æneas étoit soûl
> D'avoir toujours femme à son cou.

Cette naïveté, vraie ou feinte, tantôt narquoise ou moqueuse, tantôt d'une innocence extrême, est un des principaux mérites de Scarron. Les exemples fourmillent. Au milieu du sac de Troie, Énée voit accourir Panthus,

> Ayant quasi perdu l'haleine
> A force de crier au feu.
> Il portoit son petit-neveu
> Et tous nos dieux dans une hotte...
> — Notre citadelle est donc prise ?
> — Hélas, oui, brave fils d'Anchise...
> Et pour moi, qui la commandois,
> Voyant bien que je me perdois
> Si je contestois davantage

> J'ai fui comme un homme bien sage,
> Non tant par la crainte des coups,
> Que pour mourir auprès de vous.

Énée retourne chez lui pendant la mêlée pour sauver sa famille. Il frappe rudement à sa porte. Les siens ont peur :

> On me cria par la fenêtre
> Que l'on n'ouvroit jamais la nuit,
> Et que je faisois trop de bruit.

Ailleurs, il nous montre son héros, faisant *apporter pinte* pour une libation, et la répandant sans en boire,

> Chose très-difficile à croire !

Il aime ces étonnements et ces réflexions *bonasses*. « Un vilain vent, sans dire gare, » vient-il fondre sur Énée, en dépit du discours onctueux qu'il est en train de débiter aux Troyens,

> Il falloit qu'il fût bien barbare
> D'attaquer un homme si bon,

ajoute avec indignation notre poëte.

C'est encore de la même manière qu'il proteste à chaque instant de sa véracité, surtout dans les passages les plus invraisemblables. Il s'écrie, la main sur le cœur : « Maudit soit qui ment ! » Il prend les contradicteurs à partie :

> Certain auteur a dit que non,

et il les réfute avec une conviction profonde.

Partout apparaît, dans le *Virgile travesti*, une espèce de naturel enfantin, » suivant le terme de M. Guizot; de mouvement primesautier d'une grande vérité comique. Vénus donne à Énée un coup sur les doigts au moment où il allait tuer Hélène :

> Ce coup dont ma main fut cinglée,
> Et dont j'eus l'âme un peu troublée,
> Me fit dire, en quoi j'eus grand tort,
> Certain mot qui l'offensa fort.
> Elle me dit, rouge en visage :
> « Vraiment, je vous croyois plus sage
> Fi, fi, je ne vous aime plus.
> — Je suis de quatre doigts perclus,
> Lui dis-je, et qui diable ne jure,
> Alors qu'on reçoit telle injure ?
> — Eh bien, ne jurez donc jamais,
> Dit-elle. — Je vous le promets,
> Lui dis-je ; et trêve de houssine,
> Car il n'est divin ni divine,
> A qui, s'il m'en faisoit autant,
> Je ne le rendisse à l'instant. »

A propos du chien de Ganymède, aboyant après le ravisseur de son maître, écoutez cette exclamation admirative :

> Que le chien de Jean de Nivelle,
> Auprès de ce mâtin de bien,
> Est un abominable chien !

Il faudrait rapporter en entier la description de l'amour naissant de Didon, et les réflexions qui le trahissent, d'abondance de cœur :

> Le défunt ne le valoit pas...
> Oh ! qu'il est frais, oh ! qu'il est gras,
> Qu'il est fort, qu'il est beau gendarme !
> Que sa riche taille me charme !...
> Quand quelqu'un a l'âme poltronne,
> A tout bruit il tremble, il s'étonne,
> A tout coup il saigne du nez ;
> Mais ce roi des déterminés,
> Combien de places enlevées, etc.

Énée emporte sur ses épaules son père Anchise, qui ne cesse de lui donner de grands coups de poing dans le dos, en l'appelant tantôt *mon cher fils*, et tantôt *sot et mâtin*, pour le faire aller plus vite. Créuse se perd en route parce qu'elle s'est arrêtée pour remettre sa jarretière. Lors de son entrée aux enfers, le héros, s'obstinant à tirer l'épée contre les ombres, tombe le nez en terre, entraîné par la force de ses coups dans le vide. Scarron n'oublie pas de peindre la mauvaise humeur de son personnage jurant « en charretier embourbé, » et la civilité avec laquelle la sibylle lui tend la main.

Un des moyens les plus fréquents de Scarron, c'est l'emploi des anachronismes, mais si naturellement amenés, si naïvement plaisants, qu'on les croirait faits par quelque bon bourgeois ignorant, qui traduirait Virgile sans y entendre malice.

Lorsque le héros aborde sur la terre africaine, après mille voyages que notre auteur compare à ceux du Juif errant, il brûle avant tout de

> ... Savoir si les habitants
> Sont chrétiens ou mahométans.

La nymphe Déïopée

> ... Entend et parle fort bien
> L'espagnol et l'italien ;
> Le *Cid* du poëte Corneille,
> Elle le récite à merveille.

Didon, en voyant Énée sortir de la nue, bien frisé, couvert de pommade et de poudre de jasmin, fait, de saisissement, le signe de la croix. A table, elle commence par dire dévotement son *Benedicite*. Pygmalion tue Sichée d'un coup d'arquebuse à rouet, tandis qu'il récite son bréviaire. Mézence est un farouche blasphémateur qui ne va jamais à confesse.

Ces anachronismes inattendus, d'un irrésistible effet sur les rates les plus hypocondriaques, Scarron les tire surtout de ses habitudes, de ses idées familières, de tout ce qui l'entoure. Que la sibylle fasse à Caron l'éloge d'Énée, par exemple, elle ne manquera pas de dire qu'il n'est *point Mazarin*. Mais, si je voulais tout citer, je n'en finirais pas.

Puis c'est l'intervention soudaine de la personnalité du poëte burlesque, en un retour familier qu'il fait sur lui-même, dès que l'occasion s'en offre :

> Porté tant par-là que par-ci,
> Ou par-ci, par-là, l'un vaut l'autre ;
> En un métier comme le nôtre,
> On ne rime pas comme on veut,
> Mais seulement comme l'on peut.

Un peu plus loin, il nous représente

> Messire Æneas dont l'esprit
> Ne songeoit alors qu'à Carthage,
> Et bien moins à faire voyage,
> Que moi, cul-de-jatte follet,
> Ne songe à danser un ballet.

Scarron a sans cesse aussi recours à l'énumération comique. Doué d'une imagination qui lui faisait trouver dans chaque événement, avec une prosaïque abondance, les moindres détails, surtout les plus vulgaires, il ne manque pas de les aligner les uns après les autres, donnant ainsi à son récit un grand air de vérité bourgeoise et triviale. On peut lire, par exemple, la description du déménagement d'Énée, lorsqu'il quitte Troie ; celle de tous les objets pillés par les Grecs, et entassés par eux près du palais de Priam (liv. I) ; celle des prix que fait apporter le fils d'Anchise pour les vainqueurs des luttes (L. V) ; ou la liste des questions que Didon lui adresse :

> Si dame Hélène avoit du liége,
> De quel fard elle se servoit,
> Combien de dents Hécube avoit,
> Si Pâris étoit un bel homme,
> Si cette malheureuse pomme
> Qui ce pauvre prince a perdu,
> Étoit reinette ou capendu...
> S'ils moururent tous du farcin
> Les bons chevaux de Diomède,
> Qu'elle y savoit un bon remède ;
> Si, voyant son Patroclus mort,
> Achille s'affligea bien fort ? etc.

Rien de plus naturel et de plus *réaliste*, on le voit ; et les choses ont parfaitement pu se passer ainsi. C'est une page que signerait M. Champfleury et que pourrait illustrer M. Courbet.

Ajoutez à tout cela des digressions nombreuses et presque toujours excellentes, assez semblables à celles de ces conteurs bavards et prolixes, mais amusants, dont certaines comédies ont tiré si bon parti, qui commencent un récit, s'accrochent à tous les incidents et dérivent à toutes les parenthèses.

Sous peine de reproduire ici la moitié du poëme réimprimé à la suite de cette notice, je ne puis rapporter tous les passages où triomphe le génie burlesque de notre auteur par la réunion générale des qualités que je viens de dire. Il en est pourtant quelques-uns que je voudrais signaler parmi les meilleurs. C'est d'abord la manière dont Hécube gâte le petit Astyanax (liv. II) :

> Cet enfant étoit son idole,
> Et la vieille en étoit si folle,
> Qu'avec lui troussant hoqueton,
> Entre les jambes un bâton,
> Elle couroit la pretantaine
> Jusqu'à perdre souvent l'haleine.
> Andromaque s'en tourmentoit,
> Connoissant bien qu'on le gâtoit.
> Priam, le voyant à toute heure
> S'empiffrant de pain et de beurre,
> Disoit avec sévérité.
> Ce sera quelque enfant gâté.

Puis la description de Polyphème,

> Le très-mal plaisant personnage,
> Gros, mal bâti, sale, velu,
> Et n'ayant qu'un œil, le goulu,
> Et duquel il ne voyoit goutte, etc.

Ensuite le discours furieux de Didon à Énée après sa trahison, plein d'une verve et d'une énergie burlesques si caractérisées; la description de la lutte des vaisseaux et l'apparition d'Anchise à son fils (liv. V); le radotage du vieil Évandre, rendu avec une vérité si comique (liv. VIII), etc.

Quelques passages, peu fréquents et peu longs, il est vrai, ont été rendus avec un certain souffle poétique, et pourraient passer pour une vraie, pour une belle traduction. Tels sont la plupart des vers par lesquels Sinon atteste les dieux et Calchas qu'il est délié de toute fidélité envers les Grecs (liv. IV), et les suivants sur le désespoir de Didon :

> Elle s'effraya de son sort;
> Le désespoir saisit son âme
> Et prit la place de sa flamme;
> Sa flamme se change en fureur:
> Ce qu'elle aima lui fait horreur...
> Elle s'abandonne à la rage ;

> Le jour même lui fait ombrage :
> Elle le hait, elle le fuit,
> Souhaite une éternelle nuit,
> Pour ne se pas voir elle-même,
> La mort, par son visage blême,
> Ne lui fait point blêmir le sien, etc.

Et l'invocation de Didon lorsqu'elle va mourir :

> Soleil qui chauffes l'univers.
> Qui tout vois et qui tout regardes,
> Et par les rayons que tu dardes,
> Produis la lumière et le jour,
> Vis-tu jamais plus lâche tour ?
> Junon, qui sais toutes ces choses,
> Et qui peut-être me les causes,
> Et toi, ténébreux Hécaté,
> Toi qui, par mon ordre, as été
> La nuit aux carrefours hurlée,
> Et par tes saints noms appelée ;
> Dames des ténébreux manoirs,
> Vengeresses des crimes noirs,
> Dieux de la moribonde Élise,
> Si la vengeance m'est permise,
> Prenez, justes divinités,
> Part en mes maux, et m'écoutez !

Du reste, tout le désespoir amoureux de Didon, après la trahison d'Énée, est rendu avec une vigueur et un mouvement singuliers, surtout dans ses imprécations, dont l'extrême familiarité n'enlève rien à l'extrême énergie. Par ces endroits, comme aussi par beaucoup d'autres, plus exclusivement burlesques, on peut voir que Scarron entend très-bien son auteur. Il en comprend à merveille la langue et les beautés, parfois même bien mieux que tel qui l'a sérieusement traduit. Il n'y a pas un contre-sens dans le *Virgile travesti*. Scarron était instruit, et il savait certainement très-bien le latin.

Notre auteur diffère complètement, et tout à son avantage, des travestisseurs dont la parodie est une arme de guerre, et qui veulent déprécier un classique en l'habillant en burlesque. Ceux-là sont sacriléges et maladroits ; Scarron n'a été qu'espiègle et quelquefois taquin. Jamais il n'a amoindri Virgile à mes yeux. En relisant le poëte latin après cette mascarade inoffensive, mon admiration, quand elle ne s'est pas accrue par le contraste, n'a pas baissé d'un degré. On peut même dire, après les critiques les plus graves, que mieux on connaît et on sent Virgile, plus on s'amuse de ce travestissement.

Pour être apprécié justement, le burlesque de Scarron doit être considéré dans ses rapports avec sa personne ; ce point de vue seul peut en compléter l'intelligence et en expliquer la nature. Le genre est en relation intime avec lui, avec sa maladie, ses souffrances, sa position particulière ; on peut dire qu'il lui est propre et comme réservé. Son talent est à l'image de son corps, contrefait et rabougri, ennemi du grand, du noble et du beau, non par rage de nain jaloux, qui salit et mutile ce qu'il ne peut égaler, mais par joyeuse humeur de bouffon, qui travestit à son image tout ce qu'il peut atteindre, afin de rire des autres comme lui. Ceux même qui condamnaient le plus sévèrement le burlesque, pour la plupart, le comprenaient et l'excusaient chez lui, soit parce qu'ils le considéraient comme le produit naturel d'un génie particulier et irrésistible, soit parce que ses douleurs extraordinaires semblaient autoriser comme antidote une extraordinaire gaieté. On pardonnait tout à ce pauvre cul-de-jatte, stoïcien d'une nouvelle espèce, en qui s'était conservée, accrue par les souffrances physiques, fomentée par la goutte, la lymphe et la paralysie, la séve du vieil esprit gaulois s'échappant en ramifications bizarres, comme ces branches folles qui poussent sur un tronc noueux.

Mille auteurs ont cultivé le burlesque; seul, Scarron y a vraiment réussi; seul peut-être, au moins à son époque, il a mis du goût dans un genre antipathique au goût, ou que du moins le goût voit avec une juste défiance, s'il ne le réprouve pas absolument. Il est le classique et le seul classique de la littérature burlesque; il a cette grande et incontestable marque de supériorité, d'avoir incarné en lui et fini le genre, comme a fait la Fontaine pour la fable et Béranger pour la chanson. Le burlesque, c'est lui, et lui, c'est le burlesque; il en est resté la personnification, le seul représentant admis. On peut dire que, littérairement, le burlesque n'existe pas en dehors de lui, et que, plus la chose semble méprisable, plus il mérite de louanges d'avoir su la relever à ce point, même aux yeux de beaucoup de juges sévères. Quoi qu'on pense du genre, et à supposer même qu'on en pense du mal, ce qui est assurément très-permis, on ne peut nier que ce ne soit un de ceux qui exigent le plus de verve, d'esprit, d'originalité, de traits naïfs et comiques : il ne peut se sauver que par là et n'admet rien de froid ni de forcé, de tous les personnages le plus ennuyeux étant celui d'un mauvais bouffon [1].

On a souvent avancé que l'influence morale de madame Scarron s'apercevait dans les derniers livres du *Virgile travesti*, comme dans la seconde partie du *Roman comique*. Ceux qui l'ont dit n'ont pas bien lu ces derniers livres : le septième est au moins aussi libre que n'importe quel autre [2], et le fragment du huitième ne le

---

[1] Marmontel, *Élém. de littérat.*, art. *Burlesque*.

[2] Cela viendrait encore à l'appui de l'opinion que nous avons déjà émise, après M. Walckenaër, que le mariage de Scarron, généralement fixé à 1650 ou 1651, n'est, en réalité, que de 1652. Loret, d'ailleurs, comme nous venons seulement de nous en apercevoir, semble le dire expressément (l. III, lettr. xxii et xlii), et Loret est informé jour par jour de tout ce qui se passe autour de lui. Alors il est tout simple que madame Scarron n'ait pu influer sur la composition de ce septième livre qui parut la même année, et qui était probablement terminé lors du mariage.

cède guère aux précédents. Ce n'est pas qu'il y ait du libertinage dans Scarron ; mais il y a trop souvent des mots et des phrases cyniques, des grossièretés de mauvais ton et de mauvaise compagnie, qui étaient encore chez lui une nouvelle forme de plaisanterie. « Cet homme-là n'est pas un empoisonneur, disait Voltaire de Beaumarchais : il est trop drôle. » Scarron n'est pas immoral, il est trop drôle. Il a parfois le libertinage de la plume, jamais celui du cœur.

Ses qualités mêmes le conduisent à d'autres défauts ; car, dans l'emploi de ces procédés naturels dont nous parlions plus haut, Scarron en vient à se copier lui-même ou s'arrête à des circonstances triviales, mais qui n'ont rien de plaisant. Dans le seul fragment du huitième livre qu'il a traduit, il arrive deux fois, par exemple, que des coups d'encensoir mal dirigé font choir toute la braise et causent des accidents divers qu'il est facile de s'imaginer. A chaque instant on voit le héros ou les Troyens rire de contentement comme des fous, danser et *se claquer la fesse* en signe de joie. Plus souvent encore reviennent d'autres plaisanteries peu délicates, qu'il serait plus malaisé de citer ; et ces répétitions d'idées amènent naturellement des répétitions de mots. Scarron admet trop facilement toute bouffonnerie qui lui passe par l'esprit ; ses habitudes et son tempérament ne le disposaient ni à la sévérité ni au choix. Et puis les nécessités de la rime conduiront sous sa plume l'idée la plus inattendue, le mot le plus éloigné de ce qu'il voulait dire d'abord ; et il n'est pas homme à se creuser la tête pour se mettre d'accord avec la logique, comme il l'avoue en maint endroit de son poëme. Le plus bizarre détail, au contraire, suggéré par le besoin d'une consonnance, sera toujours le bienvenu ; et c'est ainsi qu'on peut expliquer bien des traits, non-seulement grossiers, mais fades et sans aucun sel, qui ne viennent évidemment là qu'à défaut d'autres meilleurs, qu'il lui eût fallu plus de travail pour adapter à son vers. C'est un écolier en rupture de ban, à qui tout est bon pour jouer des niches à son maître, fût-ce, à défaut d'autres, les choses les plus insignifiantes. Où ne peut conduire, d'ailleurs, la nécessité d'une parodie et d'un rire continu, même quand le sujet n'y prête pas, même quand l'esprit, mal disposé, ne se trouve point en verve ? La prolongation de cette plaisanterie, qui se ressemble trop, ne tarde pas à fatiguer. Joignez-y cette prolixité que rien n'arrête et qui va toujours avec une verve prosaïque et quelque peu monotone. Souvent heureux, en effet, et fertile en gais développements, ce flux de paroles n'est parfois que la stérile abondance d'un flot sans saveur et sans force, un robinet d'eau de Seine ouvert et coulant avec la même facilité banale.

A certains endroits même, le dégoût, que l'auteur ne semble pas connaître, saisit le lecteur le moins ombrageux, et il est quelques passages où l'éternelle et impitoyable plaisanterie du cul-de-jatte révolte comme une cruauté et une profanation. Tel est, dans le deuxième livre, un de ceux, du reste, que Scarron a parodiés avec le plus d'entrain, l'endroit où Pyrrhus tue Polyxène sous les yeux de son père, et surtout le vieux Priam lui-même. Il répugne de voir un bouffon grimacer en un pareil sujet consacré par l'attendrissement de nos souvenirs, et il nous semble qu'on ne peut se jouer ici du poëte sans se jouer aussi des sentiments qu'il y a exprimés avec une si noble et si communicative émotion.

Si nous passons au style de *Virgile travesti*, il faudra bien avouer que rien n'en égale la négligence et le sans-façon. En dehors de ses incorrections fréquentes, il a des périodes qui n'en finissent pas et s'embrouillent si bien, se tiennent si peu, qu'il est parfois impossible d'y voir clair; d'innombrables parenthèses s'enchevêtrant les unes dans les autres, comme en ces bavardages des conversations familières, où l'on perd à chaque instant de **vue** son point de départ, quitte à le rattraper ensuite de la façon qu'on pourra. Le vers est rempli d'étranges licences, les unes encore tolérées alors, quoiqu'elles fussent rejetées par les poëtes soigneux; les autres que Scarron admet de son propre chef. Il compte comme une syllabe l'*e* muet précédé d'une voyelle; il fait l'élision devant un *h* aspiré; il se permet les hiatus; il a même quelques vers faux, celui-ci, par exemple, qu'on trouve tel dans toutes les éditions :

> Vos jours eussent été allongés,

et qui ne serait pardonnable que dans les poésies à l'usage des coulisseurs. Mais à quoi bon lui en faire des reproches? Scarron sait parfaitement tout cela; il vous le dira lui-même. Il est le premier à se moquer de lui au besoin, et il se moquera de vous si vous mettez vos lunettes pour éplucher ses vers. Écoutez-le, interrompant le récit des amours de Didon et d'Énée, pour faire contre les mauvais rimeurs une tirade où il ne s'épargne pas plus que les autres :

> Tels rimeurs mériteroient bien
> D'être nommés rimeurs de rien,
> Ou bien rimeurs à la douzaine.
> Ceci soit dit pour prendre haleine :
> Si quelqu'un n'en est pas content,
> Il en peut de moi dire autant;
> Je crains fort peu les coups de langue.

Que dire à cela? Avec un auteur de ce tempérament, la critique perd ses droits.

Tous ces défauts, et d'autres encore, mais contre-balancés par les qualités que j'ai dites, n'empêchent pas que le *Virgile travesti* ne soit un ouvrage original, digne du succès qu'il obtint, et qui atteignit parfaitement son but principal, après tout, celui d'exciter la gaieté et de tenir les lecteurs en joie. Je sais bien qu'on ne peut le lire longtemps de suite ; il a besoin d'être pris à petites gorgées, et, pour ainsi dire, page par page : cela tient à sa nature même, à la sujétion de suivre l'original pas à pas, au besoin qu'éprouvent les esprits les plus frivoles de se reposer de la raillerie et du rire. Il en est ainsi de toutes les œuvres où les plaisanteries se suivent sans interruption. Notre esprit se fatigue de tout ce qui est continu, même du rire, et parfois du rire le moins bouffon : les *Plaideurs* en sont une preuve. Bien plus, il en est qui ne peuvent lire davantage, longtemps de suite, des livres d'une portée tout autrement supérieure, mais qui se soutiennent sur un ton à peu près analogue, — tels que *Don Quichotte* et Rabelais.

Louis XIV, le monarque solennel, qui ne voulait pas des magots de Teniers, poussait le goût pour le burlesque de Scarron jusqu'à se faire représenter trois fois en un jour sa comédie de l'*Héritier ridicule :* il est vrai qu'il était jeune alors. Racine, on le sait, se délectait à rire comme un enfant en lisant le *Virgile travesti :* il est permis de partager avec Racine cette faute, si c'en est une, dût Boileau en froncer les sourcils. Guéret (*Parnasse réformé*) et Sorel (*Bibliothèque française*) ont jugé que Scarron avait donné à l'*Énéide*, dans le genre burlesque, le même rang qu'elle tient dans le genre sublime. Les critiques étrangers, nous apprend Baillet, en ont été également charmés. Olaüs Borrichius (*Dissert.* IV, *de poetis latinis*, n° 139) a vu dans ses ouvrages quelque chose d'analogue aux Silènes d'Alcibiade et aux Mimes de Sophron qui, sous un aspect difforme, cachaient la divinité intérieure. Sorbière, un esprit sérieux, un philosophe, compare, non sans raison, le burlesque de Scarron aux grotesques de Rembrandt et de Callot, « lesquels ne sont admirés que des maîtres de l'art, qui voient la symétrie des postures parmi le ridicule et l'irrégularité, qui seule est remarquée du vulgaire, » et il poursuit son éloge sur le ton du plus lyrique enthousiasme.

Il est certain que, là où les lecteurs ordinaires ne verront que les bouffonneries et les trivialités risibles, les intelligences cultivées seront charmées de cette naïveté et de ce naturel, de cet engouement si communicatif, de cette parodie quelquefois si fine dans sa grossièreté même, de cette critique à la fois plaisante, pleine de verve et de justesse, comme on est charmé, — soit dit sans vouloir pousser plus loin la comparaison, — de retrouver l'atticisme jusque sous les ordures d'Aristophane.

On le voit donc, ce ne sont point seulement les esprits légers qui se plaisent à la lecture de Scarron : ce ne sont même pas eux, peut-être, qui s'y plaisent le plus, parce qu'ils n'en aperçoivent qu'un côté. Il y a de quoi frapper les plus dédaigneux dans cet ensemble de graves témoignages dont je n'ai donné que la plus minime partie. Sans chercher à y joindre les noms de tous les autres critiques, savants, érudits, qui se sont prononcés dans le même sens, je veux abriter ici mon opinion, comme Teucer s'abritait derrière le bouclier d'Ajax, sous l'autorité d'un grave littérateur et d'un grave historien, hommes de goût, autant par nature que par nécessité officielle, et certainement peu suspect de frivolité. M. Guizot (ou plutôt madame Guizot, mais nous prenons la signature telle que nous la trouvons), dans sa *Vie de Scarron*, a fait ressortir avec prédilection les qualités remarquables de cette œuvre, qui scandalise les *faibles*. Quant à M. Géruzez, après avoir traité notre auteur d'esprit naïf dans son affectation, délicat sous sa grossièreté d'emprunt, voici comme il conclut son jugement :

« C'est par ces traits de critique ingénieuse, par le rapport constant de la caricature au modèle, par le sel, la vivacité et le naturel de la plaisanterie, que Scarron a désarmé le rigorisme des gens de goût, et qu'il a presque justifié l'engouement de Guéret, qui, dans le *Parnasse réformé*, le réconcilie avec Virgile, et scelle la conciliation par de longs embrassements. »

Voilà qui est, je pense, d'un grand poids en faveur de Scarron. Pour nous à qui, en notre qualité d'éditeur, quelque faiblesse serait bien permise pour le *Virgile travesti*, et qui ne sommes point tenu peut-être à la même sévérité de jugement que des professeurs de la Faculté des lettres, nous n'oserions même aller si loin dans l'apologie ; et nous avons cru faire la part encore assez belle à notre auteur, en en parlant avec moins d'enthousiasme.

Par une fatalité commune à la plupart des ouvrages comiques de ce temps, Scarron n'a pas achevé son *Virgile travesti* non plus que son *Roman comique*. Il s'est arrêté vers le milieu du huitième livre. C'est, a-t-on dit, parce que les derniers chants du poëme latin, moins intéressants, moins variés, moins connus, ne se prêtaient plus si bien que les premiers au travestissement. Sans examiner jusqu'à quel point l'opinion généralement répandue sur l'infériorité de la dernière moitié de l'*Énéide* est juste et vraie, il faut reconnaître, en effet, que Scarron devait s'y trouver plus mal à l'aise, plus à l'étroit, moins servi par les caractères et les événements. Il le déclare, d'ailleurs, dans les premières pages du septième livre :

> Ce n'est pas ici jeu d'enfant ;
> C'est le fardeau d'un éléphant
> Que ce que je veux entreprendre...
> Ici le sujet héroïque,
> Aux vers burlesques fait la nique.
> Ce n'est plus ici que combats...

Mais il me paraît plus simple d'attribuer surtout cette désertion à sa fatigue, sur laquelle il revient souvent, entre autres au même endroit encore :

> Ma plume est beaucoup fatiguée,
> Et je n'ai plus cette âme gaie
> Qui m'a fait, malgré tous mes maux,
> Le moins chagrin des animaux.

Scarron était un grand enfant, qui se lassait bien vite de ses jouets. Le pieux Énée avait fini par lui peser singulièrement : par degrés même il se dégoûtait du burlesque, comme il en a rendu témoignage dans la dédicace de son cinquième livre, et ailleurs encore. Et puis il nous apprend avec découragement et ennui, — et nous avons vu jusqu'à quel point cette plainte était fondée, — que la troupe servile des imitateurs et des copistes s'était élancée sur ses traces, envahissant Virgile, épuisant gloutonnement le burlesque et le discréditant à tous les yeux. Ainsi exploité et gaspillé de toutes parts, le genre, devenu banal et traîné dans tous les ruisseaux, n'était plus qu'une guenille qu'il fallait laisser à terre. Scarron avait l'air, lui qui était le créateur, de suivre l'ornière commune. Il aima mieux céder la place.

Quoi qu'il en soit de ces raisons, on sent sa lassitude et son ennui dans les derniers livres. Sauf quelques excellents passages, le septième est bien inférieur aux précédents, et le fragment du huitième ne se relève guère qu'au discours d'Évandre.

Comme le *Roman comique* encore, le *Virgile travesti* a été continué par quelques écrivains qui ont fait preuve, dans ce travail, de plus de bonne volonté que de talent, comme s'ils eussent voulu se charger de démontrer une fois de plus le mérite original de Scarron, et de prouver que ce genre est moins facile qu'il ne le semble au premier coup d'œil. La première suite, celle que nous avons reproduite dans cette édition, parce qu'elle est la plus connue et la moins mauvaise, est celle de J. Moreau de Brasei (La Suite ou tome III du *Virgile travesti en vers burlesques* de M. Scarron, par messire Jacques Moreau, chevalier, seigneur de Brasei, etc. A Amsterdam, chez Pierre Mortier, 1706, in-8°). C'était « un officier goguenard, dit-on dans le discours sur le style burlesque en tête des œuvres de Scarron, qui a vécu en Hollande, à Hambourg, en Saxe et ailleurs. Il se qualifiait en Hollande messire Jacques Moreau, chevalier, seigneur de Brazey, capitaine de cavalerie dans le régiment de cuirassiers espagnols du comte de Louvignies. Il s'est fait appeler ailleurs le marquis ou le comte de Brazey, et a publié trois volumes de Mémoires entrelardés de poésies, parmi lesquelles on trouve des imitations d'Horace, où cet ancien poëte n'est pas mieux imité que Scarron l'est dans cette suite du *Virgile travesti*. » Peut-être Moreau de Brasei avait-il été séduit, en sa qualité de militaire, par les batailles qui remplissent les derniers livres de l'*Énéide*, et où ses connaissances spéciales lui devaient être d'un grand secours. Mais il faut bien avouer qu'on ne s'en aperçoit guère.

L'effort se fait sentir d'un bout à l'autre de son œuvre froide et plate, où l'on ne trouve que le bouffon sans le naïf, et où le burlesque manque à sa qualité la plus essentielle, qui est de couler de source. Comme la plupart des imitateurs de Scarron et de ceux qui ont voulu le compléter, Moreau de Brasei n'a à sa disposition qu'un style lâche et sans force : il se noie dans les détails et semble vouloir émousser à plaisir ses meilleurs traits en y appuyant lourdement. Ce n'a pas été sans dégoût, pourquoi nous en cacherions-nous? que nous avons reproduit quelques-unes de ses grossières plaisanteries. C'est donc moins pour ses qualités propres que pour son mérite relatif que nous l'avons choisi. Voulant publier un *Virgile travesti* complet, nous avons dû, à défaut du bon, prendre le moins mauvais. Moreau de Brasei, à peu près seul parmi les continuateurs de Scarron, a été réimprimé jusqu'ici, seul surtout il est encore lu quelquefois; du reste, pour être équitable, nous devons dire qu'il justifie parfois cette faveur par maints passages qui nous paraîtraient meilleurs encore, sans doute, si nous n'étions gâtés par le souvenir et la comparaison toujours présente de la verve de son modèle.

On attribue une autre Suite, dédiée à la duchesse de Bouillon, et qui ne contient que les neuvième et dixième livres, à un sieur Tellier-d'Orville : n'est-ce pas plutôt le Tellier-d'Orvilliers, l'auteur du *Roman comique mis en vers,* ce qui est une présomption à l'appui, d'autant plus que la dédicace est signée d'un L? D'ailleurs, c'est le nom que donnent Quérard, et Barbier dans sa *Bibliographie virgilienne* (*Virgile*, collect. Lemaire, t. VII). Mais personne n'indique la date de l'édition originale, et tout porte à croire qu'elle parut pour la première fois dans un recueil des œuvres de Scarron (probablement celui de 1730), comme le font entendre l'abbé Goujet et Barbier.

Il y a encore d'autres Suites, par exemple, celle de M. J. (Bordeaux, chez Guillaume de la Court, 1674, in-12), et celle de P. Brussel (1767, in-12. La Haye, c'est-à-dire Paris), signée des initiales P. (et non M. comme le dit Barbier) B. A. D. C.; elle est précédée d'une épître dédicatoire en vers.

Bien plus même, en 1664, Ch. Cotton mit le *Virgile travesti* en anglais [1], trouvant plus simple de traduire ce traducteur burlesque, que de recommencer le travestissement sur l'original pour son propre compte.

Je n'ai pas la prétention de tracer la bibliographie complète du *Virgile travesti,* mais simplement de mentionner les principales édi-

---

[1] *Scaronides, sive libri I et IV Æneidos, carmine anglico ludicro.*

tions qui s'en sont faites. Chacun des huit livres de Scarron a été publié in-4°, le 1er en 1648, chez Toussaint Quinet ; le 2e, id., id. ; le 3e, 1649, id. ; le 4e, id., id. ; le 5e, au commencement de 1650, id. ; le 6e, au commencement de 1651, id. ; le 7e, 1652, id. ; le 7e, 1652, id. ; le 8e, id., 1652 [1].

En dehors de cette édition in-4°, il y en a eu une in-12, publiée concurremment.

Le *Virgile travesti, suivant la copie imprimée à Paris,* petit in-12 (les deux premiers livres).

— *Id., id.,* 1650-51 (cinq livres).

— *Id., id.,* 1652 (les huit livres).

— *Id.,* 1653, *Guillaume de Luynes* (sept livres).

— Le *Virgile travesti en vers burlesques,* 1655, in-4°.

— *Id.,* 1657, 2 vol. in-12.

— *Id., Guill. de Luynes,* 1662, 2 vol. in-12.

— *Id.,* Paris, 1667, 2 vol. in-12.

— Le *Virgile travesti en vers burlesques,* revu et corrigé, suivant la copie imprimée à Paris, 1668, 2 parties en 1 vol. petit in-12.

— *Id.,* Paris, *Guill. de Luynes,* 1675, 2 vol. in-12.

— *Id.,* Lyon, J. B. de Ville, 1690, in-12.

— *Id., avec la suite.* Paris, David, 1715, 1726, 1734, 1752, 3 vol. in-12.

Le *Virgile travesti* fait partie des *Œuvres de Scarron.* Paris, Michel David, 1727, 1730 et 34, 12 vol. in-22 ; — édition Bruzen de la Martinière, *Amsterdam,* Wetstein, 1737, 10 vol. petit in-12, et 1752, 7 vol. petit in-12 ; — Bastien, Paris, 1786, 7 vol. in-8°.

— Le *Virgile travesti en vers burlesques, par Scarron, précédé d'une notice sur l'auteur, annoté, et suivi d'un vocabulaire donnant le sens des expressions vieillies,* nouvelle édition, par Charles Fetilly, 2 vol. in-8°. Paris, Mansut, 1845. Il est permis, nous dirons plus, il est nécessaire de ne pas compter cette édition, et de la considérer absolument comme non avenue. Nous ne pouvons nous dispenser de faire cette observation, dussent ceux qui ne l'ont pas vue nous soupçonner de déprécier les travaux de nos devanciers, ce qui est bien loin de nos habitudes. Les coupures et modifications de l'éditeur sont tellement nombreuses et tellement considérables, que c'est en quelque sorte son œuvre propre autant que celle de Scarron et de Moreau de Brasei qu'il a donnée au public. Il

---

[1] Nous donnons cette dernière date uniquement d'après Brunet, qui indique, dans son *Manuel du libraire,* une édition du *Virgile travesty* de 1652, en *huit* livres. Ce serait peut-être dans cette édition qu'on aurait imprimé pour la première fois les fragments du 8e livre parodié par notre auteur.

a réimprimé la suite de Moreau de Brasei, mais en supprimant les cent quarante-six vers d'entrée en matière, et en substituant, sans peut-être s'en apercevoir et sans en avertir le lecteur, le neuvième livre de la suite de le Tellier, à celui de Moreau. D'ailleurs il a tout l'air d'avoir pris la suite elle-même pour l'œuvre de Scarron ; du moins, il n'y a aucun avertissement, aucune note, aucun titre, qui la séparent du reste. Nous ne parlerons pas de la notice : nous dirons seulement quelques mots des notes et du prétendu vocabulaire annoncé par le titre, pour achever de donner une idée de cette édition. Ces notes, de la plus rare insuffisance et d'un incroyable sans-façon, réunies à la fin du second volume, se succèdent sans aucun ordre, sans indication de pages, dans un complet tohu-bohu. Mais voici le sublime du genre : l'éditeur, en faisant un choix (sans en avertir en aucune façon) parmi les annotations terminant le volume de l'édition Bruzen, où se trouvent assemblées les deux *suites* de Moreau de Brasei et de le Tellier d'Orvilliers, ne s'est pas même aperçu que ces annotations regardaient seulement cette dernière *suite*, et n'avaient aucun rapport avec celle qu'il a réimprimée; de sorte qu'il aligne sérieusement une série de commentaires qui ne se rattachent par aucun point à son texte. C'est à peu près la même bévue, ou plutôt c'est une bévue plus complète encore que celle d'un libraire, qui, publiant l'*Énéide* de Virgile, reproduirait pieusement au bas du texte, les notes du P. Jouvenci sur les *Bucoliques*. Après ce trait, il faut tirer l'échelle, et nous croyons qu'on nous dispensera d'insister.

Un mot sur cette édition pour finir. J'y ai mis des notes assez nombreuses, mais aussi courtes et aussi précises que possible, sans chercher à faire étalage d'érudition, ce qui n'était pas le lieu; sans prétendre non plus à commenter le *Virgile travesti* comme on pourrait faire de l'*Énéide* ou de l'*Iliade*. Je me suis proposé simplement d'éclaircir les termes vieillis, et de donner au besoin les renseignements historiques ou littéraires qu'appelait naturellement le texte.

Il est bien entendu qu'en parlant de renseignements historiques nous voulons parler de l'histoire et des mœurs modernes que, par ses continuels et volontaires anachronismes, Scarron mêle sans cesse à la trame de sa parodie antique, et non des renseignements sur la mythologie et sur tous les détails dont l'ensemble constitue l'épopée de Virgile. Ce serait une étrange méprise que de chercher ici ce qui doit être réservé aux annotations du poëme original, et c'eût été de notre part un singulier contre-sens que de confondre ainsi notre tâche avec celle des Servius et des Lemaire.

C'est surtout à la *suite* que nous n'avons mis que les notes strictement indispensables, n'ayant nulle envie de traiter messire Moreau de Brasei en classique, pas même en classique du burlesque. Nos notes alors deviennent surtout philologiques. Les termes de Moreau de Brasei ont plus souvent besoin d'être expliqués que ceux de Scarron même, quoiqu'il ait écrit à une époque beaucoup plus rapprochée de nous : cela vient, entre autres raisons, de ce que, pour suppléer aux défaillances de sa verve, il a plus contourné son style, cherchant, à défaut du génie burlesque qui est dans les choses, de créer des termes et tournures bouffonnes, qu'il tire de son imagination, ou qu'il détourne de leur sens ordinaire, ce qui le rend fort difficile parfois à interpréter nettement.

Nous ne répétons pas nos notes. Quand un mot demande une explication, nous la donnons, en général, la première fois que ce mot se présente : c'est au lecteur à se la rappeler ou à y recourir, s'il en a besoin.

L'absolue correction du texte est quelquefois difficile à établir, même à l'aide des éditions de chaque livre faites du vivant de Scarron. Dans ces éditions imprimées et corrigées avec peu de soin, suivant l'usage universel d'alors, il y a des différences, presque toujours, il est vrai, d'une très-minime importance, entre lesquelles il est impossible de voir quelle est la meilleure version. Encore si c'était un style ordinaire, soumis aux lois communes et normales, on pourrait être guidé dans certains cas par le raisonnement; mais, au contraire, le propre de ce style est de se moquer des lois. Pour la ponctuation en particulier, surtout dans la suite, la longueur et l'enchevêtrement extrêmes des périodes, joints à leur incorrection, font qu'il est souvent très-difficile, par moments même impossible, de s'y reconnaître, et qu'on se voit obligé d'y distribuer un peu arbitrairement les points d'arrêt.

Qu'on veuille bien songer, pour excuser les fautes du commentateur, qu'il n'a point été précédé dans cette tâche, à sa connaissance du moins.

VICTOR FOURNEL.

A LA REINE [1]

MADAME,

Je promets à votre MAJESTÉ, *dès le commencement de mon épître, qu'elle en verra bientôt la fin, et c'est peut-être ce qu'elle en trouvera de meilleur.* DIEU *me fasse la grâce de lui tenir parole, et que l'honneur que j'aurai d'entretenir la plus grande Reine du monde ne me transporte pas assez pour me faire oublier qu'elle a bien d'autres choses à faire qu'à lire une Dédicatoire. Lorsque j'ai fait dessein de donner mon Livre à Votre* MAJESTÉ, *j'ai cru que je ne pouvois être pauvre de pensées en un si riche sujet; et que j'allois dire les plus belles choses du monde, et toutefois,* MADAME, *après avoir longtemps fatigué ma rhétorique, j'ai trouvé que, pour être venu des derniers, j'étois réduit à servir d'écho à ceux qui avoient parlé devant moi, et que, ces beaux esprits n'ayant pas même oublié la vieille histoire du roi de Perse, qui remercia un paysan qui lui présenta un verre d'eau de rivière* [2], *il ne me restoit plus rien à ajouter, sinon qu'ils n'ont tous rien dit à la louange de Votre* MAJESTÉ, *qu'elle n'en mérite et que je ne m'en imagine davantage. On me reprochera sans doute que j'ai donc tort de me taire; mais une matière si haute s'imagine bien plus aisément qu'elle ne s'exprime, et je la dois laisser à traiter aux écrivains héroïques, qui sans doute auront besoin de tout leur Apollon pour en sortir à leur honneur; car pour moi, humble petit faiseur de vers burlesques que je suis, et poëte à la douzaine* [3], *je ne me mêle que de faire quelquefois rire: encore faut-il qu'on en ait plus grande envie que moi, qui seroit le plus chagrin de tous les hommes, sans les bienfaits de Votre* MAJESTÉ, *et sans l'honneur que j'ai d'avoir une charge en sa maison. Cette charge n'est pas véritablement des plus importantes, mais elle est bien des plus difficiles à exercer, et je pense sans vanité m'en être assez dignement acquitté* [4], *pour oser prier Votre* MAJESTÉ *d'ajouter à l'honneur d'être*

---

[1] La reine mère Anne d'Autriche (1602-1666), fille de Philippe II, roi d'Espagne.

[2] Artaxerxès Longue-Main, à la bataille de Cunaxa, but avidement une outre d'eau fétide et corrompue que portait un paysan caunien, assurant qu'il n'avait jamais bu de vin avec tant de plaisir. Le paysan ayant disparu, le roi pria d'abord les dieux de le rendre riche et heureux s'il ne pouvait le retrouver; puis, quand il l'eut découvert, il le combla de biens et d'honneurs. (Plutarq., *Vie d'Artaxerxès*, XII et XIV.) C'est évidemment de ce trait que veut parler Scarron, plutôt que de celui de Darius mourant, recevant un verre d'eau fraiche du soldat Polystrate. (Id., *Vie d'Alexandre*, LIX.)

[3] Scarron s'exprime toujours sur son talent poétique avec cette rare modestie. On peut voir encore la dédicace du livre V de son *Virgile travesti*, son *Épître monseigneur le Prince*, son *Ode à M. Maynard*, son *Élégie à Mademoiselle*, divers endroits du *Roman comique*, et une foule d'autres passages dispersés dans ses œuvres.

[4] Il veut désigner sa charge de malade de la reine:

> De la triste et pénible *charge*
> Que j'exerce avec probité,
> Quoique mal dessus mal me charge,
> Je me suis *fort bien acquitté*.
> (*Stances à la Reine*.)
> Cependant ce malade exerce
> Sa charge avec intégrité, etc.
> (*Requête à la Reine*.)

son malade celui d'être son poëte burlesque : pourquoi non, si je suis assez heureux pour avoir fait un livre qui lui plaise? Et pourquoi ne lui plaira-t-il pas, puisque la moindre guenon peut quelquefois divertir l'esprit du monde le plus relevé ? Si mon Énéide fait rire Votre Majesté seulement du bout des lèvres, et que le fils d'Anchise ait assez plaisamment masqué ce carnaval pour la divertir, il paraîtra tous les mois sous de nouveaux masques jusqu'à la fin de l'année, qu'il épousera l'infante à *Lavinium* [1]. C'est une belle et bonne princesse des meilleures maisons d'Italie, et si la plus grande Reine de l'Europe assiste aux noces de cette reine de village, je n'aurai plus à me plaindre ni de la maladie ni de la fortune, et je me trouverai sain et content dès le moment que j'aurai plu; il ne faut qu'un souris pour faire ces deux grands miracles, et j'ai sujet d'espérer, MADAME, que Votre MAJESTÉ, me faisant des biens plus solides [2], ne refusera pas ce souris à l'homme du monde qui est le plus,

MADAME,

   Votre très-humble, très-obéissant, très-obligé et très-malade
     serviteur et sujet,

           SCARRON,
          Malade de la Reine.

[1] Le poëte burlesque n'a pas tenu sa promesse, puisque, d'une part, le *Virgile travesti* n'a paru que de 1648 à 1653, et non de mois en mois, et que, d'autre part, il n'a pas conduit son œuvre jusqu'au mariage d'Énée avec Lavinie ; car on sait qu'il s'arrêta au milieu du livre VIII. Du reste, dès 1648, dans la dédicace du *Combat des Parques et des poëtes à la mort de Voiture*, il dit : « Si j'ai la constance d'achever l'*Énéide burlesque*; » et en 1650, dans celle du livre V du *Virgile travesti*, il marque fort nettement le dégoût qu'il ressent alors pour sa tâche, et ajoute que, s'il s'écoutait, il ne continuerait pas. Mais ce qu'il promettait ne dépassait point les bornes de sa facilité habituelle, puisqu'il nous apprend, dans sa dédicace au commandeur de Souvré, qu'il n'avait été que trois semaines à faire *Jodelet, ou le Maître valet*, comédie en cinq actes et en vers. Il a souvent, ailleurs encore, rendu témoignage de son incroyable facilité à griffonner :

   ...Toujours la somme s'augmente,
   Et j'écrirois jusqu'à demain
   Si je ne retirois ma main.
     (*Épître à l'abbé d'Espagny.*)

[2] Il avait reçu d'abord cinq cents écus de la reine. (Voir *Épître à M. de Souvré*, 9ᵉ strophe.) Le don fut renouvelé l'année suivante. (*Remercîment à la Reine*, au début.) Grâce à madame de Schomberg et au bailli de Souvré, ces cadeaux se changèrent, vers 1645, en une pension qui ne fut pas toujours régulièrement payée, et qui cessa entièrement de l'être après la publication de sa *Mazarinade*. Ses œuvres sont remplies de *requêtes* et de *remercîments* à la reine, ayant toujours le même but, et où la quémanderie est poussée à ses dernières limites. Il lui demande de l'argent, une abbaye, un logement à la cour, une litière, même des livres, etc., et à cinquante autres de même.

AU LECTEUR

Ami lecteur, pieux lecteur, lecteur bénévole, ou comme tu voudras, ne pense pas que je te donne ces beaux noms-là pour capter ta bienveillance. Je te permets de dire pis que prendre de mon livre, selon l'honnête coutume de ceux qui lisent ; et si tu n'as pas été assez fou pour l'acheter, tout le déplaisir que j'en aurai sera de n'avoir pas ajouté aux noms d'ami, de pieux et de bénévole, celui de très-sage ou de très-judicieux.

A MONSIEUR L'ABBÉ SCARRON

SUR SON VIRGILE EN VERS BURLESQUES

Muse, écoute-moi, de grâce,
Et réponds-moi promptement ;
Est-il fête sur le Parnasse ?
Quel est ce déguisement ?
O quelle métamorphose !
O Dieu, la plaisante chose !
Le rire m'a suffoqué ;
Et, dans ce plaisir extrême,
Virgile riroit lui-même,
De se voir si bien masqué.
 Toi qui réjouis la Bande
Qui demeure dans les Cieux ;
Toi que chacun appréhende,
Immortel Bouffon des Dieux,
Tes plus fines railleries
Ne sont que des niaiseries
Qui n'ont presque rien de bon,
Si notre esprit les compare
Au Livre plaisant et rare
Que nous a donné Scarron.
 O Malade de la Reine !
Malade partout vanté !
De qui la docte migraine
Vaut autant que la santé,
Quand tu souffres qu'on te voie,
Tu ressuscites ma joie,
Tu rétablis ma Raison :
De l'humeur qui m'assassine,
Ton Livre est la médecine
Et le seul contre-poison.
 Je te jure par Hercule
(Serment de l'antiquité)
Que ton Héros ridicule
M'a presque ressuscité.
Aussi, pour ses assistances,
J'appends comme des potences,
Et mes chagrins et mes soins,
Et tout ce qu'un misérable
De l'Epargne inexorable
Endure et souffre le moins.
 J'appends (dis-je) dans le Temple
De Virgile travesti
Mille chagrins sans exemple
Dont je me trouve investi :
Oui, par ce Écrotesque Énée,
J'incague [1] la Destinée

---

[1] Je défie, je me moque.

Qui me met à l'abandon,
Et j'offre mon Ordonnance
Et mes Brevets sans finance
A la burlesque Didon.
 O prodige incomparable,
Infirme, et pourtant divin !
O philosophe agréable !
O stoïque sans chagrin !

Fais d'une âme toute libre,
Que bientôt aux bords du Tibre,
Ton Héros puisse arriver !
Fais que l'univers l'écoute,
Et je crois que j'aurai la goutte
Si je ne vais le trouver.
DE SCUDÉRY [1].

A MONSIEUR L'ABBÉ SCARRON

SUR SON VIRGILE EN VERS BURLESQUES

ÉPIGRAMME.

Mon cher SCARRON, Virgile enrage,
Et tout le monde est étonné
De voir son plus superbe Ouvrage
En Burlesque ainsi retourné.
On croyait que son *Énéide*,

Pompeux, élégant et fluide,
Fût sans pareil en l'Univers ;
Mais on dit en voyant le vôtre,
Que c'est un drap à deux envers
Aussi bien d'un côté que d'autre.
TRISTAN L'HERMITE [2].

A MONSIEUR L'ABBÉ SCARRON

SUR SON VIRGILE EN VERS BURLESQUES

STANCES

Scarron, ton sort bizarre est-il à déplorer ?
 Souffrant comme un damné, tu vis et peux écrire ;
 On ne peut, te voyant, s'empêcher de pleurer

---

[1] Scudéry est trop connu pour avoir besoin d'être présenté en forme au lecteur. C'était un ami de Scarron, qui avait parlé avec éloges, à plusieurs reprises, de l'*Illustre Bassa* (publié sous le nom de Scudéry, 1635, quoiqu'il fût de sa sœur), et qui l'appelle *grand* dans son *Adieu au Marais* ; il lui rend ici la monnaie de sa pièce.

[2] Tristan l'Hermite (1601-1655), l'auteur de *Marianne*, tragédie dont le succès balança celui du *Cid*. Il a raconté lui-même sa vie aventureuse, dans une autobiographie romanesque intitulée le *Page disgracié*.

Te lisant sans te voir, on s'étouffe de rire.
  Peux-tu bien à ta Muse être si complaisant?
Elle te rit au nez quand la douleur t'accable,
Comment peux-tu loger un esprit si plaisant,
Si burlesque et si gai, dans un corps misérable?
  Quel temps prends-tu pour rire avecque les neuf Sœurs,
Vu que toute ta vie est pleine d'amertume?
Tu ne goûtes jamais ni plaisirs ni douceurs,
Et tout cela pourtant pend au bout de ta plume.
  Tu peux communiquer un bien que tu n'as pas,
Et nous voyons couler par ne sais quelle voie,
De tes visibles maux de visibles appas,
D'un chagrin éternel une éternelle joie.
  Si ton Héros vivoit, et qu'en ce Carnaval
Il se vit déguisé sous cet habit fantasque,
Je gage qu'il feroit tout le Cours à cheval,
Et qu'il prendroit ainsi plaisir d'aller en masque.
  N'en déplaise aux Pédans de l'Université,
Bien aises que Virgile ait fait Didon sa garce,
Le texte de ce Poëte est souvent plus gâté
Dans leurs écrits bourrus qu'il ne l'est dans ta farce.
  Leurs remarques de balle et Comments de rebut [1]
Nous brouillent la cervelle, au lieu de nous instruire;
Mais ta main sans manquer a frappé droit au but,
Si tu n'as eu desein que de nous faire rire.

     BOISROBERT, *abbé de Châtillon* [2].

A MONSIEUR L'ABBÉ SCARRON

SUR SON VIRGILE BURLESQUE

Toi qui chantas jadis Typhon,
Chétif de corps, d'âme sublime,
Toi qui pèses moins qu'un chiffon,

Scarron, ne pèse pas ma rime.
  Tout ce qui vient de tes amis,
Tu le vois avec tant de joie,

---

[1] *Remarques de balle*, pour méchantes remarques, remarques de pacotille. C'est ainsi que Molière a dit dans les *Femmes savantes*:

   Allez, rimeur de balle, opprobre du métier.

— *Comments*, pour commentaires.

[2] François le Métel de Boisrobert (1592-1662), abbé de Châtillon-sur-Seine, prieur de la Ferté-sur-Aube, aumônier du roi, conseiller d'État, bouffon du cardinal de Richelieu et membre de l'Académie française. On lui doit un grand nombre de comédies et de tragi-comédies. Boisrobert était un des amis et des visiteurs de Scarron, qui avait été charmé de faire connaissance avec lui à cause de son influence sur le cardinal; mais ils devaient se brouiller en 1655, où ils se trouvèrent en concurrence au théâtre pour le même sujet (les *Généreux Ennemis*), sans parler de Th. Corneille, qui s'était également rencontré avec eux. Dans une lettre à Marigny, Scarron a décoché à Boisrobert un quatrain sanglant.

Reçois ce que je t'ai promis,
Et lis ces vers que je t'envoie.
  J'avois fait serment que Quinet,
En toute son imprimerie,
Soit en épigramme ou sonnet,
Ne m'imprimeroit de sa vie.
  Toujours me souvient des Ballets
Dont s'offensa mainte écarlate :
Après cela dans le palais,
Le veux-tu, que mon nom éclate?
  Joins cent maux à tes maux divers,
Sois cent fois plus sec que ta chaise :
Ceux que me firent quatre vers
Me mirent plus mal à mon aise.
  Mais, quand j'attirerois sur moi
Tous les maux que souffrit Alcide,
Je ne puis m'empêcher, ma foi,
De parler de ton *Énéide*.
  Non, je ne saurois, cher Scarron,
Et je ne t'en puis rien écrire,
Car ton Énée et ta Didon
M'ont quasi fait mourir de rire.

                            DUPIN [1].

A MONSIEUR L'ABBÉ SCARRON

SUR SON VIRGILE EN VERS BURLESQUES

Mon bon Monsieur Virgile, il faut vous retirer
Assez, par vos beaux vers, vous avez fait pleurer
Les bonnes gens émus de voir le pauvre Énée
Tourmenté par Junon contre Troie acharnée ;
    Mais maintenant, Seigneur Maron,
    Il faut céder au Sieur Scarron,
Qui, d'un style rempli de beautés et de charmes,
    Et par d'incomparables Vers
    Fera rire tout l'Univers
De tous ces accidens qui nous causoient des larmes.
    Cédez-lui donc sans résistance,
Car d'autant plus que vous il se fait admirer,
    Que l'on tient pour maxime en France
    Qu'il vaut mieux rire que pleurer.

                       LA MOTTE LE VAYER *le fils* [2].

---

[1] Personnage à peu près complétement inconnu, malgré les grands airs qu'il se donne dans ces strophes. C'est très-probablement le Dupin, maître des cérémonies, dont le *Dictionnaire des Précieuses* de Somaize parle en ces termes, sous le nom de Philémon : « Philémon est un galant homme qui a esté rival de Strabon (Scarron) dans la composition de la *Gazette burlesque*, qu'il a faite durant quelque temps sous le nom de la *Muse de la Cour*, » etc.

[2] Le fils unique du philosophe dont il nous reste des œuvres nombreuses et trop peu connues. Il mourut en 1664, âgé d'environ trente-cinq ans, n'ayant pas eu le temps de réaliser toutes les espérances qu'il faisait concevoir. C'est à lui que Boileau a adressé sa quatrième satire.

A MONSIEUR L'ABBÉ SCARRON

SUR SON VIRGILE EN VERS BURLESQUES

Nous te verrons bientôt danser, sauter, courir,
Faire ambler un cheval, ou du moins une mule
Qui peut avoir rendu Virgile ridicule
Peut bien trouver aussi le moyen de guérir.

I. R. S. C.

IN GALLICAM SCARRONIS

ÆNEIDEM LUDICRO CARMINE SCRIPTAM

Debile Scarronis corpus, contractaque membra,
   Indomitus vexat nocte, dieque, dolor.
Hinc caput obliqua pronum cervice fatiscit,
   Nec licet obtutus tollere ad astra suos.
Utque manus premit innocuas cruciatque chiragra,
   Sic secat immeritos sæva podagra pedes.
Et male nodosos macies depascitur artus,
   Tabidaque arescens vix tegit ossa cutis.
Torqueris levius volvendo, Sisyphe, saxo,
   Quique renascenti pectore pascis avem.
Et tamen in mediis ridere doloribus audet,
   Nec miserum læti deseruere joci.
Ridiculum Æneam, Troas, Danaosque facetus,
   Insolita Gallis arte, poeta facit.
Oblectant animos, non jam naufragia terrent,
   Itala quæ finxit, Vate Marone, Clio.
Festivè ventique ruunt atque æquora versant,
   Jucundè Phrygias et quatit unda rates.
Et supplex precibus superos dicacibus orat
   Naufragus, et grato cum sale nauta perit.
Nec flenda ingentis modo sunt incendia Trojæ,
   Hæc possint Priamo sic placuisse seni.
Ipsa quoque in Teucros joculares concipit iras
   Altisoni conjux Juno sororque Jovis.

*Tam bene qui ludit, dum toto corpore languens
Deficit, innumeris obruiturque malis,
Vel certe humana Deus est sub imagine Scarro,
Ingenio pollet vel propiore Dei.*
C. FERAMUS [1].

IN ÆNEIDA MIMICAM

ET JOCOSAM PAULI SCARRONIS

*Corpore Scarro æger, sed cui ridere decorum,
Phœbus, Amor, Charites, et Venus ipsa dedit.
Gratum opus urbanis, urbanæ Æneidos auctor,
Transtulit in lepidos arma, virumque, jocos.*
ATTICUS SECUNDUS [2].

SCARRONI EX PATRE NEPOTI

*Si punctum omne tulit, qui miscuit utile dulci,
Ludendo scribens seria, quid meruit?
Virgilii miranda legens, ridere jubetur,
Hoc debet Scarro, Gallica musa, tibi.*
Urb. SCARRON PATRUUS [3].

---

[1] Charles Féramus, qui se signala dans la guerre contre Montmaur, et dont la satire latine (car il écrivait toujours en latin) contre les parasites fait partie de l'*Epulum parasiticum*, avec celles de Ménage, de Sarrazin, de Rigault et de Balzac.

[2] Cette signature cache le nom du poëte Sarrazin, l'un des plus intimes amis de notre auteur, qui lui a adressé une épître bien connue, en petits vers de trois syllabes. Sarrazin avait déjà publié sous ce pseudonyme une satire latine contre le pédant-parasite Montmaur (1644, in-4°). Voir *Dictionn des Anonym.* de Barbier.

[3] Cet oncle paternel est probablement Pierre Scarron, évêque de Grenoble, conseiller honoraire, célèbre par la longueur de sa barbe, qui l'emportait même sur celle du président Molé.

LE VIRGILETRAVESTI

LIVRE PREMIER

Je, qui chantai jadis Typhon [1],
D'un style qu'on trouva bouffon,
Aujourd'hui de ce style même,
Encor qu'en mon visage blême,
Chacun ait raison de douter
Si je pourrai m'en acquitter.
Devant que la mort, qui tout mine
Me donne en proie à la vermine,
  Je chante cet homme pieux,
Qui vint, chargé de tous ses dieux
Et de monsieur son père Anchise,
Beau vieillard à la barbe grise,
Depuis la ville où les Grégeois [2]
Occirent tant de bons bourgeois,
Jusqu'à celle où le pauvre Rème,
Fut tué par son frère même,
Pour avoir, en sautant, passé
De l'autre côté d'un fossé.
Junon, déesse acariâtre,
Autant ou plus qu'une marâtre [3],

---

[1] *Typhon, ou la Gigantomachie*, poëme burlesque en quatre chants, qui parut en 1644, chez Toussaint Quinet, le libraire ordinaire de notre auteur.

[2] C'est le nom dont Scarron appelle les Grecs dans presque tout le cours du *Virgile travesti*.

[3] Notre poëte ne passe pas une occasion de dauber sur les marâtres. Voir *Roman comique*, 1. XXII; *Ode burlesque sur Léandre et Héro*; *A M. du Laurent*; *Recommand.*; *Imprécat. contre celui qui a pris son Juvénal*, etc. Dans ce livre VI de son *Virgile travesti*, il a soin, à deux reprises différentes, de les mettre en enfer, d'abord parmi les Maux de toutes sortes qui en peuplent le vestibule, puis parmi les bourreaux des mauvais fils et des mauvais parents. Ces boutades ont une portée particulière dans sa bouche, à cause des nombreux démêlés qu'il avait eus avec sa propre marâtre, Françoise de Plaix, et dont on peut lire le récit dans son *Factum ou Requête, ou tout ce qu'il vous plaira*.

Lui fit passer de mauvais jours,
Et lui fit force vilains tours,
Dont bien souvent, quoique très-sage,
Il se souffleta le visage ;
Mais enfin, conduit du destin,
Il eut dans le pays latin
Quinze mille livres de rente,
Tant plus que moins, que je ne mente,
Et, sans regretter Illium,
Fut seigneur de Lavinium,
Dont, depuis, sa race, par guerre,
A fait une assez bonne terre.
C'est de là que nous sont venus
Les pères Albains si connus ;
De là, Rome la belle ville,
Trois fois plus grande que Séville.
 Petite muse au nez camard [1],
Qui m'as fait auteur goguenard,
Et qui, quoique mon mal empire,
Me fais pourtant quelquefois rire,
Dis-moi bien comment, et pourquoi,
Junon, sans honneur et sans foi,
Persécuta ce galant homme,
Sans lequel nous n'aurions pas Rome,
Ni tous ces illustres Romains
A qui nous baisons tous les mains.
Elle fit bien la furieuse
Contre personne si pieuse :
Ils se fâchent donc comme nous !
Je ne les croyois pas si fous,
Et les croyois être sans bile,
Ces beaux dieux d'Homère et Virgile !
 Près du pays du roi d'Alger,
Que tua le bon roi Roger [2],

Une ville fort ancienne,
De fondation tyrienne,
Dessus le rivage africain,
Servoit d'asile à maint coquin.
Cette ville avoit nom Carthage,
D'où l'invention du potage,
Celle de durcir les œufs frais
Pour les manger à peu de frais,
Choses autrefois peu connues,
Au grand bien de tous sunt venues.
On la fait, mais je n'en crois rien,
Inventrice des gants de chien,
Et même des gants de Grenoble [3],
Cette nation fière et noble.
La sœur et femme du grand dieu
S'y plaisoit plus qu'en aucun lieu.
Samos, jadis sa bien-aimée,
Étoit d'elle moins estimée.
Elle y tenoit carrosse et char,
Chaise à bras, litière et brancard [4],
Et fit rebâtir les murailles,
Et la fit exempter de tailles.
Elle n'étoit premièrement
Qu'un bailliage seulement ;
Mais elle rompit tant la tête
A Jupiter, qu'à sa requête
Il en fit un présidial [5]
(Je ne sais s'il fit bien ou mal)
Y fonda deux ou trois colléges
Avec de forts beaux priviléges.
Elle eût fait de cette cité
Ce que Rome a depuis été ;
Mais, par malheur, en cette affaire,
Le destin fut d'avis contraire,

   Hélas ! je n'ai pour toute Muse
   Qu'une malheureuse camuse.
     (SCARR., *Ode à Maynard*.)

2 Allusion à Rodomont, tué par Roger, dans le XLVIe et dernier chant du *Roland furieux* de l'Arioste.
3 Les *gants de chien*, ou *gants gras*, se faisaient avec de la peau de chien pénétrée d'huile Grenoble était, avec Blois, Vendôme et Niort, une des villes les plus célèbres au dix-septième siècle pour la fabrication des gants. — *Les huit vers qui précèdent sont la traduction libre de* dives opum.
4 Trois véhicules fort usités au dix-septième siècle. La chaise à bras était portée par des hommes ; la litière, la plus douce des voitures, était un corps de carrosse suspendu, et conduit par des mulets placés, l'un devant, l'autre derrière. Le brancard, destiné surtout aux malades, était une espèce de grande civière avec des cerceaux en berceau, garni de matelas et de couvertures, et porté, comme la litière, à dos de mulets ou de chevaux.
5 Le présidial, tribunal supérieur au bailliage, prononçait en dernier ressort sur les appellations des juges inférieurs dans les limites de leur juridiction. Ce terme ne s'entendait pas seulement du tribunal, mais du lieu qui le possédait.

Le destin qui fait bien pester
Même le grand dieu Jupiter.
Or, comme souvent trop l'on cause,
Elle avoit ouï quelque chose,
Qu'un jour viendroit que les Troyens
Perdroient les pauvres Tyriens ;
Ce que craignant la bonne dame,
Et gardant encor en son ame
Le beau jugement de Pâris,
Et l'insupportable mépris
Qu'en faveur de Vénus la belle
Il eut pour Pallas et pour elle,
Ontre qu'il avoit révélé
(Heureux s'il n'eût jamais parlé !)
Qu'elle avoit trop longue mamelle,
Et trop long poil dessous l'aisselle,
Et, pour dame de qualité,
Le genouil un peu trop crotté ;
Puis un autre mal sans remède,
Le rapt du jeune Ganymède,
Dont son débauché de mari
Avoit fait un cher favori ;
Ces choses-là, mises ensemble,
Étoient suffisantes, me semble,
Pour lui faire faire aux Troyens
Ce que les laquais font aux chiens,

C'est-à-dire guerre terrible :
Elle faisoit donc son possible
Que ces pauvres dépaysés,
Pour la plupart dévalisés,
Ne pussent comme peuple libre
Planter leur piquet sur le Tibre,
Y semer blé, cueillir raisins,
S'allier avec leurs voisins,
Comme ils faisoient dans la Phrygie,
Devant que les troupes d'Argie
Fissent des biens de Priamus,
Après dix ans, *gaudeamus*,
Tant l'entreprise étoit hautaine,
D'élever cette gent romaine,
Malgré ses ennemis divers,
A l'empire de l'univers !
   Cette pauvre race troyenne,
Dessus la mer sicilienne,
Comme après bon vin bon cheval [1],
Voguoit sans songer à nul mal ;
Ils avoient tous le vent en poupe,
Et n'étoit pas un de la troupe
Qui ne chantât des *Leridas*,
Des *lampons*, et des *ouidas* [2],
Et mille autres telles denrées,
Quand, sur les plaines azurées,

---

[1] Suivant le *Dictionnaire comique* de Leroux: « *Après bon vin bon cheval*, signifie qu'un homme qui a bien bu fait bien trouver des jambes à son cheval. » Furetière donne aussi la même explication. On voit suffisamment par là le sens du passage.

[2] C'est-à-dire des refrains plaisants et joyeux. La ville de Lérida, en Espagne, déjà célèbre par l'exploit de la Mothe-Houdancourt, qui l'avait prise en 1644, venait d'être assiégée vainement deux fois de suite : en 1646 par le comte d'Harcourt, et en 1647 par Condé. Ce dernier siège surtout excita des vaudevilles à n'en plus finir : « Nous ne faisions que goguenarder pendant le voyage, dit Hamilton dans le chapitre VIII des *Mémoires de Grammont*. M. le Prince était le premier à nous mettre en train sur son siège. Nous fîmes quelques couplets sur ces *Lérida*, qui ont tant couru, afin qu'on n'en fît pas de plus mauvais. Nous n'y gagnâmes rien ; nous eûmes beau nous traiter cavalièrement dans nos chansons, on en fit à Paris où l'on nous traitait encore plus mal. » — *Lampons* (buvons) était le refrain de beaucoup de chansons plus ou moins populaires, de celle-ci, par exemple, que l'on trouve, avec quelques variantes, dans le Dictionnaire de Furetière et dans le Recueil de Maurepas:

    Jacque, en partant de Dublin,
    Dit à Lauzun sans chagrin:
    Prenez soin de ma couronne ;
    J'aurai soin de ma personne.
      Lampon (*bis*),
    Camarades, lampons.

Tallemant nous apprend que le maréchal de Grammont avait été surnommé le maréchal Lampon, parce qu'on avait fait sur lui, après qu'il eut perdu la bataille d'Honnecourt, un grand nombre de ces vaudevilles qu'on appelait les *Lampons*, de leur refrain. — *Oui-da* revient à chaque page, en forme de réponse ou de réflexion comique, chez tous les écrivains plaisants d'alors, chansonniers ou autres:

    Oui-da, j'y consens, bonne bête.
      (*Virgile travesti*, I. x.)

« Minerve dit : « Oui-da, oui-da, je l'estime. » (Voiture.) Etc., etc.

Junon, par la trappe des cieux,
Par malheur vint jeter les yeux.
Quand elle les vit ainsi rire,
Elle en accrut si fort son ire,
Que, si son lacet n'eût rompu,
Outre qu'elle avoit bien repu,
Je crois, Dieu veuille avoir son **ame** !
Qu'elle eût crevé, la bonne dame.
L'esprit donc quasi perverti :
« J'en aurai donc le démenti,
Cria-t-elle, et cette gueusaille
A ma barbe fera gogaille !
Quoi ! Pallas, qui n'est que Pallas,
A pu ce que je ne puis pas !
Contre les Grégeois animée
Du foudre de son père armée
Pour un seul, elle a fait sur tous
Pleuvoir une grêle de coups;
Elle a bien pu réduire en poudre
Le pauvre Ajax d'un coup de foudre,
Jeter les Grecs, qui çà, qui là,
Et je ne pourrois pas cela ?
Et malgré moi la destinée
Gardera ce faquin d'Énée ?
Et moi qui suis, sans me vanter,
Sœur et femme de Jupiter,
Je ne pourrai, quoi que je fasse,
Perdre cette maudite race,
Et chacun me méprisera,
Et pas un ne m'adorera ?
Car qui diable seroit si bête
De vouloir célébrer ma fête ?
Qui voudroit me sacrifier
Bœuf, vache, mouton ou bélier
Oui, bœuf, mouton, bélier ou vache ?
Il n'est personne que je sache
Qui veuille m'offrir seulement
Un rat, qui n'est qu'un excrément [1]. »
  Cela dit avec violence,
La déesse, à beau pied sans lance [2],
S'en alla trouver Éolus,
Roi non pas des plus absolus,
Car les Vents, dont il est le maître,
Lui font souvent bien du bissêtre [3],

Étant inconstans et légers;
Mais pour éviter les dangers,
Il les tient dans une caverne,
Où l'on ne va point sans lanterne
Autrement, ces séditieux
Bouleverseroient terre et cieux.
C'est pourquoi, craignant leur folie,
Il les emprisonne, il les lie ;
Mais le vent coulis seulement
Sort, quand il veut, impunément.
Les autres vents souvent s'échappent ;
Lors, malheur à ceux qu'ils attrappent,
Malheur aux arbres, aux clochers,
Malheur aux vaisseaux, aux nochers,
Malheur à toutes cheminées,
Qui deviennent lors enfumées.
Étant ainsi capricieux,
Jupiter, le grand roi des cieux,
Dessous de grandes roches dures,
En de grandes caves obscures,
Les tient enfermés sous la clef,
Imposant dessus eux un chef
Qui leur lâche à propos la bonde
Quand il faut balayer le monde.
C'est donc là que la dame vint.
Voici le discours qu'elle tint,
Quasi parole pour parole,
Au roi des quatre vents, Éole :
« O toi qui fais ce qui te plaît
Du Sud, du Nord, de l'Ouest, de l'Est,
Et qui, de mon époux et frère,
Roi des hommes, des dieux le père,
As eu le don de rendre l'air
Comme tu veux, obscur ou clair ;
Une caravane troyenne
Vogue dessus la mer Tyrenne :
Ce sont gens qui ne valent rien,
Auxquels je ne veux pas grand bien.
Ils espèrent en Italie
Leur retraite bien établie,
Chargés de hardes et d'écus,
Et de leurs pénates vaincus ;
Ils y voguent le vent en poupe,
Et n'est pas un dans cette troupe

---

[1] C'est le terme de la Fontaine :

Va-t'en, chétif insecte, excrément de la terre.
(Le *Lion et le Moucheron*, II, IX.)

[2] C'est-à-dire démontée et désarmée, ou sans équipage.
[3] Accident, dégât, malheur :

Eh bien, ne voilà pas mon enragé de maître !
Il nous va faire encor quelque nouveau bissêtre.
(MOLIÈRE, l'*Étourdi*, act. V, sc. VII.)

Qui me rende ce qu'il me doit.
Enfin on en abuseroit,
Si je les laissois bragues nettes¹;
Ils diroient de moi cent sornettes.
Si tu me veux bien obliger,
Fais vitement le temps changer,
Donne-leur d'un vent de galerne ²
Qui jusques au ciel me les berne,
Ou bien plutôt des quatre vents
Qui jour et nuit les poursuivans,
Brisent leurs vaisseaux contre terre,
Comme s'ils n'étoient que de verre;
Afin qu'ils craignent tout de bon
La divinité de Junon.
J'ai pour damoiselles suivantes
Quatorze nymphes très-galantes ;
Celle que j'estime le plus
Sera la femme d'Éolus :
C'est la parfaite Deiopée,
Un vrai visage de poupée.
Au reste on ne le peut nier,
Elle est nette comme un denier ³;
Sa bouche sent la violette,
Et point du tout la ciboulette.
Elle entend et parle fort bien
L'espagnol et l'italien ;
Le *Cid* du poëte Corneille,
Elle le récite à merveille,
Coud en linge en perfection,
Et sonne du psaltérion. »
  A cela que dit maitre Éole ?
« J'aurais la cervelle bien folle
Si je ne vous disais oui,
Répondit-il tout réjoui,
Et découvrant sa tête chauve,
Qui fut jadis de couleur fauve ;
C'est à vous, dame, à commander,
Et je n'ai rien qu'à seconder
Les volontés de ma princesse,
Sans m'enquérir pourquoi ni qu'est-ce.
Par vous j'ai dans le firmament

Un assez bel appartement ;
Par vous Jupiter favorable
M'admet à la divine table,
Où j'avale tant de nectar.
Que je m'en trouve gras à lard,
Où d'ambroisie, et de la bonne,
Jusqu'au cou souvent je me donne,
Et toutes ces félicités
Sont les effets de vos bontés. »
  Cela dit, à la hâte il darde
Contre le roc une hallebarde ;
Elle y fit un petit pertuis ;
Il ne fallut point un autre huis
Aux vents pour faire une sortie,
Dont la mer, toute pervertie ⁴,
Aux hommes sur elle flottans
Fit bientôt mal passer le temps.
Les vagues que les vents enflèrent
Jusqu'au ciel les vaisseaux portèrent,
Mais ils en furent rapportés
Plus vite qu'ils n'étoient montés.
Le choc des vagues forcenées,
Le fracas des nefs ruinées,
Les cris et les gémissemens,
Les vents et leurs mugissemens,
La grosse pluie avec la grêle,
Tombantes du ciel pêle-mêle,
Tout cela faisoit un beau bruit.
Le jour étoit devenu nuit ;
Des éclairs seuls luisaient sur l'onde;
Car pour le beau flambeau du monde,
Voyant tous les vents déchainés,
Mettant son manteau sur son nez,
Il avoit regagné bien vite,
De peur d'être mouillé, son gîte.
  Alors Æneas le pieux,
Regardant tristement les cieux,
Lâcha ces pieuses paroles :
« Je serai donc mangé des soles !
Cria-t il, pleurant comme un veau,
Et je finirai dedans l'eau !

---

¹ Expression du style bouffon qui signifie *sans préjudice, sans blessure.*

² Vent froid qui souffle entre le nord et l'ouest.

³ « Non pas pour dire que le denier soit fort net, car, au contraire, comme il passe par les mains du peuple, il est sale d'ordinaire. Mais cela s'entend d'un compte qui est clair, liquide et exact. *Rendu comme un denier.* » (Dict. com. de Leroux.) Voilà un exemple curieux de la forme singulièrement elliptique que revêtent souvent les proverbes et de l'interprétation libérale qu'ils peuvent exiger. *La lettre tue et l'esprit vivifie.* Ce dicton nous en rappelle un autre : *Résolu comme Barthole* (ou, par corruption, *comme Berthaud*), qui, d'abord, vouloit dire : Cela est résolu comme pourrait le résoudre le jurisconsulte Barthole ; puis qui, peu à peu, à mesure qu'il s'éloignait de son origine, a vu sa signification dénaturée, à cause du mot *résolu*, pris pour synonyme de *déterminé, intrépide.*

⁴ Retournée, dans le sens de l'étymologie latine.

O quatre ou cinq cents fois heureuses,
Ames nobles et valeureuses,
De qui les corps maintenant secs,
Découpés par les glaives grecs,
Ont été de la mort la proie
Devant la muraille de Troie !
O le plus vaillant des Grégeois,
Diomède le Rabajois,
Pourquoi ne m'as-tu de ta lance
Percé l'estomac ou la panse ?
J'en aurois le bon Dieu loué,
Et t'en aurois bien avoué.
Au moins aurois-je l'avantage
D'avoir témoigné mon courage,
D'être mort avec Sarpédon,
Ce maître joueur d'espadon,
Auprès d'Hector cet invincible,
A tous les Grégeois si terrible,
Qui si souvent couvroit les bords
Du fleuve Xante de corps morts,
Du fleuve Xante de qui l'onde
A tant enseveli de monde ;
Au lieu que mourir dans la mer,
Où tout ce qu'on boit est amer,
Mangé des harengs et morues,
Des soles, turbots et barbues,
Est un malheur qui me feroit
Rendre grâce à qui me pendroit ! »
 Un vilain vent, sans dire gare
(Il falloit qu'il fût bien barbare
D'attaquer un homme si bon),
Lui fit bien changer de jargon !
Il s'embarrassa dans les voiles,
Rompit les cordes et les toiles,
Et fit entrer dans le vaisseau
Je ne sais combien de muids d'eau.
La troupe, d'espoir dénuée,
Fit une piteuse huée ;
Un flot jusqu'au ciel l'éleva,
Puis aussitôt le flot creva,
Laissant en mer une ouverture
Où chacun vit sa sépulture.
Trois vaisseaux, des vents maltraités,
Dans les rochers furent portés ;
Trois dans les écueils s'ensablèrent,
Dont les plus résolus tremblèrent.
Des soldats lyciens la nef,
Dont le brave Oronte étoit chef,
Des vents et des flots combattue,

Fut à la fin par eux vaincue ;
Un gouffre à la fin l'absorba,
Ou, pour mieux dire, la goba.
Jamais on ne vit tel orage,
Ni si triste remu-ménage.
Les pauvres malheureux Troyens,
Las et recrus[1] comme des chiens,
Vidèrent lors toutes leurs tripes.
Lors, on vit force bonnes nipes
Flotter parmi des ais brisés,
Et les corps de force épuisés.
Quelques-uns vainement nagèrent,
Mais les bras bientôt leur manquèrent,
Car les malheureux n'avoient pas
Des calebasses sous les bras.
La nef du fort Ilionée
Des grands coups de vent ruinée,
Celle du fidèle Achatès,
D'Abas et du vieil Aletès,
Tournoient comme des girouettes,
Faisoient en mer cent pirouettes,
Qui, pis est, la cane[2] souvent ;
Mais ainsi le vouloit le Vent.
 Ces maîtres balayeurs du monde
Faisoient ainsi rage sur l'onde ;
Mais Neptune au poil bleu-mourant,
Qui n'a pas l'esprit endurant,
Se douta bientôt de l'affaire,
Encor qu'on tâchât de lui taire,
De peur qu'en étant irrité
Il n'en altérât sa santé ;
Mais, voyant l'obscurité telle,
Qu'il avoit besoin de chandelle,
Encore qu'il ne fût que midi,
Et que le poisson étourdi
S'alloit cachant dans les rocailles,
Le roi du peuple porte-écailles
Poussa son char fait en bateau
Devers la surface de l'eau.
Lorsqu'il mit hors de l'eau la tête,
Les flots, nonobstant la tempête,
S'abaissèrent de la moitié.
Les Troyens lui firent pitié,
Et 'es auteurs de leur misère
Le mirent bien fort en colère.
Connaissant la mauvaise humeur
Et le chien d'esprit de sa sœur,
Il ne douta point que l'orage
Ne fût un effet de sa rage.

---

[1] Même sens que *las*, avec plus de force.
[2] *Faire la cane*, c'est faire le plongeon. L'expression se prenait souvent au figuré.

Aussitôt qu'en paume il siffla,
Au diable le vent qui souffla,
Et qui lors eut le mot pour rire !
Il appela le vent Zéphyre,
Et le vent Eure : tout honteux,
Ils vinrent devant lui tous deux,
La joue à demi désenflée,
Et jusqu'au menton avalée.
Alors qu'il les eut devant lui :
« Ce n'est pas, dit-il, d'aujourd'hui
Que, sans regarder qui vous êtes,
Sans songer à ce que vous faites,
Et si je le trouverai bon,
Vous exercez votre poumon
A troubler le repos du monde,
Faire des vacarmes sur l'onde,
Et jeter de la poudre aux yeux
Au premier chapitre des cieux.
J'ai bien peur, si mon avis passe,
Que le roi du ciel ne vous casse
Et la brouée¹ et les frimas ;
Par la mort... » Il n'acheva pas,
Car il avoit l'âme trop bonne :
« Allez, dit-il, je vous pardonne ;
Tirez-vous vitement d'ici,
Et ne pensez plus faire ainsi
Sur mes flots votre soufflerie ;
Je n'entendrai pas raillerie,
Et que votre beau roi de vent
Porte respect à mon trident :
La mer n'est pas de son domaine.
Qu'en sa demeure souterraine
Il vous donne, s'il veut, la loi,
Sans rien entreprendre sur moi. »
Le vent Eure et le vent Zéphyre
A cela n'eurent rien à dire.
Un vaisseau troyen échoué
Par Triton et Cimothoé
Fut dégagé d'un banc de sable,
N'ayant plus ni voile ni cable ;
Trois autres tout déharnachés,
Par les vents sur les rocs juchés,
Par les mêmes à grande peine
Regagnèrent l'humide plaine.
Le bon Neptune cependant
Rendit, d'un seul coup de trident,
La mer, auparavant si fière,
Paisible comme eau de rivière ;

Et puis, devenu tout gaillard,
Fit faire avecque beaucoup d'art
A son char mille caracoles,
Sur le lac où l'on prend les soles.
Lors aussi poli qu'un miroir,
Lors vraiment il le fit beau voir,
Et les dieux marins qui le virent
Là-dessus compliment lui firent ;
Et le soleil pareillement,
Revenu depuis un moment,
Quand il vit que vent et nuage,
Et tout ce qui faisoit l'orage,
S'étoit enfui vers l'horizon :
Tout ainsi, par comparaison,
Qu'en une populace émue,
Où l'on oit crier : Tue ! tue !
Et que les bâtons et cailloux
Volent, faisant bosses et trous ;
Si quelqu'un à la grande barbe
Et de majestueuse garbe²,
Sans craindre pierre ni bâton,
Vient haranguer comme un Caton,
Il impose aussitôt silence,
Fait cesser toute violence,
Et chacun retourne chez soi,
Disant : « C'est lui, ce n'est pas moi, »
De peur d'être mis en séquestre ;
Tant l'honorable bourguemestre,
Grondant ici, caressant là,
Dans la ville met le holà,
Avec une conduite telle,
Qu'on diroit que ce n'est plus elle.
Le roi des flots, ni plus, ni moins,
Par sa diligence et ses soins,
Après avoir lavé la tête
Aux vents, auteurs de la tempête,
Rendit la mer, malgré le vent,
Aussi paisible que devant.
 Cependant les soldats d'Énée,
Malgré Junon la forcenée,
S'efforçaient, à force de bras,
Encore qu'ils fussent bien las,
De gagner la terre voisine,
Mal satisfaits de la marine ;
Enfin, ils ramèrent si bien,
Qu'ils virent le bord libyen.
Là, mademoiselle Nature
Fait un port sans architecture,

---

¹ Pluie de courte durée.
² Mine, apparence, physionomie. C'était un vieux mot réservé au style burlesque.

D'une petite île couvert,
Où personne n'est pris sans vert [1],
Car en tous temps d'herbe nouvelle
(Mais entre autres de pimprenelle)
Elle est pleine jusqu'en ses bords,
Au grand bien de ceux de dehors,
Qui viennent chaque jour de terre
En prendre pour mettre en leur verre.
Ce port, peu connu des nochers,
Tout environné de rochers,
Représente une scène antique;
Deux écueils font comme un portique,
A l'abri desquels les vaisseaux
N'ont peur de la fureur des eaux,
Ni des vents qui leur font la guerre,
Non plus que s'ils étoient sur terre :
On prendroit ces écueils hideux,
Dont les arbres sont les cheveux,
Pour des géants qui sont en garde,
S'ils étoient armés d'hallebarde.
Les rochers de l'autre côté
Sont très-commodes en été,
Chacun d'eux ayant dans son ventre
Une caverne, ou bien un antre,
Où logent (maudit soit qui ment)
Les nymphes ordinairement.
Là, de belles sources d'eau douce,
Dont les bords sont couverts de mousse,
Disent à celui qui les voit :
« Ne voulez-vous point boire un doigt?»
Tout auprès, une forêt sombre
Où l'on est en tout temps à l'ombre,
Et dont les arbres toujours verts
Sont de l'âge de l'univers,
N'a jamais senti, que je sache,
Coup de serpe, cognée ou hache,
Et jamais en ce port caché
D'ancre ne s'étoit accroché :
Énée en eut le pucelage,
Et premier foula ce rivage,
De sept vaisseaux accompagné ;
Tout le reste étoit éloigné
De cette flotte dissipée.
Ayant donc la terre attrapée,
Dieu sait s'ils furent diligens

A descendre, les bonnes gens.
Lors Achates un fer empoigne,
Et contre un caillou si bien cogne
Qu'il en fit, non pas pour un peu,
Sortir étincelles de feu ;
Ce feu pris à matière sèche
(Je ne sais pas si ce fut mèche,
Si ce fut bois vieil ou bien neuf)
Devint grand à rôtir un bœuf.
Lors fut des vaisseaux descendue
Toute la Cérès corrompue;
En langage un peu plus humain,
C'est ce de quoi l'on fait du pain.
Quelques-uns au feu la séchèrent,
Étant sèche, la concassèrent,
Puis en firent des échaudés
Qui ne furent guère gardés ;
Et puis Énéas sans échelle,
Suivi d'Achates le fidèle,
Monta sur le haut d'un écueil.
Là, tant que put aller son œil,
Il chercha sa flotte écartée,
La nef de Capis et d'Antée,
Le grand vaisseau de Caïcus,
Et les autres vaisseaux vaincus,
Grâce à Junon, la malebête,
Par les efforts de la tempête;
Vainement ses yeux il frotta,
Les ouvrit et les clignota,
Il ne vit vaisseau, ni galère,
Dont le bon seigneur désespère,
Mais bien vit-il trois cerfs gaillards
Suivis de biches et brocards [2];
Cela le fit un peu sourire:
« Bon ! dit-il, voici de quoi frire. »
Il banda son arc, cela dit,
Prit son carquois et descendit.
Achates prit son arbalète,
Voulant tuer aussi sa bête.
Lors le bon prince de tirer,
Et les cerfs de se retirer
Pour gagner la forêt voisine ;
Mais Énéas les assassine
Avec tant d'adresse et si bien,
Qu'il en mit sept en moins de rien

---

[1] Au dépourvu. Ce dicton, alors fort usité, était emprunté à un jeu où l'on devait toujours avoir sur soi une feuille verte, cueillie du jour même, sous peine d'amende, et où chacun tâchait d'aborder un de ses compagnons à l'improviste pour le prendre sans vert. On sait que la Fontaine a fait, sous le nom de Champmeslé, une comédie intitulée : *Je vous prends sans vert.*

[2] Terme peu répandu, pour désigner de jeunes cerfs d'un an. On ne le trouve pas, en ce sens, dans tous les dictionnaires de l'époque.

Morts, étendus dessus la terre :
Il ne fit pas plus longue guerre,
Voyant autant de cerfs à mort
Qu'il avoit de vaisseaux au port.
   Cette belle occision faite,
N'ayant ni trompe, ni trompette,
Ni de voix assez pour crier,
Un sifflet de chauderonnier [1]
Achates tire de sa poche ;
A son sifflet chacun approche ;
Puis sur des avirons croisés
Tous ces corps morts furent posés
Et portés à grands cris de joie
Vers les sept navires de Troie.
Æneas fit désembarquer
Force bon vin de quoi trinquer,
Qui n'étoit pas de deux oreilles [2],
Non pas pour quatre ou cinq bouteilles.
Acestes de plusieurs tonneaux
Avoit fourni plusieurs vaisseaux
Lorsqu'ils partirent de Sicile,
Que le bon seigneur très-habile,
Après quelques petits refus,
Avoit pourtant fort bien reçus,
Puis, pour leur donner bon courage,
Il leur tint à tous ce langage :
« Nous en avons eu dans le cu.
Les vents à ce coup ont vaincu,
Mais nous devons bien nous attendre
Que nous affliger et nous rendre
Toutes sortes de déplaisirs
Est le plus grand de leurs désirs.
Peu de maux sont pareils aux nôtres,
Mais nous en avons bien eu d'autres,
Et peut-être qu'ils finiront
Quand les dieux se raviseront.
Nous sommes, sortant de Sicile,
De Carybde tombés en Scylle :
C'est tomber de fièvre en chaud mal.
Polyphème, étrange animal,
Nous fit tous avoir la fièvre :
Il me fit courir comme un lièvre,
Et bien souvent de pur effroi
Il me semble que je le voi.
Mais l'homme de cœur tout surmonte.

Un jour que nous ferons le conte
De tant de beaux combats rendus,
Nous rirons comme des perdus.
Le sort promet qu'en Italie,
Terre, à ce qu'on dit, fort jolie,
Nous aurons un jour du repos.
Il ne sauroit plus à propos
Ce signalé plaisir nous faire ;
La mer commence à nous déplaire,
Nous avons trop fait les plongeons ;
Il vaut mieux bâtir des donjons,
Et faire une nouvelle Troie
Qui sur mer enfin ne se noie.
A moins que d'être un cormoran,
Je gage que le Juif errant
N'a pas fait un plus long voyage ;
Mais il faut avoir bon courage.
Çà, buvons donc, et nous gardons
Pour les biens que nous attendons. »
Il leur fit ce discours de bouche,
Mais, comme on dit, le cœur n'y touche ;
Il ne rit que du bout des dents
Et tout de bon pleure au dedans.
   Lors chacun se met en besogne,
Chacun quelque instrument empoigne
Pour travailler pour le festin.
Tous réjouis de leur butin,
Les uns de leur peau les dépouillent,
Et les autres dans leur corps fouillent,
En tirent tripes et boyaux,
Les lavent en deux ou trois eaux,
Puis en font de grosses saucisses :
S'ils avoient jusqu'à des épices,
Puisque Virgile n'en dit mot,
Qui, comme on sait, n'est pas un sot,
Noble et discret lecteur, vous plaise
Permettre aussi que je m'en taise.
Retournons à nos cuisiniers.
Après avoir mis par quartiers,
Par aloyaux et charbonnées,
Ces sept bêtes assassinées,
Ils mirent la viande au feu,
Puis l'un trop cuit, l'autre trop peu.
Couchés sur la gaie verdure
Ils en firent déconfiture,

---

[1] Les chaudronniers se servaient, au dix-septième siècle, pour annoncer leur marchandise, dans les rues, d'un sifflet composé de petits tuyaux de fer-blanc.

[2] « On appelle *vin d'une oreille*, le bon vin, et *vin de deux oreilles*, le mauvais. » (Leroux, *Dict. com.*) D'après Furetière et la plupart des parémiographes, dont l'explication semblera peut-être alambiquée, le premier se nommait ainsi parce qu'il fait pencher une oreille en signe d'approbation, et le second parce qu'il fait secouer les oreilles de mécontentement.

Et se remplirent a foison
De vin vieil et de venaison.
Si bien burent, si bien mangèrent,
Que la plupart s'en dévoyèrent;
Enfin, après avoir dîné
Jusqu'à ventre déboutonné,
Ils se mirent à tue-tête
A discourir de la tempête :
L'un pleure Cloanthe et Lycus,
L'autre Gyas, l'autre Amicus,
L'autre à son compagnon raconte
Comme quoi se perdit Oronte.
— Ils auront gagné quelques ports,
Ils ne sont pas encore morts,
Disent quelques-uns ; quelques autres
Disent pour eux leurs patenôtres.
On n'eût pas ouï Dieu tonner,
A répondre et questionner,
Tant ils faisoient de bruit ensemble.
   Cependant le Dieu sous qui tremble
La voûte du haut firmament,
Comme il agit incessamment,
Au travers d'un châssis de verre,
Jetoit ses yeux dessus la terre.
Regardant si tout alloit bien
En son royaume terrien.
Comme il visitoit la Lybie,
La mère d'Æneas le pie,
Ou pour mieux dire le pieux,
Le cœur triste et la larme aux yeux,
Lui tint à peu près ce langage,
Après avoir, comme très-sage,
Avec grande crainte et respect,
Dit par trois fois salamalec [1] :
« Grand roi qui faites sur la terre
Tant de si beaux coups de tonnerre,
Et qui tenez dedans vos mains
Le bien et le mal des humains,
Qu'a fait à votre seigneurie
Le pauvre Ænas, je vous prie ?
Qu'ont fait les pauvres Phrygiens
Que vous traitez comme des chiens ?
Errer de contrée en contrée,
N'avoir en nulle part entrée,
Souffrir partout mille travaux,
Être poursuivis des prévôts

Comme s'ils étoient des Bohêmes,
Sont-ce là ces bonheurs extrêmes,
Et les biens qu'on leur a promis ?
Est-ce là les traiter d'amis ?
D'Æneas, de ce galant homme,
Devoit tant venir cette Rome,
Dont le destin a fait partout
Cent contes à dormir debout.
A ces pauvres bannis de Troie
(Dieu que j'en ai pleuré de joie !
Mais maintenant pour un petit
J'en pleurerois bien de dépit [2])
Vous aviez promis un asile
Si sûr, que leur superbe ville,
Qu'a mise en feu le Grec vainqueur,
Ne leur devoit tenir au cœur.
Des descendans du jeune Iule
Devoit venir ce grand Romule.
Tous ces benoîts pères conscrits,
A la barbe longue, au poil gris,
La nation porte-soutane,
Inventrice du veau Mongane [3].
Qui devoit établir ses lois,
Sur l'Indien et sur l'Anglois,
Et se rendre enfin par la guerre
Maîtresse de toute la terre.
Mais c'est autant pour le brodeur [4]:
Le destin n'est qu'un vrai menteur,
Et vous, mon très-révérend père,
En qui mon fils en vain espère,
Je vois bien que le plus souvent
Vous ne promettez que du vent.
Qui n'eût cru sur votre parole,
A moins que de passer pour folle,
Que, suivant l'arrêt du destin,
Il auroit le pays latin !
Mais cette région promise,
Après remise sur remise,
A la fin du compte sera
le diable qui l'emportera.
Au lieu de ces belles conquêtes,
Sur mer, il aura des tempêtes,
Sur terre, il n'aura que des coups.
A tout cela que ferions-nous
Sinon le prendre en patience,
Qui, comme on dit, passe science,

---

[1] Salut à la turque qui signifie : Dieu vous garde !
[2] Peu s'en faut que je ne pleure...
[3] Toutes nos recherches n'ont pu nous faire découvrir ni même conjecturer ce que Scarron entend par le veau Mongane, auquel il revient encore plus loin. Nous sommes obligé d'abandonner ce sujet de recherche à de plus heureux ou de plus savants que nous.
[4] On dit proverbialement : Autant pour le brodeur, pour se moquer d'un homme qui hâble, comme si on disait : Pour le bourdeur, qui nous donne des bourdes, des menteries, qui brode des contes. » (Diction. de Furetière.)

Puisque gens à mal faire nés
Vous mènent ainsi par le nez !
Vous devriez les faire pendre,
Si vous saviez aussi bien rendre
La justice que vous savez
Pardonner aux gens dépravés.
Anténor, sans tirer l'épée,
Après l'avoir belle échappée,
Aussi bien que mon pauvre fils,
Suivi de ses gens déconfits,
A traversé l'Esclavonie,
Et son heureuse colonie,
Près du pays où l'Éridan
Paye son tribut à l'Océan,
A bien et beau fondé Padoue,
A tous ses voisins fait la moue,
Et leur montre fort bien les dents
Alors qu'ils font trop les fendans.
Il est là qui rogne et qui taille,
Qui chasse, qui boit et qui raille,
Enfin qui fait ce qu'il lui plaît ;
On sait pourtant bien ce qu'il est,
On sait bien que ce n'est qu'un traître.
Et mon fils, ayant l'honneur d'être
Parent de la plupart des dieux,
Mon fils, qu'on nomme le pieux,
A perdu vaisseaux et bagage,
A mis tous ses habits en gage,
Se voit des uns vilipendé,
Des autres grondé, gourmandé,
Tout cela par je ne sais quelle,
Qui, parce qu'on me trouve belle,
Dit partout que je ne vaux rien ;
Grâce à Dieu, l'on me connoît bien.
Si ce n'est qu'il y va du vôtre,
Et qui toque l'un, toque l'autre,
Je dirois tout ce que je sais ;
Mais pour mieux faire je me tais. »
  Elle en eut bien dit davantage ;
Mais la bonne dame de rage
Se mit tellement à pleurer,
A sangloter, à soupirer,
Elle fit tant de l'enragée,
Qu'il eut peur, la voyant changée,
Qu'elle n'eût quelque diable au corps.
Tout autre que lui l'eût cru lors ;
Mais il se connoît trop en diable.
Or, comme il est très-pitoyable,
Et quand il voit souffrir autrui
Qu'il souffre presque autant que lui,

Ce grand dieu se mit à sourire :
Il me semble avoir ouï dire,
Que, quand il rit, tout en va mieux
Sur mer, sur terre et dans les cieux.
Ce dieu donc des dieux le plus sage,
Se radoucissant le visage,
Et la prenant sous le menton,
Lui dit : « Bon dieu, que diroit-on,
Si l'on vous voyoit ainsi faire ?
N'avez-vous point honte de braire
Ainsi que la femme d'un veau ?
Ah ! vraiment, cela n'est pas beau.
Ne pleurez plus, la Cythérée,
Et tenez pour chose assurée
Tout ce qu'a prédit le destin
D'Énée et du pays latin.
Vous le verrez bâtir muraille
De brique et de pierre de taille,
Et faire une Lavinium
Qui vaudra bien son Ilium,
Et peut-être sera plus belle ;
Puis vous le verrez sans échelle,
Un beau matin, monter aux cieux
Pour être un de nos demi-dieux.
Mais sachez, s'il vous faut tout dire,
Que pour établir son empire
Il aura bien à dégainer,
Et bien des combats à donner
Contre un peuple fier et barbare,
Et qui frappe sans dire gare ;
Mais si bien il escrimera,
Que de tout à bout il viendra,
Et, de farouches comme bêtes,
En fera des gens fort honnêtes,
Qui sauront faire complimens,
Et bien jouer des instrumens.
Trois fois les prés auront des herbes,
Et les jaunes guérets des gerbes,
Et trois fois, durant trois hivers,
Ils seront de neige couverts
(Cela veut dire trois années),
Que, toutes guerres, terminées
Et tous ses ennemis vaincus
Par le tranchant de son Malchus[1]
Il régnera roi pacifique ;
Et pour monsieur son fils unique
Ascagne, qu'on nomme Iulus
Qu'on nommoit autrefois Ilus,
Devant qu'Ilium la superbe,
Devint un champ brûlé sans herbe)

---

[1] Sabre, glaive tranchant, couteau de chasse, etc. par un ressouvenir burlesque de l'épée dont saint Pierre frappa Malchus.

Trente ans entiers il régira
Lavinium, qu'il quittera
Pour faire une ville nouvelle
Appelée Albe, sur laquelle
D'Hector les généreux enfants
Régneront pendant trois cents ans,
Jusqu'à tant qu'une reine nonne [1]
Mette au jour sa race bessonne [2]
Dont Mars, le dieu gladiateur,
Passera pour fabricateur.
Et puis après, son fils Romule,
A l'imitation d'Hercule,
Portant au lieu de justaucorps
Peau de louve, poil en dehors,
Ramassera par les villages
Tous les faiseurs de brigandages,
Tous gens de dangereuses mains,
Desquels il fera les Romains ;
Leur ville s'appellera Rome,
Du nom de ce tant honnête homme.
Je ne donne aucun temps préfix
A ces enfants de votre fils,
Pour le terme de leur empire
Il durera sans qu'il empire,
Jusqu'à tant que tout prenne fin. »
« Amen, » dit Vénus ; et Jupin
Reprit aussitôt la parole :
« Et pour Junon qui fait la folle,
Et se fait à quatre tenir,
Vous la verrez bien revenir ;
Après avoir bien fait la guerre,
Remué le ciel et la terre,
Et fait tous ses efforts en vain,
Mettant de l'eau dedans son vin,
De ces peuples qu'elle tourmente
Elle se dira la servante,
D'elle chéris autant et plus
Qu'ils auront été mal voulus.
Dans peu de temps Phtie et Mycène,
Aujourd'hui si fière et si vaine,
Verra ses habitants vaincus
Par les enfans d'Assaracus,
Aura même destin que Troie,
Et des Romains sera la proie.
Puis sur la terre reluira
César, qui l'assujettira ;
L'Océan souffrira ses voiles,
Sa gloire ira jusqu'aux étoiles
Et lui-même enfin y viendra.

Lors, son illustre nom sera
Colloqué dans la Litanie ;
La discorde sera bannie ;
Plus de guerre en l'Univers,
Sinon en prose ou bien en vers,
Quand auteurs aux têtes mal faites,
Comme par exemple poëtes,
A grands coups de vers outrageans,
Apprêteront à rire aux gens.
En terre la foi retournée,
Et Vesta qui l'a ramenée,
Rème, et son grand frère Quirin,
C'est-à-dire en françois, Guérin,
Donneront partout un tel ordre,
Que personne n'y pourra mordre.
Du temple du dieu double-front
Les portes se condamneront :
La fureur impie et la rage
Seront là prises comme en cage,
Et s'useront toutes les dents
A ronger du fer là-dedans. »
 Jupiter se sécha la langue
A cette ennuyeuse harangue,
Jusqu'à s'en enrouer la voix ;
Vénus en bâilla quatre fois ;
Mais enfin il conclut la chose
Dont l'auteur qui ces vers compose
En son cœur le remercia,
Car si fort il s'en ennuya,
Que deux fois, faute de courage,
Il pensa quitter là l'ouvrage.
Jupiter donc quand il lui plut,
Certes plus tard qu'il ne fallut,
Cessa de faire le prophète,
Et Vénus, la dame coquette,
Lui fit compliment là-dessus
En termes éloquens conçus.
Lors il fit venir, pour lui plaire,
Son fils, son courrier ordinaire :
C'est son fils, ce fils de putain,
Qui sait parler grec et latin,
Qui coupe si bien une bourse,
Qui de l'éloquence est la source,
Sait bien jouer des gobelets,
Faire comédie et ballets,
Inventeur des dés et des cartes,
Des tourtes, poupelins [2] et tartes,
Et, pour achever son tableau,
Sur le tout un peu maquereau.

---

[1] Non mariée.

[2] Jumelle. On dit encore aujourd'hui, dans certaines provinces de France, des *bessons* pour des jumeaux.

[3] Les poupelins étaient une pâtisserie délicate, faite de beurre, de lait et d'œufs frais

LIVRE PREMIER.

Ce messager prompt et fidèle
Gagne la terre à tire-d'aile,
Envoyé vers dame Didon
Par le grand mari de Junon
(Vous allez savoir tout à l'heure
Quelle est Didon et sa demeure) ;
C'étoit pour adoucir les cœurs,
Et les barbaresques humeurs
De la nation tyrienne,
En faveur de la gent troyenne.
Jupiter, ainsi faisant, prit
Le dessein d'un homme d'esprit ;
Car si Didon, mal informée
D'Énée et de sa renommée,
De l'intention du destin,
Et qu'il étoit cher à Jupin,
Si, dis-je, cette dame Élise,
Comme de vrais péteurs d'église,
Les eût chassés de son État,
Leur eût refusé tout à plat
Dans son pays une retraite,
C'est une chose claire et nette
Qu'elle eût lors à Jupin rendu
Un déplaisir non attendu,
Dont elle auroit pu lui déplaire ;
Mais elle leur fut débonnaire
Jusqu'à, dit-on, faire en cela
Tout ce qu'il faut, même au delà.
 Cependant notre maître Énée,
Ayant eu mauvaise journée,
Eut encore une pire nuit.
A peine le soleil reluit,
Qu'il veut voir si de ce rivage
Le peuple est civil ou sauvage,
Et savoir si les habitans
Sont chrétiens ou mahométans.
Il se leva donc à la hâte,
Ne menant avec lui qu'Achate,
Qui prit en ses mains, en tout cas,
Deux dards et son grand coutelas,
Afin d'être toujours en garde.

Je vous oubliois par mégarde,
Qu'il mit sa flotte en un endroit
Que personne ne trouveroit,
Si ce n'étoit par nécromance,
Et qu'il fit expresse défense,
Que sur peine du morion [1],
Autant chevalier que pion [2],
Personne ne mît pied à terre,
Qu'il n'eût bien fait à l'œil la guerre,
Et su si ce port écarté
Seroit un lieu de sûreté.
Sa mère voulut s'en instruire
Et lui faire pièce pour rire :
Prenant donc toute la façon
D'une fille faite en garçon,
Et paroissant un jeune drôle
Ayant un fusil sur l'épaule,
Et chien couchant chassant devant,
Branlant la queue et nez au vent ;
Æneas qui la vit vêtue
Tout de même que la statue
De Diane qui va chassant,
Lui rendit salut en passant.
Là dessus une perdrix rouge
Des pieds de la céleste gouge [3]
Partit ; en joue elle coucha,
Mais son gibier point ne toucha,
Soit que la poudre fût peu fine,
Ou bien que la dame Cyprine
Fermât les yeux, voyant du feu,
Ou bien qu'elle l'entendît peu.
Elle en rougit un peu la belle ;
Son brave fils s'approcha d'elle,
Elle lui fit un doux regard,
Lui disant : « Monsieur, Dieu vous gard! »
A cette parole obligeante
Qui l'âme de son fils enchante,
Ce ne fut pas pour un petit
Qu'il en devint tout interdit.
Il fit pourtant le pied derrière [4]
D'une assez gentille manière.

pétris avec de la fleur de farine ; on y mêlait du sucre et de l'écorce de citron. Le poupelin se servait d'ordinaire avec la tourte. (Dictionn. de Furetière.)

[1] « C'est une espèce de punition qu'on pratiquait autrefois sur les soldats convaincus de quelque faute. On les enfermait au corps de garde, et là on leur donnait des coups de hallebardes. C'est ce qu'on appelle aujourd'hui *faire passer par les baguettes*. » (Leroux, *Dictionn. comiq.*)

[2] Pour simple soldat, fantassin.

[3] Nom peu révérencieux qu'on donnait surtout à *certaines* femmes, et dont Scarron aime à qualifier Vénus :

  Affront qui fit monter le rouge
 Au nez de cette belle gouge,

dit-il encore encore dans son *Typhon* (l. 1.)

[4] C'est-à-dire le salut ou la révérence, en jetant un pied derrière l'autre.

4.

D'une bouche sentant le thim
Et d'un son de voix argentin,
Elle lui fit cette harangue
Je ne sais pas en quelle langue :
« N'avez-vous point vu par ici,
De quoi je suis en grand souci,
Quelques-unes de mes compagnes,
Qui vont chassant dans ces campagnes,
Après un cerf qui va fuyant ? »
Il répondit en bégayant :
« Je n'en ai vu tête ni queue,
O belle à la prunelle bleue,
Belle que je ne puis nommer,
Belle qui m'avez pu charmer,
Par je ne sais quelle lumière,
Que vous avez dans la visière ! [1]
Ah ! par ma foi, j'en suis ravi ;
Maudit soi si jamais je vi
Face qui m'ait plu davantage !
La male peste, quel visage,
Et que qui vous regardera
Sans cligner, impudent sera !
Vous sentez la dame divine,
J'en jurerois sur votre mine ;
Mon nez ne se trompe jamais
En ce qui sent bon ou mauvais.
Votre gousset et votre haleine
Ne furent jamais d'Africaine :
Ils ont je ne sais quoi du ciel.
Votre bouche exhale le miel.
Ou vous êtes une déesse,
Ou du moins nymphe, ou je confesse
Que je puis aussi n'être pas
Le pieux messire Æneas.
Les vents m'ont en cette contrée
Donné malgré mes dents entrée.
Daignez-moi dire, au nom de Dieu,
S'il fait sûr pour nous en ce lieu,
Et me faites l'honneur de croire
Que vous aurez bien de quoi boire.
— Je ne suis pas, en vérité,
D'une si haute qualité
Dit Vénus, mais votre servante.
— Ah ! vous êtes trop obligeante,
Ce dit-il, et j'en suis confus.
— Et moi, si jamais je la fus. »
Ce dit-elle ; et lui de sourire,

Disant : « Cela vous plaît à dire. »
Puis sa tête il désaffubla ;
Ses deux jarrets elle doubla
A lui faire la révérence.
Il fit une circonférence
Du pied gauche à l'entour du droit :
Et cela d'un air tant adroit,
Le pauvre fugitif de Troie,
Que sa mère en pleura de joie,
Enfin tous ces devoirs rendus,
A l'un et l'autre si biens dus,
D'une bouche sentant l'eau rose
Elle lui dit : « C'est une chose
Ordinaire aux dames de Tyr,
D'aimer la chasse et se vêtir
De même que je suis vêtue,
De courir à bride abattue,
Et sans faire trop de façons,
De vivre comme des garçons.
C'est ici la terre punique ;
Le peuple en est fort colérique
Qui de Tyr qu'Agénor fonda,
En cette contrée aborda,
Avecque Didon notre reine,
Que la tyrannie et la haine
De son frère Pygmalion,
Pire qu'un tigre et qu'un lion,
Contraignit de plier toilette
Et de déloger sans trompette,
Un pied mal chaussé, l'autre nu ;
En ce rivage peu connu
Les dieux lui donnent un asile ;
Elle y fait bâtir une ville.
Si ce n'est vous importuner,
Et que vous vouliez vous donner
La patience de m'entendre,
J'aurai plaisir de vous apprendre
Son histoire, dont aisément
On feroit un fort beau roman.
— Volontiers, belle Tyrienne,
Et je vous conterai la mienne,
Qui, je gage cent carolus [2],
Vaut bien la nôtre et même plus.
— Nous verrons, répondit la belle.
Didon fut l'épouse fidèle
De l'infortuné Sicheus,
A qui, plus traître que Breus [3],

---

[1] Dans le visage, les yeux. On disait, avec le même sens, *donner dans la visière, blesser la visière*.

[2] Le carolus était une monnaie ancienne qui valait dix deniers ; mais ce mot se prenait souvent comme une expression générique, dans un sens plus large et plus vague.

[3] Il est probable que ce nom est un ressouvenir des romans de la Table ronde. Dans

Pygmalion le sanguinaire,
Comme il récitoit son bréviaire,
D'un coup d'arquebuse à rouet,
Action digne du fouet,
Fit un trou dans le mésentère ;
Son épouse s'en désespère,
En fait faire information ;
Mais de cette noire action
Elle n'eut aucune nouvelle,
Tant le meurtrier infidèle
Sut tenir son crime secret :
La pauvrette en meurt de regret ;
De ses tresses, lors mal peignées,
Elle arrache maintes poignées,
Se prend aux astres innocens :
La rage maîtrise ses sens.
Une nuit qu'elle pleure et crie,
Et pour le pauvre défunt prie,
Elle le voit percé de coups,
Et tout sanglant ce pauvre époux,
Qui, d'une voix épouvantable,
Lui conte l'acte détestable,
Et que son frère avoit grand tort
De l'avoir ainsi mis à mort,
Pensant par cette injuste voie
Avoir son or et sa monnoie.
Didon lui donna le bonsoir,
Parce qu'elle avoit, à le voir,
Une peur extraordinaire :
Elle dissimula l'affaire,
Et, s'assurant des malcontens,
Prends un beau jour si bien son temps,
Que tout ce que ce frère injuste
Avoit d'argent, pistole juste [1],
Et tous ses meubles les plus beaux,
Chargés en vingt et cinq vaisseaux,
Abordèrent en ce rivage
Où Didon fait bâtir Carthage.
Le propriétaire du lieu
Ayant eu le denier à Dieu,
Crut la tromper et ne lui vendre
Qu'autant de lieu que peut comprendre
La peau d'un bœuf, tant grand fût-il ;
Mais Didon, par un tour subtil,
Fit couper cette peau par bandes.
Et fit les mesures si grandes,
Que sa ville, par ce bon tour,
Malgré le vendeur, eut grand tour.

Mais vous à qui ceci je compte,
Daignez aussi me rendre compte,
Et du pays d'où vous venez,
Et du chemin que vous tenez.
Dites-moi quelles gens vous êtes,
Quel est le métier que vous faites,
Et quelle est la religion
Qu'on professe en la région
Où vous élisez domicile.
 — Nous ne sommes pas de Sicile,
Dit Æneas, mais d'un pays
Où les gens sont bien ébahis,
Ou bien fort contre les Grecs pestent
(S'entend, si gens encore y restent,
Car je crois bien en bonne foi
Qu'ils sont tous venus avec moi) :
Pour dire toute mon histoire,
J'irois bien jusqu'à la nuit noire
Devant qu'en être à la moitié ;
C'est un conte à faire pitié,
Et que j'ai bien peur qu'on ne croie.
Si jamais le grand nom de Troie,
Ce royaume si bel et bon,
Qui n'est plus que cendre et charbon,
Et le témoignage effroyable
Qu'ici-bas tout est périssable,
Si jamais ce nom glorieux
Est parvenu jusqu'en ces lieux,
Vous savez bien quelle est la terre
D'où me chasse une horrible guerre.
J'en suis sorti sans dire adieu,
Et si je me trouve en ce lieu,
Cela ne vient pas de ma tête,
Mais seulement de la tempête
Qui m'a jeté comme un corps mort,
Comme par mépris, en ce bord
Je suis le pieux maître Énée,
De qui la gloire n'est bornée
Que des voûtes du firmament,
Et cela, maudit soit qui ment
J'emporte nos dieux tutélaires
Soustraits aux Grégeois sanguinaires,
Qui, comme ils sont esprits follets,
S'en eussent fait des marmouzets.
J'ai grand dessein sur l'Italie :
On me dira que c'est folie,
Mais ainsi le veut Jupiter ;
Si je l'allois mécontenter,

Bliombéris, un.3 des *Six Nouvelles* de Florian, puisée à cette source, il y a un Bréhus (*sic*), chevalier félon et brutal, espèce de brigand farouche, que tue le héros du conte au moment où il poursuit une femme.

[1] Sans lui faire grâce d'une pistole.

M'honorant de sa parentelle,
Je serois un Jean de Nivelle [1].
Quand je me suis mis sur les eaux,
J'avois pour le moins vingt vaisseaux ;
Mais les vents me l'ont baillé belle :
Quoique protégé de Cybele,
A peine de vingt que j'avois
En ai-je sept, en tapinois
Que j'ai cachés en ce rivage ;
J'en pleurerois quasi de rage.
Je me vois sans un quart d'écu,
Pauvre malheureux froid-au-cu,
Dans ces grands déserts de Lybie !
Je suis et d'Europe et d'Asie
Chassé tout ainsi qu'un vilain. »
 Vénus, le voyant en beau train
D'injurier la destinée,
Comme mère passionnée,
Ne peut le voir ainsi pleurer,
Se plaindre et se désespérer ;
Mais, pour lui redonner courage,
Elle lui tint ce doux langage :
« Vous n'êtes pas homme de rien,
Ou, ma foi, je me trompe bien ;
Mais, qui que vous soyez, beau sire,
J'ai quelques choses à vous dire,
Qui de ces funestes propos
Vous tireront fort à propos.
Prenez une chemise blanche,
Aussi bien nous avons dimanche ;
La vôtre et ce mouchoir noué
Semblent le linge d'un roué.
Allez voir Didon dans sa ville :
C'est une dame très-civile,
Qui vous donnera de sa main
De quoi passer votre chemin.
Si j'ai le don de bien connoître,
Par les choses qu'on voit paroître,
Ce que les choses deviendront
Et du succès qu'elles auront ;
Si mes parens m'ont bien instruite,
Voyez-vous cette longue suite
De cygnes qui volent là-bas ?
— Non, dit-il, je ne les vois pas.
— La male peste soit la bête !
Dit-elle en lui tournant la tête ;
Tenez, les voilà vis-à-vis.
— Ce sont oisons, à mon avis,
Achates. — Que vous importe,
Oisons ou cygnes, diable emporte !
Vous me feriez bien enrager. »
De peur de la désobliger,
Il ne contesta pas la chose.
Elle, rouge comme une rose,
Ou, si l'on veut, la face en feu,
Se radoucit pourtant un peu,
Honteuse de sa promptitude,
Et puis leur dit d'un ton moins rude :
« Ils sont, si je sais bien compter,
Seize ; l'oiseau de Jupiter,
Bête au meurtre fort adonnée,
Leur a bien la guerre menée,
Mais il n'a rien gagné sur eux,
Dont ils se tiennent bien heureux ;
Il s'en va faire ailleurs la guerre.
Voyez-les planer terre à terre,
Tout gaillards d'être en sûreté.
Vos gens de même, en vérité,
Dans le nouveau port de Carthage
Ont oublié quasi l'orage. »
 Cela dit, elle lui parut,
Par une lueur qui courut
Depuis ses pieds jusqu'à sa tête,
Telle qu'en quelque jour de fête
Dedans Paphos elle paroît.
Imaginez-vous, s'il vous plaît,
S'il eut alors l'âme étonnée,
Notre pauvre messire Énée,
La voyant grandir à l'instant
De quatre pieds et d'un empan ;
Sentant de son corps diaphane
Sortir odeur de frangipane ;
Voyant ses habits s'allonger,
Et la voyant sitôt changer,
Reprenant sa forme première,
Que même sans voir la manière
Dont elle se mit à glisser,
Autre qu'un sot n'eût pu penser
Qu'elle ne fût une déesse.
Lors il cria, plein de tristesse :

---

[1] Un infâme, un impie, un drôle. Jean, seigneur de Nivelle, était le fils aîné de Jean II, duc de Montmorency. Il se rendit doublement méprisable par sa conduite envers son père et par sa trahison envers le roi Louis XI, dont il abandonna le parti pour celui du duc de Bourgogne ; aussi le peuple lui donna-t-il par mépris le nom de chien. Ayant frappé son père, il fut cité devant la cour pour y rendre compte de son attentat. Mais, plus on l'appelait, plus il se hâtait de fuir vers la Flandre, où étaient les terres de sa femme ; de là le proverbe du *chien de Jean de Nivelle*, qui s'enfuit quand on l'appelle.

« Ma chère mère, qu'est ceci ?
Me pensez-vous toujours ainsi
Faire des tours de passe-passe ?
Mérité-je cette disgrâce ?
Et n'aurai-je jamais le bien
De joindre votre bec au mien ? »
Il a beau la chercher de vue,
Elle le voit sans être vue ;
Mais afin de lui témoigner,
Devant que de s'en éloigner,
Le soin qu'elle a de sa personne,
Et l'un et l'autre elle environne
(Au moins Virgile nous l'a dit)
D'un air épais qui les rendit
A tous yeux mortels invisibles ;
Autrement, ces peuples terribles
Eussent, ne les connoissant point,
Pu leur ôter chausse et pourpoint.
Il prit le chemin de Carthage,
Tout ravitaillé de courage ;
Elle prit celui de Paphos,
Où sur cent cinquante échafauds
Tous les huit jours on fait des farces,
A la divinité des garces.
  Ils s'en allèrent donc tout droit
Par un petit chemin étroit,
Vers la ville, tête baissée.
Leur révérence fut lassée
A monter un coteau fort haut,
D'où, comme d'un grand échafaud,
Ils virent la ville nouvelle,
Qui d'abord leur sembla fort belle.
  Ils se divertirent longtemps,
A regarder les habitans ;
Énée admira leur ouvrage,
Approuva le plan de Carthage,
Et les trouva gens bien hardis
D'entreprendre de tels taudis.
Les uns roulent pierres de taille,
Les autres font une muraille ;
Quelques-uns plantent du pavé,
Quelques autres un trou cavé
D'une forte voûte soutiennent ;
Les uns vont et les autres viennent ;
L'un fait un plancher, l'autre un toit,
Ici l'on mange et là l'on boit,
Les juges rendent la justice,
Ou travaillent à la police.
Ici quelqu'un attache un clou,
Là quelque autre fait un grand trou,
Pour en faire puits ou citerne ;
Là l'on bâtit une taverne,
Et là l'on bâtit un tripot ;
Là l'on travaille du rabot,
Et là l'on exerce la scie ;
Là la chaux vive est amortie,
Là l'on fait mal, là pas trop bien,
Là fort peu de chose, et là rien.
L'un blanchit un mur, l'autre un âtre,
L'un travaille en chaux, l'autre en
[plâtre.]
Tout auprès d'un commode port
S'élève un grand et vaste fort ;
Enfin là l'on taille et l'on rogne,
Là l'on charpente, là l'on cogne ;
Là je ne sais plus ce qu'on fait.
J'ai peur d'avoir fait un portrait
Assez long pour pouvoir déplaire ;
Mais je ne saurois plus qu'y faire,
Et si j'allois tout effacer,
Ce seroit à recommencer.
  Hors la ville c'est même chose :
Dans les champs pas un ne repose,
Les uns engraissent les guérets,
Les autres vont dans les forêts
Chercher de quoi faire une poutre ;
Là les bœufs exercent le coutre ;
Là l'éléphant, lent à marcher,
Traîne un grand quartier de rocher.
Les uns pavent les avenues
De grandes pierres non cornues ;
Les autres font un aqueduc,
Afin que la ville ait du suc.
Imaginez-vous des abeilles
Dont l'on compte tant de merveilles,
Qui font de la cire à l'envi
(Travailler jamais je n'en vi,
Parce que toute abeille pique ;
Mais j'ai bien lu la *Géorgique* [1]).
Ces animaux si diligens,
Dont l'on fait des leçons aux gens,
Sont une très-naïve image
De ce peuple, qui fait Carthage,
Tant lorsqu'ils composent le miel
De la manne chute du ciel,
Que lorsqu'ils forment leurs logettes,
Instruisent leurs jeunes avètes [2],
Ou vont faire la guerre aux taons,
Plus importuns que hannetons.
  « Oh ! bienheureux ceux qui bâtissent

---

[1] Le chant IV des *Géorgiques* de Virgile roule sur les abeilles.
[2] Abeilles. Terme inusité aujourd'hui.

Et sous des toits se réjouissent !
Dit Énée, et qui, comme nous,
Ne courent pas comme des fous ! »
Cela dit au fidèle Achate,
Ils descendirent à la hâte.
A plusieurs révérence il fit ;
Au diable si l'on lui rendit,
N'étant aperçu de personne !
D'abord cette chose l'étonne,
Mais, ayant bientôt reconnu
Qu'invisible en diable cornu
Sa mère l'avait bien pu rendre,
Il vouloit son plaisir en prendre.
Dieu sait si tous ceux qu'il toucha,
Sans être vu qu'il approcha,
Eurent lors la fièvre bien chaude,
Se sentant donner chiquenaude,
Sans savoir par qui ni comment :
Cela les touche étrangement.
Æneas de rire en éclate,
Et s'en épanouit la rate ;
Jamais il ne fit tant le fou,
Dont Achates rit tout son saoûl.
Dans la ville, un bois vieil et sombre
Tient un superbe temple à l'ombre ;
Dans ce temple, cent renardeaux,
Cent blaireaux et cent louveteaux,
Et cent tourteaux de pain d'épice,
Sont présentés en sacrifice
Tous les mois à dame Junon,
Par les Tyriens et Didon.
Quand en Lybie ils abordèrent,
Au fond de ce bois ils trouvèrent,
Dans je ne sais quel vilain trou,
La tête d'un âne et son cou
(Si l'ouvrage du grand Virgile
Est reçu comme l'Évangile,
On trouvera que j'ai fait mal
De mettre âne au lieu de cheval ;

Mais, foi de poëte burlesque,
J'ai lu, dans un livre arabesque,
Dont j'ai mal retenu le nom,
Que c'étoit celle d'un ânon).
Ils en firent tous grande fête
D'avoir trouvé ce chef de bête ;
Chacun bien fort s'en ébaudit,
Junon ayant un jour prédit
A Didon, ravie en extase,
Qu'ils auroient les vertus d'un aze [1] ;
C'est-à-dire, pour parler mieux,
Qu'ils seroient très-laborieux
De plus sauroient la sarabande [2],
Mais auroient l'oreille un peu grande,
Et la perruque de barbet,
S'ils trouvoient le chef d'un baudet
Dans un trou fait à coups de bêche ;
Qu'après cette fatale brèche
Il auroient le bien de bâtir
Ville qui vaudroit mieux que Tyr.
Apres cette heureuse trouvaille,
De massive pierre de taille,
Didon fit un temple en ces lieux
A la femme du roi des dieux.
Les portes en étoient de fonte ;
Les degrés par lesquels on monte,
Qui sont d'un reluisant airain,
Pesoient, il ne s'en faut qu'un grain,
Deux mille livres bien pesées.
   Pour retourner sur nos brisées,
Nos Rose-Croix [3] bien assurés
De n'être pas considérés,
Dans ce superbe temple entrèrent
Et partout le considérèrent :
L'ouvrage leur en sembla beau,
L'ordre du bâtiment nouveau
La matière très-magnifique,
Et merveilleuse la fabrique.
Æneas, s'attachant à tout,

---

[1] Aze est synonyme d'âne ; le lecteur pourrait ne le pas savoir.

[2] Cette danse, qui venait d'Espagne, comme la pavane et quelques autres, était une de plus répandues de l'époque, et elle avait vogue à la cour. Les *Mémoires de Brienne* racontent que le cardinal de Richelieu en dansa une devant la reine pour conquérir ses bonnes grâces ; et, suivant Saint-Évremond, l'épicurien des Yveteaux s'en fit jouer une aussi à son lit de mort, afin que son âme passât *allegramente*. On trouvera les renseignements techniques sur la sarabande dans l'*Histoire générale de la danse*, par Bonnet.

[3] C'est-à-dire nos magiciens. Les frères de la Rose-Croix, qu'on appelait aussi alors de la Rosée-Croix, ou de la Croix-Rosée, s'étaient révélés vers le commencement du siècle et préoccupaient beaucoup l'attention publique. On trouve, de 1610 à 1625 surtout, une multitude de pièces satiriques et de diatribes dirigées contre eux ; nous ne citerons que le livre de Gabriel Naudé : *Instruction à la France sur la vérité de l'histoire des frères de la Rose-Croix*, 1623. Une affiche qu'ils firent apposer à Paris, et que Naudé rapporte, montre qu'ils s'attribuaient la faculté d'être invisibles.

Alloit cherchant de bout en bout
De quoi se repaître la vue,
Quand d'une chose à l'imprévue
D'abord il se trouva surpris ;
Mais, ayant repris ses esprits,
Il en conçut quelque espérance
Qui n'étoit pas hors d'apparence,
Qu'en ce pays, quoique inconnu,
Il seroit le très-bien venu.
Parmi cent choses qu'il contemple,
Attendant la reine en ce temple,
Charmé de tant d'objets nouveaux,
Il voit en plusieurs grands tableaux,
Mais qui n'étoient pas peints à l'huile,
L'histoire de sa pauvre ville,
Les champs fameux où si souvent
Il avoit gagné le devant,
Quand les Grecs sur les Dardanides
Faisoient un peu trop d'homicides,
Les Atrides si belliqueux,
Achille qui l'étoit plus qu'eux,
De qui souffrit tant de boutades,
Tant de folles rodomontades,
Le très-prudent Agamemnon,
Qui dit si cruellement : Non,
A Priam, le roi vénérable,
Quand, après le sort déplorable
De son fils par lui mis à mort,
Il voulut, dont il eut grand tort,
Par un excès de barbarie,
Que son corps fût à la voirie.
Les larmes grosses comme pois
Lui churent des yeux trois à trois ;
Je ne sais si ce fût de joie
De voir le grand renom de Troie,
Ou bien si ce fut de douleur
Au souvenir de son malheur ;
Mais je sais que, troublé dans l'âme,
Il s'écria lors : « Notre-Dame !
Et qui l'auroit jamais pensé
Que de tout ce qui s'est passé
Dans les affaires de Phrygie,
On eût nouvelle en la Libye ?
Il n'est pays si reculé
Où notre nom ne soit allé !
Voilà Priam, par Sainte-Barbe :
Je le reconnois à sa barbe,
Au dragon qu'il avoit dans l'œil ;
Oui, le voilà vêtu de deuil.
Ce peuple n'est point si farouche
Que le mal d'autrui ne le touche ;
Il est capable de pitié,
Et susceptible d'amitié.

Ce ne sont point des mangeurs d'hommes ;
Ils sont, ma foi, ce que nous sommes ;
Chez eux le mérite a son prix,
Chez eux nous ne serons point pris
Pour des francs coureurs de malettes ;
Nous en sortirons bragues nettes,
Ils pourront faire quelques cas
D'un homme fait comme Æneas,
Et si chez eux la renommée
Des grands hommes est estimée,
Je suis du bois dont on les fait,
Grâces à Dieu, chacun le sait.
Je n'en dirai pas davantage,
Puisque tout homme de courage
Doit parler de soi sobrement. »
  Cela dit, pitoyablement
Il se remit sur ses peintures,
Pour y chercher ses aventures.
Les fâcheux souvenirs qu'il eut,
Et combien d'eau des yeux lui chut,
Voyant dans ces tristes batailles,
Tantôt les Grecs, comme canailles,
Détaler devant les Troyens,
Et puis, comme devant les chiens
Gagne au pied le timide lièvre,
Voyant, non sans avoir la fièvre,
Ses éperdus concitadins,
Devant ce perceur de boudins,
Ce diable de fils de Pélée,
S'en courir à bride avalée !
Et puis, de Rhésus trépassé,
Qui certes s'en fût bien passé,
Il vit les quartiers et les tentes,
Neuves encore et reluisantes,
Car il étoit tout frais venu ;
Le pauvret, s'il se fût tenu
De sommeiller cette nuitée,
On ne l'eût pas inquiétée
Sa Majesté, comme l'on fit,
En l'assommant dedans son lit :
Ce fut par le fameux Tydide
Diomède, un grand homicide,
Qu'il fut, comme il dormoit, occis,
A ce qu'on dit, de sens rassis :
Il enleva son équipage,
Jusqu'à ses mulets de bagage ;
Ses chevaux, bêtes de grand prix,
Lui furent pareillement pris.
J'ai ouï dire à gens qu'on doit croire,
Si dans Xante ils eussent pu boire,
Que le prudent Agamemnon
Laissant équipage et canon,
Honteux, la queue entre les jambes.

Eût replié ses oriflambes [1],
Et fait, sans battre le tambour,
Vers Mycène un honteux retour.
Énée fit le Jérémie,
Et mouilla sa face blêmie ;
Il pleuroit en perfection,
Et même sans affliction.
Puis il vit le jeune Troïle,
Ayant perdu son dard ou pile [2],
Qui s'enfuyoit bien étonné
De se voir désembâtonné,
Devant le fier fils de Pelée,
Qu'il avoit dans une mêlée
Témérairement défié,
Devant que d'avoir essayé
S'il avoit le pouvoir de faire
Résistance à tel adversaire.
En s'enfuyant il trébucha,
Se fit grand mal, se déhancha,
Se fit à la tête une bosse ;
Achille survint en carrosse.
Et d'un grand coup de javelot
Fit sortir son sang à grand flot :
De ce grand coup de Péléide
Il mourut sans quitter la bride
De ses chevaux, qui, sans pleurer,
Virent leur cher maître expirer ;
A son char sa jambe accrochée
D'un coup de sabre étant tranchée,
Le reste du corps dépendu
Demeura sur terre étendu.
Lors sa tête demi-brisée
De sable fut pulvérisée,
Et son habit de sang souillé
Par Achille fut bien fouillé.
  Puis les Troyennes désolées,
Pour la plupart échevelées,
Y rendoient visite à Pallas,
Laquelle n'en fit pas grand cas,
Ni d'une superbe jaquette
Faite d'une riche moquette,
De deux paires de souliers neufs,
Et de près de demi-cent d'œufs.
A cette ambassade honorable
Elle ne fut point favorable ;
Ils n'en obtinrent ni regard,
Ni le plus chétif : Dieu vous gard !
Tandis que dura leur prière
Elle leur montra le derrière,

Et même se mit à siffler,
Au lieu de les ouïr parler.
Puis il revoit ce même Achille,
Homme un peu sujet à sa bile,
Et quelquefois même un peu fou,
Faire, en dépit du lou-garou,
Trois tours à l'entour des murailles,
— Quelles indignes funérailles !
Trainant le corps de sang vidé
Du pauvre Hector par lui lardé ;
Et puis après il lui voit vendre
(Car il aimoit, dit-on, à prendre)
Ce pauvre corps au poids de l'or.
Il voyoit Priamus encor,
Pour fléchir cette âme affamée,
De sa main droite désarmée
(Sa main gauche l'étoit aussi),
Embrassant, de douleur transi,
Ses deux jambes victorieuses,
Qu'il eût bien voulu voir cagneuses.
Hélas ! quand il vit tout cela,
Que son deuil se renouvela !
Voyant ce char et ces dépouilles,
Qu'il eût volontiers chanté pouilles,
Et maltraité cet inhumain,
S'il eût lors été sous sa main !
Puis après il se vit lui-même,
Dont il eut une joie extrême,
Faisant au milieu des Grégois
Autant de carnage que trois.
Il vit l'armée orientale
Du fils de l'amante à Céphale,
Dont le visage était si noir ;
Puis, il prit grand plaisir à voir
La vaillante Pantasilée,
Si terrible dans la mêlée,
Qui portoit, ainsi qu'un garçon,
Au lieu de jupe un caleçon ;
C'étoit une rude femelle,
Et qui n'avoit qu'une mamelle,
Qui n'eût pas craint dans le combat
De s'attaquer à Goliat ;
Femme ainsi que rien ne redoute
A monté dessus l'Ours sans doute [3].
  Comme Æneas, triste et confus,
A peine à s'ôter de dessus
La trop véritable peinture
De Troie et de son aventure
A certain bruit qu'il entendit,

---

[1] On disait alors à peu près indifféremment *oriflambe* ou *oriflamme*. (Voir *Trésor de Nicot*.)

[2] Du latin *pilum*, trait, javelot

[3] Locution usitée en parlant de ceux que rien n'épouvantait.

Ayant levé la tête, il vit
Entrer la reine dans le temple.
De demander s'il la contemple
Avec grande admiration,
C'est une sotte question,
Car elle étoit charmante et belle
Autant au jour qu'à la chandelle,
Et, jour et nuit, un vrai soleil:
On ne peut rien voir de pareil
A sa vénérable personne.
Troupe nombreuse l'environne
De jeunes gens embâtonnés [1],
Bien civils et morigénés.
Le capitaine de sa garde
Tient en main une hallebarde.
Elle avoit six tambourineurs,
Douze fifres, et six sonneurs
De mélodieuses cymbales;
Six maîtres joueurs de timbales
Ne faisoient que carillonner :
On n'eût pas ouï Dieu tonner.
Enfin, foi d'écrivain moderne,
Je souffrirai que l'on me berne [2],
Si le jour qu'au temple elle alla,
Rien de charmant comme cela
A jamais paru dans l'Afrique.
Énée en est tout extatique,
Achate si fort ébloui,
Qu'il ne faisoit que dire : Oui,
Que bégayer et que sourire
A tout ce qu'on lui pouvoit dire.

Æneas s'en fût bien moqué ;
Mais il n'étoit pas moins piqué [3].
N'avez-vous point vu sur le fleuve
Que le pays de Sparte abreuve,
Une nymphe qui va chassant ;
Ou Diane, lorsque dansant
Au milieu des Amadryades,
Des napées, des oréades,
Elle les passe, ou peu s'en faut,
Toutes de la ceinture en haut ?
Sa trousse lui pend sur l'échine ;
Enfin, elle a si bonne mine,
Et paroît avec tant d'éclat,
Que, la voyant en cet état,
Sa sotte mère de Latone
Ne fait rencontre de personne,
Qui ne s'en éloigne au galop,
A cause qu'elle parle trop
Des vertus dont sa fille abonde,
Et qu'elle en accable le monde.
Telle, et plus aimable encor
Dans son cotillon de drap d'or,
Et sa fraise goderonnée [4],
Parut Didon à notre Énée.
O Dieu qu'il la faisoit beau voir !
Qu'elle faisoit bien son devoir
De donner à chacun courage
De travailler après Carthage !

Sous un grand dôme lambrissé,
Dans un grand fauteuil tapissé,
S'étant mise bien à son aise,

[1] Armés de bâtons. Scarron a dit de même, dans le *Typhon* (ch. II) :

Ces monstres embâtonnés;

et, un peu plus haut, il nous a montré le jeune trolle

Qui s'enfuyait, bien étonné
De se voir désembâtonné.

[2] Berner quelqu'un, c'était, au sens propre du mot, le secouer sur une couverture et le faire ainsi sauter en l'air. On peut voir la description pittoresque de la berne dans une lettre de Voiture à mademoiselle de Bourbon. (Édit. Charp., 1855, 1er vol., p. 40.)

[3] Frappé, ému.

[4] Toujours des anachronismes bouffons. Les draps d'argent ou d'or, quelquefois d'argent et d'or, étaient portés au dix-septième siècle par les personnes de condition. Tallemant des Réaux nous apprend que madame de Nouveau regardait une jupe de toile d'or, avec quatre grandes dentelles, comme une de ses *petites* jupes. (*Hist. de Villarc.*) Quant aux fraises *goderonnées*, nous ne pouvons mieux faire, pour les décrire, que de reproduire en partie une note de M. Ed. Fournier : « *Godronné* ne vient pas, comme on pourrait le croire, du mot *goudron*, qui, toutefois, n'eût pas été mal employé pour des *rabats* et des *fraises* aussi solidement empesés que ceux dont il s'agit ici; il dérive du mot *godron*, dont se servaient les anciens architectes pour désigner une sorte d'ornement ou de moulure en forme d'œuf, d'amande, ou plutôt de *godet*, pour remonter tout de suite à la première source de toutes ces étymologies. Dans le langage des lingères et empeseuses, le *godron* était le pli rond et rebondi qu'on multipliait à l'infini sur les collets à plusieurs étages que portaient les femmes, et sur les larges *fraises* mises à la mode, puis délaissées par Henri III. » (*Variét. hist. et litt.*, I, 163.)

On cria trois fois : « Qu'on se taise ! »
On lui présenta des placets.
Cent Suisses, portant cabassets [1],
Lorsque la foule étoit trop grande,
Ajoutoient à la réprimande
Quelquefois des coups de bâton ;
Quand bien elle eût été Caton,
Elle n'eût pas mieux fait justice ;
Elle n'y prenoit nulle épice [2],
La rendoit libéralement,
Et toujours équitablement ;
Elle ne prononçoit sentence,
Qui ne fût pièce d'éloquence :
Tout se jugeoit là sans appel,
Tant au civil qu'au criminel,
Et les affaires non plaidées
Sans avocats étoient vidées.
Quand quelqu'un étoit convaincu,
On lui donnoit du pied au cu ;
Si c'étoit pour de grandes fautes
On lui faisoit briser les côtes ;
Enfin, chacun étoit traité
Ainsi qu'il l'avoit mérité.
Elle ne fut pas moins habile
A la police de la ville,
En chassa tous les berlandiers,
Mit taxe sur les usuriers,
Ordonna que les maquerelles
Filous, putains laides et belles,
Et tous les chanteurs de chansons
Servissent d'aides à maçons.
La justice distributive,
Par cette reine fugitive
S'exerçoit ainsi sagement.
Æneas, à chaque moment,
D'Achate disoit à l'oreille :
« Cette reine est une merveille. »
Achate, enchérissant dessus,
Disoit : « Elle en est trois, et plus ! »
Quand avec foule et rumeur grande
Entra dans le temple une bande,
Dont ceux qui marchoient les premiers
Étoient faits comme prisonniers.
Æneas cria : « Male peste !
C'est Cléante, Antée et Sergeste,

Et les principaux de mes gens
Que je vois entre des sergents. »
C'étoient eux, qu'il ne vous déplaise,
Qui n'étoient pas trop à leur aise.
Énée en est tout stupéfait,
Avecque raison en effet.
Achate en perd quasi l'haleine,
Et l'un et l'autre bien en peine
De savoir qui les mettoit là.
Cependant, on cria : « Holà ! »
Nos deux messieurs, sans le nuage
Qui les retenoit comme en cage,
Eussent sans doute étourdiment
Été faire leur compliment :
Ils eussent fait une folie.
La reine dit : « Qu'on les délie ! »
Aussitôt on les délia,
Un chacun d'eux s'humilia,
Et fit révérence profonde
Qui contenta fort tout le monde.
  Nos deux invisibles messieurs
Se coulent à travers plusieurs
Qui ne peuvent voir qui les touche,
Afin d'entendre de la bouche
De leurs amis ce qu'ils diroient,
Le traitement qu'ils recevroient,
Où leur flotte étoit arrivée,
Comment elle s'étoit sauvée,
S'il en restoit beaucoup ou peu,
Comment, à quelle heure, en quel lieu,
Ils avoient pu gagner la terre,
S'ils seroient prisonniers de guerre,
Ou bien, comme les malfaisants,
Mis aux galères pour dix ans.
Audience leur fut donnée,
Et l'éloquent Ilionée
De ses manottes déchargé,
Après avoir un peu songé,
Dit ces paroles, ce me semble :
« O reine ! à cause que je tremble,
Je ne dirai peut-être rien
Qui ne vous scandalise bien.
Commandez qu'on me donne à boire,
Et je vous conterai l'histoire
Des gens les plus infortunés

---

[1] Casques.

[2] Épice s'entendait des salaires que se taxaient, pour leurs peines, les magistrats au bas des jugements. Comme tous les abus, celui-là avait atteint des proportions démesurées, si bien que, lors de l'incendie du Palais, en 1618, le facétieux Saint-Amant put dire, en un double calembour que tout le monde comprit :

..........Dame Justice,
Pour avoir mangé trop d'*épice*,
Se mit tout le *palais* en feu.

Qui soient en ce bas monde nés.
Aussitôt une pinte entière
De très-rafraichissante bière
Lui fit mise en un gobelet.
Le drôle le vida tout net;
La dose fut réitérée,
Et, sa gorge désaltérée,
Il dit d'un fort beau ton de voix
Ces belles paroles de choix :
« O reine ! à qui Jupiter donne
Le pouvoir de porter couronne
Sur un peuple vaillant et fier,
Et le bonheur d'édifier
Une ville avec citadelle
Qui sans doute sera fort belle,
Mais où l'on vit fort chèrement
(J'en puis parler pertinemment :
Il m'a coûté dix richedales [1]
Pour avoir eu serviettes sales,
Et nappe plus sale deux fois,
Mangé deux centaines de noix,
Et la moitié d'un vieil fromage;
Je n'en dirai pas davantage,
Car on n'ajoute guère foi
A des étrangers comme moi).
Or, pour revenir à mon conte,
Puisqu'il faut donc vous rendre compte
De nos noms et de nos surnoms,
Et du pays d'où nous venons,
Mon nom est Marc Ilionée,
Grand chambellan du sieur Énée.
Nous sommes les pauvres Troyens,
Par les Grecs privés de nos biens;
Un très-impertinent orage
Nous a poussés en ce rivage.
A peine échappons-nous des eaux,
Que vos sujets de nos vaisseaux
Ont voulu faire une grillade;
Je ne sais si c'est par bravade,
A tout le moins je sais fort bien
Que cette action ne vaut rien :
Cela passe la raillerie;
Empêchez-les-en, je vous prie.
Bon, si chez votre nation
Avec mauvaise intention
Nous étions venu mouiller l'ancre :
Nous serions noirs comme de l'encre,
Si nous étions ici venus,

Armés au dos et glaives nus,
Fouiller vos greniers et vos caves,
De vos gens faire des esclaves,
Forcer femmes, ravir enfans
Enlever tous vos éléphans,
Faire la guerre à toute outrance ;
Puis, sans faire la révérence
Et le moindre remerciment,
Gagner nos vaisseaux vitement.
Une entreprise si hardie
Mériteroit bien l'incendie,
Et, nous ayant tous assommés,
Vos gens n'en seroient pas blâmés.
Mais, au triste état où nous sommes,
Pauvres et misérables hommes,
Vaincus par les Grecs assassins,
Nous n'avons pas de tels desseins :
Loin de faire telle incartade,
Nous vous demandons la passade;
Si vous nous la voulez donner,
Dieu vous en veuille guerdonner [2].
Nous ne voulons, grande princesse,
Maintenant qu'amour et simplesse;
Le reste dépendra de vous.
Ne vous contraignez pas pour nous,
Et gardez-vous bien de nous faire
Une aumône non volontaire;
Vous seriez sotte en cramoisi [3],
Si vous nous la donniez ainsi.
Les Grecs appellent Hespérie
Une terre du ciel chérie ;
Les gens y sont mauvais garçons,
Et les champs en toutes façons
Donnent à ceux qui les cultivent
Tous les biens dont les hommes vivent ;
Ce pays, aux temps anciens,
Fut celui des Énotriens;
Depuis, cette terre jolie
D'Italus s'appelait Italie.
S'il faut vous franchement parler,
C'est là que nous pensions aller,
Quand Orion porte-tempête,
Un astre sujet à sa tête,
Nous a pris en aversion
Sans en avoir occasion ;
Nous a, par un vent de galerne,
Secoués comme gens qu'on berne,
Et dans de grands vilains rochers

---

[1] Monnaie d'Allemagne très-répandue, de la valeur de trois livres.
[2] Récompenser.
[3] C'est-à-dire *tout à fait, au suprême degré*. Cette expression, qu'on ne joignait jamais qu'à un mot de mépris ou d'injure, resta longtemps fort à la mode; Scarron l'a employée plusieurs fois.

A bien fait jurer nos nochers.
Nos navires sont dispersées [1],
Ces quinze ou seize ramassées,
Qui viennent ici d'aborder,
Où Dieu les veuille bien garder,
Ne sont que la moindre partie
De la flotte bien assortie
D'armes et de provisions,
Que, lorsque les Grecs champions
Nous prirent tous à la pipée,
Nous avons en hâte équipée.
Qu'ils savoient bien ce qu'ils faisoient,
Les vents, alors qu'ils nous poussoient
Vers ces infortunés rivages!
Ils nous portoient vers les sauvages;
Nous secondâmes leurs efforts,
Et gagnâmes enfin ces bords.
Voyant votre nouvelle ville,
Nous crûmes tous voir un asile;
Mais quelle inhospitalité,
Quelle rage ou brutalité
Règne en cette maudite terre!
Quel malheureux esprit de guerre
Possède celui de vos gens!
Ils sont pires que des sergens [2].
Au sortir de ce grand orage
Nous nous contentions du rivage
De peur de vous importuner,
Afin de nous démariner,
Remplir d'eau nouvelle nos pipes [3],
Et sécher au soleil nos nippes;
Ils nous ont donné mille coups,
Tiré flèches, jeté cailloux,
Nous ont bafoués, fait la nique,
Nous ont dit en langue punique
Une injure qui fait rougir.
Est-ce là comme il faut agir?
Si votre nation trop vaine
Ne craint point la puissance humaine,
Et, se fiant trop en ses mains,
Méprise les autres humains,
Qu'elle craigne les dieux célestes,
Et les tonnerres et les pestes,
Dont sur les mauvais garnemens
Ils exercent leurs châtiments;
Qu'elle songe à la récompense

Que souvent, quand moins on y pense,
Ils donnent aux cœurs généreux
Qui soulagent les malheureux.
Nous sommes serviteurs d'un maître
Aussi vaillant que l'on puisse être
Un vrai dieu Mars en bataillant,
Mais aussi juste que vaillant,
De plus, aussi pieux que juste,
Laborieux, adroit, robuste.
Si les destins en ont eu soin,
Soit qu'il soit près, soit qu'il soit loin,
Si quelque saumon ou barbue
N'en a point fait une repue,
Nous n'avons point à redouter,
Ni vous, grande reine, à douter
Que de toute notre dépense
Vous n'ayez bonne récompense:
C'est un homme qui paye bien,
Et qui n'escroque jamais rien.
Sans nous vanter, en la Sicile
Nous avons un fort bon asile;
Acestes est notre parent,
Qui n'est point homme indifférent,
Et qui prend part en nos affaires;
Ennemi de nos adversaires,
Lion de colère embrasé,
Mais mouton, étant apaisé,
Et qui saura de quelle sorte
Votre peuple envers nous se porte.
Faites-nous donc faire chez vous
Un traitement qui soit plus doux.
Nos vaisseaux, blessés jusqu'aux quilles,
Ont besoin de clous et chevilles,
De planches de bois, de chevrons,
Ont perdu tous leurs avirons,
Leur grand mât, leurs longues antennes;
De grands pins vos forêts sont pleines,
Soit pour de l'argent, ou par don,
Mettez-nous-les à l'abandon.
Si Sa Majesté qui m'écoute
Nous laisse suivre notre route,
Et, sans qu'on nous demande rien,
Comme elle est très-femme de bien,
Nous donne aussi le temps d'attendre
Jusqu'à tant que se puisse rendre
En ce même pays ici,

---

[1] *Navire* était alors indifféremment du masculin ou du féminin : « S'est présenté un novice en poésie, requérant qu'il plaise à la compagnie desclarer quel genre sont les mots *navire* et *affaires*. La compagnie surseoit à opiner sur sa requeste jusqu'à l'arrivée du sieur Racan. » (*Var. hist. et litt.* d'Ed. Fournier, I, 133.) *Navire* est toujours au féminin dans Racan, et, en 1666, Ménage constatait que ce mot était encore des deux genres, surtout en vers.

[2] Officiers subalternes de la justice, qui correspondaient à peu près à l'huissier d'aujourd'hui.

[3] Vaisseaux de terre.

Énée et les autres aussi,
Qui sur les ondes de Neptune
Comme nous ont couru fortune,
Ou si de notre roi perdu
Le corps vainement attendu,
Est mangé de quelque baleine,
Et de son fils l'attente est vaine,
Pour le moins qu'il nous soit permis,
Au lieu de ce pays promis,
D'aller chercher un autre asile
Chez Acestes dans la Sicile,
Si tout ce qu'a dit le destin
De ce plaisant pays latin
N'est rien qu'une billevesée,
Dont on nous a l'âme abusée,
Un vrai conte à dormir debout,
Une chimère, et puis c'est tout,
Une franche imposture, en somme,
Dont un Dieu qui ment comme un homme
(Sauf son honneur, c'est Jupiter)
A voulu nos malheurs flatter. »
    Ainsi finit Ilionée,
Dont louange lui fut donnée
Par quelques-uns des Tyriens ;
Car, pour dire vrai, les Troyens
Eurent la cervelle étourdie
D'une harangue si hardie,
Ils s'en mirent à bourdonner.
Quand la reine, sans s'étonner,
D'avoir une réponse à faire,
Ouvrit la bouche et les fit taire.
Voici tout, à ce qu'on me dit,
Ce qui de sa bouche sortit
Après avoir, tête penchée,
Un peu sa harangue ébauchée :
« Bonnes gens, n'ayez point de peur,
Je vous jure par mon honneur,
Et ce n'est pas peu, quand j'y jure,
Qu'on ne vous fera nulle injure.
Une affaire longue à conter
Me force de faire arrêter
Ceux qu'on trouve portant rapières,
Aux environs de nos frontières.
En ce pays nouveaux venus,
Nous avons peur des inconnus ;
Le moindre vaisseau dans la plage
Nous donne aussitôt de l'ombrage,
Sans cela vous n'auriez de nous
Reçu la moitié tant de coups.
Je m'offrirois de les reprendre,
Si tant de coups se pouvoient rendre,
Sans qu'aucun, de votre côté,
En demeurât époussété.
Je voudrois, pour vous satisfaire,
Que cette chose se pût faire,
Pouvoir révoquer le passé ;
Mais puisqu'aucun n'est trépassé,
Pour les épaules maltraitées
Emplâtres seront apprêtées,
Et vous aurez chacun un plat
D'un très-souverain oxicrat [1].
Je ne plaindrai point la dépense
Pour vous faire oublier l'offense ;
Car qui n'a point ouï parler,
En quel pays n'a pu voler
De votre prince l'origine ?
On sait partout qu'elle est divine,
Quoique issu d'un père mortel ;
A sa mère on bâtit autel :
Toute femme qui s'abandonne
La reconnoît pour sa patronne.
Et dans notre calendrier
On ordonne de la prier.
Qui ne sait les causes données
D'une guerre de dix années ?
Les gens de Tyr et de Sidon
Ne sont pas si stupides, non.
On sait bientôt parmi les nôtres
Ce qui se passe chez les autres.
Le soleil reluit dessus nous,
Aussi bien qu'il fait dessus vous.
Mais, soit que vous ayez en tête
Du pays latin la conquête,
Et des beaux champs saturniens ;
Soit que, des bords Ériciens,
Acestes, le compatriote,
Attire les cœurs de la flotte,
Vous serez de nous escortés,
Vous serez de nous assistés
De munitions et de vivres.
J'ai quinze ou seize mille livres,
Ne craignez point d'en disposer.
Certes, si sans me refuser,
Vous voulez accepter l'asile
Que je vous offre dans ma ville,
Je ne ferai pas des Troyens
Moins de cas que des Tyriens,
Et plût à Dieu que votre prince

---

[1] Lotion qu'on prépare avec une cuillerée de vinaigre mêlée dans cinq ou six fois autant d'eau. Peut-être n'est-ce pas ici le lieu de dire que ce mot vient du grec, et encore moins d'en donner l'étymologie.

Fût en cette même province
Par le même orage jeté !
Je ferois faire, en vérité,
Pour une si bonne fortune,
Un beau sacrifice à Neptune.
Oh ! que bien il s'en trouveroit
Celui qui me l'amèneroit !
Je veux le long de cette rade
Envoyer des batteurs d'estrade [1],
Pour voir s'il ne s'est point niché
En quelque petit port caché,
Ou bien en quelque forêt sombre,
Pour être fraîchement à l'ombre. »
   A ces discours non attendus,
Ils rirent comme des perdus,
Les bons Troyens, et, ravis d'aise,
Dansèrent autour de sa chaise,
Se mirent à crier : *Vivat !*
Frappèrent à l'envi du plat
De la droite contre la gauche,
Ne respirèrent que débauche [2],
Et reçurent des Tyriens
Traitement de concitoyens.
Dieu sait s'ils eurent grande hâte,
Enée et son fidèle Achate,
De sortir hors de leurs brouillas,
Dont ils étoient déjà bien las.
Achate dit au sieur Énée :
« Passerons-nous ici l'année ?
Qu'espérons-nous gagner ici ?
Nous n'avons plus que faire ici.
Montrez-vous donc, fils de déesse,
Puisque cette bonne princesse
Vous veut ainsi faire chercher.
A quoi diable bon vous cacher ?
Toute votre flotte est sauvée,
De plus, heureusement trouvée ;
Il ne nous manque qu'un vaisseau :
Pourquoi s'est-il perdu dans l'eau ?
Il n'avoit qu'à gagner la terre,
Comme nous fîmes à grande erre [3].
Votre mère n'a point menti,
Et vous a fort bien averti. »
Comme il parloit, l'épaisse nue
S'étant par le milieu fendue,

Æneas parut en ce lieu
Aussi brillant qu'eût fait un dieu,
Car sa mère bien avisée
Sur sa chevelure frisée
Avoit deux fois pleine sa main
Répandu poudre de jasmin ;
Avoit avec de la pommade
Rafraîchi son teint un peu fade,
Et mis dans sa face et ses yeux
Certain air qu'on remarque aux dieux.
Comme on blanchit la dent d'ivoire,
Que l'on voit moins blanche que noire,
A force de la bien frotter,
Ou comme l'on voit éclater
Le fin or autant que la braise
Qui l'a fondu dans la fournaise,
Lorsque l'orfévre l'a rendu
Assez beau pour être vendu,
Tel en ce lieu messire Énée,
A la troupe bien étonnée,
Parut en disant : « Me voilà ! »
Nul à cet étrange objet-là
Ne fut si ferme de courage
Qui n'en devînt pâle au visage.
Didon, sans couleur et sans voix,
En fit le signe de la croix ;
Mais à la beauté du fantôme,
Elle se tira du symptôme [4],
Et lui, la main droite au bonnet,
Dit, d'un ton de voix clair et net :
« Vous voyez ici, grande reine,
Celui dont vous êtes en peine,
Et moi je vois de mes deux yeux
Une dame pareille aux dieux,
La première et seule personne,
Aussi charitable que bonne,
Qui, sachant notre affliction,
Nous ait offert protection.
Un autre nous eût dit : « Canailles,
« Vous n'êtes rien que truandailles,
« Vous ne logerez point céans, »
On nous eût fait mettre léans ;
Ensuite de la bâtonnade
Nous eût fait donner l'estrapade [5]
Et brûler nos nefs dans le port,

---

  [1] *Battre l'estrade*, ici, c'est aller à la découverte. Ordinairement ces mots se prenaient dans un mauvais sens et s'appliquaient aux vagabonds ou aux voleurs.
  [2] Que joie, que festins. Le mot débauche n'avait pas alors, à beaucoup près, un sens si fort ni si absolu qu'aujourd'hui. (Voir notre note, *Roman comique*, éd. Jann., I, p. 301.)
  [3] A grande vitesse. *Erre* signifie quelquefois la marche du vaisseau.
  [4] Frayeur, sorte d'évanouissement et de syncope. (V. Loret, l. II, lettre XLVIIIe.)
  [5] L'estrapade était une espèce de potence très-élevée, au haut de laquelle on élevait les

Au lieu de nous offrir support.
Une action si débonnaire
Ne restera pas sans salaire,
Et je vous médite un présent
Qui ne sent point son paysan :
Non que ni Troyen ni Troyenne,
Ni moi, belle Sidonienne,
Vous puissions, tant que nous vivrons,
Rendre ce que nous vous devons;
Au moins notre reconnaissance
Sera selon notre puissance :
Le reste dépendra des dieux
Qui sont grands amis des pieux,
Des aumôniers, des charitables,
Qui secourent les misérables.
Qu'il fait bon être généreux [1] !
Et que notre siècle est heureux
Qui porte une telle personne
Plus que digne de sa couronne;
Et que les petits et les grands
Béniront messieurs vos parents
D'avoir, par un saint mariage,
Mis au monde dame si sage !
Tant que les fleuves couleront,
Qu'au ciel les astres reluiront,
Et que les monts feront ombrage
Aux terres de leur voisinage,
On ne dira de la Didon
Rien que d'honnête, bel et bon. »

 Sa harangue ainsi terminée,
Il prit la main d'Ilionée,
Lequel de respect s'inclina
Si très-bas, qu'il s'en échina.
Il traita de même Sergeste;
Cloante, Gias et le reste
De ces grands-pères des Romains
Eurent leur part des baisemains.
La reine donc fut étonnée
De l'apparition d'Énée,
Et puis après se rassura,
Le considéra, l'admira,
Lui sourit au nez pour lui plaire,
Contrefit sa voix ordinaire,
Et lui dit, parlant un peu gras,
L'ayant pris par le bout du bras

(C'est par la main que je veux dire) :
« Comment vous portez-vous, beau sire ?
— Moi, lui dit-il, je n'en sais rien :
Si vous êtes bien, je suis bien,
Et j'ai pour le moins la migraine,
S'il faut que vous soyez malsaine.
Vous vous portez bien, Dieu merci,
Je me porte donc bien aussi. »
A cette élégance troyenne,
Tant soit peu cicéronienne,
Didon de rire s'éclata;
Toute la troupe l'imita,
Et ne dura cette risée
Qu'autant que dure une fusée.
Le bruit cessé, la reine dit :
« Vraiment, le sort est bien maudit,
De vous maltraiter de la sorte;
Le grand diable d'enfer m'emporte,
Quoique très-vilain animal,
Si je ne lui veux bien du mal !
Vous êtes donc ce fils d'Anchise,
De qui Vénus, nue en chemise,
Reçut, sur les bords du Ximois,
Un fardeau qu'on porte neuf mois,
Dont sortit, la neuvaine faite,
Votre personne si parfaite ?
Qu'il est peu de monde ici-bas ?
Qui de vous ne fasse grand cas,
Comme de quelque rare pièce !
Quand Teucer fut chassé de Grèce,
Chez mon père il se retira,
Et son assistance implora :
Il reçut de Bélus, mon père,
Ce qu'il eût souhaité d'un frère.
En ce temps-là le bon Bélus,
Suivi de soldats résolus,
Menoit guerre très-violente,
A ceux de Cypre l'opulente;
Il prit l'île et la fourragea,
Des dépouilles ses nefs chargea,
Dont j'eus pour ma part une tonne
De poudre de Cypre [2] très-bonne.
Mais que vous importe cela ?
Or j'eus par lui, dès ce temps-là,
De vous parfaite connoissance,

---

criminels à l'aide d'un tourniquet, pour les laisser ensuite retomber à quelques pouces de terre.

 [1] Ce n'est pas sans arrière-pensée que Scarron développe ce thème avec une telle abondance de cœur. Le poëte quémandeur ne manque jamais une occasion, même en dehors de ses dédicaces, de se rappeler au souvenir des personnes *charitables*, surtout de la reine Anne d'Autriche, à qui ce livre premier est adressé. Les vers suivants sont une allusion fort claire à celle-ci.

 [2] La poudre de Chypre, dont l'usage était très-répandu parmi les hommes comme parmi

Et j'appris de lui la naissance,
Et le progrès et la fin qu'eut
Une guerre, où tant que vécut
Hector, leur puissant adversaire,
Les Grecs ne firent que l'eau claire 1
Contre les valeureux Troyens,
Dont il me disoit mille biens.
Il me conta de vous merveilles,
Au grand plaisir de mes oreilles :
Que vous étiez un grand sauteur,
Un grand archer, un grand lutteur,
Un grand sonneur de cornemuse,
Faisiez des vers comme une muse,
Baladin, assez violon
Pour être envié d'Apollon,
Admirable avec la guiterre,
Et de plus grand homme de guerre.
Il n'auroit pas voulu mentir
A la fille du roi de Tyr,
Qui ne vous prend point pour un autre.
Un grand malheur comme le vôtre,
Sur elle aussi bien que sur vous,
A tiré quantité de coups,
Desquels elle a paré partie,
Et s'est assez bien garantie ;
Mais, enfin en ces vastes lieux,
Par la bénignité des dieux,
Elle fait jouer la truelle
Après une ville nouvelle
Dont le plus bel appartement
Est à votre commandement.
Très-grande pitié vous lui faites :
Malheureuse comme vous êtes,
Ceux à qui tout porte guignon
La font larmoyer sans oignon.
C'est pourquoi, monseigneur Énée,
Que bénite so   la journée
Que le brave fils de Vénus
Et les siens sont ici venus. »
   Ainsi dit la dame courtoise
D'une bouche exhale-framboise.
Elle en reçut, si je ne mens,
Plus de mille remercîmens ;
Puis après, d'Æneas conduite,
Une grande foule à sa suite,

Au palais elle se rendit ;
Mais en partant, Virgile dit
Qu'afin d'avoir les dieux propices,
Elle mit ordre aux sacrifices.
   Énée, en peine si ses gens
Étoient bien buvans et mangeans,
Fit marcher devers ses navires
Cent pourceaux choisis, dont les pires
Avoient quatre grands doigts de lard ;
Ils n'arrivèrent que bien tard,
Encor qu'on les menât en laisse,
Parce qu'ils avoient trop de graisse.
Il fit aller aussi vingt bœufs,
Chargés chacun d'un sac plein d'œufs
Pour faire omelettes baveuses ;
De plus, cent brebis non galeuses,
Chacune ayant son gras agneau,
Et six pièces de vin nouveau.
Cependant la maison royale
Ses plus riches meubles étale.
On ne voit que tables dresser,
Et que murailles tapisser ;
Les moindres meubles sont d'ivoire
Historié d'ébène noire ;
Les rideaux des lits, sans mentir,
Sont du plus fin pourpre 2 de Tyr
Et même les tapisseries ;
Dans les riches orfévreries
Que soutiennent de grands buffets,
On voit dépeints les nobles faits,
Et toutes les rudes mêlées,
Très artistement ciselées,
Des rois de Tyr et de Sidon,
Où fut reine autrefois Didon.
Devant Æneas et sa troupe
On servit quelques plats de soupe,
Attendant un meilleur repas.
Ils ne s'en étonnèrent pas ;
En fort peu de temps chaque assiette
Comme chaque écuelle fut nette.
Aussitôt qu'ils furent soûlés.
Ils furent aussi régalés.
Énée eut des gants chargés d'ambre 3,
Une belle robe de chambre,
Un habit et son baladran 4,

les femmes, surtout pour la chevelure, se faisait en prenant pour base de la mousse de chêne et de la farine de fèves.
  1 Façon de parler proverbiale pour dire : ne réussirent point, n'eurent que des échecs.
  2 D'ordinaire, *pourpre* n'était masculin que dans la langue du blason.
  3 C'est ce qu'on appelait au dix-septième siècle des *gants de senteur*.
  4 Et sa casaque. Le balandran était encore « un manteau de campagne, doublé depuis les épaules jusque sur le devant. » (Dictionn. de Furetière.)

Qui, pour n'être que du bougran [1],
Étoit riche pour ses paillettes,
Et six douzaines d'aiguillettes.
Achates eut du drap d'Usseau [2],
De quoi se faire un long manteau,
Ou, s'il veut, une houppelande [3].
Chacun de la troyenne bande
Eut aussi de dame Didon
Quelque assez bonne nippe en don.
Chaque dame eut une hongreline [4],
Avec sa jupe d'étamine,
Et chaque homme un grand justaucorps
Piqué d'un fort beau fil retors,
Et rebrodé d'une pistagne.
 Cependant pour son fils Ascagne,
Encore qu'il ne fût pas loin,
Ænéas étoit en grand soin.
Il pria son fidèle Achate
De l'aller trouver à la hâte,
Monté sur un vite éléphant,
Afin de réjouir l'enfant,
Et lui faire part des nouvelles;
Et que des nippes les plus belles
Qu'il avoit dedans son vaisseau,
Il apportât tout le plus beau,
Pour faire aussi quelque largesse,
Afin que leur courtoise hôtesse
Connût quels gens ils étoient,
Et de quel bois ils se chauffoient.
Voici, si j'ai bonne mémoire
(Quiconque ne le voudra croire
Prendra la peine d'en douter),
Les dons qu'on devoit apporter,
Par l'ordre du fameux Énée,
Quand sa ville fut ruinée,
Qu'il avoit garantis du feu,
En suant non pas pour un peu :

Une belle robe de soie,
Que Léda pour plaire à son oie,
Tous les jours qu'il la visitoit,
Sans jamais y manquer mettoit;
Un merveilleux et riche voile
Encor qu'il ne fût que de toile,
Si précieux pour sa façon,
Qu'il valoit d'un roi la rançon :
Æneas, d'Hélène la belle,
Avoit, au jeu de la merelle [5],
Autres disent au quinola [6],
Gagné ces belles nippes-là;
D'Hecuba les chaussons de laine,
Et le vertugadin [7] d'Hélène;
De Priam la peau de vautour;
De fines perles un beau tour
Que portoit la belle Ilione,
Comme aussi sa riche couronne;
La béquille de Priamus;
Le livre de ses *Oremus*;
Un almanach fait par Cassandre,
Où l'on ne pouvoit rien entendre;
La perruque d'Andromacha,
Quand de noir elle se toqua,
Voyant la moitié de son âme,
Hector, mis à mort par la lame
D'Achille, en la fleur de ses ans.
Voilà tous les riches présens
Que destinoit à dame Élise
Le généreux enfant d'Anchise.
 Mais cependant ne s'endort pas
La dame qui a tant d'appas,
Qu'elle peut à crédit en vendre :
Il est bien aisé de m'entendre,
C'est Vénus dont je veux parler.
Elle fait dessein de mêler,
Parmi les riches dons d'Énée,

---

[1] Grosse toile gommée qu'on mettait, et qu'on met peut-être encore dans la doublure de certains habillements, pour les roidir.

[2] Usseau est un petit village du Languedoc, près Carcassonne, où l'on fabriquait alors d'assez grossiers draps de laine. Scarron, dans la seconde partie de son *Roman comique* (ch. XVII), caractérise les provinciaux du Mans, en les faisant danser à un bal donné par des personnes de la cour, en bas de drap *d'Hollande ou d'Usseau*.

[3] Sorte de casaque à manches courtes. Du reste, ce mot a servi à désigner diverses espèces d'habillements, pour la description desquels on peut consulter le Dictionnaire de Furetière.

[4] Robe faite en forme de chemisette à grandes basques. On la nommait ainsi parce qu'elle était originaire de Hongrie.

[5] C'est l'ancien nom de la marelle. Il s'entendait alors d'une espèce de jeu de dames où il fallait arriver à réunir un certain nombre de jetons sur une ligne droite.

[6] Terme du jeu de reversis et de la petite prime. Pour les renseignements sur la matière, voir la *Maison des Jeux*, 1642, in-8°.

[7] Pièce de l'habillement des femmes qu'elles mettaient à la ceinture pour relever leurs jupes de quatre ou cinq pouces. Il était fait de forte toile tendue sur de gros fils de fer. On voit que la crinoline ne date pas d'aujourd'hui.

Quelque ruse d'âme damnée.
Elle sait que les Tyriens
Sont pour la plupart des vauriens,
Gens sans honneur et sans parole ;
Et, de plus, que Junon la folle,
Dont la tête est près du bonnet,
S'est donnée au diable tout net,
De faire aux Troyens pis que pendre,
Sans jamais se lasser ni rendre.
Pour empêcher un tel dessein,
Qui ne part pas d'un esprit sain,
La bonne dame Cythérée,
La chose bien considérée,
Trouva que son fils Cupidon
Pouvoit en donner à Didon
Si très-avant dans la poitrine,
Et l'embraser d'amour si fine,
Que la pauvrette ne pourroit,
Quand Junon lui commanderoit,
Faire du mal au sieur Énée,
Qui tiendroit son âme enchaînée.
Il est vrai que pour cet effet
Cupidon étoit son vrai fait,
Quoique enfant, quoique Dieu céleste,
Une très-dangereuse peste,
Et qui brûle, dont j'ai pitié,
Du monde plus de la moitié.
La bonne dame de Cythère,
Avec autorité de mère,
Fit donc appeler Cupidon :
Ce petit Dieu porte-brandon
Fut trouvé qui trempoit ses flèches,
Dont les fers sont vives flammèches,
Dans de l'essence de chagrin,
De laquelle il ne faut qu'un grain
Pour rendre une âme forcenée,
Presque autant qu'une âme damnée.
Voyant sa mère, il s'inclina ;
Demi-livre elle lui donna
De sucre, faute de dragée,
Qui fut en peu de temps mangée :
Le friand en avaleroit
Un pain, qui le lui donneroit.
Voici ce que lui dit sa mère :
« Puissant enfant d'un puissant père,
Qui prises bien moins qu'un chiffon
Les dards dont fut tué Typhon,
Et qui des tiens sur les fressures
Fais tant d'incurables blessures;
Tu sais fort bien comme Junon,
Qui ne fit jamais rien de bon,
Persécute Æneas le pie ;
Tu sais bien que cette harpie

En dépit du monde fera
Contre lui ce qu'elle pourra ;
C'est une dangereuse bête :
On doit tout craindre de sa tête.
Mais j'espère, par ton moyen,
Que je l'en garantirai bien.
Je te demande une journée
Pour le salut du pauvre Énée.
Il fait apporter à Didon,
Par son fils, je ne sais quel don ;
Je veux que tu prennes sa forme ;
Je ferai cependant qu'il dorme
Dans mon palais le long du jour,
De crainte que jouant le tour
Dont je veux abuser Élise,
Par sa rencontre il ne nous nuise.
Tu porteras donc ces présens,
Qui lui deviendront bien cuisans.
Mets-lui le coquetisme en tête,
S'entend sans penser déshonnête :
Il est bien aisé, sans pécher,
De lui rendre Æneas bien cher,
Si la dame est bien assénée,
Elle aura plus de soin d'Énée
Que de la prunelle de l'œil,
Et Junon en mourra de deuil.
Par toi je règne dans le monde,
En toi tout mon espoir se fonde ;
Si tu me sers fidèlement,
Je te le dis sincèrement,
J'augmenterai ton équipage
De deux estaffiers et d'un page. »
   A peine avoit-elle tout dit,
Que le dieu ses ailes défit,
Et parut aux yeux de sa mère
Tout semblable au fils de son frère,
Que la déesse en un instant
(Un mortel n'en feroit pas tant),
En moins d'une heure d'horologe,
Alla trouver dans une loge
Que les Troyens, vrais gens d'honneur,
Avoient bâtie à leur seigneur,
De laquelle ils gardoient l'issue.
La dame, sans être aperçue,
Subtilement l'escamota,
Et dans Cythère le porta,
Laissant Cupidon en sa place,
Ayant et sa taille et sa face.
Pour Ascagne, elle l'endormit
D'un certain charme qu'elle fit,
Les uns disent d'un dormitoire,
Les autres en le faisant boire
Un peu plus qu'il ne faut de vin,

Si bien que dans ce lieu divin,
Couché sur fraîches violettes,
Sans penser beaucoup à ses dettes,
Il s'endormit comme un pourceau,
Ce qui n'étoit ni bon ni beau.
 Cependant qu'il dort et qu'il ronfle,
Le bon Achate, qui se gonfle
D'orgueil et de présomption
De sa belle commission,
A tant fait par ses enjambées,
Qu'avec les hardes dérobées,
Auprès d'Énée il s'est rendu :
Il eût bien plus fait l'entendu
S'il eût bien su qu'au lieu d'Iule
Il menoit le grand dieu qui brûle
Les cœurs sans fagot ni cotret,
Et qui n'a qu'à piquer d'un trait,
Pour faire porter la marotte
Au plus raisonnable Aristote.
Dieu me garde, moi qui le di,
Des coups d'un pareil étourdi !
Cupidon reçut de son frère
Toutes les caresses d'un père,
Fit la révérence à Didon,
Qui reçut les nippes en don.
L'heure du souper étant proche,
Tout le monde, au son d'une cloche,
Dans une salle se trouva.
Énée avec Didon lava.
Didon, en habit magnifique,
Se mit sur un lit à l'antique;
Æneas se mit vis-à-vis,
Lui tenant gracieux devis,
Ayant attaché en bavette
Sous le menton sa serviette.
Il étoit si propre, dit-on,
Qu'il n'eût pas, pour un ducaton
(Grand signe d'intention nette),
Voulu rien manger sans fourchette,
Et ne se fût pas abreuvé,
Dans quelque verre mal lavé,
Sans faire cent fois la grimace,
Quoiqu'au détriment de sa face;
Enfin ce généreux seigneur
Étoit un vrai homme d'honneur.
Cent gracieuses chambrières
Alloient avec riches aiguières,
Criant partout : « Qui veut de l'eau ? »
L'ordre du festin étoit beau;
La viande étoit bien préparée
Et la salle bien éclairée.

Lors chacun étant alité **1**,
Didon dit *Benedicite;*
Puis on joua de la mâchoire.
Aucuns commencèrent par boire;
Didon, comme on fait par deçà,
Par le potage commença.
Æneas donna de la soupe
Aux plus apparens de la troupe.
Cent beaux valets de compte fait
Servoient au superbe buffet;
Cent très-honnêtes demoiselles
Coupoient des miches par rouelles,
Et cent autres ne faisoient rien
Que voir si tout alloit fort bien,
Et portoit chacune d'icelles
Un chandelier à deux chandelles.
 Dans la salle, outre les Troyens,
Grand nombre étoit de Tyriens.
Aux uns, du bon Troyen la mine,
Aux autres, la face divine
De Cupidon qui reluisoit,
Grande admiration causoit.
Chacun beaucoup estime et prise
Les beaux présens du fils d'Anchise,
La belle robe de Léda,
Qu'elle même, dit-on, broda,
Et la finesse de la toile
De son incomparable voile.
L'Almanach que Cassandre fit
Leur embarrassa bien l'esprit,
Et leur plut bien fort d'Ilione
Le beau collier et la couronne.
La reine ne se put soûler
Et de les voir et d'en parler;
Elle jette les yeux sans cesse
Sur ce petit dieu qui la blesse,
Et la tire à brûle-pourpoint
D'un petit arc qu'on ne voit point
(Un autre eût dit brûle-hongreline,
Et la pensée eût été fine ;
Mais certes la rime du point
M'a réduit à brûle-pourpoint).
Ce dieu, pour bien servir sa mère,
Se pend au cou de son beau-frère,
Et bien qu'il eût l'esprit si mûr,
Le met en une étrange humeur.
Pour la Didon, elle s'en donne
Tant et tant, que je m'en étonne;
Mais qu'eût-elle pu faire enfin
Contre un dieu des dieux le plus fin?
Elle le prend, la pauvre sotte,

---

1 Étendu sur le lit qui lui servait de siége à table.

Le baise, caresse et dorlote;
Mais la pauvre sotte ne sait,
En le prenant ce qu'elle fait;
Elle ne sait, la misérable,
Que ce dieu, qu'elle trouve aimable,
Est un dieu plus traître et félon
Que ne fut jamais Ganelon [1].
Chaque fois qu'elle le regarde,
Ce traître Cupidon lui darde
Par les yeux des flèches de feu
Qui lui feront jouer beau jeu.
La voilà toute requinquée,
Qui ne songe plus à Sichée;
Au contraire, elle dit tout bas :
« Le défunt ne le valoit pas;
Un tel mari vaudroit bien l'autre
Si nous le pouvions rendre nôtre!
Si je ne craignois les discours,
Devant qu'il se passât huit jours,
Je le prendrois en mariage. »
Par ce discours qui n'est pas sage,
La pauvrette ainsi se flattoit.
Ænéas aussi se gâtoit,
Et, tout rempli du faux Ascagne,
Faisoit des châteaux en Espagne.
Il disoit, regardant Didon
(C'étoit une grosse dondon,
Grasse, vigoureuse, bien saine,
Un peu camuse, à l'africaine,
Mais agréable au dernier point);
Il disoit donc, d'amour époint,
Les deux yeux fichés dessus elle,
Plus allumés qu'une chandelle:
« O belle qui m'avez blessé,
Bien plus que je n'eusse pensé,
S'il plaisoit à la destinée
Que vous fussiez femme d'Énée,
Je le jure par Mahomet
(Quoiqu'on dise fou qui s'y met),
Pour une épouse tant jolie,
Je laisserois là l'Italie,
Planteroit ici mon piquet
Sans craindre des gens le caquet.
Et pourrois fort bien mettre en pièces
Ceux qui feroient de moi des pièces. »
Cependant qu'il raisonne ainsi,
Les beaux conviés, sans souci,
A manger faisoient des merveilles.
Chacun vida plusieurs bouteilles

Et branla si bien le menton
Tant sur le veau que le mouton,
Qu'il ne resta rien sur la table
Qui fût d'homme de bien mangeable;
Si quelque os encore resta,
En levant les plats, on l'ôta.
On mit sur table une bouteille :
A son aspect on s'émerveille ;
Ænéas dit une chanson,
Et sans attendre un échanson
Lui-même emplit de vin sa coupe,
Puis à la santé de la troupe
Mit le tout dans son estomac.
Didon demanda du tabac,
Mais elle n'en prit pas deux pipes,
Qu'elle ne vidât jusqu'aux tripes,
Et ne s'en offusquât l'esprit;
Mais un peu de vin qu'elle prit
Ayant dissipé la fumée,
Elle dit, la face enflammée :
« Qu'on me donne mon gobelet. »
Aussitôt dit, un beau valet
Mit ce gobelet vénérable
Avec grand respect sur sa table.
Bélus et les rois de Sidon,
Grands-pères de dame Didon,
Usoient de ce vase à deux anses,
Quand ils faisoient des alliances.
Il tenoit deux demi-setiers
Bien mesurés et bien entiers.
Elle l'emplit, la bonne dame,
Et puis dit du fond de son âme
« Jupiter, auteur de tous biens,
Fais qu'aux Tyriens et Troyens
Ce jour soit heureux et propice,
Et reçois comme en sacrifice
Ce gobelet rempli de vin.
Assiste nous, Bacchus divin;
Et toi, Junon, notre patronne,
Qui m'as toujours été si bonne,
Rendez-nous tous gais et contens
Comme de vrais Rogers Bontemps [2] »
Elle but par forme une goutte,
Comme on fait alors qu'on en goûte;
Ce qui restoit en quantité
A Bitias fut présenté :
Il le reçut à grande gloire,
Se mit avidement à boire,
Et vit bientôt la tasse au cu.

[1] Ganes de Poitiers, ou le comte Ganelon, dont le nom, fameux dans les poëmes du cycle carlovingien, est resté le symbole de la félonie. Ce fut lui qui trahit le paladin Roland à Roncevaux.

[2] Roger Bontemps est un type allégorique de bon vivant, fort ancien dans notre littéra-

Didon cria : « C'est bien vécu !
Çà, du vin pour toute la troupe ! »
Lors chacun de remplir sa coupe,
Chacun de la vider tout net,
Et de s'échauffer le bonnet.
Dieu sait combien on vit d'ivrognes,
Et tous en différentes trognes !
Dieu sait quel désordre et quel bruit !
Les chandelles font que la nuit
N'est point au jour inférieure ;
Chacun y rit, pas un n'y pleure.
Les cris des maîtres et valets
Retentissent par le palais ;
Tout le monde a du vin en tête,
Tout le monde a la tête en fête.
A ce bruit, le plaisant goulu,
Maître Iopas le chevelu,
Mêloit celui de sa vielle.
Sur le chant de Jean de Nivelle ;
Il sonnoit aussi doux que miel,
Ce que d'Atlas le porte-ciel
Il avoit appris en jeunesse :
Des cieux l'admirable vitesse,
En combien de temps Apollon,
Digne inventeur du violon,
En son char fait le tour du monde ;
Par quel moyen la lune blonde
Cache quelquefois son museau ;
Quels astres nous donnent de l'eau,
Et quels nous donnent la gelée ;
Comment de terre sigillée [1],

Prométhée, homme fort aigu,
Fit l'homme en lui soufflant au cu :
Ce fut un très-gentil ouvrage,
Et c'est de lui fort grand dommage,
Car Jupiter s'en sert, dit-on,
A paître son aigle glouton ;
Comment furent faites les bêtes ;
Pourquoi l'on voit tant de tempêtes,
Principalement en hiver ;
Au printemps pourquoi tant de vert,
Et cent autres choses fort belles
Qui ne sont pas des plus nouvelles.
Après avoir longtemps chanté,
Se voyant fort mal écouté,
Il cessa sa belle musique.

Cependant la Didon se pique
De son hôte de plus en plus ;
Par de longs discours superflus
Elle le retient auprès d'elle,
Elle se brûle à la chandelle.
L'autre, avec toute sa raison,
Sent aussi quelque échauffaison,
Et monsieur, ainsi que madame,
A bien du désordre dans l'âme.
Elle lui fait cent questions,
Sur Priam, sur les actions
D'Hector, tant que dura le siége ;
Si dame Hélène avoit du liége [2],
De quel fard elle se servoit ;
Combien de dents Hécube avoit ;
Si Pâris étoit un bel homme ;

ture, et qu'on trouve jouant son rôle dans les farces et moralités de notre vieux théâtre. Sa première apparition connue remonte à peu près au milieu du quinzième siècle, mais il est certain qu'il existait déjà bien auparavant. Un peu plus tard, le type de Roger Bontemps s'incarna en quelque sorte dans Roger de Collerye, qui lui rendit, par sa vie et ses œuvres, une nouvelle popularité. Sur l'origine de ce nom, voir les explications diverses données par Pasquier (*Recherch.*, l. VIII) ; Henri Estienne (*Dialog. en franç.-italian.*) ; le *Dictionn. com.* de Leroux, et l'*Étymol. des prov. franç.* de Fleury de Bellingen, I, ch. II.

[1] Terre rouge, molle, sèche, friable et pesante, qui venait de l'île de Lemnos ; on en apportait aussi de Turquie, et on trouva même aux environs de Blois une terre semblable à celle-là en vertu. Outre son utilité dans les arts, elle était, en médecine, d'un grand usage comme antidote. On l'appelait *sigillée* (du latin *sigillum*, parce qu'elle était marquée d'un sceau, soit, dans l'antiquité, par les sacrificateurs de Diane, qui en faisaient des trochisques (compositions pharmaceutiques) ; soit, à une époque plus moderne, par le Grand Seigneur, qui en envoyait en présent aux princes.

[2] On se servait de liége pour corriger les imperfections de la taille. Dans *Jodelet ou le maître valet*, comédie de Scarron, Jodelet, déguisé, adresse la même question à Isabelle :

> Dites-moi, ma maîtresse, avez-vous bien du liége ?
> Si vous n'en avez point, vous êtes sur ma foi,
> D'une fort belle taille, et digne d'être à moi.
>
> (Acte II, scène VII.)

On usait aussi de la seconde écorce du liége, fort légère, pour mettre sous les pantoufles et patins.

Si cette malheureuse pomme
Qui ce pauvre prince a perdu
Étoit reinette ou capendu 1;
Si Memnon, le fils de l'Aurore,
Étoit dè la couleur d'un Maure;
Qui fut son cruel assassin ;
S'ils moururent tous du farcin
Les bons chevaux de Diomède,
Qu'elle y savoit un bon remède;
Si, voyant son Patroclus mort,
Achille s'affligea bien fort ;
S'il fut mis à mort par cautelle :
« Mais plutôt, cher monsieur, dit-elle,
Racontez-nous de bout en bout
Comme quoi se passa le tout,
Comment la ville fut brûlée,
Si les Grecs la prirent d'emblée,
Et par quel moyen s'échappa,
Portant sur son dos son papa,
Votre excellente seigneurie ;
Racontez-le-moi, je vous prie,
Et les travaux par vous soufferts,
Et les ports par vous découverts.
Vos fortunes sont assez grandes,
Pour faire deux ou trois légendes ;
Je les apprendrois volontiers,
Car on compte sept ans entiers
Depuis cette pénible guerre
Que vous errez de terre en terre.

1 Chapelain, fait remarquer M. Géruzez dans ses *Essais d'histoire littéraire* (in-8º, p. 283), n'auroit pas manqué de satisfaire la curiosité de Didon sur ce dernier point, lui qui nous apprend, dans sa *Pucelle*, que le fruit dont on se servit pour empoisonner Agnès

Était une pomme fort belle
Qu'en langage fruitier calleville on appelle.

A MONSEIGNEUR
MONSEIGNEUR SÉGUIER
CHANCELIER DE FRANCE [1]

Monseigneur,

Il y a si peu de rapport entre un petit poète burlesque et un grand Chancelier, que l'on dira sans doute que je manque de jugement, de dédier un livre si peu sérieux au plus sage homme de notre siècle. La France n'a jamais eu de Chancelier de votre force, et l'on peut dire qu'outre les vertus théologales et cardinales, vous avez encore les chancelières. On en a pu remarquer quelques-unes en plusieurs de ceux qui vous ont devancé ; en vous seul on les voit reluire toutes à la fois, et si également, qu'il est bien difficile de connoître laquelle de ces vertus vous rend le plus recommandable. Pour moi, Monseigneur, j'admire sur toutes les autres votre bonté : c'est par elle que mon premier livre de Virgile ne vous a point déplu, et c'est par elle que je prends la hardiesse de vous dédier le second, moi qui suis un inconnu, un inutile, enfin un malade qui n'a plus que la voix [2], et qui, dans sa plus parfaite santé, ne se seroit pas trouvé digne d'une grâce si extraordinaire. C'est en être prodigue, Monseigneur, et c'est ce qui me fait dire hardiment, quoique la façon de parler soit un peu bizarre, que je vous remercie du présent que je vous fais. Il y a peu de personnes dans le monde, fût-ce dans les galères, qui m'osassent disputer la triste qualité du plus malheureux des hommes [3]. Il y a dix ans que je suis malade [4] ; cinq ans que j'ai

---

[1] Pierre Séguier (1588-1672), fils de Jean Séguier, conseiller au parlement, et petit-fils de Pierre Séguier, président à mortier, était chancelier de France depuis 1635. Il aimait les gens de lettres, et fut protecteur de l'Académie après la mort de Richelieu. Notre auteur lui avait déjà adressé une épître.

[2] Scarron répète souvent la même chose, sans doute pour mieux émouvoir la pitié de ses protecteurs. Il dit en particulier, dans la dédicace du livre Ier du *Roman comique*, au coadjuteur : « Si vous croyez sur ma parole, *puisque c'est tout ce qui me reste*... » Et de fait sauf son esprit, son estomac, et *quelquefois* le mouvement de la main, il ne lui restait pas grand'chose de plus.

[3] Notre poète burlesque ne parle pas fréquemment sur ce ton découragé ; le plus souvent on le voit, comme il dit lui-même dans sa *Requête à la Reine* (1651) :

......Faisant par courage
Bonne mine à fort mauvais jeu.

Cependant la douleur l'emporte parfois et c'est alors qu'il écrit, par exemple, dans une lettre à Marigny, le chansonnier de la Fronde : « Si tous les diables me vouloient venir emporter, je crois que je ferois la moitié du chemin. » Et dans une autre, plus sérieusement : « Je vous jure, mon cher ami, que s'il m'étoit permis de me supprimer moi-même, qu'il y a longtemps que je me serois empoisonné. » (Voir encore la dédicace du livre IV du *Virgile travesti*.)

[4] Voilà qui peut servir à déterminer la date à laquelle sa maladie prit naissance. Ce serait

un procès[1]; mais si-je contribue durant quelques heures à votre divertissement, j'aurai l'esprit satisfait, quelque mauvaise mine que fasse mon visage, et peut-être serai-je envié de quelque homme allant et venant : en quoi consiste, à mon avis, le souverain bien de la vie. Voilà, MONSEIGNEUR, une grande obligation que vous aura le doyen des malades de France. Il la reconnoîtroit mal s'il vous importunoit davantage de sa mauvaise épître, outre que la pauvre Didon brûle d'impatience d'entendre les travaux de son cher Énée; il n'attend plus que vous pour commencer. Ne faites pas languir davantage cette pauvre Phénicienne, et me faites l'honneur de croire, quoi qu'il n'y ait guère de foi à ajouter à un grand faiseur de mauvais livres, que je suis plus qu'homme du monde de toute mon âme,

MONSEIGNEUR,

> Votre très-humble, très-obéissant
> et très-obligé serviteur,
>
> SCARRON.

en 1638, puisque ce second livre est de 1648. C'est un passage de plus à joindre à tous ceux où il a donné un renseignement analogue. (Voir début du *Typhon*; *A l'infante d'Escars*; *A madame de Hautefort*; *A M. le Prince*; Lettre à Marigny; son *Portrait*; *Factum*; *Requête au Roi*.)

[1] Son procès contre ses beaux-frères et belles-sœurs du second lit, Nicolas Scarron, Madelaine et Claude, ces deux dernières représentées par leurs maris, Charles Robin, sieur de Sigoigne, et Daniel Boileau, sieur du Plessis. (Voir les détails de ce long procès dans son *Factum ou Requête ou tout ce qu'il vous plaira*, éd. Bruzen, Ier vol.) Scarron le perdit devant les juges et le gagna devant l'opinion.

LE
VIRGILE TRAVESTI

LIVRE DEUXIÈME

Sitôt que Didon eut dit : « Chut ! »
Chacun fit silence et se tut.
La pauvre reine embéguinée [1]
Des rares qualités d'Énée,
Rongeant les glands de son rabat,
Sur lui, de grabat à grabat,
Décoche quantité d'œillades
Propres à faire des malades.
Lui qui n'est pas un innocent,
Pour une en rend un demi-cent.
Le brave seigneur, pour se taire,
Et pour n'avoir tel conte à faire,
Eût donné ce qu'on eût voulu ;
Mais Didon l'avoit résolu.
Souvent de la bonne princesse
La raison n'étoit pas maîtresse :
Puis, quoique animal [2] plein d'appas,
On dit qu'une femme n'a pas
Au cul ce qu'elle a dans la tête ;

Si le proverbe est malhonnête,
Au premier avertissement
On peut le rayer aisément.
Revenons à messire Énée.
  Voyant que la reine obstinée
Prenoit plaisir à se brûler,
Et ne pouvant plus reculer,
Il se releva la moustache,
S'ajuste en son lit, tousse et crache,
Puis, se voyant bien écouté,
Il dit avecque gravité :
« O mon Dieu ! la fâcheuse chose
Que votre majesté m'impose !
C'est justement m'égratigner
Un endroit qu'on fera saigner.
Voulez-vous donc que je vous die
La pitoyable tragédie
Dont les Grecs furent les auteurs
Et les sanguinaires acteurs ?

[1] Molière lui-même a employé, dans le *Bourgeois gentilhomme* (III, III), *s'embéguiner* pour *s'infatuer*. On dit encore aujourd'hui, dans le même sens et avec la même image, *se coiffer* de quelqu'un.
[2] Genre de plaisanterie fort usité alors. On connaît la devise de Gui-Patin : *Non sum*

Est-il possible que l'on croie
Les étranges malheurs de Troie,
Dans lesquels j'ai si bonne part?
Est-il Dolope assez pendard,
Myrmidon, d'Ulysse gendarme,
Qui soit assez chiche de larme
Pour n'en verser pas un petit
A ce pitoyable récit?
Mais la nuit est bien avancée,
Elle s'en va bientôt passée;
Vos lampes tirent à la fin,
Et pour moi, sans faire le fin,
Je dormirois de bon courage,
Sans le sot conte où l'on m'engage.
Vous-même vous dormiriez bien;
Outre que tous ces gens de bien
Ont peine à soutenir leur tête,
Et, sous quelque prétexte honnête,
Voudroient bien qu'il leur fût permis
D'être dans leur lit endormis. »
Didon dit : « Vous avez beau dire;
Haranguez vitement, beau sire,
Sans tant tourner autour du pot. »
Æneas dit : « Je suis un sot,
Et vous allez être servie. »
   Quoique Hector eût perdu la vie,
Les assiégés faisoient si bien,
Que les Grégeois ne faisoient rien
Que se lasser et se morfondre.
Tout sembloit les vouloir confondre,
C'est-à-dire rendre confus.
Les Troyens leur faisoient refus
De leur rendre madame Hélène,
De s'en retourner à Mycène,
Tous délabrés et tous pieds nus,
Plus vite qu'ils n'étoient venus,
Ils ne s'y pouvoient bien résoudre;
Mais aussi d'en vouloir découdre,
Quoiqu'ils fussent très-belliqueux,
Avec gens qui l'étoient plus qu'eux,
Etant lassés de tant d'années,
Et maltraités des destinées,
Ils y trouvoient quelque danger.
Gens qui savent leur pain manger
Savent bien aussi se défendre;
Tellement que, bien loin de prendre
Vengeance du rapt de Pâris,
Ils couroient risque d'être pris.
Leurs soldats, dans leurs palissades,
Avoient visages de malades,
Et les nôtres, dans leurs maisons,
Étoient gras comme des oisons.
Tout leur camp étoit en désordre :
On n'y faisoit que s'entremordre;
Leurs capitaines et soldats
S'accordoient comme chiens et chats.
Qui n'eût donc parié leur perte,
Nous attaquant de force ouverte?
Mais ils s'avisèrent enfin
De vouloir jouer au plus fin :
Ils y trouvèrent mieux leur compte,
Et par là nous eûmes la honte
De nous voir réduits aux abois
Par un simple cheval de bois.
Il plut donc à la Destinée
Qu'ils fissent une haquenée
(Si vous voulez, cheval de pas;
Lequel des deux n'importe pas).
Par ce prodigieux ouvrage,
Ida perdit tout son ombrage;
Tous ses sapins prirent le saut,
Ou, pour le moins, bien peu s'en faut.

---

animal Mazarinicum. Montmaur le parasite était traité d'*animal irrassatiable et indécrottable*. Vous trouverez dans la satire VIII de Boileau :

    Le plus sot *animal*, à mon avis, c'est l'homme.

On peut y joindre les vers de Regnard :

    L'homme est de sa nature un animal qui rit ;
    Mais, quand il rit à tort, je crois que, sans scrupule,
    On peut bien le nommer *animal* ridicule ..

et ceux de Molière :

    Car, voyez-vous, la femme est, comme on dit, mon maître,
    Un certain *animal* difficile à connaître,
    Et qui de sa nature est fort encline au mal,
    Et ne sera jamais qu'*animal*, quand sa vie
    Durerait cent mille ans...

Scarron surtout aime cette forme de plaisanterie. On verra plus loin (l. III) :

    Maint auteur, *animal* mentant,

et beaucoup d'autres exemples analogues, surtout en parlant des femmes.

Pallas même y prit la cognée,
Pour faire de l'embesognée ;
Aussi fut ce maître dada
Aussi grand que le mont Ida.
Je ne sais comment diable ils firent :
Dans ce grand cheval ils bâtirent
Toutes sortes de logemens,
Sans oublier des aisemens ;
Puis, de munitions et d'armes,
Et de leurs plus hardis gendarmes,
Tous altérés de notre sang,
Ils emplirent le vaste flanc
De cette bête à large échine.
Que maudite soit la machine,
Et le vilain qui l'inventa,
Et la femme qui l'allaita,
Et le mari de cette femme,
Et toute sa famille infâme ;
Et, pour n'en faire à tant de fois,
Les Grégeoises et les Grégeois !
Ayant donc fait ce grand colosse,
Cette prodigieuse rosse,
Qu'ils disoient, pour couvrir leur jeu,
Être une offrande ou bien un vœu
Pour leur prompt retour dans la Grèce,
Qui diable eût deviné la pièce,
Et que ses larges intestins
Eussent des soldats clandestins,
Et tant de belle infanterie,
Ou bien plutôt cavalerie,
Puisqu'ils étoient tous à cheval ?
Nous crûmes donc ce bruit fatal,
Et que l'ennemi faisoit gille [1],
Sans plus songer en notre ville ;
Et de fait, une belle nuit,
Ils gagnèrent, sans faire bruit,
Une petite île célèbre
Par notre aventure funèbre,
De qui Ténédos est le nom ;
Autrefois riche et de renom,
Mais, depuis cette longue guerre,
Une très-malheureuse terre,
Où le moindre petit vaisseau
A peine se fourniroit d'eau.
Là, leur flotte s'étant cachée,
Chacun voulut voir la tranchée
Et ce fameux camp d'où sortoient

Ceux qui si souvent nous battoient.
Petits et grands, remplis de joie,
Portèrent leur nez hors de Troie,
Et visitèrent les quartiers
Dont ils se pensoient héritiers.
On s'entr'apprend, on s'entremontre :
Ici se fit un tel rencontre [2],
Et là se fit un tel combat.
Chacun bien du pays y bat,
Chacun y dit sa ratelée [3] ;
Là campoit le fils de Pélée ;
Là le Dolope et Myrmidon.
Mais tous admirèrent le don
Par eux fait à Pallas la sage,
Comme entreprise de courage.
La peste ! comme on le brûloit,
Si l'on eût su qu'il recéloit,
Pressés comme harengs en caque,
Par la ruse du roi d'Ithaque,
Des Grecs les plus hardis soudards,
Armés de piques et de dards !
Timetes, pour faire l'habile,
Dit : « Il faut le mener en ville,
Et que ce colosse si beau
Serve d'ornement au château. »
Voilà ce qu'avança le traître,
Soit qu'il fût, comme tout peut être,
Par nos ennemis suborné.
Capis et les têtes plus saines
Lui dirent : « Vos fièvres quartaines !
Il faut bien plutôt le brûler,
Au lieu de l'y faire rouler.
Le grand Jupiter nous en garde !
Que savons-nous ce qu'on nous garde
En ce gros ventre rebondi ?
Encore une fois, je le di,
Ou je suis d'avis que l'on sonde
Cette machine si profonde,
Ou, qu'avec de beaux charpentiers,
On me la mette par quartiers,
Ou qu'on lui donne la fumée
Avec paille mal allumée :
Les plus pressés éternueront,
Et les autres découvriront.
Grèce, ainsi sottement enclose,
Nous coûtera fort peu de chose,
Et nous la pourrons étouffer

---

[1] S'enfuyait, se retirait précipitamment. Cette expression vient, suivant quelques-uns, de *faire l'agile* ; suivant la plupart, d'un trait de la vie de saint Gilles, prince de Languedoc, qui s'enfuit de peur d'être roi. (Voir *Étymol. des prov. franç.* de Fleury de Bellingen, II, ch. I.)

[2] Ce mot était alors du masculin. (V. Boisrob., la *Belle Égyptienne*, IV, v ; R. Poisson, *Baron de la Crasse*, sc. III ; Montfl., *Dame médecin*, IV, v ; Loret, liv. V, let. L^e, etc.

[3] Raconte tout ce qu'il sait, parle librement et tout son soûl.

Et du même temps nous chauffer. »
  En cet embarrassant rencontre,
L'un fut pour et l'autre fut contre.
  Là-dessus Laocoon vint,
Suivi de Troyens plus de vingt,
Et, s'approchant de l'assemblée,
Il cria d'une voix troublée :
« La peste vous casse le cou !
Je crois que tout le monde est fou,
Ou pour le moins en rêverie [1].
Quand vous auriez une écurie
Bastante [2] pour tel animal,
L'y recevoir vous feriez mal.
Tout ceci n'est qu'un artifice.
Je connois trop l'esprit d'Ulysse,
Pour croire que ce fin matois
Ait ainsi dépensé du bois
Seulement pour nous faire rire.
Cet ouvrage que l'on admire
Est quelque tour de l'ennemi,
Dangereux en diable et demi.
Le Grec, opiniâtre en mule,
Afin de mieux sauter recule ;
Défions-nous de ses présens,
Très-dangereux, quoique plaisans.
Croire sottement leur retraite,
C'est avoir la tête mal faite :
Cette grande masse de bois,
Cet ouvrage de tant de mois,
Ce cheval à la riche taille,
Vient reconnoître la muraille.
Dans son ventre, pour nos péchés,
Soldats sont peut-être cachés,
Qui, nous ayant coupé la gorge,
Gais comme des pourceaux dans l'orge,
Ou bien qui pissent dans du son,
D'une pitoyable façon
De tous nos biens feront ripaille.
Pour moi je n'attends rien qui vaille
Du Grec devenu libéral,
Ni de ce grand vilain cheval. »
Cela dit, d'une lance gaie,
Il fit au cheval une plaie.
Son vaste ventre en retentit ;
Plus d'un Grégeois en émeutit [3],
Car on a su depuis la chose.
Certes ce ne fut pas sans cause :
Ulysse a confessé depuis

Que ce coup lui fit un pertuis
Droit au beau milieu de la panse ;
Il en fut quitte pour la transe,
Et pour s'écrier : « Je suis mort ! »
Dont un chacun le blâma fort.
Il voua plus d'une chandelle
Pour l'avoir échappé si belle.
Plus avant de quatre ou cinq doigts,
Monseigneur le cheval de bois
Alloit servir de feu de joie
A la délivrance de Troie.
Ilium encore seroit,
Et le bon Priam régneroit.
Mais la fatale destinée
Avoit notre perte ordonnée,
Et les habitans du cheval
Eurent plus de peur que de mal.
  Un grand bruit fit tourner la tête,
Et laisser cette grande bête
A tout ce peuple irrésolu.
Un jeune homme de coups moulu,
Et lié d'une grosse corde,
Criant bien fort miséricorde,
Par les pâtres qui l'avoient pris,
A grande rumeur et grands cris,
Étoit amené vers la ville.
Ce Grec, des Grecs le plus habile,
Et le plus propre à décevoir,
S'étoit premièrement fait voir,
Et puis après laissé surprendre,
Résolu de se faire pendre
En homme d'honneur sans crier ;
Ou, par un tour de son métier,
De donner notre pauvre Troie
A ses concitoyens en proie.
Ces pâtres s'empressoient beaucoup,
Pensant avoir fait un beau coup :
Helas ! de ce beau coup qu'ils firent,
Comme nous ils se ressentirent.
Ils mirent donc devant le roi
Ce prisonnier tout hors de soi,
Ou du moins qui feignoit de l'être.
Chacun s'approche de ce traître ;
A force de s'entrepousser,
On pensa le roi renverser.
Le matois, tout couvert de larmes,
A l'aspect de tant de gendarmes
Qui demandoient à le berner,

---

[1] En délire.
[2] Suffisante.
[3] Ce mot avait un sens qu'on devinera suffisamment quand j'aurai dit que c'est la plaisanterie favorite de Scarron, plaisanterie peu attique à laquelle il revient à satiété dans son *Virgile travesti*.

Fit semblant de s'en étonner.
Priam, des hommes le plus sage,
Afin de lui donner courage,
Le délia, le rassura,
Et tout le monde conjura
Qu'on ne lui fît nulle incartade.
Il en reçut une embrassade
Entre le pied et le genou ;
Car de se jeter à son cou,
Le drôle savoit trop son monde.
Notre bon prince, à l'âme ronde [1],
Faisoit si peu du quant à moi [2],
Que quand il eût fait, sur ma foi,
Quelque chose encore de pire,
Le bon roi n'en eût fait que rire.
   Le Grec, par ce trait de bonté,
Parut comme ressuscité,
Et puis (admirez son adresse,
Et jugez par cette finesse
Combien les Grecs sont dangereux),
Il dit, faisant bien le pleureux :
« Hélas ! hélas ! en quelle terre
Ne trouverai-je point la guerre,
Si je suis des amis chassé
Et des ennemis menacé ? »
Là-dessus il se mit à braire.
Priam, prince très-débonnaire,
Sitôt qu'il le vit braire ainsi,
Se mit bien fort à braire aussi.
Quelques Troyens, voyant leur maître
Braire autant et plus que ce traître,
Afin de bien faire leur cour,
Se mirent à braire à leur tour.
La pleurerie étant cessée,
Et toute colère chassée
Par cette lamentation,
Chacun en eut compassion.
On l'exhorta de ne rien craindre,
Et de nous déclarer sans feindre
Quel rang chez les Grecs il avoit,
Et tout ce que d'eux il savoit.
Lors, les mains vers le ciel haussées,
Que les cordes avoient blessées,
Il dit en soupirant: « Sinon,
Si je m'en souviens, est mon nom;
Malgré fortune qui m'accable,
Quoique malheureux, véritable,

Je le fus jadis, je le suis,
Et serai toujours si je puis.
Du grand Palamedes l'histoire
Vous doit sans doute être notoire:
Son père, le brave Bélus,
Valoit son pesant d'or et plus ;
Sa femme étoit dame Elisenne.
L'avocat du roi de Mycène
Étoit son père ; il avoit nom
Aulides, homme de renom,
Et sa tante, dame Dorie. »
Priam dit : « Laissons, je vous prie,
En repos ce Palamedes,
Sa femme et son père Aulides,
Et nous racontez votre vie
Sans tant de généalogie.
— Bien, dit le traître, et grand merci. »
Et puis, il poursuivit ainsi :
   « A cause qu'il blâmoit la guerre
Qu'on venoit faire en cette terre,
Il fut des plus grands mal-voulu,
Par lesquels il fut résolu
Qu'on en dépêcheroit le monde.
Ulysse, en qui malice abonde
Autant qu'en un singe vieilli,
L'empoisonna dans du bouilli ;
On dit une poule bouillie,
Autres disent de la bouillie:
Je ne sais pas en quoi ce fut,
Mais tant y a qu'il en mourut.
J'en eus affliction mortelle,
A cause de la parentelle,
Outre qu'étant très-pauvre né,
Mon bon père m'avoit donné
Pour page à cet aimable maître:
Il me vouloit du bien, pour être
Et mon parent et mon parrain.
Je ne pus cacher le chagrin
Qui paroissoit trop sur ma face;
Je fis menace sur menace :
Le méchant Ulysse en eut peur.
On savoit que j'avois du cœur :
J'avois, dès mes jeunes années,
Plusieurs bonnes preuves données
Que je savois tirer du sang,
Couper un bras, percer un flanc,
Et faire une capilotade

---

[1] Bonne, simple et franche.
   Et suis homme fort rond de toutes les manières.
          (MOLIÈRE, *Dépit amoureux*, act. Ier, sc. 1re.)

On dit encore aujourd'hui : être rond en affaires.

[2] Faisait si peu ses embarras. *Tenir son quant à moi*, c'est garder sa gravité, prendre un air digne et fier, faire le renchéri. Du reste, ce dicton se comprend de lui-même.

De qui m'eût fait une incartade.
J'avois cent fois, dans le sang chaud,
Juré dans notre camp tout haut
Que je voulois faire une botte,
Après le retour de la flotte,
Contre ce traître empoisonneur,
Que j'appelois larron d'honneur.
Le méchant sut bien me le rendre,
Ainsi que vous allez apprendre.
Il corrompit monsieur Calchas,
Dont tous les Grecs faisoient grand [cas,
Et dont je ne fis pas grand compte,
Comme vous verrez par mon conte.
Ce Calchas était un bigot
Pire que Goth ni Visigoth,
Un grand faiseur de sacrifices,
Grand immolateur de génisses ;
Passe encore, mais il faisoit
Immoler ceux qu'il lui plaisoit.
Ce bon devin, ami du crime,
M'ayant marqué pour sa victime,
A la prière d'Ulysses,
Sans doute un vrai diable en procès,
Admirez un peu ce qu'ils firent
Et l'étrange chemin qu'ils prirent
Afin de me faire mourir.
Ils firent sourdement courir
Plusieurs bruits parmi le vulgaire.
Mon ennemi ne sortoit guère
Qu'accompagné de ses valets
Avec dagues et pistolets.
Mais qu'est-ce que je vous lanterne ?
Qu'attendez-vous qu'on ne me berne ?
Et, si c'est trop peu de berner,
Qu'attend-on à m'assassiner ?
De quoi vous importe une vie
De tant de malheurs poursuivie ?
Que vous importe si Sinon
Est maltraité des Grecs ou non ?
Sans doute Ulysse le perfide,
Les Grecs et l'un et l'autre Atride
Seront bientôt les grands amis
De ceux qui m'auront à mort mis.
Faites-moi donc vitement pendre ;
J'enrage quand il faut attendre.
Mon estomac vous fait beau jeu :
Vous n'avez qu'à pousser un peu. »
　Le traître, par cet artifice,
Ajoutoit poivre sur épice
Au chaud désir que l'on avoit
D'apprendre ce qu'il controuvoit.
On le caresse, on l'amadoue ;
Notre roi le baise à la joue :
Le bon seigneur aimoit surtout
Les contes à dormir debout,
Et, pour écouter une histoire,
Il eût, sans manger et sans boire,
Demeuré tout le long d'un jour.
Nous tous, assemblés alentour,
Avions pour le moins même envie
D'apprendre cette belle vie.
Le drôle, qui le voyoit bien,
Feignant de ne craindre plus rien,
Priât qu'on lui donnât à boire,
Pour mieux achever son histoire ;
Priam quêta parmi nous tous
Environ quinze ou seize sous.
Tandis qu'on alla quérir pinte,
Il reprit son histoire feinte,
Et nous dit : « Les Grecs confondus,
Ou, si vous voulez, morfondus
Devant vos vaillantes murailles,
N'avoient plus que des cœurs d'ouailles[1]
Au lieu de leurs cœurs de lions.
Eux qui, de plusieurs Iliums
Eussent cru la conquête aisée,
Voyoient leur puissance épuisée
Devant une seule Ilium.
D'infortunes un million,
Peste, famine, et tant de pertes
A souffrir, outre les souffertes
Par les soldats de Priamus,
Les rendoient certes bien camus.
Les soldats et les capitaines
Tournoient la tête vers Mycènes,
Soupiroient après le retour
Qu'ils espéroient de jour en jour.
Les chefs, sans crédit ni puissance,
Les soldats, sans obéissance,
Les uns et les autres tout nus,
Mal payés et mal reconnus,
Emplissoient le camp de murmures,
Au général disoient injures ;
Le pauvre petit froid-au-cu
Maudissoit cent fois le cocu,
Comme aussi sa putain de femme,
Qui causoit cette guerre infâme.
Si l'on leur on disoit un mot,
Ils disoient : « Vous êtes un sot. »
Cent fois le camp plia bagage,
Et cent fois un cruel orage,

---

[1] De moutons. *Ouailles* n'est plus guère en usage que dans la langue ecclésiastique.

Qui ne promettoit que la mort,
Retint les navires au port,
Entre autres, la rude tempête,
Et comme elle troubla la fête [1]
Que l'on fit quand, après six mois,
Fut fini le cheval de bois !
Nos tentes furent renversées,
Nos nefs dans le port fracassées ;
Tout le vin du camp fut gâté,
Et tout le camp si maltraité,
Que chacun y fit sa prière,
N'attendant que l'heure dernière.
Qu'on eût eu bon marché de nous,
Et qu'il y faisoit bon pour vous !
Les vaillans autant que les lâches
Pleuroient partout comme des vaches.
On n'entendoit que des hélas !
Le franc cocu de Ménélas
Trembla bien fort en chaque membre,
Voyant le tonnerre en sa chambre
Qui son pot de chambre rompit :
Il en pissa de peur au lit.
On s'assemble sur ce prodige,
On s'en étonne, on s'en afflige.
Le pot de chambre visité,
On trouva qu'il avoit été
Bien et dûment frappé du foudre :
Cela fit le conseil résoudre
D'envoyer vers monsieur Phœbus,
Qui ne parle que par rébus [2].
On choisit le sieur Euripile,
Homme en pareil cas fort habile,
Qui partit dès le lendemain
Pour Délos, bourdon à la main.
Voici, par une sarbacane [3],
Ce que lui dit, en voix de cane,
La prophétesse, après avoir
Sur le trépied fait son devoir,
C'est-à-dire nue en chemise,
S'être longtemps tenue assise,
Ses deux jambes écarquillant :

Cela lui rend le sang bouillant,
Et lui fait bien enfler la gorge,
Tant le Dieu dont elle regorge
Lui rend le dedans confondu
Jusqu'à tant qu'elle l'ait rendu.
Mais, bien mieux que moi qui trop cause,
Vous savez peut-être la chose.
Voici ce qui fut rapporté
De la part du dieu consulté :
« Devant que de vous mettre en voie
« Pour venir camper devant Troie,
« Il vous a fallu sang humain
« Pour vous rendre le ciel humain ;
« Votre heureux retour en la Grèce
« Doit s'acheter en même espèce :
« Une vierge il vous a coûté ;
« Un homme doit être traité,
« Sans différer, de même sorte,
« Ou que le diable vous emporte,
« Ce qu'assurément il fera,
« Car tel est notre... » *et cætera.*
« A cet oracle épouvantable,
On vit bien que le misérable
Ne pouvoit être autre, sinon
Le pauvre infortuné Sinon.
Calchas, étant ami d'Ulysse,
Et de plusieurs crimes complice,
Et parce que c'étoit Calchas
Qu'on consultoit en pareils cas,
Ulysse en public lui demande
Qu'il déclare tout haut l'offrande
Dont on doit apaiser les Dieux.
L'hypocrite, baissant les yeux,
Conjure que l'on lui pardonne
S'il ne veut déclarer personne,
Et qu'il aime bien mieux mourir
Que de faire un homme périr.
Ulysse l'en blâme ; il s'en fâche.
Ulysse l'en presse ; il se cache,
Durant dix jours ne paroît plus,
Chez le même Ulysse reclus.

[1] *Sic.* Nous avouons ne pouvoir comprendre la construction de cette phrase, et il est possible que Scarron ne la comprit pas davantage.

[2] Scarron joue sur le double sens du mot *Phébus*, qui désigne le dieu du soleil, d'une part, et, de l'autre, un langage affecté, une sorte de galimatias prétentieux où chaque phrase peut, en effet, passer pour un rébus. On appelait ce langage *phébus*, parce que c'était en recherchant l'éclat qu'il tombait dans l'obscurité, éblouissant si bien, qu'on n'y voyait goutte. Suivant le père Bouhours, ce mot venait de ce qu'à cette époque les faiseurs de morceaux brillants et prétentieux parlaient toujours du soleil et de ses rayons, le prenaient pour terme de comparaison, etc. Il dit que le phébus diffère du galimatias en ce qu'il garde encore quelque apparence de pensée, tandis que le galimatias n'a même point cette apparence pour lui.

[3] Long tuyau de bois qui servait, soit à parler, soit à lancer des projectiles. On sait à quel point la sarbacane fut à la mode à la cour de Henri III.

Un jour, comme par violence,
Ulysse l'amène en présence
Des princes grégeois assemblés,
Tant de son absence troublés
Que de prodiges à centaines
Qui leur causoient fièvres quartaines.
L'ayant donc ainsi ramené,
Faisant bien fort du mutiné,
On lui fait la même prière ;
Il la refuse tout entière.
Ulysse l'appelle vaurien,
Astrologue, magicien,
Et prédiseur de choses fausses.
Calchas dit : « Ils sont dans vos chausses[1]
« Mais, pour le salut de nous tous,
« Et non pas pour l'amour de vous,
« Celui qu'il faut qu'on sacrifice,
« Et que son corps on cendrifie,
« S'appelle... » Hélas ! il me nomma,
Ou bien plutôt il m'assomma.
Chacun connut bien la malice
Du devin Calchas et d'Ulysse,
Et comme on jouoit tout cela ;
Chacun pourtant s'en consola,
Chacun songeant qu'il pouvoit être
Ainsi que moi nommé du traitre,
Et que le sort sur moi jeté
Les mettoit tous en sûreté.
« Un sacrificateur m'empoigne
Et sur moi se met en besogne :
M'ayant bien aromatisé,
Et purgé, saigné, ventousé,
On mit plus d'une savonnette
A me rendre la peau bien nette ;
On me peigna, lava, rasa,
On m'ajusta, poudra, frisa,
Et ma tête, ainsi festonnée[2],
D'un chapeau de fleurs fut ornée.
On dit qu'il me faisoit beau voir.
Je feignis de tout mon pouvoir
De prendre en gré le sacrifice
Et d'aller content au supplice ;

Je vous le confesse, pourtant,
Jamais il ne m'ennuya tant.
(Le ciel d'un pareil mal vous garde !)
Or on fit si mauvaise garde,
Que je me sauvai finement,
Il ne vous importe comment.
Je ne sais rien de ce qu'ils dirent,
Ni des grandes clameurs qu'ils firent ;
Mais je sais que, faute de pain,
Je pensai bien mourir de faim.
Ma fuite ayant été secrète,
Je fis à l'aise ma retraite
Et me cachai dans des roseaux,
D'où, jusqu'à tant que nos vaisseaux
Eussent éloigné le rivage,
Je ne bougeai, comme homme sage.
Ma foi, j'étois bien affligé,
Tant de mon père fort âgé,
Dont je ne verrois plus la face,
Que de mon orpheline race,
Sur laquelle mes ennemis,
D'un crime qu'ils n'ont point commis,
Dont je suis innocent moi-même,
Par une barbarie extrême,
Voudront, par Ulysse irrités,
Exercer mille cruautés.
Ayez donc pitié, je vous prie,
D'un pauvre malheureux qui crie,
Et ne lui donnez point la mort,
En quoi vous l'obligerez fort.
Je vous conjure par Hécube,
Votre belle et chère succube,
D'avoir compassion de moi.
— Aussi ferai-je en bonne foi,
Lui dit Priam ; mais, en revanche
De vous avoir, de ma main blanche,
Désembarrassé des liens
Dont vous ont garrotté les miens,
Faites-nous savoir l'origine
De cette puissante machine,
Et si c'est pour bien ou pour mal
Qu'ils ont bâti ce grand cheval ;

---

[1] C'était et c'est encore, sous une forme équivalente, une façon de parler particulière au bas peuple de Paris pour rétorquer une injure. C'est comme si Calchas répondait : « C'est vous qui êtes un vaurien, un astrologue, etc. »

[2] D'ordinaire, *testonner* vouloit dire *battre*, *étriller* ; mais parfois, comme ici, il avait le sens que la Fontaine lui-même a pris soin de nous indiquer dans une de ses fables :

> Ces deux veuves, en badinant,
> En riant, en lui faisant fête,
> L'alloient quelquefois *testonnant*,
> C'est-à-dire *ajustant sa tête*.
> (*L'homme entre deux âges*, I, XVII.)

Ce mot est emprunté de Rabelais.

Si c'est machine pour combattre,
Ou si ce n'est que pour s'ébattre ;
Si c'est une dévotion ;
Enfin quelle est l'intention
De nos ennemis et des vôtres,
Puisque je vous reçois des nôtres. »
Sinon dit : « C'est bien la raison,
Et, sans commettre trahison,
Je puis vous découvrir l'affaire,
Quand je devrois aux Grecs déplaire :
Ce sont gens qui ne valent rien,
Et, de vrai, vous m'entendez bien.
Vous êtes un roi magnanime,
De qui chacun fait grande estime,
A qui je suis de tout mon cœur
Très-obéissant serviteur.
O grand Jupiter ! grand Neptune !
Luisant Soleil ! obscure Lune !
Puissans Dieux qui m'avez sauvé
Comme on alloit chanter *salve*[1] !
Et vous, mort qui me vouliez prendre,
Si j'eusse voulu vous attendre !
Couteau qui m'eussiez égorgé,
Si je n'eusse pas délogé,
Action qui, malgré l'envie,
Est la plus belle de ma vie !
Feu sacré pour qui j'ai tremblé !
Sacrifice par moi troublé
Très-prudemment par mon absence !
(Hélas ! je tremble quand j'y pense !)
Bandelette, saint ornement
Qui m'importunoit grandement !
Fleurs dont ma tête fut ornée,
Ou, pour mieux parler, étonnée !
Enfin tout ce que le Grec feint
A d'inviolable et de saint !
Vous-mêmes, Grecs, amis du crime,
Qui m'avez choisi pour victime
Comme si j'eusse été taureau !
Vous aussi, Calchas, mon bourreau !
Je vous appelle en témoignage
Qu'aujourd'hui Sinon se dégage
Du serment de fidélité
Envers ceux qui l'ont maltraité ;
Et, puisque Priam le protége,
Que, sans passer pour sacrilége,

Il peut révéler vos secrets,
Dût-il causer mille regrets
Au grand fils de putain d'Ulysse !
Que vous et lui le ciel punisse,
Et vous fasse choir sur le chef
Bientôt quelque horrible méchef !
Mais j'espère, pour récompense
D'un secret de telle importance,
Une charge en votre maison. »
Priam dit : « C'est bien la raison ;
Oui, de bon cœur je vous la donne.
Vous serez meneur d'Ilione,
Son quinola, son écuyer [2]. »
Sinon dit : « C'est trop me payer. »
Puis il nous dit : « Notre patrie
Eut toujours grande idolâtrie,
C'est-à-dire dévotion,
Pour Pallas, et la nation
L'a toujours eue assez propice
Jusqu'au temps que le chien d'Ulysse,
De Diomède accompagné,
Pensa qu'il auroit tout gagné,
Si, par quelque bon stratagème,
Et par quelque tour de Bohême,
Ils tiroient le Palladium
Hors des murs de votre Ilium.
Comme ils le dirent ils le firent ;
Mais bientôt ils s'en repentirent.
Ce fut un fort beau coup de main ;
Mais, par malheur, de sang humain
L'image de Pallas volée
Par quelqu'un d'eux fut maculée,
Dont fut bien plus qu'on n'eût pensé
Le saint simulacre offensé.
Sitôt qu'on découvrit sa face,
Elle nous fit une grimace
Qui ne nous promit rien de bon.
Au très-prudent Agamemnon
Elle fit la moue et la figue [3],
De quoi ce grand chef de la ligue
Garda, de honte et de dépit,
Durant quatre ou cinq jours le lit.
Sueur de sang découla d'elle,
Chose qui n'est point naturelle ;
On vit ses yeux étinceler,
Et d'elle on sentit exhaler

---

[1] C'est-à-dire *adieu*. C'était le dernier salut qu'on adressait aux morts.

[2] *Écuyer* et *meneur* sont à peu près synonymes. Les dames de haute condition, au dix-septième siècle, avaient des *meneurs* pour les aider à marcher en leur donnant la main, et on réservait plus particulièrement le nom d'*écuyer* ou écuyer de main à celui qui remplissait cette fonction près des princesses ou des dames du rang le plus élevé. Les uns et les autres se nommaient *quinolas*, surtout dans le style burlesque, sans doute du valet de cœur, qui se désigne de la sorte au jeu de reversis.

[3] Faire la figue, c'est se moquer. L'origine de ce dicton est historique. La ville de Milan,

Odeur qui n'était pas divine.
Elle branla sa javeline,
De sa palme le nez brida
A qui de trop près l'aborda ;
Enfin elle fit tant la bête,
Qu'elle nous embrouilla la tête.
Calchas, là-dessus consulté,
Jura qu'on avoit tout gâté,
Qu'il falloit retourner en Grèce,
Faire un camp nouveau pièce à pièce,
Lever vitement des gens frais,
Et revenir, sur nouveaux frais,
De plus belle faire la guerre ;
Mais qu'il falloit en cette terre
Bâtir ce grand cheval de bois,
Ce que l'on pouvoit en six mois,
Pour faire à Pallas une offrande ;
Qu'il la falloit faire ainsi grande,
Afin qu'on ne la pût rouler,
Faire avancer ni reculer,
Entrer par porte ni muraille ;
Enfin la faire d'une taille
Effroyable pour sa longueur,
Largeur, hauteur et profondeur,
Afin qu'étant tout immobile,
Elle ne pût entrer en ville.
Car voici ce que dit Calchas,
Et de ceci faites grand cas :
« Si cette monstrueuse bête,
« Au lieu d'être reçue en fête,
« Et d'être en vénération,
« D'effet ou bien d'intention,
« Est, je ne vous dis pas brisée,
« Je dis seulement méprisée,
« Les Troyens s'en repentiront
« Et les bouts des doigts s'en mordront,
« Et nous ferons bientôt de Troie
« Un très-horrible feu de joie. »
Car des Dieux il est arrêté
Qu'étant reçue en la cité,
Votre cité bientôt, par guerre,
Sera maîtresse de la terre,
Et les tout-puissans Phrygiens
Verront les Grecs dans leurs liens. »
 Voilà ce que de lui nous sûmes,
Ce que, trop idiots, nous crûmes ;

A cause que la chose plut,
On crut de lui ce qu'il voulut.
Quand il en eût dit davantage
Priam, trop bon et trop peu sage,
Eût tout pris pour argent comptant.
Mais qui n'en auroit fait autant,
Tant son éloquence eut de charmes
Et tant purent ses fausses larmes ?
Moi-même, qui vous dis ceci,
Comme un sot je le crus aussi.
Ainsi ce que le fin Ulysse
N'a pu faire par artifice,
Ce que Diomède n'a pu,
Ni le Péléide invaincu,
Ce qu'enfin, durant dix années,
Les troupes de Grèce amenées
Ont tâché sous Agamemnon,
Fut lors achevé par Sinon.
 Cas étrange autant qu'il peut être
Appuya les discours du traître :
A Neptune, le dieu de l'eau,
Laocoon, d'un grand taureau
Faisoit un dévot sacrifice ;
Mais il ne lui fut pas propice.
Nous vîmes bien loin dans la mer
Je ne sais quoi, qui, sans ramer,
S'approchoit de grande vitesse.
Chacun s'entredemanda qu'est-ce ?
Mais bientôt après chacun vit
(Ce qui grande frayeur nous fit)
Deux serpents à la riche taille
Venans à nous comme en bataille
Depuis l'île de Ténédos,
Armés d'écailles sur le dos.
Du seul mouvement de leur queue,
Ils alloient sur la plaine bleue
Aussi vite que l'auroit pu
Nef à qui le vent souffle au cu.
Ils avoient une rouge crête
Sur leur épouvantable tête ;
En nous regardant ils siffloient,
Et les yeux leur étinceloient.
Ils se saisirent du rivage,
Qu'on abandonna sans courage ;
Puis ces vénérables serpens
Faisant grands sauts, et non rampans,

qui s'était soulevés contre l'empereur Frédéric, avait outragé l'impératrice en la faisant monter sur une mule, la tête tournée vers la queue de l'animal. Quand Frédéric eut soumis la ville, il força les révoltés à retirer et à replacer avec leurs dents, sous peine de mort, une figue placée au derrière de cette mule. Aussi la plus grande injure que l'on pût adresser aux Milanais était-elle de leur faire la figue, en leur montrant le bout du pouce serré entre les deux premiers doigts de la main. Chez les Romains, il y avait un signe de raillerie et de mépris assez analogue : *Mediumque ostenderet unguem*, dit Juvénal.

Laocoon s'approchèrent.
A ses deux enfans s'attachèrent,
Et de ses deux enfans si beaux
Ne firent que quatre morceaux.
Il vint avec sa hallebarde :
Un des serpens sur lui se darde,
De cent plis l'ayant garrotté
(Ils avoient le coup concerté) ;
De sa queue, avec grande adresse,
L'autre lui donna sur la fesse.
Ayant honnêtement fessé,
Le patient fut embrassé
Par lui de pareille embrassade
A celle de son camarade,
Lequel à son tour le pilla,
Le déchiqueta, mordilla
D'une épouvantable manière,
Tant par devant que par derrière.
Ses bras faisoient de vains efforts
A déprendre ces sales corps
Joints au sien par plusieurs ceintures
Plus cruelles que des tortures :
Mais ils le tenoient si serré,
Que le pauvre désespéré,
Voyant qu'il n'y pouvoit rien faire,
Se mit à pleurer, puis à braire.
Il s'en acquitta dignement :
Ainsi mugit horriblement
Le bœuf, à qui la main du prêtre,
Qui n'est qu'un maladroit peut-être,
Ne donne, au lieu d'un trépas prompt,
Qu'un coup qui la corne lui rompt,
Ou bien lui fait bosse à la tête,
Ce qui trouble toute la fête.
A ce spectacle plein d'horreur
Tout le monde s'enfuit de peur;
Jusqu'en la ville aucuns coururent.
Ayant fait tout ce qu'ils voulurent,
Les deux serpens au ventre vert,
De sang et de venin couvert,
A demi-mort ils le laissèrent,
Et devers la ville marchèrent,
Tête levée, et triomphans
Du pauvre homme et de ses enfans.
Tout le monde leur fit passage,
Et personne n'eut le courage
De les attaquer en chemin,
Tant on respecta leur venin !
Étant arrivés dans la ville,
Minerve leur servit d'asile,
Et dans son temple les reçut,
Dont grande frayeur l'on conçut.
Chacun disoit : Le misérable
A fait un acte détestable,
En offensant ce grand cheval,
Que Dieu veuille garder de mal !
Il faut, avec cérémonie,
Réparer cette félonie,
Et recevoir dans la cité,
Avec grande civilité,
Cette tant vénérable bête,
Et que l'on en chôme la fête.
Le peuple aveugle, qui ne sait
Ni ce qu'il veut, ni ce qu'il fait,
Se met à rompre la muraille.
Et ne fait certes rien qui vaille.
Priam, qui ne voit pas plus loin
Que son grand nez de marsouin,
Quoiqu'il eût de belles lunettes,
Fait apporter quatre roulettes
Pour rouler ce grand animal :
Il ne pouvoit faire plus mal.
La muraille étant abattue,
Petits et grands, on s'évertue
A tirer ce fatal présent,
Qu'on trouve diablement pesant.
Hélas ! si contre quelque butte
Il eût fait une culebute !
Par cet heureux culebutis
Nous eussions été garantis.
De filles une jeune bande
Dansoit devant la sarabande ;
Force garçons, comme Bouquins
Au son des cornets à bouquins,
Dansoient à l'entour la pavane,
Les matassins et la bocane [1];
Priam même aussi dansotoit
Quand en beau chemin il étoit.
Ainsi la fatale machine
Vers notre ville s'achemine

---

[1] La pavane était « une danse grave, venue d'Espagne, où les danseurs font la roue l'un devant l'autre, comme les paons font avec leur queue. » (Dict. de Furetière.) Auparavant c'était une danse solennelle et majestueuse que les gentilshommes exécutaient avec la cape et l'épée, les gens de justice avec la robe, les princes avec le manteau, et les dames avec leurs queues traînantes. — Les matassins, qui se modifièrent peu à peu, au point de n'être plus qu'un divertissement folâtre et bouffon, étaient d'abord une imitation de la danse armée des anciens, qui s'exécutait avec des épées maniées en cadence. (Voir l'*Orchésographie* de Thoinot Arbeau.) — La bocane était une danse grave et figurée, ainsi appelée du nom de Bocan, maître de danse de la reine Anne d'Autriche, qui l'avait inventée.

Et s'approche marchant pian pian [1],
D'où l'on avoit mis bas un pan
De nos grands murs bâtis de brique
Qui faisoient aux béliers la nique.
O notre ville ! ô nos maisons !
O bons Troyens, plus sots qu'oisons !
Vous êtes pris à la pipée,
Et les Grecs, sans tirer l'épée,
Se firent maîtres de nous tous :
Mais ne vous en prenez qu'à vous.
Vous fîtes vous-même la brèche
A grands coups de pic et de bêche,
Par laquelle vos ennemis
Furent dans votre ville admis.

Enfin donc dans la ville il entre,
Le maudit roussin au grand ventre,
Farci de Grecs, dont les meilleurs
Étoient pour le moins des voleurs.
Nous eûmes si peu de cervelle,
Qu'on le mit dans la citadelle.
Comme on l'y traînoit, il broncha,
Et prêt à trébucher pencha.
Un fracas, comme de ferrailles,
Se fit ouïr dans ses entrailles,
Dont se crurent tous fricassés
Les Grecs l'un sur l'autre entassés.
Ceux qui le traînoient l'entendirent,
Mais non plus de cas ils n'en firent
Que si l'on n'eût rien entendu,
Tant ils avoient le sens perdu.
Là-dessus la sage Cassandre,
Qu'à peine l'on voulut entendre,
Dit pis que pendre du cheval.
Priam lui dit : « Vous parlez mal. »
La pauvrette s'afflige et crie,
Se jette à ses pieds et le prie ;
Elle ne fit que le fâcher.
Il lui dit : « Allez vous coucher !
Vous avez du vin dans la tête,
Et n'êtes qu'une trouble-fête. »
Elle, se voyant sans crédit,
Et que de ce qu'elle avoit dit
Les Troyens ne faisoient que rire,
S'en retourna sans plus rien dire.

Là-dessus le soleil s'enfuit,
Et laissa la place à la nuit,
Qui s'empara du ciel, plus noire
Que n'est l'encre d'une écritoire,
Ou pour le moins s'en faut bien peu.
Cela fit au Grégeois beau jeu.
Favorisés de ses ténèbres,
Faisant sur nous desseins funèbres,
Et le vent leur soufflant au dos,
Ils partirent de Ténédos.
Une grosse torche allumée
Éclairoit à toute l'armée,
Et devoit aussi ce fanal
Servir à Sinon de signal.
Ils s'en vinrent à la sourdine,
Sans tambour, flûte ni buccine,
Aborder près de la cité,
Où l'on dormoit en sûreté,
Après avoir bien fait gambade,
Sans se défier de l'aubade
Que donna le traître ennemi
Au peuple troyen endormi.
Nos citoyens, remplis de joie
De la délivrance de Troie,
Ayant bu plus qu'ils n'avoient dû,
Cuvoient le vin qu'ils avoient bu.
Nos sentinelles endormies,
Sans peur des troupes ennemies,
Ayant mangé comme pourceaux,
Et vidé tripes et boyaux,
Dormoient le long de nos murailles,
Et ces mal soigneuses canailles
Reçurent la mort à clos yeux ;
Mais ils n'en dormirent que mieux
D'une nuit qui fut éternelle,
Pour avoir mal fait sentinelle,
Et je crois vraisemblablement
Qu'ils n'ont su par qui, ni comment.
Tout ronfloit, et de bonne sorte ;
Sinon seul, que le diable emporte !
Tandis que chacun sommeilloit ;
Pour notre grand malheur veilloit,
Et tiroit hors de la machine,
Dont il avoit ouvert l'échine,
Force Grecs, hommes de grand bruit,
Comme on remarqua cette nuit.
Premièrement il fit descendre
Sthénélus, Ulysse, Thessandre,
Thoas, Athamas, Machaon,
Et le frère d'Agamemnon,
Menelaüs et Neptolème,
Puis l'inventeur du stratagème,
Épéus, tous grands spadassins,
Grands larrons et grands assassins.
Tous les autres, que je ne nomme,
Faisoient une assez grosse somme,
Et telle enfin qu'elle suffit
A nous gâter comme elle fit.

[1] *Piano, piano*, lentement, peu à peu.

Au pied de l'échelle de corde,
A la hâte entre eux on s'accorde
De l'ordre qu'on devoit garder.
Après cela, sans marchander,
Ils se firent maîtres des portes,
Introduisirent leurs cohortes,
Qui, comme ils avoient concerté,
Avoient approché la cité.
Par la ville elles s'épandirent,
Et, sans crainte du bon Dieu, firent
Main basse par tous les quartiers,
Comme on avoit fait des portiers.

 Cependant moi, malheureux homme,
En étois à mon premier somme :
C'est à cette heure justement
Que chacun dort profondément.
Je gisois de la même sorte
Que fait une personne morte,
Et j'eusse pu faire trembler
Quiconque m'eut ouï ronfler ;
Non que j'eusse bu plus que d'autres
En ce grand désordre des nôtres :
Mon père Anchise, sur ma foi,
Achates, mon épouse et moi,
N'avions, en toute la soirée,
Bu que pinte bien mesurée,
Et dont je ne bus quasi pas,
Parce que le vin étoit bas.
Dormant donc ainsi dans ma chambre
(Hélas ! j'en tremble en chaque membre),
Il me sembla de voir Hector,
Et je pense le voir encor.
O Dieu, la piteuse figure !
Qu'il étoit de mauvais augure !
O Dieu, qu'il me parut hideux !
Il étoit fait comme deux œufs[1] ;
Sa cotte d'armes délabrée
De poudre et sang étoit marbrée :
Vous l'eussiez pris pour un souillon
Qui n'est couvert que d'un haillon.
Sa très-désagréable face
Malgré lui faisoit la grimace,
Pleine de bosses et de trous.
Son corps étoit percé de coups ;
Enfin il étoit tout de même
Qu'il étoit, quand sanglant et blême,
Achille, après l'avoir vaincu,
Le traînoit à l'écorche-cu.

Ses pauvres pieds traînoient encore
La longe de cuir que ce Maure,
Ce Turc, ce félon des félons,
Avoit passé dans ses talons.
Hélas ! qu'il étoit peu semblable,
Cet Hector tout épouvantable,
A cet Hector tout éclatant,
Qui les Grégeois alloit battant,
Mettoit le feu dans leurs galères,
Et, béni des pères et mères,
Revenoit vers nous triomphant,
Rendant à chacun son enfant ;
Ou bien, tel qu'après la défaite
De ce beau mignon de couchette
Dont Achille vengea la mort,
On le vit, cet homme si fort,
Paré de ses funestes armes
Qui firent verser tant de larmes ;
Armes que sans peine il conquit,
Sur un que sans peine il vainquit,
Mais armes un peu trop payées
Pour n'avoir été qu'essayées !
Sitôt que je le vis ainsi,
Je fus d'abord un peu transi ;
Mais, reprenant bientôt courage,
Je lui tins ce hardi langage :
« Si vous êtes de Dieu, parlez,
Et si du diable, détalez [2].
— Je suis Hector le misérable,
Dit-il d'une voix effroyable.
— Vous soyez le très-bien venu, »
Lui dis-je après l'avoir connu ;
Et puis j'ajoutai, ce me semble :
« Cependant qu'ici chacun tremble,
Mon cher monsieur, en quelle part,
Vous, qui nous serviez de rempart,
Avez-vous, bien loin de l'armée,
Fait tort à votre renommée ?
Sans doute l'on en médira.
Est-ce la peur des *Libera*[3]
Et des fréquentes funérailles
Qui vous fait quitter nos murailles ?
Au nom de Dieu, songez à vous,
Et ne craignez plus tant les coups,
Et me dites, cher camarade,
D'où vous venez ainsi maussade,
Comme un corps qui pend au gibet,
Et tout crotté comme un barbet ?

---

[1] Expression proverbiale pour dire *de mauvaise apparence, malpropre, dégoûtant.* On disait aussi : *fait comme quatre œufs.* « Elle est toujours sur son lit, dit Tallemant de madame de Sablé, faite comme quatre œufs, et le lit est propre comme la dame. »

[2] C'est, en style bouffon, la formule employée dans les exorcismes.

[3] Premier mot du *répons* qu'on chante dans les enterrements en portant le corps à l'église : *Libera me, Domine, ab iis qui oderunt me*, etc.

A votre mine tout. étrange
Vous paroissez un mauvais ange.
Je hais la fréquentation
De ceux de cette nation;
C'est pourquoi dépêchez, beau sire,
Ce que vous avez à me dire,
Autrement je m'en vais crier,
Car je commence à m'effrayer. »
   Lors, me semble, il ouvrit la bouche
Et, me regardant d'un œil louche,
Il me dit : « Trêve de sermon !
Vous vous échauffez le poumon ;
Ne songez plus qu'à faire gille.
Les ennemis sont dans la ville,
Qui font les diables déchaînés ;
Ils sont très-mal morigénés,
Et j'estime d'eux le plus sage,
Plus malin qu'un singe ou qu'un page [1].
Si vous m'aimez, fils de Vénus,
Gagnez aux champs, fût-ce pieds nus.
Si Troie eût été secourable,
Ce bras dextre, au Grec redoutable,
Eût renvoyé le Grec vaincu
A Mycène gratter son cu.
Priam, Troie, et toute sa gloire,
Ne seront plus que dans l'histoire,
Et notre ville tout de bon
Ne sera plus que du charbon.
Ses Dieux elle vous recommande.
Assemblez une bonne bande
De nos citoyens échappés,
Et, sans marchander, décampez :
Nous avons assez fait pour elle.
Puisque la sentence mortelle
Du Destin ne se peut casser,
Il faut bien la laisser passer.
Gagnez-moi vite la marine,
Votre papa sur votre échine,
Et nos pauvres dieux exilés
Dans quelque valise emballés.
Guidez vos vaisseaux vers la terre,
Où d'abord vous ferez la guerre,
Et d'où vos enfans la feront
Aux chiens de Grecs, qui se verront
Sujets, ainsi que beaucoup d'autres,
Aux coups d'étrivières des nôtres. »
Après qu'il m'eut dit tout cela,

Il me sembla qu'il étala
Devant moi nos Dieux tutélaires,
Et qu'il me dit : « Nos adversaires,
Comme ils ne sont guère pieux,
Auroient fait beau feu de nos dieux,
Ainsi qu'ils font de tout le reste :
Gardez-les bien, et dame Veste [2],
Et me conservez, comme il faut,
Ce feu sacré dans un réchaud. »
   Un grand bruit qui survint ensuite
Mit Hector et mon songe en fuite ;
Ce tintamarre hors de saison
Fit peur à toute la maison.
Quoiqu'elle fût bien éloignée,
J'entends fort bien la huée
Que les maudits Grégeois faisoient,
Les cris de ceux qu'ils occisoient,
Et tout le bruit épouvantable
Qu'on entend en malheur semblable.
Ce grand bruit, à mon songe joint,
Me scandalise au dernier point,
Et pour vous dire vrai, m'effraie,
Quelque force d'esprit que j'aie.
Je monte au haut de mon grenier,
Où je ne vous saurois nier
Que je pleurai comme une femme,
Voyant toute la ville en flamme,
Et grâces au seigneur Vulcan,
Pareille au feu de la Saint-Jean.
Tout ainsi que dans une plaine
Des richesses de Cérès pleine,
Lorsque, par malice ou par jeu,
Quelque fripon y met le feu,
Les épis prêts à couper grillent,
Et bien fort en brûlant pétillent,
Et le feu, poussé par le vent,
Croît et va toujours plus avant ;
Ou bien, comme dans la campagne,
Un torrent choit d'une montagne,
Ou de quelque roc escarpé,
Faisant du cheval échappé :
Il marche à vagues épandues,
Augmenté de neiges fondues
Qui rendent son cours furieux,
Et ne laisse dans tous les lieux
Où le malheur son onde porte
Que quelque corps de bête morte,

---

[1] Les écrivains du temps sont pleins d'allusions à la malice des pages. On peut voir là-dessus le *Page disgracié*, de Tristan l'Hermite, et le *Francion*, de Ch. Sorel, *passim*. Dans son *Roman comique* (II, VIII), Scarron parle « des filous, des *pages* et des laquais, et autres ordures du genre humain. »

[2] Vesta, la déesse du feu.

Qui, faute de savoir nager,
N'a pu se tirer du danger,
Item écume, sable, fange ;
Bref, ce torrent d'humeur étrange
Entraîne pierres et cailloux,
Dans les jardins gâte les choux,
Dans les guérets aux blés en herbe
Ote tout espoir d'être en gerbe ;
Les arbres comme les roseaux
Cèdent à la fureur des eaux,
Et ces méchantes eaux sans rives
Font des pauvres brebis fugitives [1],
Et des pauvres bœufs étourdis
Un étrange salmigondis,
Ainsi que de toute autre bête ;
Enfin cette horrible tempête
Fait périr aussi les maisons,
Sauf les canes et les oisons ;
Tout se sent de sa rage extrême.
Cependant le laboureur blême
Est sur quelque lieu haut juché,
Jurant comme un joueur fâché.
Cette comparaison est belle :
Partout je la maintiendrai telle.
Ce feu qui va tout dévorant,
Ou cet impétueux torrent,
Sont les Grecs pires que la peste ;
Je suis le laboureur qui peste
Contre Fortune et le Destin,
Nommant l'un Turc, l'autre putain.

    La voilà donc à la pipée
Notre pauvre ville attrapée,
Et nos plus superbes maisons
S'en vont devenir des tisons !
On égorge, on brûle, on dérobe.
Le grand palais de Déiphobe,
Par le feu dévorant détruit,
Tombe par terre avec grand bruit.
Le feu pousse avant sa conquête,
Et paroît vainqueur sur le faîte
De la maison d'Ucalégon.
Le Grégeois, pire qu'un dragon,
Fait de notre ville de Troie
Un agréable feu de joie,
Aux Troyens un feu de douleur.
La mer en change de couleur,
Et, de notre ville brûlante,
Sa surface est toute brillante ;
Et moi qui suis un peu trop prompt
Du poing je m'en cogne le front [2].
Tristes et confus que nous sommes,
Nous entendons les cris des hommes,
Pareils à des hurlemens d'ours.
Les trompettes et les tambours
Font un étrange tintamarre :
Notre famille s'en effare ;
Moi-même j'en suis perturbé,
Je jure en chartier embourbé [3]
Non sans répandre quelques larmes ;
J'endosse à la hâte mes armes,
Ne songeant qu'à bientôt périr.
Ma femme, qui craint de mourir,
Dit qu'il n'est rien tel que de vivre,
Me demande si je suis ivre :
Je pensai l'appeler guenon,
Et lui dire pis que son nom.
    Enfin me voilà dans la rue,
Furieux en cheval qui rue,
Suivi de quatre ou cinq valets
Timides comme des poulets.
Pour les assurer à toute heure
Je criois : « Qui va là ? demeure. »
Le plus souvent ce n'étoit rien.
Ce qui sans doute plaisoit bien
A tous ceux de notre brigade
Qui n'aimoient point la coutellade,
Et moins encore certains coups
Qui font au corps de vilains trous.

---

[1] Se disait aussi comme *fugitives*.

[2] Voilà une plaisanterie qu'on retrouve dans une foule d'écrivains comiques. Ainsi, dans le *Pédant joué*, de Cyrano de Bergerac (II, III), Gareau dit que s'il trouvait quelque ribaud prenant des libertés avec sa femme, lui, qui est vif et ne veut pas qu'on lui fasse des tragédies, « peut-être que, dans le désespoir, il s'emporteroit à jeter son chapeau par les fenestres, pis ce seroit du scandale. » Voyez aussi le conte d'un *Bourgeois qui occit un capitaine*, dans la *Nouvelle Fabrique* de Philippe d'Alcripe : « Toutefois il l'advertit qu'il n'y revint plus (à sa femme), ou qu'il lui jetteroit son chapeau en la boue » Cf. encore les *Desguisez*, comédie de Jean Godard (act. II, sc. 1re) ; la *Noce de village*, de Brécourt (sc. 1re).

[3] La Fontaine nous apprend comment jurent les charretiers embourbés :

    Le voilà qui déteste et jure de son mieux,
        Pestant, en sa fureur extrême,
    Tantôt contre les trous, puis contre ses chevaux,
        Contre son char, contre lui-même.
            (Le *Chartier embourbé*, VI, XVIII.)

Pour moi, je n'avois autre envie
Que de perdre bientôt la vie ;
Mais certes j'eusse désiré
Que c'eût été d'un coup fourré,
Et qu'en recevant la mort blême,
Je la pusse donner de même
A quelques-uns de ces méchans
Qui m'ont tant fait courir les champs.
Je marchois donc de grand courage,
La larme aux yeux, au cœur la rage,
Quand je vis venir plein d'effroi
Panthus qui s'en venoit chez moi.
Ce Panthus de la citadelle
Étoit le gardien fidèle,
De Phébus sacrificateur,
Et passable gladiateur.
Le pauvre homme marchoit à peine,
Ayant quasi perdu l'haleine
A force de crier : Au feu !
Il portoit son petit neveu
Et tous nos dieux en une hotte.
Sitôt qu'il me voit, il sanglote,
Et puis me dit tout éperdu :
« Maître Æneas, tout est perdu.
— Qu'avez-vous, mon pauvre Otriade ?
Lui dis-je. — Les Grecs font grillade
De notre vaillante cité,
Me dit-il ; nous avons été
Les Troyens, maintenant nous sommes
Francs faquins[1]. — Où sont tous vos hommes,
Lui dis-je, et qu'en avez-vous fait?
— Je n'en suis pas bien satisfait :
Ils ont perdu la citadelle.
J'en suis sorti par une échelle,
Tous nos dieux chargés sur mon cou.
Lors je lui dis à demi fou :
Notre citadelle est donc prise ?
— Hélas ! oui, brave fils d'Anchise,
Me dit ce prêtre de Phébus ;
Elle est prise, et c'est un abus
D'espérer y faire retraite.
La garnison en est défaite,
Et pour moi, qui la commandois,
Voyant bien que je me perdois
Si je contestois davantage,
J'ai fui comme un homme bien sage,
Non tant pour la crainte des coups
Que pour mourir auprès de vous.

Cette machine, cette rosse,
Non sans sujet étoit si grosse :
Elle étoit pleine de soudards
Qui ne sont que de vrais pendards ;
Ces voleurs de nuit, dagues nues,
Sont dans toutes les avenues,
Assommant qui pense passer,
Ou l'envoyant faire panser.
Ces méchans non-seulement volent,
Mais frappent, tuent et violent ;
Puis après, en chaque maison,
Ils mettent le feu sans raison,
Et je crois que c'est par malice.
De plus, Sinon est leur complice,
Ce Sinon que l'on vit hier
Si piteusement larmoyer,
Et qui pire qu'un crocodile
Aujourd'hui pille notre ville.
Jupiter, sans doute irrité,
S'est tourné de l'autre côté.
Notre pauvre ville de Troie
Est de nos ennemis la proie
Et les principaux des Troyens
Sont morts, ou bien dans les liens.
— Votre discours trop nous amuse ;
Cherchons la mort, quoique camuse :
Mais il faut la donner aussi
A ceux qui nous traitent ainsi. »
    Ayant dit ces tristes paroles,
Que quelques-uns trouvèrent folles
Et vrai discours d'un furieux,
Je m'en allai, roulant les yeux,
Et me rongeant les doigts de rage,
Chercher où faire du carnage.
Le grand bruit me mena tout droit
Où l'on ne mouroit pas de froid,
A cause des maisons brûlantes,
Mais de plusieurs morts violentes.
Il ne fut jamais un tel bruit :
Ici le glaive tout détruit ;
Là le feu fait diable à quatre.
On ne voit partout que combattre.
Toute la ville résonnoit
Des rudes coups que l'on donnoit.
Je ne respirois que vengeance
Contre cette maudite engeance,
Laquelle si mal à propos
Venoit troubler notre repos.

[1] Hommes de rien.
            Que ce fut bien fait au Destin
            De ne faire en moi qu'un faquin !
                (SCARRON, *Jodelet, ou le Maître valet*, IV, 2.)

Enfilant une grande rue,
Notre brigade fut accrue
D'Hypanis, Dymas, Rypheus,
Et du bon vieillard Iphitus.
Chorébus aussi s'y vint rendre ;
Il étoit féru de Cassandre,
Et pour elle d'amour charmé,
Il avoit fait maint bout rimé [1].
S'il eût ouï sa prophétie,
Sa flamme eût été ralentie,
Et s'il eût été bien sensé,
Il ne se fût pas tant pressé
De venir faire des fleurettes.
Je crois que de ses amourettes
Il s'est depuis bien repenti,
Et que si l'on l'eût averti
Qu'en venant faire le bon gendre
Et les doux yeux à sa Cassandre,
On eût dû lui casser le cou,
Il n'eût jamais été si fou
Que de venir parler de noce,
En un pays de plaie et bosse,
Au bon seigneur messer Priam.
Mais qui n'est pas fier à son dam !
Le bon Dieu veuille avoir son âme,
Et me garde de tant de flamme !
Voyant tant de gens amassés,
Je leur dis : « Nous sommes assez
Pour, avant que mourir, apprendre
Que nous savons notre peau vendre
A ces larrons de notre bien,
Qui la voudroient avoir pour rien.
Assurément nos adversaires
Ont gagné nos dieux tutélaires,
Qui, corrompus à beaux deniers,
Ont gagné les champs des premiers :
Ils ont notre ville laissée.
Allons-nous-en, tête baissée,
Leur montrer que nous sommes gens
A les manger à belles dents.
Je pétille que je ne fasse
Sur quelque belle et large face
Des balafres de ma façon.
Sans faire le mauvais garçon,
Je ferai voir à ces maroufles

Que l'on ne me prend point sans moufles[2].
Notre salut et notre espoir
Est certes de n'en point avoir :
Ne nous attendons qu'à nous-mêmes,
Et faisons des efforts extrêmes,
Puisque dans cette extrémité
Tout autre espoir nous est ôté. »
Puis je dis : « Qui m'aime me suive ! »
Ils s'écrièrent : « Vive, vive
Le bon seigneur maitre Æneas ;
Et quiconque ne voudra pas
Le suivre en quelque part qu'il aille,
Meure, et soit réputé canaille ! »
   Cela dit, sans plus différer,
Ni plus longtemps délibérer,
Nous allâmes, pleins de courage
Et de désespoir, et de rage,
Donner et recevoir des coups,
Altérés de sang comme loups,
Quand trop pressés de la famine
Qui leur mène guerre intestine,
Ils mettent le nez hors du bois,
Où leurs petits sont aux abois,
Et vont dans les prochains villages
Faire meurtres et brigandages :
Tels et même plus enragés,
D'armes plus que d'écus chargés,
Nous allons où la barbarie
Des Grecs exerce sa furie,
Tous déterminés à la mort,
Chacun de nous se faisant fort
Pour un coup d'en rendre au moins quatre
Aux Grégeois qu'on pourroit combattre.
Pour moi, qui m'eût lors regardé,
De m'attaquer se fût gardé,
Car j'avois alors le visage
D'un homme qui n'est pas bien sage [3] ;
Mais en des malheurs si pressans
Qui peut conserver son bon sens,
Et qui n'a la mine funeste
Quand on va jouer de son reste ?
La nuit obscure nous aida,
Et le bruit des coups nous guida,
Où ces assassins, ces perfides,
Commettoient le plus d'homicides.

---

[1] Les bouts rimés venaient d'être mis à la mode par le mauvais poëte Dulot (voir *Ménagiana*, t. III), qui n'est plus guère connu aujourd'hui que par le petit poëme de Sarrazin : *Dulot vaincu ou la Défaite des Bouts Rimés*. C'était, à la veille de la Fronde, un des divertissements favoris, dans les assemblées *polies*, de remplir des sonnets ou des madrigaux, sur des rimes données.

[2] *Au dépourvu*. On dit d'une entreprise dangereuse, où il ne faut pas s'engager sans avoir des forces suffisantes pour en venir à bout : *Il ne faut pas y aller sans moufles*.

[3] *N'être pas sage*, euphémisme ou litote, comme on dit en rhétorique, qui s'employait

Certes, qui pourroit raconter
Tous ceux qu'on vit décapiter,
Toutes les femmes violées,
Et toutes les maisons volées,
Tous les beaux palais embrasés,
Les petits enfans écrasés
Sans pitié contre les murailles
Par ces sanguinaires canailles,
Bref, tout ce spectacle inhumain,
Conteroit bien jusqu'à demain,
Et n'achèveroit pas l'histoire.
Enfin notre ville, la gloire
Des villes qui sont de renom,
Perdit tout, excepté son nom.
La capitale de Phrygie
Notre grande ville, regie
Par un prince prudent et bon,
N'est plus que cendre et que charbon.
Mais ce mémorable fait d'armes
Au vainqueur coûta quelques larmes,
Les vaincus de quelques vainqueurs
Furent les exterminateurs.
Quelquefois le courage rentre
Au pauvre vaincu dans le ventre,
Et le vainqueur par le vaincu
En a bien souvent dans le cu,
Ou bien dans quelque autre partie
Par le vainqueur mal garantie.
Qu'ainsi ne soit, marchant ainsi,
Sans crainte, sans espoir aussi,
L'humeur pourtant un peu bourrue,
Au détour d'une grande rue
Nous rencontrâmes bec à bec
Un assez gros escadron grec.
Le conducteur de cette bande,
Deux fois plus que la nôtre grande,
Étoit un homme de renom :
Androgéos étoit son nom.
Parmi les Grecs grand personnage,
Mais lors un sot pour tout potage.
Ce capitaine des Grégeois
Me dit d'abord en son patois :
« Et d'où diable, malheureux hommes,
Venez-vous, au temps où nous sommes ?
Vous ne faites que d'arriver ;
Pensez-vous encore trouver
Quelque chose de bon à prendre ?
Tout est pris, ou réduit en cendre.
Ma foi, vous mériteriez bien,
Puisque vous n'êtes bon à rien,

Qu'on vous donnât sur les oreilles.
Vos compagnons font des merveilles ;
Troie et les Troyens sont à nous ;
Nous les avons roués de coups,
Et cependant, poules mouillées,
Vos dagues claires, ou rouillées,
N'ont point sorti de vos fourreaux,
Non plus que vous de vos vaisseaux.
Les plus belles femmes de Troie
Nous servent de femmes de joie,
Et Priam qui n'est qu'un faquin.... »
Je lui dis : « Vous mentez, coquin,
Vous êtes le faquin vous-même ! »
Et puis d'une furie extrême,
Je lui donnai de mes cinq doigts
Au beau milieu de son minois ;
Plus, je lui fis balafre telle,
Qu'on n'en vit jamais de plus belle ;
Je lui coupai de bout en bout
Le nez, l'œil, la joue, enfin tout
Ce qui le visage compose,
Ce qui fut très-piteuse chose.
Ce coup douze points contenoit,
Et sans rien augmenter prenoit
Depuis le front du côté dextre
Jusqu'à la mâchoire senestre.
De ce coup si bien asséné
Il fut grandement étonné,
Vit qu'il avoit fait une faute,
Et trop tôt compté sans son hôte.
Aussitôt il rétrograda,
Et trop tard de moi se garda,
La frayeur peinte en son visage.
Ainsi lorsque dans son passage
On fait rencontre d'un serpent,
Et que cet animal rampant,
Que l'on a foulé par mégarde,
En sifflant s'élance et se darde,
On se retire plein d'effroi ;
De même ce Grec, hors de soi,
Voyant qu'il nous prenoit pour d'autres,
Se démêla d'entre les nôtres,
Qui, sur les siens par moi conduits,
Firent bientôt tant de pertuis,
Bien que de nuit et sans chandelle,
Que de toute cette sequelle
Un seul corps d'homme n'échappa ;
La mort camuse les grippa ;
Tant la fortune variable
Se montra d'abord favorable !

fréquemment alors pour *être fou*. Voyez le *Roman comique* (II, ch. VII) : « La Rancune... ajouta qu'il n'étoit pas sage. » — « Bref, on dit que vous n'êtes pas sage. » (Réponse d'Hydaspe à Balzac, 1624.)

Chorébus, de ceci flatté,
Cria : « C'est fort bien débuté ;
Amis, poursuivons notre pointe.
La fortune à l'audace est jointe ;
Poussons l'affaire avec chaleur,
Et joignons à notre valeur
Quelque notable stratagème.
L'ennemi nous montre lui-même
Qu'il faut tromper son ennemi.
Et qu'à diable diable et demi.
Si la victoire est toujours bonne,
Quoi que ce soit qui nous la donne,
Contre de si fiers ennemis
Tout peut être en usage mis.
Vainquons par vaillance ou par ruse :
Le succès sera notre excuse,
Et fi de la fidélité
Qui peut nuire à l'utilité !
La fortune pour nous se change,
Et des Grecs par les Grecs nous venge.
Quittons nos armes de bourgeois,
Et prenons celles des Grégeois :
Ainsi, dangereux mascarades,
Nous irons des sains et malades
Tirer du sang en quantité ;
Il ne peut être que gâté,
Étant à de si méchants hommes. »
Nous le croyons, fous que nous sommes ;
Mais certes, quand on suit un fou.
On se casse souvent le cou.
Tout le premier il s'arme et masque
Des armes, du glaive et du casque
Du pauvre capitaine grec
Dont j'avois balafré le bec :
Sur son timbre, au lieu de panache,
Il portoit deux cornes de vache.
Riphée et Dymas, comme il fit,
Changèrent d'armes et d'habit.
Ainsi que lui font tous les nôtres.
Je m'arme aussi comme les autres
Et, de Troyens Grecs devenus,
Nous allâmes, les glaives nus
(Mais certes les dieux bien contraires),
Chercher nos cruels adversaires.
Nous ne fûmes pas trop longtemps
Sans en avoir le passe-temps ;
Effrontément nous nous mêlâmes
Parmi ceux que nous rencontrâmes,
Et puis, quand il fut à propos
De la part de dame Atropos,
Nous portâmes dans leurs postères
Des estocades mortifères,
Et disions : « Je n'y pensois pas, »

Quand, portant trop haut ou trop bas,
Nous n'ajustions pas bien la botte.
L'invention n'étoit pas sotte.
Mais, malgré les dieux et leurs dents,
Les mortels ont bien imprudens
De penser faire quelque chose :
L'homme propose et Dieu dispose,
Ainsi toute l'occasion
Fut à notre confusion,
Et nous gâtâmes notre affaire
Pour en avoir voulu trop faire.
Ceux qui nous venoient rire au nez
Se trouvoient bien fort étonnés,
Quand, au lieu d'avoir des caresses,
Les coups de nos dagues traîtresses
Leur faisoient voir bien clairement
Que nous n'allions pas rondement.
Les Grecs qui de nous échappèrent
Parmi les Grecs nous décrièrent,
Si bien qu'ils s'enfuyoient de nous
Comme font les brebis des loups.
Quelques-uns, faute de courage,
S'en allèrent jusqu'au rivage
Se recacher dans leurs vaisseaux :
Autres, de peur de nos couteaux,
Se remirent dans la machine
Par le grand trou de son échine,
Où l'échelle encore tenoit,
Tant la frayeur les talonnoit.
  Cependant la pauvre Cassandre,
Que les Grecs venoient de surprendre
Dans le saint temple de Pallas,
Emplissoit l'air de ses hélas.
Ces Grecs, les plus méchants du monde,
La traînoient par sa tresse blonde.
Elle levoit au ciel les yeux,
Les yeux, car ces mal gracieux
D'un gros cordon de chenevière
Avoient garrotté par derrière
De plusieurs nœuds ses pauvres bras,
Si beaux, si blancs, si gros, si gras.
Cet objet triste et lamentable
Fut à Chorèbe insupportable :
Il ne put voir ainsi traîner
Sa maîtresse sans dégaîner.
Sur les ennemis il se darde,
Qui ne s'en donnent pas de garde,
Et, sans leur demander congé,
Chamaille comme un enragé.
Tout de même qu'il fit, nous fîmes,
Les attaquâmes, les battîmes ;
Ils furent bientôt déconfits
Par les grands exploits que je fis.

Je coupai plus de cent oreilles.
Chacun de sa part fit merveilles,
Si bien que, voulussent ou non,
Sur les soldats d'Agamemnon
Nous regagnâmes la captive,
Tremblante et plus morte que vive.
Mais par un coup d'adversité
Ce beau fait d'armes fut gâté :
Au haut du temple, dont les portes,
Pour être massives et fortes,
Avoient aux Grégeois résisté,
Un grand nombre s'étoit jeté
Des pauvres citoyens de Troie.
Là, pensant garder notre proie,
Nous nous sentimes d'eux chargés
Déçus par nos harnois changés.
Ils nous versèrent sur les membres
Plusieurs bassins et pots de chambres,
Item, pierres, bâtons, cailloux,
Et nous accablèrent de coups.
Ainsi notre ruse de guerre
Nous attira ce grand tonnerre.
Mais certes jamais un guignon
N'arrive sans son compagnon :
Les Grecs, nonobstant nos panaches,
Connurent nos brutes moustaches,
Et qu'assurément nous étions
Autres que nous ne paraissions.
Et, de vrai, notre procédure
Pour les Grecs étoit un peu dure,
Et, n'ayant pas fait seulement
Le moindre chétif compliment
En enlevant dame Cassandre,
Il étoit aisé de comprendre
Que nous nous étions ainsi mis
Les armes de nos ennemis
Pour quelque entreprise notable.
Cela fut trouvé vraisemblable,
Et, pour éviter tout danger,
On eut ordre de nous charger ;
Outre que la dame enlevée,
Par quelques-uns des Grecs trouvée
Belle à faire courir les champs,
Les rendoit encor plus méchans.
Les voilà dessus nous qui fondent,
Nous les oyons venir qui grondent :

D'un côté vient le grand Ajax,
Fier comme le milord Fairfax [1] ;
De l'autre côté les Atrides
Et les Dolopes homicides.
Nous frappons sur eux, eux sur nous.
Nous nous entr'assommons de coups.
  La chose est fort peu différente
Du fracas de quelque tourmente,
Lorsque tous les vents déchaînés,
Et l'un contre l'autre acharnés,
S'entre-font sur mer et sur terre,
En soufflant, une rude guerre ;
Sur mer font danser les vaisseaux,
Sur terre tomber les chapeaux.
Dieu sait s'ils enflent bien les joues,
Et s'ils font de plaisantes moues.
Ils ont pour clairons enroués
Le bruit des arbres secoués.
Cependant l'humide Nérée
Court partout, la face effarée
De voir tout son pays salé
Par ces chiens de vents boursouflé.
Les vents Eure, Note et Zéphire
S'ébouffent, mais non pas de rire,
Oui bien à force de souffler,
Ce qui fait leurs giffles [2] enfler.
Autres vents dont les noms j'ignore
(Car je sais qu'il en est encore,
Outre ceux que j'ai pu nommer,
Plus de vingt sur terre et sur mer),
Tantôt à force de soufflades,
Le gagnent sur leurs camarades,
Et tantôt sont d'eux ressoufflés,
Lâchant le pied fort essoufflés.
Tout de même nous tous ensemble,
Grégeois et Troyens, ce me semble,
Poussans, et puis étant poussés,
Blessans, et puis étant blessés,
Et faisant à l'envi carnage,
Ressemblons fort bien à l'orage
Dont je viens de faire un portrait
Qui, me semble, est assez mal fait.
  Mais reprenons notre mêlée.
Chorèbe fut de Pénelée
En quatre ou cinq coups dépêché ;
L'autel de son sang fut taché.

---

[1] Thomas Fairfax, général anglais (1611-1671). Nous n'avons pas à donner ici la biographie de cet homme célèbre ; nous dirons seulement qu'en 1648, époque de la publication de ce second livre, lord Fairfax était dans toute sa gloire, et dans le cours de ses principaux succès contre les royalistes. Il n'est pas étonnant, dès lors, que Scarron ait songé à lui pour le faire rimer à Ajax.

[2] Joues. On dit encore aujourd'hui familièrement *giffler* pour souffleter, frapper sur la joue.

Près de lui chut aussi Ryphée,
D'un démesuré coup d'épée
Qui lui fendit tout le côté
Sans respecter sa probité.
Dymas chut d'un coup d'arbalète;
D'Hypanis on fendit la tête,
Et Panthus, quoique homme pieux
Et sacrificateur des dieux,
Perdit son sang par une artère ;
Nonobstant son saint caractère
Et son benoit bonnet carré,
Ce grand coup lui fut desserré.
La mort beaucoup d'autres empoigne ;
Que maudite soit la carogne
Tant et tant elle en attrapa !
Si maître Énée en échappa,
O chères personnes grillées !
Chères cendres éparpillées!
Je veux bien vous prendre à témoin
Si ce ne fut mon plus grand soin
D'avoir aussi quelque venue,
Et si je n'allai, dague nue,
Partout où l'on frappoit bien fort,
Afin de recevoir la mort ;
Mais les Destins ne le voulurent,
Et malgré moi me secourûrent !
Le vieil Iphitus, comme moi,
Je ne vous puis dire pourquoi,
N'ayant plus qu'une dent en bouche,
Fut lors préservé de la touche.
Aussi fut Pélias le bon,
Fort incommodé d'un jambon,
Pour un trou qu'autrefois Ulysse
Lui fit par derrière en la cuisse,
Partant, peu propre et mal dispos
A se garantir d'Atropos.
Mais pour une raison cachée
Notre chair ne fut point touchée :
Nous nous trouvâmes hors de là.
Le ciel sans doute s'en mêla
Et voulut prendre la conduite
De notre troupe à trois réduite.
 Lors un bruit de cris et de coups
Du palais royal jusqu'à nous
Se faisoit aisément entendre ;
Les Grecs l'assiégeoient pour le prendre,
Et les Troyens désespérés,
En ce dernier lieu resserrés,
Tâchoient de vendre cher leurs vies,
Et de leurs femelles ravies
Par quelque grande occision

Venger la constupration.
Quelques Grecs plantoient des échelles ;
Autres mettoient bancs sur bancelles ;
Bancs et soldats se répandoient
Quand d'en haut cailloux descendoient.
Grimpans comme chats contre un arbre,
Ils se coulent le long du marbre,
De la main gauche se couvrant,
Et de la droite assaut livrant
Aux défenseurs de la muraille.
Un carreau de pierre de taille
Par un soldat est empoigné,
Auquel le bras étant rogné,
Le pauvre malheureux soudrille[1]
Tombe, s'accroche à une grille,
Et demeure là suspendu,
Criant en grec : « Je suis perdu ! »
Les Troyens de tout font des armes,
Et, non sans répandre des larmes,
Jettent contre ces inhumains
Ce qui se trouve sous leurs mains
Un Grec eut la tête cassée
D'un coup de la chaise percée
Du roi Priam ; mais ce malheur
Fut récompensé par l'honneur.
Chevrons dorés, poutres dorées,
Ne sont non plus considérées
Qu'un gros bâton, bûche ou fagot.
Un caillou va comme un lingot.
Chaises, fauteuils, tables, bancelles,
Vases, cabinets, plats, vaisselles,
Bref, tous les meubles précieux,
Jusqu'aux simulacres des dieux,
A la foule se viennent rendre
Au soldat qui vient pour les prendre
Mais plus vite qu'il ne voudroit.
 Je savois un certain endroit
Où, par une porte secrète,
On pouvoit entrer en cachette
Et sortir sans être aperçu.
Ce lieu de tous n'étoit pas su :
C'est par là que dame Andromaque,
Devant cette funeste attaque,
Le vieil beau-père visitoit,
Son Astyanax lui portoit,
Dont dame Hécube étoit ravie :
Elle l'aimoit plus que sa vie ;
Quand petit encore il étoit
En ses bras souvent le portoit,
Et souvent, de ses mains royales,
Lui remuoit ses langes sales,

[1] Soldat.

Et cette bonne mère-grand,
Quand il devint un peu plus grand,
Faisoit avec lui la badine,
L'entretenoit de Mélusine,
De Peau-d'Ane et de Fierabras [1],
Et de cent autres vieux fatras.
Cet enfant étoit son idole,
Et la vieille en étoit si folle,
Qu'avec lui troussant hoqueton,
Entre les jambes un bâton,
Elle couroit la pretentaine
Jusqu'à perdre souvent l'haleine.
Andromaque s'en tourmentoit,
Connoissant bien qu'on le gâtoit.
Priam, le voyant à toute heure
S'empiffrant de pain et de beurre,
Disoit avec sévérité :
« Ce sera quelque enfant gâté. »
Hécube n'en faisoit que rire,
Et sa mère n'osoit rien dire.
  C'est assez parlé de cela.
Ce fut par cette porte-là
Que dans le palais nous entrâmes.
Sans être aperçus nous montâmes
Par un escalier dérobé,
En un lieu fait comme un jubé [2].
J'y trouvai des gens de tous âges
Qui vouoient des pelerinages :
Notre abord les encouragea,
Et pas un d'eux plus ne songea
Qu'à vendre chèrement sa vie.
Pour moi, qui n'avois autre envie
Que de jouer aux Grecs un tour,
Près de moi je vis une tour
Dont pouvoit, étant renversée,
Mainte tête être concassée
Et maints bras être disloqués
De ceux qui nous tenoient bloqués.
De quatre piliers soutenue,
Elle se moquoit de la nue,
Comme auroit fait un gros écueil :
Tout y sembloit petit à l'œil,
Et de là, Priam au nez croche,

Avec des lunettes d'approche,
Souvent sur mer épiloguoit
L'ennemi qui sur mer voguoit.
Là, l'on voyoit toute la plaine ;
Là, souvent, quand elle étoit pleine
De Grecs et Troyens combattans
(Hélas ! le maigre passe-temps !),
Les dames et vieillards de Troie
Venoient, non pas à grande joie,
Voir ce jeu de gladiateurs
Si mal plaisant aux spectateurs.
Cette tour, lors mal assurée
Par secousse réitérée,
Pouvoit fort bien prendre le saut
Et gâter ces donneurs d'assaut.
Elle fut bientôt ébranlée,
Et, tôt après, prit sa volée
Ainsi que tout corps pesant doit,
Vers son centre, où pas n'attendoit
Le soldat si grosse grenade,
Qui troubla toute l'escalade.
Votre serviteur ne compta
Combien elle en escravanta [3] ;
Je ne vous le dirai donc mie,
Mais bien que plus d'un Jérémie
Fit grande lamentation
Sur une si noire action.
La chute de cette tourelle
A plusieurs Grégeois fut mortelle ;
L'assaut pourtant point ne cessa,
Mais de plus beau recommença.
  Pyrrhus paroît entre les autres
Apre à la ruine des nôtres,
Et ce dangereux cavalier
Fait tout seul autant qu'un bélier.
Il tâche d'enfoncer la porte,
Et la bat d'une étrange sorte.
Un harnois luisant et poli
Le rend plus affreux que joli ;
Le fer tranchant en sa main brille ;
Bref, ce déterminé soudrille
Ne représente pas trop mal
Le serpent, vilain animal,

---

[1] On peut voir dans le roman de Jean d'Arras, composé probablement vers 1478, la plupart des traditions relatives à la fée Mélusine, la plus célèbre du moyen âge. Tout le monde connaît le conte de Perrault, intitulé *Peau-d'Ane*, mais, comme il ne parut qu'en 1694, tandis que ce livre est de 1648, il s'ensuit clairement que c'est d'un autre qu'il est question ici. Le conte de *Peau-d'Ane* était depuis longtemps populaire, et circuloit parmi les nourrices. (Cf. une note de notre édition du *Roman comique*, chez Jannet, t. I, p. 47.) — Pour Fierabras, voir le *Roman de Fier-à-Bras le Géant*, Genève, 1478, in-folio. C'était un nom qu'on donnait souvent aux matamores de notre vieille comédie.

[2] C'est une sorte de tribune d'église, en forme de galerie. L'église Saint-Étienne-du-Mont possède un des plus beaux modèles du genre.

[3] Étouffa, écrasa.

Quand, la froidure étant passée,
Ayant peau nouvelle endossée,
Et repris nouvelle vigueur,
Son corps n'est plus dans la langueur
Que la mauvaise nourriture
Et la rigueur de la froidure
Lui causoient, tandis que l'hiver
Dépouilloit les champs de leur vert :
Paré d'une nouvelle écaille
Qui lui sert de jaque de maille,
Le compagnon s'en va rampant,
Fort satisfait d'être serpent.
Il se raccourcit, il s'allonge,
Sort de soi-même, et s'y replonge,
Restauré du soleil nouveau,
Et défait de sa vieille peau.
Sa langue à trois pointes il darde :
Homme ou femme qui le regarde
Et l'oit horriblement siffler
De peur n'ose quasi souffler.
Ce jeune Pyrrhus tout de même
(Pyrrhus, si l'on veut Neptolème),
Suivi du puissant Périphas
Aussi membru qu'un éléphas,
D'Automédon, piqueur d'Achille,
A dompter chevaux très-habile,
Et qui, dans la selle à piquer,
Souloit [1] d'un cheval se moquer,
Lui fit-il le saut de la carpe,
De plus gentil sonneur de harpe
(Sans cette harpe à point nommé
J'eusse malaisément rimé.)
Item, l'escadre scyrienne
Redoutable à la gent troyenne,
Tous ces gens-là sur la maison
Décochoient tison sur tison.
Pyrrhus d'une hache tranchante
Sur la porte à grands coups charpente;
Ce maître faiseur de coupeaux
En tranche bientôt les poteaux,
Tout ainsi qu'il eût fait des raves.
Son père, le patron des braves,
En bonne foi n'eût pas fait plus.
Priam, et son monde reclus,
A chaque coup que sa main donne,
Dont le vaste palais résonne,
Fait de pitoyables hélas,
Priant Dieu qu'il soit bientôt las,

Et n'achève point la besogne.
Lui, si bien taille et si bien rogne
Qu'à la fin dans le royal huis
Il fait un grand vilain pertuis
Ou grande vilaine fenêtre.
Par là commença de paroître,
Au lieu d'un visage de bois,
La demeure de tant de rois
Jusqu'à ce temps inviolable.
Par là le Grec impitoyable
Put pénétrer dans ces saints lieux,
Et porta ses profanes yeux
Au travers des longues allées,
Jusqu'aux cours les plus reculées.
Par là quelques Troyens armés,
Du seul désespoir animés,
Pour la plupart soldats des gardes,
Furent vus avec hallebardes,
Espadons, mousquets et fusils.
Les pauvres gens, que feront-ils,
Que se faire couper les gorges, [ges?
Quoique armés comme des saints Geor-
Pleurs, soupirs, lamentations,
Cris, sanglots, exclamations,
Au palais se firent entendre.
Il ne faut être guère tendre
Pour n'avoir pas le cœur serré
De ce pauvre peuple effaré.
Les femmes, plus mortes que vives,
De crainte de se voir captives,
Et de quelque chose de pis,
De la main se battent le pis,
Et courent comme écervelées
Par le palais échevelées,
Se regardent d'un œil mourant,
Et s'entr'embrassent en pleurant.

 Pyrrhus, digne fils de son père,
Par ses grands coups si bien opère,
Qu'enfin par la brèche il entra,
Et défit ceux qu'il rencontra
A la défense de la porte.
Peu lui servit d'être si forte
Et d'être faite de merrain [2]
Tout parsemé de clous d'airain :
Les poteaux hors des gonds tombèrent,
A la foule les Grecs entrèrent;
Tous ceux qu'ils trouvèrent armés
Furent bientôt d'eux assommés.

[1] Avait coutume, — du latin *solere*.

Deux parts en fit, dont il souloit passer
L'une à dormir, et l'autre à ne rien faire.
(*Épitaphe* de la Fontaine.)

[2] De planches de chêne.

Les soldats, maudite canaille,
Ébaudis ¹ comme rats en paille ²,
Troublèrent toute la maison,
Sans qu'on en pût avoir raison.
Ainsi la rivière de Loire,
Qui donne à tant de gens à boire
Quand elle sort hors de son lit,
Bouleverse, à ce qu'on m'a dit,
Ce qu'on appelle la levée,
Et par cette digue crevée
S'épand dans les champs labourés,
Entraîne les bœufs effarés
Pêle-mêle avec les étables,
Et fait force gens misérables,
Qu'elle force ainsi sans bateau
D'aller à l'hôpital par eau.
L'application est facile :
Tout de même, en ce saint asile,
Je vis entrer tous ces méchans
Comme un fleuve fait dans les champs.
Je vis le cruel Neptolème,
De rage le visage blême,
Et les Atrides carnassiers,
Ensanglantant leurs bras d'aciers,
Et, ce que je n'approuvai guères,
Je vis donner les étrivières
A Priam par Agamemnon :
On a voulu dire que non ;
Mais c'est une chose certaine,
Qu'il en eut une cinquantaine,
Et, qui pis est, à tour de bras.
Ce bon vieillard, grand, gros, gris, gras,
Eut, par ces coups de discipline,
Peau de taffetas de la Chine ;
Il porta le tout constamment,
Et plus que laconiquement.
Certes, le Grec eut peu de gloire
De faire une action si noire
Mais son frère ne fit pas mieux ;
Je le vis de mes propres yeux :
Qui traîna par ses blanches tresses
Hécube, et sur ses pauvres fesses
Donna force coups d'éperon ;
Et puis par ce même larron
Je vis de grands coups d'escourgées
Les cent brus de Priam chargées,

Et dessus le ventre et partout :
C'étoit trop les pousser à bout,
Et trop peu respecter les dames ;
Mais les Grecs sont de vrais infâmes.
De Priam les lits nuptiaux,
Cinquante en nombre, et tous fort beaux
(Car ils étoient tous d'étamine,
Lustrés, et d'étoffe bien fine,
Et la crépine et le mollet
Moitié soie et moitié filet,
Et de plus brodés à l'aiguille),
Furent gripés par le soudrille ;
Tout fut par le Grec dissolu
Pillé, brisé, brûlé, pollu.
   Peut-être vous êtes en peine,
O grande et charitable reine !
De savoir, après tout cela,
Comme du vieil prince il alla ³ :
En voici la fin véritable.
Ce bon Priam si vénérable,
Se voyant ainsi fustigé,
Ses enfans morts, son bien mangé,
Sa pauvre femme époronnée,
Enfin sa maison ruinée
Par les soldats qui sont dedans,
Il alla s'armer jusqu'aux dents,
Mit à son côté la rapière,
Rondache ⁴ devant et derrière,
Prit en ses mains un grand épieu,
Et revint ainsi, jurant Dieu,
Rejoindre les dames troublées,
Lesquelles s'étoient assemblées
A l'entour d'un autel couvert
D'un laurier au feuillage vert.
Là se faisoient les sacrifices,
Afin de se rendre propices
Les dieux lares, ou protecteurs,
Ou plutôt lâches déserteurs.
Ainsi des colombes tremblantes,
Quand après des flammes volantes,
Une grande tempête suit,
Avec grand désordre et grand bruit,
Le troupeau volant se rassemble,
Et n'est pas une qui ne tremble
De voir coups de foudre si drus :
La reine de même et ses brus

---

¹ Réjouis, s'en donnant à cœur-joie.
² Être comme un rat en paille, c'est-à-dire être à son aise, ne manquer de rien, etc. Nous verrons encore cette expression au VIe livre :

   Avec vous je faisois gogaille,
   Et j'étois comme un rat en paille.

³ Ce qui advint du vieux prince.
⁴ Grand bouclier rond.

LIVRE DEUXIÈME.

Se tapirent l'une dans l'autre,
Disant tout bas leur patenôtre,
Car elles craignoient de mourir.
Or la dame, voyant courir,
Non pas aussi vite qu'un basque,
Son vieil mari chargé d'un casque,
Et de tout le harnois complet,
S'appliquant de rage un soufflet,
Elle osa brusquement lui dire :
« Vous voulez donc nous faire rire
Lorsqu'il faut songer à la mort ?
Ah ! vraiment vous me plaisez fort,
Retranché dans une cuirasse
Comme un capitaine Fracasse.
Eh ! mon bon homme, de par Dieu,
Quittez la rapière et l'épieu :
Que Votre Majesté rengaine,
Puisqu'il faut mourir de la gaîne
Quand on a frappé du couteau [1].
Notre Hector, qui gît au tombeau,
Dans une si fâcheuse affaire
N'eût fait que de l'eau toute claire.
Si vous me croyez, mon bon roi,
Venez vous seoir auprès de moi. »
Priam s'assit de bon courage,
Sans fanfaronner davantage,
Dans une grande chaise à bras,
Dont le velours étoit bien gras.
Un de ses fils, nommé Polyte,
Arriva là, courant bien vite.
Il avoit beau des yeux chercher
Quelque endroit où se bien cacher,
Pyrrhus, qui de près le talonne,
Fort peu de relâche lui donne.
Il couroit de peur de mourir ;
La peur l'empêchoit de courir,
Et lui donnoit bien fort la fièvre.
Heureux si, craignant comme un lièvre,
Il eût pu courir aussi fort !
Ce fier messager de la mort
Lui tient le fer près de l'échine,
Et déjà sa main assassine
A d'un puissant estramaçon
Amoindri son nez d'un tronçon.
Enfin un coup de cimeterre
Lui fait donner du nez en terre
Aux pieds de son père effaré,
Auquel un trépas assuré
Ne put lors empêcher de faire

Réprimande à ce sanguinaire.
Il lui dit : « Pour un si beau coup,
Tu t'es vraiment pressé beaucoup !
Tu souilles, homme trop colère,
Du sang d'un fils les yeux d'un père.
O bourreau ! par qui mes vieux ans
Ont des objets si peu plaisans !
Que le ciel bientôt te le rende !
Une inhumanité si grande
Ne peut être que d'un vaurien.
Achille fut homme de bien,
Quoiqu'il fût ennemi des nôtres :
Toi, son fils ? à d'autres, à d'autres !
Tu n'es que le maudit bâtard
D'une truie et d'un léopard.
Achille eut pitié de mes larmes,
Quand mon fils tomba sous ses armes ;
Il respecta mes cheveux gris,
Se laissa toucher à mes cris,
Et de son vin il me fit boire,
Dont il acquit beaucoup de gloire.
Mais pour toi tu n'es qu'un grand fou,
A qui je vais rompre le cou. »
  Cela dit, d'une main débile,
Il lança sur le fils d'Achille
Un dard qui certes le toucha,
Mais qui seulement écorcha
Le bord de sa forte rondache.
Il en rit un peu, le bravache,
Et de ce que, faisant effort,
Afin de le frapper plus fort,
Il étoit chu sur le derrière
D'une pitoyable manière.
Sitôt qu'il eut pris ce grand saut
Dans le sang de son fils tout chaud,
Sa chevelure non rognée
Par le Grégeois fut empoignée,
De laquelle cet inhumain
Fit deux tours autour de sa main ;
De l'autre levant son épée,
Dans le sang de son fils trempée,
Il la mit *capulo tenus* [2],
Par l'endroit qu'on appelle *anus*,
Puis d'un coup lui coupa la tête.
Ainsi fortune, male bête,
Par un vrai trait de son métier,
Fit voir qu'il ne s'y faut fier.
Priam, ce grand roi de Phrygie,
Par qui fut si longtemps régie

---

[1] Imitation du passage de l'Évangile devenu proverbe: *Omnes enim qui acceperint gladium, gladio peribunt.* (Matth., XXVI, 52.)
[2] Jusqu'à la garde.

La plus superbe des cités,
Après tant de prospérités
Qui le rendoient considérable,
Gît mort étendu sur le sable.
Ce grand monarque des Troyens,
Après la ruine des siens,
N'a pas seulement sépulture,
Et fait des oiseaux la pâture;
Bref, le plus grand roi qui fut onc
N'est plus rien qu'un grand vilain tronc.
 Cet extrême malheur des autres
Me fit souvenir que les nôtres
Par moi laissés en la maison,
En une pareille saison,
Pourroient bien avoir fin pareille;
Lors je dis, me grattant l'oreille :
« Autant il nous en pend à l'œil;
Il me faudra porter le deuil
De mon père et de ma Créuse.
L'un et l'autre à bon droit m'accuse,
Et d'être un fils sans amitié,
Et de n'aimer pas ma moitié,
Et mon fils, de qui tant j'espère,
Donne au diable monsieur son père.
Allons donc mourir auprès d'eux.
Le trépas, ailleurs très-hideux,
Me sera là très-agréable,
Ou pour le moins très-honorable. »
Corps d'homme n'étoit avec moi,
Les uns m'avoient quitté d'effroi,
Plusieurs avoient perdu la vie,
Auxquels je portai grande envie,
Et si lors je ne me défis [1],
Mon père, ma femme et mon fils
En furent, et non autre chose,
La légitime et seule cause.
 Mais un objet qui me fâcha
D'aller plus outre m'empêcha :
Je vis dans le temple de Veste
Des Troyens la fatale peste,
Dont chaque mari fut un sot,
Qui se cachoit sans dire mot;
Je veux dire la fausse Hélène,
Si funeste à la gent troyenne.
Redoutant le juste courroux
Et des Grecs et de son époux,
Elle s'étoit là retirée
Toute seule, et mal assurée.
Lors je dis : « La louve qu'elle est
(Dieu me pardonne, s'il lui plaît !),
Reverra la Lacédémone,

Et là portera la couronne,
Tandis que des pauvres Troyens,
Ou brûlés, ou mangés des chiens,
Il ne restera sur la terre
Que ceux qu'y laissera la guerre,
Pour mourir de froid et de faim,
Et pour y demander leur pain.
Non, non, la raison me conseille
De couper le nez et l'oreille
A cette maudite putain,
A ce malencontreux lutin,
Qui tant de sang a fait répandre,
Par qui notre ville est en cendre,
Et les Troyens morts ou captifs,
Hormis ceux qui sont fugitifs.
Dieu sait comme elle fera pièce,
Quand elle sera dans la Grèce,
De Priam et de ses enfans,
Et fera rire à nos dépens
Les destructeurs de notre empire ;
Je pense déjà l'ouïr rire,
Et bien faire le goguenard,
Ménélaüs, le franc cornard !
Elle a causé notre ruine ;
Elle en perdra nez et narine :
Oui, je m'en vais lui retrancher
La peine de se plus moucher.
Il est vrai, frapper une femme
A bien quelque chose d'infâme :
J'en puis être d'aucuns blâmé,
Mais aussi serai-je estimé
D'avoir puni cette coureuse,
Aux siens comme à nous dangereuse. »
Cela dit, j'allois l'empoigner
Pour oreille et nez lui rogner,
Quand la déesse de Cythère,
Ma très-belle et très-bonne mère,
Me donna bien fort sur les doigts
De la main dont je prétendois
Saisir au collet la Spartaine.
Cette apparition soudaine
Non pour un peu m'emplit d'effroi ;
Car elle parut devant moi
Comme chose du ciel tombée,
Et non pas à la dérobée,
Ou ne se montrant qu'à demi,
Comme d'autres fois, endormi,
Confusément je l'avois vue;
Mais alors elle étoit pourvue
De tous les célestes appas
Que les hommes mortels n'ont pas.

[1] Détruisis.

Ce coup, dont ma main fut englée,
Et dont j'eus l'âme un peu troublée,
Me fit dire, en quoi j'eus grand tort,
Certain mot qui l'offensa fort.
Elle me dit, rouge en visage :
« Vraiment, je vous croyois plus sage ;
Fi ! fi ! je ne vous aime plus.
— Je suis de quatre doigts perclus,
Lui dis-je, et qui diable ne jure
Alors qu'on reçoit telle injure ?
— Eh bien, ne jurez donc jamais,
Dit-elle. — Je vous le promets,
Lui dis-je, et trêve de houssine,
Car il n'est divin ni divine,
A qui, s'il m'en faisoit autant,
Je ne le rendisse à l'instant.
— Songez que je suis votre mère,
Me repartit-elle en colère,
Et parlez moins, ou parlez mieux.
Vous faites bien le furieux
Contre une femme désarmée :
Quand bien vous l'auriez assommée,
Seriez-vous mieux d'un quart d'écu ?
Vous nommez son mari cocu,
Avez-vous manié sa tête ?
Est-il cornu comme une bête ?
Dites-moi, seriez-vous content
S'il en disoit de vous autant,
Méchant fanfaron que vous êtes ?
Vous ne savez ce que vous faites.
Vous auriez bien plus de raison
De retourner à la maison
Secourir votre pauvre père,
Qui sans doute se désespère,
Non tant des Troyens déconfits
Que de Créuse et de son fils.
Ce cher fils, cette chère femme,
A qui, sans moi, le Grec infâme
Auroit pis fait qu'aux pauvres gens
Ne font les diables de sergens.
Vous accusez la pauvre Hélène
D'avoir perdu la gent troyenne,
Vous n'êtes qu'un mal avisé,
Vous vous prenez au plus aisé ;
Le destin seul en est la cause,
Qui de nos dieux mêmes dispose.
Tout dépend de sa volonté ;
Il a dès longtemps arrêté
Que la grande ville de Troie
Serait faite des Grecs la proie.
A moins que d'être illuminés,
Les mortels plus loin que leur nez
Ne peuvent jamais voir les choses,
Bien loin d'en connoître les causes :
Qu'ainsi ne soit, présentement
Vous ne pourriez voir nullement,
Si je ne dissipois la nue
Qui vous en empêche la vue,
Le dieu qui porte le trident
A perdre votre ville ardent.
Voyez comme il égale aux herbes
Les bâtimens les plus superbes !
Si bien il la démolira,
Que Troie en Troie on cherchera.
Junon, la cotte retroussée,
Paroît sur la porte de Scée,
Qu'elle vient de mettre dedans,
Couverte de fer jusqu'aux dents.
Oyez un peu comme elle crie,
Et comme avec sa voix de truie,
Que l'on entend jusqu'à la mer,
Elle s'efforce d'animer
Le soldat qui, selon sa rage,
N'est pas assez âpre au pillage.
Voyez la méchante Pallas,
Branlant son large coutelas
Sur le haut de la citadelle ;
Voyez comme cette pucelle,
D'une pitoyable façon,
Mieux que ne feroit un maçon,
Démolit, sape, brise, taille,
La plus grosse et forte muraille.
Elle s'échauffe en son harnois :
Ainsi, quand il abat des noix,
Le corbeau qui n'est qu'une bête,
Travaille de cul et de tête.
Sa Gorgone aux crins de serpens,
Face large de deux empans,
Fait une vilaine grimace,
A qui la regarde à la face.
Jupiter, père de nous tous,
Se déclare aussi contre vous,
Et donne un esprit de pillage
Aux Grecs dont il croit le courage ;
Et n'est pas que le bon seigneur,
Quoique d'ailleurs homme d'honneur,
N'ait dérobé quelque chosette,
Pour régaler quelque coquette.
Certes j'en ai l'esprit marri,
Mais, jusqu'à mon sot de mari,
Il n'est, de la céleste bande,
Divinité petite ou grande,
Qui contre la pauvre cité
Ne fasse acte d'hostilité.
Fuyez donc, je vous en conjure,
Ne vous piquez point de bravure ;

Il fait ici mauvais pour vous,
Vous n'y gagnerez que des coups.
Sans moi, votre pauvre famille
Sentiroit la main du soudrille,
Mais jusqu'ici, par mon moyen,
Les choses y vont assez bien.
Penser remonter sur sa bête [1],
C'est vouloir se rompre la tête.
Allez, je vous protégerai ;
Près de vous toujours je serai.
Lorsque vous serez en ma garde,
Au diable si l'on vous regarde,
Bien loin de vous oser toucher :
Mais vite, il se faut dépêcher. »
Elle n'en dit pas davantage,
Et puis se couvrit d'un nuage.
Lors je vis que de la cité
Elle m'avoit dit vérité :
Je vis partout objets funestes,
Je vis aussi les dieux célestes
D'une extraordinaire grandeur,
Dont je n'eus pas petite peur,
Parmi ces personnes divines,
J'en vis de très-mauvaises mines,
Pour lesquelles, sans passion,
J'aurois bientôt aversion.
O Dieu ! l'épouvantable image,
Qu'une ville mise au pillage !
On ne voit que piller, brûler,
Sur les cendres le sang couler,
Soldats qui tuent, gens qui meurent,
Peu qui rient, beaucoup qui pleurent,
Les grands palais tomber à bas,
Et n'être plus que des plâtras.
Il en est tout ainsi d'un orme,
Beau pour sa taille et pour sa forme,
Lors qu'étant par le pied sapé,
Et longtemps coup sur coup frappé,
Il branle sa perruque verte,
Signe de sa prochaine perte,
Son gros tronc se fend par éclats ;
Un cri semblable à des hélas
Accompagne sa culebute ;
Il hésite devant sa chute,
Examinant de quel côté
Son grand corps sera mieux gîté,
Enfin il tombe sur les hanches,
Se cassant les bras ou les branches.
Ainsi notre pauvre cité,
Après avoir longtemps été

Des cités la plus renommée,
Est comme en soi-même abimée.
Or, moi, voyant que tout de bon
Elle étoit réduite en charbon,
Et que ma mère étoit partie,
Je crus que quitter la partie,
En un malheur tout évident,
Étoit faire en homme prudent.
Sans recevoir aucun dommage
Je passai, couvert d'un nuage,
Au travers des feux allumés
Et de nos ennemis armés.
A mon logis je frappe en maître :
On me cria par la fenêtre
Que l'on n'ouvroit jamais la nuit,
Et que je faisois trop de bruit ;
Et moi, je frappe et je refrappe,
Et, las de cogner, je m'échappe
A dire des mots outrageans.
Ma femme, mon fils et mes gens
Tout mon soûl me laissèrent battr
Et par frayeur, ou pour s'ébattre,
Me firent garder le mulet [2] ;
Enfin pourtant un gros valet
Me vint ouvrir, malgré la bande
A qui je fis la réprimande.
Mais ma femme, pour m'apaiser,
Et mon fils me vinrent baiser.
Je dis à monseigneur mon père
Tout ce que m'avoit dit ma mère,
Et qu'il falloit gagner pays.
Il nous rendit tous ébahis,
Quand il dit : « Pour moi je demeure,
Allez-vous-en, à la bonne heure,
Vous autres, dont les jeunes ans,
Après des malheurs si pesans,
Pourront, autre part que dans Troie,
Se donner encore au cœur joie.
Si le ciel m'eût voulu sauver,
Qui l'empêchoit de conserver
Une ville si belle et bonne ?
Mais, puisque le ciel l'abandonne,
Et qu'Ilium, des Grecs pillé,
N'est plus rien qu'un champ tout grillé,
Vieillard plus que sexagénaire,
Il ne me reste plus rien à faire
Que d'aller, l'épée à la main,
Irriter un Grec inhumain,
Qui sur mon pauvre corps s'acharne ;
Et peut-être que quelque darne [3]

---

[1] Reprendre le dessus.
[2] Garder le mulet, c'est se morfondre à attendre.
[3] Quelque rouelle, quelque tranche.

De son corps il y laissera.
Chacun fera comme il pourra.
On me dira : Sans sépulture,
Votre corps sera la pâture
De quelque chien, ou quelque loup.
La peste, que le monde est fou !
Que m'importe que ma carcasse
A la faim d'un loup satisfasse,
D'un chien, d'un vautour, d'un corbeau ?
Mon destin sera-t-il plus beau
Si, dans du linge empaquetée,
Elle est par les vers grignotée ? »
(Si les Troyens brûloient leurs morts,
Au lieu d'en enterrer les corps,
Le poëte ici s'entretaille[1] ;
Mais, ô bon lecteur ! tout coup vaille,
Il importe peu que Scarron
Altère quelquefois Maron.)
 Revenons à messire Anchise :
« Quand on a la perruque grise,
Ajouta-t-il, on ne doit pas
Redouter beaucoup le trépas.
Vieil, cassé, malpropre à la guerre,
Je ne sers de rien sur la terre :
Spectre qui n'ai plus que la voix,
J'y suis un inutile poids,
Depuis le temps que de son foudre
Jupin me voulut mettre en poudre,
Depuis le temps qu'il m'effraya,
Ce grand Dieu, qui me giboya[2]
Par une vengeance secrète ;
Mais je suis personne discrète,
Je n'en dirai point le sujet :
Suffit que j'aurois eu mon fait,
Sans Vénus, qui sauva ma vie.
J'ai depuis eu cent fois envie
De m'aller pendre un beau matin,
Et finir mon chien de destin.
Laissez-moi donc mourir à l'aise,
Et, si l'on m'aime, qu'on se taise. »
Voilà ce qu'il dit obstiné,
Dont je fus plus que forcené.
Ma chère Créuse le pric,
Mon fils Iülus pleure et crie;
Mais c'étoit, tant il étoit dur,
Se donner du front contre un mur.
« Ah ! ma foi, monsieur mon beau-père,
Lui dit notre femme en colère,
Vous viendrez ou direz pourquoi:
Vous faites bien du quant à moi. »

Autant lui dit le jeune Iüle.
Mon père, opiniâtre en mule,
Au lieu de leur parler françois,
Se mit à badiner des doigts.
Je dis alors : « Çà, çà, qu'on meure
Il le faut, et quand ? tout à l'heure.
Vous laisserai-je ainsi périr
Sans même fortune courir ?
N'en déplaise à mon père Anchise
(Mais dessous sa perruque grise
Il loge fort peu de raison),
Troie encore en notre maison
Pouvoit trouver quelque ressource.
Grâce à Dieu, j'ai fort bonne bourse :
En quelque pays étranger
Nous eussions eu de quoi manger.
Mais en votre philosophie,
Qui n'est qu'une pure folie,
Vous avez cru qu'être assommé
Étoit mourir bien estimé.
Vous avez une sotte envie :
On en a pour toute sa vie,
Quand on est dans le monument
Une minute seulement.
Pyrrhus ne tardera plus guère :
Sans doute, à la moindre prière,
De son bras vous serez servi.
Je crois bien qu'il sera ravi
De tuer toute une famille
De sa dague faite en faucille ;
Comment il se gobergera,
Quand ensemble il égorgera
Femme, mari, père, grand-père,
L'enfant et madame sa mère !
Ah ! vraiment, ma mère Vénus,
Tous vos beaux arguments cornus[3]
Pour me persuader de vivre
Et pour m'obliger à vous suivre,
N'étoient donc que pour m'attraper ?
Je ne m'y laisse plus duper.
Vite qu'on me donne mes armes;
Je veux aussi coûter des larmes
A quelques-uns des ennemis.
— Au moins me sera-t-il permis
De vous suivre, » me dit Créuse
Mais tout à plat je la refuse.
J'en fis de même à mon enfant,
Dont il fut assez mal content.
Je me faisois tenir à quatre,
Comme quand on va pour se battre,

---

[1] S'embarrasse dans sa marche, fait un faux pas.
[2] Poursuivit, — comme un *gibier* qu'on chasse.
[3] Absurdes, déraisonnables.

7.

Et n'étois pourtant pas fâché
D'en être des miens empêché.
Ma femme et toutes ses servantes
Faisoient à l'envi des dolentes ;
Mon fils m'embrassoit les genoux.
Au grand étonnement de tous,
Une flamme du ciel issue
Sur ce cher fils fut aperçue ;
Nous nous mîmes tous à souffler,
Croyant qu'elle l'alloit brûler ;
Nous soufflâmes et ressoufflâmes,
Fort peu de chose nous gagnâmes :
Malgré nous ce feu viollet
Lui grilla tout le poil follet.
Mon père, voyant le prodige,
Dit : « Que personne ne s'afflige.
Ce feu, qui m'a tout ébloui,
Et dont je suis bien réjoui,
N'est ma foi pas un feu volage.
O grand dieu ! fais que ce présage
Soit par quelque autre confirmé ! »
Un coup de foudre à point nommé
A main gauche se fit entendre [1].
Sans autre témoignage attendre,
Mon père dit : « Ainsi soit-il ! »
Puis ensuite, d'un saut gentil,
Il fit deux fois la révérence,
Ayant fait signe à l'assistance
Qu'il falloit qu'on en fît autant :
Nous sautâmes tous à l'instant.
Ayant bien sauté comme pies,
Ou bien plutôt comme gens pies,
Nous reniflâmes à l'envi,
Car ce tonnerre fut suivi
De certaine odeur sulfurée ;
Puis la maison fut éclairée
D'un feu luisant comme un tison
Qu'on vit sur ladite maison.
Ce phare, ou plutôt cette étoile,
Alla tout droit, perçant le voile
De cette triste et noire nuit,
Et Dieu sait si mon œil la suit,
Dans la forêt d'Ida se rendre.
Il nous fut aisé de comprendre

Que c'étoit un secours divin,
Car par elle, dans son chemin,
Comme bien sage et bien sensée,
Trace luisante fut laissée.
Lors mon père, tout ébaudi,
Cria : « Mon fils, je m'en dédi ;
Me voilà très-content de vivre,
Et très-résolu de vous suivre
En quelque part que vous irez,
Et partirai quand vous voudrez,
Afin que personne n'en doute,
Malgré mon incommode goutte. »
Puis il fit génuflexion
Et dit avec dévotion :
« O bon Dieu, qui nous prends en garde,
Que ton œil toujours nous regarde,
Et prends soin de notre maison ! »
Après cette courte oraison
Je lui dis : « Homme qui refuse,
Ordinairement après muse.
Vous faisiez tantôt bien le fou.
Ça, çà, mettez-vous sur mon cou,
Comme on dit, à la chèvre morte [2],
Et que chacun de nous emporte
Sur son dos tout ce qu'il pourra.
Mon fils par la main me tiendra,
Et ma femme par le derrière ;
Et que valet et chambrière
Écoutent bien ce que je di.
Hors la ville, vers le midi,
On trouve un vieil tombeau de pierre,
Près d'un temple tombé par terre,
Qui fut autrefois à Cérès :
Ce lieu, ni trop loin ni trop près,
Sera le lieu de l'assemblée. »
Lors la maison fut démeublée :
L'un prit un poêlon, l'autre un seau
L'un un plat, et l'autre un boisseau.
Je me nantis comme les autres :
Je mis les unes sur les autres
Six chemises, dont mon pourpoint
Fut trop juste de plus d'un point.
On n'oublia pas les cassettes ;
Mon fils se chargea des mouchettes,

---

[1] On sait que le coup de foudre *à main gauche* était regardé chez les anciens comme un présage favorable. On disait même *Numina læva*, pour divinités propices :

.................Si quem
Numina læva sinunt, auditque vocatus Apollo.
(VIRGILE.)

Les érudits, si les érudits lisent le *Virgile travesti*, — peuvent consulter le commentaire de Servius sur le 693e vers du second livre de l'*Énéide*, et Festus, au mot *Sinistræ*.

[2] C'est-à-dire à la façon d'une chèvre morte qu'on emporterait sur ses épaules.

Mon père prit nos dieux en main,
Car, quant à moi, de sang humain
Ma dextre avoit été souillée ;
Devant qu'avoir été mouillée
Dans plusieurs eaux quatre ou cinq fois,
Et s'être fait l'ongle des doigts,
Je n'eusse pas osé les prendre.
Quiconque eût osé l'entreprendre,
Eût bientôt été loup-garou [1] :
Je n'étois donc pas assez fou.
Enfin, sur mon dos fort et large
Mon bon père Anchise je charge
D'une peau de lion couvert,
Et, de peur d'être pris sans vert,
Au côté ma dague tranchante.
L'affaire étoit un peu pressante,
Car le mal s'approchoit de nous.
Nous entendions donner des coups,
Crier au feu, crier à l'aide.
A tout cela point de remède,
Sinon gagner vite les champs,
Et laisser faire ces méchans.
Quoique j'eusse l'échine forte,
Mon bon père à la chèvre morte
Ne put sur mon dos s'ajuster,
Ni je n'eusse pu le porter ;
Par bonheur je vis une hotte :
Mon père dedans on fagote,
Et tous nos dieux avecque lui ;
Puis, un banc me servant d'appui,
On charge sa lourde personne
Sur la mienne, qui s'en étonne,
Et fait des pas mal arrangés,
Comme font les gens trop chargés.
Mais qui diable ne s'évertue,
Quand il a bien peur qu'on le tue ?
  Nous voilà tous sur le pavé ;
Sur mon dos mon père élevé
Nous éclairoit de sa lanterne,
Qui n'étoit pas à la moderne :
Elle venoit du bisaïeul
De l'aïeul de son trisaïeul.
Ma Créuse venoit derrière.
Chaque valet et chambrière,
De crainte d'être découverts,
Allèrent par chemins divers.
Je menois mon cher fils en laisse,
Pour lequel je tremblois sans cesse.
Enfin, par chemins écartés,
Des moindres bruits épouvantés,
Nous marchâmes devers la porte.
Quoique j'aie l'âme assez forte,
Et que, dans le fer et le feu,
D'ordinaire je tremble peu,
Chargé de si chères personnes,
Je fit cent actions poltronnes :
Au moindre bruit que j'entendois,
Humble quartier je demandois.
Mon bon père en faisoit de même,
Et crois qu'en cette peur extrême,
Dans la hotte un autre que lui
Auroit fait ce que par autrui
Roi ni reine ne pourroit faire.
Le feu, qui notre troupe éclaire,
Forme des ombres devant nous,
Qui nous effrayent à tous coups.
Enfin, après plusieurs alarmes,
Un grand bruit de chevaux et d'armes
Se fit entendre auprès de nous :
Mais, madame, le croirez-vous ?
Ce bruit que nous crûmes entendre,
Puisque vous désirez l'apprendre,
Étoit ce qu'on appelle rien :
J'en rougis quand je m'en souvien.
Mon père, en cette peur panique,
Mille coups sur mon corps applique
Pour me faire aller au galop,
Et certes, il n'en fit que trop.
Il me crioit : « Prends donc la fuite !
Vois-tu les Grecs à notre suite ?
Male peste, comme tu vas !
Ne veux-tu pas doubler le pas ?
Fuis, mon cher fils, sauve ton père. »
Et puis, se mettant en colère :
« Maudit soit le fils de putain !
Et qui m'a donné ce mâtin
Qui marche comme une tortue ! »
A ce langage qui me tue,
J'avois beau redoubler le pas,
Cela ne le contentoit pas.
Enfin, moi faisant cent bronchades,
Et lui bien autant de boutades,
Jusqu'à m'appeler cent fois sot,
A quoi je ne répondois mot,

---

[1] Le loup-garou était un homme transformé en loup par le diable. La croyance aux loups-garous subsista durant tout le moyen âge ; au dix-septième siècle, beaucoup y croyaient encore, et il est aujourd'hui plus d'un village d'où cette foi superstitieuse n'a pas disparu. On peut voir, dans les démonographes Boguet, Delancre, Bodin, etc., des détails curieux sur les loups-garous. Plusieurs auteurs, entre autres Claude, prieur de Laval, Beauvoys de Chauvincourt (1599) et J. de Nynauld (1615), ont publié des traités spéciaux sur la lycanthropie.

Je courus de si bonne sorte,
Que je me vis hors de la porte ;
Et puis à force de marcher,
Persistant toujours à broncher,
Au vieil temple nous arrivâmes,
Où quasi tous nous nous trouvâmes ;
Quasi tous, car ma femme, hélas !
Mon unique joie et soulas,
Se trouva manquer à la bande ;
Jugez si ma douleur fut grande !
A mon cher père, à mon cher fils,
Cent mille reproches je fis,
Leur dis qu'ils en étoient la cause.
Mon père ne fit autre chose
Que me dire : « Elle reviendra,
Ou bien quelqu'un la retiendra.
N'a-t-elle point resté derrière
Pour raccommoder sa jartière ? »
A ce maudit raisonnement
Je pensai perdre jugement ;
Je mordis ma langue de rage.
Certes, si je n'eusse été sage,
Et qu'il n'eût point mon père été,
Je l'eusse bien fort soufflété.
Je comptai deux fois notre monde,
Je fis aux environs la ronde,
Je l'appelai, je la huai
Si fort, que je m'en enrouai.
Je quittai cinq des six chemises
Qu'en partant sur moi j'avois mises,
Puis, armé comme un Jacquemart [1],
Au côté tranchant braquemart [2],
A la main bonne hallebarde,
En disant : « Le bon Dieu me garde ! »
Je rebroussai vers la cité.
Partout où nous avions été
Je cherchai vainement ma femme.
Toute la ville étoit en flamme,
Et de notre pauvre maison
Chaque poutre étoit un tison.

J'allai vers la maison royale,
Qu'on eût prise pour une halle.
Tous les biens par les Grecs volés
Étoient confusément mêlés :
Force enfans, et femmes captives,
Six cuillers d'argent bien massives,
Quatre ou cinq sacs de sols marqués
Matelas de coton piqués,
Un grand bocal de porcelaine,
Présent fait à la belle Hélène
Par un certain mauvais galant ;
En or, la moitié d'un talent [3],
En argent, quatre mille livres,
Deux grands coffres remplis de livres,
De Priam les arcs à jalet [4],
Mille vaches donnant du lait,
Autant de veaux, autant de truies,
Des parasols, des parapluies,
Item, quatre mille chapeaux,
Force pourpoints, chausses, manteaux,
Et cent mille autres nippes riches.
Ulysse, le chiche des chiches,
Et Phénix, un maître pédant,
L'un et l'autre à la proie ardens,
Tous deux faux-sauniers et faussaires,
En étoient les dépositaires.
Des captives je m'approchai,
Et, me cachant le nez, cherchai,
Parmi cette troupe éplorée,
Ma chère Créuse égarée ;
Puis je me mis effrontément
A crier (maudit soit qui ment) :
« Créuse, Créuse, Créuse ! »
Un écho me répond : Éuse,
Et voilà tout ce que j'appris
De tant de peine que je pris.
  Je m'en allois confus et triste,
Quand notre femme, à l'improviste,
Se vint présenter à mes yeux.
Je ne fais point le glorieux,

---

[1] Petite figure de bronze représentant un homme armé, placée, au dix-septième siècle, au-dessus de l'horloge de la Samaritaine, sur le pont Neuf, pour frapper les heures avec un marteau. Beaucoup d'horloges en avaient une pareille : le Jacquemart de Dijon était particulièrement renommé. Ce nom venait, suivant les uns, de l'inventeur, Jacques Marc ; suivant d'autres, de Joquemar de Bourbon, seigneur de Priaux, qui se signala par la beauté et la bonté de ses armures dans les guerres et tournois, au quatorzième siècle.

[2] Sorte d'épée courte.

[3] Le talent était une monnaie (ou un poids) d'argent ou d'or, et de valeur diverse, suivant les pays. Le talent attique d'argent, celui dont il est le plus souvent question, valait 60 livres ou mines, ou bien 6,000 deniers ou drachmes ; en or, il équivalait à 6,750 écus. Chez les Romains, il y avait des talents de trois sortes, de 84 livres, de 120, de 125. Je ne parle pas des autres.

[4] Jalet, comme galet, caillou rond. Un arc (ou arbalète) à jalet était donc celui qu'on chargeait avec un projectile de cette nature.

Une vision si soudaine
Me fit avoir fièvre quartaine
Qui m'eût lors bien considéré
M'eût trouvé l'œil bien égaré.
Par le visage c'étoit elle,
Mais sans patin ni pianelle.
Elle avoit huit grands pieds de haut,
Si bien, quoique j'eusse grand chaud,
Que je devins froid comme glace,
La frayeur peinte sur ma face.
Je reculai cinq ou six pas
En disant : *Retro, Satanas !*
J'eus l'âme bien plus perturbée
Lorsque, d'une seule enjambée,
Elle fut aussitôt à moi.
J'étois prêt d'en mourir d'effroi,
Sans que je vis la grande folle
S'ébouffant à chaque parole,
Qui me dit : « Confessez, monsieur,
Que vous avez eu belle peur.
— Je n'y trouve pas de quoi rire,
Commençai-je lors à lui dire,
Et trouve encor moins de raison
De me quitter hors de saison. »
Elle me dit : « O mon pauvre homme !
Lorsque vous aurez bien su comme
Et par qui tout ceci se fait,
Vous aurez l'esprit satisfait.
De moi ne soyez plus en peine,
Aussi bien elle seroit vaine ;
Il n'est plus de femme pour vous,
Non plus que de mari pour nous.
Le Destin vous en garde une autre :
Le pays *Latin* sera vôtre,
Où chacun sait l'italien.
Vous aurez là beaucoup de bien ;
Là le Tibre, de son eau trouble,
Quoique d'abord on vous y trouble,
Vous fournira dans la saison
Des écrevisses à foison ;
Vous y mangerez veau Mongane,
Vous y porterez la soutane :
Je crois qu'il vous fera beau voir.
Une grosse fille au poil noir
Vous sera, par juste hyménée,
Par monsieur son père donnée :
C'est l'infante Lavinia,
En laquelle vice il n'y a ;
C'est une vraie boute-tout-cuire [1],
Qui ne fait que sauter et rire,

Et ne va jamais qu'au galop.
Bref, cette princesse vaut trop.
Ayez grand soin de notre Iule,
Digne effet de notre copule :
Faites-lui montrer le latin ;
Et quant est de notre destin,
La grand'mère des dieux, Cybèle
Me fait demeurer auprès d'elle
Pour être sa dame d'atour.
La sienne mourut l'autre jour
Avec quatre ou cinq de ses filles
Pour avoir mangé des morilles [2].
N'ayez donc plus de moi souci,
Je me trouve fort bien ici. »
Là-dessus je pensai la prendre
Pour les derniers devoirs lui rendre ;
Mais, lui jetant les bras au cou,
Je pensai bien devenir fou,
Quand, l'ayant trois fois embrassée,
Trois fois de mes bras éclipsée,
Je connus n'avoir embrassé
Qu'un vain corps, un air condensé.
Or, n'aimant pas trop le fantôme,
Ni tout corps composé d'atome,
Je ne m'affligeai pas bien fort,
Puisqu'ainsi le vouloit le sort.
Tôt après, jouant de la jambe,
De la pauvre ville qui flambe,
Dans les champs je me transportai,
Où Dieu sait comment je trottai
Jusqu'où m'attendoit notre bande,
De petite faite bien grande.
Hommes, femmes, maîtres, valets,
Tous chargés comme des mulets,
En ce lieu s'étoient venus rendre,
Et m'avoient fait l'honneur d'attendre
Que je fusse là revenu.
Sitôt qu'ils m'eurent reconnu,
A ma conduite ils se remirent,
A moi comme à roi se soumirent.
Je leur promis affection,
Justice et ma protection :
Ils promirent obéissance,
Et que j'aurois sur eux puissance,
Comme le roi sur son sergent
Et la reine sur son enfant.
Puis, sans s'amuser davantage,
J'ordonnai qu'on pliât bagage,
Et que vieillards, femmes, enfans,
Et tous les corps plus empêchans

---

[1] Une réjouie, — comme on dit vulgairement, une *luronne*.
[2] Champignons.

Devers la montagne filassent,
Et dans les grands bois se coulassent.
Mon père les y conduisit.
Là-dessus le soleil luisit,
Et de sa face safranée
La forêt fut enluminée ;

Et moi, les mains sur les rognons,
En tête de mes compagnons
Qui n'avoient pas le cœur en joie,
Je tournai le cul devant Troie
Et le nez vers le mont Ida,
Où chacun de nous se guinda.

A MONSEIGNEUR
LE PRÉSIDENT DE MESME[1]

Monseigneur,

Quand je devrois faire souffrir votre modestie, il faut que je découvre à tout le monde une action de générosité que vous avez voulu tenir cachée. Quand feu mon père fut obligé de quitter l'exercice de sa charge[2], vous ajoutâtes aux paroles que la civilité fait dire des offres bien plus solides que des paroles : il ne put répondre à votre générosité qu'en refusant, sans le regretter, ce que vous lui offriez de même. Depuis sa mort, vous nous avez protégés contre l'injustice qui accable le plus souvent les enfans d'un premier lit ; c'est une obligation que nous vous avons en commun, mes sœurs et moi. Et vous m'avez obligé depuis, en mon particulier, en donnant un peu de ce temps, que vous employez si utilement au repos du public, à la lecture de mes ouvrages. Je n'aurois jamais espéré que ce que j'ai fait par divertissement dût servir à celui d'un des plus considérables chefs de la plus célèbre compagnie de l'Europe, et dont le mérite est, sans doute, de quelque façon que l'on le considère, au-dessus de tous les emplois où l'on puisse prétendre. Je ne dirai point ici, Monseigneur, que la fortune, qui fait bien souvent les choses contre sa conscience, et qui ne se gagne pas par la la vertu, a toujours été envieuse de la vôtre. Je sais bien que vous n'aimez pas les louanges, quoique vous en méritiez plus que personne du monde, outre que la plume burlesque ne s'acquitteroit pas assez bien d'un panégyrique. Je vous dédierai seulement mon troisième livre de Virgile. Je vous confesserai, que c'est fort mal m'acquitter de tout ce que je vous dois, et vous supplierai de croire que si je n'étois pas en l'état où je suis, je n'aurois point de plus forte passion que de vous témoigner, autrement que par des paroles, que je suis de toute mon âme,

Monseigneur,

Votre très-humble, très-obéissant
et très-obligé serviteur,

SCARRON.

[1] Henri de Mesme, frère de Jean-Antoine de Mesme, et de Claude de Mesme, comte d'Avaux, qui fut surintendant des finances et ambassadeur plénipotentiaire au traité de Munster et d'Osnabruck, en 1648. Scarron a intercalé, dans le V⁰ livre de son *Virgile*, un chaleureux éloge des de Mesme, et, en particulier, du président.

[2] Son père, Paul Scarron, conseiller au Parlement, surnommé l'Apôtre, parce qu'il avait toujours saint Paul à la bouche, et sans doute aussi à cause du zèle et de l'énergie qu'il déploya dans sa lutte contre Richelieu, perdit sa charge pour avoir poussé trop loin l'esprit d'indépendance contre certaines mesures du cardinal. Il fit un jour une harangue vigoureuse contre un édit dont la cour demandait l'enregistrement, et le ministre, irrité, l'exila en Touraine avec ceux de ses collègues qui avaient partagé sa résistance. Ils furent, en outre, dépossédés par le roi, en 1641. Scarron a bien des fois déploré peu spartiatement la malencont harangue d'où venait tout ce mal. Voir surtout sa *Requête au cardinal de Richelieu*.

AU LECTEUR

Lecteur chrétien, car je ne suis pas assez vain pour croire que le *Virgile travesti* aille jusqu'aux Infidèles, qu'ai-je à faire de te donner un avant-propos, qui me coûteroit autant à faire que mon livre ? Si tu es de mes amis, tu excuseras ce qui te déplaira. Si tu n'en es pas, tous les avant-propos du monde ne t'empêcheroient pas d'exercer ta mauvaise humeur à mes dépens. Je ne t'en ferai donc point. Mais, ô sot que je suis ! je ne prends pas garde que c'en est déjà fait. Oh ! que l'impuissance humaine est grande ! et que je ferois de belles réflexions sur ce que *l'homme propose et Dieu dispose*, si j'en avois le loisir ! Adieu donc, lecteur chrétien, marchande mon livre, achète-le, paye-le, lis-le, brûle-le, déchire-le, traite-le avec plus de mépris si tu veux,

Il n'en sera pour moi ni pis ni mieux [1].

Il me vient de souvenir que j'avois fait un avant-propos pour me défendre d'un homme qui met tout en œuvre, soit qu'il aime ou qu'il haïsse. Mais une personne de mérite m'a prié de supprimer ce que j'avois fait contre un des plus supprimables hommes de France [2]. Je le rengaîne donc, pour le dégainer, s'il lui prend jamais envie de faire contre moi à la plume.

[1] Ce ton cavalier et dédaigneux envers le public, que l'on pardonne au genre burlesque, et qui était familier à Scarron, se retrouve chez la plupart des écrivains comiques et satiriques d'alors. Voyez les *Avis au Lecteur* des *Caquets de l'Accouchée*, du *Roman satyrique* de Lannel, du *Berger extravagant* de Sorel, de la *Fausse Clélie* de Subligny ; les vers ironiques *Au Critique*, et la préface *Aux plus malins Critiques*, précédant le IIe et le IVe volume de la *Précieuse*, par l'abbé de Pure, etc. On connaît les préfaces de Scudéry, de la Calprenède, de d'Audiguier. La plupart des écrivains du temps font profession de dédaigner, sinon le lecteur, du moins le critique (voir le *Chevræana*, le *Huetiana*, ch. XXIII et CXIII ; la Fontaine, t. II, fable I ; la Bruyère, des *Ouvrages de l'esprit* ; Cyrano, *passim* ; Bayle, dans son *Dictionnaire*, *passim*, etc.), ce qui venait sans doute, non-seulement de la manière étroite et tracassière dont la critique était alors presque toujours exercée par des *regratteurs de mots*, mais encore de l'influence de la littérature espagnole, qui était grande à cette époque, et que Scarron, en particulier, avait beaucoup étudiée. Rien n'égale l'outrecuidance des préfaces de Montemayor, de Montalvan, surtout d'Alarcon, qui va jusqu'à traiter le public de bête féroce, et l'assurer de son mépris. Le cavalier Marin, un des *dieux littéraires* du temps, même en France, a aussi maltraité rudement les critiques.

[2] Je croirais volontiers que Scarron veut désigner ici Cyrano de Bergerac, qui, en effet, mettait tout en œuvre, soit qu'il aimât, soit qu'il hait. Ce fut vers cette époque que Cyrano, fougueux mazarin, rompit avec notre auteur, frondeur déterminé. Peut-être s'était-il dès lors livré contre lui à quelque boutade qui ne nous est point parvenue, en attendant les deux lettres *Contre les Frondeurs, Contre Scarron*), où il le traite avec tant de violence.

LE
VIRGILE TRAVESTI

LIVRE TROISIÈME

L'arrêt des dieux ayant été
Cruellement exécuté
Sur notre misérable ville,
Nous pensâmes que faire gille
Étoit le meilleur appareil
Que nous pussions, en cas pareil,
Mettre promptement, faute d'autre,
Sur un mal fait comme le nôtre.
Qui fuit, peut revenir aussi :
Qui meurt, il n'en est pas ainsi.
Si Priam, dans sa ville prise,
Avoit perdu sa tête grise,
Nous autres, ses humbles valets,
Ayant bien eu les osselets [1],
Et les pauvres mains écachées
Pour montrer nos bourses cachées,
Eussions été par ces méchans
Faits au moins évêques des champs [2],
Et peut-être mis sur la roue,
A faire aux passans laide moue.
Nous délibérâmes donc tous
De mettre, entre les Grecs et nous
Ne pouvant leur faire la guerre,
Un notable espace de terre,
Et, pour plus grande sûreté,
De l'eau salée en quantité.
Mon père, qui, dans chaque affaire,
N'agit jamais en téméraire,
Et qui sait cent secrets nouveaux,
Prit un grand sas et des ciseaux [3],
Puis, tourné vers l'un des deux pôles
Et prononçant quelques paroles

---

[1] Avoir les osselets, c'était avoir le pouce ou le poignet entouré d'un nœud coulant, qu'on serrait à l'aide d'un os de pied de mouton.

[2] C'est-à-dire pendus. On disait encore : *évêque de campagne, qui donne la bénédiction avec les pieds.*

[3] C'est le mode de divination connu par les adeptes sous le nom de *cosquinomancie*, et qu'on appelle plus vulgairement *faire tourner le sas.* On s'en servait surtout pour découvrir les voleurs. Pour cela, on mettait un crible sur des tenailles (ou ciseaux?) qu'on tenait avec deux

Où personne n'entendit rien,
Quoique chacun écoutât bien,
Et qu'il n'entendoit pas peut-être,
Il nous dit qu'il alloit connoître
Où nous planterions le piquet :
Mais pourtant de son tourniquet
Fort peu de choses nous apprîmes,
Ensuite de quoi nous nous prîmes
A nous bâtir de bons vaisseaux
Pour nous exposer sur les eaux,
Et chercher quelque nouveau gîte.
La flotte fut faite bien vite,
Au pied d'Ida, près d'Antandros.
Nous fîmes de nos gens un gros,
Au temps que la triste froidure
Quitte la place à la verdure.
Puis, de mon père conviés,
Les dieux ayant été priés,
Nous montâmes sur nos galères,
Non sans jeter larmes amères
De voir Troie, où tout fut si bon,
N'être plus rien que du charbon;
Cette belle ville de Troie,
Où j'avois vécu dans la joie,
Qui pis est, en sortir vaincu,
Comme on dit, coups de pieds au cu.
Enfin donc hommes, enfans, femmes,
Et tous nos dieux sauvés des flammes,
Nous voilà sur mer, loin du port,
A deux ou trois doigts de la mort :
Car, entre gens flottans sur l'onde,
Et la mer où se perd le monde,
Il n'est qu'un mur bâti d'ais joints,
Large de trois pieds, plus ou moins.
Une terre, Thrace nommée,
Nation jusqu'aux dents armée,
Dont les gens sont très-malfaisans,
Jurant Dieu, battant paysans,
N'est guère loin de la Phrygie.
Elle fut autrefois régie
Par Lycurgue, homme de renom,
Qui savoit décliner son nom,
Et quelque chose davantage,
L'arithmétique, l'arpentage,
Et faire entendre la raison
Au peuple, qui n'est qu'un oison [1].
Ce pays aimoit fort le nôtre,
Et qui toquoit l'un toquoit l'autre.
Ces coupe-jarrets Thraciens,
Quand ils trouvoient des Phrygiens,
Leur ôtoient humblement la toque ;
Les Phrygiens, au réciproque,
Leur faisoient inclination
Avec grande dévotion ;
Et puis ils s'entre-faisoient fête,
Se baisoient tête contre tête,
S'entre-disant : « Je suis à vous, »
Avec bras dessus, bras dessous.
C'est là que notre flotte arrive,
Ayant fait honneur à la rive,
Par l'avis des maîtres maçons,
Car des gens de toutes façons
S'étoient fourrés dans nos galères,
Et jusqu'à des apothicaires ;
Item, meneurs d'ours, des pédans,
Bateleurs, arracheurs de dents,
De comédiens une bande,
Et des danseurs de sarabande.
Or donc, ces maçons assemblés,
Et ceux de la flotte appelés,
Auxquels je disois : « Je vous prie, »
Ou : « Plaise à Votre Seigneurie, »
Aussitôt dit, aussitôt fait,
La chose fut mise en effet ;
En place bien examinée,
Ville par moi fut désignée ;

---

doigts, ou bien sur un pivot; on nommait toutes les personnes soupçonnées, et le tamis tournait au nom du coupable. On conçoit que ce genre de divination pouvait s'appliquer à toute autre expérience. Théocrite parle de cette superstition, et Bodin (*Démonomanie*, livre II) prétend avoir été témoin d'un prodige de cette espèce.

[1] Sera-t-il déplacé, à propos de cette phrase irrévérencieuse, de faire remarquer combien elle est en harmonie avec l'opinion du temps, surtout avec celle de la plupart des écrivains? On connaît la façon plus que dédaigneuse dont la Bruyère et madame de Sévigné ont parlé des paysans. Corneille a dit dans *Cinna*, par la bouche de Maxime :

Le pire des États est l'État populaire.
(II, 1.)

« L'état populaire, qui est le pire de tous, » dit de même Bossuet, dans son *Avertissement aux Protestants*. Et Cyrano de Bergerac, dans sa *Lettre contre les Frondeurs* : « Le gouvernement populaire est le pire fléau dont Dieu afflige un État quand il le veut châtier. N'est-il pas contre l'ordre de la nature qu'un batelier ou un crocheteur soient en puissance de condamner à mort un général d'armée, et que la vie d'un grand personnage soit à la discrétion des poumons du *plus sot* ?... »

Puis, en vertu du nom que j'ai,
Celui des Troyens je changeai
En un qui terminoit en ades,
Comme qui diroit *Énéades*.
Or, comme vous pouvez penser,
Auparavant que commencer,
Il convint à la Dionée,
Notre mère affectionnée,
Rendre l'honneur que méritoit
Dame qui tant nous assistoit :
Outre que les dieux favorables,
Par qui nous autres misérables
Avions pu, malgré fer et feu,
Tirer notre épingle du jeu,
Nous eussent taxés d'avarice.
Pour avoir donc le ciel propice,
Nous voulûmes offrir un veau
A Jupin, faute d'un taureau,
A Jupin qui dans le ciel loge,
Qui gouverne des cieux l'horloge,
Et donne le froid et le chaud
Souvent un peu plus qu'il ne faut.
  Vous allez entendre une histoire
Qui n'est pas trop facile à croire.
Assez près de nous s'élevoit
Un tertre qui la mine avoit
D'être la fosse de quelque homme
Qui faisoit là son dernier somme.
Ce petit tertre étoit couvert
De myrtes au feuillage vert,
Et de jeunes cormiers sans nombre
Qui faisoient un ombrage sombre.
Pensant en prendre des rameaux,
Que je choisissois des plus beaux
Afin d'en parer notre hostie,
Une liqueur rouge, sortie
De l'endroit tout frais ébranché,
Semblable à du sang épanché,
Me fit lors faire une grimace
Qui me défigura la face.
De tout mon cœur je priai Dieu,
Et promis aux nymphes du lieu
Quatre ou cinq livres de chandelles,
Et d'en acheter des plus belles ;
Puis je fis, comme de raison,
Au dieu Mars tacite oraison ;
C'est lui qui commande à baguette [1]
Au peuple Thrace comme au Gète.
Un autre rameau je rompis,
Autre sang écouler j'en fis,
Et tout autant que j'en déchire,
Tout autant de sang chaud j'en tire
Enfin, en ayant bien tiré,
L'arbre ayant comme soupiré,
Et sa perruque secouée,
Me dit, d'une voix enrouée,
Ces mots dont j'eus, en vérité,
Peu s'en fallut, l'esprit gâté :
« Pourquoi diable, seigneur Énée,
Votre main s'est-elle acharnée
Sur le corps d'un de vos amis ?
Si j'étois de vos ennemis,
Encore auriez-vous tort de prendre
Plaisir à sang humain répandre.
Voilà qui n'est ni bon ni beau,
De venir gâter un tombeau.
Je suis le prince Polydore :
Pour une raison qu'on ignore,
Mais je m'imagine pourtant
Que c'est pour quelque argent comptant
Que j'avois dans une ceinture,
Un tyran d'avare nature
M'a mis trop tôt au rang des morts,
Et fait un crible de mon corps.
Ma pauvre chair, de dards percée
Sous cette terre ramassée
Reposoit assez doucement ;
Vous êtes venu sottement
Rompre de vos mains violentes
Mes pauvres branches innocentes.
Vous m'avez tout défiguré ;
Du sang que vous m'avez tiré,
Ma demeure est toute rougie.
Arrêtez donc l'hémorragie,
Et, si vous n'en êtes content,
Le diable vous en fasse autant !
Mais plutôt, si vous êtes sage,
Fuyez cet avare rivage,
Et remontez sur vos vaisseaux
Sans plus rompre mes arbrisseaux. »
Ainsi parla le dolent tige.
A cet effroyable prodige,
D'un pied ma face s'allongea,
Et dans mon corps mon sang figea.
  Peut-être ignorez-vous encore
Quel homme étoit ce Polydore :
Il étoit fils de notre roi.
Ce bon prince, rempli d'effroi,
Quand sa ville fut assiégée,
Crut qu'elle seroit ravagée.

---

[1] Avec autorité, sans qu'on lui résiste. Allusion à la baguette des huissiers.

Il envoya son cher enfant,
Et, sur le dos d'un éléphant,
Son trésor au tyran de Thrace.
Mais voyez la méchante race !
Quand il vit Priam malheureux,
Il cessa d'être généreux.
Le perfide tourne casaque,
Et ce pauvre innocent attaque,
Comme il ne songeoit à nul mal.
Il n'est pas un pire animal
Qu'un traître quand il nous fait fête !
Puis après, cette male bête
De ce jeune-homme qu'il tronqua
Le riche trésor escroqua.
Mais que ne fait point entreprendre
L'insatiable faim de prendre ?

  Le discours du triste arbrisseau
M'avoit fait frissonner la peau.
Quand sa harangue fut finie,
Ma face, qu'elle avoit ternie,
Reprit aussitôt sa couleur,
Et mon corps glacé sa chaleur.
J'envoyai vite à la galère
En avertir monsieur mon père,
Par lequel il fut résolu
Qu'on feroit au tombeau pollu
Un sacrifice salutaire :
Il ne fut pas longtemps à faire.
Les demoiselles d'Ilion
Firent longue ululation,
Et, si longtemps qu'elles voulurent,
Pleurèrent le mieux qu'elles purent.
On couvrit le lieu de cyprès,
On y répandit du lait frais
Qu'on tira d'une vache noire,
Dont but quiconque en voulut boire.
Mon père fit un court sermon
Qui ne fut ni mauvais ni bon.
Les branches que j'avois cassées
Avec soin furent ramassées
Et rejointes à l'arbrisseau,
Dont il parut deux fois plus beau,
Avec rubans de couleur bleue.
Nous nous prîmes tous queue à queue,
Et, couronnés de branches d'if,
Chantant tout bas d'un air plaintif,
Nous regagnâmes nos galères ;
Puis, poussés par des vents prosperes,
Éloignâmes, bien ébahis
Cet abominable pays.

  Le roi des déités humides,
Et la mère des Néréides,
Possèdent, moitié par moitié,

Sans en être en inimitié,
Une île dans la mer Egée,
Au blond Phébus fort obligée ;
Car, de flottante qu'elle étoit,
Et que le vent partout portoit,
Cet illustre fils de Latone
L'a jointe à Gyare, et Mycone
En ce lieu par le vent portés.
On nous fit cent civilités.
Anius, roi de l'île, et prêtre,
Ne tarda point à reconnoître
Mon père, son ancien ami,
Quoique, par le sort ennemi,
Sa personne fût devenue
En état d'être méconnue.
Le bon seigneur nous hébergea,
Offrit à manger ; on mangea
Tout ce qui fut mis sur la table
Et si, but-on au préalable.
Ayant tous largement repu,
A dire : Bouche, que veux-tu ?
Nous nous rendîmes dans le temple,
Afin de donner bon exemple ;
Sitôt que prosterné j'y fus,
Je dis le plus haut que je pus :
« Grand Apollon, Dieu débonnaire,
Prends pitié de moi, pauvre hère,
Et de ceux que tu vois ici,
Qui sont pauvres hères aussi.
Prends pitié de la gent troyenne ;
Fais en sorte qu'elle devienne,
Nonobstant sa calamité,
Tout ce qu'elle a jamais été.
Dieu dont la barbe est si bien faite,
Procure-nous une retraite,
Mène-nous bien vite, et bien droit,
En quelque bienheureux endroit,
Où nos femelles vagabondes,
Autant que lapines fécondes,
Puissent promptement remplacer
Ceux que le fer a fait passer.
Nous sommes seuls de notre ville,
Échappés de la main d'Achille,
Et des Grecs, comme tu sais bien,
Qui ne valurent jamais rien.
Dis-nous notre bonne aventure,
Mais dis-nous-la sans imposture,
Et sans en donner à garder.
Tu te plais souvent à bourder :
Si tu pense être ici le même,
Je pourrai bien, sans grand blasphème
Te faire passer en cent lieux
Pour le plus grand menteur des Dieux.

Aurons-nous paix, aurons-nous guerre?
Sera-ce par mer, ou par terre?
Ceux avec qui nous la ferons
Sont-ils bonnes gens, ou larrons?
Ou si nous rebâtirons Troie,
En grand repos et grande joie?
Ou s'il faudra jouer des mains
Avec des peuples inhumains?
O digne inventeur de la lyre,
Qu'à bon droit tout le monde admire,
Qui premier as fait des sonnets,
Et fait parler des sansonnets,
Par ta sœur madame la lune,
Cette agréable claire-brune,
Qui va de nuit comme un lutin,
Dis-nous quel est notre destin,
Sans te faire tirer l'oreille,
Et je promets, à la pareille [1],
De t'offrir, à ce renouveau [2],
Une vache blanche et son veau,
Et même de doubler la dose,
Si l'offrande est trop peu de chose.
Enfin je te régalerai
Comme il faut, ou je ne pourrai. »
   Les derniers mots de ma harangue
Étoient encore sur ma langue,
Quand en l'air la foudre gronda,
Et fit bien fort bredi breda,
Éclairs luisans comme chandelles
M'éblouirent les deux prunelles;
Le saint trépied trois fois rota,
Et le laurier sacré frotta
Ses branches l'une contre l'autre,
J'eurs recours à la patenôtre,
Sur le visage prosterné;
Mais je fus bien plus étonné
Lorsque j'entendis le tonnerre
Qui grondoit aussi dessous terre,
Des loups qui tristement hurloient,
Et des ours qui se querelloient.
Mais, lorsque le temple fit mine
De faire un saut comme une mine,
Je pensai bien être au tombeau.
J'eus beau crier : Tout beau! tout beau!
Les murs du temple s'ébranlèrent,
Et jusqu'aux fondemens tremblèrent.
Je souhaitai d'être dehors,
Cent coups de bâton sur le corps.
Mais cette mal plaisante aubade
Ne fut enfin qu'une algarade;

Du trépied sacré s'exhala
Une voix qui cria : Paix là!
On se tut, vous le pouvez croire.
Voici, si j'ai bonne mémoire,
Ce que nous dit le sieur Phébus
En mots clairs, et non par rébus :
« Pauvres Troyens, qui sur la terre
Avez eu longue et rude guerre,
Et qui n'en aurez moins sur mer,
Bien vous prend de savoir ramer;
Ramez donc de si bonne sorte,
Que la mer à la fin vous porte
Vers la terre d'où sont sortis,
Tant légitimes que métis,
Vos aïeux, tant hommes que femmes
(Dieu veuille bien avoir leurs âmes!
Je ne puis parler de leur mort,
Que je ne m'afflige bien fort).
C'est là que la race d'Énée,
Après longs travaux couronnée,
Verra ses enfans triomphans,
Et les enfans de ses enfans. »
A ces mots, chacun avec presse
Se demandoit : « Où est-ce? où est ce?
Où prendre cet heureux climat,
Où, nonobstant l'échec et mat
Qu'a reçu notre pauvre Troie,
Nous pourrons, en soulas et joie,
Remplacer les pauvres Troyens
Dont les corps sont mangés des chiens?»
Mon père, se grattant la tête,
S'écria : « Je suis une bête,
Ou je pense avoir rencontré
Le lieu par oracle montré,
Où nous devons vivre à notre aise;
Mais je me tais, ou qu'on se taise.
Quelqu'un encore chuchota,
Mais enfin chacun écouta;
Puis mon père, par un sourire,
Donnant la grâce à son bien dire,
Nous dit avec autorité :
« J'ai feuilleté, refeuilleté,
Comme on sait, toutes nos chroniques,
Aussi véritables qu'antiques;
Or est-il qu'en mes jeunes ans
Je pense avoir trouvé dedans
Que d'une île, Crète nommée,
Pour ses cent villes renommée,
Nos prédécesseurs sont sortis,
Mâles, femelles et petits. -

[1] En retour.
[2] Au printemps nouveau.

Teucer menoit la caravane
Dans une superbe tartane,
Et, suivi de ses Candiens,
Occupa les bords rhétiens.
Pergame n'étoit point encore ;
Chacun y vivoit en pécore,
Et sous terre, au pied des coteaux,
Les gens logeoient comme brutaux.
De là vient que tant on révère
Des dieux la mère ou la grand'mère,
Cybèle avec tous ses châtrés,
D'Ida les mystères sacrés,
La folle troupe corybante,
Hippomène et son Atalante
Au sacré char assujettis,
Pour avoir cru leurs appétits ;
Mais, quoique lion et lionne,
Ils ne mordoient pourtant personne.
Courage donc, mes chers amis,
Courons à ce pays promis :
C'est là que Phébus nous appelle.
Je veux bien que l'on me flagelle,
Si nous n'y sommes dans trois jours,
Quoiqu'ils soient encore bien courts.
Mais devant, par des sacrifices,
Rendons-nous les grands Dieux propices,
Car souvent la mer et les vents
Font enrager les pauvres gens. »
Ainsi parla mon père Anchise,
Et puis, sans sortir de l'église,
A Neptune le dieu de l'eau,
Tout ainsi qu'à Phébus le beau,
Deux beaux grands taureaux nous brû-
Et puis après nous régalâmes   [lâmes,
L'hiver d'une noire brebis ;
Et, pour qu'il soufflât *pro nobis*,
C'est-à-dire au cul du navire,
D'une blanche, le doux zéphyre,
Vent qui ne fait jamais sur mer
D'action qu'on puisse blâmer.
  En ce temps-là la Renommée,
Qui souvent est mal informée,
Et n'enrage pas pour mentir [1],
Faisoit hautement retentir
Une nouvelle d'importance :
Que, pour aimer trop la finance,
Et pour avoir trop imposé
Sur son pauvre peuple épuisé,
La populace mutinée
Au capitaine Idoménée
Avoit fait affront solennel,
En son royaume paternel,
Si bien que le tyran de Crète
Avoit délogé sans trompette,
Sans dire : Adieu jusqu'au revoir.
Certes, nous ne pouvions avoir
Occasion plus favorable,
Et c'étoit chose vraisemblable
Que mon père avoit deviné
Le pays par les Dieux donné,
Qu'on y recevroit avec joie
Les pauvres exilés de Troie,
Puisque dans ce pays promis
On maltraitoit nos ennemis.
Nous quittâmes donc Ortygie ;
La flotte, conduite et régie
Avec grande adresse et grand art,
Vola sur mer comme un trait d'arc.
Nous vîmes Naxos, dont les vignes
Ont rendu les coteaux insignes,
La petite île Olearos,
Les îles Cyclades, Paros,
Paros fameuse pour ses marbres
Et Donyse couverte d'arbres,
Et d'autres lieux de cette mer,
Qui ne valent pas le nommer [2].
Les matelots, qui, dans la Crète,
Espéroient bientôt leur retraite,
Poussoient mille cris éclatans,
Se voyant aidés du beau temps.
Les vents, à souhait, de nos voiles
Faisoient bander toutes les toiles ;
Enfin le ciel nous secourut
Si bien, que la Crète parut,
Où notre flotte, mise à terre,
Ne se souvint plus de la guerre.
Je me mis d'abord à bâtir,
Et terre à chacun départir,
Je nommai la ville Pergame,
Nom qui remit la joie en l'âme
De nos Troyens désespérés
Des maux qu'ils avoient endurés.
Je fis de beaux discours en prose,
Afin que, devant toute chose,

---

[1] On disait : *Cet homme n'enrage pas pour mentir*, pour désigner un homme qui mentait volontiers, sans être obligé de faire effort sur lui-même.

[2] Imitation ou souvenir du vers de Corneille :
  Le reste ne vaut pas l'honneur d'être nommé.
      (*Cinna*, V, 1.)

On travaillât à la cité,
Et, pour plus grande sûreté,
Qu'on bâtit une citadelle
Aussi forte que la Rochelle 1.
Je fis tirer nos nefs du port,
Que l'on mit à sec sur le bord.
Tous les jours je rendois justice,
Du travaillois à la police;
Je visitois les bâtimens,
Et faisois force règlemens.
Je mariai garçons et filles,
Pour mieux conserver leurs familles.
Je fis planter des espaliers,
Non pas pour un, mais par milliers,
Comme aussi des arbres par lignes,
Semer du blé, planter des vignes,
Sans oublier force melons,
Qui sans doute eussent été bons,
Car j'en avois reçu la graine
D'un gentilhomme de Touraine 2.
Bref, tous ces préparatifs-là
Promettoient assez, quand voilà,
Par une maudite influence,
Qu'une maligne pestilence
Prit les pauvres Troyens en but,
Et leur fit avoir le scorbut,
Dont, hélas! la plupart moururent;
Item nos pourceaux ladres furent,
Nos brebis eurent le claveau,
Et tous nos chevaux le morveau;
Nos poules eurent la pépie,
Dont plusieurs perdirent la vie;
Les autres cassèrent leurs œufs;
Nous perdîmes vaches et bœufs
Par le défaut du pâturage :
Plus de beurre, plus de fromage.
Aux champs, de l'un à l'autre bout,
Les chenilles mangèrent tout.
Du soleil la terre embrasée
Faute de pluie et de rosée
Se fendit en plusieurs endroits.
Les arbres, dans les vallons froids,
Comme en la plaine découverte,
Perdirent leur perruque verte,
Et dans les jardins tout fut cuit :
Point de champignons, point de fruit,
Car la terre sèche et brûlante
Ne produisit herbe ni plante.

Enfin, par la peste et la faim,
Sans vins, sans eau, sans chair, sans pain,
Notre maudite destinée
S'en alloit être terminée,
Et, dans ce malheureux climat,
Nous recevions échec et mat.
Mon père, le prudent Anchise,
Mouillant de pleurs sa barbe grise
De regret de finir ses jours,
Nous exhorta, par un discours
Aussi triste qu'une élégie,
De retourner dans Ortygie
Pour y prier le blond Phébus
De nous vouloir tirer d'abus,
Et, sans barguigner, nous apprendre
Si nous n'avions plus qu'à nous pendre,
Ou dans quelle contrée enfin
Nos infortunes prendroient fin.
  La nuit brune, sœur d'un bon frère
Avoit noirci notre hémisphère :
Tout dormoit en cet univers,
Excepté les faiseurs de vers,
Les sorciers, noueurs d'aiguillettes,
Les chats-huans et les chouettes,
Les plaideurs et les loups-garous,
Les amoureux et les filous.
J'étois couché mal à mon aise
Entre la puce et la punaise.
La lune, avec beaucoup d'éclat,
Illuminoit tout mon grabat,
Perçant de ses rais ma fenêtre,
Quand je vis devant moi paraître
Nos dieux, par moi du feu sauvés,
Et, depuis, toujours conservés :
Je les vis, les dieux de Pergame,
Je vous le jure sur mon âme
(J'en jurerois bien sur ma foi),
Je les vis comme je vous voi,
De mes deux yeux, et non en songe,
Moi qui n'ai jamais dit mensonge.
Certes, si jamais je le fus,
Tant d'honneur me rendit confus.
L'un d'eux pour tous prit la parole :
« Que maître Æneas se console,
Me dit-il, nous sommes ici
Exprès pour chasser son souci.
Qu'il n'aille point vers Ortygie
Offrir au bon Phébus bougie.

---

1. Les mémoires étaient encore pleines du siége de la Rochelle (1628), qui dura un an. La ville n'avait pu être prise qu'à l'aide d'une digue de quinze cents toises qui l'isola de la mer.

2. La Touraine et l'Anjou étaient renommés pour leurs melons, comme pour plusieurs autres fruits excellents. Voir la pièce de Saint-Amant intitulée le Melon.

Nous lui dirons la vérité :
Du Dieu qu'il auroit consulté
Il n'en sauroit pas davantage
Il n'a donc qu'à prendre courage :
Ville par les siens se fera,
Qui le monde assujettira,
Et ses enfans, étranges sires,
Feront litière des empires,
Et se joueront des potentats
Comme des souris font les chats [1].
Leur pouvoir n'aura point de bornes.
Qu'il quitte donc ces pensers mornes
Qui lui font perdre le sommeil.
Il a pris Paris pour Corbeil,
Et n'est pas un bon interprète,
Quiconque vous a dit qu'en Crète
Il falloit vitement bâtir;
Il faut bien plutôt en partir,
Et gagner la terre promise,
Où bientôt, par notre entremise,
Vous jouirez d'un grand repos,
Les dimanches aurez campos [2].
Et n'aurez quasi rien à faire
Qu'à rire et faire bonne chère.
Ce pays est gras et fertil,
Dont les gens ont l'esprit subtil,
Et, quoique joueurs de guiterre,
Sont pourtant bons hommes de guerre.
Ce pays, aux temps anciens,
Fut celui des OEnotriens ;
Depuis cette terre jolie
D'Italus fut dite Italie,
Et c'est ce pays entendu
Par le saint oracle rendu,
D'où Dardanus, notre grand-père,
Avecque Jasius son frère,
Suivi de ses Italiens,
Vint loger chez les Phrygiens.
Levez-vous donc tout en chemise,
Allez trouver le vieil Anchise,
Et lui dites la chose ainsi
Que nous vous l'avons dite ici,
Et qu'il faut gagner la guérite
Et chercher vitement Corite
Dans le pays Ausonien.
Jupiter du bord Candien
Vous défend à tous la demeure;
Cherchez-en donc une meilleure. »

Après ces grands discours tenus,
Tout ainsi qu'ils étoient venus,
Les dieux tutélaires sortirent.
Certes mes sens ne se méprirent,
Car je ne dormois pas alors ;
Je les vis des yeux de mon corps,
Et reconnus bien leurs visages,
Et leurs chefs couverts de bandages.
Certes, à cette vision
Je sentis grande émotion :
Les poils de mon chef se dressèrent
Et mes pores sueur pissèrent;
Je devins froid comme un glaçon.
Vêtu d'un simple caleçon,
Je fis une courte prière,
Car longue oraison ne vaut guère,
Et par forme d'oblation
Je fis suffumigation.
Cela fait, et de bonne sorte,
J'allai faire bruit à la porte
De mon père Anchise endormi,
Qui m'ouvrit, grondant à demi.
Je lui contai toute l'affaire ;
Lors l'équivoque devint claire,
Et dans nos aïeux ambigus
Il vit aussi clair qu'un Argus :
« O mon fils, me dit-il, j'ai honte
D'être cause de ce mécompte,
Et je dois être bien moqué
De m'être tant équivoqué.
Cent fois me l'avoit dit Cassandre
Si j'eusse eu l'esprit de l'entendre ;
Mais de folle je la traitois,
Et moi-même le fou j'étois.
Qui diable, à moins d'être une grue,
Chose tant étrange auroit crue,
Et que les pères des Troyens
Fussent issus d'Italiens,
Et que dans si lointaine terre
Nous, pauvres restes de la guerre,
Puissions un jour trouver maison ?
Certes j'avois quelque raison.
Mais, puisque les Dieux nous le disent,
Malheur à ceux qui les méprisent,
Obéissons-leur promptement :
Aussi bien l'établissement
Qu'en cette île nous voulions faire
N'éprouve qu'un succès contraire. »

---

[1] La Fontaine dira plus tard, à peu près de la même manière :

> Et qui des plus puissants, quand il lui plaît, se joue
> Comme le chat de la souris.
>   (*Fables*, XII, à *Monseig. le duc de Bourg.*)

[2] La clef des champs.

Ainsi le bon vieillard parla :
Chacun fut d'accord de cela,
Et, sans différer davantage,
De plier vitement bagage.
Pas plus tard que le lendemain,
Au départ chacun mit la main,
Et notre ville commencée
Sans regret d'aucuns fut laissée ;
Nous y laissâmes néanmoins
Ceux de nous qui valoient le moins,
Et qui n'étoient parmi les nôtres
Que l'incommodité des autres.
 Nous voilà donc encor en mer
Derechef réduits à ramer.
Quand nous fûmes loin du rivage,
Sans plus voir ville ni village,
Mais seulement le ciel et l'eau,
Logés en un frêle vaisseau,
Chacun de nous, en sa pensée,
Regretta la terre laissée,
Car la mer ordinairement
Est un dangereux élément.
Qu'ainsi ne soit, sur notre tête
Je vis grand signe de tempête,
Un air épais qui s'amassoit,
Et notre flotte menaçoit.
La menace ne fut point vaine :
En un instant l'humide plaine,
De pacifique qu'elle étoit,
Par un grand vent qui l'agitoit,
Vit changer ses vagues enflées
En plusieurs montagnes salées.
Le jour tout à coup devint nuit,
Le tonnerre fit un beau bruit ;
Nos pauvres vaisseaux en déroute,
Sans pouvoir connoître leur route,
Furent jetés qui çà, qui là.
L'onde avec le ciel se mêla.
Le bon pilote Palinure,
Comme un chartier embourbé, **jure**
Qu'il est au bout de son latin.
Trois jours cet orage mutin,
Et trois nuits, berna nos navires :
Je n'en ai point passé de pires,
Et nous eussions passé le pas,
Car les vents ne se jouoient pas ;
Mais par bonheur ils se brouillèrent,

Et l'un l'autre se querellèrent,
Tellement que ces maîtres fous,
Sans penser davantage à nous,
Mais bien à se faire la guerre,
Nous poussèrent devers la terre.
Tout aussitôt qu'elle parut,
Tout le monde aux rames courut
Et les voiles furent calées ;
Puis, fendant les ondes salées,
A grands coups de nos avirons,
Nos vaisseaux, autant plats que ronds,
Gagnèrent le prochain rivage,
Chacun priant de bon courage.
 Cette île, où le vent nous poussa,
Est, depuis quelque temps en çà,
D'un nom grec, Strophade nommée
En cette mer fort diffamée ;
Car trois monstres, d'enfer sortis
En ont chassé grands et petits,
Depuis que, chez le roi Phinée,
Rude chasse leur fut donnée
Par deux Argonautes ailés,
Adroits en pareils démêlés.
Ce sont les maudites harpies,
Aussi larronnesses que pies,
Dont l'aînée a nom Celænon,
Un vrai visage de guenon :
Ses deux sœurs sont autres guenuches,
Toutes trois estomacs d'autruches,
Et qui n'ont pas plutôt mangé,
Que leur appétit enragé,
Tout autre que la faim canine,
Leur livre une guerre intestine.
Elles ont toutes le museau
De la femme d'un damoiseau,
C'est-à-dire une demoiselle [1] ;
Chacune au dos sa paire d'aile,
Les pattes en chapon rôti,
Le nez long, le ventre aplati.
Toutes trois ont longs cols de grue,
Et longues queues de morue,
Les tetons flasques et pendans,
Et chacune deux rangs de dents.
Là sitôt qu'arrivés nous fûmes,
Chèvres et bœufs nous aperçûmes,
Qui paissoient sans être gardés ;
Ils ne furent point marchandés :

---

[1] Le mot *demoiselle* avait, au dix-septième siècle, une signification toute différente, suivant qu'il était adjectif ou substantif. Comme substantif (*mademoiselle*), il avait le même sens qu'aujourd'hui, et s'appliquait, de plus, aux femmes mariées qui n'étaient pas de condition noble ; ainsi on disait « mademoiselle Molière, » en parlant de la femme du poëte comique. Comme adjectif, il désignait, au contraire, une personne de rang aristocratique : « Ah ! qu'une femme *demoiselle* est une étrange affaire ! » dit George Dandin (I, 1).

Sur eux d'abord nous nous ruâmes,
Les primes, et les égorgeâmes,
Non sans avoir fait compliment
A l'empereur du firmament,
Car ce butin, sans son auspice,
Ne nous eût pas été propice.
En moins de rien l'on apprêta
Le festin, qui peu nous coûta.
Comme nous commencions la fête,
Aussi vite que la tempête,
Les trois monstres dont j'ai parlé,
Ces harpies au dos ailé,
Se ruèrent sur nos viandes :
Par ces vilaines, ces gourmandes,
Ce qui fut seulement senti
Fut aussitôt empuanti,
Tant leur haleine est dangereuse,
Soit pour avoir quelque dent creuse,
Ou que leur ventre mal nourri
Pousse dehors un air pourri.
Ces insatiables donzelles,
Faisant la guerre à nos écuelles,
S'entre-ravissoient chair et pain,
Tant enragée étoit leur faim,
Et, ce que je n'aurois pu croire,
Chantoient quelques chansons pour
Lors je fis mettre le couvert . [boire.
Sous un rocher creux, et couvert
De quantité d'arbres sans nombre,
Où l'on pouvoit manger à l'ombre.
Aussitôt que l'on eut servi,
Tout aussitôt tout fut ravi
Par ces franches écornifleuses.
O bon Dieu! les braves mangeuses!
Le chancre près d'elles n'est rien,
Quoiqu'un chancre mange très-bien.
Mais les porques dégobillèrent,
Et toutes nos nappes souillèrent,
Et cette insolente action,
Étrange à notre nation,
Me mit tout de bon en colère.
Après avoir fait bonne chère,
Elles se doivent contenter ;
Mais ainsi nos nappes gâter,
Cela passoit la raillerie,
Et c'étoit trop d'effronterie
A ces parasites d'oiseaux,
Plus malfaisans que des corbeaux !
J'ordonnai donc qu'on prît les armes,
Pour leur donner quelques alarmes.

Tous nos gens en furent contens,
Et cachèrent en même temps
Sous l'herbe dagues et rondelles [1],
Afin de nous délivrer d'elles.
Nous fîmes, pour les attirer,
Un autre repas préparer.
Près de là nous nous écartâmes,
Et soigneusement les guettâmes.
Les trois goinfresses, aussitôt
Qu'elles sentirent notre rôt,
S'en revinrent la gueule fraîche,
Afin d'en faire la dépêche.
Misenus du haut d'un rocher,
Se mit aussitôt à hucher [2],
Et de sa trompe entortillée
A notre troupe appareillée
Donna le signal de sortir.
Faisant nos armes retentir,
Nous commençâmes la bataille,
Chamaillant d'estoc et de taille :
Sans se soucier de nos coups,
Elles se moquèrent de nous,
Et pourtant quittèrent la place.
Une d'entre elles, maigre en face,
Celæno, se mit sur un roc,
En la posture qu'est un coq
Sur le clocher d'une paroisse,
Et nous donna bien de l'angoisse
Par ces mots que j'ai retenus :
« Ah! vraiment, beau fils de Vénus,
Vous êtes un plaisant visage !
On disoit que vous étiez sage :
La peste vous casse le cou,
Vous n'êtes qu'un dangereux fou.
Votre Altesse, pour un grand prince,
A, me semble, le cœur bien mince,
D'armer contre nous jusqu'aux dents
Un gros escadron de ses gens.
Quel droit ont-ils sur notre terre,
Pour nous y faire ainsi la guerre ?
Les enfans de Laomédon,
Au lieu de demander pardon
D'avoir pris nos bœufs et nos vaches,
Pour faire encore les bravaches,
Armés comme des jaquemars,
De rondelles, dagues et dards,
Et conduits par leur capitaine,
Qui seul en vaut une centaine,
Ils ont repris un peu de pain
Sur trois filles ayant grand faim :

[1] Petits boucliers ronds.
[2] Appeler.

Action digne de l'histoire !
Un autre homme, ami de la gloire,
Au lieu de leur ravir leur bien,
Leur auroit fait offre du sien.
Écoutez, écoutez, beau sire,
Ce que j'ai charge de vous dire
De la part de saint Apollon.
Après un voyage bien long,
Le fils du vieux rêveur Anchise
Trouvera la terre promise ;
Mais il aura bien à pâtir,
Devant que d'y pouvoir bâtir,
Et sa misère sera telle,
Que mainte assiette et mainte écuelle,
Faute de meilleur aliment,
Seront par lui gloutonnement
Et par ses soldats dévorées. »
 Après ces choses proférées,
Elle nous fit un pied de nez ;
Et, nous laissant bien étonnés,
La malplaisante prophétesse
S'envola de grande vitesse.
En un autre temps j'aurois ri,
Alors que la chauve-souri
Nous fit cette laide grimace ;
Mais alors chacun sur ma face
Put voir un grand étonnement
Et tous mes gens pareillement
N'eurent pas lors le mot pour rire.
Quelques-uns se mirent à dire
Qu'il falloit les dédommager,
La guerre en prières changer,
Jusqu'à faire des sacrifices,
Afin de les avoir propices,
Soit qu'elles fussent des oiseaux,
Hantans la terre ou bien les eaux,
Soit monstres, ou vierges célestes,
Ou bien des infernales pestes.
Mon bon père, ôtant son bonnet,
Dit d'un ton de voix clair et net :
« Grand Dieu, qui vois notre misère,
Conserve le fils et le père,
Prends pitié d'Anchise le vieux,
Protége Æneas le pieux ;
Fais que cette étrange menace,
Plus de peur que de mal nous fasse !
Grand Dieu, *miserere nobis !*
Mourir de faim, il n'est rien pis.
Entre nous tous, il n'est personne
De qui la dent soit assez bonne
Pour pouvoir assiettes mâcher,

Oui bien du pain ou de la chair ;
Et moi chétif, qui n'en ai qu'une,
Quelle seroit mon infortune ?
Que ferois-je en cet accident
Avec une méchante dent,
Et dent qui me branle en la bouche ?
C'est à moi que la chose touche.
Ah ! grand Dieu ! détourne l'effet
De la menace que nous fait
Ce hibou, ce monstre squelette !
Être réduit à son assiette,
Faute de viande et de pain ;
Mâcher du bois et de l'étain !
Ah ! cette menace cruelle !
Me trouble toute la cervelle ;
Il ne nous peut arriver pis.
Grand Dieu, *miserere nobis !* »
 Ayant fini cette prière,
Que je vous redis tout entière,
Nous regagnâmes notre bord,
La flotte se mit hors du port,
Chacun rêvant à la menace
De la donzelle chiche-face.
Un vent de terre qui souffla
A souhait nos voiles enfla.
Lors en mer nous nous élargîmes.
La première île que nous vîmes
Ce fut celle de Zacynthos,
Ensuite Samé, Neritos,
Dulichie, et l'île fameuse,
Mais à nos Troyens odieuse,
Ithaque, pays d'Ulysses,
A qui doit tout son bon succès
La flotte qui vint de Mycène ;
En eût-il la fièvre quartaine !
Le vent si bien nous secourut,
Qu'enfin Leucate nous parut,
Et puis d'Apollon le saint temple,
Qu'en mer avec crainte on contemple,
Où nos navires prirent port,
Car la mer nous ennuyoit fort.
L'on fit à Jupin sacrifice,
Et puis, tant pour faire exercice
Que pour célébrer *Actium* [1],
A la manière d'Ilium,
Nous fîmes fête solennelle :
Je pris ma robe la plus belle,
Je mis un prix pour les lutteurs,
Pour les danseurs, pour les sauteurs,
Pour l'escrime à la dague seule,
Colin-Maillart, et pet en gueule [2].

---

[1] « *Actiaque Iliacis celebramus littora ludis.* »
[2] Il s'agit du jeu de *pet en gueule* dans le chap. XXII du livre Ier de *Gargantua*. No

Cependant le roi des saisons
Avoit fait ses douze maisons [1];
Déjà l'hiver porte-mitaine
Faisoit sur mer sentir l'haleine
Des impétueux Aquilons,
Et donnoit mules aux talons.
Notre troupe étoit fort contente
D'avoir pu, contre son attente,
Passer le pays ennemi,
Sans trouver ni Grec ni demi,
Qui nous dit parole mauvaise :
Pour moi j'en étois ravi d'aise;
Et, pour nos ennemis fâcher,
Je fis en terre un pieu ficher,
Auquel, au son de la trompette,
Avec deux grands clous de charrette,
Je fis clouer l'écu d'Abas,
Autrefois par moi mis à bas.
Puis j'y mis, en lettre gothique,
Cette inscription authentique :
Æneas prit avec grand cœur
Cet écu sur le Grec vainqueur.
Ma rodomontade ainsi faite,
Je fis sonner pour la retraite.
Mes compagnons, à qui mieux mieux,
Autant les jeunes que les vieux,
Chantans pour se donner courage,
De fendre les eaux faisoient rage,
Dont j'eus (car je ramois aussi)
Le dedans des mains endurci.

   Nous vîmes bientôt Phéacie,
Et côtoyâmes l'Albanie;
Enfin nous voguâmes si bien,
Que dans le port Chaonien
Je fis prendre terre à la flotte.
Il couroit un bruit dans Buthrote,
Qui grandement nous étonna,
Et tout ensemble nous donna,
Non pas pour un peu, de la joie :
On nous dit qu'Hélénus de Troie,
De nous tous esclave tenu,
D'esclave étoit roi devenu
Du royaume de Neptolème,
Et qu'outre cette gloire extrême
Il avoit le bonheur encor

Qu'Andromaque, femme d'Hector,
Comme lui captive emmenée,
Étoit à lui, par hyménée,
Conjointe à chaux et à ciment [2].
Je ne pus attendre un moment
A m'éclaircir de cette affaire,
Et, comme un bon parent, lui faire
Quelque congratulation,
Tant sur cette promotion
Que pour avoir si brave épouse,
Laquelle en valoit dix ou douze.
Laissant ma flotte et mes gens donc,
Impatient si je fus onc,
Je trouvai la reine hors la ville,
A sa queue une grande file
De gens tout habillés de noir,
Pompe triste, mais belle à voir :
Elle faisoit l'anniversaire,
Avec un fort beau luminaire,
Auprès d'un tombeau fait exprès,
Tout entouré d'un vert cyprès,
D'Hector (Dieu veuille avoir son âme!);
Et cette vénérable dame
Avoit fait bâtir ce tombeau
Dans un bois, auprès d'un ruisseau
Nommé Simoïs, du nom du fleuve
Qui les murs de Pergame abreuve.
Elle pensa mourir d'effroi,
Quand elle vit mes gens et moi,
Et nos armes à la Troyenne;
Elle cria : « Qu'on me soutienne!
Je me sens les jarrets plier. »
D'un côté vint un écuyer,
Et de l'autre une demoiselle,
Qui la soutinrent sous l'aisselle,
L'un et l'autre bien étonnés.
Elle, me regardant au nez,
Et reconnoissant mon visage,
Tint ce déplorable langage :
« Est-ce vous, mon cher Æneas ?
Vous vois-je, ou ne vous vois-je pas ?
Qu'avez-vous fait d'Hector, de Troie? »
Alors de tristesse et de joie
Ses yeux se mirent à pleurer,
Et la poitrine à soupirer.

---

copions courageusement la note de le Duchat, d'ailleurs peu claire au début : « Ce jeu, dans certaines provinces, est plus badin que violent, quand on a les reins souples, et, s'il y a quelque chose à craindre pour les joueurs, c'est quelque mauvais vent dont il est difficile de se garantir. Ailleurs, il consiste uniquement à qui fera le plus de bruit, lorsqu'en enflant les joues, on s'en frappe l'une avec les cinq doigts en pointe, etc. »

[1] C'est-à-dire le soleil avait passé par les douze signes du zodiaque.

[2] D'une manière indissoluble.

Moi qui sais pleurer comme un autre,
D'un : « Serviteur, et moi le vôtre, »
Interrompu de vingt sanglots,
Et lui marmottant plusieurs mots,
Qui n'avoient ni raison ni suite,
Tant mon âme étoit interdite,
Je tâchois de la consoler,
Et ne faisois que bredouiller ;
Enfin, reprenant mon haleine,
Je lui dis avec grande peine :
« Oui, madame, vous le voyez,
Maître Æneas, et l'en croyez.
Mais pour vous, ma très-chère dame,
Ayant été d'Hector la femme,
Après avoir eu tel époux,
Dites-moi, qu'est-ce que de vous ?
Pyrrhus, vous ayant emmenée,
Vous a-t-il prise en hyménée ?
Ou si... — De grâce brisons là, »
Me dit-elle. En disant cela,
La bonne dame devint rouge
De honte qu'on l'estimât gouge ;
Mais l'être par nécessité,
Ce n'est qu'un peu l'avoir été.
O Polyxène bienheureuse,
Dit-elle après, toute pleureuse,
Alors qu'on lui coupa le col !
Quand avec un honteux licol
On auroit terminé sa vie,
Encor lui porterois-je envie ;
Au lieu que servir un soldat,
Qui le plus souvent n'est qu'un fat,
Qui vous a gagnée à la chance,
C'est une très-piteuse chance ;
Outre que, quand on ne plaît plus,
Il vous vend pour un carolus.
Ma fortune a bien été pire,
D'être faite esclave de Pyrrhe,
Esprit superbe et sans repos,
Qui me battoit hors de propos,
Comme si j'eusse été du plâtre ;
De plus, fils de l'acariâtre
Par qui mon mari fut vaincu,
Et son corps, à l'écorche-cu
Traîné le long de notre ville,
Action, ma foi, peu civile.
Quoique mon corps soit bon et beau,
Il fut bientôt soûl de ma peau ;
Ayant passé sa fantaisie,
Sans que j'en eusse jalousie,
Pour la Spartine Hermione
Il devint quasi forcené
D'un amour qui n'eut point de bornes :

Oreste, qui sentit les cornes
Lui durcir les deux coins du front,
Ne peut souffrir un tel affront,
Et, rempli d'une rage extrême,
A mon galant de Neptolème,
Qui le vouloit faire cornard,
Il donna cent coups de poignard.
Par la mort de ce fou de Pyrrhe,
La belle moitié de l'Épire
Fut offerte par grand bonheur
Au sage Hélénus mon seigneur,
Qui me fait partager sa couche ;
Sans faire la petite bouche,
A laquelle fait venir l'eau
Ordinairement tel morceau,
Et pour lequel morceau l'on ose,
Bien plus que pour toute autre chose,
Du peuple qui lui présenta
Le diadème il accepta,
Dont j'eus une joie infinie.
Lors il voulut que Chaonie,
Du nom de Chaon le Troyen,
Succédât au nom ancien,
Et fit faire une citadelle
Le mieux qu'on put, sur le modèle
D'Ilion, pour que l'avenir
Du vrai Pergame eût souvenir.
Or voilà toute mon histoire.
Allons, mon cher hôte, allons boire,
Et me faites, chemin faisant,
Le récit fâcheux ou plaisant
De vos aventures passées,
Et combien a de dents percées
Iülus que vous aimez tant.
A propos, il n'est plus enfant,
Il est grand comme père et mère.
A-t-il senti douleur amère
Quand il a perdu sa maman ?
Faites-lui montrer l'allemand,
C'est une langue fort en vogue.
Est-il d'un esprit doux ou rogue ?
Tient-il de vous, tient-il d'Hector ?
Le bonhomme vit-il encor ? »
Après demande sur demande,
Il lui prit une douleur grande :
Ses yeux se mirent à pleuvoir ;
Je lui présentai mon mouchoir,
Dont elle s'essuya la face.
Je me composai la grimace
Quand je la vis pleurer ainsi,
Et tâchai de pleurer aussi ;
Mais jamais en jour de ma vie,
Quoique j'en eusse grande envie,

8.

Je ne fus si dur à pleurer,
Dont je pensai désespérer.
　J'étois en cet embarras, comme
Voici venir à nous son homme,
Suivi de cent hallebardiers,
Et d'autant de crânequiniers 1.
Dieu sait s'il eut beaucoup de joie,
Quand il vit tant de gens de Troie
Qu'il pensoit n'être plus vivans.
Il salua tous mes suivans,
Et nous mena tous vers la ville.
Or, comme il a l'âme civile,
Il me voulut faire passer :
Nous fîmes, comme on peut penser,
Force complimens à la porte,
Et ce fut de si bonne sorte,
Que, faisant des saluts bien bas,
L'un priant, l'autre n'entrant pas,
Nous nous couchâmes sur le ventre,
Lui, disant : « Maudit sois si j'entre ! »
Moi, disant : « Maudit sois aussi ! »
Mais nos gens, nous voyans ainsi,
Nous prirent et nous emportèrent.
Les uns et les autres entrèrent,
Et lors cria maître Hélénus :
« Vous soyez les très-bien venus ! »
Mes Troyens eurent grande joie
De voir cette petite Troie,
Et d'y remarquer le Xanthus,
Près duquel, battans ou battus,
Ils avoient joué de l'épée.
J'y reconnus la porte Scée,
De laquelle, la larme à l'œil,
Je baisai les gonds et le seuil.
Je fus reçus dans cette ville,
D'une façon toute civile.
Les moindres gens de nos vaisseaux
Quittèrent le séjour des eaux.
Onc ne fut telle mangerie !
Jusqu'à la moindre hôtellerie,
De mon monde tout regorgea,
Chacun son soûl but et mangea.
Dans le palais les plus notables
Furent sur magnifiques tables
Servis de mets très-délicats,
Et pouvoient en prendre les plats,
Comme aussi les tasses dorées,
Nappes et serviettes ouvrées.
Nous passâmes là quelques jours

Que nous ne trouvâmes pas courts,
La tristesse de nous bannie.
　Il n'est si bonne compagnie
Qui ne se sépare à la fin.
Je dis donc au sacré devin
Que le vent paroissoit bien sage,
Et nous promettoit bon voyage,
Mais, devant que de le quitter,
Que j'avois à le consulter
Pour m'éclaircir de quelque doute.
Il me dit : « Commencez, j'écoute. »
Je lui dis ces mots à peu près :
« Par un commandement exprès
Des dieux et de la destinée,
Ma troupe doit être menée
Dans le pays Ausonien.
Là le pauvre peuple Troyen
Doit avoir, après sa misère,
Une fortune bien prospère,
Et, comme on dit, vivre à gogo.
Mais une laide Celæno,
Une malencontreuse harpie,
Comme si c'étoit être impie
Que de manger quand on a faim,
M'a prédit que, faute de pain,
J'aurois à manger mon assiette;
Et la donzelle putréfaite
Me menace de mille maux,
Pour quelques chétifs animaux
Par nous conquis de bonne guerre,
Quand nous prîmes port en leur terre ;
J'en suis tout je ne sais comment.
Vous qui savez parfaitement
Le sens caché des prophéties,
Qui connoissez bien les hosties,
Comme aussi des oiseaux le vol,
Qui pouvez découvrir un vol,
Fût-il le plus caché du monde,
Vous en qui la sagesse abonde,
Vous enfin savant jusqu'aux dents,
Et qui voyez clair au dedans
De la chose la plus obscure,
Dites-moi ma bonne aventure.
— Oui, de bon cœur je la dirai ;
Me dit-il, ou je ne pourrai. »
Il demanda son écritoire,
Fit tuer une vache noire,
Pour mieux tirer les vers du nez
Des esprits ainsi guerdonnés 2,

---

1 Les crânequiniers étaient des arbalétriers, à pied et à cheval, qui tendaient leurs armes à l'aide d'un bandage de fer ou *crânequin*, pendu à leur ceinture.
2 Gratifiés, récompensés.

Puis après, faisant cent mystères,
Qui sentoient fort les caractères
Dont on conjure les esprits,
Voici ce que de lui j'appris :
« Enfant de Vénus la paillarde,
Le grand dieu Jupiter vous garde
De tout encombre, de tout mal
Et de morsure de cheval !
Dire que vous ne valez guère,
Quoiqu'enfant de bons père et mère,
Cela ne vous appartient pas,
Car vous valez mille ducats.
Vous posséderez l'Italie :
Le nier, c'est une folie ;
Puisque les dieux vous l'ont prédit,
En douter, c'est être maudit.
Je vous vais dire quelque chose,
Car vous dire tout, je ne l'ose ;
Si je pensois faire autrement,
Junon, indubitablement,
Que je crains comme la tempête,
Me viendroit bien laver la tête ;
Puis les Parques l'ont défendu,
Desquelles je serois tondu :
Or vous savez que Parquerie
Entend fort mal la raillerie.
Je vous dis donc en premier lieu
(Je parle de la part de Dieu)
Que cette retraite promise
Est plus loin que votre chemise,
Et n'est pas un morceau bien prêt.
Vous en ferez pourtant l'acquêt ;
Mais, pour voir réussir l'affaire,
Vous aurez bien des tours à faire
Le long du bord Sicilien,
Et du pays Ausonien.
Et puis vous irez en personne
(Et que ceci ne vous étonne)
Dans un pays obscur et bas,
D'où quand on veut on ne sort pas :
C'est l'enfer (qu'il ne vous déplaise),
Mais vous en sortirez à l'aise,
Par le moyen d'un certain sort.
Vous irez aussi prendre port
Dans l'île dangereuse d'Æe,
Où demeure Circé la fée ;
Mais n'en ayez pas grand souci,
Et surtout écoutez ceci :
Quand vous aurez bien la migraine
De voir votre course si vaine,
Que vous serez tout confondu,
Et croirez que tout est perdu,
N'allez pas vous rompre la tête,
Ni vous tuer comme une bête,
Ou vous pendre par désespoir ;
Car vraiment il seroit beau voir
En un gibet le fils d'Anchise
Avec une sale chemise :
Certes quand blanche elle seroit,
Sans doute elle vous messiéroit [1],
Et quand on est là pour une heure,
Toute sa vie on y demeure.
Quand donc vous aurez bien pleuré
Et serez bien désespéré,
Ne jetez pas, mon cher Énée,
Le manche après votre cognée.
Vos travaux sont là limités ;
Et qu'ainsi ne soit, écoutez :
Quand sur les bords d'un petit fleuve,
Qui la terre Italique abreuve,
Dont bien bourbeuses sont les eaux,
Vous trouverez trente pourceaux,
Allaités d'une seule mère,
Bénissez bien monsieur leur père,
Qui sut faire tant de cochons ;
Regardez s'ils sont blancs et blonds,
Comme leur mère est blanche et blonde,
Car alors, en dépit du monde
Et de tous les chiens d'envieux
Que vous avez dedans les cieux,
C'est là que contre votre attente,
Et vous, et votre troupe errante
Guère moins que la nef Argo,
Vivrez un long temps à gogo.
Et quant à manger votre assiette,
Que cela ne vous inquiète,
Puisque vous la digérerez,
Alors que vous la mangerez ;
Et, quand elle seroit plus dure,
Le destin, qui de vous a cure,
Comme Apollon, porte-laurier,
Vous tireront de ce bourbier.
Au reste, le long de la côte
N'allez pas compter sans votre hôte,
N'allez pas faire le nigaud,
Prenez-y garde, il y fait chaud :
Toute la contrée est Grégeoise,
Par exemple, la gent Locroise,

---

[1] On haïssait, au dix-septième siècle, les pendus accrochés au gibet. Ce passage de Scarron rappelle une anecdote bien connue racontée par Tallemant : « Les habitans de Saint-Maixent, en Poitou, quand le feu roi y passa, mirent une belle chemise blanche à un pendu qui étoit à leurs justices, à cause que c'étoit sur le chemin. » (*Naïvetés et bons mots.*)

Qu'on appelle Naryciens,
Et puis les Salentiens,
Sur qui commande Idoménée,
Dont la haine est enracinée
Contre le peuple Phrygien,
Et le grand chef Méliboéen,
Philoctète est dans Petilie,
Où sa demeure est établie.
Étant échappé de ces lieux,
Au grand Dieu qui régit les cieux
Vous ferez un beau sacrifice
Pour vous avoir été propice,
Et voici ce que vous ferez
Alors que vous sacrifierez :
Couvrez votre face d'un voile,
Ou de taffetas ou de toile,
Car il faudroit recommencer,
Si vous alliez, sans y penser,
Jeter les yeux sur un visage
Qui fût d'une terre sauvage,
Et qui n'eût pas le nez tourné
Comme un homme à Pergame né.
Croyez ceci comme Évangile,
Et n'allez pas faire l'habile,
Intentant altération :
C'est un point de religion
Particulier à tous les vôtres,
Et qui n'est pas fait pour les autres.
Après force dangers courus,
Lorsque vous verrez Pelorus,
Prenez le chemin de l'école,
Et n'allez pas en tête folle
Choisir le chemin le plus court :
En ce détroit-là, l'eau qui court
Est bien pire que l'eau croupie.
Jadis Sicile et l'Hespérie
N'étoient qu'un pays contigu,
Et formoient un individu ;
Mais, soit par le temps qui tout change,
Ou par l'eau qui la terre mange,
Ou bien par quelque tremblement,
Ou plutôt je ne sais comment,
Les deux terres se séparèrent,
Les flots entre deux se fourrèrent,
Et, depuis qu'ils s'y sont fourrés,
Ils ne s'en sont point retirés.
Ce fameux détroit de Sicile
Est gardé par Charybde et Scylle,
Et ces deux Suisses du détroit,
Sont l'un à gauche et l'autre à droit [1].
Charybde de son profond gouffre
Gobe les flots couleur de soufre,
Et puis trois fois les revomit
Vers le ciel, lequel en frémit.
Scylle ne bouge de son antre,
D'où l'eau sort, entre, ressort, rentre,
Tâchant d'attirer les nochers
Dans les pointes de ses rochers ;
Elle a le museau de pucelle,
Estomac à double mamelle,
Le reste du corps loup marin,
Et la queue ainsi qu'un dauphin.
Plutôt que de la voir en face,
Il faut que votre flotte fasse,
Côtoyant Pachin, un grand tour :
Car dedans l'horrible séjour
De cette donzelle marine
Et de sa cohorte canine,
Je me trompe, ou vous et vos gens
Passeriez fort mal votre temps ;
Et, si vous me croyez fidèle,
Et que maître Apollon révèle
A moi, son serviteur discret,
L'art de deviner un secret,
Je vous avertis, et pour cause,
De tâcher, sur toute autre chose,
D'apaiser la dame Junon.
De célébrer partout son nom,
Lui faire souvent sacrifice,
Afin de la rendre propice :
Autrement tous vos vains efforts
Vous lasseront l'âme et le corps,
Et sans elle, dans votre affaire,
Vous ne ferez que de l'eau claire.
Et, quand du bord Sicilien
Vous gagnerez l'Italien,
Au travers des flots pleins d'écume,
Et que vous serez dedans Cume,
Si vous me croyez, allez voir
La Sibylle dans son manoir:
C'est une vieille, bien barbue,
Mais de grande science imbue,
Qui sait faire tourner le sas [2],
Et dont tout le monde fait cas.
Vous verrez sa sombre caverne
Au milieu des lacs de l'Averne ;
Elle n'en sort ni peu ni prou,
Et vit comme un vrai loup-garou.

---

[1] *A droit* s'est dit assez longtemps encore pour *à droite*. On le trouve même dans Boileau (satire IV, 1664).

[2] Voir notre note, page 125.

Alors que quelqu'un l'interroge
Devant la porte de sa loge,
Dessus des feuilles elle écrit
Ce qu'elle apprend de cet esprit
Qui lui révèle toutes choses.
Mais, devant que ces portes closes
S'ouvrent avec grand vent et bruit,
Si le suppliant, mal instruit,
Ne lit ces feuilles arrangées,
Aussitôt par le vent changées
D'ordre et de situation,
Tout se met en confusion;
Pour avoir été mal habile,
Mal satisfait de la sibylle,
Il s'en retourne aussi savant,
Le nigaud, qu'il étoit devant.
Or, vous, n'allez pas par foiblesse,
Soit que votre troupe vous presse,
Ou que le temps vous semble beau,
Remonter dans votre vaisseau
Auparavant que l'édentée
Ait été par vous consultée :
Par ma foi, vous gâteriez tout.
C'est un démon, et haie au bout [1].
Vous saurez, de fil en aiguille,
De cette vieille et docte fille
Qu'on croit n'avoir plus que la voix,
Les noms des peuples et des rois
Qui font la nation latine.
Oui, cette sorcière divine
Vous dira comme il faut marcher
En tous vos desseins sans broncher ;
Quelles gens vous feront la guerre
En cette bienheureuse terre,
Et comment, pour les bien frotter,
Vous aurez à vous comporter.
Allez, restaurateur de Troie,
Peu s'en faut que je n'en larmoie ;
Allez enter, homme de bien,
Le Troyen sur l'Italien,
Et que votre gloire immortelle
Monte jusqu'au ciel sans échelle. »
  Le sage, ayant ainsi parlé,
Dont j'eus l'esprit bien consolé,
Il me régala de l'épée
Dont Polyxène fut frappée,
Comme aussi du pot à pisser,
Et de l'arbalète à chasser
De Pyrrhus, de sa gibecière
Et d'une belle coutelière
Dont la gaîne étoit de cuir neuf,
Les manches d'un bel os de bœuf,
Et les couteaux de fine trempe,
D'un fer d'hallebarde sans hampe,
Qui de rouille étoit vermoulu,
Quoiqu'il fût tout frais émoulu ;
D'excellente bière une tonne,
Deux grands chaudrons faits à Dodone,
La demi-dent d'un éléphant,
Et des babioles d'enfant
Pour divertir le fils Ascagne ;
Une poêle à griller châtaigne,
Un trou-madame, un tourniquet,
Un très-excellent perroquet,
Dont minime étoit le plumage,
Qui n'avoit ni voix ni ramage,
Quoiqu'on l'eût instruit à grands soins,
Et pourtant n'en pensoit pas moins.
Mon père eut les gants ou mitoufles,
De Peleus et ses pantoufles,
Sa montre, son calendrier,
Son cure-oreille et son braguier [2],
Un pourceau dressé pour des trufles [3] ;
A mes compagnons de beaux buffles,
Des vivres pour tous les vaisseaux,
Des chevaux de selle très-beaux,
Des rameurs à la riche taille,
Et des pêcheurs d'huître à l'écaille.
  Mon père Anchise, cependant,
Esprit actif, esprit ardent,
Fit apprêter notre équipage.
Chacun ayant plié bagage,
Hélénus le prit à quartier,
Et puis lui dit : « O vieux routier,
Qui sais bien le pair et la praise [4],
Qui jadis eus l'honneur et l'aise

---

[1] Et quelque chose de plus. (Leroux.) Ou bien, qu'on ne peut surpasser, au delà duquel il n'y a rien.
  Bande de fer déliée, en forme de demi-cercle, pour arrêter les descentes d'intestins.
[3] Se disait alors aussi bien que *truffes*.
[4] Cette locution s'employait assez souvent chez les écrivains comiques ou familiers :
  « J'entends et le pair et la prèze, »
dit le chevalier de l'industrie, dans la *Désolat. des filous*, de Chevalier (sc. X), pour faire l'éloge de ses talents. Voir encore la *Comédie des proverbes*, III, 3. Néanmoins on ne la trouve pas dans les dictionnaires du temps ; mais il y en a une analogue, et du même sens,

D'être caressé de Vénus,
De patiner ses membres nus,
Bref, d'avoir donzelle divine
Pour légitime concubine
O toi, deux fois enveloppé,
Mais aussi deux fois échappé ;
Du sac qui désola Pergame,
Et par le fer et par la flamme,
Fends si bien les humides flots,
Et fais agir les matelots
Avec tant d'art et diligence,
Que ton fils de divine essence,
Tes compatriotes et toi,
Puissiez bientôt, en grand arroi [1],
Prendre terre dans l'Hespérie !
Mais il faut que Ta Seigneurie
Ait grand soin de bien éviter,
Et côtoyer sans s'arrêter,
La région qui nous regarde.
Au nom de Dieu, prends-y bien garde ;
Prends terre de l'autre côté.
O vieillard ! par la piété
De ton fils mille fois illustre,
Puisses-tu vivre au moins un lustre,
Plus que l'âge de six-vingts ans,
Sans gouttes et sans mal de dents,
Sans mal de ventre ou de poitrine !
Va, mon cher Anchise, chemine,
Ou plutôt vole comme un dard.
Adieu, bonsoir, car il est tard. »
 Andromaque, dame courtoise
Autant qu'une dame françoise,
Voulut faire aussi ses présens,
Très-riches à voir et plaisans :
D'un bonnet de nuit, de six coiffes,
D'une serpe à faire des greffes,
Mon bon père elle régala.
Au jeune Ascagne elle bailla
Un casaquin d'étoffe fine :
C'étoit taffetas de la Chine,
Bordé de serge de Beauvais [2],
Et, quand il feroit le mauvais,
Un pourpoint de toile piquée,
Que cotte de maille appliquée
Rendoit aussi dur qu'un plastron.
« Toi, dit-elle, dont fut patron

Astyanax mon espérance,
Qui valoit un Dauphin de France
(Quand je jette les yeux sur toi,
Il me semble que je le voi :
Le pauvret seroit de ton âge,
Il avoit ton même visage,
Comme toi, l'air un peu fripon),
Je te donne son vieil jupon ;
Reçois-le de dame Andromaque,
Et le don de cette casaque,
Le dernier que je te ferai,
Car jamais je ne te verrai. »
Ces mots firent pleurer mon père ;
J'en eus aussi douleur amère,
J'en pleurai, mon fils en pleura,
Andromaque se retira
En un coin pour pleurer à l'aise,
Et couvrit de pleurs une chaise.
En ayant tous bien répandu,
Et nos mouchoirs mouillés tordu,
Je baisai l'un et l'autre en face ;
Ils me firent laide grimace,
Chantant : « O regrets superflus !
Beaux yeux, je ne vous verrai plus [3].
Je leur dis : « Trêve de tendresse !
Séparons-nous, le temps me presse ;
Vous me faites fendre le cœur.
Jouissez de votre bonheur :
Votre fortune est établie,
Vous n'avez pas une Italie
Comme nous à chercher partout.
Le destin qui nous pousse à bout,
Et les dieux pour nous seuls fantasques,
Nous font courir comme des Basques,
Et nous bernent de mer en mer.
Nous ne faisons rien que ramer.
Nos mains, autrefois potelées,
Ont des calus et sont pelées
Comme celles des gens des champs,
Ou des forçats toujours gâchans.
Mais vous, qui n'avez rien à faire
Qu'à rire et faire bonne chère,
Et jour et nuit vous divertir,
Vous avez eu l'heur de bâtir
De vos mains une neuve Troie ;
Vous voyez avec grande joie

---

dans Cotgrave : « J'entends le pair et la couche, — I understand the matter th'roughly ; — je comprends la chose à fond. »

[1] Train, équipage. Le mot ne s'est conservé que dans son composé, *désarroi*.

[2] La serge de Beauvais était une des plus célèbres parmi les serges communes. Pour le taffetas de la Chine, voir le *Dictionnaire du Commerce* de Savary.

[3] Vers tirés d'une chanson du temps, ou plutôt de mille chansons du temps et de tous les temps.

Un nouveau Xanthus tous les jours,
Et vous gobergez dans son cours.
Que si nous avons l'Ausonie
Comme vous avez l'Albanie,
Et si nous sommes reconnus
Dans tous les lieux dont Dardanus
Fut seigneur, notre grand grand-père,
Avec l'aide des dieux j'espère
Que l'Épirote et le Romain,
Ainsi que les doigts de la main,
Seront toujours unis ensemble
Sans que noise les désassemble. »
Cela dit, leur sautant au cou,
Et les laissant pleurer leur soûl,
Je m'en allai dans mon navire,
Où je fus bien longtemps sans rire.

   Nos vaisseaux, sortis hors du port,
Fendirent les flots bord à bord
De cette dangereuse côte
Où nous avions un si bon hôte.
Nous côtoyâmes les rochers
Plus hauts que les plus hauts clochers,
Qu'on appelle de Céraunie,
Le droit chemin de l'Ausonie
Et cependant de l'Océan.
La nuit s'en vint pian, pian,
Changea la couleur de nos voiles,
Et parsema le ciel d'étoiles :
Je ne sais pas ce que devint
Le jour, alors que la nuit vint,
Je crois pourtant qu'il alla boire.
Nous prîmes terre à la nuit noire,
Et campâmes le long de l'eau,
Chacun étendu comme un veau.
Tôt après notre premier somme,
Palinurus, le galant homme,
Se leva pour épiloguer
S'il faisoit beau temps pour voguer.
S'étant appliqué des lunettes,
Il considéra les planètes,
Puis s'écria : « Debout ! debout ! »
Ayant bien examiné tout,
Orion, l'Ourse, les Hyades :
« Nous n'avons aucunes bourrades
A craindre, dit-il, sur la mer ;
Remettons-nous donc à ramer. »
Tout aussitôt on se rembarque ;
Ma nef la route aux autres marque.
Nous n'avions pas longtemps vogué,
Que l'aurore au visage gai,
D'une lumière zinzoline [1]

Enzinzolina la marine.
Quand le jour vint à s'éclaircir,
Nous vîmes de loin épaissir,
Sur les confins des eaux salées,
Des montagnes amoncelées.
Achates le premier cria
Si fort, que sa voix s'enroua :
« Courage, je vois l'Italie ! »
D'une aise sentant sa folie,
Chacun des nôtres fut ravi.
Chacun s'écriant à l'envi,
Une heure au moins cette huée
Fut dans les nefs continuée.
Anchise prit un gobelet
Plein d'un vin aussi doux que lait ;
Puis, ôtant bonnet et calotte,
D'une action toute dévote
Il dit : « O grands dieux immortels,
Si jamais servant vos autels,
J'ai vidé dignement ma coupe,
Donnez-nous bien le vent en poupe,
Faites-nous aller de droit fil
Dans ce pays gras et fertil
D'où sont sortis messieurs nos pères,
Où mon fils, après ses misères,
Doit se joindre au second hymen. »
Nous nous écriâmes : *Amen!*

   Le vent grossissant son haleine,
Nos navires voguoient sans peine :
A nos vaisseaux s'offrit un port
Près duquel, au-dessus d'un fort,
Étoit de Minerve le temple.
Je vous dirai qu'il étoit ample,
Non que je le sache autrement,
Mais pour rimer plus aisément.
Les rochers les voiles calèrent
Et de proue en ce port entrèrent :
Ce port, à l'abri de tout vent,
Contre les grands flots du Levant
Et les efforts de la tempête,
Se recourbe en arc d'arbalète.
Quantité de rochers pointus,
Des flots salés toujours battus,
A l'opposite de l'entrée
Rompent l'effort de la marée,
Et, pour n'être point pris sans vert,
Par les côtés il est couvert
De rochers qui font deux chaussées
Ou deux murailles avancées,
Et le temple dont j'ai parlé
Du port est un peu reculé.

---

[1] Couleur d'un violet rougeâtre.

Quatre chevaux blancs comme neige,
Ou de carrosse ou de manége,
Furent, arrivant dans ces lieux,
Le premier objet de nos yeux ;
Ils se repaissoient d'herbe verte.
Mon père, dont l'esprit alerte
De tout tâche à faire profit,
Assez mauvais jugement fit
De ces chevaux faisant pâture,
Et cria : « C'est mauvais augure,
Il ne me plaît point, j'en dis fi ;
Ce pays nous fait un défi
En même temps qu'il nous présente
Entrée et retraite apparente.
Le coursier, guerrier animal,
Ne pronostique que du mal.
Mais, étant attelés ensemble,
Paix et concorde les assemble :
Si bien que j'ai mal deviné,
Et me suis trop tôt étonné.
Certes, un homme de mon âge
Quand il va vite n'est pas sage. »
Après cette réflexion
On se mit en dévotion :
Une hymne par mon père faite,
Sur le chant de landerirette,
Fut chantée à dame Pallas
Pour nous avoir, recrus et las,
Laissés prendre port en sa terre,
Au lieu de nous faire la guerre ;
Et puis, d'un voile sur le nez
Étant tous bien embéguinés,
Suivant la mode Phrygienne,
A dame Junon l'Argienne
Nous dîmes quelques *oremus*,
Comme m'avoit dit Hélénus.
Puis après nous nous rembarquâmes,
Et finalement nous quittâmes
Le pays des Grecs dangereux
Pour nous, dévalisés par eux :
Nous vîmes le sein de Tarente,
D'où l'inventeur de la courante [1],
Homme, certes, de grand esprit,
Vint à Pergame et me l'apprit.
Le dieu qui porte une massue,
Qu'on peint avec barbe touffue,
Est tenu pour Dieu gardien
De ce canton Calabrien.
Là la manne est fort salutaire,
Dont il se purge d'ordinaire.

Puis nous vîmes Lacinia ;
Vis-à-vis d'icelle il y a
Le fort de Caulon, et Squillace,
Où le cœur de frayeur se glace
De maint matelot étonné
De voir son navire berné.
Puis après d'assez loin nous vîmes
Etna, l'abîme des abîmes,
Et nous ouïmes clairement
La mer qui hurloit diablement.
Les flots, pleins d'écume et de rage,
Se brisoient contre le rivage,
Et le rivage résonnoit
Des grands coups que l'eau lui donnoit.
Tantôt, en montagnes cornues,
Elle se levoit jusqu'aux nues
(Peut-être qu'elle les mouilloit),
Et tantôt elle se brouilloit
Dans son centre avec son arène.
Mon père, d'une voix hautaine,
Cria : « N'est-ce point là le lieu
Dont le saint prophète de Dieu,
Hélénus, le compatriote,
A tant menacé notre flotte ?
Ah ! ce l'est, foi d'homme de bien,
Ce l'est, ou je n'y connois rien !
Tirons-nous vite de ce gouffre,
Il y put pour nous comme soufre.
Il y a danger d'abîmer,
Si nous ne savons bien ramer :
Ramons donc de cul et de tête,
Comme au fort de quelque tempête ;
Et puis, que diroit-on de nous
Si la mer nous avaloit tous,
Et ce, par notre négligence ?
Certes, j'en rougis quand j'y pense,
Et j'en rougis d'autant plus fort,
Quand on est noyé, qu'on est mort,
Quand on est mort, qu'on ne voit goutte
Malheur que surtout je redoute ;
Car, quand on ne voit goutte, on est
Craquignolé par qui vous plaît.
Encore un coup donc, je vous prie,
Ramons, et ramons de furie. »
Palinure, après ce sermon,
A gauche tourna son timon ;
Les autres patrons l'imitèrent,
A gauche comme lui voltèrent [2],
Et firent tout ainsi qu'il fit,
Dont certes fort bien leur en prit.

---

[1] C'était la danse préférée de Louis XIV. Elle devait son nom aux nombreux mouvements d'allée et de venue dont elle était remplie. (Voir Bonnet, *Hist. gén. de la Danse*.)

[2] Tournèrent. On dit encore aujourd'hui faire *volte*-face.

LIVRE TROISIÈME.

Trois fois la mer, enflant ses vagues,
Lors autant à craindre que dagues,
Vers les cieux nos vaisseaux poussa,
Et par trois fois les enfonça
Vers le plus profond de son onde,
Que nous sondâmes lors sans sonde;
Ou, pour dire la chose mieux,
Trois fois nous porta dans les cieux,
Et trois fois chez les noires ombres
Qu'on appelle royaumes sombres.
Dans les vers c'est aller par haut
Que mettre le froid et le chaud,
Le ciel, l'enfer, l'air et la terre,
L'eau, le feu, la paix et la guerre.
Rimeur qui sait antithéser
Est ravi quand il peut user
Ab hoc et ab hac d'antithèse :
Ceci soit dit par parenthèse ;
Aussi rimeur antithésant
Est glorieux et suffisant,
Et pour bien peu devient fou d'aise
Quand il en fait bonne ou mauvaise ;
Et tel est, fût-il indigent,
Qui refuseroit de l'argent
Plutôt qu'omettre une antithèse,
Le tirât-elle hors de sa thèse 1.
   Mais retournons à nos moutons 2,
O grande reine ! et racontons
Qu'après que la mer irritée
Eut mainte planète humectée
Et maint gros caillou fait rouler,
Comme maint gros écueil hurler,
Lassés, si jamais nous le fûmes,
Quelque relâche enfin nous eûmes
Des vents, peut-être aussi lassés,
Par lesquels nous fûmes laissés
Fort ignorans de notre route,
Et, qui pis est, ne voyant goutte,
Le long d'un rivage habité
Par gens remplis de cruauté,
Les Cyclopes, race revêche
Et fort friands de la chair fraîche.
Cette plage a pourtant un port
Qui n'est pas de mauvais abord,

Assez à couvert de l'orage,
Mais fâcheux pour le voisinage
D'Etna, le soupirail d'enfer,
Qui fait tout le monde étouffer.
Quand d'une odeur de poix-résine
Il emplit la terre voisine;
Et souvent, ce qui n'est pas jeu,
D'une grosse grêle de feu
Cet Etna rote mousquetades,
Fait entendre des pétarades
Capables d'assourdir les gens,
S'ils ne sont assez diligens
De se tirer loin de l'orage,
Et plier vitement bagage
Pour éloigner ce trou maudit,
D'où sortent, à ce qu'on m'a dit,
Des quartiers de roches fondues,
Des cendres partout épandues,
Coffrets et fagots allumés,
Et brandons antiparfumés.
L'on m'a raconté qu'Encelade,
Pour avoir planté l'escalade
Contre le palais azuré,
Est sous ce mont claquemuré ;
Et, quand ce vaste corps soupire,
Et de gauche à droit se revire,
Que la Sicile horriblement
Tremble jusqu'en son fondement,
Et que c'est alors qu'il sanglote,
Que le mont coups de foudre rote
Et tire des coups de canon.
Si cette histoire est vraie ou non,
Elle est toujours bien inventée ;
C'est ainsi qu'on me l'a contée.
Là nous passâmes dans les bois
Une nuit qui passa pour trois,
Tant elle nous fut ennuyeuse :
Une tempête furieuse
Faisoit la forêt retentir,
Et tous nos vieillards émeutir.
Aux hurlemens que nous ouïmes
Qu'Etna poussoit de ses abimes,
Nous nous crûmes tous pris sans vert.
Pas un volet n'étoit ouvert

---

1 Si nous ne savions que Scarron écrivait ceci en 1649, qui ne croirait qu'il s'adresse à tel poëte de nos jours, dont il est inutile de dire le nom ? Du reste, l'antithèse était aussi de grand usage dans la littérature du temps de Richelieu et de Mazarin : Scudéry, Saint-Amant, Cyrano, etc., etc., sans parler de Corneille, y recouraient souvent. Mais il est fâcheux qu'une leçon de goût soit donnée en pareil style, qui autorise à retourner la leçon à l'auteur.

2 Proverbe tiré de la farce de *Patelin*, dans laquelle le marchand Guillaume, plaidant contre le berger Agnelet pour des moutons qu'on lui a volés, s'interrompt souvent pour parler d'une pièce de drap qui lui a été dérobée par l'avocat de sa partie, de sorte que le juge est obligé de lui crier plusieurs fois de revenir à ses moutons.

Dans le ciel, et pas une étoile
N'étoit cette nuit-là sans voile ;
Pas la moindre lune dans l'air,
Au ciel tout obscur, et rien clair.
Cependant, malgré la nuit sombre,
De gros brandons qui perçoient l'ombre
Nous faisoient voir clair à minuit.
Je ne vous dirai rien du bruit,
Mais bien que jamais en ma vie
De dormir je n'eus moins envie.
 L'aurore vint le lendemain,
Et rendit le temps plus humain,
Couvrant la terre de ses larmes
(Pour parler langage de carmes [1]) ;
Lors sortit d'un bois éloigné
Un portrait fort mal desseigné [2]
Et d'une méchante manière,
Épouvantail de chenevière,
Et qui n'avoit rien sur sa peau,
Qu'en quelques endroits un lambeau,
Où mainte épine étoit tissue ;
La peau contre les os cousue,
Pâle, sec et défiguré,
Comme un corps de terre tiré.
Par ses longs cheveux et sa barbe,
Et par le reste de son garbe,
Il fut de nous Grec reconnu,
Jadis avec les siens venu
A la destruction des nôtres.
Voyant qu'il nous prenoit pour d'autres,
Et que nous étions Phrygiens,
Il s'écria : « J'en tiens, j'en tiens, »
Et voulut retourner arrière ;
Mais, suivant sa route première,
Il vint en tremblant devant nous,
Et, se mettant à deux genoux,
Il nous dit d'une voix cassée,
D'un débile estomac poussée,
Ces tristes mots en son patois :
« O Troyens nobles et courtois,
Par les puissances souveraines,
Par vos parrains, par vos marraines,
Par ce que vous avez de cher,
Épargnez, de grâce, ma chair.
Il est vrai, ma race est Grégeoise :

Si c'est assez pour avoir noise
Avec vous, aux Grecs courroucés,
Dépecez mon corps, dépecez ;
De bon cœur je vous l'abandonne,
Et veux que Dieu vous le pardonne.
Je vous serai trop obligé
De n'être pas tout vif mangé,
Car, hélas ! en cette île étrange,
Même sans sel les gens on mange. »
Il nous dit ces mots en pleurant,
Serrant mes genoux, m'adorant.
Je lui dis qu'il eût bon courage,
Qu'il nous déclarât son village,
Son nom, sa fortune, et par où,
Pour faire ainsi le loup-garou,
Il se trouvoit dans la Sicile.
Mon père, dont l'âme est civile
Autant que celle d'un trompeur,
L'exhorta de n'avoir point peur,
Et dit qu'on lui donnât à boire,
Du pain, du fromage, une poire.
A ces mots, le pauvre étranger
Fut vu visiblement changer,
Et reprendre un peu son visage.
Et puis il nous tint ce langage,
Sur son chapeau jouant des doigts :
« C'est bien là ce que j'attendois
De nation si généreuse,
Qui devroit être plus heureuse.
Or, messieurs, pour vous obéir,
Je ne veux mon pays trahir,
Ni mon nom, ni mon origine,
M'en dussiez-vous faire la mine.
Je suis d'Ithaque en Ithaquois,
Sujet d'Ulysse le Narquois [3],
Un des chefs du peuple d'Aulide.
Pour mon nom, c'est Achéménide ;
Mon père, Adamaste, un vieillard
Qui n'eut jamais vaillant un liard,
Et pourtant est bien gentilhomme.
Je ne pus pas me sauver, comme
Mes compagnons plus fins que moi,
Qui me laissèrent, plein d'émoi,
Chez le Cyclope anthropophage,
Un grand vilain pour tout potage,

---

[1] De vers, langage poétique (du latin *carmen*) :
  Toi… dont la main pousse-rabot
  Carmes dessus carmes entasse.
    SCARRON, *Ode à Maître Adam.*

[2] Dessiné.

[3] *Narquois*, aujourd'hui restreint au sens de *goguenard*, se disait alors pour fourbe, rusé :
  Maint vieux chat, fin, subtil et narquois,
a dit la Fontaine.

Qui d'un homme fait un morceau,
Et s'enivre comme un pourceau.
Il étoit ivre quand mon maitre,
Qui tient toujours un peu du traître,
Lui fit un assez mauvais tour,
Le privant pour jamais du jour.
Or, pour revenir à ce diable,
En son manoir épouvantable
On ne voit que sang répandu.
Il n'avoit qu'un œil, le pendu,
Mais cet œil n'est plus dans sa tête,
Dont jour et nuit il se tempête.
C'est un barbare sans pitié,
Qui ne sait que c'est qu'amitié :
Quoiqu'il ait bien longue la face,
Dont il fait très-laide grimace,
Elle tient de celle d'un ours ;
Il ne rit point, gronde toujours.
Ce désolateur de campagne
Est aussi grand qu'une montagne,
Gourmand, si jamais il en fut,
A qui toujours l'haleine put.
Je l'ai vu, cet épouvantable,
Prendre un mien ami par le râble,
Et le croquer comme un lardon,
Et puis, Dieu me fasse pardon !
Prendre un autre sien camarade,
Et, lui donnant une froissade
Contre le roc du sang enduit,
Comme l'autre sans être cuit
Le gober, en huître à l'écaille,
Os, chair, tripes, boudins, entraille.
J'ai vu le sang se répandant,
A ce grand diable à la grand'dent,
Le long de sa sale mâchoire,
De sang figé rougeâtre et noire ;
J'ai vu des membres palpiter,
Et dans sa bouche s'agiter
Tandis qu'il les mangeoit encore :
Il ne mange pas, il dévore,
Et le fait tant avidement,
Qu'il s'engoue ¹ ordinairement.
Ulysse, affligé du carnage
Que faisoit cet anthropophage,
Ce maître avaleur de pois gris ²,
Reprend à la fin ses esprits :
Il fait si bien, qu'il apprivoise
Cette nature rabajoise ³,

Lui fait boire du vin sans eau,
Non pas pour un simple tonneau,
Mais le second et le troisième,
Si bien que le grand Polyphème,
Buvant à tire-larigot,
Après maint hoquet et maint rot,
Se mit tant de vin dans la tête,
Qu'à la fin cette grosse bête
S'endormit, qu'il n'en pouvoit plus.
Lors il fut de son œil perclus,
Aussi grand qu'une table ronde,
Au bonheur de tout notre monde,
Excepté de moi malheureux,
Qui ne pus me sauver comme eux.
Mais qu'attendez-vous davantage ?
Quittez ce dangereux rivage ;
Si vous aimez bien votre peau,
Cherchez votre salut dans l'eau.
Ce vilain a plus de cent frères,
Qui certes ne lui cèdent guères,
Tous bien buvans et bien mangeans,
Comme lui dévorans les gens;
S'il faut qu'ils sentent la chair fraiche,
Il n'est homme qui vous empêche
D'être croqués en un clin d'œil,
Dont certes je mourrois de deuil.
Par trois fois la lune cornue
Sur notre horizon est venue
Depuis que je suis dans ces bois,
Où je me cache en tapinois.
Je vois tous les jours ces grands hommes
(La peste du siècle où nous sommes),
Qui gardent leurs boucs et brebis,
Couverts de peaux au lieu d'habits :
Lors mon sang de frayeur se glace,
Et je sens allonger ma face,
Sans hyperbole, d'un empan.
Mon vivre n'est qu'un peu de gland,
Et quelquefois du fruit sauvage ;
Grâce à monsieur l'anthropophage,
Je meurs de faim le plus souvent.
Le moindre bruit que fait le vent,
Je pense que c'est Polyphème.
Certes, ma misère est extrême,
Et jamais on ne pâtit tant,
Et vous-mêmes, en m'écoutant,
Vous faites aussi triste mine
Que moi sur qui la peur domine.

---

¹ S'embarrasse le gosier : c'est le sens littéral.
² Glouton, coureur de franches lippées.
³ *Rabat-joie*, s'écrivant alors *rabajois* (nous avons vu plus haut : le plus vaillant des Grégeois, Diomède, ce rabajois), pouvait ainsi se mettre au féminin.

Depuis ce temps-là, dans ce bord
Aucun navire n'a pris port.
Lorsque j'ai vu vos banderoles,
J'ai fait quatre ou cinq caprioles,
Et puis à pas de pantalon [1],
Me frappant le cul du talon,
Je suis venu vers vous, mes braves.
Faites de moi des choux, des raves [2],
Tuez-moi, ne me tuez pas :
Dans la vie et dans le trépas
Je trouverai mon avantage,
Pourvu qu'en ce maudit rivage,
Je ne serve point d'aliment
A ce détestable gourmand. »
  Comme il contoit son aventure,
Cette effroyable créature,
Ce prodigieux animal,
Dont il avoit dit tant de mal,
Parut au haut d'une colline
Avec sa taille gigantine :
Chacun de nous crut voir marcher
Quelque mont ou quelque rocher.
Il s'en venoit vers le rivage,
Le très-mal plaisant personnage,
Gros, mal bâti, sale, velu,
Et n'avoit qu'un œil, le goulu,
Et duquel il ne voyoit goutte,
Ce qui le fâchoit bien sans doute.
Un grand pin servoit de bâton
A ce Polyphème glouton,
Et pourtant il plioit encore,
Tant pesante étoit la pécore,
Et portoit pendu, le grand fou,
Un grand jeu d'orgues à son cou,
Qui lui servoit de cornemuse.
Une grande troupe camuse
De brebis venoit après lui,
Dont il soulageoit son ennui,
Depuis qu'Ulysse d'une pique
Avoit éventé son optique.
Ce loup, plutôt que ce berger,
Qui savoit les hommes manger,
Bien mieux qu'aucun qui fût au monde,
Entra jusqu'aux genoux dans l'onde,
Dont il lava son œil percé,
Non sans avoir les dents grincé,

Car du sel marin la morsure
Irritoit bien fort sa blessure.
Après avoir longtemps lavé,
Et relavé son œil crevé,
Il nous montra sa fesse nue.
Et fit quelque allée et venue
Dedans la mer, et même il vint
Auprès de nous, le quinze-vingt [3].
La mer (telle étoit sa stature)
Ne lui venoit qu'à la ceinture.
Nous pensâmes devenir fous,
Quand nous vîmes auprès de nous
Le plus puissant paillard du monde
Se promenant ainsi dans l'onde.
Quelques-uns, au lieu de tirer
Leur ancre, afin de démarrer,
Ne firent qu'en couper la corde,
Criant bien fort : Miséricorde !
Le vilain, qui les entendit,
Et qui la chair fraîche sentit,
Tourna vers eux son grand visage
Et, s'il eût cru lors son courage,
L'animal s'en venoit à nous,
Et nous étions fricassés tous ;
Mais nous eûmes pour gardienne
La bonne mer Ionienne.
Il ne put aller plus avant,
Dont de rage presque crevant,
Ce malin fit une huée,
Dont la mer, aussi secouée
Qu'elle l'est par les Aquilons,
Se boursoufla par gros bouillons.
L'Italie en fut étonnée,
Et l'Etna, par sa cheminée,
Fit sortir des gémissemens,
Ou bien plutôt des hurlemens,
Horrible écho de la huée
De cette personne endiablée.
  J'oubliois que le pauvre Grec,
Très-pâle, très-maigre et très-sec,
Fut reçu de nous avec joie,
Quoiqu'un des destructeurs de Troie :
Aussi l'avoit-il mérité
Par sa grande calamité.
Lors l'on vit les Monoculistes [4]
Venir par différentes pistes.

---

[1] Par sauts, par gambades, — à la manière de celui qui est habillé en Pantalon et qui danse une pantalonnade.

[2] A votre fantaisie. — Nous retrouvons encore cette locution très-familière au Ve livre :
    Qu'il en fasse des choux, des raves...

[3] L'hôpital des Quinze-Vingts, sis dans la rue Saint-Honoré, était destiné, comme on sait, à recevoir trois cents aveugles.

[4] Les gens à un seul œil, les Cyclopes.

Aucun de ces enfans d'Etna
En son grand front plus d'un œil n'a.
Jugez de leur grandeur extrême
Par celle du grand Polyphème :
Peu différente étoit la leur
De celle de ce grand voleur.
Onc mortel n'a vu, ce me semble,
Moins d'yeux et plus d'hommes ensemble.
Ils venoient furieusement,
Et pourtant assez lourdement :
Quoique démesurés colosses,
Ils me parurent un peu rosses.
Des cyprès allans et venans,
Ou de grands chênes cheminans,
Du bois, qu'aucun fer ne profane,
De Jupiter ou de Diane,
Sont la seule comparaison
Qu'on puisse faire avec raison
De ces messieurs anthropophages,
Au reste tous vilains visages.
Quand ils eussent eu deux bons yeux
(Ils n'en avoient qu'un chassieux),
Jamais n'eussent été leurs faces
Que patrons à faire grimaces.
Quand ils approchèrent la mer,
Ce fut à nous à bien ramer.
Mais quelle fut notre imprudence!
Sans avoir non plus souvenance
De notre bon prince Hélénus,
Ni des discours par lui tenus,
Que si ce bon compatriote
N'eût jamais connu notre flotte,
Nous allions fort bien nous fourrer,
Sans nous en pouvoir retirer,
Tout droit dans la mer défendue
Où si souvent nef s'est perdue ;
Mais, quand on a peur, pour un peu
On se jetteroit dans un feu.
Et nous craignions Charybde et Scylle
Moins que ces monstres de Sicile.
Boreas vint tout à propos,
Qui nous mit l'esprit en repos ;
Il venoit de devers Pélore.
Il me semble qu'il souffle encore,
Tant j'ai gardé le souvenir
Du bien qu'il nous fit à venir.
Ce bon vent, des vents le plus sage,
Nous porta par delà Pantage,
Le golfe dit Mégarien,
Et le bas Thapse, en moins de rien.
Le pauvre Grec Achéménide

Nous servit en ces lieux de guide,
Et me disoit tous les endroits
De la côte, en son Ithaquois,
Dont j'eus grand plaisir de m'instruire.
　Vis-à-vis du fleuve Plemmyre,
Assez près du fameux détroit
Où le nocher le plus adroit
A peur de Charybde et de Scylle,
On rencontre une petite île
Dont Ortygie est le vieil nom,
Autrefois ville de renom,
Dont madame la Renommée
Chose bien étrange a semée :
Maint auteur, animal mentant,
Nous donnant pour argent comptant
Que le fleuve Alpheus d'Élide,
Sans lanterne, flambeau, ni guide,
Par certain sentier souterrain,
Lui, ses poissons et tout son **train**,
Y va voir la source fameuse,
Aréthuse, ou bien Arétheuse,
Et s'y joint en bonne amitié ;
Puis, mêlant tous deux par moitié
Leurs eaux aussi claires que vitres,
Tous leurs poissons, toutes leurs huitres,
Ils se vont rendre dans la mer,
Ce qui les fait bien renommer.
En cette île où terre nous prîmes,
Quelques sacrifices nous fîmes,
Où maint animal fut saigné
Comme on nous l'avait enseigné.
Nous vîmes la grasse campagne
Que la rivière Élore baigne,
Et de Pachin les hauts rochers,
Si connus de tous les nochers.
Près de là l'on voit Camerine,
Des champs des Geloëns voisine,
Et le lieu qu'on nomme Gela,
Pour un fleuve passant par là.
Nous vîmes la haute Agrigente,
Qui de si bons chevaux enfante,
Seline, fertile en palmiers,
Et les rocs, craints des nautoniers,
Du promontoire Lilybée,
Où mainte nef est absorbée.
Et puis Drepane me reçut,
Port funeste, où ma constance eut
A s'exercer de bonne sorte.
Quoique j'aie l'âme assez forte,
J'eus bien de la barbe à peler [1],
Et trouvai bien à qui parler.

[1] Bien de la besogne, — *du fil à retordre.*

Hélas! j'y perdis mon bon père
(Souvenir qui me désespère);
Il mourut, le pauvre vieillard!
S'il eût voulu mourir plus tard,
Il auroit vécu davantage[1];
Il mourut, et c'est grand dommage.
Il m'aimoit, je l'aimois autant,
Et plus même qu'argent comptant.
Il mourut, et c'est tout vous dire.
Depuis on ne m'a point vu rire;
J'en ai pris le noir hocqueton,
Et n'ai plus rasé mon menton.
Cher papa, qu'aviez-vous à faire
Une action si téméraire,
Et qu'on ne peut faire deux fois?
En vous seul je me consolois
De ma fatale destinée
Puisque la vôtre est terminée,
Que pour moi vous êtes perdu
Et ne me serez point rendu,
Si quelqu'un me vouloit apprendre
Comme il faut faire pour se pendre,
Très-volontiers de sa leçon
Je lui payerois la façon;
Au lieu que, pauvre exilé, j'erre
De mer en mer, de terre en terre,
Hélas! le prophète Hélénus,
Dans les discours qu'il m'a tenus,
Ne m'en dit pas une parole,
Ni même Celæno la folle;
Et néanmoins cette guenon
Me dit au nez pis que mon nom,
Et me menaça de famine,
L'irrassasiable vermine!
  Ayant mis mon père en repos,
Et le vent soufflant à propos,
J'abandonnai ce lieu funeste.
Madame, vous savez le reste:
Le vent, devenu furieux,
M'a fait aborder en ces lieux,
Où ma flotte bien hébergée
Vous sera toujours obligée.
  Ainsi finit maître Æneas,
De conter si longtemps si las,
Et si pressé de faire un somme,
Qu'il bâilloit toujours, le pauvre homme!
Dame Didon bâilloit aussi
(Car qui voit bâiller fait ainsi).
Non moindre fut la bâillerie
Qu'avoit été l'ivrognerie:
Tyriens et Troyens bâilloient,
Quelques-uns debout sommeilloient,
A tous momens têtes baissées,
En sursaut étoient rehaussées;
Enfin chacun chercha son lit.
Je vais au mien, car j'ai tout dit.

---

[1] C'est à peu près un vers de la fameuse chanson de M. de la Palice, dont le texte original qui remonte environ à l'an 1525, et qui est un monument sérieux, quoique d'une extrême naïveté, sur la captivité de François Ier, débute ainsi :

    Hélas! la Palice est mort,
    Il est mort devant Pavie;
    Hélas! s'il n'estoit pas mort,
    Il seroit encore en vie.

(*Chants hist. franç.* de Leroux de Lincy, 2e série, p. 92.)

Cependant la naïveté de cette chanson pourrait bien, en quelques endroits, passer pour satirique. Il existe aussi une autre version contemporaine qui paraît plus exempte d'arrière-pensée de ce genre, quoique se rapprochant encore en quelques traits de la chanson populaire qui est restée si connue; celle-ci a été finie, et sans doute aussi revue et augmentée par la Monnoye, dans les œuvres choisies duquel on peut la lire en cinquante et un couplets (édit. Rigoley de Juvigny, 1770, in-8°, IIe vol., p. 211).

A MONSIEUR ET MADAME
DE SCHOMBERG [1]

Monsieur et Madame,

C'est ici le second livre de ma façon, qui a été dédié en même temps à deux personnes [2]. *Les uns en riront, les autres ne le trouveront pas bon, et moi je me soucierai fort peu de ce qu'on en dira, pourvu que j'arrive à la fin que je me suis proposée. Il y a assez longtemps que je suis malade pour croire que je mourrai bientôt. Encore que ma maladie soit de mon invention, je ne la connois pas assez pour savoir combien elle durera, et si elle me fera le plus vieil malade de France, comme elle m'a fait le plus estropié. C'est ce qui me fait songer à payer mes dettes. Toute la France sait assez ce que je vous dois,* MADAME [3], *et je sais,* MONSIEUR, *que je vous ai des obligations qui ne sont pas petites. Je pourrois bien m'en acquitter, misérable que je suis, à la façon des misérables, en disant que Dieu vous le rende, et le priant pour vous. Mais vous avez tous deux, quoique peut-être non pas en pareil degré* [4], *plus de crédit que moi en la cour céleste; je n'entreprends donc point au delà de mes forces : je vous donne tout ce que je vous puis donner. Si ce n'est pas tout ce que je vous dois, c'est vous payer en mauvaise monnoie. Mais il faut tirer d'un mauvais payeur ce que l'on peut. Si vous me prenez pour ce que je suis, vous ne douterez point que si mon Virgile travesti étoit ce qu'il n'est pas, c'est-à-dire plus digne de vous, je ne vous l'offrisse plus hardiment que je ne fais les maigres divertissemens d'un malade. Je crois,* MADAME, *que les vers burlesques que j'ai mis en lumière jusqu'à cette heure ne serviront pas peu à vous faire croire ce que je*

---

[1] Charles de Schomberg, duc d'Halluin, pair et maréchal de France, etc. (1601-56), avait épousé, en 1648 ou 1649, c'est-à-dire peu de temps avant la publication de ce IVe livre, mademoiselle Marie de Hautefort, célèbre par l'amour platonique de Louis XIII pour elle.

[2] Le premier était la *Relation du combat des Parques et des Poëtes sur la mort de Voiture*, dédiée à MM. Ménage et Sarrazin ou Sarrazin et Ménage (1648).

[3] Mademoiselle de Hautefort n'avait perdu aucune occasion de rendre service à Scarron : ce fut elle qui parla de lui à la reine et qui lui donna la curiosité de le voir, ce qui devait par la suite amener un résultat plus positif pour notre cul-de-jatte. Ce fut elle aussi qui engagea Monseigneur de Lavardin, évêque du Mans, à lui conférer un bénéfice pour le mettre à l'abri du besoin. Elle le comblait, en outre, de cadeaux, tels que chapons et pâtés, toujours bien reçus. Scarron ne fut point ingrat : il n'est personne qu'il ait plus souvent et plus vivement célébré dans ses vers.

[4] Madame de Schomberg était très-pieuse, et il est probable qu'elle avait plus de crédit que le maréchal en la cour céleste.

dis maintenant en prose. *Et pour vous*, Monsieur, *lorsque j'eus l'honneur de vous parler, je vous considérai comme un homme extraordinaire. Les grandes actions que vous avez faites depuis ont bien fait voir que vous étiez ce que vous me parûtes, et que mon inclination naturelle ne s'étoit pas trompée. Et j'ose dire, si les malheureux comme moi se peuvent quelquefois réjouir, que j'ai ressenti une joie extrême quand les deux personnes du monde que j'estimois le plus se sont trouvées si dignes l'une de l'autre. Mais en même temps que, par les plus belles paroles que j'ai pu mettre ensemble, je tâche à vous persuader que je vous honore extrêmement, je ne vois pas que je vous importune de même. Je finis donc mon épître, quelque plaisir que les malades, aussi bien que les vieillards, prennent à parler, et quelque beau sujet que j'en aie. C'est par là que je crois bien mieux vous témoigner mon zèle que par ma longue prose ; permettez-moi seulement de vous jurer, foi d'un homme qui n'a plus guère à vivre, que le votre très-humble et très et cœtera, que vous allez voir au bas de la feuille, qui est le refrain ordinaire de toutes les épîtres, est dans la mienne la plus grande vérité que dira jamais,*

    Monsieur et Madame,

                              Votre très-humble, très-obéissant

                                    et très-obligé serviteur.

                                            SCARRON.

LE VIRGILE TRAVESTI

LIVRE QUATRIÈME

Cependant la reine Didon
Perdoit sa face de dondon
Pour prendre celle d'une étique,
Tant amour forcené la pique.
En vain, pour ce feu violet [1],
Causé par un désir follet,
La pauvrette boit à la neige :
Son chaud tourment point ne s'allége.
L'insensée a beau boire frais,
Elle ne se fait que des frais.
Tantôt d'Æneas le mérite
Fait sa poitrine une marmite
Que fait brûler bûche et tison ;
Et tantôt la bonne maison
De ce ravissant personnage
Donne l'assaut à son veuvage ;
Et puis son visage charmant
Vient lui troubler l'entendement.
Cette pauvre reine des folles
S'arrête à ses moindres paroles,
Toute seule s'en entretient,
Puis elle dit : « Mon cœur en tient,
Mon cœur à l'amour si rebelle,
Et ma franchise [2] en a dans l'aile [3].
Hélas ! que ne l'ai-je paré,
Le rude coup qu'on m'a tiré ! »
Ayant sur le père d'Ascagne
Tant fait de châteaux en Espagne,
Elle s'en alla mettre au lit
Pour se reposer un petit.
Mais le repos, qui tout enchante,
A sa passion violente
Ne peut le remède donner ;
Elle ne fait que se tourner
Pour trouver une bonne assiette.
Sa fièvre toujours l'inquiète ;
Elle se perd, et le voit bien :
La malheureuse ne peut rien,
Elle s'irrite, elle se fâche,
Consulte la raison, et tâche

---

[1] A peu près synonyme ici de *violent*. On appelait feu violet un feu plus ardent et plus éclatant que les autres, par allusion au feu violet que produit le bois vert.
[2] Ma liberté, mon indépendance.
[3] Est vaincue, est blessée à mort.

D'apaiser ses sens forcenés ;
Ma foi, ce n'est pas pour son nez.
　Sitôt qu'elle vit la lumière,
Elle appela sa chambrière,
Et lui dit : « Faites-moi venir
Ma sœur, je veux l'entretenir. »
Cette sœur avoit nom dame Anne,
Teint olivâtre et nez de cane,
Et bien moins belle que sa sœur,
Mais aimable pour sa douceur;
Capable d'une bonne affaire,
Qui savoit parler et se taire,
Et si pleine de charité,
Qu'en un cas de nécessité
Elle eût été Dariolette [1],
D'ailleurs de conscience nette.
Sitôt que la reine la vit,
Rouge en visage, elle lui dit :
« O ma sœur Anne, ô ma fidèle
(La faisant asseoir auprès d'elle,
Et lui jetant ses bras au cou),
Dis-moi donc, ma sœur, pourquoi, d'où,
Comment, par quelle destinée,
Est venu chez moi cet Énée ?
Oh ! qu'il est frais, oh ! qu'il est gras !
Oh ! qu'il est beau, quand il est ras !
Qu'il est fort ! qu'il est beau gendarme !
Que sa riche taille me charme !
Que son œil fendu, grand et bleu,
Décoche de matras [2] de feu
Sur dame, ainsi que moi peu fine
A n'armer pas bien sa poitrine !
Quiconque le croiroit issu
Des dieux ne seroit point déçu.
Quand quelqu'un a l'âme poltronne,
A tout bruit il tremble et s'étonne,
A tout coup il saigne du nez ;
Mais ce roi des déterminés,
Combien de places enlevées,
Combien de guerres achevées,
Le font, sans contradiction,
Passer chez toute nation
Pour vaillant comme son épée,
En sang grec si souvent trempée.
Et qu'on m'a dit être un vieil loup
Qui tranchoit, et du premier coup,
Un chenet comme une chandelle !
Dieu me veuille délivrer d'elle !

Oh ! si je n'avois résolu
De vivre en un état solu [3],
Si je n'étois bien résolue,
Après avoir été solue
D'un homme qui me fut si cher,
De ne jamais me rattacher ;
Si je ne craignois mariage
Comme un mari fait cocuage,
Oui, si je ne l'avois juré,
Que ce nœud qui tient si serré
Ne me serreroit de ma vie,
Je te confesse mon envie
(Mais n'en dis mot, ma chère sœur),
Cet homme me revient au cœur.
Depuis la mort du cher Sichée,
Je ne m'étois point requinquée,
Et qui m'eût parlé d'un mari
N'eût pas été mon favori ;
Mais, depuis que j'ai vu mon hôte,
Mon corps, percé de côte en côte
(Je te le confesse, ma sœur),
A fort mal conservé mon cœur.
Ma blessure n'est que trop vraie,
Je saigne d'une même plaie,
Je sens les mêmes accidens,
Qui m'inquiètent le dedans,
Et reconnois bien que mon âme
Brûle d'une pareille flamme ;
Mais certes je l'étoufferai,
Cette flamme, ou je ne pourrai.
Devant que ce malheur m'arrive,
J'aime mieux brûler toute vive,
Ou plutôt que mon chien de corps
Soit mis bientôt au rang des morts,
Et fasse en enfer pénitence
De sa mauvaise résistance.
O pudeur ! je te garderai
Autant de temps que je vivrai ;
On ne verra jamais qu'Élise
Tombe en faute, et qu'on en médise
Le premier qui reçut ma foi
L'emporta, mourant, avec soi ;
Que le pauvre défunt la garde,
Et qu'en pitié Dieu me regarde,
Car mon esprit en vérité
A quelque chose de gâté. »
　Cela dit, une grosse pluie,
Qu'en vain sa belle main essuie,

---

[1] Confidente, *femme d'intrigue*, entremetteuse. C'est le nom de la confidente d'Élisenne dans *Amadis*. On trouve même ce mot au masculin avec une signification analogue (Régnier, V^e satire). On disait aussi un *daron* dans le même sens, et quelquefois un *dariolon*.

[2] Traits d'arbalète.

[3] Hors des liens du mariage, du verbe *solvere, solutus*, dénoué.

Couvrit de pleurs tout son rabat.
Grand vent petite pluie abat;
Mais, au proverbe n'en déplaise,
Les soupirs causés par sa braise
Par ses pleurs largement jetés
Furent de plus belle irrités,
Et ses soupirs à la pareille,
Comme le vent le feu réveille,
Et que le feu fait en aller
Un pot, à force de brûler.
Tant plus ses soupirs s'exhalèrent,
D'autant plus ses larmes coulèrent,
Si que [1] jamais tant ne pleura
Lia Didon, ni ne soupira.

   Sa sœur, l'ayant réconfortée,
Lui dit, de sa bouche édentée :
« O chère sœur, que j'aime mieux
Ni que mon cœur, ni que mes yeux,
Sachez de moi, ma sœur mamie,
Qu'un tantin [2] de polygamie,
Quoi que l'on dise, fait grand bien.
Vous vieillirez en moins de rien,
Et, quand vous vous verrez vieillotte,
Vous direz : Peste de la sotte,
D'avoir passé vos jeunes ans,
Pour la crainte des médisans,
Dans le fâcheux état de veuve !
Il n'est rien tel que chose neuve :
Choisissez un mari nouveau,
Et vous l'appliquez sur la peau;
Il n'est point de telle fourrure,
Et, si vous voulez que j'en jure,
Je m'en vais vous faire un serment
Plus gros que maudit soit qui ment !
Puissé-je devenir Vestale,
Avoir sur mes vieux ans la gale,
Être pauvre, mourir de faim,
S'il est rien tel, après le pain,
Que d'épouser un honnête homme,
Qui soit bâti tout ainsi comme
Ce bel Æneas le Troyen,
Que l'on tient tant homme de bien !
Gardez bien qu'il ne vous échappe :
Que Votre Majesté l'attrape.
Mariez-vous sans biaiser :
Faire autrement, c'est niaiser.
Lorsque, maîtresse de famille,
Vous aurez fait garçon et fille,
A l'un vous direz : « Mon fanfan; »
L'autre vous dira : « Ma maman; »
Et, s'ils se mettent trop à braire,
Tout ce que vous avez à faire,
Mettez-les-moi sur vos genoux
Et me les assommez de coups,
C'est le plus grand plaisir du monde.
Vous craignez qu'un défunt en gronde ?
Laissez-le gronder, s'il lui plait,
En l'enfer, où je crois qu'il est.
Il est bien oiseux, le beau sire,
De trouver sur tout à redire.
Quant à moi, je me trompe fort,
Si, quand un homme est roide mort,
Il prend garde à son épousée :
Ce n'est qu'une billevesée,
Un vrai conte à dormir debout,
Ou de nourrice, et puis c'est tout.
Je veux bien que le prince Hiarbe,
Par son épaisse et sale barbe,
Vous ait quelque dégoût donné,
Et que maint autre forcené
De ces roitelets de Libye
Vous ait donné fort peu d'envie;
Je trouve en votre aversion
Votre justification.
Mais pour celui-ci, qui vous touche,
Vous fait venir l'eau à la bouche,
Que vous ne faites que guigner,
Prenez-le-moi sans barguigner.
Encore un coup, il le faut prendre,
En essayer, et puis le rendre,
Si ce qui reluit n'est pas or.
De plus, considérez encor
Parmi quels barbares vous êtes,
Et la demeure que vous faites
Parmi ces peuples Libyens,
La plupart visages de chiens.
Certes, l'entreprise est bien grande
Si vous n'avez qui vous défende.
D'un côté le Getulien,
Larron comme un bohémien;
De l'autre côté le Numide,
Qui chevauche sans mors ni bride,
Les Syrtes inhospitaliers,
Et les Barcéens bandouliers [3],
La ville de Tyr offensée,
Votre Majesté menacée
Par notre frère, un vrai pendard,
Qui nous gâtera tôt ou tard;

---

[1] Tellement que...

[2] On dit encore aujourd'hui *un tantinet*.

[3] On nommait *bandouliers* (du mot *bandes*, comme *bandits*) des vagabonds et voleurs de campagne qui faisaient leurs expéditions, armés et par troupes.

Ces ennemis-là mis ensemble,
Vous avertissent, ce me semble,
Que vous devez songer à vous.
On vous viendra rouer de coups :
Au lieu qu'étant femme d'Énée,
Dont la flotte, ainsi malmenée,
Ne se trouve en ce port, sinon
Par l'entremise de Junon ;
Avec ce personnage, dis-je,
Si quelque voisin vous afflige
Et pense vous inquiéter,
Vous avez de quoi le frotter.
O que votre ville naissante
S'en va devenir florissante,
Et que cet hymen bienheureux,
Par ces Phrygiens valeureux,
Va rendre notre état Punique,
Victorieux et magnifique !
Vous n'avez qu'à remercier
Les dieux du ciel, et les prier
Que ce grand hymen s'accomplisse,
Et qu'Æneas l'on divertisse
Si bien, que, sans courir ailleurs
Ni chercher des gîtes meilleurs,
Auprès de vous il s'accagnarde [1].
O ma sœur ! prenez-y bien garde,
Inventez bien adroitement
Des sujets de retardement.
Que de jour en jour on l'amuse ;
Faites excuse sur excuse,
Dites que ses meilleurs vaisseaux
Sont prêts de se mettre en morceaux,
Qu'il n'est matelot qui ne fuie
Orion, l'astre pisse-pluie,
Et qu'on ne peut l'hiver flotter
Sans grandement péricliter. »
 Par cette harangue efficace,
Didon, jadis toute de glace,
Devint bientôt toute de feu ;
Et la pudeur, qu'encore un peu
Dans son âme elle avoit gardée,
S'enfuit de la dévergondée.
En suite de ces beaux discours,
La reine prit ses habits courts
(Car avec une longue cotte
On fait trop grand amas de crotte),
Et se coiffa d'un capuchon,
Sans oublier masque et manchon [2],
Pour aller en secret au temple.
Elle étoit de fort bon exemple,
Et qui jamais en bonne foi
Ne fit du temple un caquetoy [3] ?
Étant là, sa sœur avec elle,
Chacune offrit une chandelle,
La bouche se gargarisa
Et d'encens s'aromatisa ;
Et puis on fit un sacrifice
A Cérès des lois inventrice,
Du poupelin et du pâté,
Qu'on croit aussi l'avoir été
Du savoureux pain de Gonesse [4].
On offrit à cette déesse

---

[1] On devine le sens de ce mot d'après celui de *cagnard* (fainéant), qui s'est conservé dans le langage familier :

Je m'accagnarde dans Paris
Parmi les amours et les ris,

a dit Boisrobert dans une de ses épîtres.

[2] Scarron donne à la reine de Carthage l'accoutrement des femmes du dix-septième siècle, y compris le masque (sorte de *loup* en velours noir) que les dames de condition portèrent pendant longtemps dans les rues, à la promenade, lorsqu'elles sortaient à pied.

[3] « Lieu où les femmes s'assemblent pour causer et pour babiller. » (Ler., *Dict. com.*) On peut voir ici une épigramme contre un usage d'alors, dont tous les romans de l'époque ont conservé la trace et nous offrent le témoignage. Nous lisons dans la *traduction d'une lettre italienne... contenant une critique agréable de Paris*, publiée vers le même temps : « Le peuple fréquente les églises avec piété. Il n'y a que les nobles et les grands qui y viennent pour se divertir, pour parler et se faire l'amour. » Au début du *Roman bourgeois*, Furetière transporte le lecteur dans une église qui est le centre de toute la galanterie bourgeoise du quartier, « à cause que la licence de causer y est assez grande, » et il nous décrit tous les manéges et tous les caquetages qui s'y font. — Dans sa nouvelle de l'*Amante invisible* (*Roman comique*, I, ch. IX), Scarron nous dit : « Don Carlos se trouva avec quantité d'autres tyrans des cœurs dans l'église de la galanterie. On profane les églises en ce pays-là aussi bien qu'au nôtre, et le temple de Dieu sert de rendez-vous aux godelureaux et aux coquettes, » etc. (Voir encore *Loix de la galanterie*, éd. Aubry, p. 19-20), et dans l'*Apol. pour Hérod.*, de H. Estienne, un passage du prédicateur Menot.)

[4] Le pain de Gonesse était un excellent pain de ménage fort recherché fait d'une pâte

Deux brebis jeunes et de choix.
Le blond Phébus porte-carquois,
Inventeur de la sarabande,
Eut part en cette digne offrande,
Comme aussi Lyæus le blond,
Grand dissipateur de jambon [1].
Dieu sait si l'on mit en arrière
Junon la déesse nocière [2],
Car c'est d'elle en semblable cas
De qui l'on fait le plus grand cas.
Là, Didon, de fort bonne grâce,
Répandit le vin d'une tasse
Sur le front de la sœur d'un bœuf,
Blanche comme une coque d'œuf,
Et puis fit quelques caracoles
A l'entour des saintes idoles,
Leur fit à tous de beaux présens.
Des animaux agonisans
Elle consulta les entrailles,
Qui sentoient bien fort les tripailles,
Dont le nez elle se boucha
Et très-sottement se fâcha.
O vanité des Aruspices !
De quoi servent les sacrifices
A femme qui se meurt d'amour ?
C'est chercher la lune en plein jour
Que de chercher quelque remède
Lorsque le grand mal la possède.
Elle a beau faire, il faut brûler,
Mourir de faim, sans se soûler,
Ou bien, pour contenter sa rage,
Faire parler le voisinage.
Son pauvre esprit, devenu fou,
La fait courir sans savoir où :
Ce feu grégeois toujours s'augmente,
Et dévore la pauvre amante.
Versât-elle de pleurs un seau,
Ce feu grégeois brûle dans l'eau,
Et la brûleroit de plus belle [3].
Par Mahom [4], c'est grand'pitié d'elle !
Tout ainsi, par comparaison,
Quand, friand de la venaison,
Un pasteur, dans les bois de Crète,
A transpercé d'une sagette,
Ou bien, si vous voulez, d'un dard,
Une biche de part en part,
Après l'avoir longtemps chassée,
Sans bien savoir s'il l'a blessée,
Il s'en va comme il est venu,
Et le pauvre animal cornu,
Je me trompe, car la femelle
(Autre n'en sait la raison qu'elle)
N'a ni corne ni cornichon,
Non plus que son petit bichon,
Devant qu'il ait armé sa tête ;
Retournons à la pauvre bête :
Elle fuit au travers des bois,
Qui sont drus au pays Crétois,
Comme une biche frénétique,
Portant la flèche qui la pique
Toujours attachée à son flanc.
Duquel sort un ruisseau de sang.
L'application est aisée
Sur Didon d'amour embrasée.
Elle prend messire Æneas,
Et, le tiraillant par le bras,

légère et avec de beaux yeux. Il tirait son nom du village des environs de Paris où on le fabriquait.

[1] Parce que le jambon fait boire, et que Lyæus ou Bacchus est le dieu du vin. Le jambon occupe toujours une large place dans les menus de Saint-Amant, le poëte bachique. (Voir ses poésies, *passim*.)

[2] *Cui vincla jugalia curæ*, dit Virgile.

[3] Voilà qui est du dernier fin. Mais ce langage alambiqué que Scarron parle ici plaisamment, beaucoup d'autres le parlaient alors très-sérieusement dans leurs œuvres. C'était à qui se signalerait par la pointe la plus galante sur l'amour. On n'a que l'embarras du choix. « J'ai dans le sein un amas de larmes, écrit J.-B. de Croisilles, qui fait que mon cœur oppose toujours son naufrage à son embrasement. » (La *Chasteté invincible*, *Bergerie en prose*, 1633.) Cyrano est bien plus joli encore : « En vérité, écrit-il à son Iris, je soupçonnerois que vous n'épuisiez les sources d'eau qui sont chez moi (ses yeux), que pour me brûler plus facilement ; et je commence d'en croire quelque chose depuis que j'ai pris garde que plus mes yeux tirent d'humide de mon cœur, plus il brûle. » (Ve *Lettre amoureuse*.) Et il poursuit, en disant que son corps n'est pas formé de l'argile ordinaire, mais sans doute d'une pierre de chaux, puisque l'humidité des larmes qu'il répand l'aura bientôt consumé. J'en suis fâché pour Scarron, mais cette pierre de chaux vaut encore mieux que son feu grégeois. (Voir également Cyrano de Bergerac, 2e *Lettre amoureuse*, p. 177, *Bibliothèque gauloise*.)

[4] Par Mahomet. C'est le jurement habituel dans les romans du moyen âge, où il produit le plus souvent, comme ici, un burlesque anachronisme. Mais *Mahom* était pris comme synonyme de diable.

Le promène parmi la ville.
Comme Énée a l'âme civile
Et la Didon beaucoup d'amour,
A chaque passage et détour
On se faisoit cent déférences,
Et deux cent trente révérences ;
Ce sont, si bien vous supputez,
Trois cent trente civilités.
Elle lui montroit ses richesses,
Le dessin de ses forteresses ;
Chemin faisant, le caressoit,
Caressant, se radoucissoit ;
Puis rougissoit de sa sottise,
La pauvre malheureuse Élise ;
Puis pâlissoit d'avoir rougi,
Ayant peur d'avoir mal agi,
Pour le dessein qu'elle a de plaire,
Ce qui n'est pas petite affaire.
Souvent elle se méprenoit
Alors qu'elle l'entretenoit,
Et prenoit Gaultier pour Garguille [1] :
Elle babille et rebabille,
Ne sait quasi ce qu'elle dit,
Et tout le monde en étourdit.
Elle veut dire quelque chose,
La commence, achever ne l'ose,
Ouvre la bouche et ne dit mot,
Tout de même que fait un sot ;
Et puis elle le mène boire,
Lui fait redire son histoire,
S'enchevêtre de plus en plus,
Le mange avec des yeux goulus,
Sur tout ce qu'il dit se récrie,
Sans pouvoir cacher sa furie.
Mais, quand il se faut séparer,
Qu'il est temps de se retirer,
Lorsque la reine des étoiles,
La nuit, avec ses sombres voiles,
A tout couvert notre horizon,
Le diable est bien à la maison.
Quand elle se voit toute seule,
Elle soupire, elle s'égueule
A force de pousser ses cris,
Tant le trouble est dans ses esprits.

Elle entretient, la forcenée,
Absente, son absent Énée ;
Elle parle et répond pour lui,
Afin de flatter son ennui :
Elle n'en est point entendue,
Car il dort, la cuisse étendue,
Sans se soucier si Didon
Passe une bonne nuit ou non.
Quand le jeune Ascagne elle attrape
Comme ayant peur qu'il ne s'échappe,
Elle le met entre ses draps,
Et le serre entre ses deux bras,
Essayant par cette finesse
D'adoucir le mal qui la blesse :
Ah ! vraiment c'est un bon vieux tour
Contre un dieu fin comme l'Amour !
  Cependant tout ouvrage cesse,
On se débauche, et la jeunesse
Ne songe plus à s'exercer
Et ne fait que son temps passer.
Tout mange, boit, rit danse et raille :
Au diable si pas un travaille !
Tous les ouvrages commencés
Par les ouvriers sont laissés :
Les tours demeurent imparfaites,
Les murailles ont des lunettes [2] ;
Tous les desseins vont à vau-l'eau,
Ce qu'on ne trouve bon ni beau ;
Tout le monde en dit des sornettes,
On en fait mille chansonnettes :
Autant en emporte le vent ;
On ne fait pas mieux que devant
Junon, de colère enflammée
De voir perdre sa renommée
Et mettre tout à l'abandon
La Sidonienne Didon,
Cette dame qui toujours gronde,
Alla trouver Vénus la blonde,
Et d'un visage refrogné :
« Vous croyez avoir tout gagné,
Lui dit-elle, dame Cythère,
Par votre infâme ministère,
Et de Cupidon, votre enfant,
Qui tranche du dieu triomphant,

---

[1] On employait très-fréquemment cette façon de parler pour : *faire un quiproquo.* On disait aussi : *se moquer de Gaultier et de Garguille* (de tout le monde) ; *n'épargner ni Gaultier ni Garguille* (Régnier, satire XIII), pour : n'épargner personne. Gaultier-Garguille était un célèbre farceur, compagnon de Gros-Guillaume et de Turlupin, qui, suivant la légende, joua d'abord sur les tréteaux, à la porte Saint-Jacques, puis à l'hôtel de Bourgogne. Il excellait dans la tragédie comme dans la comédie. Il mourut vers 1634, après quarante ans d'exercice.

[2] Probablement des *jours,* des *ouvertures.* Le sens du mot *lunettes,* comme terme de fortifications, ne nous paraît pas applicable ici, et nous aimons mieux croire à une locution bouffonne de l'auteur.

Et qui pourtant pour tout potage
N'est que dieu du maquerellage.
Vraiment vos deux divinités
Ont de grands honneurs mérités,
D'avoir triomphé par surprise
De la pudeur de dame Élise.
Maître Æneas, votre bâtard,
Comme tout soudrille est vantard,
En fera des contes pour rire :
Vous faites état d'en médire,
Et les choses iront ainsi ?
Ah ! vraiment, attendez-vous-y !
Vous vous êtes mis en la tête
Que notre chien n'est qu'une bête ¹ !
Vous trouverez à qui parler.
Je saurai fort bien démêler,
Malgré vos dents, cette fusée,
Fussiez-vous cent fois plus rusée.
Confessez-le-moi sans mentir :
Vous avez eu soupçon de Tyr,
Et, pour cela, fait dans Carthage
Tout ce plaisant remue-ménage ;
Tous vos desseins sont découverts,
Et réussiront à l'envers.
Certes, vous et moi, ce me semble,
En nous raccommodant ensemble,
Passerions bien mieux notre temps.
Vos désirs sont déjà contens :
Didon meurt d'amour pour Énée ;
Assemblons-les par hyménée.
Je consens que le Phrygien
Soit maître du Sidonien,
Et verrai le prince de Troie
Gouverner Carthage, avec joie.
Eh bien, est-il bon, le parti ?
Lui dit Junon. — J'aurois menti
Si je vous disois le contraire,
Dit Vénus, et dans cette affaire
Que vous venez de p oposer,
Je ne vois rien à refuser. »
Elle voyoit pourtant la dame
Junon jusqu'au fond de son âme,
Et que la proposition
N'étoit que pure invention,
Afin que sa chère Libye
Fût à couvert de l'Italie :
Mais à fourbe fourbe et demi.
« Vouloir être votre ennemi
Et prendre contre vous querelle,

C'est se vouloir perdre, dit-elle :
On n'y peut gagner que des coups.
Je sais fort bien qu'un diable et vous
Êtes quasi la même chose,
Et que quand fâcher on vous ose,
Il vaudroit mieux être pendu.
Or, pour cet hymen prétendu,
Je doute bien fort de l'affaire,
Car le Destin nous est contraire :
Jupiter est pour le Destin,
Qui veut que l'on parle latin
Quelque jour par toute la terre.
Il vous craint comme le tonnerre :
Faites le diable à la maison,
Vous le mettrez à la raison,
Ou plutôt faites-lui caresse ;
Vous connoissez bien sa foiblesse,
Et, lorsque vous l'avez flatté,
Si c'étoit votre volonté,
Qu'il feroit la fausse monnoie ;
Que, sans se soucier si Troie
En Rome ressuscitera,
Tout s'en ira comme il pourra,
Bien ou mal, pourvu qu'il vous plaise ;
Que le sort en gronde ou s'en taise,
Le Seigneur s'en souciera peu,
Et tournera la chose en jeu.
Dressez donc votre batterie ;
J'assure Votre Seigneurie
Que, de mon côté, je ferai
Merveilles, ou je ne pourrai. »
   Ainsi parla Vénus la belle.
Junon, fort satisfaite d'elle,
Lui fit quelques complimens courts,
Puis reprit ainsi le discours :
« Je me charge de cette affaire,
Pourvu que nous puissions nous taire,
Et chacune de son côté
Agisse avec fidélité.
Voici comme je veux m'y prendre,
Et le piége que je veux tendre :
Demain ma Didon s'en ira,
Sitôt que le soleil luira,
A la chasse avec votre Énée ;
Une bourrasque inopinée,
Que je ferai tomber sur eux,
Fera peur aux plus valeureux.
Horrible sera la tempête
Dont je prétends troubler la fête,

---

¹ Façon de parler proverbiale dont on devine aisément le sens. On l'employait souvent avec quelques variantes qui n'en altéraient pas la signification : « Je lui ferais bien voir que son cheval ne serait qu'une bête, » dit Mirobolan dans le *Crispin médecin*, d'Hauteroche I, sc. II).

Car le tonnerre grondera,
Grosse grêle s'y mêlera,
Et l'obscurité sera telle,
Qu'on aura besoin de chandelle.
Les Tyriens se cacheront,
Et les Troyens, comme ils pourront,
Pour éviter pareille pluie.
Il n'est personne qui ne fuie,
Et qui n'aille, pour se cacher,
Sous un arbre ou sous un rocher,
Sans songer si, durant l'orage,
La reine marche à sec ou nage.
Votre Énée, avec ma Didon,
S'enfuiront, de grande randon [1],
Se nicher dans une caverne,
Et lors, je veux bien qu'on me berne,
S'ils sortent comme ils sont entrés.
Je vous les rends enchevêtrés
D'un lien qui tient comme teigne,
Et, si ma Didon n'est brehaigne [2],
Dans neuf mois on verra sortir
De leur fait un infant de Tyr. »
Ainsi parla du ciel la dame.
« Vous êtes une brave femme, »
Dit Vénus, riant en son cœur.
Après ce compliment moqueur,
Les deux dames se saluèrent,
Et puis après se séparèrent ;
Vénus alla voir sa Paphos,
Et Junon tira vers Samos,
Pour assister une accouchée
D'un embryon bien empêchée.
    Le lendemain, au point du jour,
Tout fut en rumeur à la cour :
La jeune Phénicienne,
Chacun avec son chien ou chienne,
Tous braves et tous à cheval,
Les uns bien et les autres mal,
Et tous équipés pour la chasse,
Parurent en la grande place.

Force piqueurs Massiliens,
Quantité de valets de chiens,
De leurs trompes faisoient fanfare,
Comme qui diroit tantarare [3].
Les uns étoient chargés de rets
Pour emprisonner les forêts,
Les autres d'halliers pleins de mailles
Et de courcaillets [4] pour les cailles.
Bottés à cru, les gros milours [5],
Armés d'épieux en habits courts,
A la porte de dame Élise,
Qui prenoit encor sa chemise,
Jouoient, les uns au trique-trac,
Les autres prenoient du tabac,
Discouroient d'une et d'autre chose,
Et bien souvent rioient sans cause.
Mais à la fin trop de rumeur
Mit la reine en mauvaise humeur :
La dame leur envoya dire
Qu'elle n'aimoit pas ouïr rire.
Son traquenart [6], rongeant son frein
D'or, d'argent, de fer ou d'airain
(Je n'en sais pas bien la matière),
De son pied grattoit la poussière :
C'étoit un fort bon traquenart,
Hormis qu'il avoit un javart.
La reine, habillée et coiffée,
Et soigneusement attifée,
Sortit en pompeux appareil.
On ne peut rien voir de pareil :
Sa seule robe en pierrerie
Valoit plus d'une métairie ;
Elle étoit de ras de Châlons [7]
Couverte de quatre galons,
Et de gros boutons à freluches [8] ;
Sur son chef deux plumes d'autruches
Avec quelques autres de paon,
Faisoient sur un petit turban
Une espèce de capeline [9] ;
Un carquois chargeoit son échine,

---

[1] En toute hâte, de toute leur force. Il y avait le verbe *randonner*, courir, galoper.
[2] Stérile.
[3] On connaît le vers d'Ennius :
    At tuba terribili sonitu taratantara dixit.
Le poëte burlesque s'est rencontré avec le poëte épique, et encore plus loin (l. V).
[4] Appeaux qui imitent le cri des cailles.
[5] Milords.
    Cheval.
    Ras, étoffe unie, dont le poil ne paraît point. Ras de Châlons, serge croisée dont les poils sont calis et ne se voient pas.
[8] Housses de soie.
[9] Chapeau que les femmes portaient à la chasse, au bal, en mascarades, — fait ordinairement de paille, à grands bords doublés de taffetas ou de satin. Quelquefois ce mot ne désignait qu'un bonnet de velours, mais, dans les deux cas, bien recouvert de plumes.

Garni de matras empennés
Très-artistement façonnés.
Les cheveux qui, sur son derrière,
Flottoient d'une belle manière,
Étoient ce matin-là gaufrés,
Et noués de cordons chiffrés,
De la main de la forcenée,
D'un Æ qui faisoit Ænée.
Item, son superbe manteau
Fait à Sidon du drap d'Usseau,
Et qu'elle portoit en écharpe,
Étoit d'une couleur de carpe,
Car d'écailles d'or émaillé
Et très-artistement taillé
L'étoffe étoit toute couverte,
Et, sur l'écaille jaune et verte,
Quand le soleil à plomb donnoit,
Peau de carpe elle devenoit.
Il se retroussoit d'une agrafe
Qui répondoit à la piaffe [1] :
Cette agrafe représentoit
Une patte d'ours qui tâtoit,
Et qui tâtoit d'ours autre patte,
L'une et l'autre de fine agate.
   Les Phrygiens vinrent aussi
En grosses bottes de roussi [2].
Iulus étoit à leur tête,
Tout ébaudi de telle fête.
Après lui vint son cher papa,
Qui les yeux de tous occupa,
Tant étoit beau le galant homme :
Peu s'en falloit qu'il ne fût comme
Apollon, alors que quittant
Xanthe, qu'on dit qu'il aime tant,
Et la Lycie, où l'on frissonne,
Ce beau fils de dame Latone,
Poudré, frisé, rasé de frais,
A grand équipage et grand frais
Vient faire à Délos résidence :
Pour le recevoir chacun danse ;
Les Agathyrses peinturés,
De leurs plus beaux habits parés,
Et les Dryopes, et les Crètes,
Dansent comme marionnettes ;
Chacun le cul du pied s'y bat :
Jamais on ne vit tel sabbat.
Ce dieu sur les coteaux de Cynthe
Se promène, la terre ceinte

De feuilles et de rubans d'or.
Tel, et plus beau peut-être encor,
Parut en son habit de chasse
Messire Æneas dans la place.
Il fut de chacun admiré,
Des yeux de Didon dévoré,
Et lui pareillement sur elle
Joua souvent de la prunelle.
Alors que l'on fut dans les bois,
Des rochers chèvres et chamois
Prirent la peine de descendre,
Et l'on prit celle de les prendre.
Force daims traversant les champs,
Maintes pétarades lâchans,
Faussèrent bientôt compagnie,
Sans beaucoup de cérémonie,
Et maint cerf y prit le devant
Vite autant et plus que le vent,
Faisant naître dans son passage
De poussière un épais nuage.
Ils se sauvoient en moins de rien,
En quoi certes ils faisoient bien.
Iulus, autrement Ascagne,
Monté sur un cheval d'Espagne,
Attrapoit les plus avancés ;
Puis, les ayant outre-passés,
Venoit sur eux à toute bride,
Poussoit son cheval intrépide,
Lui faisoit passer des fossés,
Qui font peur quand ils sont passés.
Oh ! que le compagnon désire
Qu'un grand sanglier de bonne mire
Vienne déchirer, furieux,
Les chiens au milieu des épieux,
Ou que quelque lion descende
Au milieu de toute la bande,
Faire trembler les plus ardens
En leur montrant griffes et dents,
Quoique bête si ravissante
Ne soit guère divertissante !
   Cependant qu'ainsi l'on chassoit,
Le ciel serein s'obscurcissoit,
Et, par de grands coups de tonnerre,
Déclaroit la guerre à la terre.
Le tonnerre, ayant bien grondé,
De la grêle fut secondé ;
La grêle le fut de la pluie.
Il n'est personne qui ne fuie,

---

[1] A l'éclat, à l'ostentation du reste.

[2] Le cuir dit de Roussi (pour de *Russie*) était, comme le castor et le maroquin, réservé aux chaussures des courtisans et gentilshommes.

[3] De bonne visée. *Mire*, en termes de chasse, désigne un sanglier de cinq ans.

Tant cet orage véhément
Pensa tout perdre en un moment.
Il tonne, il grêle, il pleut, il vente ;
L'horrible tempête épouvante
Les esprits les plus assurés,
Et les éclairs réitérés,
Au lieu d'aider dans les ténèbres,
Font naître des craintes funèbres.
Les Tyriens, comme des fous,
Pour se cacher cherchent des trous ;
Les Phrygiens en font de même.
Iulus, le visage blême,
Demande partout son papa,
Lequel cependant s'échappa
Avec Didon toute pleureuse,
Et néanmoins tout amoureuse,
Et laquelle eût joué beau jeu.
Qui l'auroit voulu croire un peu.
Ils patrouillèrent dans les crottes,
Sans se soucier de leurs bottes
Non plus que de leurs pauvres gens,
Et se sauvèrent diligens
Dans une profonde caverne ;
Faute d'avoir une lanterne,
Ils s'y fourrèrent à tâtons
Et s'entre-servant de bâtons.
Étant dans cette noire grotte,
Chacun avec un pied de crotte,
Ils recouvrèrent leurs esprits :
C'est ce qu'on peut avoir appris
D'une chose faite en cachette ;
Outre que ma plume est discrète,
Virgile, qui n'est pas un fat,
Sur un endroit si délicat
A passé vite sans décrire
Chose où l'on pût trouver à dire ;
C'est pourquoi je n'en dirai rien,
Mais je crois que tout alla bien.
Æneas, comme un homme sage,
N'en a jamais dit davantage,
Et Didon n'a jamais rien dit
De ce qu'en la grotte elle fit.
Sachez seulement qu'ils s'y tinrent
Assez longtemps, et que survinrent,
Tandis qu'ils furent là dedans,
De très-funestes accidens.
On dit que Junon la nocière,
Et dame Tellus nourricière,
S'entre-donnèrent le signal ;
Si c'est pour bien, si c'est pour mal,

Encore un coup, je m'en veux taire.
Le ciel, complice de l'affaire,
Soit qu'il en fût d'avis ou non,
Tira force coups de canon.
Les nymphes des lieux en hurlèrent,
Et leurs têtes déchevelèrent ;
C'est pourquoi le monde a pensé
Qu'il s'étoit sans doute passé,
Entre Didon et maître Énée,
Une manière d'hyménée,
Car de cet honnête nom-là
Dame Didon nomma cela ;
Mais je sais bien que quelques prudes
Lui donnèrent des noms plus rudes,
Et, nonobstant la qualité,
Qu'à Tyr l'on a bien caqueté,
Tant de Didon que de son hôte.
Certes, jamais pareille faute
Ne causa pareil repentir,
Et la pauvre infante de Tyr
En mourut, dont ce fut dommage.
Que maudit soit son mariage,
Et maudite soit sa vertu !
Je veux qu'il se soit ébattu
Avec elle, Æneas de Troie :
Ce n'est qu'une action de joie,
Et laquelle ne devoit pas
Produire un funeste trépas.
En falloit-il cesser de vivre ?
La suive qui la voudra suivre !
Je connois de fort bons esprits
Qui ne voudroient pas à tel prix
Acheter de la renommée,
Qui n'est, ma foi ! qu'une fumée.
 Autre renommée il y a,
Laquelle partout publia
Que Didon avec maître Énée
Étoit jointe par hyménée.
Cette renommée est un mal,
Ou plutôt un traître animal
Qui ne se peut tenir en place :
Il n'est malice qu'il ne fasse ;
Il est menteur et médisant,
Et prend force chemin faisant.
Dans les commencemens il semble
Que de peur en parlant il tremble,
Puis après à tout il se prend,
Et de petit devient si grand,
Qu'il s'étend par toute la terre [1].
On dit qu'après l'étrange guerre

---

[1] Il est curieux de comparer à ce passage (dans Virgile et dans Scarron) celui de Beaumarchais sur la calomnie, dans le *Barbier de Séville* (II, sc. VIII).

Que contre les dieux intenta
Encelade, lequel planta
Contre leur donjon escalade,
La mère de cet Encelade
Et de Cæe, autre grand voleur,
En accoucha par grand malheur
(Ceci soit dit sans lui déplaire).
La terre ne pouvoit pis faire :
Quand elle en auroit avorté,
Elle auroit bien plus mérité.
Ce monstre bizarre et fantasque
Va vite du pied comme un Basque,
A le corps de plumes couvert,
Sur chaque plume un œil ouvert,
Une oreille toujours ouverte,
Langue à craindre, et bouche diserte
Qui dit tout indifféremment
Ce qu'elle sait, et souvent ment.
La nuit elle fait diligence,
Cette pernicieuse engeance,
Et vole comme un chat-huant,
Ses vastes ailes secouant
Entre deux airs sans prendre terre ;
Puis le jour elle fait la guerre
(S'entend à l'œil) sur une tour,
Et prend garde tout alentour,
L'oreille ouverte, pour apprendre
Ce que sa bouche doit répandre.
Tout beau, je parle en singulier,
Devant que parler en pluriel :
La male bête a des oreilles,
Des bouches pâles ou vermeilles,
Et des yeux jour et nuit ouverts,
Noirs, bleus, gris, blancs, jaunes ou
(De la couleur il ne m'importe), [verts [1]
Autant que son maigre corps porte
De plumes, dont il est aussi
Porté tant par-là que par-ci
(Ou par-ci par-là, l'un vaut l'autre.
En un métier comme le nôtre,
On ne rime pas comme on veut,
Mais seulement comme l'on peut).
Cette conteuse de nouvelles
En fit partout courir de belles
Tant d'Æneas que de Didon,
Publiant qu'elle avoit fait don
De sa personne à maître Énée,

Et cela par bon hyménée ;
Et qu'Æneas, de son côté,
S'étoit sottement garrotté ;
Que ce restaurateur de Troie
Se donnoit bien fort au cœur joie
Avec la dame, et que tous deux
Sans se mettre en peine si d'eux
Sortiroient les deux républiques
Par lesquelles, à coups de piques,
De dagues, masses, flèches, dards,
Sont tombés tant de bons soudards
Ne s'amusoient plus dans Carthage
Qu'à vaquer à leur mariage,
Et passoient les jours tout entiers
A se faire des héritiers.
Leurs courtisans faisoient de même,
Tout étoit veille de carême [2],
Les vendredis et samedis,
Comme les lundis et mardis.
On n'entendoit que sérénades,
On ne voyoit que mascarades,
Faire festins, danser ballets ;
Fous les maîtres, fous les valets.
Tout alloit, en cour, par écuelles [3],
Tant les messieurs que les donzelles,
Les donzelles que les messieurs,
Faute d'exercices meilleurs,
S'appeloient : Mon petit cœur gauche,
Faisoient jour et nuit la débauche.
Les plus morigénés d'eux tous
Pouvoient passer pour de grands fous,
Et Didon étoit résolue,
Dût-on l'appeler dissolue,
Et quand bien on en médiroit,
Que, tant que l'hiver dureroit,
Elle passeroit son envie,
Et feroit jour et nuit la vie,
De pareille force et vigueur
Malgré l'hiver et sa rigueur.
   Ce sont les discours malhonnêtes
Dont la plus méchante des bêtes
Rendit les peuples ébahis
Du vaste Libyque pays.
Puis elle alla trouver Hiarbe,
Le roi du peuple pique-barbe,
Que le grand Jupin Ammon fit
A Garamante, qu'il ravit ;

---

[1] On a pu déjà remarquer bien des fois à quel point Scarron aime ces énumérations et ces entassements d'épithètes, source de facile comique : on en rencontrera beaucoup encore, et presque à chaque feuillet.

[2] Mardi gras.

[3] Faire tout aller par écuelles, mettre tout par écuelles, c'est manger et dissiper largement.

Elle fut longtemps son amante,
Cette donzelle Garamante,
Et tint longtemps embéguiné
Ce Dieu, par son teint basané.
Ce prince honoroit fort son père,
Et n'honoroit pas moins sa mère,
Afin de vivre longuement [1] :
Pour cela, magnifiquement
Il avoit fait bâtir cent temples,
De riche structure, et fort amples ;
Dans ces cent temples, cent autels
(Peu de gens en ont vu de tels),
Ornés de figures taillées,
Très-artistement grisaillées.
Devant chaque autel, lampe étoit,
Qui beaucoup d'huile lui coûtoit,
Étant jour et nuit allumée ;
Là, mainte victime assommée
Par ce roi noir vêtu de blanc,
Engraissoit la terre de sang.
Les portes en étoient ornées
De fleurs, de rubans cordonnées,
Et les rubans, comme les fleurs,
Étoient de diverses couleurs.
La nouvelle étant donc semée
Par la méchante Renommée,
Que Didon et le Phrygien
Scandalisoient les gens de bien,
Ce prince du pays Libyque
Comme un amant bientôt se pique,
Et qu'il avoit l'esprit hautain,
Crut qu'il n'étoit rien plus certain.
Il s'en alla tout en colère
Au temple s'en plaindre à son père.
Voici les discours qu'il lui tint,
Les yeux pleurans, pâle le teint,
Et les mains vers le ciel haussées,
L'une dans l'autre entrelacées :
« O grand Jupiter ! révéré
Du Maure au grabat peinturé,
Et qui pourtant n'as grande cure
Du Maure ni de sa peinture,
Quoique le Maure en vérité
Boive souvent à ta santé,
Ton tonnerre et tes pétarades
Ne sont donc que fanfaronnades,
Et tout le bruit qu'au ciel l'on fait
N'est rien que du bruit sans effet ?
Quoi ! le bon qui te sacrifie,
   le méchant qui te défie,
N'en feront donc ni pis ni mieux ;

Et la terre, au-dessous des cieux,
N'aura que le désavantage
D'être plus basse d'un étage ?
Et moi qui te sers nuit et jour,
Et la Didon qui fait l'amour,
Mériterons de même sorte,
Si bien, Jupiter, qu'il n'importe
De faire bien, ou faire mal ?
Auprès de toi tout est égal !
Une Didon, une coureuse,
S'en vint, en faisant la pleureuse,
Nous demander place à bâtir :
Cette fugitive de Tyr,
Qu'en ce rivage nous reçûmes,
Et dont compassion nous eûmes,
Est éprise d'un autre gueux,
Qui se fait nommer le Pieux ;
Cet autre Pâris, cet Énée,
Avec sa troupe efféminée,
Comme une donzelle accoutré,
Poudré, frisé, fardé, mitré
D'une toque Méonienne,
Avec cette Sidonienne
Tout ouvertement fait dodo,
Et, comme on dit, vit à gogo.
Ainsi par cette bonne dame,
Cependant que je te réclame,
Je me trouve amoureux cornu,
De quoi je te suis bien tenu.
A d'autres, Jupiter, à d'autres !
Si sur les sacrifices nôtres
Tu fondes tes meilleurs repas,
Ma foi, tu n'engraisseras pas.
De mes victimes assommées,
Et de mes lampes allumées
Je suis fort mal récompensé.
Vraiment, si je l'eusse pensé,
Je n'eusse pas perdu ma peine,
Et mainte vache, et bête à laine,
Seroient encore dans leur peau
A faire honneur à mon troupeau. »
  Cette harangue bien sensée,
Ainsi chaudement prononcée,
Fit tout l'effet qu'elle devoit.
Seigneur Jupiter, qui tout voit,
Vit le monsieur et la madame
Qui s'appeloient : Mon cœur, mon âme,
Et l'un de l'autre embéguinés
Sans cesse se rioient au nez,
Sans se mettre beaucoup en peine,
Autant Æneas que la reine,

[1] Allusion au quatrième commandement du Décalogue.

S'ils faisoient les gens caqueter.
Cela fâcha bien Jupiter.
Il appela son fils Mercure,
Bâtard de gentille nature,
Et bien aussi morigéné
Qu'un garçon sans offense né :
Il est vrai qu'il aimoit à prendre,
Mais on en est quitte pour rendre.
Sitôt que son père le vit,
Voici le discours qu'il lui fit :
« Va faire brider un zéphyre,
Monte dessus et t'en va dire
A maître Æneas le Troyen
Qu'il ne fut jamais qu'un vaurien ;
Que sa mère de son courage
Nous avoit promis davantage.
Deux fois des mains des Grecs sauvé,
On ne l'avoit pas réservé
Pour faire de l'amant fidèle,
Ou plutôt du Jean de Nivelle.
Dis-lui qu'un miroir à putain
Pour dompter le pays latin
Est un mal propre personnage,
Et que de Teucer le lignage
Demande un homme de vertu,
Et non pas un cogne-fêtu [1],
Pour le faire bientôt renaître,
Et dans le bas monde paroître
Arbitre de tous les États,
Foulant aux pieds les potentats.
Si cette grandeur l'importune,
Qu'il n'empêche pas la fortune
D'Ascagne à cela destiné
Par un arrêt au ciel donné.
Qu'il cesse donc de me déplaire ;
Qu'il navigue et me laisse faire,
Et, s'il dit qu'il n'en fera rien,
Qu'il s'aille, vous m'entendez bien ;
Je ne veux point dire le reste.
Vole donc, mon fils, adieu, preste ! »
  Ainsi lui parla Jupiter,
Et Mercure alla s'apprêter :
A ses talons, que mule aucune,
Par respect, jamais n'importune,
Talonnières il ajusta,
Et puis proprement ajouta
A chacune une paire d'ailes,
Car ce Dieu ne pourroit sans elles,
Quoique Dieu, non plus qu'un caillou,
Voler sans se casser le cou ;
Mais, quand il a la jambe armée

De sa talonnière emplumée,
Dessus la terre et dessus l'eau
Il ne se trouve point d'oiseau
Qui voulût faire une carrière
Contre un tel porte-talonnière,
Qui pourroit du vol disputer
Avec l'oiseau de Jupiter.
Et puis il prit son caducée :
C'est une verge entrelacée
D'une couple de beaux serpens,
Entortillés, et non rampans.
Avec cette verge il fait rage,
Ce Dieu, patron du brigandage ;
Prononçant certains mots follets
Qu'on dit jouant des gobelets,
Et dont j'ai perdu la mémoire,
Il fait ce qu'on ne pourroit croire :
S'il ne fait qu'un homme toucher,
En enfer il se va cacher ;
Et, s'il veut retirer cet homme,
Le retouchant, il en sort comme
Qui dans l'enfer n'a point été,
Sans être de son feu gâté.
Quand il veut qu'un homme sommeille,
Lui fourrant sa verge en l'oreille,
Il le fait bientôt sommeiller ;
Et, quand il le veut réveiller,
A deux ou trois bons coups qu'il donne
De son bâton, il n'est personne
Qui ne se réveille en sursaut.
Il en fait le froid et le chaud ;
De là même, il fait la tempête,
Et, quand elle fait trop la bête,
Il la dissipe en un instant.
Avec ce bâton important
Il donne aussi sur les oreilles,
Et mille autres belles merveille
Que je n'ai loisir de conter,
De peur de le trop arrêter.
  Le voilà déjà qui côtoie,
Comme un aigle et non comme une oie,
Les flancs de son grand-père Atlas,
Vieillard qui doit être bien las
Depuis que son échine forte
Toute la masse du ciel porte.
Ce mont a sur sa sommité
Des grands sapins en quantité,
Qui couvrent sa tête et sa nuque,
Et lui font comme une perruque.
De son gros chef couvert de bois,
S'exhale maint nuage épais

---

[1] Un homme qui se donne beaucoup de peine pour rien.

Qui le cache et qui l'environne,
Et lui fait comme une couronne.
Sa bouche crache des ruisseaux,
Dont les froides et claires eaux
Se séparent en plusieurs fleuves ;
Tous les hivers, des neiges neuves
Lui font un justaucorps nouveau,
Qui ne quitte jamais sa peau,
Et toujours neige dessus neige
Son ventre et son grand dos allége
Contre le soleil toujours chaud
En ce climat plus qu'il ne faut.
Sa barbe, magasin de glace,
Fait honneur à sa large face,
Car la glace sied au menton
Mieux que la laine ou le coton.
Là, le Dieu porte-caducée
Fit sa première reposée,
Et puis, hachant dru et menu,
De ses quatre ailes soutenu,
Vint fondre sur les eaux salées.
Avec ses ailes étalées,
Il semble qu'il voudroit ramer,
Tant il rase de près la mer :
Comme un oiseau de couleur bleue,
Au bec long, à la courte queue,
Un peu moins gros qu'un sansonnet,
Que l'on appelle un martinet,
Nage de l'aile à fleur de l'onde,
Et puis tout à coup son fond sonde,
Afin de prendre au dépourvu
Un petit poisson qu'il a vu,
Et puis, l'ayant happé, le croque
Tout vif, arête, écaille et coque ;
Tel, mais quatre fois plus léger,
Des Dieux l'illustre messager,
Du dos de monsieur son grand-père
(Car Atlas engendra sa mère),
Vint, rasant le bord Libyen,
Fondre où le prince Phrygien,
Avec Didon d'amour ravie,
Menoit une fort laide vie.
Ce gentil dieu que je vous di,
Pour ne rien faire en étourdi,
Se posa sur une chaumière ;
Là, de sa double talonnière
Désembarrassant son talon,
Il vit, faisant le violon [1]
Vis-à-vis de sa violonne,

Messire Æneas en personne,
Poudré, frisé, fardé, tondu.
Un riche habit bien étendu
Augmentoit fort sa bonne mine :
Il étoit de belle étamine,
Le manteau de drap de Sidon,
Présent de la dame Didon.
Comme cette reine amoureuse
Étoit une grande couseuse,
Elle avoit fort adroitement
Chamarré d'un beau passement
Et parsemé de points d'aiguille
Autant l'habit que la mandille.
Son coutelas damasquiné,
D'une peau d'anguille engaîné
Avoit de jaspe la poignée
Très-artistement besognée ;
Enfin, il étoit ce jour-là
De ceux dont l'on dit : Les voilà !
Elle près de lui, lui près d'elle,
Regardant une citadelle
Qu'on bâtissoit diligemment,
Ils ordonnoient du bâtiment ;
Tout beau ! tout beau ! je me mécompte
Si fort, que j'en rougis de honte :
Didon n'étoit pas avec lui ;
J'ai pensé donner aujourd'hui
A mes envieux à reprendre,
Et dire de moi pis que pendre.
Retournons au dieu, qui surprit
Messire Æneas, dont l'esprit
Ne songeoit alors qu'à Carthage,
Et bien moins à faire voyage
Que moi, cul-de-jatte follet,
Ne songe à danser un ballet.
La harangue du dieu fut telle :
« Ah ! Dieu vous gard', mademoiselle,
Car, vu l'habit que vous portez,
Semblable nom vous méritez.
Vous faites donc de l'architecte,
Et votre vertu, qu'on respecte,
S'acoquinera, de façon
Que vous passerez pour maçon.
Vous songez à bâtir Carthage :
Vous êtes un homme bien sage !
Eh quoi ! pour vos folles amours
Voudriez-vous bien passer vos jours
A faire le Sardanapale,
Et servir une martingale [2] ?

---

[1] Faisant le fat, le sot.

[2] Femme de peu, coureuse, courtisane. Ce mot, qui ne servait d'abord qu'à désigner l'accoutrement, a fini, comme les mots *cale*, *grisette*, etc., par désigner la personne qui le por-

Si vous vous trouvez bien ici,
Il n'en est pas d'Ascagne ainsi,
Auquel, au moins à sa lignée,
La terre habitable gagnée
Est promise par le Destin,
A la gloire du nom Latin.
Jupiter le lance-tonnerre,
Qui voit comme dans cette terre
Vous vivez, dont il a pitié
Plus qu'il ne doit de la moitié,
Par moi qui vous parle vous mande
Que, quittant cette houppelande
Et cet habit efféminé,
Au plus tôt l'ordre soit donné
Pour partir à toute la flotte,
Ou qu'autrement d'une marotte
Il veut que vous soyez coiffé,
Et du catalogue biffé
De ceux dont il fait quelque compte.
Vous devez bien mourir de honte,
De faire si longtemps le fou,
Et de passer pour le matou
D'une chatte de Barbarie.
Reconnoissez sa piperie,
Et croyez ce que je vous di. »
 Après ce langage hardi,
Il reprit sa force première
Et ce grand éclat de lumière,
Dont les dieux sont accompagnés.
Maître Æneas, les yeux clignés,
Le poil hérissé dans la tête,
Et stupéfait comme une bête,
Ou comme un homme condamné,
Demeura si fort étonné,
Qu'il ne vit point partir Mercure.
Le temps déjà beaucoup lui dure
Qu'il n'ait regagné ses vaisseaux,
Et n'aille jouer des couteaux,
Où son noble destin le mène.
Il n'est pas en petite peine
De savoir où, quand et comment,
Il pourra faire un compliment
Dont la dame Didon se paie.
De l'apaiser de quelque baie [1],
Son cœur n'y sauroit consentir ;
Et cependant il faut partir.
Il gratte et regratte sa tête

Pour trouver un prétexte honnête
De quitter ces aimables lieux :
Il pourroit alléguer les dieux ;
Mais une amoureuse en colère
Aux divinités peu défère.
Le pauvret, que fera-t-il donc,
Étant confus s'il le fut onc ?
Je conseillerois le beau sire,
De s'en aller sans en rien dire,
Quitte pour crier au larron.
En cet endroit, maître Maron
N'a point approfondi l'affaire,
Tellement qu'il se peut bien faire
Que maître Æneas étoit soûl
D'avoir toujours femme à son cou,
Et volontiers plioit bagage ;
Mais, comme il étoit homme sage,
On n'a jamais su tout de bon
Si cela lui fâchoit ou non.
 Il fit venir maître Sergeste,
Mnesthée, et Cloanthe, et le reste
De ses amis les plus discrets,
Auxquels il dit : « Soyez secrets ;
Ramassez tous vos équipages :
Les plus prompts seront les plus sages.
Qu'on mette au plus tôt les vaisseaux
En état de fendre les eaux ;
Enfin que la flotte s'apprête,
Et ne vous rompez point la tête
Du sujet que nous en avons :
Soyons secrets, et nous sauvons.
De mon côté, j'aurai la peine
D'y faire consentir la reine.
En lui faisant un tel discours,
Je sais le péril que je cours ;
Je ferai couler mainte larme,
Je causerai bien du vacarme,
Et je m'attends aux accidens
Qui viennent d'ongles et de dents.
Elle aura beau faire la belle,
Si partirai-je en dépit d'elle,
Me dût-elle sauter aux yeux,
Lorsque nous ferons nos adieux.
Comment ferai-je ? que dirai-je ?
Et par où le commencerai-je,
Ce malencontreux compliment ?
Par ma foi ! je ne sais comment.

---

tait. Nous en trouvons d'autres exemples dans Scarron ; ainsi, dans une *Épître à madame d'Hautefort*, où, après avoir parlé des étranges coquettes du Mans, il ajoute :

> Toutes ne sont pas ainsi
> Martingales dans ce lieu-ci.

[1] Bourde, conte en l'air.

Qui pourroit changer la corvée,
Contre quelques coups d'escourgée !
Ou que ne suis-je déjà loin,
Avec dix mille coups de poing ! »
　Ainsi parla messire Énée,
Et sa troupe bien étonnée,
Et pourtant aise de partir,
Lui promit tout, sans repartir.
Mais leur clandestine entreprise
A Didon fut bientôt apprise,
Soit que la dame s'en doutât,
Ou que la chose on lui contât.
Qui pourroit tromper une amante ?
Elle étoit un peu véhémente,
Et vouloit ce qu'elle vouloit
Quatre fois plus qu'il ne falloit ;
Mais, quand un nigaud lui vint dire
(Dont il n'eut pas sujet de rire,
Car le menton on lui pela,
Lorsque la chose il révéla) ;
Quand donc on avertit la dame
Que de la moitié de son âme
On l'alloit bientôt séparer,
Qu'Æneas faisoit préparer
Sa flotte comme un infidèle,
Sans se soucier beaucoup d'elle,
Alors la pauvre femme, alors
Malade d'esprit et de corps,
Devint tout à coup la figure
Du visage et de la posture
D'une Thyade ayant du vin,
Quand, pleine de ce jus divin,
Durant la triennale orgie
Dont la fête a tant d'énergie,
Bacchus, des dieux le plus grand fou,
Entre dans son corps, par son cou,
Ou, si l'on veut, par son derrière ;
Je n'en sais pas bien la manière,
Mais bien que ce fougueux démon
Se rend maître de son poumon,
La fait hurler comme une bête,
La fait crier à tue-tête,
Comme on fait après un larron
Sur le sacré mont Cithéron,
Portant mal le vin qui l'emporte,
Et montrant tout ce qu'elle porte :
Ainsi, la reine ayant pleuré,
Gémi, sangloté, soupiré,
Sué de chaud, tremblé de fièvre,
Tordu ses doigts, mordu sa lèvre,
Plombé son sein, ses yeux pochés,

Ses cheveux noirs bien arrachés,
Ses deux fesses bien souffletées,
Et ses servantes maltraitées,
Elle alla trouver de ce pas,
Marchant en folle, sans compas,
Le vénérable fils d'Anchise,
Et l'entreprit en cette guise :
« O des fripons le plus fripon,
Franc soudrille, grippe-chapon,
Homme sans honneur et sans âme,
Je vais bien te chanter ta gamme !
Tu l'as donc espéré, méchant,
Et qui de moi te vas cachant,
De faire sans moi ta retraite,
Peut-être en larron, ta main faite [1];
Et la faire à notre déçu,
D'où l'on t'avoit si bien reçu ?
Quoi ! l'amour que tu m'as jurée,
Ma main dans la tienne serrée,
Ce qui te fut en moi de cher,
Ne peuvent donc t'en empêcher,
Ni Didon, de la mort si proche,
Ame de bronze, cœur de roche ?
Et tu veux partir en hiver,
Comme ne pouvant t'arriver
Un plus grand mal que ma présence ?
Hélas ! celui de ton absence
Est d'autant plus cruel pour moi,
Que je ne puis vivre sans toi ;
Car tant mon malheur est extrême,
Tout méchant, tout cruel, je t'aime.
Cependant, perfide, tu pars
Pour un chemin plein de hasards !
Si c'étoit pour aller à Troie,
J'y consentirois avec joie ;
Mais tu t'en vas, et tu ne sais
Pour quelle raison tu le fais,
Si ce n'en est une assez forte,
De me voir bientôt roide morte.
Demeure donc, tu feras mieux :
Je t'en conjure par mes yeux,
Qui furent pour toi pleins de charmes
Et ne le sont plus que de larmes ;
Je t'en conjure par la main
Que tu m'as donnée, inhumain,
Par la main que tu m'as donnée
En signe de notre hyménée,
Le seul bien qui me peut rester,
Et pourtant que tu veux m'ôter.
Si cette raison est peu forte,
Ne m'aime plus, il ne m'importe,

---

[1] *Faire sa main* se disait pour *faire un profit injuste, en cachette.*

Mais prends pitié d'une maison
Que tu perds par ta trahison.
Demeure donc, cruel Birène [1],
Ou que le grand diable t'emmène!
Pour toi des peuples Libyens,
Et, je l'ose dire, des miens,
Des Tyriens je suis blâmée;
Par toi je suis sans renommée,
Par qui j'allois le nez levé,
Et paroissois sur le pavé,
Au lieu que dans ma propre ville
Chacun de moi fait vaudeville,
Et je sais plus d'un rocantin [2]
Où l'on m'ose appeler putain,
Demeure donc, cruel, demeure ;
Regarde une reine qui pleure.
Sitôt que tu seras parti,
Mon maraud de frère, averti,
Viendra tout piller à ma barbe.
Peut-être le Gétule Hiarbe,
Que j'ai toujours traité de sot,
Pour me faire écurer son pot,
Ou pour chose encor plus honteuse,
M'emmènera comme une gueuse.
S'il restoit encore avec moi
Un fils qui fût semblable à toi,
Non pas d'humeur, homme volage,
Mais bien du corps et du visage,
J'aurois en mon affliction
Un peu de consolation ;
Mais de toi tout ce qui me reste
N'est qu'un désespoir bien funeste,
Qui devroit bien causer le tien,
Si tu n'étois pire qu'un chien. »
  Ainsi dit la dame affligée,
Et puis elle fit l'enragée :
Æneas, ferme comme un roc,
Et sur ses ergots comme un coq,
Tant le Dieu lance-pétarade,
Par cette fameuse ambassade,
L'avoit rendu fier et dépit [3],
Se mit à rêver un petit.
Il fut longtemps sans se remettre,
Étant pris au pied de la lettre.
Enfin, ayant bien bégayé,
Il dit, le visage effrayé,
Comme d'un homme qu'on va pendre,

Ces mots qu'il vous plaira d'entendre :
« Belle qui pleurez par les yeux,
Ou parlez moins, ou parlez mieux.
Vous m'assassinez de reproche,
Vous m'appelez un cœur de roche:
Je n'en ai jamais eu pour vous
Que de mouton, et des plus doux.
Je ne veux point nier ma dette :
J'en ferai sonner la trompette,
Publiant, ici comme ailleurs,
Qu'on ne voit point de gens meilleurs
Que les habitans de Carthage,
Si ce n'est qu'ils ont le visage
Un peu tanné, sauf votre honneur,
Et tirant sur le ramoneur,
Le nez un tant soit peu trop large,
Et la lèvre avec trop de marge,
Et je ne sais quelle senteur
Qui tient bien de la puanteur ;
Mais ce petit défaut s'excuse
En une nation camuse,
Et votre petit nez de chien
N'a jamais offensé le mien.
Quant à moi, pour des choses telles
Que je traite de bagatelles,
Je ne partirois point d'ici,
Si les Dieux le vouloient ainsi,
Et passerois bien une année
En cette terre basanée.
Mon Dieu, que les chats y sont beaux
Je veux en charger mes vaisseaux,
Et veux acheter de vos barbes [4]
Pour me souvenir des Alarbes.
Alors que je les monterai,
Croyez, madame, que j'aurai
De Votre Majesté mémoire ;
Par ma foi, vous le devez croire.
Donnez donc trêve à vos beaux yeux;
Ne pleurez plus, vous ferez mieux.
Vous m'avez parlé d'hyménée
Avec un certain maître Énée ;
Madame, je le connois bien,
Au nom de Dieu n'en faites rien:
C'est un esprit acariâtre,
Homme à vous battre comme plâtre
Qui se feroit démarier,
Et lors vous auriez beau crier.

---

[1] Voir plus loin, note 1, p. 175.

[2] Vieux grondeur, radoteur, dans le sens propre du terme. Ici, c'est un vaudeville, ou chanson satirique, qu'on nommait ainsi, à cause de la répétition de ce mot dans le refrain.

[3] Dépité.

[4] Chevaux barbes.

Chassez donc, si vous êtes sage,
De votre esprit ce mariage.
Cet homme n'est pas votre fait,
Et ce n'est pas pour cet effet
Qu'il a pris terre en cette côte.
Ne comptez donc plus sans votre hôte,
Et rayez-moi de vos papiers ;
Faites marcher vos ateliers,
Et m'oubliez, s'il est possible ;
Faisons-nous un adieu paisible,
De crainte de faire parler
Ceux qui nous verroient quereller.
Si j'étois encore mon maître,
Je resterois ici peut-être,
Mais aussi peut-être que non.
Car je vous le dis tout de bon,
Le plus grand souhait de mon âme
Ne va qu'à rebâtir Pergame
Et qu'à rendre Troie au Troyen.
Puis un Apollon Grynéen,
Des saints oracles interprète,
Me voit souvent et me répète
Que je perds ici bien du temps,
Que les dieux n'en sont pas contens,
Qu'on parle au ciel de ma folie,
Qu'il faut que j'aille en Italie
Sans faire auprès de vous l'Adon [1] ;
Car dites-moi, dame Didon,
Puisque vous êtes bonne et sage,
Voudriez-vous bien quitter Carthage ?
Vous seriez folle en cramoisi,
Ma bonne dame, pensez-y.
Si j'allois mépriser la terre,
Où ma postérité par guerre
Doit tout mettre sous le bâton,
Encore un coup, qu'en diroit-on ?
Ce seroit jouer à déplaire
Aux dieux qui conduisent l'affaire,
Et ne m'estimeriez-vous pas
Fol à vingt et quatre carats [2] ?
Toutes les nuits, mon père Anchise
Me vient tirer par ma chemise,
Et me crie : « Homme sans vertu,
A quoi diable t'amuses-tu ?
Est-il temps d'enfiler des perles [3],
Et d'aller à la chasse aux merles ? »
J'ai mis merles pour rimer mieux,
Car, autant que le sérieux,

Le burlesque veut que l'on rime,
Et veut même aussi que l'on lime ;
Autrement les vers, sans repos,
Se peuvent faire à tous propos,
Et n'est aucun qui ne rimaille
En ce temps-ci, vaille que vaille,
Et tel livre est, de bout en bout,
Rime, et puis rime, et puis c'est tout,
Des mots de gueule hors de leur place,
Et quolibets froids comme glace.
Tels rimeurs mériteroient bien
D'être nommés rimeurs de rien,
Ou bien rimeurs à la douzaine.
Ceci soit dit pour prendre haleine ;
Si quelqu'un n'en est pas content,
Il en peut de moi dire autant :
Je crains fort peu les coups de langue.
Or, pour reprendre la harangue
Dont nous avons rompu le fil :
« Madame, continua-t-il,
Ce cher père, qui tant m'effraie,
Me dit avec sa voix d'orfraie :
« O des hommes le plus perdu,
Qui faisois tant de l'entendu,
Et pourtant n'es pour tout potage
Qu'un bourguemestre de Carthage,
Quel est le chemin que tu prends ?
Qu'en diront messieurs tes parens ?
Qu'en dois-je dire, moi, ton père ?
Qu'en doit dire Vénus, ta mère ?
Elle en peut dire, et dira bien,
Qu'un bâtard ne vaut jamais rien.
Et qu'en dira ton fils Ascagne
A qui le pays de Cocagne
Est promis par l'arrêt des Dieux ?
A moins que d'en être envieux,
Qui doit en faire la conquête,
Pour le voir couronné à la tête,
Que toi, qui n'as que du caquet,
Et qui t'es découvert coquet ? »
Sans cesse il me tient ce langage.
Mais en voici bien davantage,
Après quoi je ne dis plus rien ;
Et de cela vous pouvez bien
Me croire, ou, si vous ne le faites,
Je dirai partout que vous êtes
Femme têtue et sans raison.
Je vous dis donc, sans trahison

[1] L'Adonis.

[2] Aussi fou qu'il est possible de l'être : cette manière de parler est empruntée au vocabulaire de l'orfévrerie, où vingt-quatre carats expriment le plus haut degré de perfection de l'or.

[3] De s'amuser à des riens.

Et sans mentir d'une parole,
Que Mercure, le dieu qui vole
Moins des ailes que de la main,
En habit et visage humain,
Mais tout éclatant de lumière,
A moi qui parle et ne mens guère,
Auprès d'ici s'est présenté.
Si je ne vous dis vérité,
Puissé-je n'être qu'une bête !
Ce dieu m'a bien lavé la tête ;
Mettez donc la vôtre en repos,
Sans regret donnez-moi campos,
Ou bien je le saurai bien prendre,
Quand on me devroit faire pendre.
Je verrai le pays Latin ;
J'y suis forcé par le Destin,
Et vous par votre destinée,
A vous passer de maître Énée. »
Tandis qu'Æneas enfila
Le discours civil que voilà,
Didon, de raison dépourvue,
Ne jeta point sur lui la vue.
Les yeux fichés sur le pavé,
Le visage de pleurs lavé,
En son esprit bourru la rage
Faisoit un étrange ravage.
Enfin ses yeux elle darda
Sur Énée, et le regarda
Depuis les pieds jusqu'à la tête,
Furieuse comme tempête,
Et puis lui dit ces mêmes mots :
« O le plus vil des animaux,
Le plus dur et le plus sauvage,
Et qui fais tan de l'homme sage,
Tu n'es qu'un sot, tu n'es qu'un fat,
Tu n'es qu'un larron comme un rat,
Un coureur de franches lippées,
Et tes suivans, traîneurs d'épées,
Qui ne valent pas mieux que toi,
Ne seroient pas vivans sans moi.
Tu te dis fils de Cythérée :
La chose n'en est assurée
Qu'en tant que grand fils de putain ;
Mais je sais bien pour le certain
Que ni Cythérée est ta mère,
Ni feu Dardanus ton grand-père,
Et que toi, qui fais tant du coq,
Ne fus jamais que fils d'un roc,
Et qu'une montagne est ta mère ;
Que de telle mère et tel père
Il ne peut sortir qu'un caillou.

Non, je me trompe, c'est un loup
Qui t'engendra d'une panthère ;
Aucuns disent une vipère
Qui te conçut d'un léopard ;
Les autres disent un lézard,
Qui t'engendra d'une tigresse ;
Autres, un dragon, d'une ânesse ;
Un renard, d'un caméléon ;
Un rhinocéros, d'un lion ;
Un crocodile, d'une autruche ;
Un loup-cervier, d'une guenuche.
Pour moi je te mets au delà
De tous ces vilains monstres-là.
Pour dire de toi pis que pendre,
Et, de crainte de me méprendre,
Je te tiens roc, roche, caillou,
Panthère, léopard et loup,
Vipère, lézard et tigresse ;
Je t'estime dragon, ânesse,
Un rhinocéros, un lion,
Un renard, un caméléon,
Un faux crocodile, une autruche,
Un loup-cervier, une guenuche,
Et, pour achever mon sermon,
Je te tiens pire qu'un démon,
Pire qu'un diable qui t'emporte,
Toi, ton fils, toute ta cohorte,
Et moi, sotte carogne, aussi
De m'être embéguinée ainsi
D'un mangeur de poule, un gendarme !
Ai-je vu couler une larme
De ses yeux ? ai-je ouï sortir
De sa bouche un petit soupir ?
A-t-il eu pitié d'une amante ?
Mais vainement je me tourmente :
Il n'est qu'un pendard, qu'un vaurien,
Et Jupiter, qui le voit bien,
Et l'ingrate Junon, complice,
Ne m'en feront jamais justice !
On ne voit plus que des ingrats.
Les voyez-vous refaits et gras,
Ces Phrygiens que Dieu confonde !
Délabrés, s'il en est au monde,
Transis de froid, mourans de faim,
Qu'on eût fouettés pour du pain,
Pauvres d'habits comme de mine,
Sales magasins de vermine,
Enfin véritables cagous [1],
Et leur roi le plus gueux de tous,
Ils sont venus en ce rivage
Montrer leur affamé visage ;

---

[1] Gens de rien, qui vivent d'une manière chétive et obscure. Ce mot avait déjà vieilli.

Ils ont mangé comme des loups,
Et, quand ils ont été bien soûls
Et contens comme rats en paille,
Le capitaine et la canaille
S'en vont sans payer leur écot !
Que maudit soit le pied d'escaut [1],
Et les pieds d'escauts qui le suivent !
Par moi seule les coquins vivent,
Ils me quittent, les vagabonds !
Ah ! je vais sortir hors des gonds,
La fureur saisit ma cervelle.
Le traître me la baille belle :
Il m'allègue un dieu Jupiter
Qu'il a peur de mécontenter,
Et les oracles de Lycie,
Comme si le ciel se soucie
De cettui-là, de cettui-ci !
Il seroit bien oiseux ainsi !
Et puis, admirez l'imposture :
Il me vient jurer que Mercure,
Sur ses ailes doubles porté,
A lui tantôt s'est présenté
Pour hâter ce plaisant voyage !
Ah ! je n'en puis plus, j'en enrage !
Va, va, je ne te retiens plus
Par mes reproches superflus ;
Va-t'en où ma fureur t'envoie,
Que jamais je ne te revoie ;
Va chercher ton pays Latin,
Fuis-moi, cruel, suis ton destin.
Si le ciel a quelque justice,
Un écueil sera ton supplice ;
Là, tu demanderas pardon ;
Là, tu réclameras Didon,
Didon, par toi tant offensée,
Au lieu d'être récompensée.
Je te veux poursuivre, inhumain,
Une torche noire à la main :
Je t'en grillerai les moustaches,
Homme le plus lâche des lâches,
Et, quand j'aurai fini mon sort,
Tu me verras, après ma mort,
Et jour et nuit, fantôme horrible,
Te lançant un regard terrible ;
Je te ferai partout : Hou ! hou !
Je te ferai devenir fou.

En enfer j'aurai la nouvelle
Du désordre de ta cervelle ;
Dieu sait si son vin il aura,
Celui qui me l'apportera !
Oh ! chien, loup, lion, tigre, Suisse [2],
Que bientôt le ciel te punisse ! »
Après ce joli compliment,
Qu'elle fit un peu brusquement,
Elle lui tourna le derrière
D'une dédaigneuse manière.
Le seigneur lui fit un salut,
Dire ses raisons lui voulut ;
De ses bras elle se dérobe,
Lui laissant un pan de sa robe.
Il la ressaisit, l'embrassa ;
Elle se désembarrassa
Sans vouloir ouïr la harangue
Qu'il tenoit prête sur sa langue ;
Sottement il la conjuroit,
Car lors grande risque il couroit
De ne lui dire rien qui vaille,
Car tout criminel s'entretaille.
Enfin lui disant : « Croyez-moi, »
Elle lui criant : « Ote-toi,
Infidèle, ingrat, hypocrite ! »
La dame gagna la guérite,
Et le laissa, pour reverdir [3],
Au point qu'il alloit s'enhardir
De la payer d'un apophthegme.
Il avoit jà mis bas un flegme,
Car il crachoit, toussoit, mouchoit,
Quand un discours il ébauchoit ;
Mais la cruelle à toute bride
Le laissa discourir à vide.
Après cette reine qui court,
Ses femmes, ayant le nez court
Et les narines écachées,
Suivoient, faisant les empêchées.
Maures à la file marchans,
Comme les vaches vont aux champs,
La suivirent jusqu'à sa chambre,
Où, se dépouillant chaque membre,
Dans son grabat elle se mit.
Dieu sait si sa dame y dormit !
Pour Æneas, quoiqu'en son âme
Il aimât tendrement la dame,

[1] Misérable, mendiant.
[2] « La chute en est jolie... » Suisse, c'est-à-dire stupide, brutal, farouche, sauvage, qui n'entend rien, qui repousse tout le monde. Les Suisses avaient cette belle réputation, qu'ils méritaient souvent dans leurs fonctions aux portes des hôtels princiers ou autres. Aussi disait-on en proverbe : *N'entendre pas plus raison qu'un Suisse.*
[3] *Laisser quelqu'un pour reverdir*, c'est le *planter là*, sans le venir retrouver, et l'y laisser jusqu'à ce qu'il ait le temps de *reverdir*.

Et que de se voir obligé
De prendre ainsi d'elle congé
Il eût un dépit incroyable,
L'arrêt des Dieux, irrévocable,
Fit qu'il n'en relâcha pas moins
De sa diligence et ses soins
A faire travailler son monde.
Les uns poussoient les nefs dans l'onde,
Et les autres les espalmoient [1],
Ou bien de rames les armoient.
Là, l'on cogne, là, l'on charpente,
Là l'on raccommode une fente ;
Chacun travaille à qui mieux mieux,
Autant les jeunes que les vieux.
Ainsi, les fourmis, ce me semble,
Que le soin de l'hiver assemble,
Pour picorer quelque boisseau
De froment mis en un monceau,
Vont au travail en grosse troupe,
Chacun un grain de bled en croupe,
A la file s'entre-suivans ;
Bel exemple pour les vivans
D'amasser leur froment en gerbe,
Au lieu de le manger en herbe !
Il me semble que je les voi,
Conduisant leur petit convoi :
Le chemin de fourmis fourmille,
Sur leur dos noir le grain blanc brille ;
On diroit des grains cheminans,
Tant les allans que les venans
N'occupent qu'une étroite voie,
Où l'on traine, porte, ou charroie.
Les uns, en guise de sergens,
Font marcher les moins diligens ;
Les plus forts les faibles soutiennent,
Les uns vont, et les autres viennent,
Enfin tous travaillent fort bien,
En fourmis d'honneur et de bien.
Les nobles Troyens, tout de même,
Par une diligence extrême
Equipent leurs nefs dans le port,
Dont Didon se réjouit fort.
Quelle fut alors ta pensée,
Ah ! pauvre Didon insensée ?

Dis-nous un peu combien de fois
Tu joignis à ta foible voix,
Qui faisoit alors mille plaintes,
De tes dix ongles les atteintes,
Et te fis des incisions,
Sans parler des contusions !
Lorsque tu vis sur ton rivage
Qu'on jouoit à remue-ménage
Quelle fut ton affliction,
Et jusqu'où fut ta passion !
Que des matelots les huées,
Le grand bruit des nefs remuées,
Et tout le rivage en rumeur,
Te mirent en mauvaise humeur !
Elle pleure, et ses ongles ronge,
Tandis qu'elle consulte, et songe
Si devant ce Catalina
Elle ira faire *O benigna* [2],
Afin qu'en ce pressant affaire [3],
Reproche on ne lui puisse faire
De n'avoir pas tout essayé,
Et de n'avoir pas employé
Ce qu'elle avoit de rhétorique,
Pour fléchir cet amant inique,
Ce Néron, ce Tiberius
Qui faisoit de l'Olibrius [4].
O petit bâtard de Cythère,
Quoiqu'issu de bons père et mère,
Tu ne vaux pourtant pas un liard !
Bandé comme un Colin-Maillard,
Que sur les cœurs avec tes flèches
Tu fais d'imperceptibles brèches,
Et par la force de tes coups,
Que de sages deviennent fous !
Ira-t-elle, la pauvre bête,
Porter soi-même sa requête,
Par laquelle il est conjuré
Que son départ soit différé ?
Non, sa sœur ira bien pour elle ;
Elle commande qu'on l'appelle,
Et puis, ayant fermé son huis :
« Tu vois, chère sœur, où j'en suis,
Et pour avoir été trop bonne
La récompense qu'on me donne,

---

[1] Les enduisaient de goudron.

[2] « Terme latin, qui signifie soumission, révérence qu'on fait à quelqu'un dont on espère quelque service. Il a bien fait des *O benigna* à cette vieille pour attraper son bien. » (Ler., *Dict. com.*) Cette locution semble tirée de l'hymne de l'Église : *Inviolata*, etc., où elle est répétée trois fois de suite.

[3] Affaire était alors des deux genres. (Voir notre note I, p. 76.)

[4] Qui faisait le méchant, le matamore, *l'occiseur d'innocents* (*l'Étourdi*, III, 5). Olibrius était un empereur romain, successeur de Théodosien, qui persécuta les chrétiens. Il jouait souvent le rôle de *martyriseur* dans les mystères du moyen âge : de là le dicton, fort répandu aux seizième et dix-septième siècles.

Lui dit-elle, jetant de l'eau
Par ses yeux la valeur d'un seau.
Tout semble aider à ce corsaire,
Ou plutôt, aimable adversaire :
Ses gens sont prêts, il l'est aussi ;
Il s'en va, je demeure ici,
Moi, qui sans lui ne saurois vivre !
S'il m'étoit permis de le suivre,
J'aurois bientôt fait mon paquet.
Ma sœur, affile ton caquet,
Va le trouver, dis-lui merveille,
Sans te faire tirer l'oreille ;
Dis-lui qu'il demeure avec moi.
Il a toujours fait cas de toi,
Il t'aime, tu connois son tendre,
Et tu sais comme il le faut prendre.
Si j'avois prévu ce malheur,
J'aurois pouvoir sur ma douleur ;
Mais maintenant elle est trop forte,
Le fort sur le foible l'emporte.
Je l'aime, le traître qu'il est ;
L'ingrat m'assassine, et me plaît,
Et d'autant plus que je l'adore,
D'autant plus le méchant m'abhorre.
Cours donc, ma sœur, va-t'en le voir,
En toi seule est tout mon espoir.
Je me serois déjà pendue,
Mais l'heure encore en est indue,
Car je n'aurai, s'il t'en souvient,
Que trente ans à Noël qui vient.
O ma sœur ! fais-lui bien comprendre
Comme Ronsard dit à Cassandre [1],
Qu'à moins de Dolope soudard,
Ou cil dont l'homicide dard
Mit Hector dans la sépulture,
Il devroit être, le parjure,
Plus reconnaissant à Didon.
Bon, si les peuples de Sidon
Avoient secouru ceux d'Aulide,
Il auroit raison le perfide ;
Ou bien si j'avois dispersé
Les os d'Anchise trépassé !
Mais, hélas ! toute mon offense
Est d'avoir avec violence
Aimé ce mauvais garnement,
Qui ne m'aima que froidement.
Ou, pour parler mieux, cet infâme
Qui me haïssoit en son âme,
Et qui ne veut pas m'écouter,
Moi, qui ne le veux arrêter
Que pour une saison meilleure ;
Après, qu'il aille à la bonne heure
Chercher son beau pays Latin ;
Qu'il aille, suivant son destin,
Recevoir quelque plaie ou bosse,
Je ne lui parle plus de noce :
Aussi bien c'est l'injurier
Que de le vouloir marier !
Pauvre folle, je ne demande
Qu'une faveur qui n'est pas grande,
Je lui demande un peu de temps ;
C'est de cela seul que j'attends
A ma fureur quelque remède.
Le grand diable qui le possède
Le rendra sourd comme un aspic,
Et je n'aurai point de repic [2].
Si ma demande est ennuyeuse,
Qu'il contente une furieuse,
Et se contraigne un peu pour moi,
Le cruel, qui manque de foi
A celle qui manque à soi-même,
Pour le chérir jusqu'à l'extrême !
Va donc, ma sœur, va l'obliger
A me complaire, et ne bouger,
Et, pourvu qu'il ne m'abandonne,
Dis-lui, ma sœur, que je lui donne
Dès ce soir, comédie et bal,
Ou que Dieu le garde de mal.
Si tu conduis bien cette affaire,
Tu me connois, laisse-moi faire ;
Si tu ne t'en trouves pas bien,
Dis partout que je ne vaux rien.
Je ne t'en dis pas davantage,
Va donc parler à ce volage,
Et cependant je chanterai,
(C'est à savoir si je pourrai,

---

[1] Premier livre des *Amours*, quatrième sonnet :

> Je ne suis point, ma guerrière Cassandre,
> Ny Myrmidon, ny Dolope soudard,
> Ny cest archer, dont l'homicide dard
> Occit ton frere et mit ta ville en cendre, etc.

[2] *Repic* est un terme du jeu de piquet, usité quand un des partenaires compte trente points d'après la composition de son jeu, avant d'avoir jeté ses cartes. La phrase signifie donc : Je n'aurai point d'avantage ; je ne serai pas favorisée. — On disait faire quelqu'un repic et capot, pour *le vaincre, lui fermer la bouche.*

Car je me sens tout hors d'haleine)
La chanson d'Olympe à Birène 1. »
　　Sa sœur s'en alla, puis revint,
Fit des messages plus de vingt,
Et le trouva toujours de même,
Et le premier et le vingtième.
Il ne fit que lui répéter :
« Le bon Dieu vous veuille assister ! »
Non qu'il fût d'esprit si sauvage :
Onc ne fut meilleur personnage ;
Mais il obéissoit aux Dieux,
Et le destin capricieux
L'avoit rendu d'homme traitable
Homme de cœur impénétrable.
Ainsi Borée, un maître vent,
D'entre les Alpes se levant,
Montagnes de neige couvertes,
Vient sur un chêne aux feuilles vertes
De toute sa force donner
Afin de le déraciner ;
Cet antique voisin des nues,
Pour du gui, des feuilles menues,
Et quelque chose d'ébranché,
En est quitte à fort bon marché :
Si sa tête est des cieux voisine,
Ses pieds, qu'on nomme sa racine,
Sont proches du pays d'enfer 2,
Si bien qu'il a beau s'ébouffer 3
En soufflant, le bon vent Borée ;
Ainsi cette reine éplorée,
Par ses larmes et par ses cris,
Ses messages et ses écrits,
Ne peut fondre ce cœur de glace :
Il persiste, quoi qu'elle fasse,
Et n'en est pas plus ébranlé
Que cet arbre dont j'ai parlé.
Quelque larme à la dérobée,
Sans son consentement tombée,
Peut sa face humidifier ;
Mais il ne s'y faut pas fier :
Ce sont larmes de crocodile 4,
Quoi qu'en dise messer Virgile.
　　Revenons à dame Didon,
A qui le méchant Cupidon,
S'il faut que le Troyen s'éloigne,
Va bien tailler de la besogne.
Sa sœur ayant fait son rapport,
Elle s'effraya de son sort.
Le désespoir saisit son âme,
Et prit la place de sa flamme ;
Sa flamme se change en fureur,
Ce qu'elle aima lui fait horreur.
Elle s'abandonne à la rage ;
Le jour même lui fait ombrage,
Elle le hait, elle le fuit,
Souhaite une éternelle nuit
Pour ne se pas voir elle-même.
La mort, par son visage blême,
Ne lui fait point blêmir le sien.
Son plus agréable entretien
Ne sont que rages, que furies,
Que fantômes, que rêveries.
Dans l'horreur qu'elle a de son sort,
Elle ne songe qu'à la mort.
Souvent quelque horrible présage
A ce cruel dessein l'engage :
Un jour, tâtant d'un vin nouveau
Ce vin se convertit en eau ;
Sa tasse, qu'elle avoit rincée,
Fut d'elle en colère cassée,
Car tant plus elle la lavoit,
Tant plus sale elle la trouvoit.
Un jour, pissant, la pauvre Élise,
Elle pissa dans sa chemise.
Buvant dans un vase émaillé,
Son vin devint du sang caillé,
Elle s'en rougit la mâchoire,
Et ne put achever de boire.
Un jour qu'elle sacrifioit
Comme le grand prêtre prioit,
Le bouc égorgé se réveille,
Et mordit le prêtre à l'oreille,
Dont il s'écria tout fâché
(On doute si ce fut péché,
Car on tient que la destinée
Avoit telle chose ordonnée) ;

---

1 Voir l'*Orlando furioso*, de l'Arioste, ch. x. Ces mots, la *chanson d'Olympe à Birène* étaient passés en dicton, pour désigner les reproches d'une amante trompée au séducteur qui la délaissait. Le Savoyard parle à d'Assoucy (*Aventur.*, ch. vii, p. 87, éd. Delah.) d'une vieille complainte du pont Neuf : *Birène, mon ami*. Dans la partie II, ch. lvi de *don Quichotte*, Altisidore adresse à l'illustre chevalier une chanson ayant pour refrain : « Cruel Birène, fugitif Énée... »

2 Ces trois vers rappellent ceux que la Fontaine devait écrire plus tard, à la fin de sa fable : le *Chêne et le Roseau*.

3 Se gonfler les joues à force de souffler. Ordinairement ce mot se prend dans le sens d'éclater de rire, comme nous l'avons déjà vu précédemment.

4 Larmes d'hypocrite, douleur feinte pour tâcher d'abuser et de surprendre.

Il s'écria donc, reniant,
Et son oreille maniant :
« Foin du bouc, du vœu salutaire,
De la putain qui le fait faire !
Eût-elle au corps ce fer plongé,
Comme l'a ce bouc égorgé ! »
La reine remit la partie,
Et, prenant d'une main l'hostie,
A plusieurs le nez en brida ;
Le prêtre d'abord en gronda,
Et puis après, à cause d'elle,
Tourna la chose en bagatelle.
Chaque jour il lui survenoit
Quelque chose qui l'étonnoit,
Dont sa sœur n'eut jamais nouvelle,
Quoique confidente fidèle.
Un petit temple fort dévot,
Que feu son mari, grand bigot,
Respectoit autant qu'une idole,
Que souvent cette pauvre folle
Ornoit de fleurs et de festons,
Et de blanches peaux de moutons,
Un jour qu'elle étoit toute seule,
Ce petit temple ouvrit la gueule,
Et, le ton de voix imitant
De ce mari qu'elle aima tant,
Il dit, faisant le Jérémie :
« Venez à moi, Didon ma mie. »
Elle répondit sans couleur :
« Temple, vous me portez malheur. »
Souvent, durant la nuit obscure,
Un oiseau de mauvais augure,
Nommé chat-huant ou hibou,
Concerte avec un gros matou,
Et ces deux amis des ténèbres
Chantent mille chansons funèbres
Et font des exclamations
Qui causent palpitations
A la pauvre reine amoureuse,
De son naturel fort peureuse.
Bien souvent les gens étonnés
Lui vont mettre devant le nez
Une prédiction antique,
Qui dit en langage Punique
Qu'une pauvre reine mourra
Pour un drôle qui s'enfuira.
Toutes les nuits qu'elle sommeille,
Quelque songe affreux la réveille :
Tantôt Æneas lui paroit,
Qui la fuit ou la méconnoit,

Ou bien qui lui fait face à face
Une ridicule grimace.
Elle court après, il s'enfuit.
Puis elle se trouve, la nuit,
Toute seule en une campagne
Sans que personne l'accompagne ;
Elle siffle en paume [1] les siens,
Elle huche ses Tyriens,
Mais les incivils sont pour elle
Le chien de feu Jean de Nivelle.
Lors elle tremble, elle pâlit,
Et même pisse-t-elle au lit,
Et même fait-elle autre chose,
Sale en vers aussi bien qu'en prose.
Comme des rats et des souris,
Elle avoit grand'peur des esprits,
Alors qu'elle étoit toute seule ;
Dieu sait donc comme elle s'égueule !
Ainsi le pauvre Pentheus,
Pour avoir dit que Lyæus
N'étoit qu'un écume-taverne [2],
Voit les déesses de l'Averne,
Chacune en main un gros serpent
Duquel elles le vont frappant.
De cette insolente bévue
Il eut une telle brelue,
Que le plus souvent il pensoit
Voir deux Thèbes, et non faisoit ;
Le pauvre fou n'en voyoit qu'une,
Prenoit le soleil pour la lune :
C'étoit la chercher en plein jour.
Quand le soleil faisoit son tour
Il paroissoit double à sa vue,
Tant son âme étoit dépourvue
De ce qu'on appelle raison.
Ainsi, lorsque de ma maison
Oreste eut vengé la macule
Sur sa mère un peu canicule [3],
La tuant avec son ribaud,
De sang froid ou bien de sang chaud ;
Depuis ce temps les comédies,
Je veux dire les tragédies,
Le représentent qui s'enfuit
Devant sa mère qui le suit :
Là, l'on voit ce fils trop colère
Qui gagne au pied devant sa mère,
Qui l'appelle ingrat, inhumain,
Une torche noire à la main,
Et de couleuvres une tresse
Dont sans cesse elle vous le fesse ;

---

[1] En se servant de sa main pour sifflet.
[2] On diroit aujourd'hui : un pilier de cabaret.
[3] Chaude, amoureuse.

Et, quand il la pense éviter,
Sur son seuil il se voit guetter
Par les donzelles Euménides,
Vengeresses des homicides.
Élise, pour avoir péché,
N'est pas quitte à meilleur marché ;
Elle se résout, la pauvrette,
De choisir une mort secrète.
Pour réussir dans son dessein,
Qui ne part pas d'un esprit sain,
Elle cherche dans sa cervelle
Quelque mode de mort nouvelle :
De se transpercer d'un couteau,
Elle craint un peu trop sa peau ;
De s'en aller comme une bête
Contre un mur se rompre la tête,
Ou bien s'étrangler d'un licol,
Au grand dommage de son col,
Cette mort est pour le vulgaire ;
Des rois ne la pratiquent guère.
De monter sur quelque lieu haut,
Et puis de là prendre le saut,
Elle peut, tombant sur la tête,
Montrer quelque endroit déshonnête [1].
Enfin, ayant bien ruminé,
Et plusieurs morts examiné,
Elle fit dresser une pyre [2]
(Si ce mot que je viens de dire
Est obscur à quelque ignorant,
Qu'il sache, en langage courant,
Que ce mot, qui lui semble étrange,
Veut dire du bois qu'on arrange,
Au haut duquel se vient loger
Celui qui le fait arranger,
Duquel après l'on fait grillade :
C'est à la mort faire bravade ;
Pour moi je ne le ferois pas :
Elle ne vient qu'à trop grands pas,
Cette demoiselle édentée,
Sans être ainsi de nous hâtée,
Outre que qui se tue ainsi
Court risque d'être sans merci,

Traîné tout nu sur une claie [3] ;
Et c'est pour cela qu'elle essaie
De mourir de quelque trépas,
Pour lequel on ne puisse pas
L'exposer en place publique,
Comme au seigneur Caton d'Utique
On eût fait, si de sang rassis
Parmi nous il se fût occis).
Voulant donc jouer de son reste,
Pour couvrir ce dessein funeste
Elle fit appeler sa sœur,
A qui d'une feinte douceur,
Cachant sa mortelle pensée,
Elle dit : « Il m'a donc laissée,
L'ingrat, le Turc, le vagabond !
A sa parole il fait faux bond ;
Mais je veux bien perdre une oreille
Si je ne lui rends la pareille,
Ou je le ferai revenir.
J'ai trouvé pour y parvenir,
Si je ne me trompe, une voie
Qui te causera de la joie.
On m'a certains avis donné,
Dont j'ai l'auteur bien guerdonné.
Car il en a reçu cent jules [4],
Et l'ai fait valet de mes mules.
Cet homme donc que je te di,
Qui n'est pas un homme étourdi,
Des confins de l'Éthiopie,
Où le ciel sur Atlas s'appuie,
Pays des noirs Massiliens
La plupart grands magiciens,
Me fait venir une sorcière,
Qui fut autrefois chambrière
D'Hespérus, et menoit, dit-on,
Tous les jours pisser son dragon,
L'appâtoit, lui donnoit à boire,
Avec quatre mots de grimoire,
Le rendoit doux comme un agneau,
Prodige en serpent très-nouveau.
Au sabbat elle est la première,
Et du bouc noir la familière [5],

---

[1] Voilà un genre de plaisanterie fort usité chez les écrivains comiques, soit au théâtre, soit dans les romans. Pour n'en citer qu'un exemple, c'est ainsi que, dans la suite du *Roman comique* faussement attribuée à Offray, Ragotin choisit et rejette tour à tour divers genres de mort, par des raisons analogues. (Voir notre édit. chez Jannet, t. II, p. 293.)
[2] Du latin *pyra*, bûcher.
[3] Voir Saint-Edme, *Dict. de la pénalité*, art. *Suicide*.
[4] Monnaie romaine : un jule valait vingt-cinq ou trente centimes.
[5] C'était sous la forme d'un grand bouc noir aux yeux étincelants que le diable se faisait adorer au sabbat, du temps qu'il y avait des sabbats : le bouc et le manche à balai dont il s'agit trois vers plus loin étaient les montures habituelles des sorcières pour se rendre à leurs assemblées nocturnes.

Sa bigotelle [1] et sa pincette,
Qu'il a laissés sur ma toilette,
Son épée à faire combat,
Et le détestable grabat,
Où je me suis abandonnée
A ce fils de putain d'Énée.
La sorcière dit qu'autrement
Ne se peut finir mon tourment;
Que tout ce qui fut à l'infâme
Doit être purgé par la flamme,
Et qu'en cela gît mon salut.
  Tout ce que la reine voulut,
Anne le crut sans contredire,
N'attendant d'elle rien de pire
Que ce qu'elle fît quand le sort
A Sichæus donna la mort.
Faisant donc une révérence,
Non pas à la mode de France,
Mais en disant Salamalec,
Et se portant la main au bec,
Elle courut, troussant sa jupe,
Exécuter, la pauvre dupe,
Ce que dame Didon vouloit,
Un peu plus tôt qu'il ne falloit.
  La pyre fut bientôt dressée,
Et branche sur branche entassée
De chêne sec et de cyprès,
Fendu par éclats tout exprès.
L'inconsolable dame Élise,
Faisant une mine bien grise [2],
Monta dessus à pas comptés,
Criant trois fois : « Or, écoutez. »
On l'écouta, pour lui complaire,
Mais elle ne fit que se taire.
Elle sema feuilles et pleurs,
Et mit, répandant force pleurs,
D'Æneas la rude rapière
Sur le lit, ou le cimetière
De son honneur, le méchant lit
Où la dame fit le délit;
Sur ce même lit une image
Représentant le personnage.

Virgile dit que ce marmot,
Si ce n'est qu'il ne disoit mot,
Ressembloit au bon duc de Troie
Si fort, que chacun avec joie
Crioit : « Voilà maître Æneas; »
Et pourtant ce ne l'étoit pas.
Et puis, faisant de l'empêchée,
Une prêtresse enharnachée
De tous ses funèbres atours
Fit deux cent quatre-vingt-deux tours
Alentour des autels sans nombre.
Les dieux de la demeure sombre
Furent, quoique ni beaux ni bons,
Appelés par leurs trois cents noms.
Omis l'Érèbe ne fut mie,
Ni le Chaos, que Dieu bénie.
Ni la triple dame Hecaté,
De ceux dont l'esprit est gâté
La patronne, et cette patronne
L'est, dit-on, de mainte personne,
Puis, d'un petit vase de fer,
D'eau puisée au grand puits d'enfer
Elle versa pour le moins pinte :
Je boirois plutôt de l'absinthe
Que d'une telle eau, me dût-on
Assommer à coups de bâton.
Elle fit bien d'autres mystères :
De plusieurs herbes mortifères
Elle parsema le bûcher;
Puis un petit morceau de chair,
Qu'ont au front les fils des cavales,
Bon contre les vertus morales,
Et bon pour donner de l'amour,
Fut par elle aussi mis au jour [3].
Didon offrant aux Dieux la mole [4],
L'œil égaré comme une folle,
Le pied droit nu, l'autre chaussé,
Et le vêtement retroussé,
Deux doigts au-dessous de la hanche
Tenant l'autel de sa main blanche,
Attesta hautement les dieux,
Ceux de l'enfer et ceux des cieux,

---

[1] *Bigotelle* ou *bigotère* : c'était une pièce d'étoffe ou de cuir dont on se bridait la moustache la nuit, pour la maintenir retroussée, lui conserver la forme qu'on vouloit.

[2] On disait alors : *faire mine grise*, pour : *être de mauvaise humeur, avoir la physionomie triste*. Nous verrons encore cette expression plus loin.

[3] Il s'agit ici de l'hippomane, qui entrait dans la composition de la plupart des philtres. Suivant les traités sur la science magique, l'hippomane fait naître une passion ardente et fougueuse, quand il est pris, réduit en poudre, avec le sang de la personne qui veut se faire aimer. Porta décrit longuement, dans sa *Magie naturelle*, toutes les propriétés de l'hippomane.

[4] Espèce de gâteau sacré, formé de blé torréfié, mêlé de sel, qu'on répandait sur la tête de la victime.

Des morts elle fait des vivans,
A des farfadets [1] pour suivans.
Un certain balai, qu'elle monte,
En vitesse un cheval surmonte :
Il vole comme un tourbillon.
Elle est du diable postillon ;
Il tonne lorsque bon lui semble,
Pleut, grêle et vente tout ensemble,
Sait bien faire tourner le sas,
Fait venir la lune ici-bas [2],
Et descendre dans les campagnes
Les arbres des hautes montagnes.
Elle fait des petits marmots,
Sur lesquels disant quelques mots,
Elle porte l'amour dans l'âme
Tant de l'homme que de la femme [3].
Sous elle la terre mugit.
Quand sa verge puissante agit,
Une rivière vers sa source,
Malgré qu'elle en ait, prend sa course.
On la vient voir de toutes parts
Pour des pommades, pour des fards,
Pour faire des maquerellages,
Pour rentraire des pucelages,
Pour trouver de l'argent perdu,
Pour de la corde de pendu
Dont elle fait ses maléfices [4].
Toutes les nuits dans les justices
Elle va l'échelle planter.
Son démon lui vient rapporter
Tout ce qui se fait sur la terre,
Tant en la paix comme en la guerre,
Sur son dos la porte en tous lieux,
Et la rend invisible aux yeux.
Elle sait nouer l'aiguillette [5] ;
Bref elle commande à baguette
A tous les habitans d'enfer,
Même à monseigneur Lucifer.
C'est en cette femme savante
Que je mets toute mon attente.
O chère sœur ! c'est malgré moi
Que je m'en sers, en bonne foi :
C'est une chose défendue ;
Mais toute espérance est perdue
De fléchir le prince Troyen,
Si ce n'est par ce seul moyen.
Fais donc mettre sur une pyre
Les choses que je te vais dire :
Son bonnet de nuit, ses chaussons,
Une paire de caleçons,

---

[1] Lutins ou démons familiers, généralement serviables, qu'on voyait ou entendait la nuit. Ils restaient souvent invisibles, et quelquefois se montraient sous des figures d'animaux.

[2] On peut comparer ce passage et celui de Virgile qui y correspond aux deux épodes d'Horace sur Canidie :

    Quæ sidera... lunamque cœlo deripit. — (V.)
    ...Refixa cœlo devocare sidera. — (XVII.)
    Carmina vel cœlo possunt deducere lunam,

a dit aussi Virgile dans sa huitième églogue.

[3] Cette pratique était très-répandue dans la sorcellerie. On faisait des images en cire représentant la personne qu'on voulait, et, en les transperçant d'une aiguille, en les faisant fondre devant le feu, etc., on causait les mêmes douleurs aux originaux de ces images : c'est ce qu'on nommait *envoûtement*. La duchesse de Glocester, Ruggieri, la maréchale d'Ancre, etc., furent accusés et condamnés pour crimes d'envoûtement. Canidie savait également animer des figures de cire : *An quæ movere cereas imagines... possim ?* (Épode XVII). Dans *Isabelle d'Égypte*, Achim d'Arnim fait jouer un rôle à un golem, c'est-à-dire à une figure d'argile façonnée à la ressemblance d'une personne, et qu'une sorcière anime, de manière que tout le monde croie qu'elle vit réellement. Ces figures de cire servaient aussi bien pour inspirer l'amour que pour causer la mort, et on peut voir encore, dans la huitième églogue de Virgile, la description du cérémonial usité dans ce dernier cas.

[4] On sait que la corde de pendu portait bonheur à tous ceux qui en avaient sur eux ! cette superstition n'a pas encore disparu aujourd'hui. Le Loyer, dans son *Histoire des Spectres* (1605, in-4º), s'est étendu là-dessus.

[5] Le *nouement de l'aiguillette*, par lequel on rendait un homme impuissant, était une des croyances les plus répandues dans le peuple. C'est aussi une des plus anciennes. Il en est question dans Platon (*Lois*, liv. XI), dans Ovide, Virgile, etc. Tous les démonomanes français, Thiers, le père le Brun, Delancre, Bodin, etc., etc., en parlent fort au long. Plusieurs conciles lancèrent des anathèmes contre les noueurs d'aiguillettes, et le cardinal Du perron fit mettre dans le rituel d'Évreux, ville dont il était évêque, des prières contre ce maléfice. Voir, dans le *Dict. infernal* de Collin de Plancy, l'article *Ligature*.)

Les astres et leurs influences,
Et leur fit force doléances,
De ce que leur influxion
Nuisoit à son affection,
Et pourtant, comme étant bien sage,
Ni du penser ni du langage
Ne leur dit pire que leur nom,
Ce qui de tous fut trouvé bon ;
Oui bien un peu clabauda-t-elle
Contre son amant infidèle,
Lui souhaita venin d'aspic,
Et le regard d'un basilic,
Tic, scorbut, lèpre, diarrhée,
Écrouelle et fièvre pourprée,
La petite vérole, et pis.
   Et là-dessus d'un noir tapis
S'affubla la nature humaine ;
La nuit vint dans un char d'ébène,
Le sommeil avec elle vint,
Qui fit des dormans plus de vingt :
Il en fit au haut des montagnes,
Dans les vallons, dans les campagnes,
Dans les fleuves, dans les étangs,
Dans les villes, et dans les champs.
Chacun dormoit dans Trébizonde,
Plus de cent milles à la ronde,
Dans Paris, Rome, enfin partout
Notre horizon, de bout en bout :
Didon seule en notre hémisphère,
Tandis que de la mort le frère,
Doux frère d'une rude sœur,
Enchante tout par sa douceur,
Tandis que toute la nature
Semble être dans la sépulture,
Et que tout vivant paroît mort,
Didon, dis-je, non plus ne dort
Qu'un chat-huant dans les ténèbres.
Elle fait cent desseins funèbres,
Et dit en soupirant tout haut,
Ces paroles, ou peu s'en faut :
« Ventre de moi ! que deviendrai-je ?
Vers sire Hiarbas m'en irai-je
Le prier d'être mon mari ?
Le fat fera le renchéri,
Et me dira : Dieu vous assiste !
M'en irai-je suivre à la piste
Sire Æneas dans son vaisseau ?

Il me fera jeter dans l'eau.
Dieu sait avec quelle huée
Des soldats je serois jouée,
Puisque tel maître, tel valet !
Ah ! c'est un étrange poulet,
Qui ne veut pas qu'on le regarde.
De telles gens le ciel nous garde !
Tout ici-bas s'en va gâté,
Faute d'honneur et loyauté.
Mais je veux bien que j'y consente,
Que j'aille comme une innocente
Lui dire : Revenez à moi ;
Il feroit trop du quant à moi,
Il me feroit couper ma jupe.
Ma foi ! je ne suis pas si dupe :
Il vaut bien mieux s'en ressentir.
Désolée infante de Tyr,
De l'amour qui te rend si hâve,
Serois-tu tellement esclave,
Et manquerois-tu tant de cœur,
Que d'aller trouver ce moqueur,
Le prier de te faire grâce ?
Souviens-toi plutôt de sa race ;
Souviens-toi de Laomédon,
Trop crédule dame Didon.
Va-t'en plutôt à main armée,
De ton désespoir animée,
Fondre, avec tous tes Tyriens,
Sur Énée et sur ses Troyens.
Hélas, qu'est-ce que je veux faire
Contre un si vaillant adversaire ?
Ses gens frappent comme des sourds,
Loups, dogues, lions, tigres, ours.
Ta nation lâche et perfide
Voudra-t-elle suivre son guide ?
J'eus peine à les faire partir
Lorsque je me sauvai de Tyr,
Et cette maudite canaille,
N'allant pas pour faire ripaille,
Mais courir hasard du trépas,
Reviendroit bientôt sur ses pas.
Ils iront la tête baissée ;
Mais, leur colère étant passée,
Ils s'en reviendront tout ainsi
Que l'on a fait à Juvisy [1].
Ah ! plutôt, reine malheureuse,
Sans faire tant de la pleureuse,

---

[1] Allusion à l'un des premiers *faits d'armes* de la Fronde, qui eut lieu immédiatement après la levée des portes cochères. « M. de Beaufort, dit Guy Joly dans ses *Mémoires* (p. 52), entreprit cependant d'ouvrir le passage de Corbeil, et il se mit en marche à grand bruit, avec un gros détachement de bourgeois de la ville qui devaient faire des merveilles ; mais ils n'eurent pas le courage de passer Juvisy, ayant appris qu'il était sorti des troupes de Saint-Germain pour les couper. »

Va te pendre sans hésiter.
Il n'est plus temps de se flatter,
Toute espérance étant perdue;
Tu plairas peut-être, pendue;
Les hommes ont d'étranges goûts,
Et les grands seigneurs plus que tous.
Qu'est-ce donc que tu veux attendre?
Encore une fois va te pendre;
Tu te pendras fort justement.
Quand on s'est pendue un moment,
On ne veut plus faire autre chose.
Et toi, de mon malheur la cause,
Sœur Anne, qui me le peignis
Aussi charmant qu'un Adonis,
Et qui, de mes larmes touchée,
Me rendis si fort débauchée,
Que les poëtes en diront
Peut-être plus qu'ils ne sauront,
Je ne me verrois pas moquée,
Ni comme une sotte escroquée,
Si j'avois suivi ma raison
Et moins cru mon échauffaison.
J'aurois observé mon veuvage
Sans faire un second mariage;
J'aurois sans reproche vécu
Sans faire après sa mort cocu
Défunt Sichæus, mon pauvre homme :
Toutes les fois que je le nomme,
Je sens mon cœur tendrifier
Et mes yeux humidifier.
Oh! que te voilà diffamée.
Femme d'homme trop affamée!
Et que ce lâche suborneur
Te coûte de gloire et d'honneur!
Tu serois bien plus fortunée
Si tu n'étois point femme née,
Mais plutôt chienne ou bien guenon,
Ou bien brebis, galeuse ou non! »
  Tandis que, sur cette matière,
Elle passe la nuit entière,
S'en prenant même aux innocens,
Énée, avec tous ses cinq sens,
Dans sa nef paisiblement ronfle,
Attendant que le bon vent gonfle
Ses voiles de chanvre ou de lin.
Comme ce prince peu malin,
Et qui jamais ne l'eût laissée
Sans une affaire bien pressée,
Dans son vaisseau faisoit dodo
Sans songer beaucoup à Dido,
Le dieu Mercure vint en songe
(Et ceci n'est point un mensonge),
Car moi qui vous parle, Scarron,

Je le tiens de maître Maron),
Je dis donc que le dieu Mercure,
Comme on le voit en sa peinture,
Avec un bonnet à l'anglois,
Un beau baudrier de chamois,
Auquel pendille une escarcine,
En sa main droite une houssine,
Où deux gros serpens émaillés
Sont l'un dans l'autre entortillés
A chaque talon talonnière,
Et tout éclatant de lumère,
Vint lui dire à peu près ceci :
« Pauvre homme qui dors sans souci,
Et qui ne sais pas qu'on s'apprête
A te venir rompre la tête,
Sauve, sauve-toi, de par Dieu,
Et quitte vitement un lieu
Où chacun a juré ta perte.
La mer sera tantôt couverte
De vaisseaux qui t'attaqueront :
Malheur à ceux qui ne fuiront!
Gagne le devant sans remise.
Tu ne connois pas dame Élise :
Toute gracieuse qu'elle est,
Alors que quelqu'un lui déplaît,
C'est une diablesse complète.
Toute autre femme est ainsi faite,
Et n'est pas un pire animal
Qu'une femme qui nous veut mal. »
  Cette pressante remontrance
Mit Æneas si fort en transe,
Qu'il ne put jamais dire rien
Au messager Cyllenien,
Qui se perdit dans la nuit noire,
Si Virgile est auteur à croire.
Lors Æneas, frottant ses yeux,
Qui peut-être étoient chassieux,
Se mit, du plus haut de la poupe,
A réveiller toute sa troupe,
Criant bien fort : « Sauve qui peut!
Enfans, c'est à nous qu'on en veut.
Un dieu du ciel me vient de dire
Qu'on s'apprête à nous déconfire.
Bon dieu qui nous viens avertir
D'éviter les peuples de Tyr,
Dieu qui nous conseilles la fuite,
Nous allons nous mettre à ta suite;
Si tu veux attendre un moment,
Nous ferons ton commandement.
Qui que tu sois, dieu tutélaire,
Tu mérites un grand salaire,
Et d'être en mon calendrier.
Et vous, que j'ai droit de crier

Et de vous rompre aussi les têtes
Alors que vous faites les bêtes,
Puisque vous me tenez pour chef,
Démarrons d'ici derechef ;
Quittons cette maudite rive,
Et quiconque m'aime me suive.
Ils en veulent, les basanés,
A nos oreilles et nos nez.
Faisons donc de ramer merveilles,
Pour nos nez et pour nos oreilles :
Plutôt que d'en être perclus,
J'aimerois mieux ne vivre plus.
Ces nez plats, ces puans de Maures,
Sont de dangereuses pécores,
Et Didon même ne vaut rien,
Quoiqu'elle m'ait voulu du bien.
Allons donc, mes amis, courage,
Éloignons ce fâcheux rivage,
Gagnons la mer encore un coup ;
Il nous importe de beaucoup,
Puisqu'on en veut à notre vie :
Quand elle nous sera ravie
Par ces Africains forcenés,
Nous serons les plus étonnés. »
Cela dit, son maître pilote
Donna le signal à la flotte ;
Puis, d'un fourreau de maroquin
Tirant son glaive damasquin,
Æneas en coupa le câble
De l'ancre fiché dans le sable,
Et les autres chefs l'imitant,
C'est-à-dire en faisant autant,
Les vaisseaux en mer s'élargirent,
Les flots de vaisseaux se couvrirent
Et l'on ne vit plus dans le port
Que vaisseaux qui prenoient l'essor.

   Alors l'aurore violette
Laissa dans sa couche mollette
Le vieux Tithon, un maître fou,
De s'être enchevêtré le cou,
Si vieil, d'une si jeune femme.
C'est une fort honnête dame,

Qui, tous les matins, de ses pleurs
Emperle, ce dit-on, les fleurs.
Lorsque la rive basanée
Fut d'elle tout ensafranée
Et qu'elle eut semé ses joyaux
Sur fleurs, arbres, herbes, roseaux,
La Didon, que l'amour réveille,
Et lui met la puce à l'oreille,
Se jette en bas de son grabat.
Voyant que le point du jour bat
Ou plutôt blanchit sa fenêtre,
Elle s'y mit pour reconnoître
Ce que faisoit son cher ami,
Lors pour elle un diable et demi.
Quand elle vit, la désolée,
La flotte Troyenne envolée,
Et dans son port pas un vaisseau,
Mais seulement quantité d'eau,
Elle frappa de sa main close,
Comme s'il en eût été cause,
Son tant agréable museau,
S'égratigna toute la peau,
Fit cent actions d'une folle,
S'appliqua mainte craquignole,
Pocha ses yeux, mordit ses doigts,
S'arracha le poil plusieurs fois,
Puis, se frappant deux fois la cuisse :
« Il s'en va, dit-elle, le Suisse,
Et pour ne revenir jamais !
Et toi, Jupiter, tu permets
Que je me trouve ainsi moquée,
Dans ma propre ville escroquée,
Et sans pouvoir tirer raison
D'une si noire trahison !
Et personne de mon royaume
Ne se fera pas Jean Guillaume [1]
Pour étrangler à belles mains
Ce larron des plus inhumains !
Çà, qu'on l'attrape, qu'on le grippe ;
Çà, qu'on le châtre, qu'on l'étripe.
Sortez, marchez, courez, volez,
Frappez, tranchez, tuez, brûlez.

---

[1] C'était le nom du bourreau de Paris. Je trouve, dans le recueil de Maurepas (XXI, f. 487), cette chanson sur la mort de Richelieu :

    Bien que la mort du cardinal
    Nous cause une nouvelle joie,
    Jean Guillaume seul plaint son mal,
    Et voudrait, le bourreau qu'il est,
    Qu'il fût vif pour son intérêt.

Furetière a écrit, dans son *Roman bourgeois*, une *Épître dédicatoire du premier livre que je ferai à très-haut et très-redoutable seigneur Jean Guillaume, dit Saint-Aubin, maître des hautes-œuvres de la ville, prévôté et vicomté de Paris.*

Ah! que dis-tu, femme insensée!
Où diable est ta raison passée?
Où diable as-tu mis ta vertu?
Pauvre femme, à quoi songes-tu?
Oh! comme sans te donner trêve
Ton rigoureux destin t'achève!
Qu'il eût bien fait de t'assommer,
Quand tu te mis à trop aimer,
Et que tu te donnas en proie,
Et ton sceptre, au prince de Troie!
Fiez-vous donc à ces pieux,
A ces gens qui baissent les yeux,
A cet homme de bien qui porte
Son vieil père à la chèvre morte,
Et qui sauve ses dieux du feu,
Afin de mieux couvrir son jeu!
Puisqu'ils ne sont qu'un contre quatre,
Ne pouvois-je pas les combattre,
Le prendre, et, l'ayant maltraité,
Le hacher en chair de pâté,
Et faire des capilotades
De tous ses maudits camarades;
Et puis des membres rebondis
Du fils faire un salmigondis,
Le servir à table à son père,
Et puis, après la bonne chère,
Lui dire : « Malheureux goulu,
« Ton chien d'estomac est pollu,
« Et de ta propre géniture,
« Glouton, tu t'es fait nourriture! »
Mais, peut-être, de ton côté
La victoire n'eût pas été;
Au pis aller j'y fusse morte,
Victorieuse ou non, qu'importe,
Puisque la victoire n'a pas
Pour Didon de fort grands appas!
Ou victorieuse ou vaincue,
Il faut toujours qu'elle se tue
Pour avoir commis le péché
De se donner à bon marché.
Et puis ma ruine, peut-être,
Pouvoit causer celle du traître :
On peut son vainqueur entraîner,
Souffrir la mort et la donner.
Je pouvois confondre sa flotte,
Me coiffer d'une bourguignote [1],
L'attaquer, lui percer le flanc,
Mettre tout à feu, tout à sang,
Égorger le fils et le père,
Mettre le feu dans leur galère,
Et faire des autres vaisseaux
Grillade au beau milieu des eaux;
Puis, par un désespoir extrême,
Avec eux me perdre moi-même.
Soleil, qui chauffes l'univers,
Soit de droit fil, soit de travers,
Qui tout vois et qui tout regardes,
Et, par les rayons que tu dardes,
Produis la lumière et le jour,
Vis-tu jamais plus lâche tour?
Junon, qui sais toutes ces choses,
Et qui peut-être me les causes;
Et toi, ténébreuse Hécaté,
Toi qui par mon ordre as été
La nuit aux carrefours hurlée,
Et par tes saints noms appelée
Dames des ténébreux manoirs,
Vengeresses des crimes noirs,
Dieux de la moribonde Élise,
Si la vengeance m'est permise,
Prenez, justes divinités,
Part en mes maux, et m'écoutez!
S'il faut que mon filou d'Énée,
Par l'arrêt de la destinée,
Laquelle bien souvent ne sait
Pourquoi les choses elle fait;
S'il faut, dis-je, que ce volage
Attrape enfin quelque rivage,
Que ce ne soit pas sans danger
Et sans avoir peur de plonger!
Qu'il tremble de peur comme un lâche,
Qu'il en pleure comme une vache,
Qu'un peuple qui le pousse à bout,
Et qui, dos et ventre partout
Le batte, et toute sa cohorte,
Soit où la tempête le porte,
Et que, ne sachant où donner,
Qu'il soit contraint d'abandonner
Son fils Iulus, et s'en aille,
En équipage de canaille,
Mendier un foible secours!
Qu'il voie à la fin de leurs jours
Ses plus chers par fer ou par corde;
Et, si par la paix on s'accorde,
Qu'il n'en jouisse pas longtemps;
Qu'il meure au plus beau de ses ans,
Et que son corps sans sépulture
Aux oiseaux serve de pâture,
Ou bien qu'il soit des loups mangé
Et comme un cheval mort rongé!

---

[1] Ce mot désigne soit un casque de fer, soit un bonnet militaire rembourré et garni d'étoffes.

Et vous, nation Tyrienne,
Que jamais il ne vous advienne
D'être jamais correspondans
Avec ses chiens de descendans !
Que quelqu'un naisse de ma race,
Qui chez eux-mêmes les défasse,
Qui soit un brûleur de maisons,
Mangeur de poules et d'oisons,
Un grand déflorateur de filles,
Et grand ruineur de familles !
Soyez d'eux toujours divisés,
A tous leurs desseins opposés,
Alliés de leurs adversaires,
A leurs confédérés contraires ;
Enfin, soyez tels que les chats
Ne soient pas plus méchans aux rats :
Voilà ce que je vous demande,
Et que le bon Dieu vous le rende ! »
 Après ces imprécations,
Ces funestes intentions
Lui changèrent tout le visage.
S'abandonnant toute à la rage,
Et ne songeant plus qu'à mourir,
Elle dit qu'on allât querir
Barcé, de Sichæus nourrice ;
Car la sienne, mise en justice
Pour avoir fait à Tyr un vol,
Avoit fini par un licol.
Aussitôt qu'elle fut venue,
La vieille nourrice chenue,
Au front étroit, œil enfoncé,
Nez plat et pourtant retroussé,
La reine lui dit : « Ma nourrice,
J'ai besoin d'un petit service :
Va faire venir vitement
Ma sœur, dis-lui que promptement
Elle se lave tout entière
Par trois fois en eau de rivière ;
Que les animaux destinés
Avec elle soient amenés.
Et toi, mets aussi sur ta tête
Ton bandeau des saints jours de fête.
J'ai dessein, pour me mettre bien
Avec Jupiter Stygien,
De lui faire un beau sacrifice,
Et punir du dernier supplice
Le marmouzet de ce mâtin
Qui me fait passer pour putain. »
La vieille s'en court à pas d'oie
Où la pauvre Didon l'envoie,
Laquelle, lors, de toutes parts

Lançant ses funestes regards,
Se retira, folle achevée,
Où la pyre étoit élevée,
Le feu de ses yeux tout éteint,
Les lèvres livides, le teint
Tout pâle et la vue égarée.
Sa mort, qu'elle tient assurée,
Lui donne un air rempli d'horreur,
De désespoir et de fureur.
Quand, prête à jouer de son reste,
Elle vit le bûcher funeste,
Elle se hâta d'y monter.
Elle avoit eu soin d'apporter
La dague de messire Énée,
D'un pan de robe embéguinée,
Afin qu'on ne pût soupçonner
Qu'elle s'en voulût assener.
Elle aperçut sur la couchette
Où sa faute avoit été faite
Du faux amant les caleçons,
Son bonnet de nuit, ses chaussons,
Et le reste de ses guenilles,
Et d'amour quelques béatilles [1],
Comme rubans, vers et poulets,
Bagues, cheveux et bracelets ;
Et puis lâcha paroles telles
A l'aspect de ces bagatelles :
« Bijoux autrefois désirés,
Haillons autrefois honorés,
Et qui maintenant ne me faites
Que haïr celui dont vous êtes,
Écoutez mes derniers discours !
Je sais que je parle à des sourds,
Mais ma raison s'est envolée ;
Excusez une désolée.
J'ai vécu reine de ces lieux
Tant que l'ont permis les bons dieux
J'ai fait faire une belle ville,
J'ai toujours été fort civile ;
Mais, hélas ! pour l'avoir été,
J'ai tout mon cher honneur gâté.
Mon mari, frappé par derrière,
De mon frère qui ne vaut guère,
A reçu satisfaction
Par ma généreuse action
D'avoir sa finance enlevée ;
Chacun m'en a fort approuvée,
Et le rôle que j'ai joué
En ce monde eût été loué,
Si du fils de putain d'Énée
La flotte en ces bords amenée

---

[1] Littéralement, petites choses délicates et friandes.

Par quelques Dieux à moi fâchés,
N'eût tous mes beaux exploits tachés. »
   Après ce langage farouche
Elle baisa deux fois la couche,
Couche où la dame se perdit,
Comme je vous ai déjà dit ;
Et puis après, toute changée :
« Mourons, et sans être vengée,
Dit-elle. C'est là le destin
Que doit avoir une putain ;
Et qu'Æneas, voyant reluire
La flamme qui me va détruire,
Ait le cerveau tout étonné
De ce présage infortuné ! »
Ayant parlé de cette sorte,
On la vit tomber demi-morte,
Sans dire un seul mot d'*In manus.*
Un glaive entre ses tetons nus
Avoit fait un large passage
Par où cette dame peu sage
Répandit de bon sang humain
Par terre, non pas plein la main,
Mais plein une bonne écuellée ;
Et son âme, parmi mêlée,
S'en alla je ne sais pas où.
Après ce bel acte de fou
(Tout beau, je veux dire de folle),
Chaque valet joua son rôle,
Chacun ses cheveux arracha,
Par grimace ou non se fâcha.
Des femmes les cris et huées
Pénétrèrent jusqu'aux nuées.
On n'entendoit que hurlemens ;
Les poings les visages gourmans
Faisoient un tintamarre étrange ;
Là quelqu'un les deux mains se mange,
Là, l'autre pèle son menton,
Et l'autre de coups de bâton
Se meurtrit le dos à soi-même ;
Bref, le désordre est tout de même
Que si l'on avoit introduit
L'ennemi de jour et de nuit
Dedans Tyr ou dedans Carthage :
Le soldat s'anime au pillage,
Et par les quartiers s'épandant
Va tout prenant et tout perdant ;
Les cris de femmes qu'on viole,
Les regrets de ceux que l'on vole,
Sont portés jusque dans les cieux,
Et le feu, rendu furieux
Par le vent qui se fait de fête,

Paroit victorieux au faîte
Des saints temples et des maisons,
Qu'il réduit après en tisons.
La confusion est semblable,
Après cette mort déplorable,
Dans Carthage, où les Tyriens
Donnent au diable les Troyens.
   Anne, ayant appris la nouvelle,
En pensa perdre la cervelle :
Elle y courut, se déchirant
Le visage, et son poil tirant.
Frappant sur quiconque l'arrête,
Et donnant de cul et de tête,
Elle se fit bientôt chemin
A coups de pieds et coups de main.
Ayant ainsi chassé la tourbe,
Elle cria : « Ma sœur la fourbe,
Vous jouez donc de ces tours-là ?
Est-ce bien vivre que cela ?
Vraiment vous en saviez bien d'autres
Vous traitez donc ainsi les vôtres,
Et tout cet apprêt d'échafaud
Étoit un attrape-nigaud ?
Mais, hélas ! de quoi me plaindrai-je
A qui raison demanderai-je ?
Pour avoir trop tôt obéi,
J'ai tout perdu, j'ai tout trahi.
O bourguemestres de Carthage,
Vous n'avez guère de courage
Si contre dame Anne fâchés,
En morceaux vous ne la hachez'
O sœur, autrefois si jolie,
Vous avez fait une folie,
Laquelle on ne peut réparer.
Avez-vous dû vous séparer
D'une sœur qui fut si fidèle ?
Il valoit mieux s'assurer d'elle,
Puis toutes deux, d'un coup fourré,
Chacune en main glaive acéré,
S'entre-pénétrer la peau tendre,
Ou bien d'un taillant se pourfendre.
Au moins si j'avois assisté
A ce trépas prémédité,
J'aurois eu du gain dans ma perte,
Et j'aurois gobé, bouche ouverte,
L'âme de ma sœur s'envolant,
Si que l'une à l'autre mêlant,
J'en aurois une bonne paire
Et ce seroit un bon affaire
De pouvoir en aider à point
Quelque ami qui n'en auroit point 1.

---

1 Burlesque paraphrase du vers de Virgile :

Çà, de l'eau, vite qu'on m'en puise,
Afin que je la gargarise,
Ou bien plutôt un peu de vin :
Ma sœur aimoit ce jus divin.
Mais à propos, de l'émétique,
Car il est, dit-on, mirifique,
Et ressusciteroit un mort.
Que ne la saignoit-on d'abord ?
La mort est souvent éloignée
Par une première saignée [1]. »
 Tenant ces funestes propos,
Comme elle avoit le corps dispos,
Haute en jambes comme une autruche,
Et grimpoit comme une guenuche,
Elle se fit voir d'un plein saut
Au beau milieu de l'échafaud.
Là recommencèrent les plaintes,
Et les souffletades non feintes.
Didon voulut le jour lorgner,

Mais il fallut bientôt cligner.
Elle voulut par bienséance
Faire à sa sœur la révérence,
Mais elle en eut le démenti
De son corps trop appesanti.
Trois fois sa mourante paupière
S'ouvrit, pour chercher la lumière,
Et, l'ayant vue, elle lâcha
Un soupir, et ses yeux boucha.
Junon, voyant la mort camuse
Qui trop cruellement s'amuse,
Comme se plaisant à son jeu,
A tuer Didon peu à peu,
Elle appela sa messagère
Iris, déesse fort légère.
Iris venue, elle lui dit :
« Va-t'en couper le fil maudit
De ma Didon infortunée.
Elle avance sa destinée,

> .....Extremus, si quis super halitus errat,
> Ore legam...

Ces vers de Scarron me rappellent un passage de l'*Hist. com. des estats et empires de la Lune* par Cyrano. Quand on a permis à un *philosophe* de se défaire de la vie, à cause de son grand âge, « il avertit ses plus chers et du jour et du lieu. Ceux-ci se purgent et s'abstiennent de manger pendant vingt-quatre heures; puis, arrivés qu'ils sont au logis du sage, et sacrifié qu'ils ont au soleil, ils entrent dans la chambre, où le généreux les attend sur un lit de parade; chacun se vent embrasser, et, quand c'est au rang de celui qu'il aime le mieux, après l'avoir baisé tendrement, il l'appuie sur son estomac, et, joignant sa bouche sur sa bouche, de la main droite il se baigne un poignard dans le cœur. L'amant ne détache point ses lèvres de celles de son amant qu'il ne le sente expirer, » etc. Auparavant, Cyrano fait raconter par un habitant de la Lune comment il a troqué son corps de vieillard contre un corps de jeune homme : « Je me suis enquis du chemin de l'hôpital, où, entrant, j'ai trouvé le corps d'un jeune homme qui venait d'expirer... Je m'en suis approché, feignant d'y connaître encore du mouvement... de sorte que, sans être aperçu, j'ai approché ma bouche de la sienne, où je suis entré comme par un souffle ; lors mon vieux cadavre est tombé, et, comme si j'eusse été ce jeune homme, je me suis levé. »

[1] Vers le temps où Scarron écrivait ceci, la saignée était préconisée comme un remède souverain par toute une classe de docteurs. On peut voir jusqu'où cette conviction était poussée chez eux, dans les *Lettres* de Gui-Patin, qui était un des partisans les plus déterminés de ce système. Ici, il nous parle du médecin Mautel, qui fut saigné trente-deux fois pour une fièvre continue (*Lettre* XXXVIII) ; là, il nous apprend qu'il fit saigner vingt-quatre fois son propre fils pour la même maladie (*Lettre* CIII) ; et ailleurs, qu'il se fit saigner sept fois lui-même pour un rhume (*Lettre* CXCII). Le premier médecin du roi, Cousinot, ayant eu un fort rhumatisme, fut saigné soixante-quatre fois en huit mois, — et finit par guérir (*Lettre* CXCIV). Quelle réflexion pourrait-on ajouter à ces chiffres, qui sont assez éloquents ? Il faut voir comme il invective Gui de la Brosse, le médecin ordinaire de Louis XIII, qui aima mieux mourir que d'être saigné, et Van Helmont, qui mourut enragé, dit-il, en punition de ce qu'il n'avait pas voulu se faire tirer du sang. Si son confrère Veslengius a succombé à une fièvre continue, c'est pour n'avoir été saigné que deux petites fois le dernier jour d'avril, etc. Furetière s'est moqué de cette manie, dans sa satire IV. Quant à l'émétique, dont il est question quelques vers plus haut, cette drogue eut également, au dix-septième siècle, sa grande popularité, comme le quinquina. Ce fut avec le vin émétique que MM. Esprit, Brayer et Bodineau eurent l'honneur de tuer le fils de la Mothe le Vayer. Gui-Patin parle souvent aussi de l'emploi de ce remède. Le père Carneau, célestin, qui avait été guéri par le vin émétique d'antimoine, fit paraître en 1656, sur cette panacée, la *Stimmimachie, ou le grand Combat des médecins modernes sur l'antimoine*. C.f. l'*Antimoine purifié sur la sellette*, comédie en vers (1668), précédée d'un argument sur l'*émétique préparé*.

C'est pourquoi son âme ne peut
Sortir aussitôt qu'elle veut,
Et sans doute la Parque grise,
Qui se fâche d'être surprise,
Ne veut pas jouer du ciseau.
Aussi légère qu'un oiseau,
Et d'un beau satin de la Chine [1]
Enrichissant sa bonne mine,
Iris vint au commandement
De la dame du firmament,
Où Didon, tout agonisante,
Sur son triste grabat gisante,
Languissoit fort cruellement,
Expirant je ne sais comment.
Elle trouva la pauvre dame,
Dont le corps, luttant avec l'âme
Avec d'incroyables efforts,
Souffroit à la fois mille morts.
Lors elle dit : « Je te délivre
De tout ce qui te faisoit vivre.
Meurs, meurs donc ; c'est trop lanterner.»
Lors on entendit bourdonner
Son esprit sortant de sa plaie :
Je ne sais si la chose est vraie.
Didon mourut, Iris s'enfuit.
Adieu, bonsoir et bonne nuit

[1] Voir, si l'on en est curieux, la définition et la description des diverses espèces de satin de la Chine ou satin des Indes, dans le *Dictionnaire de commerce* de Savary.

A MONSIEUR

DESLANDES PAYEN [1]

CONSEILLER EN PARLEMENT DE LA GRAND'CHAMBRE, PRIEUR DE LA CHARITÉ-SUR-LOIRE
ET ABBÉ DU MONT-SAINT-MARTIN, ETC.

MONSIEUR,

Puisque les épîtres liminaires sont la plupart longues et ennuyeuses, et que ces gros escadrons de belles paroles, dont elles sont composées, ne paroissent sur le papier que pour faire avouer de gré ou de force, à ceux à qui on les adresse, que l'on est leur très-humble serviteur, vous ferez fort bien, dès ici, de ne passer pas plus outre à la lecture de la mienne. Peut-être qu'elle sera longue, et que, me laissant emporter au plaisir de vous entretenir, je ne craindrai point de vous ennuyer, pourvu que je me satisfasse. En lisant donc seulement la conclusion de mon épître, vous êtes dispensé de tout ce qui la précède, et de cette conclusion même, pourvu que vous me fassiez l'honneur de la croire. Quand je devrois passer pour un jureur, il faut que je vous jure par Apollon, les neuf Muses, et tout ce qu'il y a de vénérable sur le sacré coupeau [2], que vous êtes une des personnes du monde que j'estime le plus ; je ne pense pas vous en donner des preuves bien assurées en vous dédiant mon livre, car, par le même serment que je viens de faire, je suis prêt de signer, devant qui l'on voudra, que tout le papier que j'emploie à écrire est autant de papier gâté, et qu'on auroit droit de me demander, aussi bien qu'à l'Arioste, où je prends tant de coyonneries [3]. Tous ces travestissemens de livres, et de mon Virgile tout le premier, ne sont pas autre chose que des coyonneries, et c'est un mauvais augure pour ces compilateurs de mots de gueule, tant ceux qui se sont jetés sur Virgile et sur moi, comme sur un pauvre chien qui ronge un os, que les autres qui s'adonnent à ce genre d'écrire-là, comme au plus aisé ; c'est, dis-je, un très-mauvais augure pour ces très-brûlables burlesques, que cette année, qui en a été fertile [4],

---

[1] Pierre Payen-Deslandes, qui mourut en 1664, était le doyen des conseillers de la grand'chambre. Il était ami du père de Scarron. Celui-ci lui a adressé une longue épître (*Recueil des Œuvres burlesques*, t. III, p. 21). C'est à lui aussi que Saint-Amant a dédié son ode intitulée *la Pluie*.

[2] Sommet.

[3] C'est, dit-on, la question qui fut adressée à l'Arioste par le cardinal d'Este, son protecteur, lorsqu'il eut lu le manuscrit du *Roland furieux* : « Dove, diavolo, messer Lodovico, igliato tante coglionerie ? »
son, dans son *Histoire de l'Académie*, confirme le témoignage de Scarron : « Non-

et peut-être autant incommodée que de hannetons, ne l'a pas été en blé[1]. Peut-être que les beaux esprits qui sont gagés pour tenir notre langue saine et nette[2] y donneront ordre[3], et que la punition du premier mauvais plaisant qui sera atteint et convaincu d'être burlesque relaps, et, comme tel, condamné à travailler le reste de sa vie pour le pont Neuf[4], dissipera le fâcheux orage de burlesque qui menace l'empire d'Apollon. Pour moi, je suis tout prêt d'abjurer un style qui a gâté tant de monde, et, sans le commandement exprès d'une personne de condition, qui a toute sorte de pouvoir sur moi[5], je laisserois le Virgile à ceux qui en ont tant d'envie, et me tiendrois à mon infructueuse charge de malade[6], qui n'est que trop capable d'exercer un homme entier. Je me représente quelque lecteur judicieux, qui se dit à soi-même, ou à d'autres, que j'ai donc grand tort de vous faire un si mauvais présent, et de vous importu-

seulement le burlesque passa en France, mais il y déborda et il y fit d'étranges ravages. Chacun s'en croyait capable, depuis les dames et seigneurs de la cour, jusqu'aux femmes de chambre et aux valets. Cette fureur du burlesque était venue si avant, que les libraires ne voulaient rien qui ne portât ce nom, que, par ignorance, ou pour mieux débiter leur marchandise, ils donnaient aux choses les plus sérieuses du monde, pourvu seulement qu'elles fussent en petits vers. D'où vient qu'en 1649, on imprima une pièce assez mauvaise, mais sérieuse pourtant, avec ce titre, qui fit justement horreur à tous ceux qui n'en furent pas davantage : *la Passion de N.-S. J.-C. en vers burlesques.* « La Fronde avait été le signal d'un déchaînement universel pour tous les poètes du pont Neuf, et c'était en ce lieu, devant la Samaritaine, que se tenait le quartier général des écrivains burlesques qui bataillaient contre le Mazarin. Qu'il suffise de citer, outre la *Gazette burlesque* de Scarron, le *Courrier burlesque de la guerre de Paris*, par Saint-Julien, le *Courrier de la cour en vers burlesques*, la *Juliade*, l'*Agréable récit des barricades*, de M. de Verderonne, etc., etc. Et puis, comme le dit notre auteur, le succès du *Virgile travesti* avait alléché la tourbe des imitateurs. Il parut coup sur coup : les *Amours d'Énée et de Didon*, parodie du liv. IV, par Furetière (1649); l'*Enfer burlesque ou le liv. VI de l'Énéide travesti* (1649); la *Guerre d'Énée en Italie en vers burlesques*, par Barciet (1650); le *Livre VII de l'Énéide enjouée*, par Brébeuf; sans compter tous les travestissements qui se produisirent encore les années suivantes et ceux d'Ovide, Horace, Juvénal, Lucain. (Voir notre introduction.)

[1] Par suite des troubles de la Fronde et des guerres civiles, Paris fut désolé par une horrible famine, de 1649 à 1655. Le setier de froment, fixé à treize livres le 2 janvier 1649, était monté à trente livres, sept jours après, et au double vers le commencement de mars. Malgré toutes les précautions, la misère ne fit que s'accroître, et les pauvres en furent réduits à se nourrir de mets qu'il est à peine possible de nommer. Voir la *Bibliogr. des Mazarin.*, par Moreau, n° 1463; *Rec. des relations contenant ce qui s'est fait pour l'assistance des pauvres*, de 1650 à 1654, etc.

[2] Les membres de l'Académie française, dont les lettres patentes avaient été signées le 2 janvier 1635, mais ne furent enregistrées que deux ans et demi plus tard.

[3] Scarron devait savoir que l'Académie avait, au contraire, chargé un de ses membres de recueillir, pour son Dictionnaire, les façons de parler burlesques. Il avait été résolu que chaque académicien haranguerait à son tour. « Saint-Amant, dit Pellisson, dans l'*Hist. de l'Acad.*, demanda et obtint d'en être exempt, à la charge qu'il ferait, comme il s'y était offert lui-même, la partie comique du Dictionnaire, et qu'il recueillerait les termes grotesques, c'est-à-dire, comme nous parlerions aujourd'hui, *burlesques*. » C'était en 1637.

[4] Le pont Neuf était alors le rendez-vous d'une foule de charlatans, saltimbanques, crieurs, industriels de tout genre, gazetiers, pamphlétiers. Mais ce lieu était surtout célèbre par ses chanteurs en plein vent, parmi lesquels brillait au premier rang le *Savoyard*, dont Boileau a parlé dans sa satire IX. La muse et les chansons du pont Neuf étaient passées en proverbe, dans un sens méprisant. C'est de là que vient le terme : un *pont-neuf*, qui est resté dans la langue (voir une note de notre édit. du *Roman comique*, chez Jannet, t. II, p. 95-6).

[5] Probablement Marie de Hautefort, sa protectrice.

[6]   Scarron, par la grâce de Dieu,
    Malade indigne de la reine,

revient souvent, en vers et en prose, sur le peu de fruit qu'il retirait de cette charge *exercée pourtant avec intégrité*. Voir surtout ses nombreuses requêtes à Anne d'Autriche.

ner d'une dédicace. C'est à mon grand regret que l'enthousiasme m'a pris en même temps que le rhumatisme[1], que je suis réduit à faire des vers pour n'être pas capable d'autre chose en l'état où je suis, et qu'il faut que mes amis se sentent des incommodités qui viennent de la connoissance des poëtes[2]. Eh bien, MONSIEUR, ne m'en étois-je pas bien douté, que je me laisserois aller au plaisir de vous entretenir, et que mon épître seroit bien longue? Elle le seroit bien davantage, si je la voulois remplir des belles actions qui rendent votre vie illustre; mais, quand on pense vous louer, on vous mortifie, et votre modestie en pâtiroit. Je lui fais donc grâce de deux ou trois feuilles de papier, que je pourrois employer à vos louanges; aussi bien on sait chez le Barbare, et chez le Romain, aussi bien que chez le François, ce que vous avez fait, et ce que vous êtes capable de faire. Je finis donc enfin mon épître, vous conjurant encore un coup de croire qu'il n'y a rien de plus vrai au monde que ce qui est écrit au bas de la page : ce sont cinq mots, dont l'original est signé de ma main, par lesquels je vous proteste que je suis de toute mon âme,

MONSIEUR,

Votre très-humble, très-obéissant,
et très-obligé serviteur,

SCARRON.

---

[1] Cette phrase rappelle celle-ci, du *Roman comique* : « Ragotin, pressé de son amour comme d'un mal de ventre. » (I, ch. XIX.)

[2] Scarron a exprimé le même dégoût du burlesque et des écrivains burlesques, dans une de ses *Épîtres* :

Ils ont, pour discours ordinaires,
Des termes bas et populaires,
Des proverbes mal appliqués,
Des quolibets mal expliqués,
Des mots tournés en ridicule,
Que leur sot esprit accumule
Sans jugement et sans raison, etc.

LE VIRGILE TRAVESTI

LIVRE CINQUIÈME

Tandis que Didon l'on brûloit,
Messire Ænéas s'en alloit,
Poussé d'un vent soufflant en poupe,
Ce qui plaisoit fort à sa troupe,
Laquelle redoutoit l'effort
Qu'une princesse, aimant trop fort,
Pouvoit faire sur leurs personnes.
Faire de leurs femmes des nonnes,
Faire d'eux des moines châtrés,
Après les avoir chapitrés,
Ce n'étoit pour eux que des roses ;
Mais ils craignoient sur toutes choses,
Qu'occire elle ne les voulût,
Après quel mal point de salut.
Tandis qu'entre eux ils en raisonnent,
De leurs nefs, qui les flots sillonnent,
Carthage leur parut en feu.
Æneas n'eût pas donné peu

Pour en apprendre au vrai la cause
Il sait bien ce qu'une femme ose,
Quand elle a chaussé son bonnet [1].
Son procédé n'étoit pas net,
Et le bon seigneur souvent pense
Qu'il lui doit plus que sa dépense ;
Son esprit en a cent remords
Et souvent reproche à son corps,
Qu'il s'est montré beaucoup fragile
Avec dame un peu trop facile.
Sitôt qu'il fut en pleine mer,
L'air commença de s'enrhumer,
Et d'un grand flux de pituite [2]
Et de grands coups de foudre ensuite
Fit peur au troupeau Phrygien.
Chacun lors eût donné son bien
Pour être loin de la tempête ;
Chacun souhaita d'être bête

---

[1] Dicton qui signifiait s'opiniâtrer, s'entêter d'une chose, suivre son caprice, en faire à la tête.

[2] Presque toute la littérature du temps de Mazarin s'est évertuée à décrire, en vers ou en prose burlesques, les quatre saisons, surtout l'hiver, et à en rendre les effets en un style comparable à celui-là, quoiqu'il ait souvent la prétention d'être sérieux. Pour ne citer qu'eux, voyez les vers de Théophile, dans son *Ode contre l'Hiver* :

Plutôt que d'être homme flottant,
Car flottant et périclitant
N'est quasi qu'une chose même.
Palinurus, la face blême,
Prit en main son bonnet pointu,
Criant : « A qui diable en veux-tu,
Neptune, maître des baleines,
Souverain des humides plaines ?
Pourquoi les vents porte-soufflets
Apprêtent-ils leurs camouflets [1]
Pour troubler le repos de l'onde ?
Ils ne sont bons, en ce bas monde,
Qu'à faire périr des vaisseaux,
A faire tomber des chapeaux,
Et remplir les yeux de poussière ;
Vraiment ils ne te craignent guère,
Et font avec peu de raison
Mal les honneurs de ta maison.
Pourquoi combattre à toute outrance
Les amis de ta Révérence,
Gens pacifiques, gens de bien,
Et qui ne leur demandent rien ?
Eh ! de grâce, seigneur Neptune,
Plus de calme et moins de rancune ! »
 Tandis que ces mots il lâchoit,
Æneas sa barbe arrachoit,
Se cassoit les dents de gourmades,
Et meurtrissoit de souffletades
Son visage de pleurs couvert :
« Nous voilà donc tous pris sans vert !
Cria-t-il au bon Palinure.
— Oui, répondit-il, je vous jure,
Quand Jupin même le voudroit,
Tout dieu qu'il est il ne pourroit,
Nous conduisît-il en personne,
Par ce diable de vent qui donne,
Nous mener où nous prétendons
Faire mourir tant de dindons.
Quant à moi, si l'on me veut croire,
Plutôt qu'être contraints de boire
Plus que nous n'avons de besoin,
La Sicile n'est pas trop loin
Où le brave Acestes demeure :
Je suis d'avis que tout à l'heure,

Sans lutter contre mer et vent,
Ce qui perd les gens bien souvent,
Nos vaisseaux y tournent les proues. »
Æneas, essuyant ses joues
De la manche de son pourpoint
(Car de mouchoir il n'avoit point),
Dit : « Il faut croire le pilote,
Car il voit bien que notre flotte
Contre ces démons inconstans
Pourroit fort mal passer son temp
Pires que mauvaises haleines,
Vents, de vos injustes fredaines
Je serai donc toujours le but ?
Et, comme un homme de rebut,
La mer donc toujours sur ses côtes
De mes nefs brisera les côtes ?
En Sicile donc, de par Dieu !
Il n'est point sur la terre un lieu
Que plutôt je choisisse et prise,
Excepté la terre promise,
Que celle qu'Acestes régit,
Où feu mon père Anchise gît,
Vieillard qui valoit un jeune homme.
Çà donc, amis, travaillons comme
Doivent travailler gens de bien.
Notre travail ne va pour rien ;
Recommençons donc de plus belle. »
Après une harangue telle,
Qui le monde contenta fort,
On entendit de bord en bord :
« Sicile, Sicile, Sicile ! »
Tôt après se découvrit l'île,
Objet qui les fit rire tous
Comme des perdus ou des fous.
Acestes, personne bien née,
Ramonoit lors la cheminée [2].
Comme il étoit près de hurler :
« Haut et bas ! » jusqu'à s'égueuler,
Aux nefs, banderoles et garbes,
Armes, habits, Troyennes barbes,
Il reconnut ses bons amis ;
Aussitôt s'étant à bas mis,
Non sans avoir devant huée
La chanson, de voix enrouée,

 L'air est malade d'un catherre,
 Et l'œil du ciel, noyé de pleurs,
 Ne sçait plus regarder la terre.

Et la lettre de Cyrano sur le même sujet : « .....S'il neige, les hommes s'imaginent que c'est peut-estre au firmament le chemin de lait qui se dissout, que cette perte fait de rage escumer le ciel, » etc. Cela vaut bien le *rhume* et la *pituite* de Scarron.

[1] Au propre, soufflets sur le visage.
[2] At procul excelso miratus vertice montis,
  Adventum...
Tel est le passage dont notre auteur donne ici une traduction *libre*.

Il fut au port les recevoir.
Ils furent ravis de le voir.
D'une peau d'ours non entamée,
Sa large échine étoit armée,
Et chaque main l'étoit d'un dard :
Onc ne fut un meilleur soudard.
Le collet foupi [1] d'accolades,
Et les bras froissés d'embrassades,
Enfin, las à faire pitié,
Il cria : « C'est trop de moitié ;
Amis, moins de cérémonie,
Ou bien je fausse compagnie. »
Ainsi que le seigneur voulut,
Chacun rengaîna son salut
Et ne se fit plus tant de fête ;
Et lui, se mettant à leur tête,
Ce qui ne fut pas laid à voir,
Il les mena vers son manoir,
Sa petite case rustique,
Où, sans beaucoup de rhétorique,
Il les reçut à cœur ouvert.
Il mit lui-même le couvert,
Sa servante, Barbe appelée,
A la fontaine étant allée.
Ils repurent tous à gogo,
Et puis après firent dodo.

Æneas, ayant fait un somme
Légèrement, en honnête homme,
Sitôt qu'il vit le point du jour,
Il se saisit de son tambour,
Et puis en sonna l'assemblée ;
La troupe des Troyens troublée,
Car ils n'étoient point avertis,
Autant les grands que les petits,
S'assemblèrent demandant : Qu'est-ce ?
A l'entour du sonneur de caisse,
Qui leur tint (cessant de sonner,
Et n'entendant plus bourdonner)
Ce discours, ou bien un semblable,
Monté sur une haute table :
« O mes fidèles compagnons,

Que j'aime plus que mes rognons,
Qui de Pergame en cendre mise
Vous êtes sauvés en chemise,
Pour être par monts et par vaux
Participans de mes travaux,
L'année est, me semble, accomplie,
Malheur que jamais je n'oublie,
Depuis que la mort attrapa
Défunt monseigneur mon papa.
Ce jour pour moi si déplorable,
Et pour moi toujours vénérable,
Mérite bien un bout de l'an.
Dans le détroit de Magellan,
Chez le Scythe, chez le Tartare,
Chez le peuple le plus barbare,
Voire chez les Grecs, qui pour nous
Sont pires que Topinambous [2],
Enfin, au milieu de Mycène,
M'en dussé-je trouver en peine,
Je célébrerois ce saint jour.
Aujourd'hui que, par un bon tour
Que Dame Fortune me joue,
Dont, ma foi, beaucoup je me loue,
Nous sommes par les vents poussés
Où nous avons ses os laissés,
Il faut que je les solennise :
Préparons-nous-y sans remise.
Prions les dieux, d'un zèle chaud,
Que nous puissions trouver bientôt
Cette terre tant désirée,
Où, retraite étant assurée,
Et murs, avec chaux et ciment,
Élevés magnifiquement,
Tous les ans nous y puissions faire
Un solennel anniversaire.
Acestes à chaque vaisseau
Donnera le père d'un veau,
Ou bien deux, si je ne me trompe ;
Demain, à grand éclat et pompe,
Un sacrifice l'on fera,
Où nos dieux on invitera,

---

[1] Chiffonné, gâté, sali :

.....Vilain, tu *foupis* tout mon linge.
(SCARRON, *Jodelet duell.*)

[2] Les Topinambous étaient pris très-souvent alors, et aussi plus tard, comme terme de comparaison injurieux. On connaît les deux épigrammes de Boileau contre l'Académie, après la lecture du poëme de Perrault sur le *Siècle de Louis le Grand* :

J'ai traité de Topinambous
Tous ces beaux censeurs, je l'avoue
Et l'Académie, entre nous,
Souffrant chez soi de si grands fous,
Me semble un peu Topinambouc.

Et ceux de mon compère Aceste.
Que chacun s'y rende bien leste,
Qu'on n'y fasse point les badins,
Qu'on n'y vienne point en gredins 1,
Ni les dames en martingales,
En collets et chemises sales,
Mais avec leurs plus beaux atours,
Que l'on ne porte qu'aux grands jours,
Verbi gratiâ, les dimanches,
Et surtout des chemises blanches ;
Et, si le céleste flambeau
Dans neuf jours paroit assez beau
Pour croire que de la journée
Eau du ciel ne sera donnée,
Je vous proposerai des jeux
Où je régalerai tous ceux
Qui remporteront l'avantage.
J'entends que le long de la plage
Nos rameurs exercent leurs bras.
L'exercice des Fierabras
Sera le redoutable ceste ;
Pour la lutte, course, et le reste
Des jeux entre nous usités,
Aux vainqueurs seront présentés
Force joyaux et riches nippes.
Je ferai défoncer des pipes,
On y boira de cent façons,
On y chantera des chansons,
Surtout celle de Grand'guenippe 2.
Moi-même, à la main une pipe,
Je boirai, je pétunerai 3,
Jusqu'aux gardes m'en donnerai 4 ;
Car, pour célébrer telle fête,
Je considère peu ma tête.
Faites donc exclamation
En signe d'approbation. »
   Alors se fit une huée
Dont mainte oreille fut tuée.
Toute la côte répondit
Au son que ce grand cri rendit
Ayant fait signe de se taire,
Æneas n'entendit plus braire,
Et puis, d'un visage courtois,
L'estomac encore pantois
D'avoir crié comme les autres
Il dit : « O camarades nôtres,
C'est fort bien crié 5, Dieu merci. »
Puis, ayant malgré lui toussi
(Car il avoit, s'il faut le dire,
Criaillé trop fort, le beau sire,
Mais par excès tout il faisoit,
Dont bien souvent il lui cuisoit ;
D'ailleurs c'étoit un fort brave homme,
Aussi bon qu'il en fût dans Rome ;
Or vous savez que les Romains
Sont la fine fleur des humains.
Mais finissons la parenthèse),
Messire Æneas donc, bien aise
De voir ses gens gais et gaillards,
Leur dit quelques petits brocards
Dont auroit pu rire une souche,
Puis, pour leur faire bonne bouche,
Leur dit : « Allez, amis féaux,
Couronner vos chefs de rameaux
Pour faire honneur à feu mon père,
Comme de l'arbre de ma mère,
De laurier, arbre toujours vert,
Vous m'allez voir le chef couvert. »
   Cela dit, sur sa chevelure
L'arbre d'immortelle verdure

---

1 En gueux. Comme *coquin*, le mot *gredin* avait alors cette signification :
    Il semble à trois gredins, dans leur petit cerveau,
      Que, pour être imprimés.....
         (MOLIÈRE, *Femmes sav.*, act. III, sc. III.)

2 On peut voir l'air de cette chanson noté dans le recueil de Maurepas (t. I, des *Airs notés*, f. 28). C'était sur cet air connu que se chantait la chanson :
    Benserade, Benserade,
    Pourquoi pues-tu tant ?

On trouve souvent, dans Tallemant des Réaux : *Chanter sur l'air de Grand' guenippe, danser Grand'guenippe*.

3 Je fumerai. Le mot de petun s'employa d'abord, concurremment avec celui de tabac. Il n'y avait pas bien longtemps que le tabac avait été introduit en France par Nicot (d'où on l'appela aussi *nicotine*). L'usage s'en était vite répandu, surtout parmi les débauchés. Théophile, dans son *Fragment d'histoire comique*, Saint-Amant, dans quelques sonnets connus, sont au nombre des premiers écrivains qui en aient parlé comme d'une habitude.

4 S'en donner jusqu'aux gardes, c'est-à-dire par-dessus les yeux, — boire à tire-larigot.

5   Oui, reprit le lion, c'est bravement crié.
        (LA FONTAINE, liv. II, f. XIX.)

Parut en chapeau façonné ;
De même en fut chaperonné
Acestes, et le vieil Élyme,
Au corps sec, à l'esprit sublime,
Grand joueur d'échecs, et tarots [1],
Et qui, pour guérir les surots,
Les malandres, farcin, avives [2],
Et pour prendre à la glu les grives,
Enfin toutes sortes d'oiseaux,
Savoit mille secrets nouveaux.
Autant en fit le jeune Ascagne,
Lors vêtu d'habits de campagne :
C'étoit d'un fort beau bouracan [3],
Que dans Carthage, en un encan,
Sa belle-mère prétendue,
D'une vieille nippe vendue
(C'étoit certain cotillon gris),
Avoit acquis à fort bas prix,
Et, pour faire la bonne mère,
Donnée au fils pour plaire au père.
Tous les jeunes godelureaux
Se mirent aussi des rameaux.
Chaque tête étant couronnée,
L'incomparable maître Énée
Se mit à la tête d'eux tous,
Marchant sans ployer les genoux
Avec une majesté telle,
Qu'onc ne fut démarche plus belle,
Onc ne fut un convoi plus beau.
Étant arrivés au tombeau,
La douleur sur la face peinte,
Æneas fit apporter pinte
D'un très-excellent vin clairet
Pris au plus prochain cabaret,
Et le répandit sans en boire
(Chose très-difficile à croire) ;
Ensuite du sang et du lait
Quatre fois plein un gobelet ;
Sema le lieu de fleurs nouvelles,
Et puis lâcha paroles telles :
« Bonjour, de mon père les os,
Qui prenez ici le repos,
Tandis que moi, pauvre homme triste,
Suivi des malheurs à la piste,
Je cours comme un Bohémien
Et traité comme un pauvre chien.
Si du terme de quelque année
De Madame la Destinée,
Vos jours eussent été prolongés [4],
Vous nous eussiez vus bien logés
En la région d'Italie
Que l'on nous prône tant jolie,
D'où l'on dit que nos descendans,
Battans les gens malgré leurs dents,
Comme ils voudront feront litière
De la machine ronde entière ;
Mais le Dieu du ciel n'a pas fait
Les choses selon mon souhait :
Sa sainte volonté soit faite ! »
  Sur cette piteuse entrefaite,
Un fort grand vilain serpent vint
Qui fit frayeur à plus de vingt :
Æneas en eut telle transe,
Qu'il n'en fit nulle révérence,
Lui qui les donnoit à crédit,
Même pour rien, à ce qu'on dit.
Ce grand serpent, long de deux aunes,
Tout parsemé de taches jaunes,
De bleu, vert, gris, noir, zinzolin,
Avoit le regard très-malin.
Il scandalisa par sa mine,
Et par sa face serpentine,
Et par de certains tordions [5]
Qui causoient palpitations,
Les plus huppés de l'assemblée,
Qui sans doute eût été troublée
Sans une vision d'honneur
Qui dissipa toute leur peur :
Outre que le serpent fut sage,
Corps d'homme n'en reçut outrage,
Au contraire, il sourit au nez
Des pauvres Troyens étonnés,
Et maître Æneas, pour lui rendre
(Comme il étoit homme fort tendre

[1] Cartes à jouer, marquées de figures particulières, et dont le dos est peint de grisailles en compartiments. Voir les règles du jeu, dans la *Maison des Jeux*, 1648, p. 34-40.

[2] *Surots*, tumeurs dures sur la jambe du cheval, et dépendantes de l'os (*sur os*). *Malandres*, fentes aux genoux d'un cheval, d'où découle une humeur fétide. *Farcin*, tumeur avec ulcère (ou sorte de gale, de rogne) résultant du développement de tubercules dans le tissu cellulaire ; maladie particulière aux chevaux, ânes, mulets. *Avives*, glandes maladives des chevaux. Nous réclamons l'indulgence pour cette note de vétérinaire.

[3] Sorte de gros camelot.

[4] *Sic*. Scarron ne se ménage pas les licences, mais celle-là est plus forte que les autres. Peut-être s'est-il cru permis d'allonger le vers pour mieux peindre la prolongation des jours paternels : il en est bien capable.

[5] Tortillements de corps.

A tout ce que faire il voyoit ;
Quand il voyoit rire il rioit,
Et son visage de rosée
Avoit la peau toute arrosée,
Quand quelqu'un devant lui pleuroit,
Ce que personne ne croiroit),
Afin donc de lui faire fête,
Et ne le traiter pas de bête,
D'un visage tout radouci
Æneas lui sourit aussi ;
Et le serpent, sans rien répandre,
Se mit adroitement à prendre
Sa part dans les oblations,
Puis, refaisant ses tordions,
Et des couleurs de son échine
De fin taffetas de la Chine
Représentant l'arc bigarré
Dont le ciel est souvent paré,
Serpentant sur son jaune ventre,
Le bon drôle de serpent rentre ;
Virgile ne dit pas par où,
Je crois que ce fut par un trou ;
Mais, soit par trou, fenêtre ou porte,
Fort peu, ce me semble, il importe.
Il suffit qu'étant délogé,
Énée ayant un peu songé
Et ruminé si ce reptile,
A lécher les plats si habile,
Étoit valet d'Anchise, ou dieu
De ce tant vénérable lieu,
Il conclut enfin en sa tête
(En attendant que de la bête
On sût la vraie extraction)
De faire en toute occasion
De nouveaux honneurs à son père.
Il se fit un visage austère,
Car, en si funeste action,
On doit avoir l'ambition
De faire une mine piteuse,
D'avoir la face bien pleureuse,
Ou, lorsqu'on ne peut larmoyer,
Il faut des pleureurs soudoyer.
Le voilà donc en mine grise,

Qui derechef régale Anchise :
Il fait égorger cinq brebis,
Cinq cochons gras et rebondis,
Et cinq génisses potelées,
Versa du sang par écuellées,
Du vin pour le moins plein un seau ;
Puis, se penchant sur le tombeau,
Invoqua l'âme de son père,
Qui fut si sourd à sa prière,
Qu'à tout ce que le seigneur dit,
Au diable un mot s'il répondit.
Chacun des Troyens fit dépense
Plus ou moins, selon sa puissance.
Après force sang répandu,
Ils se mirent, à corps perdu,
A faire entre eux tous la débauche :
Chacun but, à droite et à gauche,
A la santé de ses amis.
Tout y fut en usage mis.
Æneas, avec sa sagesse,
Pinta si bien, qu'il fit mainte esse [1],
Et même deux ou trois faux pas,
Alors qu'à la fin du repas
Il hasarda quelques gambades
Pour réjouir ses camarades ;
Puis en un lit il se sauva,
Où son vin à l'aise il cuva.
  Le beau Phœbus, porte-lumière,
Enfin commença la carrière
Du neuvième jour désiré :
Le ciel en parut tout doré ;
Jamais plus belle matinée
Ne promit plus belle journée.
Chacun vint, des lieux d'alentour,
Tant pour voir Acestes que pour
Voir ces gens dont la renommée
Partout étoit si bien semée,
Qu'en ce temps-ci même il n'est nul
Qui ne trouve par son calcul
Que de Troyen ou de Troyenne
Son père ou sa mère ne vienne [2].
A grand donc, ou bien petit pas
(Lequel des deux, n'importe pas),

[1] Zigzag en forme d's.
[2] Par cette réflexion, qu'il ajoute de sa propre autorité, Scarron fait allusion à la manie qui avait pris certains esprits de prétendre que les Francs descendaient des Troyens. C'est le sentiment que développe Ronsard dans sa *Franciade*. Plusieurs historiens avaient aussi adopté cette opinion singulière, par exemple, Jean le Maire de Belges, dans son livre des *Illustrations de Gaule et singularitez de Troye*, et bien avant lui le bénédictin Aimoin, le chroniqueur Robert-Gaguin, Paul-Émile, etc., qui rattachent l'origine des rois francs à Francus, fils d'Hector. On peut voir sur ce sujet ce que dit de la Popelinière dans son *Idée de l'histoire accomplie*. D'autres historiens, comme l'abbé Trithème et Jacques de Cassan, avocat du roi au présidial de Béziers, ont suivi, sur ces origines, des traditions non moins fabuleuses. (Voir à la suite de la *Bibl. franç.*, de Sorel, *la Guide de l'Histoire de France*, ch. i.)

Tant de villes que de bourgades,
Pour voir les renommés Troades,
Vieillards, hommes, femmes, enfans,
En leurs beaux atours piaffans,
Se trouvèrent sur le rivage
Maître Æneas, faisant le sage
(Car il faut bien couvrir son jeu
Devant les gens qu'on connoit peu,
Et bien faire la chattemite),
Fit apporter une marmite
(C'étoit un des prix destinés),
Deux pourpoints fort bien galonnés,
Moitié filet et moitié soie.
Un sifflet contrefaisant l'oie,
Un engin pour casser des noix,
Vingt et quatre assiettes de bois
Qu'Æneas, allant au fourrage,
Avoit trouvés dans le bagage
Du vénérable Agamemnon
(Certain auteur a dit que non,
Comptant la chose d'autre sorte;
Mais ici, fort peu nous importe);
Une toque de velours gras,
Un engin à prendre des rats,
Ouvrage du grand Aristandre,
Qui savoit fort bien les rats prendre
En plus de cinquante façons,
Et même en donnoit des leçons;
Deux tasses d'étain émaillées,
Deux pantoufles dépareillées,
Dont l'une fut au grand Hector,
Toutes deux de peau de castor,
L'une bleu turquin, l'autre verte,
Et l'une et l'autre d'or couverte;
Un cistre [1], dont Priam sonnoit
Quand la joie au cœur lui venoit,
Et plusieurs autres nippes rares,
Dont les âmes les plus avares
Pourroient contenter leur désir,
Qu'Æneas avec grand plaisir,
Et d'une âme fort libérale,
Aux yeux de l'assemblée étale.

Puis après il tambourina,
Prit une trompette, et sonna
Tara, tara, tara, tantare ;
Ensuite cria : Gare, gare,
Jusqu'à se faire mal au cou [2]
(En quoi je trouve qu'il fut fou).
L'on fit place, l'on fit silence.
Maître Æneas, d'une éloquence
Que l'on ne sauroit exprimer :
« Il faut commencer par la mer,
Cria-t-il. Parmi nos galères
On choisira les plus légères :
Le vainqueur qui commandera
Celle qui le prix gagnera
Aura sa tête couronnée ;
Sa vertu sera guerdonnée
D'un présent si bien étoffé,
Qu'on dira qu'il est né coiffé. »
  Mnestheus choisit la *Baleine :*
Cette illustre race romaine
Des tant renommés Memmiens,
Si connus aux temps anciens,
Est venue, au grand bien de Rome,
De ces Troyens que je vous nomme.
Nos de Mesmes en sont aussi
Descendus, chacun sait ceci [3],
A la gloire de notre France,
En qui l'on voit en concurrence
La science et la probité,
L'esprit, la générosité,
Enfin les vertus cardinales
Pêle-mêle avec les morales,
Donner à tous à deviner
A qui l'on doit le prix donner ;
Surtout, ce président sans tache,
Le plus grand homme que je sache,
De notre Paris l'ornement,
Et qui, dans le gouvernement,
De notre monarchie entière
Jetteroit bien de la poussière
Aux yeux de certains grands Atlas,
Qui souvent plus foibles que las,

---

[1] Instrument à cordes, à peu près de la même forme que le luth, et d'un usage analogue. (Voir le Dictionn. de Furetière.)

[2] Scarron décrit ici la manière dont s'y prenaient les charlatans de l'époque, Tabarin, Brioché, les opérateurs du pont Neuf, etc., pour attirer le monde et s'annoncer.

[3] Ces vers semblent se rapporter à une prétention de la généalogie des de Mesme, prétention que par malheur Scarron a eu la maladresse de combattre un peu plus haut, avant de la proclamer ici, quand il a dit :
    Qu'en ce temps-ci même il n'est nul
    Qui ne trouve par son calcul
    Que de Troyen ou de Troyenne
    Son père ou sa mère ne vienne.
On se rappelle que le liv. III du *Virgile travesti* est dédié au président de Mesme.

Sous le faix de notre machine
Sont contraints de ployer l'échine [1] ;
Cela veut dire, en bon françois...
Mais chut! En ce lieu je prévois
Que quelque gauche politique
Dira d'un ton fort magnifique
Que l'écrivain facétieux
S'il parloit peu parleroit mieux.
Si j'ai menti qu'on me punisse,
Si j'ai dit vrai qu'on m'applaudisse.
  Mais retournons à nos moutons,
Et succinctement racontons
Qui furent ceux qui commandèrent
Les galères, qui disputèrent
Le prix par Æneas donné.
Gyas, jeune homme fort bien né,
Fort adroit en ses exercices,
Et fort grand pêcheur d'écrevisses,
Sur la *Chimère* commanda,
Aussi légère qu'un dada.
Sergestus, autre galant homme,
Duquel sont descendus à Rome
Les Sergiens, gens pleins d'honneur,
Témoin Galba, le bon seigneur,
Qui se rendit la tête chauve
Parce qu'il avoit le poil fauve ;
Ce Sergestus donc susnommé,
Eut un vaisseau bien espalmé,
Plein de gens à l'échine forte,
Qui le nom de *Centaure* porte :
Il inventa le jeu de dés,
Et mangeoit les oiseaux bardés,
Car alors, si l'on me veut croire,
On ne parloit point de lardoire.
Cloantus, autre bon garçon,
Parut en un blanc caleçon
Sur la *Scylle*, une autre galère,
Comme les autres fort légère,
De cet ancien Cloantus
Est venu le sieur Cluentus.
Et ce sont là les seuls qui furent
Chefs des galères qui coururent.
  On voit, loin du bord, un écueil
Qu'on découvre aisement de l'œil.
Alors que la mer n'est pas sage,
Alors qu'elle bout, qu'elle enrage,
Cet écueil, moitié blanc et vert,
Des flots enflés est tout couvert :
Il a bien de l'air d'un théâtre.
Quand la mer, moins acariâtre,
Est retournée en son bon sens,
Les oiseaux en mer se sauçans
(Ce sont les plongeons, ce me semble)
Viennent en grosse troupe ensemble
Y faire souvent station,
Comme aussi conversation
Avec des oiseaux de marine.
Cet écueil a fort bonne mine,
C'est pourquoi le Troyen le prit
(Comme il fait tout avec esprit)
Pour servir de but aux galères,
Qui, sur les campagnes amères,
Devoient, pour de riches joyaux,
Faire suer maints aloyaux,
Æneas, en tout fort habile,
Voulut qu'on jouât à croix-pile,
Pour ne voir point de mécontens
Parmi les nobles contestans.
  Les galères ayant pris place,
L'ardeur aussi bien que la glace
S'impatronisa des esprits ;
Les patrons, en habit de prix,
Du haut de leurs poupes dorées,
A leurs chiormes préparées
De ramer comme des démons,
Firent cent beaux petits sermons.
La froide crainte de ne faire
En ramant que l'eau toute claire [2],
Fait qu'incessamment le cœur bat
Au matelot comme au forçat [3].
Nus comme les enfans qui sortent
Des lieux où les mères les portent,
Ayant bien vidé le hanap [4],
Et tous huilés de pied en cap,
Les forçats sur les bancs attendent
Que les trompettes leur commandent
De ramer de tête et de cu,
Pour être vainqueur ou vaincu.
Voilà le signal qui se donne,
Voilà la trompette qui sonne,

---

[1] Ceci est une évidente allusion à Mazarin. On était alors en pleine Fronde, et l'on sait le rôle que joua Scarron dans la guerre contre le ministre.

[2] On dit encore aujourd'hui : *ne faire que de l'eau claire*, pour échouer, avorter misérablement. Ce proverbe est doublement bien placé ici.

[3] On sait que les forçats autrefois étaient condamnés à ramer sur les galères, — d'où ils ont gardé le nom de galériens, et leurs gardiens, celui de gardes-chiourmes.

[4] Grand vase à boire.

Et fait la côte retentir ;
Je les vois tous d'un temps partir.
La malepeste comme ils rament !
Comme les flots verts ils entament !
Comme ils hurlent, les fous qu'ils sont !
L'épouvantable bruit qu'ils font !
Mon Dieu ! que leurs rames sont belles !
On diroit que ce sont des ailes :
Qui n'auroit point vu de vaisseaux
Diroit que ce sont des oiseaux.
Je ne sais rien qui mieux ressemble
A ces vaisseaux voguans ensemble
Que quatre chevaux accouplés,
Que des coups de fouet redoublés
Font courir de toute leur force,
Et le vert cocher qui les force
Ressemble aux chefs encourageans
Leurs rameurs d'être diligens.
Encore une fois comme ils rament !
Comme l'eau salée ils entament !
Les voilà qui voguent de front.
Voyez-en un qui l'ordre rompt,
Et qui devance tous les autres !
Celui-là dit ses patenôtres :
Rame, rame, tu feras mieux,
Rame, et tu plairas aux bons dieux,
Qui veulent que l'on s'évertue [1].
Je veux que la fièvre me tue
Si dans Marseille il y en a
Qui rament comme ces gens-là !
Les spectateurs d'un œil avide
Regardent, et rament à vide,
Tant est forte l'impression
Que leur fait l'inclination.
Le bruit des regardans qui crient,
Et qui pour leurs bons amis prient,
Retentit aux lieux d'alentour ;
L'écho fait du bruit à son tour,
Et répond au mot de courage,
Tantôt courage, et tantôt rage,
Selon que celui qui le dit
Chez l'écho trouve du crédit.
Gyas, songeant à son affaire,
Avec ses gens sut si bien faire,
Qu'entre les autres il passa,
Et de beaucoup les devança.
De près le suit le sieur Cloante,

Dont la galère est plus pesante,
Mais aussi de rameurs plus fort.
Après eux, de pareil effort,
Le grand *Centaure* et la *Baleine*
Voguent de carène en carène ;
Tantôt l'une prend le devant,
Puis l'autre qui la va suivant,
De suivante devient suivie,
Et toutes, de pareille envie,
Non pas avec pareil succès,
Courent au gain de leur procès.
   Déjà ces amis adversaires
D'ailleurs hommes très-débonnaires,
Voyant qu'ils approchoient le but,
S'entre-regardoient comme au rut
Les gros marcous [2] s'entre-regardent
Où de leurs griffes ils se lardent.
Chacun en son cœur souhaitoit
Que la galère qui portoit
Chaque prétendant et sa bande,
Allât où le diable commande,
Ou du moins au fond de la mer.
Chacun se tuoit de ramer.
Gyas, qui croit que son pilote,
Comme un vieil fou qu'il est, radote,
De ce qu'en mer il s'élargit,
Aussi fort qu'un lion rugit,
Et s'écrie, écumant de rage :
« Serre, serre donc le rivage,
Fils de putain de Menetus ;
Serre, ou bien nous sommes victus [3].
Serre donc, serre à la pareille. »
Menetus fait la sourde oreille,
Et s'éloigne toujours du bord,
Et si pourtant il n'a pas tort :
Habile qu'il est, il redoute
Certains rocs, où l'on ne voit goutte,
Qui pourroient bien en son vaisseau
Introduire un déluge d'eau.
Lors Gyas se met en furie,
Et derechef crie et recrie :
« Vieil coyon, pilote enragé,
Mes ennemis t'ont-ils gagé
Pour m'ôter l'honneur de la sorte ?
Serre, ou que le diable t'emporte,
Serre le bord, âme de chien ! »
Mais au diable s'il en fait rien.

    [1] Hercule veut qu'on se remue...
       Aide-toi, le ciel t'aidera.
         (LA FONTAINE, liv. VI, f. XVIII.)

[2] Pour *matous*.

[3] Vaincus. Il faudrait au moins *victi* ; mais, s'il est difficile d'accorder la rime avec la raison, il l'est quelquefois aussi de l'accorder avec le burlesque.

Et lors, pour l'achever de peindre [1],
Cloantus est prêt de l'atteindre,
Qui s'étoit finement glissé
Entre le rivage laissé,
Et la nef en mer élargie.
Lors Gyas, la face rougie,
(Car grosse colère y monta),
Contre Menetus s'emporta,
Et sans songer si la colère
Est chose de grand'vitupère,
Et, qu'un acte sale il faisoit,
Tant la rage le maîtrisoit,
Il traversa de poupe en proue,
Faisant une très-laide moue,
Et, prenant son homme au collet,
Comme un milan fait un poulet,
Il le jeta, tête première,
Un peu pis que dans la rivière,
Et ce, tant incivilement,
Que ce fut sans un compliment,
Qui la chose eût fort adoucie ;
Mais alors il ne se soucie
Que de regagner le devant
Sur Cloantus qu'il va suivant.
Il prend le gouvernail lui-même,
Enragé, le visage blême,
Exhortant ses gens à ramer.
   Cependant du fond de la mer
Qu'il avoit de ses bras coupée,
L'ayant assez belle échappée,
Menetus revint dessus l'eau,
Chaque poil faisant un ruisseau,
Refrogné comme un chien qui gronde.
De ses bras pelus il fend l'onde,
Et fait tant, qu'il se vient jucher
Sur le haut d'un petit rocher.
Dieu sait si la belle assemblée
Que sa chute avoit bien troublée,
Se mit à rire de bon cœur,
Quand elle vit qu'à son honneur,
Assis sur le cul comme un singe,
Il tordoit sa barbe et son linge,
Et vomissoit les flots salés
Trop avidement avalés.

Lors revint l'espérance entière
A ceux qui tenoient le derrière,
D'avoir aussi part au gâteau.
Sergestus, poussant son vaisseau,
Sur Mnestheus eut avantage,
Qui de tout son cœur en enrage ;
Il court le long de son coursier [2],
Et s'égosille de crier :
« Voilà de beaux rameurs de merde !
Il faut donc que le prix je perde.
Ma foi, si vous étiez encor
Compagnons de défunt Hector,
Il vous traiteroit de gavaches [3].
Vous me faisiez tant les bravaches,
Et vous ne travaillez non plus
Que gens de leurs membres perclus.
Eh ! qui m'a donné ces pagnottes [4],
Avec leurs bras de chènevottes [5] ?
Sont-ce ceux qui ramoient si bien
Le long du bord Gétulien,
Dans la rude mer d'Ionie ?
O gens de bien, par ironie,
Vous n'êtes rien en bon françois,
Que gens qui méritez du bois [6] !
Ramez donc, et de bonne sorte,
Ou que le diable vous emporte,
Et m'emporte moi-même aussi
D'avoir gens faits comme ceux-ci !
Pour le premier prix passe encore !
Mais comme une lourde pécore
Arriver au but le dernier,
Ah ! c'est assez pour renier.
Je n'ai garde, ô sire Neptune !
De porter aucune rancune
A celui qui sera vainqueur ;
J'y consens et de tout mon cœur.
Tu peux bien à ta fantaisie
Faire à qui tu veux courtoisie ;
Mais pourtant, si c'étoit à moi,
J'oserois bien jurer, ma foi,
Que ton Altesse Maritime
De mon présent feroit estime.
Mais au moins, grand dieu marinier,
Que je ne sois pas le dernier !

---

[1] Pour achever de le ruiner, de le désespérer.
[2] Terme maritime : passage de la proue à la poupe.
[3] Lâches, vilains ; de l'espagnol *gavacho*.
[4] Mous, fainéants.
[5] Au propre, ce mot désigne le tuyau de la plante du chènevis, quand il est sec et dépouillé de son chanvre. Au figuré, il se disait de ce qui ne vaut rien :

    J'en fais autant de cas comme de chènevottes.
              (REGNIER.)

[6] Des coups de bâton.

C'est à vous, madame Chiorme [1],
D'empêcher cet affront énorme ;
Ramez donc comme gens de bien,
Ou tout est... vous m'entendez bien. »
　A cette harangue énergique,
Chacun de bien ramer se pique ;
En moins de rien tous ces truans
De secs devinrent tous suans,
Et si fort leur grossit l'haleine,
Qu'ils ne respiroient plus qu'à peine.
La chiorme fit grand effort :
Qui s'en fût plaint eût eu grand tort ;
Ce que voyant messer Sergeste,
Il voulut jouer de son reste,
Et se couler le long du roc ;
Sa galère aussitôt fit croc,
Et puis crac ; le bout de la proue
Se fracasse tout, et s'échoue.
On entendit avec effroi
Hurler un : « Dieu soit avec moi ! »
Plus de vingt rames se cassèrent ;
Deux cents hommes se renversèrent
Comme quilles, qui çà, qui là ;
En un mot, tout fort mal alla.
La galère, fort entamée,
De ses avirons désarmée,
S'embarrassa dans les rochers,
Et les forçats et les nochers,
Avec grandes perches ferrées,
De leurs rames défigurées
Tâchoient de pêcher les morceaux
Qui flottoient brisés sur les eaux.
Autant et plus que vent en poupe,
A Mnestheus comme à sa troupe
Cet accident vint à propos :
D'esprit et de corps fort dispos,
Il fit trois pas de sarabande,
Pour réjouir toute sa bande,
Laquelle, à force de ramer,
Fendit si prestement la mer,
Qu'on l'eût alors bien comparée
A quelque colombe effarée,
Quand du lieu d'où sont ses petits,
Ses ailes faisant cliquetis
Aussi vite qu'une sagette [2],
Pour quelque rumeur qu'on a faite,
Elle fend le cristal de l'air,
Et puis, sans ses ailes branler

Sur l'une et sur l'autre étendue,
En l'air à gogo [3] suspendue,
On la voit pourtant avancer
Plus quasi qu'on ne peut penser.
Mnestheus donc, en sa *Balcine*,
D'abord du but la plus lointaine,
Voyant Sergestus échoué,
Cria : « Le bon Dieu soit loué ! »
Et le laissa bien loin derrière
Faisant non pas quelque prière,
Mais des juremens de chartier,
Ou, si l'on veut, de brelandier [4].
Tandis que messire Sergeste
Contre messire Destin peste,
Mnestheus attrapa Gyas,
Et lui dit : « Qu'est-ce que tu as,
Et qu'as-tu fait de ton pilote ?
Faut-il qu'un homme ainsi sanglote ? »
A cela point ne repartit
Gyas, qui de rage glatit [5]
Dans sa nef qui nage sans guide,
Et ressemble un cheval sans bride.
Puis de Cloanfe il approcha,
Ce qui grandement le fâcha,
Vogua quelque temps à sa croupe,
De sa proue égala sa poupe,
Puis après en tout l'égala,
Et lors le diable s'en mêla.
Chacun lors à son adversaire
Fit un souhait peu débonnaire.
Le misérable Cloantus,
De *victor* devenu *victus*,
Ne pouvoit prendre patience ;
L'autre, plus d'heur que de science,
L'avoit à la fin attrapé :
Renfrogné comme un constipé,
Il dit à ses gens force injures,
En une autre saison, bien dures ;
Mais d'un homme d'ire embrasé
Tout fut aisément excusé.
　L'espérance ressuscitée
Du pauvre diable de Mnesthée
Emporta de tous la faveur :
On fit sur lui grande clameur
Afin de lui donner courage.
Messire Cloantus enrage
De cet imprévu prétendant,
Et vers la mer les bras tendant,

---

[1] On sait que la chiourme est le banc garni de rameurs.
[2] Flèche, du latin *sagitta*.
[3] A son aise.
[4] De joueur, de pilier de brelan.
[5] Glapit, hurla.

Il fit, si j'ai bonne mémoire,
Cette oraison jaculatoire :
« Bons dieux, qui dans la mer logez
Souvent les vaisseaux soulagés,
Quand ils sont trop chargés de hardes,
Qui, portant écailles pour bardes [1],
Êtes bien souvent attelés
Au char du roi des flots salés,
Et qui souvent, dieux débonnaires,
Poussez par le cul les galères,
Quand leur cours n'est pas plus hâté
Qu'un long traineau de bois flotté ;
Si de la mienne retardée
La course par vous est aidée,
Si j'atteins le but souhaité,
Par l'effet de votre bonté,
Un bœuf sera la récompense
De votre divine assistance,
Et, pour vous chatouiller le goût,
Car vous aimez bien le ragoût,
Les chairs seront en étouffade,
Les entrailles à la poivrade,
Et, pour vous traiter en mignons,
J'y mêlerai des champignons ;
De plus, un présent magnifique
De vin grec, assez énergique
Pour faire parler des poissons,
La somme de quatre poinçons [2]. »
Cette promesse qui les touche,
Leur fait venir l'eau à la bouche.
Toutes les déités de l'eau
S'empressant autour du vaisseau,
Firent et bientôt et bien vite
Arriver Cloantus au gîte.
Les dieux qui lui firent ce bien
Sont ceux-ci, si je m'en souviens :
Les Phorques, dames très-humides,
Panopée et les Néréides,
Et l'aquatique Palémon
Qui fait grand trafic de limon.
Poussant et de cul et de tête
Les dieux bleus au corps demi-bête,

Mirent Cloantus dans le port,
Ce qui le réjouit bien fort.
 Le vénérable maître Énée
Voyant l'affaire terminée,
Fit appeler les concurrens,
Et les reçut selon leurs rangs.
Il fit une harangue à Cloante
Que l'on trouva fort élégante ;
Par un vilain petit héraut,
Et qui pourtant crioit bien haut,
Il fit publier sa victoire,
Et puis, pour le combler de gloire,
De laurier sa tête coiffa :
Puis après il désagrafa
Son pourpoint, et de son aisselle
Tira sa féconde escarcelle,
Et fit présent aux mariniers
A chacun de quatre deniers,
Défonça trois tonnes de bière,
Et, pour leur faire chère entière,
Fit égorger trois jeunes bœufs
Et faire des gâteaux aux œufs.
D'une casaque bien bordée
(Ici Méandre et Mélibée
Donnent quelque confusion
A moi qui fais la version [3]),
D'une casaque donc fort riche,
Grand signe qu'il n'étoit pas chiche,
Cloantus il rémunéra,
Qui, dit-on, de joie en pleura.
Cette casaque représente
L'histoire, fâcheuse ou plaisante,
De Ganymède qu'aima tant
Le Dieu du ciel foudripetant :
On voyoit là ce jeune drôle [4],
La hallebarde sur l'épaule,
Qui suivoit et n'attrapoit pas
Un cerf qui fuyoit à grands pas.
Comme il poursuit ainsi la bête,
Un aigle, qui vient à sa quête,
Le prend, sans beaucoup de respect,
Avec ses griffes et son bec.

[1] Pour armure, cuirasse. Ce mot n'est plus guère usité, mais on dit *bardé*.

[2] Mesure, qui variait de capacité suivant les pays : à Paris le poinçon valait un peu plus d'un demi-muid. (Voir le *Dictionn.* de Furetière.)

[3] Allusion au passage correspondant de Virgile :

...............Quam plurima circum
 Purpura *Mœandro* duplici *Meliboea* cucurrit-

Ce qui veut dire tout simplement : où serpente, en un double méandre, la pourpre mélibéenne.

[4] Ce mot s'employait souvent comme synonyme de *gentil, plaisant*, etc. C'est, dit Fleury de Bellingen (*Etym. des prov.*), le nom que les Septentrionaux donnent à certains diables familiers vivant parmi eux pour les aider et les réjouir.

Des gens destinés pour sa garde,
L'un ramasse sa hallebarde,
Et ses compagnons, à grands cris,
Poursuivent l'oiseau qui l'a pris.
Son chien, appelé Gueule-Noire,
Chien de fidélité notoire,
S'élance en l'air avec chaleur
Après ce grand vilain voleur,
Et, quoique son bien-aimé maître
Commence en l'air à disparoître,
Et même ne paroisse plus,
Par des jappemens superflus
Il fait voir l'ardeur de son zèle.
Que le chien de Jean de Nivelle,
Auprès de ce mâtin de bien,
Est un abominable chien !

 Cuirasse de clous d'or cloutée,
Fut le guerdon du sieur Mnesthée,
Couverte de mailles d'acier,
L'ouvrage, dit-on, d'un sorcier :
Elle fut jadis la cuirasse
D'un grand capitaine Fracasse,
D'un Grec nommé Demoléon,
Tout couvert de poil de lion,
Qu'Æneas tua près de Xante ;
Au reste elle étoit si pesante,
Que Phegëus et Sagaris
Pour rien n'eussent pas entrepris
De la porter tous deux ensemble.
Vous ne savez pas, ce me semble,
Qui sont ces gens nommés ainsi ;
Je ne le sais pas bien aussi.
Suffit, quoiqu'elle fût si lourde,
Et ceci n'est point une bourde,
Que quand il en étoit armé,
Ce grand homme que j'ai nommé,
Il couroit pourtant comme un lièvre,
Aux Phrygiens donnoit la fièvre,
N'en étant pas plus empêché
Que de quelque petit péché.
De plus il donna deux chaudières,
Quelques-uns ont dit deux aiguières,
Et deux gondoles de laiton
De la valeur d'un ducaton [1].

 En cet endroit maître Virgile,
Des poëtes le plus habile,
Ne nous fait point savoir qui fut
Celui qui ces beaux présens eut,
Si ce fut Gyas ou quelque autre ;
Mais il y va fort peu du nôtre :
Tant y a qu'en fort bel arroi

Faisant tous bien du quant à moi,
Sur le rivage ils promenèrent
Les beaux présens qu'ils remportèrent,
Et s'y promenèrent aussi ;
Cela se doit entendre ainsi.
Tandis qu'ils font leurs caracoles,
Faisant grand dégât de paroles,
Et racontant leurs beaux exploits,
Disant une chose deux fois,
On vit de loin le sieur Sergeste
Du peu de rames qui lui reste
De cet inconsidéré choc
Qu'il avoit eu contre le roc,
Tâchant d'amener sa galère,
Où l'on ne voyoit que misère.
Dans ce vaisseau tout disloqué
Mordant ses doigts d'avoir choqué,
Et non tant fâché de sa perte
Que de la vergogne soufferte.
Il prit sans honte et sans remords,
Par tous les endroits de son corps,
Plus de cent fois le dieu de l'onde,
Au grand scandale de son monde.
Du pauvre navire échoué,
Un grand vilain serpent roué
De quelque pesante charrette,
Est la comparaison bien faite ;
Ou bien quand, par quelque passant,
D'un coup de bâton fracassant,
Sa personne peu respectée
Est un peu rudement traitée,
Si que l'épine de son dos
A reçu dommage en ses os :
Il se traîne à peine sur l'herbe,
De la moitié du corps superbe,
De l'autre très-mortifié,
Ou pour mieux dire estropié ;
Ainsi la galère entamée,
En quelque endroit assez armée,
En quelqu'autre, au lieu d'avirons,
Étant, comme les vaisseaux ronds,
Sans rames qui lui servent d'ailes,
Avec des perches telles quelles,
Au lieu de voguer gaiement,
Se traîne en mer languissamment.
Enfin, employant quelques voiles
(Grâce à l'invention des toiles),
Elle aborda comme elle put
Le rivage qui la reçut.
Pour adoucir sa fâcherie,
D'une servante bien nourrie,

---

[1] Monnaie d'argent, presque de la même valeur qu'un ducat d'argent : il équivalait à près de quatre livres, monnaie de France.

Qui nourrissoit en même temps
Deux garçons à l'envi tetant,
Il fut régalé par Énée :
Cette servante étoit bien née,
Elle s'appeloit Pholoé,
Dont le nez un peu trop troué
Laissoit quasi voir la cervelle ;
Quoique Crétoise étoit fidèle,
D'un visage noir et grasset,
Et sentoit un peu le gousset.
Elle jouoit de l'épinette [1],
Manioit bien la castagnette,
Remplissoit bien le passement,
Et donnoit bien un lavement.
Æneas, quittant la marine,
Vers un champ uni s'achemine,
Environné de coteaux verts,
Et ces coteaux, d'arbres couverts,
Étoient à peu près la figure
D'un grand cirque d'architecture ;
Là, sur un gros billot assis,
Il prononça, de sens rassis,
S'il est vrai que je m'en souvienne,
Ces mots en langue Phrygienne :
« O mes bien-aimés assistans,
O vous, messieurs, qui, m'écoutans,
N'écoutez pas grandes merveilles,
Ouvrez, de grâce, vos oreilles.
Quiconque de vous veut courir,
Et veut un beau prix acquérir,
Qu'il se présente à la bonne heure.
En une occasion meilleure,
Ni pour amasser plus d'honneur,
Les jambes qu'il eut du Seigneur
Ne peuvent pas être employées :
Çà, çà donc, casaques ployées,
Vienne, quiconque a bon jarret,
Le témoigner en ce guéret,
Et de sa semelle légère
Nous emplir les yeux de poussière !
Tant Sicilien qu'étranger,
Il suffira d'être léger
Pour pouvoir entrer en la lice.
Rien par faveur, tout par justice !
Pour les plus escarbillards [2] j'ai

Ce que les rats n'ont pas mangé. »
    A cette efficace promesse,
Sortit du milieu de la presse,
Euryale, un fort beau garçon,
Couvert d'un simple caleçon.
Après lui parut monsieur Nise,
Couvert de sa seule chemise,
De cet Euryalus nommé
Démesurément enflammé
Mais dont l'on ne pouvoit rien dire ;
Et puis Diorès, un beau sire,
Du sang royal de Priamus ;
Le Sicilien Hélymus,
Et Panopes, son camarade,
Prisés tous deux pour la gambade,
Et jeux de disposition [3],
D'Acestes l'inclination,
Qui l'accompagnoient à la chasse,
Et qui chassoient tous deux de race.
J'oubliois Salie et Patron,
Dont l'un, à ce que dit Maron,
Étoit issu d'Acarnanie,
Et l'autre venoit d'Arcadie.
Maron n'éclaircit pas trop bien
Qui des deux est l'Arcadien,
Et qui vient de l'Acarnanie,
Et Scarron fort peu s'en soucie
Il suffit que tels qu'ils étoient,
Du sang Tegæan ils sortoient.
Plusieurs autres se présentèrent,
Lesquels seulement se lassèrent,
Et dépensèrent force pas ;
Je ne les nommerai donc pas.
Déchargés de ventre et de croupe,
Ces beaux coureurs vinrent en troupe
Se planter, bien délibérés,
Et, de leur vitesse assurés,
Devant le brave fils d'Anchise,
Dont la personne étoit assise
Sur un billot en un lieu haut,
Comme je vous ai dit tantôt,
D'où, par le moyen de sa langue,
Il fit ouïr cette harangue :
« Qui de vous ne courra bien fort,
Par feu mon père ! aura grand tort,

---

[1] L'auteur de la *Dispute du Luth et de la Guitare* (*Maison des Jeux*, part. III) appelle l'épinette « la reine de tous les instruments de musique, » et nous apprend qu'elle était réservée habituellement aux personnes de condition.

[2] Alertes, éveillés.

[3] Peut-être ces mots étaient-ils employés quelquefois par opposition à *jeux de hasard*, pour désigner ceux où il y a des arrangements à prendre, des calculs à faire. Mais il est beaucoup plus probable, surtout d'après les vers précédents et suivants, que *disposition* est ici synonyme d'*agilité*, sens qu'il a plusieurs fois alors, par exemple dans Tallemant (*Histor. de madame de Sablé*) et madame de Sévigné (*Lettre* à Bussy-Rabutin, 27 juin 1687.)

Car quand on court bien on attrape.
Pour vous faire mordre à la grappe,
Écoutez ce que de bon cœur
Je prétends donner au vainqueur :
Deux beaux dards à la Gnossienne,
Dont les bois ne sont pas d'ébène ;
Une pertuisane de fer
Qu'on peut richement étoffer,
Si l'on y veut faire dépense
De la façon que je le pense :
Ces présens en commun seront
Pour ceux qui les disputeront.
Aux trois plus vites je destine
Un cheval de fort bonne mine,
Richement caparaçonné
D'un camelot pâle tanné,
Qu'un bord de cuir doré galonne ;
Plus, une trousse d'amazone,
Ses flèches et son baudrier,
De la main d'un bon ouvrier,
Sur lequel reluit une perle
Aussi grosse que l'œil d'un merle ;
Plus, une salade [1] d'Argos,
Présens qui valent trois lingots.
Puis chacun criant sur eux *vive*,
Ils seront couronnés d'olive. »
 Chacun prit place, cela dit.
Le signal donné, l'on partit
Au son de la trompe enrouée.
Vous eussiez dit une nuée
Qui dans la lice s'épandit ;
L'air épais sur eux se rendit,
La poudre de leurs pieds, émue,
Faisant sur leur tête une nue.
L'œil, plus vite que le pied, fut,
Dès le commencement, au but,
D'où, tacitement, il exhorte
A courir le pied qui le porte.
Nise les autres devança,
Et derrière lui les laissa
Les poitrines toutes pantoises,
De la longueur de quatre toises ;
Après lui, mais loin de lui, court
Salius, qu'un espace court
Sépare du jeune Euryale,
Qu'Hélymus peu s'en faut égale,
A qui le dernier, Diorès,
 Souvent bat les talons exprès,
Et par malice, dans la fesse
Lui met le bout du pied sans cesse,
Et l'eût à la longue emporté

Sur lui, malgré sa primauté.
Nise étoit du but assez proche,
Quand il lui vint une anicroche
Qui, voulsit [2] ou non, l'arrêta,
Et sa belle course gâta,
Changeant toute son espérance
En une sotte révérence
Qu'il fit, de son long étendu,
Sur du sang de bœuf répandu.
Troublé comme un fondeur de cloche,
Quoiqu'il ne boite ni ne cloche,
Il voit que les prix destinés
Ne sont pas pourtant pour son nez ;
Mais, perdant espérance et gloire,
Il ne perdit pas la mémoire
D'Euryalus qu'il adoroit,
Car, comme Salius couroit,
Saisissant sa jambe et sa guêtre,
Si fort ses pieds il enchevêtre,
Que du nez en terre il donna,
D'où se levant, il ramena
Un coup sur le mufle de Nise,
Qui, sans jamais quitter sa prise,
Le mordit quatre fois au cul.
Ainsi, d'Euryale vaincu,
Et le cul marqué de morsures,
Tandis qu'à Nise il chante injures,
Et que Nise, sans l'écouter,
Ne songe qu'à bien l'arrêter,
Le petit fripon d'Euryale
Vite comme le vent détale,
Et, laissant l'autre renier,
Arrive au but le fin premier,
Favorisé de la huée
De tous ceux par qui fut louée
De Nise la bonne action,
En signe d'approbation,
Qui crioient *Vive, vive, vive !*
Hélymus le second arrive,
Et le troisième Diorès,
Qui le talonnoit de si près,
Que de cette talonnerie
On pensa bien voir brouillerie.
Lors Salius, avec grands cris,
Se plaint qu'on lui vole le prix,
Allègue l'injuste cascade ;
Mais Euryalus persuade,
Ne faisant rien que larmoyer,
Qu'on ne peut sans prix l'envoyer,
Et Diorès pour lui supplie,
Disant que s'il faut qu'à Salie

[1] Un casque.
[2] Le voulût-il.

Soit octroyé le prix premier,
Qu'il se voit exclu du dernier.
Æneas, des bons le modèle,
Leur dit : « Finissez la querelle,
Vous serez tous récompensés ;
Taisez-vous, et vous embrassez.
D'une peau de lion entière,
Dont la jube [1], faite en tétière [2],
Un morion représentoit,
Et qui d'autant plus riche étoit
Que chaque griffe étoit dorée,
L'injustice fut réparée,
Dont Salius se plaignoit tant ; »
Et lors Nise, se présentant
Et faisant remarquer la boue
Qui, depuis le haut de la joue
Jusqu'à la cheville du pied,
Le rendoit tout crottifié,
Dit : « On me devroit reconnoître,
Moi vainqueur, ou qui devois l'être ?
Et qui n'ai ma course gâté
Que pour avoir trop vite été. »
Æneas se mit à sourire,
Et lui dit : « Refrénez votre ire ;
Vous serez aussi guerdonné
D'un beau casque damasquiné,
Remarquable pour sa doublure,
Pour ses plumes, pour sa gravure,
Ouvrage de Didymaon. »
A quoi Nise dit : « Par Mahom,
On le verra dessus ma tête
Chaque dimanche et chaque fête.
Meure, qui dira jamais mal
De grand seigneur si libéral ! »
 La course étant ainsi finie,
Toute animosité bannie,
Et les coureurs gais et contens :
« Il ne faut point perdre de temps,
Dit Énée ; empoigne le ceste,
Quiconque aura du cœur de reste.
A quiconque s'y veut frotter,
Un bœuf paré pour le tenter,
Sera le prix de la victoire.
Une épée à gaine d'ivoire,
Outre un fort joli morion,
Sera le prix du champion,
Qui, par les coups de l'adversaire,
Sera contraint enfin de faire
Signe de ses deux bras lassés,
Qu'il en a trop, au moins assez. »

Chacun eut grande retenue
A voir le ceste, dont la vue
Fit peur à ceux des regardans
Qui n'étoient pas des plus fendans.
Le grand Darès seul se présente,
Darès, à la taille géante,
Qui seul avec Pâris jouoit
A ce jeu, qui les gens rouoit ;
Qui, pour célébrer la mémoire
Du vaillant Hector, eut la gloire
D'assommer, près de son tombeau,
Butès, aussi fort qu'un taureau
Et très-expert en la gourmade,
Sans mensonge, ou bien par bravade
(Car on ne l'a jamais bien su),
Ce Butès se disoit issu
D'Amyclus, grand brise-mâchoire,
Et fort renommé dans l'histoire.
Darès s'étant donc présenté,
Plus d'un cœur fut épouvanté
De voir ses épaules ossues,
Ses bras, ou plutôt ses massues ;
Outre que ce grand Goliath,
De son naturel un grand fat,
Donnoit dans l'air mille gourmades,
Tiroit en l'air mille ruades,
Puis, ayant bien frappé, rioit
Comme un maître fou qu'il étoit,
Criant : « Çà, çà, que je le roue,
Que je lui fracasse une joue,
Que je lui crève un œil ou deux. »
Ce défi parut si hideux,
Qu'au diable, s'il y vient personne,
Tant ce puissant paillard étonne
Et Troyens, et Siciliens,
Qui lors furent de grands vauriens.
Ne voyant personne paroître,
Il se crut aisément le maître
Du bœuf, qui peu se tourmentoit
De savoir qui son maître étoit,
Telle étoit son indifférence :
Il étoit bœuf de conscience,
Qui laissoit les gens quereller
Sans jamais vouloir s'en mêler
Darès prit cette douce bête
Par les deux cornes de sa tête,
Criant, jusqu'à s'en enrhumer :
« Qui veut donc se faire assommer ? »
Puis, se tournant vers maître Énée :
« Serai-je toute la journée,

---

[1] Crinière, du latin *juba*.
[2] Partie de la bride qui entoure la tête du cheval, les cuirs qui soutiennent les mors et les rênes.

Dit-il, attendant qu'un grouin
Se fasse écraser à mon poing?
Qu'on me mette quelqu'un en tête,
Ou bien que j'emmène la bête ;
Je suis trop longtemps en ce lieu.
— Qu'il ait le bœuf, au nom de Dieu,
Qu'il en fasse des choux, des raves, »
Disoient quelques-uns des plus braves
Un peu contre lui mutinés,
D'avoir pour lui saigné du nez.
Acestes de rage en trépigne,
Et dans son courage rechigne,
Du bœuf trop aisément gagné :
Il s'en alla, tout indigné,
Accoster le vieillard Entelle,
Qui, couché sur une bancelle,
Pour Darès et sa vanité,
Moins froid n'en avoit pas été.
Il lui dit : « Te voilà bien sage !
Et qu'est devenu ton courage,
Toi, qui de tes deux poings fermés
As tant de rustres assommés?
Ayant été le camarade
Du plus vaillant en la gourmade,
Qu'on ait vu jamais en ce lieu,
Qui même en est le demi-dieu,
D'Érix, au redoutable ceste,
Si peu de courage il te reste
Que ce grand vilain mal bâti
A tes yeux du prix est nanti ?
Et n'as-tu pas quelque vergogne,
D'être étendu comme un ivrogne,
Quand Darès, à toi comme à nous,
Fait redouter ses pesans coups ?
Que deviendra ta renommée
Par toute notre île semée,
Les prix à ton plancher pendus,
Pour les combats par toi rendus ? »
Entellus dit : « Ta remontrance
N'est pas certes sans apparence ;
Mais ce n'est pas faute de cœur
Que je laisse Darès vainqueur.
La vieillesse froide et pesante
M'a rendu l'âme indifférente,
Et pour le bien et pour l'honneur ;
Si j'avois ma jeune vigueur,
Ce fanfaron qui fait le rogue,
Qui jappe après nous comme un dogue,
De mille coups de poings farci,
Seroit vu me crier merci ;
Et sans espoir de bœuf ou vache
(Lâche motif de tout gavache),
De la seule gloire animé,

Je l'aurois déjà bien gourmé.
Et qu'ainsi ne soit, maître Aceste,
Du peu de force qui me reste,
Il ne tiendra qu'au sieur Darès
Que nous ne nous voyons de près. »
  Cela dit, il jeta par terre
Deux vilains instrumens de guerre,
Deux cestes, malplaisans à voir.
Plusieurs n'eurent pas le pouvoir
De n'en détourner pas leurs faces,
Faisant d'aussi laides grimaces
Que ceux qui, couverts d'un linceul,
Pendant la nuit voient leur aïeul.
C'étoit des gantelets semblables
Que des athlètes redoutables
L'athlète le plus redouté,
Érix, devant qu'être dompté,
Se combattoit à toute outrance,
Et meurtrifioit d'importance
Les gourmeurs assez imprudens
Pour oser lui montrer les dents.
Darès, voyant telles menottes,
Se mit du nombre des pagnottes,
Dit qu'il n'en vouloit point tâter,
Et que ce seroit se gâter.
Maître Æneas prend et manie
La machine de fer garnie,
Que sept gros cuirs de bœuf pliés,
De jointures de plomb liés,
Rendent à porter si pesante,
Que lui-même s'en épouvante,
Lui qui fort comme un Turc étoit ;
A quoi le vieillard ajoutoit :
« Et si vous aviez donc vu celle
Qui gâta d'Érix la cervelle,
Vous feriez cent signes de croix
Moi-même à peine je le crois,
Moi qui l'ai vue, à la malheure,
Et qui de souvenir en pleure !
Quand sire Hercule s'en servoit,
Non plus de fatigue il avoit
Que s'il eût tenu quelque plume,
Quoiqu'aussi lourde qu'une enclume,
Et pesante deux fois autant
Que celle qui vous trouble tant ;
La même dont votre grand frère
Érix se servoit d'ordinaire,
Dont depuis j'ai fait des exploits
Desquels le moindre en vaut bien trois,
Lorsqu'avec ma vigueur première,
J'avois ma valeur tout entière.
Le ceste est encore taché
Du sang et du cerveau séché,

Quand Hercule, après mainte touche,
Lui fit un abreuvoir à mouche,
De son ceste, dont il tacha
Celui-ci, quand il le toucha.
Je suis homme sans simagrée :
Si votre grand Darès l'agrée
Et ne m'en veut jamais de mal,
Je vais l'étriller en cheval ;
Mais, si mon ceste l'épouvante,
S'il trouve l'arme trop pesante,
De laquelle jadis Érix
Des forts a remporté le prix,
Que d'autres cestes on me donne,
Et je veux que l'on me chaponne,
Si dans deux coups on ne verra
A qui le bœuf demeurera,
Pourvu qu'avec la bonne grâce
D'Æneas la chose se fasse,
Et d'Acestes mon bon seigneur.
— Vous parlez en homme d'honneur,
Dit Æneas ; çà, qu'on m'apporte
Deux cestes d'une même sorte. »
  Les cestes furent apportés,
Et par les experts visités.
Entellus prit l'un, Darès l'autre,
Disant tout bas sa patenôtre,
De voir l'autre tant épaulu,
Ossu, membru, fessu, velu.
D'une échine nerveuse et large,
Et d'une patte faite en targe [1],
Je devrois, me semble, avoir dit,
Qu'aisément son corps nu l'on vit,
A cause qu'il avoit bas mise
Et sa jaquette et sa chemise,
S'entend, si chemise il avoit,
Car autrement il ne pouvoit
Quitter que sa seule jaquette :
Je suis fort fidèle interprète,
Et, quand je fais omission,
C'est par pure inadversion.
Les voilà donc prêts à bien faire,
Entellus et son adversaire,
Plantés tous deux sur leurs ergots,
Se faisant mines de magots,
Id est s'entrefaisant la moue.
D'abord et l'un et l'autre joue,
Et, comme pour escarmoucher,
Porte maints coups sans se toucher ;
Puis s'échauffant dans l'escarmouche
L'un d'eux son adversaire touche,
Qui, fâché d'avoir mal paré
Lui rend le change bien serré ;

Enfin tout de bon ils se tâtent,
Et plusieurs beaux membres se gâtent,
Darès plus qu'Entellus gaillard.
Entellus plus puissant paillard.
Poings avancés, ceste en arrière,
Les yeux ardens, la mine fière,
Ils s'entr'assomment, les grands fous,
D'une grande somme de coups :
Leurs poumons respirant à peine
A tous deux font grossir l'haleine,
Et leurs membres nus palpiter ;
Tantôt un coup les fait roter,
Appliqué sur le diaphragme,
Et vomir du sang une dragme ;
Tantôt l'un d'eux n'attrape rien,
Dont l'autre se trouve fort bien.
A l'un le ventre frappé sonne,
A l'autre la tête s'étonne,
Ou, pour mieux dire, sa raison,
Du coup qui frappe sa maison.
Maints coups perdus frisent l'oreille
Enfin, ils font tous deux merveille.
Darès, faisant maint et maint saut,
L'intrépide Entellus assaut,
Qui n'a recours qu'à la parade,
Sans reculer à la gourmade,
L'œil fiché sur son ennemi
Et sur ses pieds bien affermi.
Son homme le tourne et regarde,
Pour trouver un membre hors de garde
Sur lequel il puisse donner :
Quand on le voit ainsi tourner,
On se représente une place,
De qui le mur partout fait face,
Que l'on tourne pour découvrir
Par où le mur se peut ouvrir,
Et contre lequel l'adversaire
Ne fait pourtant que de l'eau claire,
Et ne s'est, ayant bien tourné,
Que beaucoup de peine donné.
Sur Darès, qui tel assaut livre,
Un coup pesant plus d'une livre
Par Entellus fut desserré ;
Ce grand coup ne fut point paré,
Mais esquivé, dont le bonhomme,
Ne trouvant rien, trébucha comme
On voit trébucher bien souvent
Un pin ébranlé par le vent.
Entellus donc, en grosse bête,
Trébucha de cul et de tête
Et son dieu Jupin renia.
Sur sa chute on se récria,

---

[1] Sorte de grand bouclier ancien.

A savoir le peuple de Troie,
D'exultation et de joie,
Le Sicilien bien fâché
Du bon Entellus trébuché.
  Æneas, et le brave Aceste,
Y furent devant tout le reste.
Acestes, levant son ami,
Qui juroit en diable et demi,
Se mit tout bas à le semondre ;
Il ne daigna pas lui répondre,
Ni même à messire Æneas
Qui lui faisoit de beaux hélas !
Quoiqu'en son âme le beau sire
Fût moins prêt à pleurer qu'à rire,
Comme on ne peut s'en empêcher
Quand on voit quelqu'un trébucher.
Ayant bien rajusté son ceste,
Il fit retirer maître Aceste,
De sa chute plus qu'enragé,
Quoique par elle encouragé,
Et sachant bien, en conscience,
Qu'avec plus d'heur que de science
Darès, qui faisoit l'entendu,
L'avoit vu par terre étendu.
Levé donc et remis en place,
Rage au cœur, rougeur à la face,
De n'avoir jusque-là fait rien
De sa valeur qu'il connoît bien,
Il montra ce qu'il savoit faire :
Onc ne fut plus rude adversaire.
Darès fut tout épouvanté
Des coups de ce ressuscité,
Et n'eut recours qu'à la parade ;
L'autre, gourmade sur gourmade,
Vous le pousse de coin en coin,
Et l'assomme de coups de poing.
Ses coups tombent dru comme grêle.
Darès a peur qu'on ne lui fêle
L'habitacle de la raison,
Quoiqu'il en ait moins qu'un oison ;
Il est prêt de demander lettre [1],
Ne sachant en quel lieu se mettre,
A couvert d'un ceste si lourd.
Le vieil Entellus fait le sourd,
Travaillant sur lui de plus belle,
A donner jour à sa cervelle.
Darès étoit tout essoufflé,
Le visage de coups enflé,
Près de donner du nez en terre,
Quand Æneas vint à grand'erre [2]
Se mettre entre les combattants ;
Certes, il y vint bien à temps,
Car, de la première taloche
Sur estomac ou sur caboche,
Darès alloit être achevé ;
Le poing étoit déjà levé,
Quand Æneas avec Aceste,
De ce rude joueur de ceste
Qui ne faisoit point de quartier,
Vinrent le cœur dulcifier :
« Daignez ne passer pas plus outre,
Homme au poing lourd comme une poutre
Une autre fois notre Darès
N'approchera pas de si près
Un de qui les coups peuvent moudre
Une roche et la mettre en poudre,
Et par qui seroit assommé
Un éléphant, fût-il armé. »
A ces mots, le donne-gourmade
Devint doux comme cassonade,
Tant Æneas eut de crédit :
« Soit fait, comme vous avez dit,
Et la noise soit terminée ! »
Dit Entellus. Lors maître Énée,
Devers le battu se tournant,
Sur pieds à peine se tenant,
Il lui fit, si j'en ai mémoire,
Cette leçon consolatoire,
Le soutenant de ses deux bras :
« Il falloit, mauvais Fierabras,
Il falloit connoître son homme
Devant que de s'y frotter, comme
Vous avez fait contre celui
Qui vous détruisoit aujourd'hui,
S'il n'étoit aussi débonnaire
Qu'il est invincible adversaire.
Ne sentez-vous pas en sa main
Quelque chose de plus qu'humain,
Et que quelque dieu le protége ?
Allez, mon beau gourmeur de neige [3],
Vous faire vîtement panser,
Et tâchez de n'y plus penser. »
  A ce discours, le pauvre drôle,
Le chef tout penchant sur l'épaule,
Les yeux pochés au beurre noir,
Lui dit tout bas : « Jusqu'au revoir. »

---

[1] Comme s'il y avait : demander lettres de grâce.
[2] En toute hâte.
[3] De rien. Cette locution marque le mépris qu'on fait d'une chose. Nous verrons encore au livre VI :
    Voyez le beau héros de neige!

12.

Il n'en put dire davantage,
Et même n'eut pas le courage
De porter la main à ses dents
Pour voir s'il en restoit dedans.
Sa barbe étoit toute rougie
D'une piteuse hémorragie,
Et son nez, de coups écaché,
Se vidoit sans être mouché.
Les Troyens vinrent qui le prirent,
Et, le prenant, tel mal lui firent,
Car son corps étoit tout meurtri,
Qu'il fit un pitoyable cri.
Le coutelas et la salade
Tinrent compagnie au malade
Pour consoler son nez cassé,
Et le bœuf du prix fut laissé
Pour la récompense d'Entelle,
Qui fit une harangue telle,
Enflé d'orgueil comme un crapaud
D'avoir conquis, à ce jeu chaud,
Un bœuf qu'on pansoit à l'étrille,
Comme un bœuf de bonne famille :
« O vous, Troyens, jeunes et vieux,
De notre victoire envieux,
Venez voir ce que je sais faire ;
Venez voir à quel adversaire
Vous avez Darès dérobé,
   comment il étoit flambé
   vous n'eussiez à notre patte
Soustrait son débile omoplate. »
Cela dit, de son poing serré
Un coup par lui fut desserré
Entre les cornes de la bête :
Ce coup entra dedans sa tête,
D'où sortit un ample cerveau,
Et de sang la valeur d'un seau,
Et le bœuf, sans cérémonie,
Au monde faussa compagnie.
Puis il dit, d'un cœur tout contrit,
Et recueilli dans son esprit,
Regardant la voûte éthérée
D'une façon tout éplorée,
Ces mots : « Érix, mon cher seigneur,
Je t'offre du bon de mon cœur
Pour Darès, à qui je pardonne,
Ce bœuf, très-honnête personne. »
   Sur cette action d'Entellus,
Les assistans, qui moins, qui plus,

Firent une grande huée
Qui fut longtemps continuée,
Dont Énée, étant ennuyé,
Cria tout haut : « C'est trop crié ;
Je suis las d'ouïr toujours braire.
J'aimerois mieux avoir affaire
Aux fous des Petites-Maisons
Qu'à tant de cervelles d'oisons,
Qui n'ont jugement ni science. »
Ayant fait faire ainsi silence,
Il dit : « Vienne qui sait tirer. »
Lors on vit de l'étui tirer
Maint arc, comme de mainte trousse
Sortit mainte flèche non mousse [1].
Après que maints bons compagnons
Se furent mis en rang d'oignons,
D'Iulus le révérend père
Fit dresser un mât de galère,
Ayant fait au bout attacher,
Devant qu'en terre le ficher,
Avec une longue ficelle,
Ramier, pigeon ou tourterelle
(Il n'importe ce que ce fût ;
Pourvu qu'on arrive à son but,
Facilement on se dispense
Quand petite est la conséquence)
Puis après au sort on tira,
Dont maint visage s'altéra,
Et d'épanoui devint sombre,
De peur de n'être pas du nombre
De ceux qui devoient de droit fil
Tirer dessus le volatil.
Maître Æneas en choisit quatre
Qui devoient essayer d'abattre,
Par un coup de trait décoché,
L'oiseau sur le mât attaché.
De gibier un grand homicide,
Dit Hippocoon Hyrtacide,
Fut le premier élu du sort,
Ce qui le réjouit bien fort ;
Le second fut maître Mnesthée,
La tête encore garrottée
Du rameau d'olive emporté
Pour avoir bon vogueur été,
De quoi je ne veux plus rien dire,
Puisque déjà l'on l'a dû lire.
Maître Eurytion fut le tiers,
Phénix des arbalétriers,

Et dans le *Dépit amoureux*, de Molière (IV, sc. IV), Gros-René dit à Marinette :
   Tiens, tiens, sans y chercher tant de façons, voilà
    Ton beau galant de neige.

[1] Non émoussée

Frère cadet de feu Pandare,
Des grands tireurs d'arc le plus rare,
Qui sut à propos secourir
Pâris, qui s'en alloit mourir
Sous les coups de son adversaire,
Qui quartier ne lui vouloit faire
(Dont les Grecs étoient ébaudis
En les Troyens bien étourdis),
Quand à propos le sieur Pandare,
Prenant son arc sans dire gare,
Et donna tout droit dans le cu
De Ménélaüs le cocu;
Sur quoi les deux osts[1] se mêlèrent
Et les champions séparèrent.
Le quatrième et dernier fut
Le vieil Aceste, qui voulut,
Avec toute cette jeunesse,
Contester de force et d'adresse.

Ces arbalétriers élus
Bandèrent de leurs bras velus
Leurs arcs, mortifères machines,
Non sans se roidir les échines.
Hippocoon, le premier d'eux,
Adressant au ciel mille vœux,
Qui jusque-là ne pénétrèrent,
Mais en beau chemin demeurèrent,
Frappa d'un trait le bout du mât;
Plus haut, il eût donné moins bas.
La bête, volant effrayée,
Voulut s'envoler; mais, liée,
En l'air elle se débattit,
Et voilà tout ce qu'elle fit.
Tandis qu'au bout de la ficelle
Dans l'air elle tâche de l'aile,
Mnestheus tire, et de son trait
Coupe la corde, et lors Dieu sait
Si la pauvrette en fut fâchée,
Et si, se sentant détachée,
Elle ne doubla point le pas,
Ah! tout beau, je n'y pense pas;
Je veux dire prit sa volée.
S'en étant donc dans l'air allée,
Eurytion, le franc archer,
Devant que son trait décocher,
Fit à son frère une prière,
Laquelle il reçut tout entière.
Tandis que le pauvre animal
S'enfuit, ne songeant à nul mal,
Un coup qui le prit en croupière
Le fit revenir en arrière,
Et son beau vol interrompit,

Ce qui lui fit bien du dépit;
La pauvre bête, transpercée,
Ayant sa vie en l'air laissée,
Tomba comme eût fait un caillou,
Sans peur de se rompre le c...
Qui fut camus? ce fut Aceste,
Voyant que pour lui rien ne reste,
Et qu'il faut, s'il veut décocher,
Qu'il aille ailleurs un prix chercher;
Mais le facétieux bonhomme
Ne laissa pas de tirer comme
S'il eût tiré dessus l'oiseau,
Et lors un prodige nouveau
Étonna toute l'assemblée :
Aussitôt que la flèche ailée
De l'arc qu'il délâcha partit,
En flamme elle se convertit,
Et ressemblant une fusée,
Ou quelque couleuvre embrasée,
Ou, comme notre auteur dit mieux,
Une étoile aux crins radieux,
Elle se guinda dans l'air perse[2],
Comme un feu qui du cristal perce,
Puis elle se perdit en l'air,
Cessant de vivre et de voler.

Sur cette bizarre aventure
Chacun fit mainte conjecture;
Maints devins, enthousiasmés,
Se firent par là renommés,
Prédisant choses merveilleuses
Qui pourtant étoient bien douteuses.
Les redoutables Phrygiens,
Comme aussi les Trinacriens,
Enfin, tous ceux de l'assemblée,
En eurent la tête troublée;
Énée en fit un grand cancan,
Et, se détachant un carcan
Qui lui pendoit dessus la gorge,
Où le noir dragon de saint George
En un agate étoit gravé,
D'un coup de lance l'œil crevé,
Il s'approcha du père Aceste,
En lui disant : « Je vous proteste
Qu'onc ne fut archer plus adroit.
Sans l'avoir vu qui le croiroit,
Que vous eussiez pu d'une flèche
Faire feu comme d'une mèche?
Vraiment, ou je n'y connois rien,
Ou Jupiter vous veut du bien.
Quant est de moi, je vous révère
Autant que j'ai fait feu mon père;

[1] Armées.
[2] Il faudrait aujourd'hui pers, au masculin. Ce mot désigne la couleur bleue.

Je dirois que ma mère aussi,
Mais ce seroit mentir ainsi.
Que si les prix sont pour les autres,
Vous aurez quelques présens nôtres,
Pour vous faire oublier le tort
Que vous a fait ici le sort. »
Cela dit de fort bonne grâce,
Et du carcan, et d'une tasse,
Joyau massif et bien pesant,
Il lui fit un fort beau présent.
Cette tasse, bien travaillée,
Avoit jadis été baillée
Au père de notre Æneas,
Qui d'icelle faisoit grand cas,
Par le bon Thracien Cissée ;
Cette tasse étoit rehaussée
D'émail fin qui représentoit
Bacchus, dieu du vin, qui rotoit.
Puis après, de branche d'olive,
Faisant signe qu'on criât : Vive !
Il couronna son chef chenu
Que d'ordinaire il avoit nu.
Eurytion, sans répugnance,
Laissa donner par préférence
Le premier prix qu'il méritoit,
Comme très-civil qu'il étoit ;
Très-largement de maître Énée
Son adresse fut guerdonnée.
Mnestheus eut aussi son don,
Et l'Hyrtacide Hippocoon.

   Après l'adroite tirerie
Vint la noble chevalerie;
Épitides fut appelé,
Grand vieillard au menton pelé,
D'Ascanius le pédagogue,
Homme austère, à mine de dogue,
Mais docteur des plus estimés,
Et grand faiseur de bouts rimés,
Natif de Rion en Auvergne ;
Quoique incommodé d'une hergne [1],
Un très-délibéré vieillard,
Et des hommes le plus raillard.
Aussitôt qu'il fut en présence,
Il fit des mieux la révérence,
Comme il en faisoit grand débit ;
Puis messire Æneas lui dit :

« Épitides, ma géniture
A-t-elle apprêté sa monture ?
Et nos jeunes galefretiers [2]
Ont-ils apprêté leurs coursiers,
Pour montrer, par maint caracole,
Qu'ils sont sortis de bonne école ?
Va-t'en donc vite les querir. »
Lors Épitides de courir.
Ce vieillard, à la cuisse sèche,
Étoit vite comme une flèche,
Et sautoit trente pieds d'un saut.
Il fut donc revenu bientôt,
Suivi de maint petit saint George
Tous gais comme pourceaux en l'orge,
Et leurs chevaux enharnachés
De force rubans attachés.
On ne vit jamais plus beau monde.
Chacun d'eux avoit une fonde [3],
Non pas pour fonder des arrêts,
Mais des pierres, cailloux et grès.
Les uns avoient l'arc et la flèche
(Car d'engins à ressort ou mèche,
Qu'on appelle instruments à feu,
En ce temps-là l'on usoit peu) ;
Les autres, d'une lance gaie,
Ou d'une pique de Biscaye [4]
(Disons plutôt de tous les deux,
Pour tenir les gens moins douteux),
Avoient leur patte droite armée,
Et leur tête tout emplumée,
Comme leur col étoit paré
De collier de laiton doré.

   Sous trois fort jolis capitaines
En justaucorps de tiretaines,
Furent formés trois escadrons ;
Le premier, fraises à godrons,
Le second, têtières Anglaises,
Et le tiers, capes Béarnaises,
Rendoient, pour mieux garder leurs rangs
Les uns des autres différens.
L'un des chefs de ces gens d'élite
Étoit fils du pauvre Polite,
Le jeune fils de Priamus,
Qu'assomma Néoptolemus.
Il montoit en chausses de page [5],
Un fort beau cheval de bagage,

---

[1] Hernie.
[2] Vauriens, fripons.
[3] Se disait quelquefois alors pour *fronde*, malgré la décision de Vaugelas et plus tard de l'Académie. Scarron avait pour lui l'autorité de Coëffeteau et de l'étymologie probable (*funda*); mais il s'en serait très-bien passé au besoin.
[4] Les piques de Biscaye étoient les plus estimées, avec celles de Brésil.
[5] Hauts-de-chausses d'ancienne mode, serrés et plissés, et qui, abandonnés depuis le siècle précédent, n'étaient plus, au dix-septième siècle, portés que par les pages.

Mais pourtant qu'on avoit dressé,
Et qui franchissoit un fossé
Aussi large qu'une rivière,
Comme un autre eût fait une ornière.
Le second chef étoit Atys,
Pour qui d'amoureux appétits,
Ascanius, le fils d'Énée,
Avoit la raison fascinée,
Étant de cet Atys si fou,
Qu'il l'avoit toujours à son cou.
Le sieur Maron, de sa monture
Ne nous fait aucune peinture ;
Mais sans doute il étoit monté
En homme de sa qualité.
Le plus beau de tout fut Ascagne :
Son cheval, couleur de châtaigne,
Le meilleur cheval de Sidon,
Étoit un présent de Didon.
Ce cheval étoit une bête
Propre à paroître un jour de fête,
Qui faisoit le saut de bélier,
Et duquel souvent cavalier,
Sans le secours de la crinière,
Tomboit la tête la première ;
Mais tant fût-il mauvais cheval,
Courant à mont, ou bien à val,
Quand il eût fait le diable à quatre [1],
Il n'eût pu notre Iüle abattre,
Savant du pied et de la main,
Comme un créat [2] de Benjamin [3],
Ou d'autre chef d'Académie,
Qu'ici je n'alléguerai mie.
Pour les autres jeunes cadets
Acestes fournit des bidets
Et mainte jument poulinière,
Que les poulains suivoient derrière.
Les Troyens frappèrent des mains,
Voyant les fils de leurs germains,
De leurs cousins, de leurs cousines,
De leurs voisins, de leurs voisines,
Et quelques-uns aussi des leurs,
Habillés en petits seigneurs,
Et parés en coureurs de bague,
Sur les reins coutelas ou dague ;
Ils reconnurent dans leurs traits
De leurs amis morts les portraits,
Quoiqu'en leurs visages la crainte
En couleur pâle fût dépeinte
A cause qu'ils s'épouvantoient
De leurs chevaux qui trop sautoient.
A la fin, ils se rassurèrent,
Et dans leurs selles s'ajustèrent.
Épitide un fouet claqua,
Le clac dupliqua, tripliqua ;
Aussitôt ensemble ils partirent,
En un escadron qu'ils défirent,
Se séparans en pelotons,
S'escrimèrent de leurs bâtons :
Les uns tournèrent les épaules,
Que les autres, à coups de gaules,
Caressèrent assez longtemps.
Les battus devinrent battans ;
Puis, ayant cessé de se battre,
Se mirent tous, qui quatre à quatre,
Qui trois à trois, qui deux à deux,
Et firent entre eux mille jeux,
A courbettes, et cabrioles ;
Puis, après maintes caracoles,
Ils poussèrent tous leurs coursiers,
Ayant le devant les premiers,
Comme les derniers le derrière,
Faisant quantité de poussière.
Tous ces tours et tous ces détours,
Les uns longs et les autres courts,
Représentoient le labyrinthe,
Que, pour celle qui fut enceinte
Du fait d'un gros vilain taureau,
Par un artifice nouveau,
Mais pour un dessein beaucoup sale,
Inventa le fameux Dédale,
Du grand roi Minos charpentier,
Et des plus experts du métier :

---

[1] Le diable remplissait les grands emplois dans les *mystères* du moyen âge, et ce rôle était recherché par les bourgeois et gens de métier, à cause des priviléges qui y étaient attachés. On donnait le nom de *diableries* à certaines pièces de théâtre : les petites diableries étaient à deux personnages, et les grandes à quatre : de là, l'expression de *diable à quatre*, qui est restée dans la langue.

[2] Sous-écuyer dans une académie d'équitation.

[3] Benjamin était un fameux chef d'académie, dont il est souvent question dans les auteurs du temps :

> Monsieur de Benjamin,
> Des escuyers la source.

dit Saint-Amant, dans sa *Chanson sur la naissance de Louis XIV*. Les Mémoires de l'abbé Arnaud en parlent avec de grands éloges. Dans les *Variétés hist. et littér.* de M. Ed. Fournier, t. VI, p. 118, on voit qu'il avait une pension de dix mille livres.

Force murailles tournoyantes,
Et force routes fourvoyantes,
Par des détours entrelacés,
Embarrassoient les mieux sensés,
Qui ne connoissoient plus leur voie.
Ainsi ces jouvenceaux de Troie,
Poussant leurs animaux en rond,
Puis après les poussant en long,
Rompant, et puis doublant leurs files,
Ainsi que les dauphins agiles,
Dans la mer Libyque souvent,
Alors qu'il ne fait point de vent,
Font entre eux mille singeries,
Ou bien plutôt dauphineries;
Ainsi, dis-je, ces jouvenceaux,
Firent voir mille jeux nouveaux,
Que le fondateur d'Albe, Iüle,
Recommanda par une bulle
A ses descendans les Albains,
De qui les tiennent les Romains,
Qui depuis, avec grande joie,
En l'honneur du peuple de Troie
(Vraie action de gens de bien),
Ont appelé ce jeu Troyen,
Qu'à grands frais à l'honneur d'Anchise
Rome tous les ans solennise.

   Mais, tandis que maître Æneas
S'amuse à tous ces beaux ébats,
Mademoiselle la Fortune,
Qui toujours lui porte rancune,
Lui joue un tour de son métier,
Qui le va bien faire crier :
Junon, plus méchante qu'un page,
A sa faiseuse de message,
Iris, qu'on appelle Arc-en-Ciel,
Parla, le cœur rempli de fiel,
Un petit moment à l'oreille;
Aussitôt Iris s'appareille,
Et, quittant toutes ses couleurs,
Dont, quand les auteurs font des leurs
(C'est-à-dire quand ils s'égayent,
Et de force baies nous payent),
Nous font cent contes violets [1],
Enfans de leurs esprits follets,
Cette dame porte-ambassade,
Le long de l'admirable arcade,
Que l'on voit quelquefois dans l'air,
Se laissa bien et beau couler,
La fesse fort bien revêtue;

Car, glissant à bride abattue,
Elle auroit eu corrosion
Par la trop longue friction,
Et s'auroit fait mal à la croupe.
Étant donc ainsi, vent en poupe,
Descendue au travers des airs,
Avec un dessein fort pervers,
Sur la rive Trinacrienne,
Elle vit la flotte Troyenne
Et tout le peuple Phrygien,
Qui lors ne s'enquêtoit de rien,
Et qui laissoit sur sa parole
La flotte au port, action folle :
Leurs femmes faisoient bande à part,
Se tenant loin d'eux à l'écart,
Et faisant sur la mort d'Anchise,
Comme on dit, une mise grise,
Non sans pester de leurs malheurs,
Avec grands cris, avec grands pleurs :
« Serons-nous toujours dessus l'onde,
Et le rebut de tout le monde ? »
Disoient les unes en pleurant.
Les autres disoient en jurant :
« N'aurons-nous jamais une ville ;
Et notre Æneas, tant habile,
Ne veut-il jamais s'arrêter
Sans nous faire toujours trotter ? »
Iris, voyant tant de murmure,
Quitta sa divine figure,
Et se travestit à l'instant,
Prenant un corps tout tremblotant,
Bâton en main, aux yeux besicle,
Et se fit femme de Dorycle,
Vieille barbue, et qui contoit
Cent ans, et point ne radotoit,
Ains [2] étoit femme bien sensée,
Quoique de vieillesse cassée :
A propos, j'avois oublié
Qu'elle s'appeloit Beroé,
De famille fort ancienne,
Et de nation Rhœtienne.
La méchante déesse Iris,
Ayant donc cette forme pris,
Se mit piteusement à dire
Ces mots qui ne sont pas pour rire :
« Pauvres gens qui vos jours passez
Sur des vaisseaux demi cassés,
Pauvres femmes, pauvres coureuses,
Serez-vous toujours malheureuses ?

---

[1] Récits sans vraisemblance, choses qu'on n'a vues que dans les éblouissements, — à peu près comme *contes bleus*.

[2] Mais.

Oh ! que bien moins vous le seriez,
Si devant vos murs vous aviez
Été, par les mains des Dolopes,
Mises au royaume des taupes ;
Au lieu qu'être toujours en mer,
A mourir de faim, à ramer,
Loin du benoit plancher des vaches,
Tristes habitans de pataches,
Où les punaises et les poux
Ont fort peu de respect pour nous,
Est une vie infortunée,
Autant que d'une âme damnée !
Sept ans sont passées, peu s'en faut,
Que, souffrant le froid et le chaud,
Battus de vents et de tempêtes,
Conduits par le nez comme bêtes,
Nous cherchons le pays Latin,
Que promet, dit-on, le Destin
A notre maudit capitaine :
En eût-il la fièvre quartaine !
Et, sans nous tourmenter ainsi,
Que ne demeurons-nous ici ?
Et qui nous empêche de faire,
Au pays d'Érix notre frère,
Et d'Aceste notre parent,
Qui nous servira de garant,
Une belle ville murée,
De nous si longtemps désirée,
Où nous passerons mieux le temps,
Que parmi les vents inconstans ?
Oh ! nos dieux de notre patrie,
En vain sauvés de la furie
De nos ennemis meurtriers,
Pour devenir des nautoniers,
N'aurons-nous donc jamais la joie
De voir une nouvelle Troie,
Simoïs, séjour des plongeons,
Et Xanthe fertile en goujons ?
Ah ! brûlons nos nefs comme paille,
Qui ne valent plus rien qui vaille !
J'ai vu, cette nuit, en dormant,
Cassandre une torche allumant,
Et qui me disoit qu'en Sicile
Nous devions choisir domicile,
Et que c'étoit vivre en oisons,
Au lieu d'habiter des maisons,
D'être toujours en des nacelles,
Nageans toujours comme sarcelles,
Et cent autres oiseaux de mer,
Qu'il n'est pas besoin de nommer.

Brûlons donc nos vaisseaux, vous dis-je ;
Après prodige sur prodige,
Faisons de nos nefs du charbon,
Ou n'attendons plus rien de bon
Du ciel, mais querelle et rancune.
Voilà quatre autels de Neptune,
Couverts de feu suffisamment
Pour faire un bel embrasement :
Allons donc, ma chère brigade,
Allons travailler en grillade,
Et, pour prendre congé des eaux,
Mettons le feu dans nos vaisseaux. »
  Cela dit, la brûlante dame
Prit un gros tison plein de flamme,
Pour commencer l'acte inhumain ;
Ce tison, partant de sa main,
Prit le chemin des nefs de Troie,
Pour faire un feu, non pas de joie :
Les dames de ce coup hardi
Eurent l'esprit bien étourdi,
Et leurs yeux quasi s'en fendirent,
Tant alors elles les ouvrirent
Sur cette méchante action,
En signe d'admiration !
Une d'entre elles, fille antique,
Autant qu'une vieille rubrique,
Une parfaite virago,
Qui s'appeloit dame Pyrgo
(Quoique d'humeur un peu fâcheuse,
Sur la famille tant nombreuse
Du pauvre Priam ruiné,
Elle avoit longtemps dominé
Comme nourice et gouvernante ;
Elle étoit fameuse pédante,
Qui cent fois foucta pour rien,
Les filles du roi Phrygien) ;
Cette vénérable antiquaille,
D'un ton de chatte qui criaille,
Quand Iris lança le tison.
Allongeant un grand col d'oison,
Proféra ces mêmes paroles :
« N'êtes-vous pas de grandes folles,
De croire que c'est Beroé ?
Le personnage est bien joué ;
Mais fort peu souvent je m'abuse,
Et, quoique je sois bien camuse,
Je trouve ici bien du qu'as-tu [1],
Autant que feroit nez pointu,
La Beroé gît dans sa chambre,
Souffrant du mal en chaque membre.

---

[1] Locution proverbiale, signifiant d'ordinaire : bien du sujet de demander : *Qu'avez-vous ?* et ici, dans un sens plus général : bien de quoi s'enquérir, s'inquiéter.

Outre un fort grand dévoiement,
Qui la fait jurer diablement,
De n'être pas, comme les autres,
A réciter des patenôtres,
Et *Requiescat in pace*,
Pour maître Anchise trépassé.
Pour celle-ci, la male peste !
C'est une donzelle céleste :
Son gousset sent le romarin ;
Remarquez bien son air divin,
Son visage, son encolure,
Son ton de voix et son allure. »
 Ainsi dame Pyrgo parla,
Dont, depuis, tout fort mal alla.
Cette harangue suasoire [1]
Fut d'abord difficile à croire :
Les biens promis par le destin
Dans le joli pays Latin
Les rendoient un peu retenues,
Et les tempêtes soutenues
Ne les persuadoient pas peu
De mettre leurs vaisseaux en feu.
Elles ne savoient donc que faire ;
Mais Iris, pour finir l'affaire,
Soudain se débéroïsa,
Sa forme redivinisa,
Fit voir son arc dans une nue,
Et, de ses ailes soutenue,
Fut vue assez longtemps voler,
Puis après se perdit dans l'air.
Il n'en fallut pas davantage :
Les Troyennes, pleines de rage,
Sans faire aucun raisonnement,
Hurlant diaboliquement,
Ainsi que font les possédées,
De leur seule fureur guidées,
Au grand mépris des immortels,
Saccagèrent les quatre autels
Du vénérable dieu Neptune,
Chacune endiablée, et chacune
Et du destin et d'Æneas
Ne faisant que fort peu de cas.
Par ces femmes de feux armées
Furent aussitôt enflammées
Les pauvres galères du port ;
Le feu, courant de bord en bord,
Des cordes humides et sèches
Fait en moins de rien mille mèches,
Dévore le haut et le bas,

Gagne les voiles et les mâts
Par mille flammes qu'il envoie,
Qui se font partout claire-voie.
Bref, tout le bois, tant peint, que non,
Devint en peu de temps charbon,
Et les galères, de flottantes,
Deviennent galères ardentes.
 Eumelus courut à grands pas
Faire savoir ce piteux cas.
La nouvelle fut bientôt crue,
Car la flamme, s'étant accrue,
De bien loin paroissoit dans l'air,
Faisant étincelles voler.
Chacun courut vers le rivage ;
Ascanius eut l'avantage,
A cause de son bon coursier,
D'arriver tout le fin premier :
« O carognes que Dieu confonde
Les plus malfaisantes du monde,
Qu'on devroit assommer de coups,
Cria-t-il, que diable avez-vous
De brûler nos vaisseaux, et faire
Pis que le Grégeois adversaire,
Qui n'a brûlé que nos maisons ?
Où trouverez-vous des raisons
Pour une trahison si noire ?
Et qui jamais la pourra croire ?
Vous avez brûlé votre espoir,
Vieilles gaupes à l'esprit noir,
Qui méritez d'être bernées
Et dos et ventre bâtonnées !
En courant ici comme un fou,
J'ai pensé me rompre le cou,
Et, pour ce beau feu d'artifice,
J'ai laissé là mon exercice. »
Ayant dit tout cela d'un ton
D'aveugle qui perd son bâton,
Il jeta par terre son casque.
Æneas, courant comme un' Basque,
Arriva là tout forcené,
De ses Troyens environné.
Quand il vit de près le désordre,
Il se mit ses deux mains à mordre,
Criant : « Où sont donc ces putains ?
Où sont ces démons intestins ? »
Mais les cagnes, la chose faite,
Avoient sonné pour la retraite,
Feignant de s'en aller pisser,
Et cherchèrent, pour se musser [2].

Nous aurons ici du *qu'as-tu*.
(CHEVALIER, les *Galans ridic.*, sc. X.)

[1] Persuasive, — du latin *suasoria*.
[2] Se cacher.

Qui quelque rocher, qui quelque antre,
Donnant, et la déesse au diantre,
Et la Junon qui l'envoyoit,
Qui peut-être alors en rioit.
Elles n'en faisoient pas de même.
Comme leur rage fut extrême,
Le remords du prince offensé
Les troubla plus qu'on n'eût pensé.
Junon n'étant plus dedans elles,
Qui de ces pauvres demoiselles
Avoit rendu les esprits fous,
Elles fourrèrent dans des trous
Leurs têtes foibles les premières,
Ne montrant rien que les derrières,
Qui sont, comme on sait, moins honteux
Que les visages vergogneux [1].
Mais à des vaisseaux pleins de braise,
De quoi sert une syndérèse [2],
Puisqu'on n'y fait rien avec l'eau?
Tout y rebrûle de plus beau,
Et, malgré l'eau, les flammes vives
S'attachent aux pièces massives;
La flamme gagne pas à pas
Les endroits hauts, les endroits bas;
L'air s'obscurcit de la fumée
Qu'engendre l'étoupe allumée;
Les flancs des nefs suent un peu,
Puis aussitôt sont vus en feu,
Qui, par une fureur extrême,
Introduit son ennemi même,
Et donne une entrée en la mer
Qui fait les vaisseaux abîmer.
 Æneas, à cette misère,
S'arrache le poil, désespère
De voir ce démon intestin
Qui de ses vaisseaux fait festin,
Et qui si bien brûle et fricasse,
Que maint corps de nef est carcasse,
Et maint vaisseau, bien attelé,
C'est plus qu'un peu de bois brûlé.
Voyant que la puissance humaine
Y perd autant d'eau que de peine,
Il déchira (fou qu'il étoit)
Tout le vêtement qu'il portoit,
Et lors tout le monde eut la vue
De sa chair de longs poils pourvue.
Il fit, d'une mourante voix,
Deux grands hélas! les bras en croix,
Regardant la voûte céleste,
Puis il prononça ce qui reste :
« Jupiter, que j'aime beaucoup,
Voici bien du feu pour un coup;
Et si ce n'est pas feu de joie;
Celui qui brûla notre Troie,
A comparer à celui-ci,
N'étoit qu'un feu couci-couci.
S'il arrive qu'il vous souvienne
Tant soit peu de la gent Troyenne,
Si, parmi ce peuple abîmé,
Quelqu'un de vous est estime,
Plaise à votre Jupiterie;
Que ce soit moi, je vous en prie,
Et vous serez rémunéré
De m'avoir ainsi préféré.
En signe de la préférence,
Qu'il plaise à Votre Révérence
Sur nos pauvres nefs de pleuvoir,
Comme il en a bien le pouvoir :
A nos affaires décousues
La libéralité des nues
Viendra, ma foi, bien à propos.
De l'eau donc, de grâce, à pleins pots,
Car vous en avez à revendre,
Et vous savez bien où la prendre.
Hélas, quelquefois vous pleuvez
Toutes les eaux que vous avez,
Et plus qu'on ne vous en demande!
Quelquefois la pluie est si grande,
Alors qu'on s'en passeroit bien,
Qu'un chapeau neuf ne dure rien.
Pleuvez donc, je vous en conjure,
Et pleuvez à bonne mesure :
Jamais l'eau ne fut plus à point.
Si pour nous vous n'en avez point,
Avec votre canon céleste
Exercez-vous sur ce qui reste;
A nos vaisseaux pulvérisés
Joignez des corps fulgurisés,
Ou bien, si vous me voulez croire,
Donnez à nos vaisseaux à boire :
C'est ne les obliger pas peu,
Car ils ont le corps tout en feu;
Ou bien, pour me réduire en poudre,
Encore un coup jouez du foudre. »
 Aussitôt qu'Æneas eut dit,
Un déluge d'eau descendit;

---

[1] Allusion à la manière dont on dit que les autruches se cachent, pour échapper à la poursuite des chasseurs, se figurant qu'on ne les voit plus, du moment qu'elles ne voient plus elles-mêmes.
[2] Un remords.

Jmais on ne vit telle ondée :
Une rivière débordée
N'eût pas plus humecté les naus [1]
Que firent du ciel les canaux.
On craignit de périr par pluie.
Æneas quasi s'en ennuie,
Quoiqu'un peu devant, pour l'avoir,
Il eût donné tout son avoir.
Je passe les hardes mouillées,
Les robes de crotte souillées,
Les chemins devenus ruisseaux,
Pour vous dire que les vaisseaux,
A mesure qu'ils s'humectèrent,
A l'aide de l'eau résistèrent
Au feu, qui l'eau si fort craignit,
Qu'il s'enfuit ou qu'il s'éteignit.
De ces galères enflammées,
Fors quatre déjà consommées,
Tout le reste qui demeura
Facilement se répara.
Pour la flamme ainsi déconfite,
Maître Æneas ne fut pas quitte
Du chagrin que lui fait avoir
L'incertitude de savoir
S'il doit se mettre encore en course,
Pour trouver à ses maux ressource,
Et, pour obéir au Destin,
Apprendre à bien parler Latin ;
Ou si, dans l'île de Sicile,
Il choisira son domicile.
Cet embarras terriblement
Lui trouble tout l'entendement.
Nautès, de qui dame Minerve
Met souvent la cervelle en verve,
Grand débrouilleur d'un cas obscur,
Et grand devineur du futur,
Et qui par-dessus l'interprète
Tenoit tant soit peu du poëte,
Lui dit alors, tranchant le mot :
« Æneas, vous êtes un sot ;
Il faut aller brusquer fortune,
Et, si pour nous elle a rancune,
Il faut la vaincre en endurant.
Les Dieux feront le demeurant.
Vous avez du conseil de reste
En votre bon compère Aceste ;
Consultez-le amiablement :
Il vous dira sincèrement
Tout ce que là-dessus il pense,
Comme un homme de conscience.
Parlez-lui donc sans différer,
Et vous amuser à pleure .
Pour moi, si vous me voulez croire,
Je ferois faire un beau mémoire
De ceux qui ne sont bons à rien ;
Et, retenant les gens de bien,
Je ferois bâtir une ville
En quelque canton de Sicile,
Où je laisserois les truands
Et tous les esprits remuans
Qui ne sont bons qu'à ne rien faire,
Obéir mal et toujours braire ;
Les enfans, les femmes sans dents,
Les malades, les vieilles gens,
Bref, toutes personnes oiseuses,
Ainsi que des brebis galeuses.
Le cher Acestes régira
La canaille qu'on laissera :
Une ville Aceste nommée,
De bonnes murailles fermée,
Sera désormais le taudis
De ces fainéans engourdis ;
Et pour vous, brave fils d'Anchise,
De tous ceux qui seront de mise,
Qui sauront des mieux fourrager,
Les villageois faire enrager,
Piller maisons, brûler villages,
Faire sermens de tous étages,
De ceux-là, dis-je, vous serez
Le chef, et vous les mènerez
Guerroyer les peuples du Tibre,
Rivière de petit calibre,
Mais qui lorgnera de travers
Tous les fleuves de l'univers,
Et sur eux, et sur leurs nacelles,
Aura droit d'imposer gabelles,
Et de les traiter de ruisseaux,
Quoique portant de grands bateaux. »
 Là finit le maître prophète,
Un flegme entrant en sa luette,
L'empêchant de continuer,
Et le faisant éternuer ;
Mais, pour tout cela, maître Énée
Se tourmente en âme damnée,
Et n'en a pas moins d'embarras.
Il se mit en ses sales draps
Lorsque la nuit, la claire brune,
Pour bien faire honneur à la lune,
Du ciel son père avoit chassé :
L'esprit donc bien embarrassé,
Et se repaissant de chimères,
Anchise, le meilleur des pères,

[1] Navires.

Le vint voir en habit décent,
Car, son brave fils connoissant
Et sachant bien que le fantôme
Lui causoit aisément symptôme [1],
Et qu'outre les rats et souris
Il craignoit bien fort les esprits,
Et que lors, étant d'humeur sombre,
S'il fût venu fait comme une ombre,
Et, contrefaisant le hibou,
Æneas fût devenu fou ;
Au sortir de la cheminée,
Il dit : « Dieu vous gard', maître Énée ! »
Énée en son lit s'enfonça,
Où de frayeur même il pissa,
Comme en vision repentine
Ordinairement on urine.
Anchise lui cria : « Tout beau,
Æneas, retenez votre eau,
Et tordez bien votre chemise.
Je suis votre bon père Anchise ;
Pour vous avoir trop bien traité,
Je vous ai fait enfant gâté,
Jupiter, qui, par un orage,
A fini du feu le ravage,
M'a soigneusement envoyé
Pour, dans votre esprit dévoyé,
Remettre toute chose en ordre.
On ne sauroit trouver à mordre
Sur ce que Nautès vous a dit ;
A son conseil donnez crédit :
C'est un conseil très-salutaire.
Ceux qui sauront bien dire et faire
Aillent avecque vous chercher
Les lieux où vous devez nicher.
Sur les bords bienheureux du Tibre
Vous trouverez un peuple libre,
Et qui fronde en diable et demi
Quand il lui vient quelque ennemi.
Mais, devant qu'aller à la guerre,
Il vous faut aller dessous terre
Visiter le royaume noir,
De messer Pluton le manoir :
Là, vous verrez votre bon père
Qui vous fera fort bonne chere,
Car je ne suis pas un damné
De mille feux environné ;
Mais dans les beaux champs Élysées,
Où les âmes canonisées
Passent le temps fort plaisamment,
Je tiens un bel appartement.
En ces lieux madame Sibylle,

Que chacun croit comme Évangile,
Vous mènera droit comme un fil.
Lors j'exercerai mon babil
Sur votre généalogie,
Que je sais par cœur sans magie.
Mais une ombre ne peut tenir
Contre le jour qui va venir ;
Le soleil levant qui me lorgne,
M'a rendu quasi d'un œil borgne :
Devant que l'autre en ait autant,
Je me retire en clignotant. »
Lors se perdit madame l'ombre
Dedans l'air encore un peu sombre ;
Æneas, avec grand effroi,
S'écria : « Que l'on vienne à moi ! »
Puis, sa frayeur étant passée
Et sa hongreline endossée,
Il dit (mais il n'étoit plus temps) :
« Mon cher père, je vous attends
Revenez, je vous en conjure !
Ah ! vous avez l'âme bien dure
De me visiter pour si peu. »
Puis, voulant allumer du feu
Qu'il avoit caché sous la cendre,
Le bon seigneur, au lieu de prendre
Les pincettes comme il devoit,
Il se brûla le maître doigt,
Et s'écria, tout en colère :
« Malepeste du chien de père,
Et qui me l'a donc ramené ?
Au grand diable soit-il donné ! »
Mais aussitôt le bon Énée,
Comme il étoit âme bien née,
Du blasphème se repentit
Et grande douleur en sentit.
Il tira de son escarcelle
Un gros d'encens mâle ou femelle,
Puis escrima de l'encensoir ;
Mais par malheur il fit tout choir,
Et remplit sa chambre de braise,
Ayant donné contre une chaise.
Puis après, au sel et à l'eau,
Il fit lors le premier tourteau,
Qu'on nomma depuis tallemouse [2],
Ainsi que pédans plus de douze
Ont écrit, je ne sais comment,
En un certain petit comment.
Cette offrande fut présentée
A Vesta, déesse édentée,
Car elle a bien quatre mille ans,
Ou cinq mille, si je ne mens.

[1] Dans le sens d'accident, de révolution.
[2] Pâtisserie faite de fromages, œufs et beurre.

Ayant ainsi fait son offrande,
Et chanté certaine légende,
Il chercha ses gens à grands pas,
Qui d'abord ne le crurent pas ;
Mais, quand un homme d'honneur jure,
Il faut avoir l'âme bien dure
Pour ne croire pas son serment,
Ne fût-ce que par compliment :
Ils le crurent donc, comme Aceste,
Que la volonté manifeste
Des grands dieux rendit si soumis,
Qu'il promit tout à ses amis.
Sans s'amuser à la moutarde,
Le bon maître Æneas n'eut garde
De laisser ses gens refroidir ;
Il fit les fainéans choisir,
Les dames et les inutiles,
A qui la demeure des villes
Plaisoit plus que celle des nefs,
Des tentes, pavillons et trefs [1] ;
Enfin, ceux qui font bonne chère
Se plaisoient fort à ne rien faire.
Il retint avec lui les gens
Qu'il connut être diligens,
Durs au travail, duits [2] à combattre,
Dont un seul en eût battu quatre,
Petits en nombre, mais d'un cœur
Grand et de tous périls vainqueur.
Puis les nefs furent réparées,
De nouveaux taffetas parées,
De neufs avirons et de mâts,
Bref, refaites de haut en bas.
Æneas, gentil personnage,
Qui savoit jusqu'à l'arpentage,
Et qui, quand il ne l'eût pas su,
En eût tout le secret conçu
Bientôt, telle étoit sa mémoire,
Que moi-même j'ai peine à croire,
Tous les départements marqua,
Deux bœufs traînant un soc piqua
(Cela veut dire une charrue),
Désigna mainte place et rue,
Place à vendre, place à louer,
Un ample tripot pour jouer,
Place à part pour les concubines,
Et de fort superbes latrines.

Acestes, tout encouragé
De se voir en prince érigé,
Fit des lois bonnes ou mauvaises,
Et créa des porteurs de chaises [3] ;
Et puis sur le mont Éricin,
A Vénus, céleste putain,
On fit un temple magnifique,
Moitié moëllon, et moitié brique ;
Et pour Anchise au tombeau mis,
Un brave prêtre fut commis,
Pour psalmodier et pour faire
Brûler sans cesse un luminaire,
Outre un bois qu'on sanctifia,
Qu'au même Anchise on dédia.
Æneas se mit en débauche :
Tables à droit, tables à gauche,
Neuf jours durant on festina,
Et les autels on couronna.
Lors la mer eut la face gaie,
Le vent Auster qui la balaie,
Se reposant sans dire mot,
Et sans enfler le moindre flot.
  Comme il n'est bonne compagnie
Qui ne soit enfin désunie,
Il fallut au départ songer,
Et lors ce fut pour enrager.
Toute cette troupe effarée,
Qui, devant, craignoit la marée,
Ces rôtisseuses de vaisseaux,
Pleurèrent alors comme veaux
(Je devois dire comme vaches).
Les fainéans et les gavaches,
Voyant qu'on les laissoit ainsi,
Vouloient monter en mer aussi.
Énée avec douces paroles,
Y mêlant quelques paraboles,
Parfois se mettoit à pleurer,
Puis rioit pour les assurer.
Les bonnes gens, pour lui complaire,
Faisoient comme ils lui voyoient faire,
Tantôt rioient, tantôt pleuroient,
Sans savoir ce qu'ils désiroient ;
Énée, en sa sagesse extrême,
Ne le savoit pas bien lui-même.
Enfin tous ces gémissemens
Finirent par embrassemens,

---

[1] Ce mot, qui venait de *trabs*, signifiait *poutre*, et aussi *voile* ou même *tente*. Au temps de Scarron, il était déjà vieux.

[2] Propres, convenables.

[3] Un des véhicules les plus usités au dix-septième siècle, surtout parmi les gens du bel air, était la chaise à porteurs. L'usage en avait été introduit par la reine Marguerite. La chaise à porteurs était alors découverte, et il en fut ainsi jusque vers le milieu du dix-septième siècle.

Et « Serviteur, » et « Moi le vôtre, »
Qui se firent de part et d'autre.
Acestes promit qu'il auroit
Grand soin de ceux qu'on laisseroit.
On fit égorger quelques bêtes,
Une brebis pour les tempêtes,
Et pour Érix le Fier-à-bras,
Trois veaux qui n'étoient pas trop gras.
On fit embarquer tout le monde,
On tira les ancres de l'onde.
Quand un chacun fut embarqué,
Æneas s'étant colloqué
A la prouc, assis à son aise,
Sur une malle, au lieu de chaise,
De verte olive couronné,
Un pot de vin lui fut donné,
Qu'il versa dans les eaux salées ;
Des quatre bêtes immolées,
Les entrailles il répandit
Dans l'eau, qui point ne les rendit,
Et qui sans doute en fit curée
Aux braves filles de Nérée.
A peine avoit-il achevé,
Qu'un petit vent s'étant levé,
Les rames d'un temps se haussèrent,
Dans l'eau de la mer se saucèrent,
Et, se sauçant et dessauçant,
Le rivage allèrent laissant,
D'où les yeux longtemps les suivirent,
Et maints bonnes gens les bénirent.

   Lors Vénus, songeant à son fait,
S'ajusta de maint attifet,
Et s'en alla trouver Neptune
En une heure fort opportune,
Car rien alors il ne faisoit,
Et tout bonnement s'amusoit,
La mer étant calme pour l'heure,
Faute d'amusoire meilleure,
A faire en mer des ricochets.
Un triton avec des crochets,
Et quelquefois avec ses pattes,
Lui défroquoit des pierres plates,
D'un rocher assis près de là,
Qui ne servoit rien qu'à cela.
Voyant la céleste carogne,
Il abandonna sa besogne,
Et reboutonna son pourpoint.
« Mon Dieu, ne vous détournez point
De cet agréable exercice, »
Dit des gouges l'impératrice,
D'un ton de voix doux comme un luth.

Après un gracieux salut,
Ainsi parla le roi de l'onde :
« Je ne saurois pas bien mon monde,
Et je manquerois d'entre-gent[1],
Quand je recevrois de l'argent,
Si je ne laissois mon ouvrage
Lorsque dame de mon lignage,
Et que j'aime d'affection
M'honore de sa vision.
Quel bon vent ici vous amène ?
— De Junon l'implacable haine,
Lui dit-elle, qui depuis peu
A mis toute la flotte en feu
De mon fils, et dans sa boutade,
De mon fils même eût fait grillade,
S'il n'était homme à quereller
Quiconque le voudroit brûler.
Chacun en notre cour céleste
La hait et fuit comme la peste,
Et, si Jupiter faisoit bien,
Il l'étrilleroit comme un chien ;
Aussi bien ce n'est qu'une chienne.
Le sac de la ville Troyenne,
Le temps qui remédie à tout,
N'a point mis sa rancune à bout :
Des lois du Sort la dame fière
Se torche souvent le derrière ;
Mais, hélas ! vous la connoissez,
Ses faits la découvrent assez.
L'autre jour, dans la mer Libyque,
Ce bon corps à faire relique
Des vents contre nous se servit ;
Mais Votre Altesse, qui le vit,
Sans savon lava bien les têtes
De ces exciteurs de tempêtes,
Et renvoya ces souffle-en-cus
Aussi penauts que des cocus,
Qui de leurs femmes éventées,
Dans les lettres interceptées,
Trouvent, en termes non obscurs,
Qu'ils ont les angles du front durs.
N'ayant rien fait par la tempête,
Elle a voulu, la male bête,
Achever la flotte par feu ;
Et vraiment s'en a fallu peu,
Si son mari, par une oudée,
Fâché que la dévergondée
Nous vînt ainsi persécuter,
N'eût fait le dessein avorter.
Sa haine étant si manifeste,
Au peu de vaisseaux qui nous reste

---

[1] D'adresse, de convenance.

Malgré son injuste courroux,
Accordez un temps calme et doux,
Et faites que sur votre empire
Règne seulement le zéphyre ;
Et pour les fougueux Aquilons,
Chassez-les-moi comme frelons,
De qui les mauvaises haleines
Causent mille morts inhumaines
Et tant de gens ont déconfits.
En un mot, faites que mon fils,
Sans qu'aucun malheur le poursuive
Sain et sauf sur le Tibre arrive ;
Et mémoire, à proportion
De si grande obligation,
Je garderai, foi de déesse.
— Vous êtes sur la mer maîtresse,
Dit Neptune, avecque raison ;
C'est votre première maison :
Comme en étant originaire
Vous y pouvez tout dire, et faire.
J'ai souvent traité de gredins,
De séditieux, de badins,
Les vents dont vous craignez l'haleine ;
Ne vous en mettez point en peine,
J'aurai soin de votre fanfan,
Comme une biche de son faon.
J'atteste et Simoïs et Xanthe,
Alors que la dextre vaillante
D'Achille fit, dessus leurs bords,
De corps vivans force corps morts :
Ce grand fanfaron d'Æacide
Fut alors si grand homicide,
Si cruel et si scandaleux,
Qu'Agamemnon en fut honteux ;
Votre fils, durant la mêlée,
A ce vaillant fils de Pélée
Ayant osé, comme un follet,
Arêter fortement le collet,
L'autre (outre la faveur céleste
Qui lors paroissoit manifeste,
Et qui le rendoit tant altier,
Qu'il ne faisoit point de quartier)
Ayant un notable avantage,
Quoique égaux peut-être en courage,
Comme il alloit exterminer
Votre Æneas, pour détourner
Ce malheur, qui vous eût gâtée,
Ayant une nue empruntée,
Je sus à propos le cacher ;
Et lors Achille eut beau chercher,
Il n'en trouva ni vent, ni voie,
Et pourtant, en ce temps-là, Troie
M'étoit un pays odieux,

Mais je le fis pour vos beaux yeux,
Et je ferois bien davantage.
Maître Æneas aura passage,
Et pour entrer et pour sortir
Dans l'Enfer, sans y rien pâtir.
Il faudra, perdu dans un gouffre,
Qu'un seul pour tous les autres souffre
Que vainement on cherchera ;
Un seul pour plusieurs payera.
Mais que votre Altesse divine
N'en fasse pas plus maigre mine,
Et n'en ait pas l'esprit fâché :
C'est être quitte à bon marché. »
　Ayant par si belle promesse
Remis l'esprit de sa déesse,
A son char gisant près de là
Le bon roi des flots attela,
Non des dauphins comme l'on pense,
Mais, selon toute vraisemblance,
Deux hippopotames dressés,
De qui les crins étoient tressés ;
Et puis sur la campagne humide
Poussa son char à toute bride.
Sitôt qu'il parut sur la mer,
Ce fut aux flots de se calmer,
Tous les vents plièrent bagage,
De même que fit tout nuage ;
Enfin en mer tout fut changé.
Le bon seigneur fut cortégé
De maints monstres à face fière,
Qui sortirent, tête première,
A chevauchons sur marsouins.
Jamais on ne vit tels grouins,
Ni de plus étranges visages :
Des baleines de tous corsages,
Seringuant de larges ruisseaux
Par les canons de leurs museaux,
Marchoient en fort belle ordonnance,
Et gardant bonne contenance ;
Glauque, en tête de son troupeau,
En coquille, au lieu de bateau,
Enflant et l'une et l'autre joue,
D'une conque marine joue ;
L'héritier d'Ino, Palemon,
Chevauchoit un fort beau saumon ;
Six grosses huîtres à l'écaille,
En un char couvert de rocaille,
Traînoient un ancien Triton
Qui donnoit aux autres le ton
D'une coquille recourbée :
Sa face étoit toute plombée
Du trop grand effort qu'il faisoit.
Phorque un escadron conduisoit,

Monté sur dauphins dont la queue
Se retroussoit sur l'onde bleue ;
Thétis à la main gauche étoit,
Qu'une grosse sole portoit.
Dame Mélite étoit juchée
Sur une raie enharnachée ;
Et Panopée, en un traîneau
Tiré par un gros maquereau,
Paroissoit en vraie épousée.
Un esturgeon portoit Nésée ;
Un évêque-marin [1], Spio,
Et Thalie, une poule d'eau,
Et Cymodocé la dernière
Montoit un oiseau de rivière :
Telle fut la procession
De l'aquatique nation.
Æneas, voyant la bonace,
Fit une certaine grimace
Qu'il faisoit ordinairement
Quand il avoit contentement
De quelque affaire bien douteuse.
La flotte ne fut pas oiseuse
A profiter du temps serein ;
Les vaisseaux allèrent beau train.
Quand on eut donné tous les voiles,
Le vent, s'engouffrant dans les toiles,
Donne le loisir aux forçats
De reposer leurs membres las.
Palinurus, le bon pilote,
Vogue à la tête de la flotte ;
S'il tourne à gauche, ou bien à droit,
Chacun le suit, chacun le croit,
A cause qu'il joint la science
A plusieurs ans d'expérience.
Le temps ainsi tout radouci
Des vaisseaux chassoit le souci.
De la vénérable chiorme,
Il n'est personne qui ne dorme :
Couchés de leur long sur les bancs,
Ils donnent relâche à leurs flancs,
Dont ils ont la santé troublée
Par la secousse redoublée ;
Et puis l'excès de travailler
Aide fort à bien sommeiller.
Tandis que chacun dort et ronfle,
Que le vent tous les voiles gonfle,
Et que les pilotes pour tous
Exercent leurs yeux de hibous,
Un Dieu léger comme une plume,

Qui dort aussi fort qu'une enclume,
Le Sommeil, qui ressemble fort
A sa sœur Madame la Mort,
Qui craint le jour et les chandelles,
Et ne fait nul bruit de ses ailes,
Qui fait quelquefois prou [2] de bien,
Mais ici qui ne valut rien,
En fit un tour de méchant homme ;
Ce Dieu, dispensateur du somme,
Vint, depuis le haut jusqu'en bas
Ressemblant à certain Phorbas,
Faire pièce au bon Palinure.
Sous cette traîtresse figure,
Le bon pilote il approcha,
Et ce discours lui décocha,
D'une langue aussi dangereuse
Que d'une bête venimeuse :
« Vous dormiriez bien un petit,
Vous en avez bon appétit,
Dites-moi le vrai, Palinure.
Tandis que la bonace dure,
Donnez-vous un peu de sommeil ;
J'aurai jusqu'à votre réveil
Soin qu'aucun désordre n'arrive.
— Quelque ignorant votre avis suive,
Pour moi, je ne le suivrai pas,
Ce dit-il au fourbe Phorbas,
Ayant peine à lever sa tête ;
Car alors cette male bête
Le sollicitoit grandement
De dormir un petit moment.
Vous n'avez pas trouvé votre homme,
De croire que je fasse un somme,
Et que je me laisse attraper
Au temps qui ne fait que tromper.
Et que diroit messire Énée,
Qui m'a sa flotte abandonnée,
Si je dormois comme un pourceau
Près de la mort dans un vaisseau ?
Chien échaudé craint la cuisine
Ainsi que je fais la marine. »
Finissant son petit sermon,
Il ne quitta point le timon.
Le Sommeil, voyant à sa mine
Qu'il avoit éventé la mine,
Et que contre un si fin niais
Il falloit un autre biais,
Avec un certain dormitoire
De couleur blanche, grise ou noire

---

[1] L'évêque-marin ou le poisson-évêque est un poisson qu'on dit avoir la figure humaine avec une tête mitrée. On peut lire, dans la *Grande Chronique des Pays-Bas*, de curieux et fantastiques détails sur un évêque-marin pêché au delà de la Pologne, en 1433.

[2] Assez, beaucoup ; ne s'est conservé que dans la locution *peu ou prou*.

(Car on ne l'a jamais bien su),
Il frotta sans être aperçu,
Les tempes du pauvre pilote,
Qui, sans plus songer à la flotte,
Tomba, dormant comme un pourceau,
Tout à plat dessus son vaisseau,
Et le Sommeil impitoyable
Saisit au corps le misérable,
Et précipita, chef premier,
Le timon et le timonnier.
Il cria faisant la cascade :
« A moi Phorbas, cher camarade ! »
Mais le Sommeil se déphorba,
Alors que son homme tomba,
Et, voyant qu'il faut qu'il se noie,
A moins de nager comme une oie,
Se mit à rire comme un fou
Le laissant boire tout son soûl.
Après l'action meurtrière,
Ce bon Dieu, qui ne valoit guère,
Sans faire de bruit, secouant
Ses deux ailes de chat-huant,
Se perdit dedans les ténèbres,
Où quantité d'oiseaux funèbres,
Qui le suivent partout en corps,
L'attendoient comme des recors,
   La nef, ainsi dépatronnée,
Et mêmement détimonnée,
Ne laissa pas d'aller son train,
A cause que le temps serein
Promis par le père Neptune
La sauvoit de toute fortune.
Certain vent pourtant qui régnoit,
Dans des écueils que l'on craignoit,
Fort renommés par les Sirènes,
Dont l'on conte mille fredaines,
La portoit petit à petit,
Quand messire Æneas sentit,
Ou que son pilote étoit ivre,
Ou qu'il avoit cessé de vivre,
Et, si Dieu n'y mettoit la main,

Qu'il étoit en mauvais chemin
Il s'en alla, le cœur en glace,
Chercher Palinure en sa place :
Il vit, ô regrets superflus !
Que Palinure n'étoit plus,
Et que lui, Monseigneur son maître,
S'en alloit aussi cesser d'être.
Ses vaisseaux voguaient à tâtons,
Ainsi qu'aveugles sans bâtons ;
Et la périclitante flotte
S'en alloit faire de la sotte,
Et se fracasser à travers
De force écueils des flots couverts.
Déjà le murmure de l'onde,
En ce lieu-là qui toujours gronde
(Un très-insupportable bruit,
A ceux qui naviguent de nuit),
Le rendoit pâle comme un linge,
Le front ridé comme un vieil singe ;
Pèlerinages il voua :
Je ne sais pas s'il les paya,
Mais en une affaire mauvaise,
Ainsi que l'or en la fournaise,
C'est alors que le bon Seigneur
Se montroit homme de valeur.
Sa nef ainsi détimonnée
Fut par lui si bien gouvernée,
Et le Seigneur fut tant adroit,
Tournant à gauche, ou bien à droit,
Qu'éloignant le mauvais passage,
Si commode à faire naufrage,
Il s'élargit en pleine mer,
Non sans un regret bien amer
De la perte de son pilote.
Incessamment il en sanglote,
Criant : « Hélas ! mon cher ami !
Pour avoir un peu trop dormi,
Vous allez servir de repue
A quelque turbot ou barbue,
Ou sur quelque bord inconnu
Vous serez exposé tout nu. »

A MONSIEUR ET MADAME

LE COMTE ET LA COMTESSE DE FIESQUE [1]

MONSIEUR ET MADAME,

Vous m'aviez promis un petit chien [2], vous ne me l'avez pas donné: je vous avois promis de vous dédier un livre de Virgile, je vous en dédie un. Voilà tout ce que j'ai à vous dire. Je suis,
MONSIEUR ET MADAME,

Votre très-humble et très-obéissant
serviteur,
SCARRON.

[1] Charles-Léon, comte de Fiesque (fils de François de Fiesque, comte de Lavagne et de Bressuire, tué au siége de Montauban en 1621), avait épousé, en 1643, Gillonne de Harcourt, veuve de Louis de Brouilly, marquis de Piennes, et fille de Jacques de Harcourt, marquis de Beuvron. Charles-Léon appartenait à l'illustre maison génoise, célèbre par la conspiration de Jean-Louis. Ses ancêtres étaient venus s'établir en France. Les deux nobles époux étaient liés avec le poëte burlesque, qui a plusieurs fois adressé des vers et des lettres à la comtesse, une entre autres, en faveur de mademoiselle Céleste de Palaiseau, qu'il avait aimée dans sa jeunesse, et qui, s'étant faite religieuse, se trouvait réduite à la misère par suite de la ruine de son couvent.

[2] Il y a, dans les œuvres de Scarron, une *Épître à madame la comtesse de Fiesque, pour avoir une chienne qu'elle lui avait promise*. Cette épître est datée de

> L'an que le sieur de Benserade
> N'alla point en son ambassade.

Ainsi la promesse et l'attente du poëte remontaient déjà haut, mais Scarron avait la mémoire longue. Il demandait de tout; on lui envoyait de tout : de l'argent, des livres, une voiture, des pâtés, des chapons, des fromages, etc., et il acceptait tout avec une reconnaissance qui se manifestait par d'amples remercîments. Il serait beaucoup trop long de citer toutes les pièces à l'appui ; on les trouvera à chaque page du recueil de ses Œuvres burlesques.

LE
VIRGILE TRAVESTI

LIVRE SIXIÈME

Ainsi maître Æneas parla.
Cependant sa bouche exhala
Maint soupir, et de sa paupière
Sortit de pleurs une rivière
Qui se sépara sur sa peau
En quinze ou seize gouttes d'eau.
Les navires par lui guidées,
Des vents favorables aidées,
A la fin vinrent à bon port
Ancrer sur l'Euboïque port.
Les vaisseaux l'un auprès de l'autre,
Comme des grains de patenôtre [1],
S'arrangèrent également.
Chaque navire en un moment
Devers la mer tourna sa proue,
Comme pour lui faire la moue
De s'être encore un coup tiré
Des flots sans être dévoré.
Les ancres en mer dévalèrent
Et leurs becs pointus accrochèrent.

Le rivage parut paré
De mainte poupe au bois doré.
Quitter les vaisseaux, prendre terre
Aller à la petite guerre,
Ce ne fut quasi que tout un,
Fors quelques preneurs de petun
Qui s'amusèrent sur la rive
A vider un peu de salive,
Non sans vider quelque baril.
Les uns battirent le fusil,
Les autres en terre avancèrent,
Virent des bêtes, en chassèrent
Si ce qu'ils coururent fut pris,
C'est ce que je n'ai pas appris
Et ce qui n'importe guères.
Ceux qui trouvèrent des rivières
En vinrent faire le rapport.
  Cependant Æneas le fort
(Maron dit pieux, mais la rime
M'est une excuse légitime),

---

[1] *Patenôtre*, outre son sens habituel de *prière*, a encore quelquefois celui de *chapelet*, *rosaire*.

Æneas donc, fort ou pieux,
Si tant est que vous l'aimiez mieux,
Alla voir d'Apollon le temple,
Autant pour donner bon exemple
Que pour tirer les vers du nez
(Suivant les bons avis donnés
Par son révérend père Anchise)
De la sibylle tête grise,
Qui, depuis deux cents et tant d'ans,
Ne savoit que c'étoit que dents ;
Apollon, son maître d'école,
S'ébattoit à la rendre folle,
Et lors il n'y faisoit pas bon,
Car lors la méchante guenon,
La diseuse de logogriphes,
Rouloit ses yeux, montroit ses griffes,
Hors de terre en l'air s'élevoit,
Disant tout ce qu'elle savoit,
Que l'on croyoit comme Évangile.
Voilà quelle étoit la sibylle
Que maître Æneas alla voir,
Puisque vous le voulez savoir.
D'abord le temple magnifique
Exerça fort la rhétorique
Tant des Troyens que du Seigneur,
Quoique d'ailleurs homme d'honneur,
Un des plus grands parleurs du monde.
Nation dont la terre abonde,
La plupart grands diseurs de rien [1],
Au grand malheur des gens de bien.
Ce temple étoit pour sa peinture
Aussi beau que pour sa structure,
Et n'avoit pas été bâti
Par quelque petit apprenti,
Ou par quelque maçon de balle ;
Mais par l'ingénieux Dédale,
Qui, de peur du tyran Minos,
S'étant appliqué sur le dos
Une paire d'ailes bien faite,
Avoit ainsi fait sa retraite,
Faisant bien peur, chemin faisant,
A maint oiseau qui, l'avisant
Quatre ou cinq fois gros comme une oie,
Le prenoit pour oiseau de proie.
Enfin, si bien emplumaché,
Ayant dans l'air longtemps haché [2],
Il vint, charrié sur ses plumes,
Se hucher sur la terre de Cumes,

Non sans grande admiration
De toute cette nation.
A maître Apollon, par hommage
Il fit présent de son plumage ;
Et puis, charpentier et maçon,
Un beau temple de sa façon.
Sans m'amuser à le décrire,
Car sa beauté s'en va sans dire,
Et jamais auteur bien sensé
N'a fait temple rapetassé,
Mais toujours temple magnifique.
De marbre plutôt que de brique ;
Ce beau temple donc, qui sera
Superbe autant qu'il vous plaira,
Étoit bien peint, sur son portique,
A huile, à fresque, ou mosaïque,
Et ces tableaux représentoient
Les Athéniens qui battoient
Rudement le prince Androgée,
Dont son Altesse, surchargée
De trop de coups et trop pesans,
Avoit fini ses jeunes ans.
Minos étoit là, dont la mine
D'homme qui rend sa médecine
Faisoit, au peuple meurtrier,
Peur de n'avoir point de quartier.
Puis on voyoit le peuple Attique,
Du viol de la foi publique
Qui se repentoit, mais trop tard,
Contraint de tirer au hasard
(Ou bien au sort, si mieux on l'aime,
Car ce n'est qu'une chose même),
Ils tiroient donc en grand souci,
Minos le commandant ainsi,
Au sort les mâles et femelles,
Autant les beaux comme les belles,
Les magots comme les guenons,
Selon que se trouvoient leurs noms :
Ceux qui ne rencontroient pas chance
S'en alloient servir de pitance
Au fils de la femme à Minos,
Qui les rongeoit jusques aux os.
Vis-à-vis, l'île de Candie,
Pointe de cette main hardie,
En pleine mer se faisoit voir :
Celle qui, contre le devoir
D'une reine, femme bien sage,
Eut d'un taureau le pucelage,

---

[1] Scarron revient souvent, en particulier dans son *Roman comique*, sur les grands parleurs et les diseurs de riens, quelquefois en termes analogues à ceux qu'il emploie ici. (Voyez *Rom. com.*, II, ch. VIII.)

[2] Volé (*Trésor* de Borel). Ce mot n'est pas, en ce sens, dans Furetière.

Étoit là peinte, et son taureau,
Et monsieur son fils, homme veau,
Prince du côté de sa mère,
Mais vilain du côté du père,
D'un grand coquin de bœuf issu,
De qui l'on n'a jamais bien su
Ni la maison ni l'origine ;
Mais son fils, par sa bonne mine,
A la femme de Minos plut,
Il voulut ce qu'elle voulut,
Et, par le moyen de Dédale,
Encorna la maison royale:
Je ne vous dirai point comment,
Car je confesse ingénument
Que j'ai la face toute rouge
Du fait de cette reine gouge,
Et Maron, sauf correction,
En a fait trop de mention.
Tu serois aussi, pauvre Icare,
Placé dans cet ouvrage rare,
Si ton père, songeant à toi,
N'eût laissé tomber hors de soi
Et les pinceaux et la peinture.
Piteuse fut ton aventure,
Et ta cire, qui se fondit,
Mauvais office te rendit.
 Maître Æneas sur cet ouvrage
Se fût amusé davantage,
Car il s'amusoit volontiers
Et passoit les jours tout entiers
A faire des châteaux de cartes,
A coller de vieilles pancartes
Dont il formoit de grands dragons
Retenus par des cordeaux longs
Qu'il laissoit aller dans les nues,
Et que l'on prenoit pour des grues :
Enfin il étoit vétilleur,
Ce tant renommé batailleur,
Et souvent feu son père Anchise,
Lui faisant une mine grise,
Avoit prédit, tranchant le mot,
Qu'il ne seroit jamais qu'un sot ;
Mais il se trompa, le bonhomme,
Car ce grand fondateur de Rome,
Au moins celui dont sont sortis
De la louve les deux petits,
Qui de louveteaux se rendirent
Rois des Latins qu'ils asservirent,
Ce fondateur de Rome donc
Fut grand homme s'il en fut onc.
Or je vous ai dit tout à l'heure
Qu'il eût fait plus longue demeure
A considérer les tableaux ;

Ses gens, la plupart jeunes veaux,
S'amusoient, ainsi que leur sire,
A les regarder sans mot dire,
Quand maître Achates arriva,
Qui, par vives raisons, prouva
Que c'étoit acte de caillettes
De regarder marionnettes
Lorsque le temps presse, et qu'il faut
Battre le fer quand il est chaud.
Puis la prêtresse Déiphobe,
De peur de choir troussant sa robe,
Vint dire au beau fils de Vénus
Des mots que j'ai bien retenus :
« O Monsieur le Baron des sages,
Ce n'est pas parmi des images
Qu'on trouve un royaume *gratis* :
Pour contenter tels appétits,
Il faut bien une âme plus forte,
Il faut bien agir d'autre sorte.
Laissez, laissez donc ces tableaux,
Et donnez l'ordre pour huit veaux
Et huit brebis que je demande,
Pour faire pour vous une offrande. »
Aussitôt dit, aussitôt fait.
La prêtresse, en voix de fausset,
Devant la porte de l'église
Hucha les gens du fils d'Anchise.
Un antre profond, où le jour
N'entre non plus que dans un four,
Est d'une manière rustique
Taillé dans la roche Euboïque.
De ce noir antre cent conduits
Vont aboutissant à cent huis,
Par lesquels la sainte interprète,
Quand on l'interroge, caquette.
Il n'arriva pas plutôt là
Avec grand respect, que voilà
Madame l'enthousiasmée
Qui dit d'une voix enrhumée :
« Voici le temps d'interroger. »
Lors on la vit toute changer,
Et sa fureur, quoique divine,
La fit de très-mauvaise mine.
On vit le fond de ses naseaux ;
Ses deux yeux, passablement beaux,
Devinrent des yeux sans prunelle ;
Sa chevelure devint telle
Que les pointes d'un hérisson,
Et perdit son caparaçon ;
Sa face devint cacochyme,
Et son teint de pâle minime.
J'ai su, depuis deux ans en ça,
Que dessous elle elle pissa.

Sa bouche se couvrit d'écume,
Son poumon, par ce divin rhume,
Fit sa poitrine panteler.
Et soupirs sa bouche exhaler,
Qui tenoient du rot quelque chose ;
Mais sa fureur en étoit cause.
De plus on la vit à l'instant
Croître d'un pied et d'un empan,
Et sa voix fut toute changée ;
Bref, elle fut comme enragée.
Le grand Dieu, dans son corps fourré
Dans elle ayant tout altéré,
Voici ce que la forcenée
Dit au bon seigneur maître Énée :
« Æneas. fais ton oraison ;
  utrement la sainte maison
N'ouvrira pas la moindre porte. »
Lorsqu'elle eut parlé de la sorte,
Le plus hardi des assistans
Eut les membres très-palpitans,
Et fut près, forcé par sa fièvre,
De gagner les champs comme un lièvre ;
Mais pas un n'osa détaler
Entendant leur maître parler,
Voici ce que dit le beau sire
Sérieusement et sans rire :
« Phœbus. qui de notre Ilion
Pris toujours la protection.
Qui guidas la flèche mortelle
De Pâris, franche demoiselle,
Si bien qu'Æacide le fort,
Par ce mignon fut mis à mort,
Par maintes mers dont les rivages
Nourrissoient maints peuples sauvages,
Sous ta conduite j'ai couru,
Dont j'ai l'esprit un peu bourru [1] :
C'est trop courir et ne rien prendre,
Et pour rien trop longtemps attendre.
Car j'estime un peu moins que rien
Ce pays, qui, comme le chien
Qu'avoit défunt Jean de Nivelle,
S'enfuit alors que je l'appelle,
Le voici pourtant attrapé
Après s'être tant échappé ;
Mais ma foi, s'il s'échappe encore,
Fussiez-vous, grands dieux que j'honore,
Mille fois dieux plus absolus,
Je ne vous honorerai plus.

Sans y mettre beaucoup du vôtre,
Vous pouvez bien au peuple nôtre
Pardonner, et vous ferez bien,
Et l'acte sera bien chrétien.
Si votre colère sans bornes,
Pour un seul qui planta des cornes
Sur un front qui le méritoit,
Sans cesse nous persécutoit,
Le Destin, qu'on tient si grand sire,
Y trouveroit bien à redire.
Il a fait, entre vifs, un don
D'un pays plantureux et bon
A notre nation Troyenne :
Il faut bien que la chose tienne,
Ou contre la donation
Je ferois imprécation.
Lors, ô Phœbus porte-lumière !
Et toi, sa sœur l'arquebusière,
De temples richement bâtis,
Où l'on pourra prier *gratis*,
Vous serez guerdonnés au large ;
Gens bien entendus auront charge
De faire des jeux de renom,
Qui porteront votre saint nom.
Et toi, madame la Sibylle,
A tourner le sas tant habile,
J'ai pour toi des présens aussi
Qui ne sont pas couci-couci,
Mais tels, que tu seras contente,
Pourvu que contre mon attente,
Tu n'ailles d'un langage obscur
M'emmascarader le futur,
Ou bien sur des feuilles m'écrire
Les choses que tu me dois dire ;
Mais écris-les sur parchemin
En beau caractère romain,
Ou chante-les-moi comme une ode
Sur quelque beau chant à la mode.
    La Vierge, tandis qu'il prioit,
Diablement se diablifioit,
Id est valde [2] ; dans sa poitrine
Elle avoit bataille intestine
Avec son Dieu, qui de son corps
S'étant emparé des ressorts,
Lui faisoit avoir la posture
De ceux qu'on met à la torture,
Tant, afin de l'évacuer,
Ce Dieu qui la faisoit suer,

---

[1] *Bourru* avait alors un sens plus fort qu'aujourd'hui. On connaît la superstition, autrefois populaire, du moine bourru, espèce de croquemitaine qui courait les rues la nuit, tordant le cou à ceux qui se montraient sur son passage.

[2] C'est-à-dire beaucoup.

La pauvre Vierge possédée,
Frétilloit en dévergondée !
Mais ce corps si bien démené
Au dieu dans elle cantonné
Ne fera point quitter la place,
Quelques vains efforts qu'elle fasse.
Elle cède donc à son Dieu,
Et lors les cent portes du lieu,
Sans qu'aucun les ouvrît, s'ouvrirent,
Et ces paroles répondirent :
« O grand Prince, qui sur la mer
As eu maint accident amer,
Et qui t'es tiré nettes bragues¹
D'entre maintes vilaines vagues,
La terre te prépare aussi
Mainte querelle et maint souci.
La terre promise est bien sûre,
Mais tu maudiras cent fois l'heure
De t'être mis en étourdi
En cette terre que je di.
Là, de ta dague en main serrée,
Mainte taloche desserrée,
Et ton corps maintes fois haché,
Ce qui sera très-grand péché,
Te fera dire en triste mine,
Qu'il n'est point rose sans épine
Là le Tibre qui rougira,
Le Xanthe te ramentevra⁴ :
Je dis rougira, non de honte,
Car on en feroit peu de compte,
Mais de sang humain répandu,
Sorti de maint corps pourfendu.
Là des Grecs, avec un Achille
Comme le défunt plein de bile,
Favorisé d'une Junon
Qui ne te garde rien de bon,
Te susciteront des affaires
Qui ne seront pas des plus claires.
Là, réduit à très-piteux point,
Qui n'importuneras-tu point ?
Quelles nations, quelles villes,
De mœurs barbares ou civiles,
N'iras-tu, faisant le pleureux,
Et parlant d'un ton doucereux
Comme font tous les misérables,
Prier de t'être secourables ?
Et la cause de tout ce mal,
Autre femme, imbarbe animal,
Autre malheureux mariage.
Mais il faut avoir bon courage;

Malgré la fortune, un grand cœur
De ses malheurs devient vainqueur.
Tu vaincras tout par l'assistance
D'autres peuples que l'on ne pense :
Ce seront des Grecs comme ceux
Qui t'ont fait d'un grand prince un gueux. »
 Ainsi la Sibylle barbue
Finit sa harangue ambiguë,
Dont Æneas dit à ses gens :
« Maudit sois-je si je l'entends,
Et maudite soit l'édentée ! »
Cependant, tout inquiétée
(Car son Dieu fougueux la quittant
L'alloit bien fort inquiétant),
Elle hurla comme une folle.
Æneas reprit la parole :
« O vierge qui si fort hurlez,
Laissez-moi parler, ou parlez. »
Aussitôt dit, la forcenée
Fit aux yeux de monsieur Énée
Un pet, un sifflet et un saut ;
Chacun en éclata bien haut,
Et lui, n'en faisant que sourire,
Se mit tout doucement à dire :
« Je m'attends bien à tout cela
Que vous venez de dire là,
Et s'il m'arrive pis, n'importe,
Pourvu que vous fassiez en sorte
Qu'en Enfer, ce hideux manoir,
Je puisse avoir l'honneur de voir
Encore un coup monsieur mon père.
Par votre faveur je l'espère,
Car sans vous je ne voudrois pas
M'embarquer dans ces pays bas.
Mais pour voir mon bon père Anchise,
Je passerois nu en chemise
Au travers de piques et dards,
Au travers de mille soudards,
De mille donneurs d'étrivières,
Quoique je ne les aime guères,
Et que qui me les donneroit,
Bien fort me désobligeroit.
Mais je lui dois bien davantage,
Il m'a suivi, malgré son âge,
Par tous les lieux où j'ai rôdé,
Quoique bien fort incommodé
D'une hargne, et, si j'ose dire,
De quelque chose encore pire.
Il m'aima tant, ce cher papa,
Que quand le Grec nous attrapa,

---

¹ Sain et sauf.
² Te remettra en mémoire.

Je le portai sur mon échine,
Et me sauvant à la sourdine,
Je le mis en bonne santé
Hors de la ville en sauveté.
En récompense, le bonhomme
M'a suivi partout, ainsi comme
Nous voyons un fidèle chien
Suivre un maître qu'il aime bien.
Au reste, ce n'est point mensonge,
Lui-même me l'a dit en songe,
Que sans vous et votre support,
Je ne ferois qu'un vain effort,
Et qu'en la demeure enfumée
Je trouverois porte fermée.
Ayez donc, de grâce, pitié
D'une si parfaite amitié,
D'un si bon fils, d'un si bon père,
Et faites si bien, que Cerbère
Ait pour moi la civilité
Qui se doit à ma qualité,
Et, comme un mâtin de village,
N'aille pas, écumant de rage,
Exercer son triple gosier
Sur ma peau tendre comme osier.
Si pour être chantre et poète,
Et joueur de marionnette,
Orphée avec son guitaron,
A fléchi le vieillard Caron,
Et délivré son Eurydice,
Qu'un serpent fourré de malice
Avoit occis en trahison,
Je puis à plus forte raison,
Aujourd'hui que littérature
Est en fort mauvaise posture,
Espérer qu'à moi, grand Seigneur,
Sera faite même faveur,
Et que j'irai voir mon bon père.
Si Pollux l'a pu, je l'espère,
Et si Thésée aussi l'a pu,
Et le grand Alcide, ils n'ont eu,
A le prendre par le lignage,
Sur moi que fort peu d'avantage :
Comme eux je suis des dieux issu,
La belle Vénus m'a conçu,
Et je puis jurer de ma mère
Plus hardiment qu'eux de leur père. »
  Voilà ce que le Troyen dit ;
Et voici ce que répondit
La vieille toute radoucie,
Torchant ses yeux pleins de chassie :
« Enfant de Vénus tant prisé,
Le chemin d'Enfer est aisé ;
On y peut entrer quand on l'ose,
Mais d'en sortir c'est autre chose :
Peu de mortels des dieux chéris,
Bien morigénés et nourris,
Issus de divines braguettes,
En sont revenus bragues nettes.
Ces vastes pays sont couverts
De bois qui sont noirs et non verts,
Que le noir Cocyte environne,
Dont l'eau n'est ni belle, ni bonne.
Mais, nonobstant ce que je di,
Si vous êtes assez hardi
Pour vouloir la chose entreprendre,
Et dans l'Enfer deux fois descendre,
Quoique ce soit un dessein fou,
Et que se casser bras ou cou
Soit action moins téméraire
Que celle que vous voulez faire,
Voici le fidèle conseil
Qu'il vous faut suivre en cas pareil.
Un certain pommier (dont les pommes
Vaudroient bien au siècle où nous
                    [sommes
Leur pesant d'or à bon marché)
Dans un bois obscur est caché,
Où, sans une bonne lanterne,
On voit moins qu'en une caverne ;
Or ce vénérable pommier,
Qui porte un fruit si singulier.
Ne porte d'or fin qu'une branche,
Et, sitôt que quelqu'un la tranche,
Il en repousse une autre encor,
Ainsi que l'autre, de fin or.
D'Enfer la dame souveraine,
Qu'on nomme Junon souterraine,
N'aime que ces pommes de prix :
Les autres lui sont à mépris,
Fussent des pommes de reinette ;
Et, si quelque tête mal faite,
Si quelque étourdi, quelque veau,
Pensoit sans ce fatal rameau
Visiter les provinces sombres,
Il resteroit parmi les ombres,
Ayant d'abord été battu
Par le chien triplement têtu.
Sans m'importuner davantage,
Allez donc, si vous êtes sage,
Chercher ce rameau précieux.
Employez-y tous vos deux yeux,
Car, tout fin qu'on vous croit, peut-être
Ne le pourrez-vous reconnoître,
Eussiez-vous autant d'yeux qu'Argus,
Plus pénétrans et plus aigus :
Tout dépend de la destinée,

Autrement, monseigneur Énée,
Cherchassiez-vous jusqu'à demain,
Une bonne serpe à la main,
Votre serpe bien afûlée,
Ainsi comme elle étoit allée,
Reviendroit sans avoir tranché
Ce rameau d'or si bien caché.
Mais, si le destin vous l'ordonne,
Ce rameau fatal, en personne,
A vos yeux d'abord brillera,
Et votre main le cueillera,
Comme elle cueilleroit sans peine
Un petit brin de marjolaine.
Mais, au lieu de m'interroger,
Vous feriez bien mieux de songer
A mettre dans la sépulture
Un corps qui tend à pourriture,
Un de vos amis roide mort,
Et lequel put déjà bien fort :
Son âme en est inquiétée,
Et la flotte tout infectée.
Allez donc vous purifier,
Et ce grand malheur expier
Par sacrifices salutaires.
N'allez pas gâter vos affaires
Pour épargner quelques brebis,
Et quelques *ora pro nobis*.
Lors vous pourrez là-bas descendre
Sans que mal vous en puisse prendre,
Sans qu'on vous dise : Qui va là ? »
   Elle se tut, après cela.
Æneas lui tourna l'échine,
Faisant une piteuse mine,
Ayant l'esprit embarrassé
Et de cet ami trépassé,
Et du rameau dont la sibylle
Faisoit un cas si difficile ;
Puis il sortit de l'antre obscur
Fort inquiété du futur.
Je suppose que la Cumée
Fut en un instant renfermée.
Cependant, tout triste et pantois,
Il s'en alloit rongeant ses doigts ;
Achates suivoit son altesse,
Laquelle lui disoit sans cesse :
« Qui diable est donc cet homme mort,
Qui sent déjà mauvais si fort ? »
Achates lui répondit : « Sire,
Je ne vous en saurois rien dire,
Je n'en ai rien vu ni rien su. »

Là-dessus d'eux fut aperçu
Misenus, descendant d'Éole,
Couché sans voix et sans parole,
Et, qui pis est, sans vie aussi.
Æneas, le voyant ainsi
Tout prêt de devenir charogne,
Dit : « Elle a raison, la carogne,
Voilà Misenus roide mort,
Si par grand bonheur il ne dort ! »
Ce Misenus étoit trompette,
Petit homme au nez de pompette [1],
Qui ne portoit point de braguier,
Quoique les gens de ce métier
Pour sonner trop fort leurs buccines
Ayent besoin de ces machines.
Il fut le trompette autrefois
D'Hector, à dix écus par mois,
Et deux paires de bas de chausse ;
Et comme à la fin tout se hausse,
Æneas par an lui donnoit
Deux cents francs, et l'entretenoit
De souliers, bottes et bottines,
De clystères et médecines.
Au reste, ce bon trompetteur
Étoit aussi gladiateur,
Et se piquoit de bonne brette
Autant que de bonne trompette ;
Heureux s'il eût toujours bretté,
Et s'il n'eût jamais trompetté,
Car ce jour-là près du rivage,
Sur un roc chantant son ramage
Et trompettant comme un perdu,
Et faisant si fort l'entendu
Qu'aux Tritons, les divins trompettes,
Il osoit bien chanter goguettes [2]
Et les défier au combat,
Action qui sentoit le fat,
Ils laissèrent quelque temps faire
Des fanfares au téméraire,
Et puis, remplis de maltalent [3]
(Car tout Triton est violent),
Avec un grand instrument croche,
Le déguerpirent de la roche,
Et firent boire ce grand fou
Un peu plus que son chien de soûl ;
Puis, ayant fait ce beau ménage
Le remirent sur le rivage.
   Il fut donc alors question
De faire lamentation,
Et les obsèques salutaires ;

[1] Nez d'ivrogne, couvert de rubis.
[2] Chanter pouille, railler, outrager.
[3] Dépit, colère.

Toutes les choses nécessaires
Furent prêtes en moins de rien,
Car ils étoient tous gens de bien,
Et chacun sait que maître Énée,
Personne bien morigénée,
Étoit, sans faste et vanité,
Adoré pour sa charité.
Il pleura donc comme les autres,
Récita force patenôtres,
Et puis ce prince très-humain
Courut, la cognée à la main,
Dans la forêt du bois abattre.
Il en abattit plus que quatre,
Et chacun dit à haute voix :
« O le grand abatteur de bois [1] ! »
On fit maints fagots et bourrées,
Et bûches longues et carrées,
Sans oublier quelques cotrets,
Pour en faire un bûcher après,
Qui brûlât le corps de Misène,
Afin que son âme, sans peine,
Jouît, en vertu du bûcher,
Des priviléges de l'Enfer.
  Après cette cérémonie,
Æneas, en grande agonie,
Poussant mille soupirs ardens,
Disoit entre ses belles dents :
« Si ce rameau, cette merveille,
Se faisait voir à la pareille
En quelque endroit de la forêt,
Puisque si véritable elle est
La vieille dame, que Misène
S'est trouvé mort dessus l'arène,
Je me tiendrois plus fortuné
Qu'un homme veuf[2] ou qu'un aîné. »
Comme il parloit de cette sorte,
Deux pigeons, que la plume porte,
Se vinrent à lui présenter ;
De joie il se mit à sauter,
Car il les connut à leur mine
Pour être à sa mère Cyprine.
Lors il se mit à les hucher
Afin de les faire approcher,
Et, de plus, le bon sire Énée
Tira de vesce une poignée

D'une poche de boucassin [3]
Qu'il portoit à l'endroit du sein
(Chose qui passe la croyance ;
Mais telle étoit sa prévoyance,
Que jamais sans vesce il n'alloit,
Dont le bon seigneur régaloit
Les oiseaux de Vénus la belle,
Quand il étoit visité d'elle).
Mais pour vesce ni huchement
Ils n'obéirent nullement,
Quoiqu'il ajoutât ces paroles :
« Beau couple de pigeons qui voles,
Si tu voulois t'aller jucher
Où je dois la branche arracher,
Qui doit faciliter l'entrée,
Dans la ténébreuse contrée,
Où je veux, si je puis, entrer,
Quoi qu'on me puisse remontrer,
Je fonderois par chaque année,
Moi qui m'appelle maître Énée,
Cent boisseaux de vesce et de pois
Qu'on vous délivreroit par mois ;
Et vous, ô ma divine mère !
Par le secours de qui j'espère
Devenir empereur Romain,
De grâce, tenez-y la main. »
Inutile fut la promesse
De ce beau prometteur de vesce :
Les vénérables pigeonneaux,
De Vénus les sacrés oiseaux,
Sans rabattre un petit coup d'aile,
Fendirent le vent de plus belle ;
Lui se mit à doubler le pas,
Afin de ne les perdre pas.
Or, comme la couple volante
Le tenoit la gueule béante,
Tête haute et les yeux ouverts,
Il donna deux fois à travers
De deux petits monceaux de pierres,
Tellement qu'il fit deux parterres ;
Mais, aussitôt se relevant,
Il alla toujours poursuivant
Les pigeons, qui si bien volèrent
Qu'à tire-d'aile ils arrivèrent
Où l'air d'Enfer se fait sentir.

---

[1] *Abatteur de bois* (ou *de quilles*) se disait ironiquement d'une personne qui fait plus de bruit que de besogne.

[2] Scarron n'était pas encore marié, il est bon de le faire remarquer au lecteur pour la moralité de cette réflexion. Beaucoup ont cru qu'il épousa mademoiselle d'Aubigné en 1650 ou 1651 (le *Segraisiana* donne l'une et l'autre date) ; mais ce ne fut qu'en 1652 (V. Loret, l. III, lett. XXII et XLIV ; Walckenaër, *Mémoires de madame de Sévigné*, t. II, p. 447, note). Or ce livre parut en 1651.

[3] Futaine, toile gommée de coton, bougran.

J'ai bien peur ici de mentir;
Mais Maron écrit qu'un grand gouffre
Exhale illec [1] un air de soufre,
Pour laquelle odeur éviter,
Les oiseaux furent vus pointer
Jusqu'en la région des nues,
D'où, les deux ailes étendues,
Ces pigeons, aux yeux d'Æneas,
Qui de courir étoit bien las,
Vinrent tout à propos descendre
Sur le rameau qu'il vouloit prendre,
Qui rendoit les yeux éblouis
Comme un jacobus [2] ou louis,
Tant reluisoit ce rameau rare.
Messire Maron le compare
A la gomme jaune qui luit
Sur la branche qui la produit;
La comparaison est foiblette,
N'en déplaise à si grand poëte :
Il devoit, en sujet pareil,
Mettre lune, étoile ou soleil.
Dieu sait si la branche dorée,
Du bon Seigneur tant désirée,
Fut arrachée avec ardeur !
Il l'arracha d'aussi bon cœur
Qu'un chien ou un chat pille ou grippe
Un morceau de chair ou de tripe.
Cela fait, riant comme un fou,
Il alla trouver en son trou
La vieille sibylle Cumée.

Cependant tous ceux de l'armée
Donnoient la dernière façon
Au corps aussi froid qu'un glaçon
De Misenus le bon trompette :
De sa charogne putréfaite
Le sale cuir fut nettoyé
Et de bonne eau rose ondoyé;

On lui releva les moustaches,
On lui mit de belles gamaches [3]
Un bonnet de nuit de satin,
Dont la coiffe étoit de quintin [4] ;
Un haut de chausses de grisette [5],
Un pourpoint couleur de noisette,
De belle serge à deux envers
Chamarré de trois galons verts,
Puis après une houppelande
De beau camelot de Hollande.
Un bachelier déjà grison
Fit une funèbre oraison;
Puis, en l'honneur du misérable,
Une chanson très-pitoyable
Fut chantée au son du tambour,
Tournant tristement alentour
Du bûcher ou bien de la pyre
(Car l'un et l'autre se peut dire).
Autant que la pyre voulut,
C'est-à-dire qu'il en fallut,
On y mit de la poix-résine
De la meilleure et la plus fine ;
Maître Æneas, en pareil cas,
D'argent ne faisoit pas grand cas,
Et lors on eût dit que sa bourse
Eût été d'argent une source :
Aussi ce seigneur libéral
Ne trouva jamais son égal
A bien faire des funérailles.
Aussi bien qu'à donner batailles.
Pour revenir à nos moutons,
Quatre hommes de noirs hocquetons
(Devant que l'on eût allumée [6]
La pyre ci-dessus nommée)
Y guindèrent adroitement
Avec un certain instrument
Qu'en français une grue on nomme,

---

[1] Là, du latin *illic*.

[2] Monnaie d'or d'Angleterre, valant quatorze livres dix sols.

[3] Ce mot désignait tantôt des bottines, tantôt des bas de drap ou de toile cirée, qu'on mettait par-dessus les autres pour les garantir.

[4] Toile très-fine et très-claire, dont on se servait souvent pour faire des collets ou des manchettes.

[5] Petite étoffe grise, d'où est venu le nom de *grisettes*, donné d'abord aux femmes qui s'en habillaient, puis étendu à toutes celles de basse condition, jusqu'à ce qu'il eût le sens particulier qu'il a aujourd'hui.

[6] Il faudrait aujourd'hui *allumé*, au masculin; mais nous avons déjà vu et nous verrons encore beaucoup d'autres exemples de ce genre dans le *Virgile travesti*. Plusieurs règles de grammaire fort importantes ont varié depuis le dix-septième siècle. Ainsi Racine fait dire à madame de Pimbesche : « Monsieur, je ne veux point être liée... Je ne *la* serai point. » (*Plaid.*, I, sc. VII.) Mais ce sont surtout les règles de participes qui ont changé, ou plutôt qui se sont fixées depuis : « Combien de fois, écrit Bossuet, a-t-elle en ce lieu remercié Dieu humblement de deux grandes grâces : l'une, de l'avoir *fait* chrétienne... » (*Or. fun. de la reine d'Angl.*) Racine même a dit : « La veuve d'Hector *pleurante* à vos genoux, » (*Androm.*, III, sc. IV) comme Scarron dit, quelques vers plus loin : « Des gens *marchans* à reculons. »

Le froid cadavre du pauvre homme.
Sitôt que chacun le put voir,
Les pleureux firent leur devoir.
Il fut, après la pleurerie,
Question de la brûlerie;
Des gens marchans à reculons,
Le nez tourné vers les talons,
Ad ritum[1] du peuple de Troie
(Peu me chault[2] que l'on ne me croie),
Deux à deux vinrent s'approcher
A clochepied du noir bûcher,
Tenant en la main droite un cierge
De cire noire et non pas vierge;
Au bûcher ils mirent le feu.
Lors la flamme joua son jeu :
La pyre est bientôt engloutie;
Celui pour qui l'on l'a bâtie,
D'abord par la flamme rôti,
Est, après, par elle englouti;
Puis elle s'engloutit soi-même,
Tant sa faim vorace est extrême,
Et tout le bûcher allumé
En moins de rien est consumé,
Et de bois devient bois et cendre
Si chaude, qu'on ne la peut prendre.
Mais du vin que l'on répandit,
Qu'elle but et qui la tiédit,
Fit que cette cendre lavée
Fut facilement enlevée
Et mise en un tonneau d'airain
Pour la conserver du serein.
Ce fut un nommé Chorinée,
Homme à la face enluminée,
Qui mit la cendre en ce tonneau,
Et puis qui fit aller de l'eau
(Eau lustrale, ainsi que je pense)
Sur toute la triste assistance;
Et puis après, les yeux fermés,
Il dit les mots accoutumés
En pareille cérémonie.
Æneas, la face ternie
(Car le bon Seigneur tant pleura,
Que sa face il décolora),
Fit faire un tombeau magnifique
De pierre de taille et de brique,
En la place où fut le bûcher;
Puis ce qui fut au défunt cher
Fut porté devant ce bon Sire.

Ce fut ce que je vous vais dire :
Sa hallebarde et son pavois,
Lur, bien qu'il ne fût que de bois;
Son échiquier, son trou-madame,
Un bourdon garni de sa lame[3],
La tasse en laquelle il buvoit,
La dague dont il se servoit
Quand il vouloit tuer le monde,
L'aviron dont il fendoit l'onde,
Sa cuirasse, son casque aussi,
Ses bottes de cuir de Roussi,
Et son gagne-pain, sa trompette,
Dont la voix étoit claire et nette.
Le tout fut si bien arrangé,
Qu'un trophée en fut érigé
Et ce lieu, du nom de cet homme,
Mont Misène aujourd'hui se nomme.
  Cela fait, ce ne fut pas tout :
Æneas, pour venir à bout
De son dessein si difficile,
Par les ordres de la sibylle
S'en alla vers un trou puant,
Entouré d'un marais gluant,
A couvert du soleil par l'ombre
D'un bois épouvantable et sombre.
Ce trou-là, que je vous ai dit,
Trou, s'il en fut jamais, maudit,
Est l'Enfer, qu'il ne vous déplaise :
Si quelque corneille niaise,
Quelque pigeon, quelque corbeau,
Il n'importe pas quel oiseau,
Sur ce pertuis pestilent vole,
Il perd le souffle et la parole
(Je voulois dire le siffler),
Qui pis est, il perd le voler,
Et, de cet air infect qu'il perce,
Trébuche à terre à la renverse;
Que s'il en reçoit quelque ennui,
Il ne s'en doit prendre qu'à lui.
Cette malplaisante caverne
Est des Grecs appelée Averne,
Et c'est vers ce vilain trou-là
Que messire Æneas alla.
Quatre bouvars[4] à noire échine,
Tous quatre de fort bonne mine,
Bien nourris et morigénés,
Devant lui furent amenés;
Un prêtre, rasant à merveille,

---

[1] Suivant le rite.
[2] Peu m'importe que...
[3] Un bourdon était le bâton des pèlerins; la lame, c'est probablement le fer pointu dont i étoit garni en bas.
[4] Jeunes bœufs.

De vin leur lava les oreilles,
Puis après, le bras retroussé,
Avec un rasoir bien passé,
Leur rasa l'entre-deux des cornes,
Dont ils parurent un peu mornes,
Comme s'ils se fussent doutés
Qu'ils devoient être holocaustés.
Le poil rasé des quatre têtes
De ces tant vénérables bêtes
Fut jeté dedans un réchaud.
Ledit prêtre invoqua tout haut
Dame Hécate aux cieux redoutée,
Autant qu'aux enfers respectée,
Et puis les quatre pauvres bœufs
Furent, avec des couteaux neufs,
Égorgés, dont ce fut dommage :
Des hommes faits au badinage
Reçurent leur sang tout fumant
Dans de grands plats d'étain sonnant.
Maître Æneas un coup desserre
D'épée ou bien de cimeterre
(Je ne sais pas des deux lequel,
Mais tant y a qu'il fut mortel)
Sur le col d'une brebis noire
Comme l'encre d'une écritoire,
Afin d'en régaler la Nuit,
Dame qui n'aime pas le bruit,
Et la Terre, autre grande dame,
Qu'en pareille affaire on réclame ;
Puis il occit d'un même fer,
Pour la souveraine d'Enfer,
La ténébreuse Proserpine,
De Pluton femme ou concubine,
La fille unique d'un taureau
Incapable de porter veau.
Æneas fit dresser la nappe,
A Pluton, l'infernal satrape,
Et fit griller pour cet effet
Maint intestin très-putréfait ;
Cette tripe étant embrasée,
D'huile d'olif fut arrosée.
De pareille tripe Pluton
Fut toujours diablement glouton.
  Sitôt que la pointe première
Se discerna de la lumière,
La terre se mit à mugir
Et fit pâlir et non rougir
Tous ceux qui mugir l'entendirent.
Tous, sans excepter, s'ébahirent,

Et plusieurs Troyens des plus beaux
En inquinèrent leurs houzeaux [1].
Les forêts voisines tremblèrent,
Et de pied en cap frissonnèrent.
Æneas beaucoup s'effraya,
Car plus d'un mâtin aboya
Aux approches de la Déesse,
Et lors la vieille prophétesse
Parla, ce dit Virgile, ainsi :
« Vilains profanes, loin d'ici,
Au moins une lieue à la ronde,
Ou que le grand Dieu vous confonde !
Et quant à vous, mon bon Seigneur,
Montrez si vous avez du cœur. »
Aussitôt dit, la sibyllotte
Se précipita dans la grotte.
Æneas, la voyant dedans,
Prit son fer à donner fendans
Et quelquefois aussi des pointes
Le tenant avec les mains jointes
A cause qu'il étoit pesant ;
Et qu'il prioit chemin faisant ;
Puis, suivant sa guenon de guide,
Entra dans la grotte intrépide.
  Dieux qui des pays souterrains
Êtes les seigneurs souverains,
Et qui régnez en ces lieux sombres
Sur les morts qu'on nomme les ombre
Qui parlent moins que des chartreux,
S'il est vrai ce que l'on dit d'eux,
Que votre obscure seigneurie
M'accorde ce dont je la prie :
C'est, en mes ridicules vers,
De dire à tort et à travers
Tout ce qui me vient à la tête,
Et, si quelque fat, quelque bête,
Dit que j'ai Maron perverti,
Trouvez bon qu'il en ait menti.
  Nous avons laissé maître Énée,
L'âme étrangement étonnée.
Le pauvret hasardoit ses pas
En lieu qu'il ne connoissoit pas.
Tenant sa vieille par la queue
(Disons-la de ratine bleue,
Car pour bien rimer il le faut),
Ce Seigneur donc, en grand sursaut,
Marchoit la queue entre les jambes,
Et, faisant force pas iambes
(Cela veut dire brefs et longs [2]),

---

[1] En souillèrent leurs hauts-de-chausses. C'est la sempiternelle plaisanterie de Scarron, qui eût dû finir par s'en lasser.

[2] On appelle, en effet, *iambe*, dans la quantité latine, un pied composé d'une brève et d'une longue.

Tantôt marchant sur les talons
De la prophétesse ou sorcière,
Tantôt donnant en son derrière
De son nez, qui trop long étoit,
Tout autant de fois qu'il buttoit
(Butter et broncher, l'un vaut l'autre.
Mais reprenons le discours nôtre,
Et faisons, comme de raison,
Ici quelque comparaison).
En cet endroit ici Virgile
Dit qu'Æneas et la Sibylle
Avoient l'esprit bien agité,
Et compare l'obscurité
Qui leur offusquoit la prunelle
A la lune, alors que, nouvelle,
Un brouillas qui l'air épaissit
La rend blafarde ou l'obscurcit,
Ou bien à la nuit, quand obscure
Elle rend tout d'une peinture.
Rien ne sauroit être mieux dit ;
Et, ce néanmoins, moi, petit
Et très-ridicule interprète,
Je dis, sans mépris du poëte,
Qu'une lampe sous un boisseau,
Ou, si l'on veut, sous un chapeau,
Et même, si l'on veut, éteinte,
Est chose qui rend mieux, dépeinte,
Les lieux où marchoit Æneas
Que la lune avec son brouillas,
Ou la nuit quand elle est obscure,
Et rend tout de même peinture.
Finissons la digression
Et suivons la narration.

Nous avons laissé le bon sire,
Qui n'étoit pas en train de rire,
Et qui cheminoit à tâtons
Après la vieille aux longs tetons.
On le reçut à grand cortége
Dans cette infernale Norvége ;
Il fut complimenté d'abord
Par le Sommeil et par la Mort ;

Pour lui faire honneur, la camarde
Contre son humeur fut gaillarde
Et pour le Sommeil lui parla,
Qui cependant toujours ronfla.
Après vinrent les Maladies,
Les faces toutes enlaidies,
Et puis quantité de vieillards,
Tous médisans et babillards,
Qui marchoient devant la Vieillesse,
Qui s'appuyoit sur la Tristesse,
Laquelle tenoit par la main
La Pauvreté, sœur de la Faim.
Et puis marchoient cent belles-mères
Qui menoient autant de beaux-pères ;
Ensuite des fils de putains,
Pires toujours que des lutins ;
Des gendres, des brus, des dévotes,
C'est-à-dire fausses bigotes,
Qui tiennent que le grimacer
Peut tous les péchés effacer,
Et, sans être humble et charitable,
Qu'à Dieu l'on peut être agréable.
Il y vint aussi des bigots
Pires que Goths ni Visigoths ;
Ce sont les galans de ces sottes
Que je viens de nommer bigotes :
Ces gens-là, quoique doucereux,
Sont quelquefois bien dangereux.
Puis vinrent les Soins en grand nombre,
Tous la face grondeuse et sombre ;
Ils étoient suivis des Dépits
Autant des grands que des petits ;
Ensuite force gouvernantes,
Toutes les haleines puantes ;
Force pédans et gouverneurs,
Aussi grands fats que grands parleurs ;
Des tyrans et de mauvais princes,
Un gros d'intendans de provinces [1],
Suivis de larrons fuseliers [2],
Mêlés de quelques maltôtiers [3] ;
De créanciers une brigade,

---

[1] Les intendants et gouverneurs de provinces étaient renommés pour leurs exactions, leurs violences, leur despotisme. Ils aimaient à faire les petits tyrans, et parfois les grands, dans le cercle de leur juridiction. On peut s'édifier là-dessus dans la *Relation des grands jours d'Auvergne*, de Fléchier, et dans diverses *historiettes* de Tallemant des Réaux, par exemple celles de Saint-Germain-Beaupré, du duc de Brézé, du maréchal de la Meilleraye, de M. d'A-lincourt.

[2] C'est une allusion aux pillages et désordres de tout genre dont les soldats se rendaient souvent coupables. (Voyez notre édition du *Rom. com.*, t. II, pag. 254, note 2.)

[3] Financiers qui étaient chargés d'établir et de faire marcher les *maltôtes*, c'est-à-dire, dans le sens rigoureux du mot (*male tolta*), les subsides onéreux et extraordinaires, ou même sans droit et sans fondement ; mais le peuple étendait ce terme à toute imposition nouvelle. Rien de plus détesté que les maltôtiers, qui eurent souvent à rendre compte de leurs malversations devant les chambres de justice, et que tous les écrits du temps, romans, chansons, satires, mazarinades, etc., maudissent à l'envi.

Et des présenteurs d'estocades[1] ;
Enfin tous les maux qu'ici-bas
On craint autant que le trépas.
Les Euménides, dont les nuques
Ont des serpenteaux pour perruques,
Et la Discorde, dont les crins,
Qui lui vont jusque sur les reins,
Sont des couleuvres venimeuses
A considérer très-affreuses,
Avoient là leur appartement.
Tous ces serpents, dans le moment
Que l'on passa devant leur porte,
Sifflèrent d'une étrange sorte :
Maître Æneas en trémoussa
Sans dire ce qu'il en pensa.
Passant plus outre, un arbre énorme
(L'auteur dit que c'étoit un orme),
Que les vaines Illusions,
Les Songes et les Visions
Avoient élu pour domicile,
Lui fut montré par la sibylle.
Dessous ce grand orme habitoient
De grands Centaures que montoient
Des guenons à fesses rasées ;
Quantité de Billevesées,
Monstres aujourd'hui fort fréquens ;
Force Dragons, les dents craquans,
Des Géryons à triple face,
Des Griffons faisant la grimace,
De grands géans, de petits nains,
Des Briarées à cent mains,
Et de Chimères une troupe,
Portant des Gorgones en croupe ;
De petits monstres fort mutins,
Moitié chair et moitié patins[2]
(Ce sont femmelettes gloutonnes
Que l'on nomme courtefessonnes ;
De vrais diables à la maison,
Dont est aujourd'hui grand'foison) ;
Des Harpies maigres et plattes,
Des cagneux et des culs-de-jattes[3].
A ces vilains visages-là
D'Æneas le sang se gela.

Il saisit son fer par la garde :
« Monsieur Æneas, prenez garde,
Dit la sibylle, ces vilains
Sont corps fantastiques et vains,
Qui découpés ne peuvent être. »
Mais lui, qui n'étoit plus son maître
Alors qu'il avoit dégainé,
Chamailla comme un forcené,
Et, pensant fendre une Gorgone,
Son coup ne rencontrant personne,
Ce bon Seigneur un peu trop prompt
Donna d'estomac et de front
En terre, aux pieds de la sibylle,
Qui, comme elle étoit fort civile,
Sitôt qu'elle le vit tombé,
Jurant en chartier embourbé,
Lui présenta sa patte d'oie,
Et fit reluire quelque joie
En ses yeux bordés de poils gris
Pour lui remettre les esprits,
Lui disant : « Ce n'est rien, beau sire. »
Æneas, la voyant sourire,
Lui qui venoit de se fâcher,
Eut grande peine à s'empêcher
De lui faire quelque incartade.
Il étoit sujet à boutade ;
Dans le moindre mal qu'il sentoit,
Ce prince courtois s'emportoit,
Quoiqu'en un malheur d'importance
Il n'eût que trop de patience,
Et fût d'un esprit très-humain.
Il se servit donc de sa main,
La face un peu rouge de honte.
Or, en cet endroit, dit le conte
Que tant alla, tant chemina,
Et tant les jambes démena,
Tenant sous le bras la sibylle
Que l'âge rendoit moins agile,
Et qui lui crioit à tous coups :
« Énée, où diable courez-vous ? »
Qu'ils se trouvèrent près de l'onde
De l'Achéron, qui toujours gronde,
Et qui, par un canal bourbeux,

---

[1] Placet ou requête, ouvrage ayant pour but de demander quelque faveur. Scarron a fait une *estocade à monseigneur le cardinal Mazarin*, sans compter toutes ses autres *estocades* qui ne portent pas ce titre. Il ne s'est pas fait faute de railler très-souvent ces billets à vue tirés sur la générosité ou la vanité des grands personnages, lui qui n'avait fait autre chose toute sa vie.

[2] Notre auteur avait déjà employé absolument le même vers dans son *Épître d'une vieille dame campagnarde* :

> Monstre fâcheux, monstre mutin,
> Moitié chair et moitié patin.

[3] Scarron se moque ici de lui-même comme des autres.

A considérer très-hideux,
Dans le Cocyte se va perdre
(Rime qui sait rimer en *erdre*,
Je le laisse à plus fin que moi)
Cet Achéron traîne après soi
Une arène sale et puante,
Et plus sale que l'eau bouillante.
Un batelier nommé Caron
Passe les morts sur l'Achéron.
Il ne fut jamais créature
De plus malplaisante structure ;
Son visage est coque de noix,
Il se peigne avec ses cinq doigts ;
De la sueur que son front sue,
Dans son menton barbu reçue,
Se fait de crasse un demi-doigt ;
Dans ce menton qui la reçoit,
Cette crasse est perpétuelle,
Et s'étend jusqu'à la mamelle ;
Une grosse chaîne de fer
Sert, à ce batelier d'enfer,
A ceindre une robe tannée.
Quoique carcasse décharnée,
Il est fort, tout maigre qu'il est
(Car les Dieux sont ce qu'il leur plaît),
Et n'est espalier de galère
Battu d'un comite[1] en colère,
Qui rame si vite et si fort
Que ce nautonier de la mort.
   Là, comme des poules mouillées,
Les âmes des corps dépouillées
Attendent sur le bord de l'eau
L'heure fatale du bateau.
Comme on voit au mois de décembre
(Je me trompe, c'est en novembre),
Comme on voit donc en ce temps-là
Choir les feuilles deçà, delà,
Les mouches d'été sont moins drues
Que ces feuilles des vents battues,
Et les champs auparavant verts
De feuilles mortes sont couverts :
Ainsi les esprits en grand nombre
Se morfondent en ce lieu sombre,
Grâces au batelier grison.
Va d'une autre comparaison ;
Si l'on improuve la première,
On pourra prendre la dernière.
Comme les oiseaux passagers
Qui sont parmi nous étrangers,
De crainte du froid qui nous gèle,
Gagnent l'Afrique à tire-d'aile :
Vous les voyez en grands troupeaux
Assemblés sur le bord des eaux,
Où la caravane légère
De son voyage délibère :
Ainsi ces esprits sur le bord
De la rivière de la mort
Attendent à grande malaise
Qu'à ce vieil nautonier il plaise
Les recevoir en son esquif ;
Mais le vilain rébarbatif
Plus qu'aucun batelier des nôtres,
Pousse les uns, frappe les autres,
Et ne passe que qui lui plaît,
Le fantasque animal qu'il est !
Ainsi, sur ce bord effroyable,
La troupe d'esprits misérable
Attend que, son terme accompli,
Elle passe l'eau de l'oubli.
Maître Æneas eut l'âme émue
De voir cette grande cohue,
Et battre à ce vieil inhumain
Ces esprits nus comme la main.
La vieille se mit à lui dire :
« Ne vous étonnez pas, beau Sire :
Tous les esprits infortunés
Qui sont morts sans être inhumés,
Tous ceux qui sans payer leurs dettes
Ont laissé leurs mortels squelettes,
Attendent là durant cent ans,
Mourant de froid, claquant des dents,
Que cet officier de la Parque
Dans sa nacelle les embarque ;
Ce temps-là fait, ce vieil Caron
Les passe, à force d'aviron,
Delà ce fleuve tant à craindre,
Styx, par qui jure, sans enfreindre
Un si grand et sacré serment,
Jupin, le roi du firmament. »
   Æneas perdit contenance
A cette horrible pénitence,
Car il empruntoit volontiers
Et faisoit force créanciers,
Prenoit à crédit avec joie
Sans débourser or ni monnoie ;
Mais pour quelque beau compliment
Il en donnoit et largement.
Sur ces âmes non inhumées,
De longtemps attendre enrhumées,
Comme il faisoit réflexion,
Avec grande compassion,
Il vit Liscape et maître Oronte,
Qui d'être morts avoient grand'honte.
Ces pauvres gens avoient péri,

[1] Officier de la chiourme des galères.

Dont il avoit été marri,
Quand, à la côte de Carthage,
Il pensa périr par l'orage
Que la Junon lui suscita,
Quand le dieu des eaux maltraita
De mainte outrageuse parole
Et les vents et leur prince Éole.
Cet objet le fâcha beaucoup ;
Mais il reçut un rude coup
Quand il aperçut Palinure
En très-grande déconfiture :
« Cher ami, dit-il, est-ce toi
Qui te présentes devant moi ?
Apollon me la bailla bonne,
Quand il m'a dit que ta personne
En Italie arriveroit.
A si grand Dieu qui ne croiroit ?
Et cependant, mon cher compère,
Je te vois, dont je désespère,
En Enfer, qui cherches parti,
Et ce brave Dieu m'a menti.
Mais dis-moi, mon cher camarade,
Comment fis-tu cette cascade ?
Dis-moi, la fis-tu de ton chef,
Ou si tu la fis par méchef ?
Quelque Dieu m'auroit bien la mine
D'avoir fait l'action maligne
A la prière de Junon,
Qui ne fit jamais rien de bon.
Si de ta mort un Dieu fut cause,
Ce Dieu-là ne vaut pas grand'chose,
Et ce doit être quelque Dieu
D'âme basse et né de bas lieu. »
Palinurus répondit : « Sire,
Vous feriez mieux de ne rien dire.
Apollon a dit vérité :
Nul Dieu ne m'a précipité.
Soit que je ne sois qu'une bête,
Que mon cul emporta ma tête,
Ou ma tête emporta mon cul,
D'un trop pesant sommeil vaincu,
Je tombai de votre galère
Comme un lourdaud dans l'onde amère,
Tenant toujours mon gouvernail.
Pour vous dire par le détail
Comme cette chose est allée,
Me trouvant dans l'onde salée,
Sans perdre l'esprit ni l'espoir,
Mes membres firent leur devoir
De me porter jusqu'à la terre.
Les poissons me firent la guerre,
Je me sentis plus de cent fois
Mordre en je ne sais quels endroits

Que par respect je n'ose dire.
Je n'avois pas sujet de rire.
Je maudis en mille façons
Et la mer et tous ses poissons,
Vous, le voyage et la galère ;
Mais, aussi j'étois en colère.
Enfin, ayant nagé longtemps,
En dépit des flots inconstans,
Je me vis maître du rivage ;
Mais, une nation sauvage
D'un roc où je m'étois juché
M'ayant rudement déniché,
Je bus, sans en avoir envie,
Assez pour en perdre la vie,
Tellement que mon corps enflé,
Çà et là par les vents soufflé,
Erre, flottant de plage en plage,
Jouet du vent et de l'orage.
Ce considéré, Monseigneur,
Tirez-moi d'un si grand malheur,
Et que ma carcasse moisie
Dans quelque boîte bien choisie
Soit par vous mise en son repos ;
Vous ne pouvez plus à propos,
Car une âme est fort mal contente
Lorsque sa charogne est flottante.
Si cela doit durer longtemps
(On m'a dit que c'étoit cent ans),
Je suis pour faire en ces lieux sombres
Un bruit à faire peur aux ombres.
Mais prenons un plus court chemin.
Donnez-moi votre blanche main
Quand vous passerez le Cocyte ;
Je veux, si la mienne la quitte,
Que le méchant vilain Caron
M'assomme à grands coups d'aviron. »
La sibylle prit la parole :
« Quoi ! prétendez-vous, tête folle,
D'être ainsi dans l'Enfer admis
Devant que d'être en terre mis ?
Voyez le beau héros de neige
Pour avoir un tel privilége !
L'ordre établi par les grands dieux
Se changera pour vos beaux yeux.
Ce seroit une belle chose !
Voudriez-vous bien être cause
Qu'Æneas pour vous fût dédit,
Et mît en hasard son crédit ?
N'y songez donc pas davantage,
Pauvre fou, si vous êtes sage ;
Mais de moi vous allez ouïr
Ce qui vous pourra réjouir.
Les habitans de la contrée

Qui vous refusèrent l'entrée
En leur rivage discourtois
En ont depuis mordu leurs doigts.
Mille prodiges effroyables
Les ont rendus très-misérables ;
Ils ont eu longtemps à prier.
Finalement, pour expier
Une si criminelle offense,
Ils vous ont mis avec dépense
Dans un pot de faïence ou grès
Qu'ils ont fait acheter exprès,
Et nommé le lieu Palinure,
Afin que la mémoire en dure. »
L'espoir d'un si beau monument
Le satisfit aucunement :
Il mit fin à sa doléance,
Fit une basse révérence,
Et joignit les autres esprits.
 Cependant le fils de Cypris,
Suivant sa vieille martingale,
Aborda la rive infernale.
Caron, le voyant approcher,
Ne manqua pas de se fâcher,
Et dit d'une voix enrhumée :
« Ombre, pour ces lieux trop armée,
Et pour la barque de Caron,
N'es-tu point quelque fanfaron
Qui, par quelque sotte gageure,
Viens ici faire une braveure ?
Si le brave fils d'Alcmena,
Quoique vivant, se promena
Dans notre campagne Élisée ;
Si Pirithoüs et Thésée,
Faisant comme lui les fendans,
Y sont entrés malgré mes dents,
Sans leurs grandes rodomontades,
Et même quelques bastonnades,
Pas un d'eux n'eût été reçu,
Quoique d'un Dieu chacun issu,
Et vaillant comme son épée ;
Mais une personne frappée
Souffre tout par nécessité.

L'un d'eux fut assez effronté
Pour mettre aux fers le chien Cerbère,
Et pour comble de vitupère
Le tirer à coups de bâton
D'entre les jambes de Pluton.
L'un d'eux à dame Proserpine,
Qui, quoique infernale, est divine,
Osa présenter son labeur ;
Mais la dame pleine d'honneur
Rougit de honte ou de courage,
D'un busc lui marqua le visage,
Et grands coups de pieds lui donna
Dans ce qu'un chapon jamais n'a.
L'insolence fut fort blâmée,
Proserpine fort estimée,
Pluton de colère embrasé,
Et l'Enfer fort scandalisé.
On me diminua mes gages,
On me fit garant des dommages
Qui pourroient encore arriver.
Allez donc, sans plus étriver [1],
Chercher ailleurs votre aventure,
Ou sur votre peau molle ou dure
Je ferai jouer l'aviron
Du batelier d'Enfer Caron. »
 A la harangue caronesque
Qui tenoit un peu du burlesque,
Quoique là, vraisemblablement,
On parle fort malplaisamment,
La vieille fit cette réponse :
« Vieillard plus piquant qu'une ronce,
Point de colère, entendons-nous,
Parlons tout bas et filons doux.
Vous voyez ici maître Énée,
Une personne aussi bien née
Qu'il en fut jamais en Paris,
Enfant bien-aimé de Cypris,
Point Mazarin [2], fort honnête homme,
De qui le fondateur de Rome,
En un temps par les dieux préfix,
Doit dériver de père en fils ;
Il ne vient point ici pour noise,

---

[1] Contester.

[2] On était au plus fort de la Fronde, et c'était le temps où Scarron, après avoir loué, au début de son *Typhon*,

Jule plus grand que l'autre Jule,

écrivait son effroyable *Mazarinade*, si toutefois cette pièce, qu'il a toujours désavouée, est bien de lui. (Malgré l'assertion du *Segraisiana* et d'un pamphlet obscur du temps, quelques personnes, très-versées dans ces matières, en doutent beaucoup.) En tout cas, Scarron était, en 1651, un des plus déterminés ennemis de Mazarin, et il n'avait pas encore chanté la palinodie dans son sonnet sur

Jule, autrefois l'objet de l'injuste satire,

et dans sa chanson et son triolet sur la troupe frondeuse,

Demi-chauve et demi-morveuse.

Ni pour y vivre à la françoise[1],
C'est pour voir son père Anchises,
Pour lui consulter un procès,
Et la cause adverse ou heureuse
De sa postérité nombreuse
Qui dans le monde florira,
Et pourtant s'abâtardira.
Dont je dirois bien quelque chose,
Et dont je me tais, et pour cause.
Au reste, Cerbère le chien
De lui ne doit redouter rien :
Étant gentilhomme de race
Il aime les chiens et la chasse ;
Il n'est ivrogne ni paillard,
Et Pluton n'est point au hasard
De voir par lui faire insolence
A Proserpine, en sa présence,
Comme Hercule le brutal fit,
Qui, dites-vous, vous déconfit,
A qui, quoique déjà céleste,
Celui-ci ne doit rien de reste.
Si nonobstant ce que je di,
Vous êtes assez étourdi
Pour faire le Suisse implacable
Et le nocher inexorable,
Nous avons un bon passe-port ;
Outre qu'il sera le plus fort,
Et pourra jouer de la dague.
Venez donc, ou je vous incague,
Nous prendre dans votre bateau. »
 Æneas montra le rameau ;
En voyant la branche dorée
L'humeur fière fut tempérée,
Et rit un peu, qui le croiroit ?
Mais pour de l'or qui ne riroit ?
Au rameau d'or il fit hommage,
Fit joindre sa barque au rivage,
Fit sortir quantité d'esprits
Qui déjà leur place avoient pris.
La troupe du bateau chassée
En sortit la tête baissée ;
Ce ne fut pas sans se fâcher
Et sans dire : « Foin du nocher,
D'Æneas, de celle qu'il mène,
Et leur double fièvre quartaine ! »
Ils avoient fort sali son bac ;
Il en nettoya le tillac,
Et puis reçut en sa nacelle
Énée et la vieille pucelle.
La frêle nacelle gémit
Quand Æneas les pieds y mit,
Et reçut l'eau par plusieurs fentes
A cause des armes pesantes,
Des deux corps vivans, du rameau,
Poids insupportable au bateau,
Qui n'aime point les âmes lourdes.
Quelqu'un dira : Ce sont des bourdes,
Et les âmes n'ont point de poids !
Telle âme en pèse plus de trois,
Et j'en connois de très-pesantes,
Même sans leur poids, malplaisantes,
Et Dieu sait si Caron est sourd
Quand il rencontre un esprit lourd.
Tel esprit lourd, sur ce rivage,
A payé deux fois son passage,
Et, quoiqu'il ait deux fois payé,
N'a laissé d'être rudoyé.
 De Caron la rudesse extrême
Devint douce comme la crème.
Il offrit le plus bel endroit
Au Troyen dans l'esquif étroit.
Le Troyen tenoit la pucelle
Civilement dessous l'aisselle,
Parce que son corps chancelant
Branloit dans le bateau branlant.
Æneas, voyant l'onde noire
Mouiller ses pieds, eut peur d'en boire ;
Caron, qui le remarqua bien,
Lui dit : « N'ayez peur, ce n'est rien. »
Et cependant à l'autre rive,
Comme insensiblement, arrive
Le bateau, d'où maître Æneas
Fit un saut, sans quitter le bras
De la sibylle, qui, tirée
Devant que d'être préparée,
Fit un parterre, et mit au jour
Un remède contre l'amour,
Une fesse très-décharnée,
Dont auroit bien ri maître Énée ;
Mais par respect il se mordit
Les lèvres et la main tendit
A la sibylle, désolée
D'avoir sa fesse révélée,
Qui pourtant par discrétion
N'en fit point démonstration.
 Un antre obscur, à l'opposite
Du port de l'infernal Cocyte,
Loge le chien triple-gosier,
Cerbère, de l'Enfer portier.
Ce chien qui de loin sent son monde
Et qui sans cesse ou jappe, ou gronde,
Quand Æneas vers lui tira,

---

[1] Avec la liberté française.

Ses jappemens réitéra.
Déjà les bêtes serpentines,
Qui de ses trois têtes canines
Sont les barbes et l'ornement,
Se dressoient effroyablement ;
Mais la vierge, bien avisée,
D'une ample soupe, composée
De miel et de fort opion,
Lui fit une collation.
La bête la prit de volée,
Puis après, comme ensorcelée,
Le long de son infâme trou
S'endormit comme un homme soûl.
Maître Æneas, prudent et sage,
Occupa bientôt le passage,
Et dans l'Enfer enfin entra.
Voici ce qu'il y rencontra :
Premièrement, en ce lieu sombre
Il entendit les cris sans nombre
D'enfans jetés dans les privés,
Du jour cruellement privés
Par maintes femmes indiscrètes
Qui les ont bâtis en cachettes ;
Ces pauvres enfans font grand bruit,
Et braillent le jour et la nuit,
Peut-être faute de nourrice.
Ceux que pend à tort la justice
Par la cruauté du Destin,
Qui n'est sans doute qu'un lutin,
Qui fait tout sans poids ni mesure,
Et sert ou nuit à l'aventure,
Font mille clameurs sans succès,
Pour faire revoir leur procès ;
Ils parlent tous à tue-têtes.
Minos, qui reçoit leurs requêtes,
Président du Parlement noir,
Ne fait que placets recevoir,
Et ce qui fait crever de rire,
Comme il les reçoit les déchire.
Maint avocat porte-bonnet,
Qui trahit son client tout net
En procès ou bien arbitrage,
Reçoit en ce lieu maint outrage :
On le fait ronger par des rats,
Ou l'on l'assomme à coups de sacs.
Maintes donzelles, fausses prudes,
Qui devant les gens font les rudes,
Et dans le premier lieu caché
Se donnent à fort bon marché,
Quoique avares comme chouettes,
Mais moins avares que coquettes,
Ont là toujours la braise au cu,
Qu'attise quelque franc cocu,

Qui les brûle par les parties
Dont elles se sont diverties.
Ce cocu si mal employé
D'autres cocus est relayé ;
Ces femmes leur chantent goguettes,
Si bien que cocus par coquettes
Sont punis avec équité
Du crime qu'ils ont fomenté.
Tandis qu'un des cocus s'emploie
A flamber ces filles de joie,
Les autres, de cornes armés,
Et l'un contre l'autre animés,
A coups de cornes meurtrières
S'entre-rompent dans les visières.
Ceux qui se sont donné la mort
Qui, ne leur déplaise, ont eu tort,
Regrettent en vain la lumière
D'une épouvantable manière,
Bien fâchés d'avoir évité
Le froid, la faim, la pauvreté,
Et d'autres accidens semblables,
Qui rendent les gens misérables,
Aux dépens du plus précieux
Des biens que nous donnent les dieux,
Du riche trésor de la vie,
Qu'ils se sont eux mêmes ravie.
Dans l'enceinte de neuf canaux
Que le Styx forme avec ses eaux,
Ces pauvres assassins d'eux-mêmes
Endurent des tourmens extrêmes
Pour avoir avancé leur mort.
Là l'un sur l'autre ils font effort
De se donner des coups d'épées ;
Ces âmes n'en sont point frappées,
Et néanmoins ne laissent pas
D'endurer pis que le trépas :
A chaque coup qu'elles se donnent,
De frayeur froide elles frissonnent,
Et cette frayeur en Enfer
Fait bien plus de mal que le fer.
Tout auprès, de pauvres poëtes,
Qui rarement ont des manchettes,
Y récitent de pauvres vers ;
On les regarde de travers,
Et personne ne les écoute,
Ce qui les fâche fort sans doute.
En la noire habitation
Il en est plus d'un million.
Comme à Paris, chose certaine,
Chaque rue en a la centaine
De ceux qu'on appelle plaisans,
Rimeurs burlesques soi-disans,
Du nombre desquels on me compte,

Dont j'ai souvent un peu de honte,
Et pour en avoir tant gâté,
Peur d'être en Enfer arrêté.
    Reprenons nos âmes damnées.
Celles qu'amour a forcenées
En ces champs de myrtes couverts,
Qui là sont noirs, et non pas verts,
Ressentent les rigueurs encore
Du feu d'amour qui les dévore :
La Phèdre y traîne son licou,
Procris s'y cache, et fait le loup
Pour découvrir à quoi Céphale
S'amuse avec l'Aurore pâle ;
Et mille autres comme Evadné,
Ériphyle et Pasiphaé,
Laodamie, item Cœnée
Jadis fille, et puis guerdonnée
Par l'humide dieu du poisson
D'être jusqu'à sa mort garçon,
Mais après sa mort la pauvrette
De garçon redevint fillette.
Parmi ces bonnes dames-là,
Æneas vit, et se troubla,
Didon, la pauvre Tyrienne,
Pour lui chaude comme une chienne ;
Mais l'honneur, et son caveçon [1]
Le rendit pour elle un glaçon.
Il eût évité sa rencontre,
Mais pourtant, se trouvant tout contre
Et ne pouvant plus reculer,
Il jugea qu'il falloit parler :
« O belle, en qui souvent je pense,
Cria-t-il perdant contenance,
On dit donc vrai, quand on me dit
Que Votre Altesse, de dépit
De ce que je l'avois laissée,
S'étoit la poitrine percée ?
Sur ma foi, vous eûtes grand tort,
Car un vivant vaut bien un mort :
Pour moi, je ne voudrois pas faire
Un acte à l'homme si contraire.

Vous auriez fait plus sagement
Si vous aviez fait autrement.
Ce qui me choque en cette chose,
C'est qu'on m'a dit que j'en suis cause.
Pourquoi m'aimiez-vous tant aussi ?
Pour moi, je ne fais pas ainsi,
Je n'aime qu'autant que l'on m'aime ;
Me laisse-t-on ? je fais de même.
Quand les dieux me firent savoir
Par Mercure qui me vint voir
Qu'il me falloit fuir de vitesse,
J'en pensai mourir de tristesse,
Car vous aviez un cuisinier
Que je ne saurois oublier.
Avec vous je faisois gogaille,
Et j'étois comme un rat en paille,
J'étois bien chaussé, bien vêtu,
Mangeois à bouche que veux-tu,
Je battois tous vos domestiques,
Et de présens fort magnifiques
Votre main au bras potelé
M'a souvente fois régalé ;
Au lieu que, depuis, les tempêtes,
Qui sont de dangereuses bêtes,
M'ont fait souvent dans mes vaisseaux
Vomir et tripes et boyaux.
Mille fois au fort de l'orage
J'ai regretté votre Carthage ;
Autant en emportoit le vent !
Si vous saviez combien souvent,
Regrettant vos aimables charmes,
J'ai mouillé ma barbe de larmes,
Combien de fois j'ai composé
Maint anagramme [2] mal-aisé
Sur Didon la Phénicienne,
Mis votre devise et la mienne
Sur des arbres, quand j'abordois
En quelque port voisin d'un bois,
Vous diriez, ô belle irritée :
Je me suis un peu trop hâtée;
Et vous ne condamneriez pas,

---

[1] Littéralement : et son licol, son frein.

[2] L'anagramme est la combinaison entre elles des lettres d'un nom ou d'une phrase, de telle sorte qu'elle forme un nouveau sens. Ce futile amusement était en grande vogue au moment où Scarron écrivait, et le *Chevræana* nous apprend que certaines gens s'en étaient fait une profession dans toute la force du terme. — profession parfois lucrative, puisqu'un avocat, nommé Billon, ayant présenté à Louis XIII cinq cents anagrammes qu'il avait composés sur son nom, y gagna une pension considérable. L'hôtel de Rambouillet, sous la direction de l'incomparable Arthénice (anagramme de Catherine), cultivait aussi ce genre. Le Père Pierre de Saint-Louis, l'auteur de la *Madeleine*, passa toute sa vie à en composer, croyant, par ce moyen, trouver la destinée des hommes dans leur nom. Vers le milieu du siècle, un certain Jean Douet fit des volumes entiers d'anagrammes, et, vers le début, un Allemand, G. Frobén, avait publié la théorie de cet art intéressant, sous le titre d'*Anagrammatopœia*. (Voyez *Curios. litt.*, de L. Lalanne, chez Delanays, p. 8.)

Sans l'ouïr, messire Æneas,
Qui parle avec tant de franchise. »
Mais elle, d'une mine grise,
Paya ce joli compliment,
Sans s'ébranler aucunement
Des beaux endroits de sa harangue,
Et, lui tirant un pied de langue,
Rendant son visage vilain,
Faisant les cornes d'une main,
Et de l'autre une pétarade,
Et sur le tout une gambade,
Le laissa pleurer tout son soûl.
Quelque auteur (il faut qu'il soit fou)
Écrit que cette âme damnée
Dit au révérend maître Énée :
« Allez vous faire tout à droit [1]... »
Ce seroit un vilain endroit
En mon livre, et cette parole
D'une ombre, tant soit-elle folle,
Est indigne à mon jugement ;
Je ne la crois donc nullement,
Et m'arrête à mon grand poëte,
Qui dit que, l'incartade faite,
Elle courut en faire part
A Sichæus, le vieil penart [2],
Qui lors possédoit tout entière
Cette âme de soi meurtrière,
Qui l'aimoit au petit doigt lors
Plus qu'Æneas en tout son corps.
 Æneas demeura fort triste,
Et l'eût bien suivie à la piste,
Mais la vieille lui conseilla
De ne songer plus à cela,
Et, s'il pouvoit même, d'en rire ;
Mais, quoi que la vieille pût dire,
Il ne trouva nullement bon
Le fier procédé de Didon,
Et pourtant, comme il étoit tendre,
Ses yeux furent vus au répandre :
Je crois vous avoir déjà dit
Qu'il donnoit des pleurs à crédit,
Et qu'il avoit le don des larmes.
Il aperçut de loin des armes,
Et n'en fut pourtant pas surpris,
Ayant de la sibylle appris
Que c'étoit le quartier des braves.
Quoiqu'ils eussent les faces hâves,
Il reconnut pourtant d'abord
Ceux d'entre eux dont, avant la mort,

Il avoit eu la connoissance :
Ces enfans de dame Vaillance
Exerçoient encore en Enfer
Le métier de battre le fer ;
Ces âmes fières et cruelles
Ne parloient là que de querelles.
Et faisoient chacune à leur tour
Des armes tout le long du jour
(Disons plutôt à la chandelle,
Car là la nuit est éternelle,
Au moins un certain jour mêlé
Entre chien et loup appelé).
Parmi tous ces traîneurs d'épée
On lui fit voir Parthenopée,
Tydée, Adraste et maints aussi
Qui ne sont pas nommés ici.
Puis, d'entre les ombres Troyennes,
Les connoissances anciennes
Viennent à son cou se jeter ;
Quand de joie il les voit sauter,
Dieu sait si le Seigneur, de joie,
D'humides pleurs sa face noie.
Glaucus, l'ami de Sarpédon,
Les enfans d'Anténor, Médon,
Tersilocus et Polibette,
Idæus, qui là-bas fouette
Comme en son vivant il faisoit,
Lorsque des chars il conduisoit ;
Ces braves gens à notre Sire
Firent force contes pour rire,
Et tâchèrent de l'amuser,
Mais ils se firent refuser.
Ensuite aux Grecs, qui l'entrevirent,
Ses armes grande frayeur firent :
Quelques-uns pourtant tinrent bon ;
Les autres, de grande randon,
L'œil effaré, la face blême,
Gagnèrent au pied, tout de même
Qu'alors qu'il brûla leurs vaisseaux,
Et fit le fendeur de naseaux.
La plupart d'eux dans leurs retraites,
Crièrent comme des chouettes ;
Æneas en rit comme un fou,
Et fit après eux hou, hou, hou.
 Puis il rencontra Déiphobe,
Au lieu d'habit, soutane ou robe,
N'ayant qu'un méchant caleçon.
Il avoit méchante façon :
Les naseaux montroient sa cervelle,

---

[1] « Tout à droit, terme qui sert à couvrir une parole qu'on ne veut pas prononcer. » Dict. de Furetière.)

[2] Cassé, décrépit, dans un sens méprisant.

Et sa tête, qu'il eut fort belle,
Étoit lors comme un gros oignon.
Chaque bras n'étoit qu'un moignon,
Et ses tempes, de sang souillées,
D'oreilles étoient dépouillées.
Aussitôt qu'il eut discerné
Ce prince si mal atourné,
Et qui lui montroit les postères
Afin de cacher ses misères :
« Mon cher Déiphobe, ah ! vraiment,
Te voilà bâti plaisamment !
Est-ce point qu'en Enfer on pince
Aussi bien sur la peau d'un Prince
Que sur quelqu'autre moindre peau ?
Cela ne seroit guère beau.
Je t'ai cru mort, comme maints autres,
Dans la destruction des nôtres,
Et si bien mort que je t'ai fait,
Un vain tombeau pour cet effet,
Auprès du rivage Rhœtée,
Et dont la mémoire est restée. »
Il se tut après qu'il eut dit.
Voici ce qu'on lui répondit :
« Je vous suis, mon seigneur et maître,
Obligé ce que l'on peut être.
Vous vous êtes bien acquitté
Des devoirs de la piété,
Et vous ne devez jamais craindre
Que de vous l'on m'entende plaindre.
Je suis mort par la trahison
De la putain, dont un oison
Fit la mère fille de joie
Ce fut Jupin qui faisant l'oie,
Mit cette bonne dame à mal.
Or sa fille, étrange animal,
Garce à loup, fatale furie
A ma malheureuse patrie,
Et qui, par les mains d'un bourreau,
Doit finir au bout d'un cordeau,
Quand, par un trou de la muraille,
Le cheval à la riche taille
Entra dans Troie et nous perdit,
Cette adultère que j'ai dit,
Qui savoit bien la manigance,
Sur une tour fit une danse,
Et, sous ombre de piété,
Par un flambeau dont la clarté
Servit aux ennemis de signe,
Nous trahit, la carogne insigne,
Se promettant que son cornart

Prendroit la chose en bonne part.
La nuit que j'étois auprès d'elle
(Voyez un peu quelle infidèle),
Me voyant de mes sens privé,
Sous ombre d'aller au privé,
Elle emporta mon cimeterre.
Puis elle courut à grande erre
Aux ennemis ouvrir mon huis.
Dieu sait, se voyans introduits,
Si ces faux vilains m'épargnèrent !
Vous voyez comme ils me traitèrent,
Et par là vous m'avouez bien
Que putain ne vaut jamais rien.
Mais vous, incomparable Énée,
Contez-moi votre destinée.
Est-ce fortune ou désespoir,
Qui vous met en ce pays noir ?
— Ce n'est, dit-il, ni l'un ni l'autre :
C'est pour parler au père nôtre.
L'ayant vu, je ne pense pas
Qu'on me renvoie aux pays bas;
Je me déplais parmi les ombres,
Et je hais les demeures sombres. »
 Cependant qu'il disoit ceci,
L'Aurore, au teint d'amant transi,
Du blondin Phœbus la fourrière [1],
Avec sa blafarde lumière,
Dissipoit le nuage épais,
Dont la nuit, noire comme geais,
Obscurcissoit l'espace vide
Qui sépare la terre humide
D'avec la céleste maison.
La vieille eut, comme de raison,
Grande peur que messire Énée
Ne causât toute la journée,
Et, partant, le temps limité,
Faute d'en avoir profité,
Ne se passât à ne rien faire:
« Ceci soit dit sans vous déplaire ;
Il ne falloit pas tant oser
Pour venir seulement jaser.
Finissez votre jaserie,
Et considérez, je vous prie,
Si c'est pour faire le piteux
Que nous sommes ici tous deux.
Ce chemin, qu'à droite on découvre,
Droit comme un fil conduit au Louvre
Qu'habite le seigneur Pluton ;
L'autre à la geôle, où maint glouton,
Pour avoir fait des cas atroces,

[1] Qui marche devant le soleil, comme le fourrier devant les troupes.

Est, par des bourreaux bien féroces,
Tourmenté le jour et la nuit. »
La vieille ayant fait tant de bruit :
« O vieille patronne des gaupes [1],
Je rentre au royaume des taupes,
Ne fût-ce que pour ne voir pas
Votre visage de choucas [2]. »
Déiphobe, la chose dite,
Se mit habilement en fuite,
Car la vieille, qui s'échauffoit,
Infailliblement le coiffoit
De l'une et l'autre de ses pattes,
Sans doute aussi larges que plates.
   Le chemin qui mène au manoir
Du roi d'Enfer, Pluton le noir,
Est celui des champs Élysées,
Où les âmes moralisées,
Ou pour parler plus nettement,
De ceux qui bien moralement
Se sont gouvernés en ce monde,
Logent, sans trouver qui les gronde,
Sans y trouver de grands parleurs,
De créanciers, d'estocadeurs,
De faux mangeurs de patenôtres,
Gens qui font enrager les autres,
Dont ici-bas les gens de bien
A mon gré se passeroient bien.
Des cris, qui ne sont pas de joie,
Se font entendre en l'autre voie :
Æneas, y jetant les yeux,
Vit un fort, ample et spacieux,
Qui, situé sur une roche,
Étoit de difficile approche.
Des bastions de diamant
Le fortifioient diablement,
Les Dieux du ciel auroient beau faire,
Ils n'y feroient que de l'eau claire,
Quand bien la charge ils doubleroient
Aux tonnerres qu'ils tireroient.
Phlégéton, un fleuve de soufre,
Court alentour, creux comme un gouffre,

Et roule à grand bruit du brasier,
Au lieu de sable et de gravier.
Une tour qui flanque la porte
Si haute (ou le diable m'emporte),
Qu'elle atteint au plancher d'Enfer,
Est toute d'acier et de fer ;
Tisiphone en est la portière,
Carogne aussi superbe et fière
Que le portier d'un favori.
La vilaine n'a jamais ri,
Et sans cesse, d'une massue,
Sur quelqu'un quelque grand coup rue
Elle n'a qu'un court hocqueton
Pour mieux jouer de son bâton,
Et sa chemise de sang teinte
D'une chaîne de fer est ceinte,
Faite en cordon de saint François [3],
Dont la méchante, à chaque fois
Que quelque âme là dedans entre,
Vous me la frotte dos et ventre,
Tant sont fâcheux les accidens
Et de la porte et du dedans !
Le bruit des grands coups qui se donnent,
Et des étrivières qui sonnent,
Se mêle avec les hurlemens
De ceux qui sont dans les tourmens.
Æneas eut l'âme étonnée
Du bruit de la troupe damnée,
Et des grands cris qu'elle jetoit ;
Il demanda ce que c'étoit.
La vieille lui répondit : « Sire,
Je m'en vais à peu près vous dire
Tout ce que j'en ai pu savoir.
Quand Hécaté me fit avoir,
Comme à sa servante ancienne,
Dans la forêt Tartarienne,
Droit de chasse et de me chauffer
Et l'intendance de l'Enfer,
J'acquis de toute diablerie
La pratique et la théorie.
Le grand et petit Châtelet [4]

---

[1] Sots, imbéciles :
            Marchons, gaupe, marchons,
dit madame Pernelle à Flipote. (*Tartufe*, acte I, sc. I.)

[2] Le choucas est une espèce particulière de corneille grise à pieds rouges.

[3] En cordon de capucin. L'ordre des capucins reconnaît pour fondateur saint François d'Assise.

[4] Le Grand-Châtelet s'élevait à la tête du pont au Change, à la droite de la Seine, et le Petit-Châtelet à la tête du Petit Pont : c'étaient deux châteaux forts, construits en bois par Jules César, dit-on, pour fermer, des deux côtés de la Seine, les abords de l'antique Lutèce, alors qu'elle était circonscrite dans l'espace de la Cité actuelle. Le Grand-Châtelet, qui a donné son nom à la place du Châtelet, ne fut démoli entièrement qu'en 1802. Le Petit, qui servit, au quinzième siècle, de logement particulier au prévôt de Paris, puis qui se transforma en prison de la prévôté, fut détruit en 1782.

N'ont rien de funeste et de laid,
Auprès de ce château terrible,
Aux gens de bien inaccessible.
Radamanthe effroyable à voir
En soutane de bougran noir,
Sur un siége de fer préside ;
Onc ne fut juge plus rigide :
Les commissaires d'aujourd'hui
Sont des moutons auprès de lui,
Quoiqu'en matières criminelles
Nous ayons de doctes cervelles.
Quoiqu'il juge en dernier ressort,
Il ne juge personne à mort.
On ne voit que rouer, que pendre,
Qu'écorcher, que scier, que fendre ;
Ceux que l'on a précipités
Sont bientôt en haut reportés
Pour refaire autre culebute ;
Aux malheureux que l'on charcute
Revient une nouvelle peau
Pour les charcuter de nouveau.
Là le feu, qui rien ne dévore,
Ayant brûlé, rebrûle encore.
Aussitôt que l'on est grillé,
Dans de l'eau froide on est mouillé,
Et puis l'on remet sur la braise
Où l'on se sèche tout à l'aise.
Les bourreaux de ces malheureux
N'ont guère meilleur marché qu'eux :
L'impitoyable Tisiphone
D'un vilain serpent sur eux donne,
Et ce gros diable de serpent
Toujours leur donne un coup de dent.
Ses sœurs, aussi méchantes gouges,
Et de serpens et de fers rouges
Frappent infatigablement,
Hurlant sans cesse horriblement ;
Qui pis est, les méchantes raillent
A chaque horion qu'elles baillent.
Ce juge criminel d'Enfer,
Vrai cœur de bronze ou bien de fer,
En veut surtout aux chattemites,
Aux faux béats, aux hypocrites :
Quand il en attrape quelqu'un,
De leur chair il fait du petun,
Et ce petun le déconstipe,
N'en auroit-il pris qu'une pipe. »
  Comme la vieille caquetoit
Et que le Troyen l'écoutoit,
Les portes du château s'ouvrirent,
Et le secret en découvrirent.
Lors la vieille : « Voyez un peu
Ces bêtes vomissant du feu ;

Elles sont les cinquante têtes
De la plus horrible des bêtes,
D'un grand hydre, la garnison
De cette infernale maison.
Remarquez bien de quelle sorte
Il défend le seuil de la porte,
Et, s'il manquoit à son devoir,
Comment aurait-on le pouvoir
D'entrer dedans sans dire gare,
Puisque le fleuve de Tartare
Dans le fond d'un gouffre, aussi creux
Qu'est distant de ces lieux affreux
Le ciel où Jupiter habite,
Comme un torrent se précipite,
Et puis, s'étant précipité,
En sort comme ressuscité.
Épouvantable est la cascade,
Et qui pourroit d'une enjambade
La passer sans tomber dedans,
Prendroit le ciel avec les dents,
Et seroit pure rêverie
De croire que, par galerie,
Un si large et profond fossé
Peut aisément être percé.
Là, les fiers enfans de la Terre,
Pour avoir fait au Ciel la guerre,
Sont cent pieds sous terre enfoncés,
Et puis aussitôt rehaussés.
Les Aloïdes, âmes fières,
S'entre-donnent les étrivières,
Et Salmonée est pétardé :
Ce brutal, sur un char bardé,
Moitié pétard, moitié fusée,
Par toute la Grèce abusée,
Ayant contrefait les éclairs
Et les canonnades des airs,
Dépensa tout son fait en poudre ;
Le roi du ciel joua du foudre,
Et ce fanfaron abusé
Aux yeux de tous fut écrasé.
Là, le grand diable de Tytie,
Masse de chair fort mal bâtie,
Couvre de ses membres pesans
Un espace de neuf arpens :
Un furieux oiseau de proie
Sans cesse lui ronge le foie ;
Mais, quoiqu'incessamment rongé,
Il ne sera jamais mangé.
Ixion hurle sur sa roue ;
Pyrithoüs perd ce qu'il joue,
Ce qui le fait bien enrager.
Tantale enrage de manger :
De mets friands sa table on couvre ;

Aussitôt que la bouche il ouvre
Pour en manger son chien de soûl,
Crac, ils s'en vont je ne sais où.
Sa faim croît, les viandes reviennent,
Sur leurs gardes elles se tiennent,
Et disparoissent de nouveau
Quand il pense en prendre un morceau,
Si bien qu'enragé, maigre et blême,
Il fait un éternel carême.
Quoiqu'il croie avec tant de plats
Être toujours au mardi gras.
Près de lui sont les parasites [1],
Rongés lentement par des mites.
Ceux qui haïssent leurs parens,
Les pères et mères tyrans
Les enfans qui battent leurs pères,
Rencontrent là des belles-mères :
Belle-mère est un animal
Qui plus qu'un diable fait du mal,
Et je croirois bien qu'un beau-père
Vaudroit bien une belle-mère,
Et je n'estime guère plus
Des beaux-frères [2], gendres et brus :
Qui le sait par expérience
A bien besoin de patience.
Maint compatriote de Loth
Souffre là pis que le fagot :
On lui lave de feux liquides
Ses infâmes hémorroïdes.
Mainte tribade au cul trop chaud
N'a là pour siége qu'un réchaud.
Les mangeuses de patenôtres,
Toujours en effroi pour les autres,
Pour elles en tranquillité,
Qui médisent par charité,
Disant que c'est blâmer le vice,
Endurent là pour tout supplice
D'être sans cesse à marmotter,
Sans qu'aucun les puisse noter,

Et ce tourment de n'être en vue
Mille fois pour une les tue.
Tous ceux qui par ambition
Professent la dévotion,
Et sont habillés à la prude,
Non pas pour la béatitude,
Mais pour l'estime ou pour le gain,
Ou pour tout prétexte vilain,
Sont condamnés, sans qu'on le voie,
De faire de leur peau courroie,
De plus, à vivre en gens de bien
Sans que personne en sache rien.
Le juge qui vend ses parties,
Outre qu'il est frotté d'orties,
On fait éclater à ses yeux
De beaux ducats, qui sont ses dieux.
Comme il pense emplir sa pochette,
On lui donne d'une baguette
Sur les doigts, dont le seing fatal
Selon l'argent fait bien ou mal.
Son corrupteur, qui ne vaut guère,
Est puni de même manière :
Quand un coup il a desserré,
Il en reçoit un bien serré,
Et l'autre reprend tout à l'heure
L'argent comptant dont on le leurre ;
En est-il saisi ? on lui prend.
Donne-t-il un coup? on lui rend. [pent,
Tous deux sont frappés, tous deux frap-
Tous deux perdent ce qu'ils attrappent;
Ainsi leur tourment, sans cesser,
Est toujours à recommencer.
Celles qui commettent les crimes
De mêler des illégitimes
Avec les justes héritiers
Sont, avec les banqueroutiers,
Dans un feu jusqu'à la ceinture,
Se déchirant à coups d'injure.
Ceux qui d'une succession

---

[1] C'est de sa propre autorité que Scarron loge ici les parasites. On était alors au beau milieu de la grande levée de boucliers contre Montmaur, doublement odieux et doublement ridicule (malgré son mérite réel) comme pédant et comme parasite. Scarron avait pris vertement part à la lutte, et, dès 1648, il avait publié, contre celui qu'il appelle Faimmort, trois pièces : une épître sous forme de requête de ce personnage à un président, une épigramme et un sonnet. Le souvenir de Montmaur a probablement influé sur ce passage du *Virgile travesti*.

[2] Scarron avait eu presque autant à souffrir de ses beaux-frères et belles-sœurs du second lit (Charles Robin, sieur de Sigoigne, mari de sa belle-sœur Madeleine; Daniel Boileau, sieur du Plessis, mari de Claude, et Nicolas Scarron) que de sa belle-mère Françoise de Plaix, surtout dans la question de l'héritage paternel. (Voy. son *Factum* ou *Requête*.) Il a certainement songé encore à eux un peu plus loin, en écrivant :

    Ceux qui d'une succession
    Se mettent en possession
    Sans en faire part à leurs frères...

Se mettent en possession
Sans en faire part à leurs frères
S'entre-donnent là des clystères
Où n'entre point du lénitif,
Mais du feu grégeois corrosif.
Les mauvais conseillers des princes,
Les désolateurs de provinces,
Les méchans ministres d'État,
Autant le malin que le fat.
Les factieux des grandes villes,
Les auteurs des guerres civiles,
Les uns sont tout vifs empalés,
Et les autres écartelés :
Qui, d'une potence est la branche ;
Qui, comme en Turquie, à la guanche [1];
Qui, roué de coups de bâton ;
Qui, sent le gigot de mouton
Sur un gril comme une saucisse.
Enfin chacun a son supplice.
Les uns plus, les autres pas tant,
Selon que chacun est méchant.
Là Thésée est sur une chaise,
Ainsi que moi, mal à son aise [2],
Outre que son malheureux cu
Faute de chair est fort pointu,
La chaise mal faite et durette
De trois de ses pieds a disette
(Pour vous montrer que je puis bien
Changer un vers en moins de rien :
La chaise, aussi dure que roche,
N'a qu'un pied, et ce pied-là cloche ;
Le voici d'une autre façon,
Tant je suis un joli garçon :
La chaise branlante et très-dure
N'a qu'un pied pour toute monture).
Elle trébuche à tout moment,
Il la redresse promptement ;
A-t-il remis le cul sur elle,
Patatras, il choit de plus belle.
Phlegyas fait là des sermons,
Outre qu'ils sont mauvais, fort longs,
Comme ceux qu'on fait au village ;
Personne n'écoute, il enrage,
Il s'égosille de crier ;
Chacun a peur de s'ennuyer,
Et s'enfuit en faisant la moue.
Il pousse sa voix, il s'engoue,
Prônant à ces malicieux :

Soyez justes, craignez les dieux.
Cette sentence est bonne et belle,
Mais en Enfer de quoi sert-elle ?
Faire là des sermons si beaux,
C'est donner des fleurs aux pourceaux.
Celui-ci vendit sa patrie ;
Celui-là (voyez, je vous prie,
Le luxurieux animal)
Mit une propre fille à mal.
Certes, pour bien conter les choses
Qui dans cet Enfer sont encloses,
Pour en dire tous les tourmens
Il me faudroit plus de cent ans,
Plus de cent langues éloquentes,
Comme des clairons éclatantes,
La voix comme un bruit de canons,
Et l'haleine des Aquilons. »
La vieille, après cette hyperbole,
Pour un temps perdit la parole,
Et puis, ayant fait un hoquet,
Reprit en ces mots son caquet :
« Voilà, mon bon seigneur Énée,
Tout ce que de la gent damnée
Je vous dirai pour le présent.
Venez faire votre présent.
Je vois déjà les murs de fonte,
Comme un livre ancien raconte,
Que les Cyclopes ont bâtis,
Qui n'étoient pas des apprentis.
J'en discerne les hauts portiques,
Et les deux portes métalliques.
— Pour dire la chose en ami,
Je ne vois ni murs, ni demi, »
Dit Æneas. La péronnelle
Lui dit : « Vous me la baillez belle.
En ces lieux mal illuminés,
Qui voit la longueur de son nez
Se peut vanter de bonne vue ;
Puis les mortels ont la berlue.
Allons, allons, doublons le pas. »
Le Troyen ne repartit pas,
Et se mit, comme elle, en la voie,
Sans que son œil son chemin voie.
Mais la Sibylle le guida,
Si bien qu'au mur il aborda,
Où le bon seigneur fit en sorte
Qu'à tâtons il trouva la porte.
D'eau de puits il s'eau-bénita,

---

[1] La guanche ou ganche est une espèce de potence, particulière à la Turquie. On l'appelait aussi *ganache*.

[2] Ici, et plus loin encore, Scarron oublie qu'il fait parler la Sibylle, et s'exprime en son propre nom.

Et le rameau d'or présenta ;
Il pensoit le donner lui-même
En main propre à la dame blême,
Et lui faire son compliment,
Mais un gros Suisse, arrogamment,
Lui dit qu'elle étoit empêchée.
La Sibylle en fut bien fâchée,
Et l'autre en eut bien du chagrin,
Car on leur eût donné leur vin.
 Enfin ils eurent donc entrée
Dans la bienheureuse contrée,
Où Maron dit qu'il fait si bon,
Que tout le pain est du bonbon,
C'est-à-dire est un pain de sucre ;
Où rien ne se fait pour le lucre,
Mais où les habitans *gratis*
Contentent tous leurs appétits.
Tous les faiseurs de mauvais contes,
Les faux marquis et les faux comtes [1],
Les sots de mauvais entretien,
Les hâbleurs, les diseurs de rien,
Les grands parleurs et les copistes,
Les fats qui contrefont les tristes,
Les plus importuns des humains :
Ceux qui montrent leurs belles mains,
Ceux qui se disent sans mémoire,
S'imaginans qu'ils feront croire
Qu'ils en ont plus de jugement,
Ce que l'on croit pieusement ;
Ceux qui donnent des estocades,
Ceux qui disent qu'ils sont malades,
Et ne le sont que de l'esprit,
Comme on voit par leur appétit ;
Les femmes qui toujours demandent,
Les vieillards qui toujours gourmandent,
Ceux qui nous aiment malgré nous,
Les faux sages, les méchans fous,
Ceux qui content toujours leurs songes,
Qui sont bien souvent des mensonges,
Ceux qui ne disent jamais mot,
Finesse ordinaire à tout sot
Qui de soi ne peut rien produire,
Et qui croit que par un sourire
Et par un silence affecté
Il couvre sa stupidité [2],
Ou témoigne sa modestie
En ne chantant pas sa partie
(Foin de ces chanteurs de tacet,

---

[1] Scarron avait déjà mis un passage analogue à celui-ci dans ses *Révélations* :

 Lors s'acharna la satire
 Contre les vieux courtisans,...
 Les faiseurs de mauvais contes,...
 Et tous les marquis ou comtes,
 Depuis l'an mil six cent un, etc.

Les faux marquis et les faux comtes fourmillaient alors. « Cette usurpation des titres, disions-nous dans une note de notre édition du *Roman comique*, était un effet que devait naturellement produire l'influence exagérée de la cour et des grands seigneurs sous Louis XIV, ainsi que la haine professée par les écrivains comme par les courtisans contre les bourgeois... Aussi les livres de cette époque sont-ils pleins de témoignages à l'appui. Je ne parle pas de mademoiselle de Gournay, qui remonte aux premières années du siècle ; mais Saint-Amant, par exemple, s'exprime en ces termes (1658) : « Si je ne me suis pu résoudre jusqu'à présent
« à me *monsieuriser* moy mesme dans les titres de tous mes ouvrages, je te prie de croire
« que ce n'est point par une modestie affectée ou injurieuse à ceux qui en ont usé de la sorte
« dans les leurs, et que, quand on m'aura bien prouvé que j'ay mal fait, je ne me *monsieuri-*
« *seray* pas seulement, mais, pour réparer ma faute, je me *messiriseray* et me *chevalieriseray*
« à tour de bras, *pour le moins avec autant de raison que la pluspart de nos galands*
« *d'aujourd'huy en ont à prendre la qualité ou de comte ou de marquis.* » (Avis au lecteur précédant la *Généreuse*, édit. Jannet, 11e vol., p. 355.) Le Pays raille également ces marquis sans marquisats dans la préface de ses *Amitiez, Amours, Amourettes* (1664). Et Molière, dans l'*École des Femmes* (1662), acte I, sc. 1 :

 De la plupart des gens c'est la démangeaison, etc.

Il a encore ridiculisé la même manie dans le *Bourgeois gentilhomme* et dans *George Dandin*. Ne peut-on dire aussi que la Fontaine, qui pourtant n'était pas lui-même tout à fait irréprochable, pensait à la même chose en écrivant ses fables de la *Grenouille qui veut se faire aussi grosse qu'un bœuf*, et du *Geai paré des plumes du paon* ? Bussy-Rabutin fit également une chanson contre les faux nobles, et Claveret une comédie : *l'Écuyer, ou les faux nobles mis au billon* (1665), dont il faut lire la dédicace aux *vrais nobles*. Mais les épigrammes ne suffirent pas : on fut obligé de sévir contre les faux nobles. »

[2] Ce passage rappelle tout à fait l'anecdote bien connue de ce frère mendiant, qui assistait,

Soit en fauteuil, soit en placet [1],
Soit en ruelle, soit en rue !
Un bon esprit n'est pas si grue,
Qu'il ne soupçonne le revers
De ces esprits clos et couverts) ;
Ceux de qui l'haleine est bien forte,
Ou bien, pour parler d'autre sorte,
Dont l'haleine sent les porreaux ;
Les hommes qui font trop les beaux,
Enfin tous ceux et toutes celles
Tant les mâles que les femelles
Qui font les vivans enrager,
Ne doivent nullement songer
A venir là troubler la fête.
Tout est civil, tout est honnête
En ce séjour des bienheureux :
S'il s'y rencontroit des fâcheux
Qui troublassent leur bande gaie,
On les paraferoit de craie,
Ou comme des pestiférés
Seroient des autres séparés,
Et tôt après mis à la porte,
Où le portier feroit en sorte,
Les renvoyant bien bâtonnés,
Qu'ils n'y mettroient jamais leurs nez.
C'est un vrai pays de Cocagne :
Dans du vin muscat on s'y baigne,
Et tout le monde y sait nager
Sur le dos, le ventre, et plonger.
On y contente son envie
Selon ce qu'on fut en sa vie ;
Le jeu seul est là défendu,
Car qui voudroit avoir perdu ?

Qui se plut à lutter y lutte,
Qui fut contestant y dispute ;
Un mangeur y mange son soûl,
Un buveur y boit comme un trou,
Un chasseur chasse, et rien ne manque,
Y tire qui veut à la blanque [2],
Et rencontre dans son billet
Quelque bijou qui n'est pas laid.
Enfin on danse, on rit, on raille,
On se repose, ou fait gogaille,
On s'exerce à la course, au saut,
On lit des nouvelles d'en haut ;
Qui veut y ballotte à la paume [3],
Et même en ce plaisant royaume
Ils ont une lune, un soleil,
Ou quelque chose de pareil.
Le révérend signor Orphée,
La tête de laurier coiffée,
Y chante sur son guitaron
Des airs du renommé Guedron [4].
Les nobles fondateurs de Troie,
Marchant gravement à pas d'oie,
Barbe en pointe et chapeau pointu,
Y discourent de la vertu.
Ilus, Dardanus, Assarace,
Et cent autres de même race,
Les uns font leurs chevaux trotter,
Les plus hardis les font sauter ;
D'autres font leurs chariots courre,
Et d'autres jouent à la mourre [5].
Les plus vieux et les plus sensés
Y parlent des siècles passés,
Ou bien font des contes pour rire.

sur un bateau, à une discussion philosophique entre Molière et Chapelle, et ne donnait son avis que par des *hom, hom*, qui semblaient en dire beaucoup. (Voyez Grimarest, *Vie de Molière*.)

[1] Les placets étaient des siéges sans dossiers et sans bras, souvent en usage alors, par exemple à la cour, à l'hôtel de Rambouillet, et dans les grandes maisons où tous les visiteurs n'étaient pas admis à l'honneur de s'asseoir dans des fauteuils.

[2] Loterie du temps, qui tirait son nom de ce que le billet *blanc* y perdait. Les autres billets portaient la désignation de leurs gains. La blanque était très-répandue, et on y fit plus d'une fois des bénéfices, et surtout des pertes, dignes des maisons de jeu de Hombourg ou de Bade.

[3] Le jeu de paume était le divertissement favori du temps de Scarron. On peut en voir la description dans le *Jeu royal de la paume*. (*Maison académ.*, 1659, in-12.) Il y avait des *tripots*, c'est-à-dire des locaux disposés pour ce passe-temps, dans toutes les villes tant soit peu importantes, et ces tripots servaient ordinairement de salles de spectacle, lors du passage de quelque troupe nomade.

[4] Vieux chansonnier qui jouissait encore de quelque renommée. Pierre Guedron était maître de musique et compositeur de la chambre de Louis XIII. Dassoucy, dans ses *Aventures* (chap. VII), et Brossette, dans une note sur la satire IX de Boileau, nous apprennent que le père du Savoyard, chantre du pont Neuf, comme son fils, mettait surtout à contribution les œuvres de Guedron et de Poesset.

[5] Jeu qui consiste à lever, sans le moindre retard, autant de doigts que le partenaire l'indique.

Ceux qui font rage de la lyre,
J'entends les poëtes divins,
Alors qu'ils sont entre deux vins [1],
Par défi se chantent des carmes,
Qui font rire ou verser des larmes,
Selon que ce qu'on a chanté
Rend triste ou met en gaieté.
Celui qui pour le peuple endure,
Que l'on relègue ou claquemure,
Les Catons, qui font toujours bien,
Comme fait Deslandes-Payen [2],
Les prélats, à droit comme à gauche,
Nets de toute sale débauche,
Et qui n'ont point eu de Laïs ;
Ceux qui sont morts pour leur pays,
Les pauvres de vie inconnue,
De vertu rare, quoique nue ;
Les beaux esprits point médisans,
Les peintres, nobles artisans,
Qui sont de leurs jours la merveille [3],
Y sont le laurier sur l'oreille,
Faisant bonne chère à leurs sens
Par mille plaisirs innocens.
Enfin les hommes de mérite,
Dont la troupe est là fort petite
Aussi bien qu'en ce monde ici,
Sont là, sans peine et sans souci,
Et se réjouissent ensemble
De la façon que bon leur semble.
Aucuns dansent des tricotets [4] :
Ce sont ceux qui furent coquets ;
Et quelques donzelles savantes
De ces galans sont les galantes.
Le plus souvent ils vont au cours
(Car on le tient là tous les jours [5]),
Ou bien sur de molles herbettes
Font l'un contre l'autre à fleurettes,
Ou se donnent les violons,
Qui sont là rares, mais fort bons.
 D'entr'eux tous, le rimeur Musée
Ayant la Sibylle avisée
(Peut-être qu'il la connoissoit),
Lui demanda ce que cherchoit
En ces bas lieux messire Énée.
La vieille, comme étant bien née,
La chose ne lui céla pas,
Et dit, le saluant bien bas :
« Nous cherchons en ce pays sombre
D'Anchises la vénérable ombre,
Non pas seulement pour le voir,
Mais pour essayer de savoir
Ce que madame Destinée

---

[1] On connaît l'épître d'Horace à Mécène (XIX) :

> Prisco si credis, Mœcenas docte, Cratino,
> Nulla placere diu nec vivere carmina possunt
> Quæ scribuntur aquæ potoribus...
> Vina ferè : dulces obierunt manè Camœnæ
> Laudibus arguitur vini vinosus Homerus :
> Ennius ipse pater numquàm, nisi potus, ad arma
> Prosiluit dicenda...

Voilà donc, d'après cette épître, quatre poëtes, qui se présentent pour justifier le vers irrévérencieux de Scarron, et quels poëtes ! Cratinus, Homère, Horace, Ennius ! Combien d'autres n'y pourrait-on pas joindre, surtout au dix-septième siècle, en fouillant les cabarets où les poëtes *rouges-trognes*, Théophile, Saint-Amand, Colletet, Chapelle, Beys, etc., etc., rimaient tout le jour en faisant la débauche ! Scarron lui-même avait pu voir chez lui, dans ses repas de *pièces rapportées*, la verve de plus d'un poëte s'allumer entre deux vins.

[2] Voir la dédicace du Ve livre.

[3] Scarron était grand partisan de peinture. Le Poussin, qu'il avait connu à Rome, vers 1634, nous apprend dans sa *correspondance* (7 février 1649 et 29 mai 1650) que deux tableaux lui avaient été commandés par notre poëte.

[4] Le tricotet, qui rentrait dans les danses *par haut*, comme disaient nos pères, se dansait gaiement et en rond. On en peut voir la description plus détaillée dans les traités spéciaux sur la matière. C'était un des divertissements favoris de Henri IV, qui y ajouta, dit-on, un trépignement de pied à la fin du dernier couplet. En 1735, on donna le *Ballet des Tricotets* au théâtre de la Foire.

[5] Cours, dans son sens le plus large, désignait tout lieu de promenade, surtout pour le beau monde. On appelait particulièremement le Cours, ou le Cours-la-Reine, la promenade ouverte en 1628, sous la régence de Marie de Médicis, au lieu où elle se trouve encore aujourd'hui. Il y avait des jours marqués où les *parfaits galants* devaient, sous peine de forfaire et de déchoir, se rencontrer à tel ou tel Cours. (Voir *Lois de la galant.*, édit. Aubry, p. 20.)

A la race de maître Énée
Veut faire de mal et de bien.
Ce bon prince, qui n'en sait rien,
Avec quelque raison espère
Qu'il saura le tout de son père,
Et d'être aidé de son conseil.
— Je crois qu'il se gratte au soleil,
C'est son exercice ordinaire.
Comme il est d'humeur solitaire,
Si vous l'agréez, volontiers,
Je m'offre de faire le tiers
Et de vous mener où je pense
Qu'est à présent Sa Révérence. »
Voilà ce que Musæus dit.
Maître Æneas au mot le prit,
Et fit compliment au poëte.
Ils parlèrent de la Gazette[1],
Car grand nouvelliste il étoit,
Et comme un diable contestoit,
Quoique, dans les champs Élysées,
Les âmes bien civilisées
Ne contestent que rarement ;
Mais Æneas, adroitement,
S'étant aperçu de son vice,
Pensa lui rendre un bon office,
A ce qu'il voulut se rangea,
Dont quasi Musée enragea,
Car tout animal qui conteste
Contre qui lui cède tout, peste ;
Et c'est bien le pousser à bout
Que se taire et lui céder tout.
    Marchant et faisant conférence,
Ils trouvèrent une éminence
D'où l'œil pouvoit aller bien loin.
Æneas, n'ayant plus besoin
De ce bel esprit qui le mène,
Ou pour lui donner moins de peine,
On se sentant importuner,
Le fit sur ses pas retourner.
L'auteur retranché de leur troupe,
Ils grimpèrent sur une croupe,
Non sans avoir bien haleté :
La vieille en eut mal au côté.
Sur cette bosse de la terre,
Dieu sait comme ils firent la guerre,
S'entend à l'œil, car autrement
Je parlerois peu nettement,
Et j'attirerois la critique
Qui daube sur qui mal s'explique.

Leurs yeux ayant leurs coups visés
Sur tous les objets opposés,
Ils découvrirent maître Anchise
Aux longs crins de sa tête grise ;
Il étoit dans un plaisant val,
Qui des âmes est l'arsenal :
Ce ne sont pas des âmes neuves,
Mais des âmes d'autres corps veuves,
Qui sur terre retourneront
Et d'autres corps habiteront.
Parmi ces personnes en herbe
Qui ne sont pas encore en gerbe,
Le bon seigneur considéroit
Celles dont grand bruit on feroit.
Aussitôt qu'il vit maître Énée,
Il dit d'une voix étonnée :
« Je t'ai bien longtemps attendu,
Mon fils, en ce pays perdu.
J'aurois douté de ta venue
Sans ta piété si bien connue ;
Mais j'en étois aussi certain
Que si je t'eusse eu dans la main.
J'eus peur de te voir dans Carthage
Enchevêtré d'un mariage,
Car, si le Destin n'a menti,
On te garde un meilleur parti.
Pour te parler en conscience,
Mille fois par impatience
J'ai crié d'un esprit mutin :
« Maudit soit le fils de putain ! »
Il est vrai que le terme est rude,
Mais pardonne à ma promptitude :
C'est le vice de ma maison.
Quand on aime on est sans raison,
Viens donc, mon fils, que je t'embrasse,
Viens me baiser droit à la face ;
Viens, dis-je, sans plus différer. »
Autant qu'une âme peut pleurer,
Du père de messire Énée
La barbe de pleurs fut baignée,
Et d'Anchises l'enfant gâté
Versa des pleurs en quantité,
Disant telle ou semblable chose :
« O de mes pleurs l'aimable cause,
Mon cher et bien-aimé papa,
Qui m'avez depuis pe à pa,
Jusqu'à la plus haute science
(Par exemple la chiromance[2])
Montré, non pas comme un pédant,

---

[1] Probablement la *Gazette de France*, fondée par Théophraste Renaudot, en 1631; peut-être la Gazette burlesque publiée par Scarron lui-même pendant la Fronde.
[2] L'art d'interpréter la destinée d'une personne d'après l'inspection des lignes de sa main.

Toujours fâcheux, toujours grondant,
Et ne respirant que le lucre,
Mais en m'étant doux comme sucre,
Et sans m'avoir jamais battu,
Quoique je fusse un peu têtu ;
Je n'ai pas fait grande prouesse
En venant chercher Votre Altesse
Jusqu'au fond du royaume noir ;
Je n'ai rien fait que mon devoir,
Et j'aurois baissé d'un étage
S'il en eût fallu davantage.
Mais dépêchez-moi vitement :
Ma flotte peste assurément ;
Les plus retenus en colère,
Sans porter respect à ma mère,
M'appellent bâtard, vous, vieux fou.
La peste leur casse le cou !
Ou je les donne à mille diables!
Et mille autres pointes semblables,
Dont le sujet ou le suivant
Régale son maître souvent. »
Après ces mots pleins de franchise
Il voulut embrasser Anchise,
Mais rien du tout il n'embrassa.
Par trois fois il recommença,
Et par trois fois à l'embrassade
L'ombre lui fit la pétarade,
Lui disant : « Tu ne me tiens pas,
Tu te lasses en vain les bras,
Je suis une ombre à ton service,
Et non pas un corps qu'on saisisse. »
Maître Æneas en fut confus
Comme quand on souffre un refus ;
Mais, après un moment de honte,
Le seigneur n'en fit pas grand conte.
   Dans le fond du vallon étoit
Un bois que le vent agitoit.
Le fleuve, ennemi de mémoire,
Passoit auprès, donnant à boire
A plusieurs esprits altérés ;
Ils étoient ensemble serrés,
Car la multitude étoit grande.
On peut comparer cette bande
Aux abeilles, quand, dans un pré
De cent mille fleurs diapré,
Leur soûl de fleurs elles se donnent,
Et, picotant les fleurs, bourdonnent ;
Ainsi les âmes, dans Lethé,
Sans se faire civilité,
S'entrefaisoient choir dans le fleuve :
Tandis que quelqu'une s'abreuve,
L'autre, par le cul la choquant,
Prenoit sa place en se moquant.

Énée, à cette multitude,
Ne fut pas sans inquiétude
(Maron dit qu'il en eut horreur,
Mais je crois que c'est une erreur) ;
Il est vrai que, voyant la chose,
Volontiers il eût su la cause
De leur grande altération,
Et pourtant, par discrétion,
Il dissimula son envie ;
Anchises, qui fut en sa vie
Fin et rusé comme un Normand,
Le vit à ses yeux aisément.
Il lui dit : « Ceux que tu vois boire
Tâchent de perdre la mémoire
Dans la rivière de Lethé
D'avoir en d'autres corps été,
Afin qu'au monde retournées
Après un grand nombre d'années,
Des corps jadis abandonnés,
Comme de péchés pardonnés,
Elles perdent la souvenance.
— N'en déplaise à Votre Éminence,
Ces esprits-là, dont vous parlez,
Sont du jour bien ensorcelés,
De le venir chercher sur terre,
Où tant de maux leur font la guerre;
C'est folie ou stupidité,
Ou ce n'est pas la vérité. »
A cette réponse incivile,
Anchises, sans croire à sa bile,
Lui dit d'un ton plus sérieux :
« Ne parle point, ou parle mieux.
Entre vous gens de l'autre monde,
Toujours en son sens on abonde ;
Ceci vous soit dit en passant. »
Maître Æneas, en rougissant,
Rentra bientôt en sa coquille ;
Et voici, de fil en aiguille,
Ce qu'ajouta son géniteur,
Gesticulant en orateur :
« Dame Nature est une mère
Qui produit, sans l'aide d'un père,
Ce grand nombre d'enfans divers
Qui peuplent le vaste univers,
Comme le ciel clair comme un verre,
Le soleil, la lune, la terre,
La mer, les bois, et *cætera*,
Id est tout ce qui vous plaira.
Or cette Madame Nature,
Qui sert à tout de nourriture,
Qui fait tout agir, tout mouvoir,
Sans qu'on le puisse apercevoir,
Est infuse par tout le monde ;

Selon qu'aux choses elle abonde,
Elle en accroît les qualités,
Les mesures, les quantités.
Lorsque de sa lumière interne
Un corps humain est la lanterne,
Cette lumière en ce corps fait
Plus grand ou plus petit effet :
Quand cette lumière est plus forte,
Lors l'esprit sur le corps l'emporte,
Et, quand le corps est le plus fort,
L'esprit y manque, et le corps dort.
L'esprit du corps fait une crasse
Qui facilement ne s'efface,
Et, quoiqu'il ait son corps laissé,
Il n'est pourtant pas décrassé
De cette crasse qui le mine,
Qu'il n'ait passé par l'étamine,
C'est-à-dire par les tourmens
Qui durent un grand nombre d'ans.
Les esprits nets de leurs ordures,
Ayant souffert mille tortures,
Ayant été fort bien pendus,
Brûlés sur la roue étendus,
La tête ou les côtes brisées,
Sont admis aux champs Élysées,
Où, par l'espace de mille ans,
A fine force de bon temps,
A force de vivre à leur aise,
Ainsi que l'or dans la fournaise,
On les met d'assez haut carat,
En tel agréable climat,
Pour être au monde renvoyées,
Outre qu'elles sont nettoyées
Dans la rivière de Lethé ;
D'avoir autre part habité,
Elles y perdent la mémoire :
Pour cela l'on les y fait boire.
— Ma foi, je ne vous entends pas,
Dit à cela maître Æneas ;
Et, dès la quatrième ligne,
Soit que je n'en sois pas trop digne,
Je n'ai rien du tout entendu,

Et c'est autant de bien perdu
Que vos rébus de Picardie [1].
Trouvez bon que je vous le die :
Ou mon père est beaucoup obscur,
Ou son fils a l'esprit bien dur.
— Tant pis, tu devois donc te taire.
Je pensois quelque honneur te faire
Devant la dame que voilà :
Je ne savois que trop cela. »
Voilà ce que lui dit Anchise,
Faisant une mine assez grise.
Tandis qu'il tenoit ces discours,
Eux et lui s'approchoient toujours
Des bords de l'admirable fleuve
Où la troupe d'esprits s'abreuve.
Là, le vieillard reprit ainsi :
« Parmi la troupe que voici,
Je t'apprendrai, messire Énée,
De ton étrange destinée
En peu de mots le *tu autem* [2].
Les noms de tes neveux. *Item*,
Je te dirai cent mille choses
Qui ne sont pas encore écloses,
Qu'autre ne te diroit jamais.
Je te conterai les beaux faits
De gens au poil comme à la plume [3],
Dont on fera plus d'un volume. »
Cela dit, sur maître Æneas,
A cause qu'il étoit bien las,
Il se mit à la chèvre morte,
A peu près de la même sorte
Qu'il fit au sortir d'Ilion.
Non pas se sauvant en lion,
Mais en âne, ne vous déplaise.
Étant là comme en une chaise,
Ayant toussé, mouché, craché,
Ayant bien fait de l'empêché,
Enfin il dénoua sa langue,
Et fit cette belle harangue :
« Vois-tu ce jeune jouvenceau
Vêtu d'un rouge drap d'Usseau [4],
Et qui tient en main une pique,

---

[1] On sait ce qu'il faut entendre par un rébus. Pour l'explication des mots *rébus de Picardie* : « Il n'y a pas longtemps, lit-on dans le *Dictionnaire* de Furetière, que les clercs de Picardie faisoient tous les ans, au carnaval, certains libelles qu'ils appeloient *de rebus quæ geruntur*, c'est-à-dire des railleries de ce qui se passoit dans la ville, — où ils faisoient de ces équivoques : ce qui a été défendu à cause du scandale... Le sieur des Accords a fait un recueil des plus fameux rébus de Picardie. »

[2] L'issue, le dernier mot. Cette locution vient de ce que beaucoup de leçons chantées à l'église finissoient ainsi : *Tu autem*, Domine, miserere nostri.

[3] Bons à plus d'une chose.

[4] Drap assez commun, ainsi nommé du village d'Usseau, dans le Languedoc, où on le fabriquait.

Bâton dont bien fort il se pique ?
C'est ton fils après ta mort né,
Lequel vaudra bien son aîné.
Cette vénérable personne
Portera d'Albe la couronne ;
Il sera nommé Sylvius,
Très-digne d'un nom en ius ;
Il mourra d'une ardeur d'urine,
Regretté de la gent Latine.
Vois Capis, homme de valeur,
Mais il jouera de malheur,
Il fera la fausse monnoie [1],
Et jeune encor mourra de joie.
Auprès de lui, voilà Procas,
De qui l'on fera fort grand cas ;
Il mourra bien avant dans l'âge,
Empoisonné dans du fromage.
Voilà le brave Numitor,
Lequel vaudra son pesant d'or.
L'autre est Sylvius, dit Énée ;
Son âme royale et bien née
Ton beau nom renouvellera,
Tant homme d'honneur il sera.
Tous ceux-là, couronnés de chêne,
Qui se tiennent comme une chaîne,
Sont tes illustres descendans,
Lesquels feront bien les fendans :
En paix ils seront fort habiles,
Ils fonderont de belles villes
Pleines de force gens de bien.
De leurs noms je ne dirai rien ;
Ce n'est pas que je les ignore,
Mais sur pied n'étant pas encore,
Je ne serois pas bien sensé,
Ni toi pas beaucoup avancé.
Mais voici l'illustre Romule
Qui fut un bel homme de mule,
De plus, bel homme de cheval [2]

Il fera du bien et du mal,
Car il doit faire bâtir Rome,
Et tuer son frère, un brave homme ;
Son aïeul il rétablira,
Son père au ciel l'attirera.
Veux-tu savoir pourquoi son casque
A deux cornes à la fantasque ?
Je te le dirois, mais, ma foi,
Je ne sais pas trop bien pourquoi.
Mais j'oubliois, quant à sa race,
Qu'il vient de droit fil d'Assarace.
O le brave fils de putain,
Que cet auteur du nom Romain !
Il fera mentir le proverbe.
La peste, qu'il sera superbe
De voir les gens de lui sortis
Faire enrager grands et petits !
Ainsi la vieille Bérécinthe,
Grave comme une femme enceinte,
Vénérable comme un prélat
Qui prétend au cardinalat,
Par deux maîtres lions tirée,
Sur sa tête une tour carrée
Qui lui fait ployer le chignon,
Ses mains sèches sur le rognon,
Sur un char propre à faire entrée
Par la Phrygienne contrée,
Va partout se glorifiant
Seule, à soi-même se riant
D'avoir, par sa vertu féconde,
Mis tant de déités au monde,
Plus de cent dieux, de compte fait,
Qu'elle a tous nourris de son lait.
O la succulente nourrice !
Mais j'aperçois de la milice
Le protomagister [3] César :
Ah ! considérez-le bien, car
Le drôle, avec sa tête chauve [4],

[1] Si je ne craignais de ressembler mal à propos à ces graves commentateurs qui découvrent des mondes de théories, d'allusions et d'allégories de la plus haute portée, dans des facéties sans but, je dirais que ce vers inattendu a pu être inspiré à Scarron, sans qu'il y réfléchît, par la fréquence de ce crime à l'époque où il écrivait. Les gentilshommes mêmes s'en rendaient coupables, et Tallemant des Réaux reproduit à chaque instant cette accusation. Citons, parmi les plus hauts personnages qui en furent accusés ou convaincus, M. d'Angoulême, le marquis de Pomenars, la Montarbault, Saint-Aunais, de la Vieuville, *surintendant des finances*.

[2] Les mots *mule* et *cheval* se réunissaient de la même façon dans beaucoup de dictons. On disait, par exemple, d'un homme pauvre et sans équipage, qu'il n'avait ni cheval ni mule. *Un bel (ou bon) homme de cheval* était celui qui savait bien manier et dompter cet animal.

[3] Le premier maître.

[4] On appelle bêtes *noires*, en terme de vénerie, les sangliers et animaux analogues ; bêtes *fauves*, les cerfs, biches, daims, chevreuils, etc.

Sera, pour le noir et le fauve,
Le plus fin chasseur des humains.
Il fera bouquer [1] les Romains,
Eux qui font enrager les autres ;
Il fera la gloire des vôtres,
Et puis dans le ciel aura part,
Mais à beaux grands coups de poignard.
Ah ! le voici, le grand Auguste,
Vaillant, courtois, beau, sage et juste !
Dieu nous le devoit, sur ma foi ;
En esprit déjà je le voi
Dedans Rome aux Romains qui prône,
Assis sur un superbe trône ;
Mais ce n'est pas pour notre nez,
Oui bien pour ceux qui seront nés
Au temps de ce merveilleux homme,
Qui, sans sortir les pieds de Rome,
Assujettira sous ses lois,
D'un côté les fiers Rochellois [2]
De l'autre les faux Allobroges
(Je ne parle point de Limoges,
Car qui fait le plus, peut le moins) :
C'est ce grand héros dont les soins
Feront porter du Rhin en Gange
Sans port une lettre de change,
Et retourner d'un même train,
Si besoin est, du Gange au Rhin.
Hercule à la lourde massue,
Bacchus à la pique feuillue,
Par les rimailleurs tant vantés,
N'ont pas tant d'honneurs mérités.
Oh ! que l'homme qu'on voit bien faire
Sert à tous d'un bel exemplaire !
Ce vieillard à bonnet carré [3]
C'est Numa, des siens adoré
Pour plusieurs œuvres méritoires,
Des oraisons jaculatoires,
Des sacrifices solennels
Et de beaux paremens d'autels
Dont il introduira l'usage.
Tullus, qui suit, n'est pas si sage,
Mais il est plus vaillant aussi ;
Et le vain Ancus, que voici,
Fait bien voir à sa mine fière

Qu'il aime fort le pied derrière [4].
Voilà les paillards de Tarquins
Aussi superbes que bouquins.
Voilà Brutus, par trop sévère,
Bon citoyen, et mauvais père,
Mais, en gros, un brave Romain.
Ce vieillard, la hache à la main.
C'est Torquat. Cet autre est Camille.
Ceux qui les suivent à la file
Sont les Druses et Curiens,
Tous fort honnêtes citoyens
Vois-tu ces deux qui s'entre-lorgnen,
Et d'intention s'entr'éborgnent ?
C'est le beau-père et le beau-fils.
L'un d'eux se plaindra de Memphis ;
L'un et l'autre grand capitaine,
Dedans je ne sais quelle plaine
Feront pions [5] et chevaliers
S'entre-choquer comme béliers,
Tout beau, tout beau, valeureux sires,
De grâce refrénez vos ires !
Oh ! combien jasera l'écho
Aux environs de Monaco,
Quand l'un d'eux, avec ses buccines,
De ces roches du ciel voisines
Descendra pour aller trouver
Son gendre, et le clou lui river !
Mais, auparavant qu'il lui rive,
Il faudra bien crier : Qui vive ?
Vous feriez mieux, beaux conquérans,
De finir tous vos différends.
Tout beau, tout beau, valeureux sires,
De grâce refrénez vos ires,
Au moins toi, qui te puis vanter
D'être parent de Jupiter.
Celui qui détruira Corinthe,
C'est cet homme à la face peinte,
Qui sur le nez porte un poireau.
Cet autre fera du tombeau
D'Achille une chaise percée,
Et de la Grèce terrassée
Tirera pleinement raison
D'Ilium pris en trahison.
Voilà Caton qui fut un drôle [6],

---

[1] Être mécontent, de mauvaise humeur; enrager. On peut voir dans le *Dict. com.* de Leroux, l'explication du divertissement par lequel on faisait *bouquer* quelqu'un.

[2] Allusion à la prise de la Rochelle sur les protestants par Louis XIII, ou plutôt par Richelieu (1628).

[3] Scarron coiffe Numa Pompilius d'un bonnet carré, à cause du caractère religieux et sacerdotal de son règne.

[4] Les révérences, les respects.

[5] Fantassins.

[6] L'auteur donne ici un sens particulier au mot *drôle*, qui signifie comme *déterminé, luron*.

Cossus, franc Amadis de Gaule [1],
Serranus, grand homme de bien,
Gracchus qui ne lui cède en rien,
Les deux Scipions, en la guerre
Plus redoutés que le tonnerre ;
Le mangeur d'ail Fabricius,
Le temporiseur Fabius ;
Enfin, je ne sais combien d'autres
Issus de nous, ou bien des nôtres.
On voit en plusieurs nations
De très-rares inventions :
Plusieurs en sculpture et peinture
Savent surpasser la nature,
Et maints autres arts curieux ;
Plusieurs savent le cours des cieux,
Plusieurs font rage de la lyre,
Et de la danse, et du bien dire ;
Mais tout homme vraiment Romain
Doit de la tête et de la main
Aller droit dans le ministère,
Et s'il s'en acquitte au contraire,
Que... » Le vieillard tout court se tut,
Car à bon entendeur, salut !
Et puis il reprit de la sorte :
« Celui qui pour ses armes porte
En son grand et lourd bouclier,
De cuivre, de fer, ou d'acier,
Deux os de mort semés de larmes,
En françois *baisez-moi*, *gendarmes*,
Et ce qui suit de la chanson [2],
Écrit autour de l'écusson,
C'est Marcel, qui seul en vaut mille,
A la brette un vrai Bouteville [3],
Autant à pied comme à cheval,
Qui rossera bien Annibal,
Et le mettra tout en bredouille,
Gagnera l'opime dépouille,
Et puis à la fin, comme un fou,
S'ira faire rompre le cou,
Et fera grand dépit à Rome. »
Énée aperçut un jeune homme,
Beau comme un ange ou comme deux,
Mais beaucoup triste et nébuleux :
« O Dieu, le beau visage à peindre !
Ce dit-il ; qu'a-t-il à se plaindre,
Cet Adonis, ce beau garçon?
Est-ce un enfant de la façon
De Marcellus qui l'accompagne,
Ou quelque enfant futur d'Ascagne ?
Que lui veut ce troupeau dolent
Qui le considère en hurlant ?
Et d'où vient que d'une nuée
Sa tête est obscurifiée ? »
Anchises dit : « N'as-tu pas tort,
De réveiller le chat qui dort ?
Pourquoi veux-tu que je te fasse
Un conte à faire la grimace,
A faire pleurer comme un veau ?
Cet adorable jouvenceau,
Cette fleur trop tôt moissonnée,
Est un bien que la Destinée
Doit montrer au peuple Romain,
Pour l'ôter presqu'au lendemain.
O l'admirable personnage !
S'il ne meurt point en son jeune âge,
Son cœur ne fera pas un pli.
Onc n'en fut un plus accompli
A fronder et courir la bague,
Et bien manier une dague.
Ma foi, fût-ce défunt Marcel,
On n'en verra jamais un tel.
Oh ! que l'on fera de dépense
A sa mort, ainsi que je pense,
Et que l'on brûlera de bois !
Mais ici me manque la voix,
Et l'affliction me suffoque. »
Là-dessus il ôta sa toque,
Et fit à son intention

---

[1] Amadis de Gaule, dont les aventures étaient célèbres dans la littérature chevaleresque du moyen âge, était le type de l'héroïsme et de la fidélité. L'histoire d'Amadis de Gaule semble avoir été d'abord écrite en espagnol; en 1540, Herberay des Essarts la traduisit en français, et l'augmenta. Ce héros, avec ses descendants, Amadis de Grèce, Amadis de l'Étoile et Amadis de Trébisonde, était pour l'Espagne ce que furent pour la France Charlemagne et ses douze pairs, — pour l'Angleterre le roi Arthur et les chevaliers de la Table ronde.

[2] Malgré les recherches les plus minutieuses dans les principaux recueils de chansons du temps, dans Maurepas, les collections manuscrites de la bibliothèque Mazarine et de l'Arsenal, dans les œuvres de Gaultier Garguille et du Savoyard, etc., il m'a été impossible de retrouver la moindre trace de ce chant d'origine évidemment populaire. Ceux qui se sont occupés de recherches semblables savent combien il est difficile d'y aboutir à un résultat positif, et que de mal on se donne souvent pour arriver à dire qu'on n'a rien trouvé.

[3] François de Montmorency de Bouteville, l'un des plus célèbres duellistes du dix-septième siècle et de tous les temps, condamné à mort et exécuté le 27 juin 1627, à la suite de son combat singulier contre Beuvron sur la place Royale.

Profonde génuflexion,
Le visage dolent et blême :
Maître Æneas en fit de même,
Et la vieille Sibylle aussi
Humecta sa peau de roussi.
Anchise, essuyant sa paupière,
Quitta cette triste matière.
Pour discourir de la vertu,
Il avoit l'esprit fort pointu,
Et savoit le pair et la praise
Pour la pointe et pour l'antithèse :
Il fit un discours sérieux
Sur la vertu de ses aïeux,
Incita son fils à les suivre ;
Il lui lut je ne sais quel livre,
Peut-être fut-ce un almanach ;
Dit plusieurs quatrains de Pibrac [1],
Et proféra maintes sentences,
Valant autant de remontrances ;
Cracha du Grec et du Latin,
Parla du peuple Laurentin,
De Latinus et de sa fille,
Propre à régir une famille ;
Lui dit qu'il auroit des rivaux ;
Et puis, tant par monts que par vaux,
Ayant fait maintes promenades,
Finit par maintes embrassades,
Auxquelles son fils répondit.
    En cet endroit Virgile dit
(Puisqu'il le dit il le faut croire),
Que par une porte d'ivoire
(C'est la même chose qu'un huis)
Les songes faux sont introduits
Aux vivans durant la nuit morne ;
Et que par une autre de corne
(J'ai su tantôt de bonne part
Que c'étoit corne de cornart)
Les songes vrais montent sur terre
Vers ceux dont l'œil le sommeil serre :
Or ce n'est pas par celle-là
Que maître Æneas se coula ;
Ce fut par la porte d'ivoire.
Je n'ai point de peine à le croire
Car qui ne donneroit crédit
A ce qu'un tel auteur a dit ?
Ayant retrouvé la lumière
Æneas fit à la sorcière
Présent d'un demi-ducaton ;
Et puis, léger comme un faucon
Alla retrouver à Caïette
La troupe Troyenne inquiète.
On le reçut en bel arroi,
Chacun cria · Vive le roi !
Mais le seigneur, plein de furie,
Fit cesser la clabauderie,
Car il en étoit étourdi ;
Et puis le lendemain Lundi
Les proues leurs ancres jetèrent
Et devers la mer se tournèrent,
Et les poupes devers le port,
A je ne sais combien du bord.

---

[1] Gui du Faur, seigneur de Pibrac (1528-1584), président au parlement de Toulouse, publia, en 1584, des *quatrains* nouveaux qui sont restés célèbres.

> Lisez-moi, comme il faut, au lieu de ces sornettes,
> Les quatrains de Pibrac et les doctes tablettes
> Du conseiller Matthieu,

dit Gorgibus à Célie, dans le *Sganarelle* de Molière (scène 1)

A MONSEIGNEUR
DE ROQUELAURE [1]

DUC ET PAIR DE FRANCE

Monseigneur,

J'avoue que l'on est si battu de mes Virgiles, que c'est quasi la même chose de vous en dédier un, ou de vous donner un Almanach de l'année passée. Mais je suis si pressé des obligations que je vous ai, que j'aime mieux vous faire un mauvais présent que ne vous en faire point. Je ne dirai pas ici de quelle façon vous m'avez obligé, puisque vous ne me l'avez pas dit à moi-même quand vous m'avez honoré d'une visite. Vous m'avez caché l'obligation que je vous avois, avec autant de soin qu'un autre en auroit pris à me la faire savoir, et je vois bien par là que votre âme est au-dessus de l'opinion des hommes, qui, pour la plupart, ne font de bonnes actions qu'afin qu'on les sache, et s'en payent par leurs mains en les publiant eux-mêmes, quand les autres n'en font pas assez de bruit à leur gré. Aussi n'êtes-vous pas un homme ordinaire; et j'ose dire que les puissances de la cour qui veulent des adorations de tous ceux qui les approchent n'en ont reçu de vous que de la bonne sorte, et ont plutôt donné le titre de duc, que vous possédez depuis peu [2], à la force de votre mérite qu'à l'importunité de vos prétentions. Il n'en est pas de même

> *De tous les ducs qui sont en gerbe,*
> *Et de ceux qui ne sont qu'en herbe.*

Quelques-uns ont plutôt arraché le manteau fourré, la couronne à fleurons, et

---

[1] Gaston-Jean-Baptiste, marquis, puis duc de Roquelaure (1617-1683), servit avec distinction dans plusieurs campagnes. C'était un vaillant homme et un homme d'esprit. Saint-Simon, qui lui en voulait, l'a représenté comme un bouffon, et on a écrit sur son compte le *Momus français, ou les Aventures divertissantes du duc de Roquelaure* (Colog., 1717, in-12); de sorte que la renommée de mauvais plaisant et de *farceur* est restée attachée à son nom. Les *Mémoires de la princesse Palatine* et de l'*Encyclopediana* ont aussi contribué à lui faire cette réputation.

[2] Son brevet était du mois de juin 1652.

les autres marques de la qualité ducale, qu'ils ne les ont reçues ; mais tous ceux de cet ordre-là ne sont pas de même prix, et quelques spéculatifs de mauvaise humeur trouvent moins de différence entre un duc et pair et un duc à voler et corneille, qu'entre tel duc qui vaut beaucoup et tel duc qui ne vaut guère. Pour vous, Monseigneur, tous les honnêtes gens ont été ravis d'aise de ce que la cour vous a fait justice, et, s'ils n'ont pas encore la satisfaction de vous voir où un homme de votre mérite doit aller, ils ont au moins celle de vous en voir prendre le chemin. J'en commence bientôt un si long, qu'il y a apparence que je ne reviendrai jamais en France, soit que je demeure en le faisant, ou que je l'achève [1]. On ne me devroit donc pas soupçonner de lâche complaisance, ni de parler contre mes sentimens, quand je dirois à votre avantage tout ce que m'inspire l'entière connoissance que j'ai de ce que vous valez ; mais, pour faire grâce à votre modestie, je ne dirai pas tout ce que j'en pense. Je vous répéterai seulement ici, puisque les vérités connues sont bonnes à répéter, que vous êtes de ces excellens originaux qui ne peuvent avoir que de méchantes copies ; qu'en même temps que vous vous êtes rendu le plus honnête homme de la cour, vous y avez fait quantité de faux Roquelaures et y avez gâté bien du monde ; que chacun admire en vous un air de grandeur qu'on ne peut imiter, et enfin que chacun s'étonne qu'à quelque hauteur que votre hardiesse vous porte, elle vous y soutienne. Tout cela est vrai, ou la peste m'étouffe. Je suis,

Monseigneur,

Votre très-humble, très-obéissant
et très-obligé serviteur,

SCARRON.

[1] Scarron veut parler ici d'un voyage qu'il projetait alors en Amérique, dont il espérait que le climat pourrait le guérir. Bruzen de la Martinière, qui a donné l'édition la plus connue des œuvres de notre auteur, rapporte à tort ce projet à l'an 1648 ; ce ne fut qu'en 1651 que se fonda la compagnie pour la colonisation des terres voisines de l'Orénoque, compagnie dans laquelle s'était intéressé Scarron (voir une de ses lettres à Sarrazin), et par les soins de laquelle il devait partir, mais qui fut dissoute par la mort de son directeur. Loret, d'ailleurs, rapporte expressément ce projet de voyage au mois d'octobre 1652 (liv. III lettre XXXIX). On lit aussi dans le *Segraisiana* (p. 126) que, *lorsqu'il demanda mademoiselle d'Aubigné en mariage*, il disait « qu'en attendant le voyage des Îles, ils pourroient vivre commodément avec sa petite terre et son marquisat de Quinet. » Or, si ce projet de voyage était de 1648, le mariage étant de 1652, on voit que les dates ne concorderaient guère. La biographie de Scarron est pleine de contradictions et d'incertitudes de détail.

LE
VIRGILE TRAVESTI

LIVRE SEPTIÈME

Et vous aussi, dame Caïette,
En laissant le mortel squelette
Sur ces rivages sablonneux,
Vous les avez rendus fameux :
Æneas fit un sacrifice
Pour le repos de sa nourrice,
Qui lui revint à vingt écus,
Quelque chose encore de plus.
J'ai déjà dit, ou j'ai dû dire,
Qu'il fut prodigue, le beau sire,
Et qu'il avoit le nez tourné
A mourir un jour ruiné.
La cérémonie achevée,
Et la lune s'étant levée
Qui rendit les flots inconstans,
A ce qu'il sembloit, tremblotans,
Les vaisseaux du port démarrèrent,
Les vents dans les voiles soufflèrent,
Et firent aller les vaisseaux
Aussi vite que des chevaux.
Les plus hardis Troyens blêmirent
A l'aspect d'une île qu'ils virent :
C'étoit l'île à dame Circé,
Grande sorcière au temps passé.

L'astre qui la clarté nous darde
La reconnoissoit pour bâtarde :
Je ne sais pas où ni comment
Il l'engendra charnellement,
Lui qui par sa vertu féconde
Produit tant de choses au monde,
Non pas toujours de la façon
Que l'on produit fille ou garçon ;
Moins sais-je encor qui fut la mère
Qui put brûler ce brûlant père,
Mais je sais que d'un chaud pareil
A celui qui vient du soleil,
Les enchantemens de la Fée
Pouvoient rendre une âme échauffée,
Et que ses yeux l'amour dardans.
Brûloient comme miroirs ardens.
Quand il lui venoit à la tête
De faire d'un homme une bête,
En moins d'un *Benedicite*
Escamotant l'humanité,
Tel homme, bien fait par nature
Prenoit une horrible figure,
Se sentant enquadrupéder
Sans oser seulement gronder ;

Tel de beau jouvenceau sans barbe,
Se voyoit changer, non en barbe,
Non en genet des mieux appris,
Mais en limonier de bas prix ;
Tel se piquant de peau doucette
Se sentoit en poils d'époussette **1**
Tout son cuir douillet hérisser,
Et ses dents en crocs s'avancer,
Devenu pourceau porte-soie ;
Tel aussi devenoit une oie
Que l'on plumoit en la saison,
Pour les coussins de la maison ;
Tel étoit ours à rude patte,
Et tel le mari d'une chatte ;
Tel lion, loup ou léopard,
Éléphant, panthère ou renard,
Perroquet, coq d'Inde, écrevisse,
Selon que vouloit le caprice
De cette dame que je di,
Plus savante que Gaufredy **2**.
Bref, pleines étoient ses étables
De milles brutes raisonnables
Qui faisoient un bruit là dedans
A faire tressaillir les gens.
Ceux des nefs qui s'en effrayèrent
A Jupin se recommandèrent.
Maître Æneas, qui redoutoit
D'être plus bête qu'il n'étoit,
Fit en ce péril si notoire
Une oraison jaculatoire
(Jaculatoire, à ce qu'on croit,
De *jaculando* vient tout droit).
Or, Neptunus, dieu débonnaire,
Quoique souvent il fasse faire
A maint vaisseau le soubresaut,
Sachant bien qu'il y faisoit chaud,
Et qu'on devenoit bête fière
Dans l'île de cette sorcière,
Fit souffler un vent à propos
Qui leur mit l'esprit en repos,
Interposant mainte eau salée
Entre eux et l'île ensorcelée.

Cependant qu'ils voguoient ainsi
Exempts de crainte et de souci,
Et changeant leur froide tristesse
En mille chansons d'allégresse,
La mer du lever du soleil
Recevoit un éclat vermeil ;
La lune et toutes ses suivantes
(Ce sont les étoiles errantes)
Se retiroient sans faire bruit
Ainsi que les oiseaux de nuit,
Et l'Aurore, franche coquette,
Laissant ronfler dans sa couchette
Son cocu caduc et grison,
Se promenoit par l'horizon,
Peignant la surface des choses
D'une belle couleur de roses :
Cela veut dire que le jour
Après la nuit vint à son tour **3**.
Que si j'avois cru mon courage,
J'en aurois bien dit davantage,
Et, pour dire que le jour vint,
J'aurois fait des vers plus de vingt.
Lors, par toute l'humide plaine
Chaque vent retint son haleine,
Si bien que le moindre zéphir
Ne fit pas le moindre soupir,
Et sur ce grand miroir liquide
Qu'on ne vit pas la moindre ride,
Si ce n'est autour du vaisseau
Quand l'aviron entamoit l'eau.
Maître Æneas, toujours alerte,
Toujours l'œil et l'oreille ouverte,
Attentivement regardoit
Vers la terre qu'il abordoit,
Parcourant des yeux le rivage
Propre à faire un beau paysage :
Il vit un bois, et tout auprès
Le Tibre comme fait exprès,
Tant ce bon fleuve à Son Altesse
Fut un grand sujet d'allégresse.
Ce fleuve, quoique tant vanté,
N'étoit pas à la vérité

---

1 Une époussette était une petite brosse à poils roides, servant à nettoyer les habits ou les meubles.

2 Louis-Jean-Baptiste Gauffridy était un prêtre de Marseille, qui fut accusé de s'être livré au diable par un pacte régulier, pour en obtenir le pouvoir de séduire les femmes en leur soufflant au visage. Il fut condamné au feu comme sorcier, par arrêt du parlement de Provence, en 1611. Cette affaire ressemble beaucoup à celle d'Urbain Grandier, curé de Loudun, et tous deux sont restés célèbres dans les fastes de la sorcellerie.

3 Ce passage rappelle le début du *Roman comique* : « Le soleil avoit achevé plus de la moitié de sa course, et son char, ayant attrapé le penchant du monde, rouloit plus vite qu'il ne vouloit... Pour parler plus humainement et plus intelligiblement, il étoit entre cinq et six. »

Remarquable pour son arène [1] :
La sienne étoit un peu vilaine,
Ou plutôt c'étoit du bourbier,
Par honneur qu'on nommoit gravier.
Quantité d'oiseaux aquatiques
Sur ces rivages pacifiques
Voloient, nageoient joyeusement,
Et chantoient aquatiquement.
Maître Æneas se mit à rire,
Et s'évapora le beau sire.
La joie est un pas bien glissant,
Si sur soi l'on n'est bien puissant :
Quand la moindre chose succède,
Nous devenons fous sans remède.
Qu'ainsi ne soit, ce bon seigneur,
Dans les malheurs si plein de cœur,
De joie eut la tête assez folle
Pour lors faire une cabriole :
Il n'y réussit pas trop bien,
Mais on ne fit semblant de rien,
Car toujours les princes on flatte.
Un prince, eût-il la face plate,
Et le nez au niveau du front,
Un courtisan, un gobe-affront,
Aura l'âme assez mercenaire
Pour lui dire, afin de lui plaire,
Qu'il a le nez comme Cyrus,
Dont le nez fut des plus membrus.
Pour revenir à maître Enée,
Par la rencontre inopinée
De ce fleuve tant souhaité,
S'étant ainsi fort emporté
(Mais de bon cœur je lui pardonne),
Il rama lui-même en personne,
Pour donner courage à ses gens,
Lesquels, à ramer diligens,
Firent entrer la flotte entière
Dans le canal de la rivière,
Où joyeux nous les laisserons,
Et d'autre chose parlerons.
Dame Erato, ma chère Muse,
Inspire à mon esprit de buse
Quantité de termes plaisans,
Sans pourtant être médisans,
Pour bien passer par l'étamine
L'état de la terre Latine,
Quand Æneas et tout son train
En vint envahir le terrain.
Inspire-moi bien, je te prie,
De la fine plaisanterie :

Ce n'est pas ici jeu d'enfant,
C'est le fardeau d'un éléphant
Que ce que je veux entreprendre.
Et j'aurai grand'peine à me rendre
Jusqu'où j'ai fait dessein d'aller,
Si tu ne m'aides à voler.
Ma plume est beaucoup fatiguée,
Et je n'ai plus cette âme gaie
Qui m'a fait, malgré tous mes maux,
Le moins chagrin des animaux.
Ici le sujet héroïque
Aux vers burlesques fait la nique :
Ce n'est plus ici que combats,
Que séditions, que débats,
Un roi très-foible par la tête,
Une reine qui fait la bête,
De plus folle à courir les champs ;
Deux rivaux qui font les méchans,
Et qui se font tirer à quatre
Auparavant que de se battre
Pour une infante à l'œil mourant
Que l'on donnoit au plus offrant ;
Mais madame la Destinée
La gardoit pour messire Énée.
Mettons fin à l'avant-propos.
   Latinus régnoit en repos
Sur les Latins. Sous ce bon maître,
Chacun, heureux comme un bon prêtre,
Sans craindre impôt ni maltôtier,
Vivoit fort bien de son métier :
Les seigneurs vivoient de leurs rentes,
Payoient mal valets et servantes,
Et, comme l'on fait maintenant,
Battoient quelquefois le manant.
Le roi Latin, doux comme sucre,
Aimant l'honneur plus que le lucre,
Eut pour sa mère Marica :
Faunus pour elle se piqua ;
Elle fit peu de résistance,
Sitôt qu'il eut conté sa chance [2].
Picus engendra ce Faunus,
Et ce Picus de Saturnus
Fut engendré : quant à sa mère,
Son nom ici n'importe guère.
Latin d'héritier n'avoit point
Qui portât chausses et pourpoint,
Mais il avoit une héritière,
Fille sans tache et fort entière,
Qui tenoit un peu du garçon,
D'ailleurs de fort bonne façon.

---

[1] Sable ou gravier.
[2] *Chance* se disait, dans le style familier, pour entreprise, dessein.

Parmi ceux qui la convoitèrent,
Et de sa beauté se coiffèrent,
Turnus très-remarquable étoit,
Et sur ses rivaux l'emportoit
Par son illustre parentelle,
Qu'aucun sans doute n'avoit telle,
Car il comptoit pour ses aïeux
Plusieurs grands seigneurs demi-dieux,
Ou du moins qui le pensoient être,
Tellement qu'il faisoit le maître
Parmi les autres prétendans
Qui n'osoient lui montrer les dents,
Car ils savoient que dame Aimée,
Comme si Turnus l'eût charmée,
Tous les jours hautement juroit
Que Turnus son gendre seroit,
Ou que sa fille seroit nonne,
Malgré Latin et sa couronne;
Mais le ciel n'étoit pas d'avis
Que les desseins fussent suivis,
En matière de mariage,
De cette reine fort peu sage.
Maints présages à tous connus
Faisoient bien juger que Turnus,
Comme époux, en toute sa vie,
Ne tâteroit de Lavinie;
Comme galant, je ne dis pas
Qu'en vertu de beaucoup d'appas
Il ne pût la rendre amoureuse,
Mais la chose étoit bien douteuse.
Æneas, quoique déjà veuf,
Étoit aussi bon que tout neuf,
En la paix un vrai Bassompierre [1],
Un vrai Machabée en la guerre,
Et, pour gouverner un État,
Nullement mol, ministre, ou fat.
De tous ces présages célestes,
Aux peuples Latins manifestes,
Et non pas forgés à plaisir
Par quelque drôle de loisir,
Il faut que je vous en raconte
Deux dont chacun faisoit grand compte :
Quand Latin, comme de raison,
Se voulut faire une maison
(Car alors ce grand personnage
N'en avoit qu'une de louage),
Un laurier aux feuillages verts,
Craignant peu le froid des hivers,
Moins encor les coups de tonnerre,
Se trouva dans l'arpent de terre
Où ce prince, franc et loyal,
Dessinoit son Palais-Royal.
A Phœbus, qui porte guirlande,
Il en voulut faire une offrande,
Et la fit, car ce prince étoit
Ponctuel quand il promettoit.
Ce laurier à la verte tête
Vit un jour percher sur son faîte
De mouches à miel un essaim;
Je ne sais pas à quel dessein
Cette cohorte mellifue
Vint par l'air, en guise de nue,
Se loger à ciel découvert
Sur ce laurier vêtu de vert:
Tant y a qu'elles s'y logèrent,
Et cire et miel y composèrent,
Dont depuis, durant plusieurs ans,
On fit d'excellens lavemens,
Et force chandelles de cire,
Dont Latin se servoit à lire.
Par ce prodige si nouveau,
Du roi se troubla le cerveau.
Un pronostiqueur d'aventures,
Fort savant aux choses futures,
Et qui pourtant parfois mentoit,
Jura que ce prodige étoit
Signe d'une prochaine guerre,
Et que gens d'une étrange terre
Viendroient vivre à discrétion
Chez la Latine nation,
Comme fait alors que je parle
En France monsieur le duc Charle;
De plus que leur chef bien et beau
Se rendroit maître du château.
Il s'offrit aux coups d'étrivières,
En jurant de toutes manières,
Et même offrit, quoiqu'indigent,
De parier beaucoup d'argent,
En cas que la chose prédite
N'arrivât comme il l'avoit dite.
On le crut (car qui ne croiroit
Un jureur qui si bien juroit?).
Le peuple, qui n'est qu'une bête,
S'en gratta tristement la tête,
Et le prince, à ce que l'on dit,
En garda quinze jours le lit,
Feignant, pour n'éventer la mine,
Une difficulté d'urine.
Voilà le prodige premier,
Voici le second et dernier :

---

[1] Le maréchal de Bassompierre (1579-1646), beau, spirituel, de grande mine, prodigue, brave jusqu'à la folie, le vrai type du gentilhomme, du galant homme et du vert-galant.

Un jour l'infante Lavinie
Vint, en grande cérémonie,
Avec son père Latinus,
Faire au temple ses *Oremus*.
La pucelle étoit fort dévote,
Et n'étoit nullement bigote;
Les dimanches elle quêtoit,
Et la quête aux pauvres portoit,
Et par la ville n'alloit guère
Sans heures à la chancelière :
Cela sera dit en passant.
Or, comme elle alloit encensant,
Avec ambre, musc et civette,
Les dieux, friands de cassolette,
Un feu non grégeois, mais follet,
Parut en l'air tout violet,
Et vint, en guise de fusée,
Se prendre à la tête frisée
De l'infante Lavinia,
Qui grandement s'en effraya.
Le roi dit, l'âme perturbée :
« Ah ! voilà ma fille flambée ! »
Des assistans s'en fallut peu
Que tous ne criassent au feu.
Ce feu, parcourant la couronne
Qui le noble chef environne,
N'offensa ni poil ni bijou,
Comme auroit fait quelque feu fou,
Mais, comme feu prudent et sage,
Il ne fit lors rien davantage
Que la pucelle illuminer
Et les assistans étonner;
Après quoi, la flamme ondoyante
Fut dans l'air longtemps tournoyante,
Puis se perdit dans le même air,
Tout ainsi qu'eût fait un éclair.
Aux connoisseurs cela fit dire
Qu'elle auroit un fort grand empire,
La fille au noble roi Latin,
Et pourtant, sans être putain,
Qu'elle feroit naître en sa terre
Une très-sanguinaire guerre.
   Latin, qui bien fort se troubla,
N'en voulut pas demeurer là :
Il alla voir son oncle Faune,
Qui l'avenir devine et prône,

Et rend ses oracles pour rien
Tant aux méchants qu'aux gens de bien.
Ce bon oracle n'a qu'un vice :
Il aime fort le sacrifice,
Et même n'en veut que de gras,
Autrement il répond tout bas,
Ou ne répond que d'un ton aigre
A qui lui fait offrande maigre.
Latin, qui savoit son humeur,
Voulut faire en homme d'honneur,
Et ne plaindre [1] ni sang ni graisse
On conduit des brebis en laisse,
Et tout ce qu'il falloit brûler
Pour cet oracle régaler,
Et l'obliger à tôt répondre
Sans trop faire les gens morfondre.
Latin fit tout ce qu'on faisoit
Quand l'oracle on exorcisoit :
Il se coucha sur les hosties,
Il commit des immodesties,
Fit le plaisant et fit le fou.
Voici ce que dit, par un trou,
En rimaille assez mal tournée,
La Déité questionnée :
« Si tu crois à moi tant soit peu,
Prends bien garde, mon cher neveu,
De prendre un Latin pour ton gendre;
Le meilleur n'est pas bon à pendre.
Le Destin t'en a fait faire un
Qui n'est pas un homme commun,
Qui fera fleurir notre race,
Où le chaud brûle, où le froid glace,
C'est-à-dire du nord au sud,
De la Mexique [2] à Calicut.
Va donc rompre sur les articles [3],
Je vois le futur sans besicles,
Et sais bien, si tu ne me crois,
Que tes fils, au lieu d'être rois,
Ne seront que franches mazettes,
Des truands, des têtes mal faites,
Qui souffriront, pour un écu,
Mille coups de pieds dans le cul. »
   A cette menace si crue,
Qui du roi fut aigrement crue,
Car il n'avoit jamais connu
Cet oracle autre qu'ingénu,

---

[1] N'épargner ni... Cette façon de parler s'est conservée dans le peuple ; on dit encore: « Plaindre le pain à quelqu'un, » pour le lui fournir chichement, malgré soi, comme en se plaignant.

[2] Ce mot était alors féminin. Voyez les géographies du temps, par exemple, des *États et empires*, par d'Avity, 1626, in-4, page 424. De *la Mexique* aux îles du Japon, a dit encore Scarron dans son *Épître à Monseigneur le prince*.

[3] Rompre les conventions faites.

Ce prince en fit laide grimace;
Mais, comme le temps tout efface,
Il en fut enfin consolé.
Ce secret, par lui révélé,
Faisoit grand bruit par la contrée,
Quand Énée y fit son entrée.
Ce fut donc au temps que je di
Qu'Æneas, le Troyen hardi,
Vint, avec ses vaisseaux de guerre,
Aborder la Latine terre.
Sitôt qu'à terre il eut pied mis,
Le seigneur dit à ses amis
Qu'il étoit question de boire :
Chacun n'eut pas peine à le croire,
Car chacun étoit altéré.
Aussitôt dit, dans un vert pré,
De tasses et brocs l'herbe verte
Et de fromage fut couverte,
Puis, sans complimens superflus,
Énée et son fils Iülus,
Et les chefs sur le cul s'assirent,
Et de fromage se remplirent.
Iülus principalement
En mangea trop avidement ;
Æneas lui dit, comme sage,
Qu'il commençât par le potage :
« Voire ; mais nous n'en avons pas, »
Dit Iülus parlant tout bas,
De peur de déplaire à son père,
Qui quelquefois étoit colère.
Et, comme chacun avoit faim,
Et s'étoit fait avec du pain
Table, nappe, assiette et vaisselle,
Par une invention nouvelle,
Chacun ayant mangé son fait
Et n'en étant pas satisfait,
Table, nappe, vaisselle, assiettes,
Comme j'ai dit de croûtes faites,
Engloutit très-avidement :
Tout disparut en un moment.
Telle fut la faim de la troupe,
Par laquelle aussi mainte coupe
Fut souvent aussi mise à sec.
Iülus, en voix de rebec [1] :
« Par notre saint Père le Pape,
Nous avons mangé table et nappe, »
S'écria-t-il tout ébaudi,
Et riant comme un étourdi,
Si fort qu'il en cassa son verre.
Ce qu'il dit ne chut pas à terre ;
Maître Æneas, le relevant :

« Nous sommes au-dessus du vent,
Dit-il, et la terre promise
Est à nous sans plus de remise,
Ou du moins le sera bientôt.
De la part du conseil d'en haut,
Par la bouche du père Anchise,
Et par la dame mal apprise,
La Harpie au nez peu charmant
Qui me parla si sottement,
J'ai des signes pour reconnaître
La terre où je serai le maître :
C'est celle où si faim nous aurons,
Que nos tables nous mangerons.
Nous venons de manger les nôtres,
Chercherons-nous des signes autres
Que ceux que nous vient d'annoncer
Mon cher enfant, sans y penser ?
Sot que je suis, la male-peste,
Sans lui, ce signe manifeste
Étoit autant de bien perdu !
Si le fanfan étoit pendu,
Ce seroit ma foi grand dommage.
Çà, que je le baise au visage. »
Cela dit, messire Æneas
Prit son cher fils par les deux bras
Et mit un baiser sur sa face.
Ce ne fut pas tout, il l'embrasse,
Le mit à cheval sur son cou,
Et courut vingt pas comme un fou.
Chacun, à cette facétie,
Voulut être de la partie :
L'un en fit le chêne fourchu,
Et l'autre s'en claqua le cul ;
Bref, chacun en fit bien la bête,
Tant ils eurent le cœur en fête.
  Là-dessus, aux Nymphes du lieu
On donna le denier à Dieu;
Maître Æneas fit au Génie
Compliment en cérémonie :
Un compliment bien prononcé
Valoit beaucoup au temps passé ;
Aujourd'hui telle marchandise
A tous n'est pas toujours de mise,
Et vaut moins que vapeur d'encens
Parmi les hommes de bon sens.
La Terre, de tours couronnée,
Déité vieille et surannée,
Eut quelques complimens aussi ;
Et la Nuit au museau noirci.
La bonne mère Phrygienne
Eut pour sa part une antienne,

---

[1] Violon à trois cordes.

Et Jupiter du mont Ida
Hymne sur le chant de Oui-da.
Là-dessus un coup de tonnerre,
Non à faire peur à la terre,
Mais dont le son, plus doux que dur,
Prédisoit un bonheur futur,
Donna par son petit murmure
La dernière main à l'augure,
Si bien que pas un n'en douta.
Chacun de son vin en tâta,
Et quelques-uns trop en tâtèrent,
C'est-à-dire qu'ils crapulèrent.
Sitôt que leur vin fut cuvé
Et que le soleil fut levé,
La plupart alla reconnoître
Les fleuves de ce lieu champêtre :
Le Tibre, depuis si fameux,
En ce temps-là fleuve fangeux,
Et petit canal plein d'eau jaune,
Qu'on pouvoit mesurer à l'aune
(J'entends parler de sa largeur,
Car le mesurer en longueur
Le long de son petit rivage,
Ce seroit un pénible ouvrage);
Puis le ruisseau Numicien,
Renommé lors si peu que rien,
Et maints autres trous ou rivières,
A dire vrai, lors grenouillères;
Mais, depuis, les Romains, rusés,
En ont fait des lieux fort prisés.
   Æneas prit cent personnages
Des plus diserts et des plus sages,
Et leur donna commission
D'aller en députation
Vers Latin, roi de la contrée,
Et de lui faire dès l'entrée
Un long discours superlatif
Dans le genre démonstratif,
Et de lui demander : « Qui vive ? »
Tous couronnés de verte olive,
Et dans les mains de beaux présens
Autant utiles que plaisans.
Cependant qu'ils se préparèrent
Et leurs beaux harnois endossèrent,
Æneas, quoique non maçon,
Fit un taudis de sa façon ;
Chacun y fit sa chacunière,
Puis, d'une adresse singulière,
Une grande enceinte il marqua,
Que depuis de tours on flanqua.
   Cependant qu'il se fortifie,
Car malheur à qui trop se fie,
Messeigneurs les cent députés
Cheminoient tous à pas comptés,
Hormis quelques-uns qui jouèrent
Au cornichon [1], dont se fâchèrent
Les plus morigénés d'entre eux :
On en vint aux propos hargneux,
Et l'on s'y dit quelques injures,
Mais pourtant non pas des plus dures,
Mais dont le plus outrageux mot
Étoit fils de putain, ou sot,
Ou quelqu'autre terme semblable,
Entre députés supportable.
Enfin, ayant longtemps trotté,
Ils aperçurent la cité,
De quoi grande joie ils reçurent.
Devant la ville ils aperçurent
Des jouvenceaux en caleçons,
A qui l'on donnoit des leçons
Et de l'escrime et du manége :
Tous ces jouvenceaux en cortége
Se présentèrent aux Troyens,
Qui lors, aussi las que des chiens,
Enragèrent de bonne sorte
Alors qu'on leur ferma la porte,
Car les citoyens mal appris,
Comme des bourgeois de Paris
Quand on leur fait faire la garde,
Leur firent voir la hallebarde,
Ce qui les mit en désarroi.
Quelqu'un s'en alla vers le roi
Lui dire, quasi hors d'haleine,
Que gens d'une terre lointaine
Vers lui vouloient être introduits,
Et qu'on leur avoit fermé l'huis,
De crainte de quelque surprise.
Latin en fit la mine grise,
Car le bon prince étoit peureux,
D'ailleurs prince très-généreux ;
Mais les princes, comme les autres
(Je n'entends pas parler des nôtres),
Ont, grâces à l'humanité,
Quelque défectuosité,

---

[1] On appelle cornichon, au jeu de boules, une grosse boule qui se jette la première pour servir de but. — Le *cornichon-va-devant* est une sorte de divertissement à qui ira le plus vite en ramassant quelque chose : « Parmi tant d'admirables actions de Scipion l'aïeul, dit Montaigne, il n'est rien qui lui donne plus de grâce que de le voir... amasser et choisir des coquilles, et jouer à *cornichon-va-devant*, le long de la marine, avec Lélius. » (*Essais*, 1, chap. XIII.) C'est probablement de ce dernier jeu qu'a voulu parler Scarron.

Et sont hommes, pour tout potage,
Nonobstant leur haut parentage.
Cet envoyé lui dit aussi,
Ce qui le mit hors de souci,
Que cette ambassade étrangère
Avoit des présens à lui faire.
Latin, à ce mot de présent,
A toute oreille fort plaisant,
Se mit à rire comme un singe :
Il changea vitement de linge,
Se composa, se radoucit,
Prit une soutane et s'assit ;
Je me trompe, il fut droit au temple,
Lequel étoit fait par exemple,
Comme... attendez ;... en bonne foi
Je ne sais pas bien comme quoi :
Consultons là-dessus Virgile.
Ce versificateur habile
Dit que ce temple des plus beaux
Se soutenoit sur cent tréteaux,
Et dit aussi que son portique
Tenoit un peu trop du Gothique.
Ce temple servoit a Latin,
Quand il vouloit faire festin :
Il aimoit fort la bonne chère,
Lorsqu'elle ne lui coûtoit guère.
Dans ce temple l'on s'assembloit,
On y jouoit, on y balloit,
Aux jours de fête et jours de noce.
En plate-peinture, ou bien bosse,
De Latin les nobles aïeux,
Érigés lors en demi-dieux,
Étoient le long de la muraille
En habit de donner bataille :
Les sieurs Italus, Sabinus,
Et le porte-faux Saturnus,
Et maints autres grands personnages,
Fous en guerre, comme en paix sages,
Et Picus, l'écuyer expert,
Changé par sa femme en pivert,
Sa femme, fameuse sorcière,
Comme je vous ai dit naguère.
On avoit dans ce temple mis
Force dépouilles d'ennemis,
Et l'on y voyoit maints trophées
D'armes, bien ou mal étoffées.
Ce fut donc en ce temple-là,
Un huissier faisant le holà,
Que l'ambassade fut ouïe.
Latin, la face épanouie,
Dit aux Troyens ce que voici :
« Messieurs, d'où venez-vous ainsi ?
Nous demandez-vous la passade ? »
Un des premiers de l'ambassade,
A ce discours hors de raison
Que leur faisoit ce roi grison,
Fut bien fort tenté de répondre
De quoi Sa Majesté confondre ;
Mais le roi, qui l'appréhenda,
La chose ainsi raccommoda :
« Qui vous amène en ce rivage
Avec votre grand équipage,
Et par quel bien de vent portés,
Vous êtes-vous ici plantés ?
Nous savons fort bien qui vous êtes,
Et les longs chemins que vous faites,
Depuis que la fureur du Grec
A réduit votre ville à sec.
Quoique peu savant dans l'histoire,
C'est à moi chose fort notoire
Que le bon père Dardanus,
De qui les Troyens sont venus
Fut né natif de cette terre,
Et, par le moyen de la guerre,
Dans votre terroir Phrygien
Qu'il amassa beaucoup de bien.
Maintenant le révérend sire
Dans le ciel a ce qu'il désire,
Où bien mieux que chez Guénégo [1],
On a toute chose à gogo,
Où la vapeur des sacrifices
Sent le boudin et les saucisses,
Dont, plus que du vin les Flamands,
Les dieux sont endiablés gourmands.
Or donc, mes braves gentilshommes,
Par Dardanus parens nous sommes ;
Mais, quand parens vous ne seriez,
Nous voulons bien que vous sachiez

---

[1] Guénégaud, trésorier de l'épargne, père du secrétaire d'État, renommé pour le luxe et l'abondance de sa vie. On trouve plusieurs fois son nom, avec la même rime, dans les écrits comiques et satiriques de l'époque.

> Même l'on croit que Guénégaud,
> Qui vivait jadis à gogo,
> A grand'peine s'en sauvera.
> (Triolet fait pendant les guerres de Paris, dans le *Recueil de chansons manuscrites*, de la Mazarine, 1, 286.)

Que notre courtoisie est telle,
Que, même sans la parentelle,
Ma maison je vous offrirois,
Et de mon mieux vous traiterois. »
  Ainsi dit-il, Ilionée,
D'une face non étonnée,
Lui dit ces mots en Florentin :
« Race de Faune, roi Latin,
Le vent de Brie ou de Galerne,
Ou la mer qui les vaisseaux berne,
Laquelle, non plus que le vent,
Ne sait ce qu'elle fait souvent,
Ou le dessein de faire aiguade [1],
Ne nous met point en cette rade;
Ce n'est point contre notre gré,
Mais de propos délibéré,
Que nos vaisseaux dans votre Tibre
Ont arrêté leur course libre.
Tels que vous nous voyez ici,
Nous sommes Troyens, Dieu merci,
Enfans de la superbe Troie,
La plus grande ville qu'on voie,
Au moins qu'on voyoit autrefois,
Devant que l'incivil Grégeois
D'une cité pleine de gloire
Eût fait une pelouse noire,
Et nous eût malement contraints
De courir les pays lointains.
Nous tirons des dieux origine,
C'est en avoir de la plus fine :
Æneas, notre roi gentil,
Vient de Jupiter en droit fil.
Par nous ce bon seigneur vous mande
Que bien fort il se recommande
A votre générosité ;
Qu'il veut boire à votre santé,
Et joindre ses sujets aux vôtres ;
Qu'un seul de nous en vaut quatre au-
Et que vous pouvez essayer,   [tres,
Si prix d'argent nous peut payer ;
Que, dans la fortune contraire,
C'est plaisir que de nous voir faire,
Et pour ce qu'on appelle cœur,
Que nous en avons du meilleur :
Exemplum, la guerre de Troie.
A peine trouvons-nous qui croie
Les beaux faits que nous racontons,
Et si, ma foi, nous ne mentons
Pas la moitié de notre force.
On juge du bois par l'écorce,
Et du dedans par le dehors :

Considérez de près nos corps,
Et jugez quels nous devons être. »
  Cela dit, pour faire paroître
Leur très-grande sincérité,
Comme s'ils l'eussent consulté,
Les Troyens, sur la jambe droite
Firent d'une manière adroite,
Une pirouette à deux tours,
Durant quoi cessa le discours
Du sage ambassadeur d'Énée.
La pirouette étant tournée,
Il reprit son discours ainsi :
« Dans notre flotte en raccourci,
Vous voyez la grandeur de Troie
Où le soleil de plomb flamboie,
Où ce flambeau, major des cieux,
Rarement réjouit les yeux.
Il n'est personne si stupide,
Et si peu d'écouter avide,
Qui ne sache les grands combats
Par qui le Grec nous mit à bas.
De ce déluge de misères,
A raconter encore amères,
Nous nous sommes sauvés par mer,
Tant il fait bon savoir ramer.
Je le jure par maître Énée,
Par sa main de manchette ornée,
Cette main qui, le poing fermé,
A souvent maint homme gourmé,
Et qui, quoiqu'un peu large et plate,
A pourtant la peau délicate;
Je jure donc que gens puissans,
Et reines et rois florissans,
Nous ont offert leur alliance,
Et leur pays et leur puissance :
Nous les en avons refusés,
Dont ils se sont scandalisés.
Mais les dieux, qui ne sont point bêtes,
Nous rompoient si souvent les têtes
Du pays d'où vient Dardanus,
Qu'enfin nous y sommes venus.
Nous avons besoin d'un asile :
Avec nous chemine une ville,
Si bien que qui nous recevra
Son État en augmentera.
C'est à vous, Monseigneur, à dire
Si j'obtiens ce que je désire.
Au reste, pour vous donner, j'ai
Ce que les rats n'ont pas mangé,
Un bonnet qui fut d'écarlate,
Le verre d'Anchise sans patt

---

[1] Amasser une provision d'eau douce pour des vaisseaux.

Mais qu'il chérissoit, le seigneur,
Plus que s'il eût été meilleur,
Car ce verre, à bon mesurage,
Tenoit chopine et davantage;
De Priam le sceptre et le dais
De fine serge de Beauvais
(Pour sa couronne elle est perdue);
Une camisole peluc,
Dont il se servoit en hiver;
Un sien pourpoint de damas vert,
Et deux paires de bas d'étame,
De la main d'Hécuba sa femme. »
  Ilionée ainsi parla,
Et ses beaux présens étala.
Le roi Latin, pensif et morne,
Comme à qui survient une corne,
Demeura décontenancé,
Tête basse et sourcil froncé,
Roulant son faible luminaire,
Comme une guenuche en colère,
Sans remuer non plus qu'un pieu.
Un auteur dit qu'il jura Dieu,
Cela s'entend en sa pensée,
Car il eût l'oreille offensée
De quiconque l'auroit ouï;
Je n'en dis non, non plus qu'ouï,
Car du prochain, même pour rire,
Il n'est pas permis de médire.
Le roi donc fut assez longtemps
A grommeler entre ses dents,
Et sans dire mot à personne :
Les riches présens qu'on lui donne
Ne lui donnent point dans les yeux.
Il se souvient bien que les dieux,
Qui savent bien plus que nous autres,
Quand il disoit ses patenôtres,
L'avoient averti mainte fois,
Par songes et de vive voix,
De ne faire, en nulle manière,
Présent de sa riche héritière
A quelque fat d'Italien,
Desquels le meilleur ne vaut rien,
Mais de choisir quelque bon drôle
D'Espagne, de Grèce ou de Gaule,
Champagne, Brie, *et cætera*,
Ou de tel lieu qu'il vous plaira;
Et que c'étoit chose certaine
Que maint renommé capitaine
Qui devoit, à force de coups,
Donner aux humains du dessous,
Et qui, par traités et par guerre,
Se rendroit maître de la terre,
Sortiroit du noble étranger

Qui devoit de son pain manger,
Et coucher en cérémonie
Avec l'Infante Lavinie.
A cet oracle de Faunus
Rêve le bon roi Latinus,
Si fort, que toute l'assistance
Ne dit pas tout ce qu'elle en pense ;
Mais si longtemps il rêvassa,
Que plus d'un Troyen s'en lassa.
Il le vit bien, dont il eut honte,
Comme s'il eût fait un sot conte.
Enfin son esprit se calma,
Et voici comme il déclama :
« Mes beaux Messieurs de l'ambassade,
Vous n'avez qu'à faire gambade :
Ce que vous avez demandé
Vous sera par nous accordé :
Nous embrasserons avec joie
Le révérend prince de Troie,
Et voulons bientôt lui donner
A souper ou bien à dîner,
Lequel des deux n'importe guère,
Pourvu qu'il fasse bonne chère.
Mon vin vieux, depuis peu percé,
Lui sera largement versé ;
J'y veux tout mettre par écuelles,
Y dire des chansons nouvelles,
Y boire en trou, manger en loup
Et, sceptre à part, faire le fou.
Allez donc dire à votre maître
Que je lui veux faire paroître
Que je l'aime avec passion,
Et que, de mon affection
Pour lui donner un riche gage,
Je lui destine en mariage
Un enfant que Dieu m'a donné,
Un esprit bien morigéné,
Ma fille, que la Destinée
Me défend d'être en hyménée
Donnée à quelqu'un de ces lieux :
Ainsi me l'ont appris les dieux,
Qui n'entendent pas raillerie.
J'aurois de la forcenerie
Assez pour me faire enchaîner,
Si je m'allois embéguiner
D'un gendre de cette contrée,
La volonté m'étant montrée
Des dieux, à qui de tout mon cœur
Je suis très-humble serviteur. »
  Audience ainsi fut donnée
A l'éloquent Ilionée,
Puis après il fut question,
En symbole d'affection,

De donner au bon fils d'Anchise
En présent quelque chose exquise.
Le roi choisit dans son haras
Cent chevaux, tant maigres que gras,
Tous dressés à porter des malles ;
Sur le tout deux fines cavales
Que Latin avoit fait dresser
A bien adroitement verser
Dans le plus beau chemin du monde :
J'entends ici quelqu'un qui gronde,
Et qui dit que verser un char,
Ou par dessein ou par hasard,
A tout quadrupède est un vice ;
Mais il saura que par caprice,
Autant que pour la rareté,
Ces cavales avoient été
Par le roi des Latins dressées
Et soigneusement exercées
A verser char ou chariot
Sans ornière, pente ou cahot.
De plus, ce très-noble attelage
Étoit du noble parentage
Des coursiers du blondin Phœbus.
Ce qui fut un très-grand abus :
Circé, la méchante sorcière,
Aux chevaux du porte-lumière
Supposa maquerellement
La cousine d'une jument
Depuis peu morte à son service ;
Elle eut ainsi par artifice
Un attelage sans pareil
Parent de celui du soleil.
   Or donc, la piétonne ambassade
De chez Latin en cavalcade
Revint, chacun des mieux monté
Et tenant bien sa gravité.
Cependant Junon l'Argienne,
Selon sa coutume ancienne,
D'Argos seule s'en revenoit
Dans un joli char que traînoit
Une paire de paons superbes ;
Si j'étois un de nos Malherbes,
J'en ferois la description ;
Mais j'ai ouï parler d'Ixion,
Et sais bien que trop entreprendre
Est le moyen de se méprendre.
Junon donc revenoit d'Argos,
Dame toujours sur ses ergots [1],

Toujours colère et glorieuse,
Enfin toujours capricieuse.
Sur le promontoire Pachin,
Qui se trouvoit en son chemin,
Elle pensa faire une pose,
Mais bien souvent ce qu'on propose
Rencontre contrariété.
Elle avoit son char arrêté
Pour donner haleine à ses bêtes :
Elle vit des Troyens les fêtes ;
Elle auroit bien mieux aimé voir
Son Jupiter lui faisant noir [2],
Lui faisant même une algarade [3],
Par exemple, d'une gourmade
Lui faisant application,
Car, après la correction,
La gourmade, n'en fût-il qu'une,
Est d'une vertu non commune.
La dame donc eût mieux aimé
Voir son mari contre elle armé,
Que de voir les soldats d'Énée
Passant gaiement la journée
Comme ils tâchoient de faire alors
Riant et se traitant [4] le corps,
Parce qu'à la troupe envoyée
On avoit la paix octroyée,
Et de plus à leur bon seigneur
Une pucelle en tout honneur.
Leurs nefs, à sec sur le rivage,
Ne craignoient plus vent ni naufrage ;
Loin de songer plus à nager,
Ils travailloient à se loger,
Dont Junon, plus qu'à demi morte,
Se mit à parler de la sorte :
« Bon, messieurs les Troyens, bon, bon,
Loin d'être réduits en charbon
Comme votre ville de Troie,
Vous n'avez que plaisir et joie,
Et moi j'enrage de bon cœur,
Moi de Jupiter femme et sœur !
Ont-ils pas leurs peaux garanties
Du feu de leurs maisons rôties,
Et dans leur ville prise pris,
Les ai-je vendus à vil prix ?
Enfin les ai-je pu détruire ?
Ma foi, je n'ai fait que leur nuire,
Et ne leur ai nui que si peu,
Qu'ils en tournent la chose en jeu.

---

[1] Orgueilleuse, susceptible.
[2] Lui faisant mauvais visage.
[3] Comme on dit non moins familièrement, un tour, une scène.
[4] Se soignant.

Ne les vois-je pas, sur le Tibre,
Qui vont tranchant du peuple libre,
Et leur grand lourdaud d'Æneas,
Qui va faisant le Fierabras,
Faisant des forts, traçant des lignes ?
Ah ! ma foi, mon beau Jean des Vignes [1],
Si je laissois hausser vos forts,
Vous iriez croire que je dors !
Je vous vais montrer que je veille ;
Je vous vais faire à la pareille
Enrager votre chien de soûl.
Il faut se défier d'un fou :
Je vous apprends que je suis folle,
Et que je tiendrai ma parole.
Quoi ! Mars, un soudrille, un fâcheux,
Tout mon fils qu'il est, un franc gueux,
A pu perdre la gent Lapithe !
Et Diane, une chattemite,
Qui fait la prude et ne l'est pas,
A mis les Calydons à bas !
Et Jupiter la laisse faire,
Alors qu'il la voit en colère ;
Et moi, l'on me laisse enrager,
Au lieu de mes affronts venger !
Et moi, j'ai beau faire la guerre
Aux Troyens par mer et par terre,
Leur ouvrir en mer des pertuis
Profonds comme gouffres ou puits,
Et mes Charybdes et mes Scylles
Sont des embûches inutiles !
Ils en sont quittes pour la peur,
Les gredins, les faquins d'honneur !
Sans me craindre, ni la marée,
Je leur vois la face assurée
Par la bonté du roi Latin,

Et leur destin sur mon destin,
Quoi que j'entreprenne, l'emporte !
Ma foi, je voudrois être morte ;
Mais ma sotte divinité
M'exclut de la mortalité :
Il faut malgré moi que je vive,
Et que j'enrage toute vive,
De voir un homme haï de moi
En passe de devenir roi.
Mais devant qu'il porte couronne,
A sa détestable personne
Je ferai tant mordre les doigts,
Fût-il pieux cent mille fois
Plus qu'il ne s'imagine d'être !
Mon mari, qui l'aime, est le maître,
Mais ma tête, pleine de vent,
Le fait enrager bien souvent ;
Nous nous trouvons en ce rencontre,
Lui pour Æneas, et moi contre :
Tous les dieux seront au plus fort,
Mais tous les diables m'aiment fort,
Et fourniront à ma colère
Cent mille moyens de mal faire,
Et de reculer bien ou mal
Le jour de cet hymen fatal
Du fils de la putain céleste,
Qu'autant que son fils je déteste.
Le Destin, un capricieux,
Qui même gourmande les dieux,
Voudra l'achever à ma barbe ;
Mais je jure par sainte Barbe,
Ce qui m'arrive rarement,
Car je n'aime pas le serment,
Par sainte Barbe donc je jure
Qu'il souffrira plus d'une injure

[1] Terme proverbial, pour désigner un personnage sot et malavisé, qui s'enferre lui-même. On croit que cette locution vient de la bataille de Poitiers, où le roi Jean, au lieu d'accepter la capitulation proposée par l'ennemi ou de le bloquer jusqu'à ce qu'il se rendît à discrétion, faute de vivres, voulut l'attaquer, et fut vaincu en grande partie à cause des vignes qui entravèrent les mouvements de sa cavalerie. L'inexpérience que le roi montra en ce jour l'aurait fait surnommer Jean des Vignes. En certaines locutions, par exemple dans celle-ci : *Mariage de Jean des Vignes, tant tenu, tant payé*, ce terme vient de *gens des vignes*. (Voir *Dict. des proverbes* de Quitard.) — Le nom de Jean était ainsi accompagné d'une foule d'épithètes malsonnantes, ayant toutes une signification analogue.

> Jean ? que dire sur Jean ? C'est un terrible nom,
> Que jamais n'accompagne une épithète honnête,
> Jean des Vignes, Jean logne. Où vais-je ? Trouvez bon
> Qu'en si beau chemin je m'arrête.
> Deshoulière

Même sans être accompagné de l'une de ces épithètes, le mot avait quelque chose d'injurieux : c'est ainsi que l'appellation proverbiale de messire Jean se trouve employée dans Henri Estienne (*Apolog. pour Hérodote*), et dans une foule de pièces du dix-septième siècle. Il en était quelquefois de même du mot Jean tout court. « Eh ! là, ris, Jean, on te frit des œufs. » (Cyrano de Bergerac, *le Pédant joué*, II, 2.)

Et de retardement plus d'un,
Ce soudrille souffle-petun,
Devant qu'en face de l'église
Il épouse la fille exquise
Que cet impertinent Destin
Lui garde chez le roi Latin.
Le fils de Vénus la Succube [1],
Aussi bien que le fils d'Hécube,
Fera, par son hymen fatal,
A plusieurs peuples bien du mal.
Latin, aux noces de son gendre,
Verra du sang humain répandre,
Et du vin moins on y boira
Que de sang on n'y répandra.
Or çà, mettons la main à l'œuvre.
Une dame au crin de couleuvre,
De qui le Diable même a peur,
Parce qu'elle est de mon humeur,
C'est-à-dire franche tigresse,
Est une très-propre diablesse
A faire au beau-fils d'Anchises
Un tour plus fâcheux qu'un procès. »
  Ainsi dit Junon courroucée,
Et puis, ayant sa voix haussée
En fausset que l'on entendit
Jusqu'en Enfer qu'elle étourdit,
Alecton fut par elle huchée,
Qui lors, se trouvant empêchée,
Répondit en voix d'éléphant :
« On y va, ne criez pas tant ; »
Car elle craint fort, la mâtine,
De voir dame Junon mutine,
Qui, toute déesse qu'elle est,
Est diablesse quand il lui plaît.
Cette Alecton est enragée
Autant qu'une bigotte âgée ;
Ses sœurs mêmes lui veulent mal,
Et ce dangereux animal
Déplaît si fort au tyran blême,
Qu'il auroit un plaisir extrême
Si la mort d'Enfer l'enlevoit,
Cela s'entend s'il se pouvoit.
Elle a pour toute chevelure
De serpens une garniture ;
Elle en a même dans le sein,
Exhalant tous un air malsain
Plus puant qu'une haleine forte,
Oui, ou le grand diable m'emporte !
Après avoir juré si fort,
Qui ne me croit pas à grand tort.
  J'ai dû vous dire, ce me semble,
Que Junon mit ses paons à l'amble
Et descendit de ce lieu haut,
Parce que, jusqu'au manoir chaud
De cette vilaine Furie,
Où chacun hurle, où chacun crie,
Alecton difficilement
Eût ouï son commandement.
Voici, parole pour parole,
Ce que dit la déesse folle,
Rouge en face et d'un aigre ton,
A la malplaisante Alecton :
« Alecton, ma chère mignonne,
Que j'estime plus que personne,
Tu peux me faire un grand plaisir,
Et tu ne peux jamais choisir
De plus grande malice à faire
Que celle par qui tu peux plaire
A moi, femme de Jupiter.
Toi seule me peux contenter,
Toi qui peux désunir les frères
Et rends les amis adversaires.
Ce que je veux est plus aisé :
Je veux qu'un vieil roi méprisé
Par sa femme, une franche folle,
Ne puisse tenir sa parole,
Et qu'un fugitif de Troyen
Soit ici battu comme un chien ;
Que deux rivaux se veuillent battre,
Qu'un d'eux fasse le diable à quatre,
Et que la reine que je di
Ait l'esprit assez étourdi
Pour troubler royaume et famille,
Plutôt que souffrir que sa fille
Soit mariée à ce grand fat
Qui doit régner dans son État,
Et que je hais comme la peste.
Toi seule es tout ce qui me reste.
Mon esprit franc, esprit malin,
Comme le tien à nuire enclin,
N'a plus rien de quoi mettre en œuvre.
Va, ma belle au crin de couleuvre,
Prends toute ma mauvaise humeur,
Et me va faire une rumeur
D'où naisse une guerre civile. »
Alecton, comme très-civile,

---

[1] On entend par Succubes des démons qui prennent la figure des femmes pour séduire les hommes. Les Succubes jouent un grand rôle dans les anciens procès de sorcellerie. Les Incubes étaient, au contraire, des démons prenant la forme d'un homme pour séduire les femmes.

Radoucit ses gros yeux ardens,
Et sourit, découvrant des dents
En pointe, comme dents de scie ;
De son teton fait en vessie,
Qui lui servoit à se moucher,
Elle se mit à se torcher,
Puis, s'étant ainsi composée,
En ton de voix de roue usée
Qui, durant le chaud, a besoin
D'une livre ou deux de vieil oing,
Parlant à la Laconienne,
Répondit : « Qu'à cela ne tienne. »
La déesse s'en retourna,
Et la vilaine s'attourna
Comme une vieille aux jours de fête,
Tressa les serpens de sa tête,
Et d'un de ceux de son gousset
Se servit comme d'un lacet ;
Et puis la pucelle terrible,
Se rendant aux yeux invisible,
Se coula chez le roi Latin,
Où, par un chemin clandestin,
Elle alla chez la reine Aimée,
Qui lors, dans sa chambre enfermée,
Pestoit fort contre son époux,
Qu'elle appeloit le roi des fous,
D'avoir l'alliance jurée
Au fils de dame Cythérée,
Et préféré le Phrygien
A Turnus, prince Italien,
Maudissant cent fois la journée
Qu'on parla de cet hyménée,
Et jurant gros comme le bras
Qu'aux noces elle n'iroit pas.
  Elle étoit dans cette pensée
Terriblement embarrassée,
Alors qu'Alecton lui lâcha
Un gros serpent, qui se cacha
Sous une jupe de ratine
Qui couvroit sa peau de la Chine.
Il se promena, le larron,
Sur son sein et sur son giron,
Et, par je ne sais quelle voie,
La pénétra jusques au foie,
Inspirant une âme d'aspic
A son corps malade du tic.
Ce serpent, aussi noir qu'un merle,
Tantôt étoit collier de perle,
Et tantôt la guirlande étoit
De la dame qu'il empestoit,
Tantôt vu, tantôt invisible :
Sans doute l'animal terrible
Étoit quelque serpent sorcier,
Et des meilleurs de son métier.
Ayant bien la reine gâtée
Et duement enserpentée
Par tous les endroits de son corps,
Tant du dedans que du dehors,
Je ne sais par quelle manière
Il retourna dans la crinière
D'Alecton, ni ce qu'il devint,
Ni si chez la reine il se tint :
Virgile ne dit pas la chose,
Et je n'en sais pas bien la cause;
Bien sais-je qu'au commencement
La reine alla tout doucement,
La rage en son corps enfermée,
N'étant guère encore allumée,
Comme une sotte mère fait
Quand l'époux de sa fille est laid,
Ou qu'il lui manque quelque chose.
Elle n'eut pas la bouche close
Sur sa fille et sur le Troyen
Qui la devoit avoir pour rien.
Quand elle trouvoit quelque amie,
Elle faisoit la Jérémie
Et larmoyoit de ses deux yeux,
Qu'elle avoit un peu chassieux :
« O mon bon mari, disoit-elle,
Je t'ai vu beaucoup de cervelle,
Mais maintenant, en bonne foi,
Tu n'en as guère plus que moi,
Qui n'en ai pas notable somme.
Dis-moi, n'es-tu pas un pauvre homme,
D'avoir gardé pour un passant
Ma fille, un ange ravissant?
Et cette malheureuse fille
Sera la femme d'un soudrille,
D'un fanfaron, jureur de Dieu,
D'un gueux qui n'a ni feu ni lieu ?
Et Turnus, qui l'a tant servie
Et qui l'aime plus que sa vie,
De parens sans reproche issu,
Qui n'est ni boiteux ni bossu,
Se la verra prendre, à sa barbe,
Par un larron, par un Alarbe,
Un Turc, qui, dès le lendemain
Du jour qu'il aura mis sa main
Dans celle de ma Lavinie,
Avecque sa troupe bannie
S'enfuira nous laissant tous deux
S'arrachant et barbe et cheveux.
Ainsi fit de la garce Hélène
Le pâtre au courage de laine,
Pâris, le miroir à putain ;
Ainsi fera pour le certain

Ce corsaire de maître Énée,
Qui, de notre fille emmenée,
Étant lassé de s'ébaudir,
La plantera pour reverdir.
Si le dieu Faune et maint présage
T'ont fait savoir qu'en mariage
Tu ne dois ta fille loger
Qu'avec quelque prince étranger,
Faut-il que Ta Majesté craigne,
Turnus n'étant pas sous ton règne,
Mais notre voisin seulement,
De la donner, et promptement,
A ce Turnus dont le bien monte
A dix mille écus à bon compte,
Le tout en droits seigneuriaux
Qu'on m'a dit être les plus beaux ?
Turnus, à qui l'on l'a promise,
Doit l'avoir de nous sans remise,
Ou, si tu la lui veux ôter,
Le diable te puisse emporter ! »

Ainsi parloit la reine Aimée,
Qui fut diablement enflammée,
Quand, tenant tels discours souvent,
Autant en emporta le vent.
Cependant, après cent batailles,
L'esprit d'Enfer, dans ses entrailles
Étant devenu le plus fort,
Fit prendre à son bon sens l'essor ;
Et voilà madame la reine,
De l'esprit d'Enfer toute pleine,
Qui court aux Petites-Maisons,
Eût-elle cent mille raisons :
Mais la pauvre reine, peu sage,
N'en avoit rien qu'une en partage ;
Mais, quand elle en eût eu beaucoup,
Elle les perdoit pour ce coup,
Tant elle fut endommagée
De la bête en son corps logée.
Elle court la ville et les champs,
Les sages Latins se cachans,
Soit dans les champs, soit dans la rue,
Tant fort elle mord, frappe et rue.
Virgile, qui n'est pas un sot,
Ici la compare au sabot,
Quand d'enfans la troupe morveuse,
Et quelquefois aussi galeuse,
A coups de lanières de cuir,
Par-ci, par-là, le font fuir :
Le pauvre sabot, pour leur plaire,
Fait mainte course circulaire,
Et les marmousets, à grands coups,
Le chassent, riant comme fous.
De même la reine, étourdie
Plus que sabot ni que toupie,
Court en fureur par-ci par-là,
Chacun, tremblant, dit : La voilà !
Au diable qui voudroit l'attendre,
Ni pour d'elle son plaisir prendre,
Ni pour tâcher de l'arrêter ;
Quelque sot iroit s'y frotter.
Elle fit bien pis que de courre,
Jouant des bras comme à la mourre,
Elle entreprit un attentat
Qui sentoit le crime d'État :
Elle contrefit l'imbriaque [1]
Cette Altesse démoniaque,
Et, s'enfuyant dans les forêts
Avec sa fille, tout exprès
Pour reculer la paix promise
Au bon fils de messire Anchise,
Elle se cacha quelques jours
Dans les obscurs antres des ours ;
Puis, à la première boutade,
Elle courut battre l'estrade,
Faisant ravage en mille lieux,
Si bien qu'il ne se pouvoit mieux.
La dame étoit tantôt follette,
Elle est maintenant ivrognette.
(Ces deux termes diminutifs,
Qui devroient être augmentatifs,
Sont ici mis par ironie,
Lecteur, souviens-t'en, je te prie,
Car, ma foi, si tu prétendois
Me donner ici sur les doigts
Et faire le mauvais critique,
Je te dirois chose qui pique ;
Et foin de la digression
Par qui notre narration
Est, peu s'en faut, embarrassée !)
Reprenons la reine insensée.
D'un Iach, Iach, Evohé,
Sortant d'un gosier enroué,
Elle étourdissoit les campagnes ;
L'écho s'en oit dans les montagnes.
Quand sa fille ne la suit pas,
Ou bien qu'elle hurle trop bas
Ces épouvantables paroles,
Cette impératrice des folles
D'un thyrse lui rosse les flancs,
Dont ils deviennent noirs de blancs :
« Le seul dieu Bacchus, disoit-elle,
Est digne de notre pucelle ;

---

[1] La femme ivre.

Par la mordondienne ! il l'aura,
Le trouve mauvais qui voudra !
Il n'y a promesse qui tienne,
Il l'aura par la mordondienne !
Oui, par la mordondienne, oui ! »
Par ce bruit de plusieurs oui,
Répandu parmi la province,
On sut que la femme du prince
Étoit depuis peu loup-garou,
Mordant les gens comme un chien fou,
Roulant les deux yeux de sa tête,
Et bruyant comme la tempête,
Trop pleine moitié de bon vin,
Et moitié de l'esprit divin,
Et que Bacchus, aussi fou qu'elle,
Je ne dis pas de la pucelle,
Mais de vin, comme elle, trop bu,
De plusieurs avoit été vu,
D'un thyrse faisant plaie et bosse,
Et paré d'un habit de noce,
Barbe rase, et les crins épars,
Comme on voit quelque jeune gars,
Durant la pénible journée
Qu'il se charge d'un hyménée.
Ainsi partout l'on racontoit,
Et partout ainsi l'on mentoit,
Car ni vin brouilloit sa cervelle,
Ni Bacchus étoit avec elle ;
Mais seulement l'esprit d'Enfer
Qui la puisse bien étouffer,
Dans le sien excitoit la rage,
Pour rompre un pauvre mariage.
Les dames du pays Latin,
Susceptibles d'un avertin [1],
A ces bruits prennent la campagne,
Vites comme chevaux d'Espagne,
Et formant un gros escadron,
Au son cassé de maint chaudron
Courent comme des insensées,
De la laide Alecton poussées.
De leurs bouches criant Iach,
Sort une vapeur de tabac,
Leurs crinières échevelées,
De feuilles de lierre mêlées,
Rendant leurs visages affreux ;
Chacun voit leurs endroits honteux.
Leurs piques sont entortillées
De peaux de bêtes dépouillées,
Jurant Dieu si fort, m'a-t-on dit,
Que Jupin en garda le lit.
Au milieu d'elles dame Aimée,
D'une grande torche allumée,
Se sert ainsi que d'un guidon ;
Ses yeux, ardens comme un brandon,
Et tristes comme tragédies,
Épouvantent les plus hardies.
Elle chante ou hurle plutôt,
Tant elle chante ou hurle haut
En posture de forcenée,
De Turnus le noir hyménée ;
Son chaud poumon, par son tuyau,
Entonne io, io, io !
« Io, io, s'écrioit-elle,
Assistez-moi, troupe fidèle ;
Par saint Bacchus, assistez-moi,
A la barbe même du roi !
Vous êtes mère, je suis mère ;
Une mère vaut bien un père.
Faisons en sorte que Turnus,
Et non le bâtard de Vénus,
Épouse votre noble infante,
Et je suis votre humble servante. »
Sur elle ainsi faisoit effet
D'Alecton le serpent infect.
Chaque dame dans sa cervelle
Avoit de la rage autant qu'elle
Qui certes en avoit alors
Tout ce qu'en peut porter un corps.
   Les cartes étant si brouillées
Parmi ces dames barbouillées,
Et par elles le roi Latin
Étant au bout de son latin,
Alecton, sur de grandes ailes
Qui n'étoient ni bonnes ni belles,
Tout d'un vol s'en alla trouver
Le fier Turnus à son lever ;
J'ai menti : ce fut la nuit noire
Qu'il dormoit dans un lit d'ivoire
(D'ivoire à tout hasard je di,
Car un rimeur doit être hardi),
Il dormoit dans sa ville Ardée,
Par Acrise, dit-on, fondée,
Ou bien quelqu'autre tel qu'il soit ;
Si dans de l'ivoire il gisoit,
Non plus que qui fonda sa ville,
C'est chose à savoir inutile.
Alecton ne l'aborda pas
Avec ses infernaux appas
Et sous sa forme diablotine,
Mais sous celle d'une béguine
Qui tenoit fort de la guenon,
Prêtresse de dame Junon :

---

[1] Maladie de l'esprit qui rend furieux.

Elle étoit Chalybe nommée,
Vieille dame fort renommée,
Ou, si vous voulez, vieil barbon,
Car sa bouche aux dents de charbon,
De barbe longuette et pointue
Étoit amplement revêtue,
Si ce n'est lorsque le rasoir
Tous les huit jours la faisoit choir.
Je veux vous donner quelque idée
De la diablesse enchalybée [1] :
Sa face, de couleur de bois,
Avoit d'une coque de noix
Et la sécheresse et l'écorce ;
Son corps, qui paroissoit sans force,
Étoit soutenu d'un bâton ;
Ses cheveux étoient de coton
Et gros comme poils d'époussette,
Et sa voix étoit de chouette.
Écoutez ce qu'en bégayant,
Et sur un bâton s'appuyant,
Elle dit à l'infant Rutule :
« Prince aussi quinteux qu'une mule,
O Turnus, ô Turnus, Turnus,
Tandis que le fils de Vénus
Sous le pied te va coupant l'herbe,
Comme dit l'antique proverbe,
Tu t'amuses, ainsi qu'un veau,
Comme un blondin qui fait le beau,
A dormir jusqu'à près d'onze heures.
Ma foi, tandis que tu demeures
Dans ton lit du matin au soir,
Ton père feroit son devoir,
S'il venoit, durant la nuit sombre,
De coups d'étrivières sans nombre,
T'apprendre qu'à tel jouvenceau
Dormir ainsi n'est pas trop beau.
Cependant qu'ainsi tu reposes,
Un rival fait bien d'autres choses,
Et suit bien des chemins meilleurs :
Il t'expose à tous les railleurs,
Dont on dit que sa flotte abonde,
Les plus grands goguenards du monde,
Qui sur un mot, qui sur un rien,
Font enrager les gens de bien.
Qui pis est, Latinus lui donne
Son héritière et sa couronne :
C'est, par ma foi, te bien payer.
Va, va-t'en encore essuyer
Les traits des galères Toscanes,
Et leur faire faire les canes.
Va, va-t'en donner à grands frais
A ton roi des Latins la paix ;
Et de la paix par toi donnée
Jouira ton rival Énée.
Lors Dieu sait de te voir tondu
Combien tu seras confondu,
Souffrant une guerre intestine
Dans ta malheureuse poitrine,
Et de ton chef frappant les murs,
Qui, comme tu sais, sont bien durs.
Junon, qui s'en trouve offensée,
M'a dit là-dessus sa pensée,
Et moi je te la fais savoir :
Songe un peu plus à ton devoir ;
Trop dormir fait mal à la tête,
Et trop dormir, c'est vivre en bêt
Excite-toi, jure un peu Dieu,
Prends ton épée et ton épieu,
Et, suivi de vilains visages,
Va faire cent mille ravages,
Et, si la chose le requiert,
Ayant pris les Troyens sans vert,
De leurs nefs va faire grillade. »
 A cette malplaisante aubade,
Turnus, riant du bout des dents,
Lui dit : « Vieille aux tetons pendans,
Qui diable si matin t'amène
Avecque ta mauvaise haleine,
Venir troubler mon doux sommeil ?
Va, va, rengaine ton conseil,
Et t'en va filer ta quenouille.
La flotte qui près d'ici mouille
N'y mouille point à mon insu ;
La vieillesse a ton œil déçu,
Et te fait avoir la berlue,
Vieil barbon ou vieille barbue,
Car ton menton, si fort barbu,
Rend ton sexe fort ambigu,
Et tu peux être de ces dames
Sujettes au vin comme aux femmes.
De ton temple, et des Immortels,
Va-t'en tenir nets les autels,
Et me laisse la guerre à faire.
Ma foi, c'est bien là ton affaire,
C'est bien toi qui dois conseiller
A moi Turnus de batailler !
Junon, qui s'en trouve offensée,
T'a dit là-dessus sa pensée :
Où diable l'as-tu controuvé ?
Va, va, ton vin n'est pas cuvé.

---

[1] Qui avait pris la forme de Chalybe. Nous avons déjà vu dans le V⁰ livre : « Iris... soudain se *débéroisa*, » c'est à dire dépouilla la figure de Béroë qu'elle avait prise.

Va le cuver, vieille ivrognesse,
Ou, si je découvre ta fesse,
Par cent claques sur ton cul sec
Je t'imposerai le respect,
Vieille pèque ¹ des plus fâcheuses,
Toute de parties honteuses. »
 Turnus en vouloit dire plus,
Suivant de sa langue le flux ;
Mais l'impitoyable Furie,
Qui n'entend pas la raillerie,
Après deux ou trois cris perçans
Qui bouleversèrent le sens
De Turnus avec son courage,
Reprit son infernal visage,
Large d'un empant et demi.
Dieu sait s'il eut le teint blêmi,
Turnus, quand les serpents sifflèrent
Et sur le chef se hérissèrent
De ce monstre orgueilleux et fier.
Ses yeux ardens, comme brasier,
Dans son cœur jetèrent la fièvre ;
Il devint peureux comme un lièvre,
Il voulut parler, et ne put,
Son haleine puante en fut
(Car on a puante l'haleine
Lorsque l'on a l'esprit en peine,
Outre que, quand il essaya
De parler, elle l'effraya,
Dont il eut bien fort la courante,
Comme on a su de sa servante.
De deux de ses crins les plus longs,
Serpens gros comme des dragons,
Elle fit, la dame enragée,
Une manière d'escourgée,
La faisant rudement claquer ;
Et puis, faisant ses dents craquer,
Elle acheva de déconfire
Turnus, le très-valeureux sire :
Il en pissa de peur au lit,
Et voici ce qu'elle lui dit,
Reprenant ses mêmes paroles :
« Regarde, tête des plus folles,
Si mon menton est fort barbu,
Et si mon sexe est ambigu.
Je ne suis barbon ni barbue,
Et mon œil n'a point la berlue,
Et je ne sais rien controuver,
Et n'ai point de vin à cuver,
Et je ne suis point ivrognesse,

Et si tu découvres ma fesse,
Tes cent claques sur mon cul sec
Ne m'apprendront point le respect.
Je n'ai point puante l'haleine ;
Mais je suis ta fièvre quartaine,
Qui te puisse casser le cou,
Grand paresseux, grand fat, grand fou !
Je suis Alecton l'infernale,
Et non pas cette martingale
Dont j'avois la forme et l'habit.
Je t'apporte ici dans ton lit
Gale, famine, guerre et peste,
Et la mort, que chacun déteste. »
Et puis, ce qui passoit le jeu,
Lui fit au nez un rot de feu,
Ensuite une laide grimace,
Lui mettant face contre face.
Auprès de ce rot infernal,
Coups de canon de l'Arsenal
Sont coups d'arquebuse rouillée,
Dont la poudre est moite ou mouillée.
 Pour ce long discours d'ennemi,
Turnus n'avoit pas dédormi ;
Bien est-il vrai que le pauvre homme
N'avoit pas dormi de bon somme,
Mais ce rot d'enfer, rude et chaud,
Le fit réveiller en sursaut,
Et l'effraya dans chaque membre.
Devant que sortir de sa chambre,
Alecton lui vint faire pouf :
Fermant les yeux et criant ouf,
L'adolescent se mit à braire ;
Et voilà comme alla l'affaire
Entre Turnus, le faux glouton,
Et la damoiselle Alecton.
Après la vision fâcheuse,
Il eut l'âme très-querelleuse,
Et n'eut plus guère de raison,
Ses cris troublèrent la maison ;
Il crioit : « Çà, ma hallebarde,
Mon branc ² d'acier et ma bombarde ³ ».
Son gros valet Pierre ou Lucas
S'en vint, épouvanté du cas,
Auprès de Turnus, sans remise,
Couvert de sa seule chemise.
Turnus, sitôt qu'il l'approcha,
Un grand coup de poing lui lâcha,
Dont ce valet, Lucas ou Pierre,
Ne branla non plus qu'une pierre.

---

¹ Sotte, impertinente, à peu près comme pécore.

² Ce vieux mot, qui n'est pas dans Furetière, désignait une épée. On l'écrivait aussi *brance* et *brans*. (BOREL, *Trésor de recherch.*)

³ Gros canon, ou machine de guerre pour lancer des pierres.

La rage qu'il a dans le cœur
Est semblable à quelque liqueur
Dans une chaudière brûlante,
Quand, impétueuse et bouillante,
Et qui passe les bords du pot,
Elle exhale, en faisant maint flot,
Au lieu d'une épaisse fumée,
Une vapeur presque allumée.
Aussitôt qu'il fut habillé,
Malheur à qui l'auroit raillé.
Il assembla la gent Rutule,
Et leur fit ce beau préambule :
« J'enrage si je ne me bats,
Et ne respire que combats ;
Je querellerois mon bon ange,
Tant je suis d'une humeur étrange,
Et, pour le moindre mot douteux,
J'étranglerois un homme ou deux.
Les Troyens sont dans cette terre
Pour nous venir faire la guerre :
Ils mangeront tous nos poulets
Et de nous feront des valets.
Sans nous l'Italie est perdue.
Latinus, que la peste tue,
Les a reçus dans sa maison ;
Ma foi, c'est une trahison !
Si vous m'aimez un peu, beaux sires,
Excitez comme moi vos ires,
Et, ma foi, nous verrons beau jeu.
Messieurs, considérez un peu,
Si ce roi qu'on croyoit si sage,
N'est pas un plaisant personnage
D'avoir entrepris de loger
Dans nos entrailles l'étranger.
Mais si nous souffrons qu'on nous tonde,
Nous donnerons à rire au monde.
Moi seul, tel que vous me voyez,
Suis suffisant, et m'en croyez,
De leur faire mordre les pouces. »
Il dit quelques paroles douces
Pour assaisonner son discours,
Et puis, furieux comme un ours,
Se mit à dire : « Alarme, alarme ! »
A son cri chacun se gendarme,
Chacun cherche en son râtelier
Qui les harnois d'un cavalier,
Qui sa lance, qui sa rondelle,
Et qui sa tranchante alumelle [1].
On députa gens vers Latin
Pour l'appeler fils de putain.

La face aussi belle que fière
De Turnus rend sa gent guerrière.
Et donne au plus petit goujart [2]
La hardiesse d'un soudard.
  Tandis qu'ainsi l'on bat la caisse,
Et que le fanfaron se presse
De susciter des assassins
Aux volailles de ses voisins,
La séditieuse Furie
S'en va, changeant de batterie,
Où chassent les Dardaniens,
Fascinant le nez de leurs chiens
Afin qu'ils s'efforcent de mordre
Un cerf qui fit bien du désordre.
Ce cerf, beau si jamais en fut,
Depuis que cerfs entrent en rut,
Grand de tête et grand de corsage,
Avoit été, dès son bas âge,
De Tyrrhus, qui l'avoit trouvé,
Très-soigneusement élevé.
Tyrrhus étoit du roi le pâtre,
Sec de corps, de teint olivâtre,
Violent comme feu Grégeois
Et malin comme un villageois.
Sa sœur, que l'on nommait Sylvie,
Aimoit ce cerf plus que sa vie,
Et de sa main noire souvent
Le grattoit derrière et devant,
Dont ce grand cerf étoit bien aise ;
Cette Sylvie étoit mauvaise,
Hommasse, fort gourmande d'aux,
Et qui pansoit bien les chevaux.
Comme elle, les fils de son frère
A ce cerf faisoient bonne chère,
Et l'aimoient autant qu'un neveu,
Ce qui n'étoit pas l'aimer peu.
Ce cerf couroit par les montagnes,
Par les vallons, par les campagnes,
Puis, comme si de rien n'étoit,
Devers le soir, soûl qu'il étoit,
Revenoit au logis de Thyrre
Pour y chercher encore à frire.
Le jeune Iülus, bien monté,
De ses Phrygiens escorté,
Alloit par les champs à la quête
De quelque noire ou fauve bête,
Quand cet innocent animal,
Qui lors ne songeoit à nul mal,
Et qui, sans présager sa perte,
Paissoit doucement l'herbe verte,

---

[1] Épée ; toute arme piquante ou tranchante.
[2] Valet d'armée. Le mot est devenu *goujat*, en modifiant son sens.

Fut vu d'Iūlus et des siens,
Ensuite senti par ses chiens,
Qui, s'étant mis dessus sa piste,
Iūlus devint leur copiste
Et se mit sur sa piste aussi.
D'un étui de peau de roussi
Il dégaina son arc d'ivoire,
De Brésil ou d'ébène noire
(Tant y a qu'il étoit fort beau),
Et puis après, le jouvenceau
Devança de si loin sa troupe,
Que du cerf il gagna la croupe,
Et d'une flèche qu'il tira
Tout l'intestin lui déchira.
Le bon cerf quitta la partie
Avec beaucoup de modestie.
Voyant bien que ces inconnus
Respectoient peu les cerfs cornus,
Et s'enfuit avec sa blessure
Sans leur dire la moindre injure,
Tant il étoit respectueux.
Son assassin impétueux,
Étant tombé dans une ornière,
Fut par le cerf laissé derrière,
Et le pauvre blessé, bramant,
De sang et de sueur fumant,
Vint montrer sa plaie à Sylvie,
Qui s'écria : « Mort de ma vie,
Et qui diable a mon cerf blessé ?
Le méchant s'en fût bien passé. »
Elle dit tout ce que la rage
Fait dire au rustique courage,
Quand elle en prend possession.
Grande fut son affliction,
Grande en fut aussi la vengeance :
Les paysans, maudite engeance
Qui n'entend raison nullement [1],
Se saisirent brutalement
Des premiers bâtons qu'ils trouvèrent,
Et sur les Troyens se ruèrent,
Qui de l'animal maltraité
Croyoient bien faire maint pâté.
Ils reçurent des bastonnades,
Ils donnèrent des platassades,
Reçurent des coups de cailloux
Qui leur firent bosses et trous,
Et pour des trous et pour des bosses,
Firent des blessures atroces.
Tyrrhus, qui lors fendoit du bois,
De rage se mordit les doigts,
Quand on lui conta que sa bête,
Par le procédé malhonnête
Des étrangers outrecuidés,
Avoit les flancs de fer lardés ;
La face toute refrognée,
Il courut, avec sa cognée,
Se mettre à la tête des siens.
Iūlus, suivi de ses chiens
Et de ses chasseurs pêle-mêle,
Fait choir des coups dru comme grêle ;
Les manans, selon leur pouvoir,
Firent aussi des coups pleuvoir.
Alecton, la vierge infernale,
Les uns contre les autres halle [2],
Et de ses exploits inhumains
S'applaudit en battant des mains ;
Elle vole, l'abominable,
Sur le haut d'une vieille étable,
Autant élevé qu'un jubé,
Et là, d'un cornet recourbé
Qui fit du bruit comme un tonnerre,
Elle émut le ciel et la terre,
Mit les paysans en fureur,
Et remplit les esprits d'horreur.
Plus d'un poisson du lac Trivie
Par ce grand bruit perdit la vie,
Et le petit fleuve du Nar
En fit la cane ou le canard
Se plongeant au fond de sa source,
Dont tout court s'arrêta sa course,
Et se séchèrent ses roseaux.
Velie en embourba ses eaux ;
Plusieurs femmes en avortèrent,
Ou tout au moins s'en dévoyèrent.
Le bruit du cornet infernal
Aux voisins servit de signal
Pour venir en grosse assemblée
Tâter aussi de la mêlée ;
Les Troyens, aussi diligens,
Du camp vinrent aider leurs gens :

---

[1] Les paysans sont presque toujours fort maltraités dans les écrits du dix-septième siècle, comme les bourgeois et artisans. On peut voir l'idée qu'on en avait alors, non-seulement dans les ouvrages d'imagination, écrits même par des gens de modeste origine, par exemple dans le *Roman bourgeois* de Furetière, le *Francion* et le *Berger extravagant* de Ch. Sorel, le *Chevalier hypocondriaque* de Du Verdier (dernier chapitre), mais même dans les écrivains d'un ordre plus élevé et les moralistes : madame de Sévigné, lettres écrites des Rochers ; le père Garasse, *Doctrine curieuse*, passim ; la Bruyère, des *Ouvrages de l'esprit* et *De l'homme*, etc.

[2] Excite.

Au lieu de bâtons et de gaules,
Qui ne font frayeur qu'aux épaules,
On vit le fer brillant agir,
Qui de sang fit l'herbe rougir.
   Comme on voit en mer la tourmente,
Qui petit à petit s'augmente,
De même ce mortel conflit
Devint enfin grand de petit :
Almon, le fils aîné de Thyrre,
D'un coup de flèche qu'on lui tire,
Fut dans le gosier assené,
Dont il mourut fort étonné ;
Et le bon vieillard Jean Galèze,
Paysan des plus à son aise,
Fut aussi fort scandalisé
De se voir le corps pertuisé.
Maints autres aussi qui moururent,
L'esprit mal satisfait en eurent;
Mais plus qu'aucun fut estimé
Mal et méchamment assommé,
Ce Galèze, homme débonnaire,
Qui ne vint pas là pour mal faire,
Mais seulement pour y prêcher
La paix et le meurtre empêcher.
De grasses brebis non galeuses
Il avoit des troupes nombreuses,
Des taureaux à l'équipolent [1],
Et dans son coffre maint talent.
Sa richesse et sa prud'homie
Son trépas n'empêchèrent mie.
   Tandis qu'ainsi de toutes parts
Dagues, piques, flèches et dards,
Aux gens de Troie et d'Italie
Servent à passer leur folie,
Alecton, voyant si beau jeu,
Ne s'en réjouit pas un peu,
Mais autant que le pouvoit faire
Dame d'Enfer qui ne rit guère.
Toute fière elle s'en alla
Trouver Junon, et lui parla
Ainsi que vous l'allez entendre :
« Madame, je viens de vous rendre
Ce que je vous devois, et plus.
Les Dardaniens dissolus
Ont voulu manger d'une bête
Qui leur fera rompre la tête ;
Entre eux et le peuple Latin,
Malgré les arrêts du Destin,
J'ai semé tant de zizanie,
Que de longtemps la Lavinie
Ne sera mise entre les bras,

En même lit et mêmes draps
De votre ennemi maître Énée.
Dame Aimée est alectonée,
C'est-à-dire que dans sa peau
Elle a de diables un troupeau,
Et le Turnus, comme la reine,
A de diables la tête pleine,
Et les manans ont, comme eux deux,
Chacun au corps un diable ou deux.
Regardez, pour vous satisfaire,
Ce qui me reste encore à faire. »
Junon, riant à tou tcela,
Répondit : « Demeurons-en là,
De peur qu'à mon mari qui frappe
La patience enfin n'échappe,
Et que son naturel frappeur
Ne change en coup de poing ma peur;
Et puis tu sais qu'à la lumière
Tu ne saurois t'exposer guère,
Ni sortir de ton pays bas,
Que mon Jupiter de cent pas,
Frappé de ta mauvaise haleine,
N'évente que sur son domaine
Quelque Furie et ses serpens
Vient troubler le repos des gens.
Retourne-t'en donc, je te prie,
Ma laide, ma chère Furie,
Regagne ton royaume noir :
Cependant, selon mon pouvoir,
Et les Latines débauchées
Et les querelles ébauchées
J'espère si bien cultiver,
Que je ferai tout soulever
Et remplirai de brigandages,
De séditions, de carnages,
Et de mille accidens honteux,
Les pays du roi radoteux
Qui sottement au sot Énée
A trop tôt sa fille donnée. »
   Alecton, ce discours ouï,
Sans dire non, sans dire oui,
Sur ses ailes de cartilage,
Ses serpens sifflant leur ramage,
Se guinda, maudit soit qui ment,
Vers le ciel effroyablement,
Puis baissa bientôt vers la terre,
Le grand jour lui faisant la guerre.
Mais c'est à beau jeu beau retour,
Elle fait la guerre au grand jour,
Et la plus sereine journée
Est par elle contaminée.

[1] A l'équivalent.

Elle se rensevelit donc
Dans l'Enfer, où je ne fus onc.
La terre fut fort consolée
De la voir en Enfer allée,
Et je croirois bien que les cieux
De son départ furent joyeux.
On m'a dit que dans l'Italie,
Cette région tant jolie,
Est un certain vilain vallon
Par où passe un torrent félon
Qui se perd dans un affreux gouffre
D'où s'exhale une odeur de soufre,
Et ce grand gouffre est, m'a-t-on dit,
De Pluton le séjour maudit,
Et c'est par ce trou, dit l'histoire,
Que se fourra la vierge noire,
L'esprit grandement satisfait
De tous les maux qu'elle avoit fait.
   Cependant Junon l'implacable
Fait autant, voire plus qu'un diable.
Les manans, rudement frottés
Par les Troyens exercités
Au métier de faire la guerre,
En peu de temps perdirent terre,
Ensuite gagnèrent au pié,
Plus d'un d'entre eux estropié :
Les corps d'Almon et de Galèze
Furent par eux mis à leur aise
Sur un vénérable brancard,
Et puis coururent faire part
Au roi de la déconfiture,
Chacun en piteuse posture.
Latin, le désordre entendu,
Leur répondit lanturelu [1]
(Ce mot, en langage vulgaire,
Veut dire allez vous faire faire...
Je ne saurois honnêtement
Vous l'expliquer plus clairement).
Turnus aussi vint à la charge,
Exagérant la chose au large,
Et soutenant que les Troyens
N'étoient bons qu'à jeter aux chiens.
Les dames, de fureur éprises,
Qui couroient les champs en chemises,
Vinrent à l'entour du palais
Faire plus de bruit que jamais,
Pour plaire à leur madame Aimée,
Criant, d'une voix enrhumée,
Qu'Æneas n'étoit qu'un pendart

Digne pour le moins de la hart,
Et qu'il falloit à belle guerre
Le renvoyer hors de la terre,
Et, devant que le renvoyer,
De mille coups le rudoyer;
Mais à ces discours d'ivrognesses,
Le roi dit : « Je m'en bats les fesses, »
Et, pour les argumens cornus
Que lui fit le brutal Turnus,
Il se renfrogna le visage,
Dont le jouvenceau plein de rage
Dit tout bas ne parlant qu'à soi :
« Maugrebieu du fantasque roi! »
   Lors chacun dit tout ce qu'il pense,
Et tout s'en va dans la licence,
Et n'est le moindre petit fat
Qui ne veuille régler l'État ;
Mais le roi demeure intrépide
Comme un roc, quand la mer se ride,
Et que ses flots audacieux
Semblent vouloir mouiller les cieux,
Le roc n'en change point de place,
Quoi qu'autour de lui la mer fasse ;
Et l'on peut, parlant de ce roc,
L'appeler hardi comme un coq.
Enfin ce prince débonnaire,
Voyant qu'il n'y savoit que faire,
Et que, tout sage qu'il étoit,
Le plus fou sur lui l'emportoit,
Il perdit force et patience,
Qui, comme on dit, passe science :
« Heu, disoit-il en s'arrachant
Son crin, et maint soupir lâchant
Dont il eût pu fendre une pierre,
Nous aurons donc enfin la guerre,
Et le destin, qui n'est qu'un fou,
Nous entraîne je ne sais où,
Je crois que c'est à tous les diables.
Ah! que nous sommes misérables
De nous laisser ainsi mener
Par gens qu'il faudroit enchaîner,
Par ma femme, une insigne folle,
Par Turnus, qui, sans hyperbole,
Est plus fou que folle elle n'est,
Quoiqu'à parler sans intérêt,
Elle soit, quoique couronnée,
Des folles la plus forcenée.
Mais Turnus s'en repentira :
L'imprudent qu'il est en mourra,

---

[1] Refrain populaire et expressif, auquel on adaptait fréquemment des chansons nouvelles. On peut voir l'air des *Lanturlu*, dans le second volume des *Airs notés* du recueil de Maurepas, f. 53.

Et, quant est de moi, si j'en pleure,
Je consens aussi que j'en meure. »
Il se retira, cela dit,
Dans son cabinet, et se mit
Tant à découper des images
Qu'à rhabiller des vieilles cages,
Et siffler un jeune moineau,
Qui parla comme un étourneau.

   C'est la coutume en Italie,
Quand, par raison ou par folie,
On veut avec quelque étranger
Ou quelque voisin s'égorger.
Devant que former ses cohortes,
D'ouvrir certaines grandes portes
De l'église du Dieu Janus,
Dieu non pas des nouveaux venus,
Mais un Dieu de la vieille roche :
Ce Janus a double caboche,
C'est-à-dire tête en Gaulois,
Gaulois, c'est-à-dire François
(François est un peuple fantasque,
Dont les dames portent le masque [1];
Masque est commode et fait honneur
Aux dames dont le nez fait peur).
Revenons au Dieu double-tête.
Le peuple présenta requête
A Latin, afin qu'il ouvrît
Ces portes ; mais Latin s'en rit,
Et se servit de la requête
En un usage peu honnête
(Un certain vieil auteur qui ment
A conté la chose autrement).
Mais Junon, sans tant de scrupule,
Avecque des forces d'Hercule,
Ces portes hors de leurs gonds mit :
Toute l'Ausonie en frémit,
Et ne respira plus que guerre ;
Chacun arme et ses blés resserre :
Cinq villes, comme Palaiseau,
Le Bourg-la-Reine ou Longjumeau,
Dont la rime est fort malaisée,
Et partant ma muse rusée
Par l'impuissance de rimer
S'exemptera de les nommer [2];
Donc, cinq grandes villes voisines
A ce bruit devinrent mutines :
En moins de rien leurs maréchaux
Ferrèrent de neuf leurs chevaux ;
Leurs serruriers firent des brettes,
Leurs vachers devinrent trompettes,
Et leurs habitans fiers-à-bras
Jurèrent gros comme le bras.

   O doctes gueuses du Parnasse [3],
Vieilles filles de bonne race,
Puisque filles de Jupiter,
De grâce venez m'assister :
J'ai besoin de votre mémoire
Pour raconter la noble histoire
De tous les braves capitans,
En qualité de combattans,
Qui lors, en la Latine terre,
Aux Troyens firent rude guerre,
Et vinrent exercer les mains
Du meilleur de tous les humains,
Qui jamais n'assomma personne,
Tant son âme étoit belle et bonne,
Qu'auparavant il ne lui fît
Un compliment grand ou petit;
C'est d'Æneas de qui je parle,
Vaillant comme l'empereur Charle,
Charlemagne ou Charles le Grand,
Qui fut un si grand conquérant.

---

[1] Les dames de condition portaient des masques dans la rue. Ces masques étaient d'abord carrés, puis ce furent des loups (toujours en velours noir) qu'elles retenaient avec un bouton dans la bouche.

[2] Ces cinq villes, à *rimes malaisées*, sont Atina, Tibur, Ardées, Crustumerum et Antemnes.

[3] Scarron traite les Muses de gueuses, parce qu'elles font vivre dans la gueuserie, c'est-à-dire dans l'indigence et la mendicité, ceux qui les cultivent : il en savait quelque chose par sa propre expérience, et ce n'est pas la seule vengeance de ce genre qu'il se soit permise contre elles. De tout temps, mais surtout alors, les poëtes ont aimé à se plaindre des Muses : avant Boileau et Racine, on faisait de la poésie un instrument de quémanderie, qui rapportait souvent moins qu'il ne coûtait. *Inde iræ*. Écoutez encore G. Colletet, dans ses *Divertissements :*

    Certes, il faut avoir l'esprit fait de travers,
    Pour suivre maintenant les Muses à la trace :
    Les *gueuses* qu'elles sont mettent à la besace
    Ceux à qui leurs secrets ont été découverts.

Le premier qui vint fut un homme,
A ce qu'on dit, bâti tout comme
Arioste peint Rodomont **1**,
Quasi de la taille d'un mont,
Robuste au lit comme à la table,
Qui ne craignoit ni Dieu ni diable,
Ne se confessoit nullement,
Et blasphémoit horriblement.
Il s'appeloit sire Mézence,
Ne payant point, faisant dépense,
Et qui ses sujets maltraitoit
Comme un franc tyran qu'il étoit.
Avec lui marchoit son fils Lauze,
Jouvenceau frais comme une rose,
Et lequel, Turnus excepté,
N'avoit point d'égal en beauté;
Grand dompteur de chevaux non ros-
Assassin de bêtes féroces,   [ses,
Rude danseur de tricotets,
Musicien d'airs et de motets,
Adroit joueur de quinquenauve **2**,
Mais d'un poil tirant sur le fauve;
D'ailleurs le meilleur jouvenceau
Qui jamais ait été rousseau,
D'âme toute loyale et bonne,
Et plus digne de la couronne
De son père, que d'être né
D'un homme pire qu'un damné :
Mais pour un fils qui dégénère,
Maint autre vaut mieux que son père.
Deux à deux, en bâtons ferrés,
Après lui marchoient bien serrés
Mille drôles de bonne mine,
Natifs de la ville Agiline;
Ils étoient joueurs d'espadons,
Et grands destructeurs de dindons.
Aventinus, le fils d'Hercule,
Lequel chevauchoit une mule
Qu'on avoit dressée aux combats,
Y vint armé de haut en bas,
Depuis les pieds jusqu'à la tête,
De la peau d'une grande bête,
D'une lionne ou d'un lion,
Dont la têtière en morion
Étoit ajustée à la sienne,
Faite en bourguignotte ancienne.
Il portoit peint en son écu
L'hydre par son père vaincu,

Et des vilains serpens sans nombre.
Sire Hercule, dans un lieu sombre
Du mont qu'on appelle Aventin,
Par accouplage clandestin,
Le fit à la prêtresse Rhée;
Elle faisoit bien la sucrée,
Mais enfin il la corrompit
Par un beau présent qu'il lui fit
De quelques vaches mal acquises,
D'un collet et de six chemises.
Je ne me souviens plus comment
Étoit armé son régiment.
Coras et son frère Cratille,
Grecs de je ne sais quelle ville,
Frères du baron de Tibur,
Quittèrent le débile mur
De Tibur que fonda leur frère,
Et vinrent en démarche fière
Présenter à Turnus sans pair
Leur service en l'art de frapper :
Le fort Turnus en fut fort aise,
Et leur fit offrir une chaise,
Mais eux, qui savoient leur devoir,
Ne voulurent jamais s'asseoir.
Ils faisoient d'estoc et de taille
Merveilles en une bataille,
Et l'on les tenoit entendus
A mener les enfans perdus.
Notre auteur, esprit fin et rare,
A propos ou non les compare
A deux Centaures mi-chevaux,
Alors que par monts et par vaux
Leur corps humain, où gît leur tête,
Fait galoper leur corps de bête :
Ainsi ces deux frères hardis
Donnoient comme des Amadis
Dans leurs troupes contre eux rangées.
Leurs personnes étoient chargées
D'armes et de longs braquemarts
Comme on en donne aux Jaquemarts.
L'un d'eux avoit pour sa devise
Une jouvencelle en chemise;
L'autre avoit peint sur son pavois
Deux camisoles de chamois,
Avec une devise aiguë
Qu'on n'a jamais bien entendue.
Cécule, bâtard de Vulcan,
Y vint, faisant un grand cancan

---

1 Le roi d'Alger, qui joue un grand rôle dans le *Roland furieux*, et dont le nom est resté comme synonyme de fanfaron, bravache. Les aventures de Rodomont ont fourni matière à beaucoup de pièces de notre vieux théâtre, qui puisa souvent dans le poëme de l'Arioste.

2 Jeu de dés à cinq et neuf points.

De sa nation de Preneste.
Je ne me souviens pas du reste
Des gredins qui, sous son drapeau,
Accoururent en gros troupeau,
Nobles et vilains tous ensemble,
Partie au trot, partie à l'amble,
S'offrir en faveur de Turnus
Contre le bâtard de Vénus.
Leurs villes, chez Maron nommées,
En Latin sont fort estimées;
Ce n'est pas de même en François.
  Item y vint en beau harnois,
Et non en soldat de fortune,
Messape, le fils de Neptune :
Il faisoit entre deux arçons
Ce que les plus hardis garçons
N'eussent pas entrepris de faire.
Ses soldats ne sont pas à taire :
Les Falisques et Fescennins,
Voisins ou non des Apennins
(Pourvu que je rime, il n'importe),
Des peuples nommés d'autre sorte,
Dont les noms ne se riment pas,
Y vinrent sous lui pas à pas,
Chantant sa louange en musique.
Maître Virgile, qui se pique
D'être riche en comparaisons,
Les compare non aux oisons,
Mais aux cygnes, que je ne mente,
Qu'il fait d'une voix excellente :
Je crois savoir de bonne part
Qu'un cygne non plus qu'un canard
N'a pas la voix fort agréable,
Et que son chant n'est qu'une fable.
  Claude ou Claudius le Sabin
Y vint sur un beau guilledin [1];
De lui vient la race ancienne
Que l'on appelle Claudienne,
Et de lui, dit-on, sont éclos
Ceux qui se font nommer Du Clos.
Les peuples natifs d'Amiterne,
Dont l'enseigne est une lanterne,
Et ceux qu'on nomme Mutusquois,
Auteurs du langage narquois,
Dont l'enseigne est une épousée;
Ceux qui, dans les champs de rosée,
Cultivent les verts oliviers,
Et sont très-mauvais cavaliers,
Et piétons encore pires,

Mais paillards comme des satyres;
Bref cent autres peuples divers,
Difficiles à mettre en vers,
Vinrent aussi drus qu'arondelles,
Quelques-uns ayant des rondelles,
Quelques autres n'en ayant point,
Quelques-uns n'ayant qu'un pourpoi
Et quelques autres que des chausses,
Quelques-uns chevauchant des rosses,
Quelques autres de bons chevaux,
Quelques-uns de francs piédescaux,
Quelques autres ayant des bottes,
Quelques-uns de franches pagnottes,
Quelques autres grands spadassins,
Un peu de nature assassins,
A ce qu'en a dit maître Énée.
Enfin fertile fut l'année
Dans le pauvre pays Latin,
De drilles aimant le butin,
D'amateurs de poules volées,
Et de maisons des champs brûlées.
Dieu nous délivre cet été
De pareille fertilité,
Comme aussi de méchans poëtes
Et de toutes têtes mal faites !
  Halèze, fils d'Agamemnon,
Ennemi du Phrygien nom,
Y vint dans un vilain carrosse,
Traîné par une vieille rosse,
Et deux taureaux dépariés,
Sur le volet par lui triés [2];
Mille soldats de grand courage
Suivoient son chétif équipage.
Ebale y vint, fils de Telon,
Et d'une nymphe au court talon
Dont il obtint le pucelage
Entre la poire et le fromage;
Il fut roi des Teleboans,
Pays fertile en chats-huans;
Son fils conquit les Saraïstes,
Et fut fauteur des Jansénistes [3].
Ufens y vint, le Nursien,
De qui je ne vous dirai rien,
De peur d'en trop ou trop peu dir
Et puis y vint un brave sire,
En leste et nombreux escadron,
Le négromancien Umbron.
Il disoit la bonne aventure;
Mais ni savoir, ni prélature,

---

[1] Cheval d'Angleterre, très-bon coureur.

[2] Quand on veut parler d'objets choisis avec soin, on dit qu'ils ont été *triés sur le volet* pour marquer qu'on les a, en quelque sorte, épluchés.

[3] La querelle du jansénisme, née en 1641, après l'impression de l'*Augustinus* de l'évêque

N'empêchèrent qu'un Troyen trait
Ne lui donnât enfin son fait :
Quelques-uns de son voisinage
En pleurèrent de bon courage ;
Quand j'y songe, il ne s'en faut rien
Que je n'en pleure aussi très-bien [1].
    Après lui vint en grosse troupe,
Portant son sac de nuit en croupe,
Un très-honnête adolescent,
A qui le poil encor récent
Doroit la vermeille mâchoire ;
Virgile en raconte l'histoire,
Et dit qu'il fut de la façon
D'Hippolyte le beau garçon :
Pour rendre la chose plus claire,
Ce bel Hippolyte eut affaire
Avec la nymphe Éricia ;
Je ne sais s'il la vicia,
Ou si ce fut par hyménée,
Tant y a qu'au bout de l'année,
Au moins neuf mois après le coup,
Elle mit bas, et fit beaucoup,
Car on y peut perdre la vie,
Ce jouvenceau nommé Virbie.
Or, lecteur, vous devez savoir
Qu'alors que, contre son devoir,
Phèdre, la méchante marâtre,
Que devoit battre comme plâtre
Messire Theseus, plutôt
Que de la croire ainsi tout chaud,
Et faire gagner la guérite [2]
A son fils le pauvre Hippolyte ;
Lecteur, vous devez savoir donc
Que, méchante s'il en fut onc,
Phèdre ayant dit à son Thésée,
La face de pleurs arrosée,
Qu'Hippolyte comme un voleur
La prioit de son déshonneur,
Thésée, après cent coups de gaules,
Le mit dehors par les épaules,
Son fils, ce pauvre adolescent,
De ce crime noir innocent.

Chacun sait comme, repentante,
A deux jours de là, la méchante
Se pendit, et comme son corps
S'étant lui-même le col tors,
Ne fut pas mis en terre sainte.
Cependant l'esprit plein de crainte,
Car il craignoit fort les esprits,
Versant des pleurs, faisant des cris,
Et l'âme de douleur confite,
S'en alloit le triste Hippolyte,
Quand Neptune, le Dieu de l'eau,
Fit un tour qui n'étoit pas beau,
Faisant sortir de sa marine
Un poisson de mauvaise mine,
Dont l'attelage s'effrayant,
Du pauvre Hippolyte fuyant,
Ses chevaux son char renversèrent,
Et les membres lui concassèrent.
Le voyant ainsi concassé,
On crut qu'il étoit trépassé ;
Diane, sachant le contraire,
Lui fit d'abord prendre un clystère,
Et puis, à force de bouillons,
Le remit sur ses deux talons.
Il est vrai que maître Esculape,
A qui l'on croit autant qu'au pape,
Parmi les doctes assassins
Que nous appelons médecins [3],
Lui donna du vin émétique :
Le remède fut énergique,
Et son homme ressuscita,
De quoi Jupiter s'irrita,
Et du tonnerre dont il fronde
Mit ce ressusciteur de monde
Dans le fond d'Enfer pour jamais,
Où puisse-t-il bien vivre en paix !
Diane, d'Hippolyte éprise,
Le cacha jusqu'en sa chemise,
Et, tant qu'il vécut, le logea
Chez une nymphe Égeria,
Qui logeoit en chambre garnie,
Sous le nom de monsieur Virbie.

d'Ypres, puis assoupie pendant quelques années, venait de se réveiller avec plus de force, par suite de la dénonciation faite à la Faculté de théologie, en 1649, de cinq propositions extraites de l'*Augustinus*. C'était le moment où Arnauld multipliait ses écrits pour la défense de Jansénius, et Innocent X allait, l'année suivante (1653), condamner les cinq fameuses propositions. Cette explication enlève un peu de sa fadeur au burlesque anachronisme de Scarron.

[1] Ce trait nous rappelle l'anecdote de Chapelle et de mademoiselle Chouars pleurant à chaudes larmes la mort de ce *pauvre Pindare*, que les médecins avaient tué, — il y avait un peu plus de deux mille ans.

[2] *Gagner la guérite*, s'enfuir pour se mettre en sûreté.

[3] On voit que Molière n'a pas été le premier à attaquer les médecins. Scarron l'a fait encore à plusieurs reprises dans le *Roman comique* (liv. I, ch. XIV ; liv. II, ch. IV et IX).

Pendant ce temps, il caressa
Autre nymphe, qu'il engrossa,
Au moins ainsi l'affirmoit-elle ;
Et ce fut d'Hippolyte et d'elle
Que ce second Virbie issit,
Comme je vous ai déjà dit.
   Mais c'est Turnus qu'il faut décrire,
Qui fut un miraculeux sire :
Il étoit plus grand, prix pour prix,
Que saint Christophe de Paris,
C'est-à-dire de Notre-Dame [1];
Un monstre vomissant la flamme,
Que Chimère nous appelons
Nous autres, divins violons,
Lui faisoit autour de son casque
Une coiffure fort fantasque;
Io peinte en son bouclier,
Dont l'ouvrage étoit singulier,
Y paroissoit en jeune vache;
Auprès d'elle son père Inache
Versoit, en fleuve qu'il étoit,
De l'eau qui d'une urne sortoit.
Argus et ses cent luminaires,
Non pas tous aux prunelles claires,
Les uns mauvais, les autres bons,
Et plusieurs ayant des dragons,
Étoit peint, faisant son office
De garder Io la génisse,
Depuis vache, car Jupiter
Lui fit un joli veau porter.
Le reste de son équipage
Étoit digne de son lignage,
Car en un poëme ou roman,
On n'arme jamais pauvrement
Les grands héros qui lui ressemblent.
Les peuples qui sous lui s'assemblent
Sont la plupart de grands vauriens,
Dont les noms ne sont pas chrétiens,
Comme qui diroit des Rutules,
Des Labices, des Nasincules,
Des Janculistes [2], Sacranois,

Et des demi-Grecs Sicanois,
Et maints autres voisins du Tibre,
De même valeur et calibre,
Qui d'Énée et de son troupeau
Pensoient ne faire qu'un morceau ;
Mais c'étoit compter sans son hôte.
A tous ceux-là ne fit point faute
Camille, pucelle au corps gent;
Elle avoit, outre l'entregent,
D'une amazone le courage,
Dans les batailles faisoit rage,
Tant sur cheval que sur bidet,
Avoit été comme un cadet
Longtemps au régiment des gardes,
Se piquoit moins de belles hardes
Que de pourfendre un cavalier,
Alloit au choc comme un bélier,
Escaladoit une muraille,
Frappoit et d'estoc et de taille,
Luttoit, sautoit et voltigeoit,
Jouoit à la paume, nageoit,
Menoit son cheval à courbettes,
Ne payoit jamais ses emplettes,
Ni par promesse ni comptant,
Juroit bien Dieu, buvoit d'autant,
Faute de verre dans un casque,
Alloit bien du pied comme un Basque,
Et, quand elle avoit bien trotté,
Fût-ce dans le chaud de l'été,
Son pied, nonobstant la corvée,
N'avoit pas l'odeur relevée.
Enfin cette pucelle-là,
Comme à la prime un quinola,
Étoit une fille à tout faire,
Si ce n'est un cas qu'il faut taire.
Lorsque venir on l'aperçut,
Chacun grande joie en reçut :
Elle avoit sur sa blonde tête
Un grand chapeau de poil de bête,
Et sur son corps, plaisant à voir,
Buffle à manche de velours noir,

Joignez-y Barclay dans son *Euphormion*, Cyrano dans sa *Lettre contre les médecins*, etc. Au temps de Molière, ou un peu après lui, la Fontaine la Bruyère, Boileau, se sont exprimés sur les médecins à peu près dans les mêmes termes. Ce dernier a même employé l'expression de Scarron. (V. le début du IVe ch. de l'*Art poétique* et l'épigramme : Ton oncle, dis-tu, l'*assassin*.) Bien plus, les médecins ne s'épargnaient pas toujours ces épithètes entre eux, comme suffiraient à le prouver les lettres de Gui-Patin.

[1] Saint Christophe était toujours représenté sous une forme gigantesque. La légende hagiographique rapporte qu'il avait douze pieds de haut. La statue colossale de ce saint, à laquelle notre auteur fait allusion, exista à Notre-Dame jusqu'à l'année 1784, où elle fut démolie.

[2] Presque toutes les éditions ont ce mot, qui est de l'invention de Scarron ; quelques-unes seulement le remplacent par le mot *Numiciens*, qui se trouve, en effet, dans le passage correspondant de l'*Énéide*.

Sur qui le galon d'or éclate ;
Un manteau de fine écarlate,
Qui pourtant étoit retourné,
D'une pistagne étoit orné.
Voilà quelle étoit la pucelle !
Les dames, qui la virent telle,
Furent contraintes d'avouer
Qu'on ne pouvoit trop la louer ;
La plupart d'elles l'envièrent,
Mais les hommes la convoitèrent,
Faisant, à son intention,
Mentale fornication,
Ou fornication mentale ;
En tous sens la chose est égale.

LE
VIRGILE TRAVESTI

LIVRE HUITIÈME

La face de colère blême,
Turnus, ayant planté lui-même,
Sur la citadelle Laurent
Son étendard de bleu mourant [1],
Où peint étoit un os en chiffre,
Il joua longtemps de son fifre,
De son tambour tambourina,
Et de sa trompette sonna.
La guerre étant ainsi sonnée,
Et fifrée et tambourinée,
Dont se trouvèrent ébahis
Les coqs et poules du pays,
En un mot toute la volaille,
Sur son grand cheval de bataille,
Qu'un écuyer lui présenta,
Prenant avantage, il monta [2],
Et puis lui fit prendre carrière
D'une façon toute guerrière;
Mais en faisant un caracol
Il se pensa rompre le col.
Afin de réparer sa faute,
De son cheval en bas il saute,
Et fit longtemps le moulinet
D'un espadon luisant et net,
Dont il avoit, la matinée,
Ôté la rouille enracinée.
Aussitôt qu'il eut fait cela,
Tous les Latins, qui çà, qui là,
Voyant qu'il en falloit découdre,
Firent leurs fers tranchans émoudre.
Messapus, le bel écuyer,
Maître Ufens, le rude lancier,
Et le blasphémateur Mézence,
Qui rimoit en dieu d'importance,
Composèrent quelques troupeaux
De déterminés jouvenceaux,
Et, tambour battant, les menèrent,
Dérobant tout ce qu'ils trouvèrent,

[1] On distinguait une multitude de nuances du bleu : bleu blanc, bleu naissant, bleu pâle, bleu mourant, bleu mignon, bleu céleste (qui tient le milieu de la nuance), bleu turquin, très-foncé, bleu reine, bleu de roi, bleu pers, bleu d'enfer. (*Dict.* de Furetière.)

[2] Prendre avantage pour monter à cheval, c'est s'aider d'une borne ou de quelque autre moyen analogue.

Au rendez-vous à tous donné.
Le soldat, mal morigéné,
Chemin faisant fit bien des siennes,
Et fit maintes filles vauriennes,
Qui s'habillèrent en garçons,
Troquant jupes en caleçons,
Et comme des goujats coururent
Après ceux qui leurs corps pollurent.
Maints animaux, qui dans les champs
Labouroient sans peur des méchans,
Se virent tirer des charrues,
A leurs yeux en morceaux rompues,
Et servirent, tant à porter
Le soldat qu'à l'alimenter.
Un quidam, appelé Venule,
Fut dépêché sur une mule
Devers Diomède le Grec,
Pour lui rendre Æneas suspect.
Cet ambassadeur fit dépense
Moins en habits qu'en éloquence :
Il dit qu'Æneas et sa gent
Ne valoit pas beaucoup d'argent,
Qu'il portoit en de grandes cages
De ses dieux vaincus les images,
Et qu'ils prétendoient, eux et lui,
Jouir partout du bien d'autrui,
Et se rendre dans l'Italie
Ce qu'est le Turc en Natolie,
Faisant tout ce qu'il leur plairoit,
Le trouvât mauvais qui voudroit,
Que le Destin à maître Énée
Avoit sa parole donnée
Qu'il seroit maître des Latins
Malgré les frondeurs [1] et mutins,
Et que, comme Grec. Diomède
Y devoit donner prompt remède,
Puisqu'un jour messire Æneas
Lui pouvoit tomber sur les bras.
Voilà quel étoit le sommaire
De l'ambassade extraordinaire.
Il faut croire que l'envoyé
Du roi Grec fut bien festoyé.
  Cependant le prince de Troie
N'a pas l'esprit beaucoup en joie :
Peu d'argent, beaucoup d'ennemis
Dans ce pays à lui promis,
La flotte toute délabrée,
La terre contre lui cabrée,
Et les soldats découragés
De ce que l'on les a chargés,

Et qu'au lieu de fêtes et noces
On leur a fait plaies et bosses,
Tout cela lui gâte l'humeur ;
Tout cela lui fait avoir peur
Que les promesses surannées
De mesdames les Destinées
Ne lui produisent enfin rien
Que force mal et peu de bien.
Tout ce qu'il voit lui fait ombrage,
Tout ce qu'on dit le décourage.
Au diable si le seigneur sait,
Non plus qu'un enfant, ce qu'il fait ;
Son pauvre esprit, qui se débauche,
Tantôt à droit, tantôt à gauche,
Est porté pitoyablement,
Et cent fois change en un moment.
Cette cruelle inquiétude
Qui le tient dans l'incertitude,
Le fait ressembler à de l'eau
Quand elle est dans quelque vaisseau,
Ou cuve d'airain bien fourbie :
Cette eau dont la cuve est remplie,
Quand le soleil, flambeau major,
Ou la lune, flambeau minor,
Enfin l'un des deux la regarde,
D'une lumière frétillarde
Éclaire les planchers, les murs,
Visite les lieux plus obscurs,
Et cette lumière volante
Remue au gré de l'eau flottante ;
Ainsi de messire Æneas
L'esprit ne se repose pas.
  La nuit vint, taciturne et sombre,
Et mit toutes choses à l'ombre.
Des animaux les uns causoient,
Les autres endormis gisoient ;
Les uns disoient leurs patenôtres,
Les autres en engendroient d'autres ;
Pour maître Æneas, il rêvoit,
Ou, pour mieux parler, endêvoit,
Triste et pensif, la mine grise,
Comme un amant que l'on méprise,
Et chantant sans vouloir chanter,
Ce qui vaut autant que pester.
Son Altesse mélancolique,
Aux bords du Tibre pacifique,
Mais qui se dépacifiqua
Du jour que Turnus se piqua,
Faisoit des châteaux en Espagne,
Songeant s'il prendroit la campagne,

---

[1] Mot nouveau alors, suggéré à Scarron par les événements au milieu desquels il écrivait et où il s'était trouvé mêlé.

Ou si, dans son fort enfermé,
A force de soldat armé,
De meurtres et de brigandages,
Il se feroit par les villages
Contribuer suffisamment
De quoi vivre commodément.
Tandis que ce penser l'occupe,
Il crut, lui qui n'étoit pas dupe,
Ni fat assez pour se forger
Un esprit prêt à le manger,
Ou l'âme de quelque grand-père
Qui demande un anniversaire;
Il crut donc voir de ses deux yeux,
Depuis huit jours fort chassieux
(Mais je me trompe, il ne vit mie,
Car lors Son Altesse endormie
N'étoit pas en état de voir
Et dormoit de tout son pouvoir;
En s'attristant, le galant homme
S'étoit laissé surprendre au somme,
Et ronfloit de belle hauteur,
Si l'on en croit certain auteur.
Ceci donc ne sera qu'un songe,
Qui ne sera pas un mensonge,
Ou bien quelque songe inventé,
Mais songe plein de vérité).
Il vit le bon fleuve du Tibre
Sur un poisson en équilibre,
Jambe deçà, jambe delà,
Qui lui parla comme cela;
Mais il faut un peu le décrire
Devant que lui faire rien dire :
Ses cheveux, qu'il portoit trop longs,
Étoient entrelacés de joncs ;
Un casaquin de toile neuve
Couvroit le dos de ce bon Fleuve,
Et ce superbe casaquin
Étoit de couleur bleu turquin.
Ce fut donc en cette manière
Que ce fameux Dieu de rivière
Au bon Troyen plein de souci
Apparaît et lui dit ceci :
« Oh! oh! beau prince de Phrygie,
Composez-vous quelque élégie?
Quand tu devrois rire le plus,
Tes yeux bleus ont flux et reflux
De larmes qui font à ta face
Faire une fort laide grimace.
Tu t'affoibliras le cerveau;
Fi, fi, fi, cela n'est pas beau.
Ne pleure plus, prince de Troie,

Sèche tes yeux, reprends ta joie,
Puisqu'à la fin, prince pieux,
Avec un gros ballot de dieux,
Force gens et force équipage,
Tu te trouves sur mon rivage,
Sans que la grande humidité
Ait ton divin ballot gâté,
Ni l'air marin qui le fer rouille,
Ni l'amer flot qui si bien mouille;
Enfin, malgré les accidens
D'un voyage de plusieurs ans.
Ne pleure donc plus, cher compère,
Car ta douleur me désespère;
Si tu pleurois longtemps ainsi,
Ma foi, je pleurerois aussi.
N'est-ce point que tu crains la guerre
Qui te menace en cette terre,
Où, comme le Destin t'a dit,
Tu dois avoir tant de crédit ?
Tu ferois tort à ta prudence
Si tu t'affligeois par avance.
N'est-ce point par ambition
Que tu feins de l'affliction ?
C'est un fat, quiconque se pique
De paroître mélancolique
Quand on ne l'est pas en effet.
Aurois-tu l'esprit si mal fait
Que tu contrefisses le triste ?
Ah ! ne sois plus mauvais copiste,
Toi qui ramènes en ces lieux
Et le sang de Troie et ses dieux!
Ne pleure donc plus tant, te dis-je ;
L'homme de cœur point ne s'afflige.
Je te jure par Mahomet
Que le Ciel ici te promet
Tant de bien, qu'on ne le peut dire,
A tes enfans un grand empire,
Et plus de beurre que de pain
Au valeureux peuple Romain.
Ce qui te met tant en bredouille
Deviendra du brouet d'andouille [1] :
Cette guerre et tous ses apprêts
Ne feront de loin et de près
Que blanchir [2] contre ta prudence.
Et puis du Destin l'ordonnance
Ne se compteroit donc pour rien
Je te jure, en fleuve de bien,
Qu'ici le plus rude adversaire
Ne te pourra jamais mal faire,
Et quiconque l'entreprendra
Tôt ou tard s'en repentira;

---

[1] S'en ira à rien.
[2] Ne pourront rien, feront des efforts inutiles

Et, pour te donner une preuve,
Ajouta ce révérend Fleuve,
Que je te dis la vérité
En tout ce que je t'ai conté,
Ici près, sous une chênaie,
Tu dois rencontrer une laie
Qui de trente beaux marcassins
S'est déchargé les intestins ;
Chaque marcassin qu'elle allaite
Est blanc comme le lait qu'il tette.
C'est-à-dire que, dans trente ans,
Le premier de tes descendans
Doit fonder une ville franche,
Qui sera nommée Albe ou Blanche,
A cause que les marcassins
Sont blancs et non pas Abyssins.
Or ouvre bien tes deux oreilles,
Et je te vais dire merveilles :
Ici près les Arcadiens,
Alliés des Dardaniens,
Sous Évandre, leur cher satrape,
Homme respecté comme un pape,
Bâtissent depuis peu de jours
Une ville avec ses faubourgs.
Cette nation a la guerre
Avecque la Latine terre ;
Le Latin et l'Arcadien,
Ainsi que le chat et le chien,
Ont entre eux une grande haine,
Et c'est une chose certaine
Qu'au moindre petit compliment
Ils t'assisteront puissamment.
Vas-y : je ferai que ma course
Rebroussera devers sa source ;
Pour peu que tes gens rameront,
Aisément ils surmonteront
Le fil de mon eau retardée,
Et ta flotte, par toi guidée,
En peu de temps ramènera
Le secours qu'on te donnera.
Sitôt que l'Aurore pleureuse
Aura mis la Nuit ténébreuse
Hors des bornes de l'horizon,
Il faudra, comme de raison,
Faire à Junon un sacrifice,
Afin qu'elle te soit propice ;
Il faudra m'en faire un aussi,
Dont je te dirai grand merci,
Moi qui suis le fleuve du Tibre,
Fleuve non du plus gros calibre,

Mais dont le poisson est fort bon,
Quoiqu'il sente un peu son limon. »
    Le Fleuve, après tant de promesses,
Fit le plongeon, montrant ses fesses,
Parmi des roseaux se coula,
Et maître Æneas s'éveilla
A l'heure que le soleil jaune,
Déjà de la longueur d'une aune,
Doroit le ciel encore enduit
Du noir à noircir de la nuit ;
Mais bientôt cette couleur brune
S'évanouit avec la lune.
Énée avec sa main puisa
De l'eau claire et s'en arrosa.
Après cette cérémonie,
Avec une grâce infinie,
Et d'un ton de voix argenté
Qui pourtant n'étoit frelaté,
Il dit : « O mères et grand'mères
De ces fleuves, de ces rivières,
Nymphes, humides Déités
Qui dans l'eau sous terre habitez,
Foi de cavalier, je vous donne
En ma très-illustre personne,
Sans regret, et de tout mon cœur,
Un très-fidèle serviteur.
Et vous, Tibre, que je révère
Autant que je faisois mon père,
Vous êtes fleuve qui valez
La mer et tous les flots sa'és.
Je vous garde un présent honnête,
Car je confesse qu'à ma tête,
Quand ma raison périclitoit,
Comme une folle qu'elle étoit,
Lorsqu'elle étoit hors de cadence,
Par votre aquatique éloquence
Vous rendez la tranquillité.
Je veux boire à votre santé,
Quand mes affaires seront nettes,
Et vous veux dire des sornettes,
Si vous vous plaisez d'en ouïr :
J'ai bien de quoi vous réjouir,
Et prétends vous faire tant rire,
Que vous serez contraint de dire
Que je sais bien dire le mot.
Feu Priam, qui n'étoit pas sot,
Outre mille bonnes parties 1,
Se plaisoit fort en facéties :
Quand j'en faisois, ce pauvre roi
(Il m'est avis que je le voi)

---

1 Le mot *parties* se disoit souvent, au dix-septième siècle, pour désigner les qualités intellectuelles, les talents, etc., même à une époque postérieure à celle de Scarron : « Où trouverait-on un homme qui ait eu tant et de si excellentes *parties* ? » dit Racine dans son dis-

Rioit si fort, que, quand j'y pense,
J'en ris encor de souvenance. »
Æneas, ainsi se vantant,
Eut le nez de rouge éclatant,
Tant il eut une honte extrême
De s'être ainsi vanté soi-même :
Ce penser, le rendant confus,
Fut cause qu'il ne parla plus.
Devers sa nef il s'achemine,
En choisit deux de bonne mine,
Et les fournit de mariniers,
Et de rameurs, tous espaliers ¹.
En ce même temps une laie,
Et ses petits, blancs comme craie,
Fut trouvée en ce même lieu
Qu'avoit dit le bon demi-Dieu ;
Maître Æneas la sacrifie
A Junon, dont il se défie,
Car grand'dame au courage altier
Ne donne jamais de quartier.
Le Tibre, suivant sa promesse,
De son cours fixe la vitesse ;
Ses flots, enflés auparavant,
Quand même il ne fait point de vent,
Paroissent lors en leur surface
Être de verre ou bien de glace,
Et ne font pas un petit pli.
« Parbleu, c'est un miroir poli, »
Dit Æneas pour lui complaire.
Pas un n'alla pas au contraire.
Le seigneur sur l'eau se pencha,
Et son rabat y rattacha ;
L'un y rajuste sa crinière,
L'autre y radoucit sa visière,
Pour voir comment ses yeux vainqueurs
Tyrannisent les pauvres cœurs.
De ses pincettes le bon prince
S'ébarbe et ses mâchoires pince,
Maudissant celui qui les fit,
Et jurant parfois un petit.
Ses courtisans à l'envi firent
Ce qu'à leur prince faire ils virent,
Tous satisfaits étrangement

De l'eau qui ne court nullement.
 Énée en une nef s'embarque ;
Sa nef sa route à l'autre marque,
Et va vite comme un oiseau,
Quoique remontant contre l'eau.
Les nefs sur ces eaux favorables
Vont comme tous les mille diables ;
Les arbres aux deux bords plantés
Sont grandement épouvantés
De voir des mâts et des cordages,
Des boucliers de tous étages,
Des rameurs et des gens armés.
Ces objets inaccoutumés
Non sans sujet les scandalisent ;
Et les uns aux autres se disent :
« Arbre, mon voisin, qu'est ceci ?
— Je n'en sais rien. — Ni moi aussi. »
Enfin les nefs si bien voguèrent,
Et les tours du fleuve tournèrent,
Qu'entre une et deux, après-midi
Faisant un cri fort ébaudi,
Ils aperçurent la muraille,
Et le palais couvert de paille
Du prince Évandre qu'ils cherchoient.
Ses sujets et lui lors faisoient
Au fils d'Alcmène un sacrifice
Qui n'étoit que de pain d'épice ;
Mais Hercule avoit la bonté,
Connoissant bien leur pauvreté,
D'avoir plus égard à leur zèle
Qu'à leur offrande telle quelle.
Évandre et son cher fils Pallas,
En soutanes de canevas ²,
Et son sénat en serpillière,
Chapeau de paille pour têtière,
Tous mal en ordre et mal bâtis,
Autant les grands que les petits,
En un bois voisin de leur ville
Entonnoient un beau vaudeville ³
En l'honneur du fils d'Alcmena,
Quand un objet les étonna,
Qui pensa bien troubler la fête,
Et leur troubla si bien la tête,

cours sur Pierre Corneille, à la réception de Thomas, son frère. Et auparavant : « La seule considération des bonnes parties dont vous estes pourveu mérite bien qu'on vous recherche... Mais ces parties-là ne sont pas les plus necessaires au theâtre. » (Gougenot, Com. des coméd., I, sc. i et ii.)

¹ On appelait *espaliers* ceux des rameurs qui étaient les premiers d'un banc dans une galère.

² Grosse toile serrée dont on se servait pour doubler les pourpoints et les corps de jupe.

³ Le vaudeville ne désignait pas alors, comme aujourd'hui, une pièce mêlée de couplets, mais simplement une chanson répétée, ou destinée à être répétée par le peuple. C'est dans ce sens que Boileau a dit, dans son *Art poétique* :

      Le Français, né malin, créa le vaudeville.

Qu'un révérend père encensant
De l'encensoir s'alloit blessant,
Si par le bras le bon Évandre
N'eût eu la bonté de le prendre,
En même temps que l'encensoir
Sur son visage sec et noir
Étoit prêt, par grand mal encombre,
D'éparpiller charbons sans nombre.
Ce prêtre avoit vu des premiers
Les vaisseaux et les mariniers
De notre brave maître Énée,
Sans en avoir l'âme étonnée.
Pallas les avoit vus aussi,
Et criant : « Ne bougez d'ici, »
De quelques gens il se fit suivre,
S'arma d'un dard garni de cuivre,
Alla voir Énée en son bord,
Et ces discours lui tint d'abord,
D'une contenance fort fière,
Et sans faire le pied derrière :
« Monsieur, ainsi par eau venu,
Qui ne nous êtes pas connu,
Déclarez-nous ce qui vous mène,
Pour nous délivrer de la peine
De penser ce que vous cherchez
En ces bords, aux vaisseaux cachés.
Est-ce pour guerre ou marchandise
Que vous marchez en cette guise ?
Si vous venez pour trafiquer,
J'ai des nippes de quoi troquer,
Et, si vous venez pour la guerre,
Je porte un certain cimeterre
Frais émoulu d'hier au soir,
Qui coupe aussi bien qu'un rasoir. »
Æneas, à cette demande
Qui sentoit fort sa réprimande,
Répondit fort civilement ;
Mais il tira premièrement
De la doublure de sa manche
D'olivier une verge blanche,
Pour montrer qu'il vouloit la paix ;
Et puis, en Grec assez mauvais,
Car cette langue n'étoit guère

A son Altesse familière,
Il tint le langage suivant,
Exposant sa perruque au vent,
C'est-à-dire ôtant sa barette
(Ou son chapeau ; mais un poëte
Pour exprimer l'étui du chef,
Dit : bonnet, chapeau, couvre-chef,
Toque, tapabor, bourguignote,
Béguin, turban, cale, calotte,
Casque, salade, heaume, pot,
Capuchon, barette [1] ; en un mot
Le plus éloigné synonyme
Chez nous rimeurs passe à la rime.
Retournons donc à ce qu'il dit) :
« Toi qui montres par ton habit
Qu'il ne fait pas toujours le moine,
Car, et mal fait et mal idoine [2],
Le tien n'est que de canevas,
Et descend même un peu trop bas
(Ceci te soit dit sans reproche),
En ce mien maritime coche,
Je cherche la protection
Chez le roi de ta nation,
Je viens chercher le prince Évandre,
Afin de le prier de prendre
Pitié de nous autres Troyens,
Autrement dits Dardaniens.
Les Latins nous font rude guerre,
Et font les maîtres dans la terre
Où le Destin nous veut placer :
De là tu pourras bien penser
Que c'est coup sûr de nous bien faire,
Et que qui nous voudroit déplaire,
Ayant pour ami le Destin,
Il pourroit perdre son latin.
— Le grand nom Troyen partout vole,
Dit Pallas, et, sur ma parole
Votre pays, à tous connu,
Vous fait ici le bienvenu.
Évandre est mon seigneur, mon père,
Car, du vivant de feu ma mère,
Personne n'a jamais douté
De sa très-grande honnêteté.

---

[1] De cette multitude de mots qui servent à désigner toutes les variétés de couvre-chefs, nous avons déjà expliqué les uns, et les autres se comprennent d'eux-mêmes. Il en reste seulement trois ou quatre sur lesquels il est bon de donner un mot d'explication. Le *tapabor* était une espèce de bonnet à l'anglaise, servant le jour et la nuit, et dont on rabattait les bords pour se garantir le visage. Le *béguin* était une coiffe de linge qu'on mettait aux enfants sur leur bonnet et qu'on leur attachait par-dessous le menton. On désignait par *pot* une sorte de morion ou de salade portée par les gens de pied, et ne couvrant que le haut de la tête. Le *heaume* différait du pot, de la salade, du morion, de la bourguignote, du cabasset, réservés à l'infanterie, en ce qu'il était porté par les cavaliers : il couvrait le visage, et n'avait qu'une ouverture à l'endroit des yeux, garnie de grilles et de treillis.

[2] Convenable, propre à… ; du latin *idoneus*.

Mon père est d'une âme fort tendre ;
Vous lui ferez plaisir de prendre
Chez lui, vous et tous vos messieurs,
Un mauvais repas, ou plusieurs.
Le bon seigneur aura grand'joie
De voir chez lui des gens de Troie :
Venez donc descendre chez nous. »
 Énée, à cet accueil si doux,
D'un saut se trouva sur la rive,
S'écriant : « Qui m'aime me suive ! »
Mais chacun ne sait pas sauter :
Quelques-uns, voulant l'imiter,
Trop témérairement tombèrent,
Et dans l'eau bien avant plongèrent,
Quelques-uns par delà le cou,
Dont ils burent plus que le soûl ;
Enfin, après mainte hurlerie,
Mainte risée et raillerie
Qui ne valoit pas grand argent,
Chacun à l'envi diligent,
Des nefs descendit au rivage,
Hors quelques gardeurs de bagage,
Et les matelots du vaisseau,
Qui sont accoutumés sur l'eau.
Æneas et toute sa bande
Dansoient parfois la sarabande,
Et gambadoient de temps en temps,
Tant ils étoient gais et contens.
Pallas, les voyant ainsi faire,
Dansoit aussi pour leur complaire,
Outre que le jeune seigneur
De sa nature étoit danseur,
Quoiqu'une histoire scandaleuse
Lui donne une jambe cagneuse,
Mais on sait au moins, ce dit-on,
Que Pallas donna du bâton
A l'écrivain de cette histoire :
Il ne faut point d ne trop la croire,
Ni trop peu ne la croire pas.
 Énée, allant donc de son pas,
Comme j'ai dit, l'âme fort gaie,
Trouva des soldats mis en haie,
Et des milords Arcadiens,
Qui, voyant venir les Troyens,
Se fendant leur firent passage ;
Puis Æneas tint ce langage :
« O seul des Grecs homme de bien,
Car les autres ne valent rien,
Sur ton nom et ta bonne mine,
Quoique tu sois Grec d'origine,
Et superlativement Grec,
Tu ne me seras point suspect.

Nous sommes parens l'un et autre,
Ce m'est grand honneur.—C'st le vôtre
— C'est moi qui cet honneur reçois,
—Ah ! ce n'est pas vous.—Ah ! c'est moi. »
Par ces répliques et dupliques,
De leurs royales rhétoriques
Ils firent quelque temps essai.
Pour dire le vrai, je ne sais
Qui des deux étoit le plus sage,
Et qui plus disert personnage.
Pour Æneas, je sais fort bien
Qu'il parloit longtemps en un rien,
Tant sa langue étoit bien pendue,
Et que, dans une affaire ardue,
Sans se préparer il parloit
Bien souvent plus qu'on ne vouloit ;
Et, si l'autre en étoit de même,
De tous deux l'éloquence extrême,
En ce siècle où l'on parle tant,
Eût rendu leur nom éclatant
En matière de parlerie,
Qu'autrement on dit hâblerie.
 « O généreux Arcadien,
Quoique grand prince, homme de bien,
Dit Æneas au bon Évandre,
Nous avons l'honneur de descendre
Tous deux d'Atlas, et n'en doutez,
Car Mercure, dont vous sortez,
Fut fils de Maie ; Atlas, son père,
Le fut d'Électra, qui fut mère
De Dardan notre fondateur,
Du sang Troyen propagateur.
Or, puisque notre parentelle
Entre nous se rencontre telle,
Il faut, si vous le désirez,
Que nous soyons confédérés.
Par ambassade députée,
J'aurois votre amitié quêtée,
Et j'aurois pu vous députer
Quelque fourbe adroit à traiter,
Et fait à notre badinage ;
Mais, sans train et sans équipage,
Moi-même suis ici venu,
Quoique je vous sois peu connu,
Pour vous dire que le roi Daune
M'en donne tout du long de l'aune [1],
Et que vous en donnant aussi,
Moi de là, comme vous d'ici,
Nous pouvons bien à la pareille
Lui donner bien fort sur l'oreille,
Pourvu que nous nous entendions.
Mes chevaliers et mes pions

---

[1] *En donner tout du long de l'aune*, c'est traiter avec sévérité, sans ménagement.

Sont vaillans ; aussi sont les vôtres
Assemblons donc les forces nôtres,
Et frottons bien nos ennemis.
De se défendre il est permis,
Et, sans charger ma conscience,
Je puis assommer qui m'offense. »
Évandre, tant qu'il sermonna,
Des yeux partout l'examina,
Puis, riant et lui faisant fête,
Et se grattant un peu la tête,
Car devant que complimenter
Il souloit sa tête gratter,
Ainsi qu'on lit dans son histoire,
Voici, si j'ai bonne mémoire,
Ce qu'en Troyen mal prononcé
Il dit, en vieillard bien sensé,
Au révérend messire Énée :
« Que bénite soit la journée
Que je vous vois de mes deux yeux,
Monsieur Æneas le pieux !
En vous je crois voir votre père,
Car, pour madame votre mère,
Nous savons ce que nous savons ;
Mais bouche close, et poursuivons.
Votre père donc, que Dieu garde !...
Foin, il est mort, et par mégarde
Je viens de lui faire un souhait
Tel que pour un vivant on fait ;
J'ai peine à m'empêcher d'en rire.
Votre père donc, veux-je dire,
Que Dieu garde en son paradis,
Étoit homme des plus hardis,
Grand joueur de trente et quarante,
Et dansoit des mieux la courante ;
Au reste de vertu pourvu.
Aussitôt que je vous ai vu,
J'ai cru le voir, tant il me semble
Que Votre Altesse lui ressemble :
Vous êtes pourtant plus replet,
Au lieu qu'il étoit maigrelet,
Et qu'il portoit la barbe large,
Sans y pratiquer une marge,
Sur la lèvre se pinçetant
Le poil, à grand'peine naissant,
Comme je vois bien que vous faites ;
Pour moi, j'ai perdu mes pincettes,
Et, quand aujourd'hui j'en aurois,
Point ou peu me pincetterois ;
Mais chacun en use à sa guise.
Sa perruque étoit un peu grise ;
La vôtre ne l'est pas encor,
Et reluit aux yeux comme l'or.
Son nez, tranchant comme le nôtre,
En approchoit plus que du vôtre ;
De plus il avoit un poireau,
Mais il n'en étoit pas moins beau.
Enfin, dans votre ressemblance,
Je n'y trouve de différence
Qu'en ce que l'on appelle l'air ;
Cela ne vaut pas le parler.
Pour conclure, il est véritable
Que le père au fils est semblable. »
Le bon Évandre ainsi jasoit
De défunt Anchise, et disoit
Cent choses à dire inutiles,
Dont quelques Troyens, gens habiles,
Disoient, s'entre-parlant tout bas :
« Ce vieil roi nous croit de grands fats,
Ou bien est un grand fat lui-même,
Sauf l'honneur de son diadème. »
L'Arcadien roi cependant
Son discours alloit étendant :
« Lors, disoit-il, de mon jeune âge,
Feu Priam, sans grand équipage,
Chez feu mon père vint loger
Sur des chevaux de messager :
Il alloit voir dame Hésione,
Sa sœur, une reine très-bonne,
Qui dans Salamine a fondé
Deux tripots et trois jeux de dé
(Elle avoit l'âme brelandière,
D'ailleurs de vertu singulière,
Le bon Dieu lui fasse pardon).
De ce fils de Laomédon,
De Priam, étoit à la suite
Votre papa, dont la conduite
Fit admirer mon père et moi.
Il n'avoit, non plus que son roi,
Nul poil à raser qu'à la tête.
Que c'étoit une bonne bête !
Je me souviens qu'il me vola
Tout mon argent au quinola,
Dont il m'acheta deux aiguières ;
Il m'engrossa trois chambrières,
Et puis ensuite fit si bien,
Que la chose passa pour rien.
Dès lors d'amitié nous nous prîmes,
Et de beaux présens nous nous fîmes
Je lui donnai deux arcs Turquois,
Un vocabulaire narquois [1],
Une recette pour les dartres,
Des Heures, usage de Chartres,

---

[1] Un dictionnaire des mots comiques, satiriques, burlesques comme celui de Leroux, que nous citons souvent.

Car il lisoit très-volontiers,
Et lisoit des jours tout entiers.
Je lui donnai d'Orphée une ode,
Son beau traité sur sa méthode
De châtrer sans incision,
Et son livre sur Ixion,
Pour savoir si sa chère Nue
Fut depuis garce au ciel tenue.
Dans ce même livre il prouvoit
Que Junon, accouchant, n'avoit
Aucun besoin de sage-femme,
Ainsi qu'une mortelle dame,
Et pour son enfant mettre à l'air
N'avoit qu'à tout laisser aller.
Il me donna pour récompense
Un beau gobelet de faïence,
Un jeu de quilles et son sac,
Un gros rouleau de bon tabac,
Le meilleur qui, dans l'Arcadie,
Ait cervelle d'homme étourdie ;
Une toque, et son cordon d'or,
Que mon fils Pallas porte encor,
Et sa dague bien façonnée,
Que je n'ai plus dès l'autre année,
Car un laquais sans répondant
Me la prit avec son pendant.
Ainsi c'est une affaire nette
Qu'entre nous l'alliance est faite,
Si bien qu'étant votre allié,
Sans que vous m'eussiez supplié,
J'aurois, sur la moindre nouvelle
Que vous avez guerre cruelle
Avec Daune mon ennemi,
Tenu prêt un secours d'ami.
Dès demain l'on battra la caisse ;
Je ferai lever gens sans cesse,
Desquels, cher prince, vous ferez
Tout ainsi que vous l'entendrez. »
 Ainsi parla le bon Évandre :
Les Troyens, ravis de l'entendre,
Crièrent à l'envi : *Vivat ;*
Aucuns rirent avec éclat,
Et le *vivat* et la risée
Émurent si bien l'assemblée,
Que le plus triste du troupeau
N'eût quitté sa part du gâteau
Pour somme d'argent très-notable.
D'Æneas l'hôte vénérable
Le pria du meilleur du cœur
De lui vouloir faire l'honneur
De voir finir le sacrifice :

« Je suis tout à votre service, »
Dit Æneas. Un presbyter [1]
Lui vint l'encensoir présenter ;
Il le prit sans cérémonie,
Avec une grâce infinie ;
Mais, avec cette grâce-là
Son encensement mal alla,
Car, étant nouveau dans l'affaire,
Il crut, et crut en téméraire,
Qu'il n'avoit qu'à pousser bien fort :
Il s'évertua donc d'abord ;
Mais, ébranlant trop la machine,
La braise lui chut sur l'échine.
Sa faute il voulut réparer ;
Il ne fit rien que l'empirer :
Du prêtre il blessa les deux nièces,
D'un chandelier fit quatre pièces,
Enfin il fit de l'encensoir
Deux choses hideuses à voir,
Tellement que le bon Évandre
Fut contraint de l'encensoir prendre,
En lui disant, les yeux baissés :
« Monsieur Æneas, c'est assez. »
Ainsi l'encensoir peu propice
Deux fois troubla le sacrifice :
L'une, quand Æneas survint,
Qu'un prêtre épouvanté devint ;
Et l'autre, quand Son Éminence,
Ne sachant bien comme on encense,
Si tragiquement encensa,
Que tout presque il bouleversa.
Pour faire perdre la pensée
D'une chose si mal passée,
On mit fin à l'oblation,
Et puis l'on fit collation :
La nappe on étendit sur l'herbe,
Chacun pour son siége eut sa gerbe.
De la peau d'un puissant lion
Évandre avoit un pallium.
Il mit en la place honorable
Le Dardanien vénérable.
Chacun, outre un morceau de bœuf,
Au lieu de potage eut un œuf ;
Mais à maître Énée, et pour cause,
Évandre fit doubler la dose.
Maint jouvenceau à servir prompt
Donnoit à tous à boire en rond,
Et tous, d'égale diligence,
Vidoient les tasses d'importance.
Après que chacun fut repu,
Évandre, chacun s'étant tu,

---

[1] Prêtre.

Dit à l'infant de Cythérée
Ces mots : « La fête célébrée
Est fête de dévotion,
Et non de superstition ;
Elle est fête en raison fondée.
Par nous soigneusement gardée,

Pour rendre grâce aux Immortels
De nous avoir de périls tels
Préservés, que même à cette heure
Bien peu s'en faut que je ne meure
De peur, à songer que je vas
Vous conter cet horrible cas. »

LA SUITE

DU

VIRGILE TRAVESTI

EN VERS BURLESQUES

DE SCARRON

PAR

MESSIRE JACQUES MOREAU

CHEVALIER SEIGNEUR DE BRASEI
CAPITAINE DE CAVALERIE DANS LE RÉGIMENT DE CUIRASSIERS ESPAGNOLS
DU COMTE DE LOUVIGNIES.

A

SON ALTESSE ÉLECTORALE DE BAVIÈRE

Monseigneur,

C'est abuser des momens précieux de Votre Altesse Électorale que de lui présenter la suite du Virgile travesti en vers burlesques. Cette manière d'écrire périt en friche dans la république des lettres, et n'a presque plus de partisans. Si par malheur Votre Altesse Électorale lui refuse sa protection, le pieux Énée n'a qu'à renoncer à la glorieuse entreprise de voir son cher Ascagne, l'original parfait des enfans gâtés, sur le trône de ce bon pays de Cocagne qu'arrose le Tibre. C'est dans cette vive appréhension, Monseigneur (quoique faible imitateur de l'illustre Scarron, qui a si heureusement commencé l'embarquement de ce pieux Seigneur), que j'ose supplier Votre Altesse Électorale de le protéger. C'est l'unique moyen de lui épargner les nouvelles occasions de guerre qu'il va courir parmi les savans : celle des critiques n'est pas la moins périlleuse ; cependant, Monseigneur, ce bon Sire m'assure qu'il trouvera moins de peine à se défendre contre les prétendus beaux génies du siècle, si Votre Altesse Électorale ne l'abandonne pas, qu'il n'en trouva à terrasser son irréconciliable rival, le redoutable Turnus. C'est, Monseigneur, la grâce que je prends la liberté de demander à Votre Altesse Électorale pour ces restes infortunés de la grandeur de l'ancienne Troie, dont Énée et sa suite sont les seuls flambeaux. Joignez-y, s'il vous plaît, celle de me croire avec de très-profonds respects,

Monseigneur,

    de Votre Altesse Électorale,

        Le très-humble et très-obéissant serviteur,

            MOREAU DE BRASEI.

AVERTISSEMENT

Ami lecteur, on dit que, pour se conformer à la mode, il vous faut une préface, toute des plus amples, pour vous prévenir en ma faveur. Oh! comment diable voulez-vous que je m'y prenne pour vous faire trouver bon ce que je sais que vous trouverez mauvais, quand ce ne seroit que pour vous donner dans le monde un air de critique et de bel esprit, c'est la même chose? Ma foi, à bon marché faire, la meilleure préface que je puisse vous donner est dans mon exorde. Au surplus, si vous êtes connoisseur, vous excuserez un homme qui a la rage d'être auteur. Si vous ne l'êtes pas, tant pis; outre que vous voudrez qu'on croie le contraire, c'est que vous donnerez la torture à mon livre pour vouloir contrefaire le savant. Croyez-moi, mon cher lecteur, en ce cas, n'achetez pas cette *Suite du Virgile travesti;* si cependant vous en avez la folie, ne regrettez pas votre argent, mais vengez-vous de cette inutile dépense en destinant ce livre, malheureux de ne pas vous plaire, à l'usage qui convient aux mauvais livres; voilà, mon cher et bien-aimé lecteur, tout ce que vous aurez de moi, après l'assurance certaine que je vous donne que je suis tout à vous.

LE
VIRGILE TRAVESTI

LIVRE HUITIÈME
SUITE

Oh ! le nigaud, le polisson,
Le grand benêt, le limaçon,
Plus froid que la plus froide glace !
Crois-tu pouvoir remplir la place
De l'inimitable Scarron ?
Veux-tu passer pour fanfaron,
Pour un poëte ridicule,
Plus opiniâtre que mule ?
C'est bien à toi, chétif ballon,
De vouloir au sacré vallon
Incorporer ta corpulence
Après un auteur d'importance !
Auteur plaisant, mais renommé,
De tous savant fort estimé,
Que le roi vit toujours sans peine,
Et même avec plaisir la reine ;
Aussi bien que les courtisans,
Les chanceliers, les présidens.
Des ducs et maréchaux de France
Il fut louangé d'abondance.
Il brilla chez les Hollandois,
Les Allemands, les Suédois,
Chez les Latins, gens pacifiques,
Gens naturellement comiques,
Aimant la vie et le repos,
Laissant la guerre à faire aux sots.
Son nom fut jusqu'en Valaquie,
Dans l'Archipel, dans la Turquie,
Où l'on dit que le Grand Seigneur,
Quand il est dans sa belle humeur,
Ou bien sur sa chaise percée,
Chaise souvent favorisée,
Prend un Virgile dans sa main,
Pour se tenir l'esprit serein,
Et toujours le nourrir de joie ;
Là, sa belle âme se déploie,
Et se fait connaître en détail
Par l'un ou l'autre soupirail.
Chez le grand Kan de Tartarie
Et chez le Czar de Moscovie,
Chez le Perse et chez l'Indien,
Chez l'Arabe et l'Égyptien,
Enfin dans la machine ronde
Qui comprend l'un et l'autre monde,

Scarron de tous est honoré,
Chéri, couru, même admiré.
Et tu voudrois, ne t'en déplaise,
Comme un Jean logne[1] ou comme un [Blaise,]
Sur l'Hélicon, en idiot,
Te manifester pour un sot,
Pour un Iroquois, un sauvage,
En suivant si grand personnage,
En imitant si digne auteur,
Du bouffonisme tout l'honneur?
As-tu pour la plaisanterie
Un fond de polissonnerie
Tout prêt dans ton petit cerveau,
Assez gaillard, assez nouveau,
Pour ne pas craindre une déroute,
En voulant marcher sur sa route?
Crois-moi : garde tes quolibets,
Tes rébus et tes sobriquets,
Pour les habitans de la Seine
Fréquentant la Samaritaine[2].
Est-ce à toi, poëte crotté,
De te donner la liberté
D'entrer en lice avec ton maître?
Sans toi l'on voit ici paraître
Assez d'auteurs, sifflés, bernés,
Assez d'imprimeurs ruinés,
Assez d'ouvrages méprisables,
Assez de livres pitoyables...

Halte-là, monsieur l'orateur,
Vous êtes de mauvaise humeur;
Vous me prenez pour une cruche,
Pour un pied-plat, pour une autruche,
Un idiot, un sot enfin.
Concedo : rien n'est si certain.
Savez-vous ce que je sais faire?
Si je sais parler ou bien braire?
Si mon esprit est de travers?
Si je sais mal tourner un vers?
De Scarron, ce grand personnage,
Je connois trop bien le ramage,
Pour me flatter de réussir,
En le suivant dans mon loisir.
Il faudroit, la peste me tue,
Avoir tout à fait la berlue,
Autrement perdu la raison,
Et me donner pour un oison.
Je ne suis pas encor si bête,
Si sot, si dépourvu de tête;
Je ne suis pas des partisans
De la fumée et de l'encens,
Pour encenser ainsi ma veine;
Je ne bus jamais d'Hippocrène,
Et je m'en tiens à l'hypocras,
Boisson des dieux dans leurs repas,
Autrement de la Malvoisie,
Ou nectar, à la fantaisie
De celui qui veut en parler.
Pour ma rate désopiler,
Je veux chanter d'un ton grotesque,
Suivant de loin le ton burlesque
De Scarron, maître dans cet art,
De l'Énéide plus du quart;
Car c'est le tiers que je veux dire.
Muse qui m'excitez à rire,
Muse bouffonne, prenez soin
De votre élève en ce besoin !
Courage, petite bavarde,
Mon amour, et mon égrillarde !
Recherchez votre belle humeur :
Il s'agit de me faire honneur,
Et de me mettre sur la trace
Qui conduisit sur le Parnasse
Cet esprit rare et merveilleux,
Toujours gai, jamais songe-creux,
Ce maître en fait de parodie,
Qui chez Évandre, en Arcadie,
Laissa le pieux Æneas,
Prendre un tantinet ses ébats,
Et ménager une alliance
Dont il avoit grande espérance.
Donnez-moi le tour et le ton
Propres pour le conteur bouffon;
Plus une dose de mémoire,
Pour prendre le fil de l'histoire
Où ce facétieux humain
A voulu rester en chemin.

Je crois que ce fut dans un temple
Où ce Troyen montra l'exemple,
Prenant en main un encensoir
Qu'il ne put mettre à son devoir,
Car, en ébranlant la machine,
Il avoit, sur sa droite échine,
Même par-dessus les autels,
Versé les charbons immortels,
Dont il avoit percé la nappe
Du très-vénérable Esculape,
Ou bien celle d'un autre Dieu
Que l'on révéroit dans ce lieu;
Car dans toute cette Italie
Grande fut toujours la folie,

---

[1] Voir notre note 4, page 263. Jean-logne ou Jean-lorgne désignait un niais, un badaud; abréviation de *Jean qui lorgne*.

[2] C'est-à-dire, pour les badauds du pont Neuf.

Comme la superstition,
Qui paroît à chaque action.
Du temple il fut se mettre à table,
Où, d'un air tout à fait aimable,
Il fit les honneurs du festin,
Qu'Évandre donna ce matin.
Il but toujours à tasse pleine,
Fit le bouffon et la sirène,
Chanta la petite chanson,
N'épargna Cloris ni Fanchon
Dans les contes qu'il fit pour rire ;
S'il ne fut pas jusqu'à médire,
Peu s'en fallut, je le sais bien,
Quoique Maron n'en dise rien.
   Après, le pieux fils d'Anchise
Fut vite changer de chemise,
Se donner deux coups de rasoir,
Sur ses souliers mettre du noir,
De la poudre sur sa perruque,
Et son rabat blanc sur sa nuque,
Pour se préparer au départ,
Car il se faisoit déjà tard.
Il ordonna qu'à fond de cale
L'on fermât son sac et sa malle,
Son pot à pisser, tout fin neuf,
Et cinq ou six livres de bœuf,
Pour faire du bœuf à la mode,
Selon l'usage et la méthode
Des cuisiniers de ce temps-là.
Puis, tout courant, il s'en alla
Faire ses adieux dans la ville,
Ce qui n'étoit pas fort utile ;
Car, quoiqu'il ne fût pas connu,
Il vit le gros et le menu.
Ensuite, il fut en diligence
Étaler sa vive éloquence
Au bon roi des Arcadiens,
L'assurant qu'il auroit des siens
Aussi grand soin que de sa troupe ;
Qu'en tout temps ils auroient la soupe,
Et bon pain de munition ;
Enfin, avec attention,
Il fut ravitailler sa gourde,
Et paya ce roi d'une bourde
Ou d'un compliment d'amitié,
Dont il ne tint pas la moitié.
La bourde étoit une assurance

D'une éternelle bienveillance,
D'une sincère et tendre ardeur
Qu'il disoit sentir dans son cœur
Pour le généreux prince Évandre.
N'est-ce pas erreur de prétendre,
En ces temps-là comme en ceux-ci,
De trouver un fidèle ami ?
Force dehors, force grimace,
Embrassade dans la bonace ;
Mais le vent vient-il à changer,
Peut-on prévoir d'être en danger
De servir un jour de ressource
Par son crédit ou par sa bourse,
Adieu la tendresse et l'ami !
Heureux s'il n'est pas ennemi,
Et si, refusant ses services,
Il ne rend pas mauvais offices.
Le bon monarque Évandre crut
Dans ce temps-là ce qu'il voulut.
Comme il n'est pas fort nécessaire
Que j'en fasse ici mon affaire,
Retournons à notre Troyen,
Qui des mieux trouva le moyen
D'enjôler ce roi d'Arcadie
Par sa charmante mélodie.
Il en eut bel et bon renfort,
Avec quoi, marchant vers le port,
Il mit ses troupes en bataille
Près du revers de la muraille,
Pour leur éviter les gros vents
Qu'il faisoit sur mer dans ce temps.
Pendant que son infanterie,
Et toute son artillerie,
J'entends celle de ce temps-là,
Comme béliers et cætera,
Ainsi que des harengs en caques,
Dans des vaisseaux et des caraques
S'arrangeoient pour se mettre en mer
En attendant la pleine mer,
Afin de commencer voyage,
Notre Æneas fait du rivage
Partir huit ou dix escadrons
De cuirassiers, de lancerons [1],
Tant des troupes Étruriennes,
Que Toscanes, Arcadiennes.
Chacun portoit botte de foin,
Pour s'en servir dans le besoin,

---

[1] Ce mot désigne proprement de petits brochets ; mais Moreau de Brasey a lui-même indiqué plus loin (liv. X) quel sens il y attache :

   . . . . . Les lancerons,
J'entends par-là les porte-lance,
  Ou les lanciers. . . . .

Avec un picotin d'avoine,
Peut-être une once de bétoine[1].
Pour prendre en guise de tabac,
Quand on coucheroit au bivac,
Après l'exercice, les marches,
Évolutions, contre-marches.
Achate et le brillant Pallas
Accompagnèrent Æneas,
Qui, de crainte d'une déroute,
Toujours répétoit ce qu'en route
Chaque chef devoit observer,
Pour qu'en ordre on pût arriver.
Vous dirai-je que dans la plaine
Les habitans, tous hors d'haleine,
Vinrent faire tristes adieux,
Chagrin au cœur, larmes aux yeux,
A leurs parens, à leurs confrères ?
On voyoit là pères et mères,
Le verre et la bouteille en main,
Avec une croûte de pain,
Buvant tous le vin de partance,
En racontant leur doléance.
« Marche ! » fut dit de main en main,
Puis le tout se mit en chemin,
En témoignant brillante joie
D'être utile aux restes de Troie.
  Æneas, retournant au port,
Résolu de monter son bord,
Vit de loin, sur une rivière,
Un bois de forme irrégulière,
Richement muni de lapins,
Quoique ce ne fût que sapins.
Ce bois, formant une colline,
Fut jadis par dame Sabine,
D'où nous vient le peuple Sabin,
Consacré pour le dieu Silvain.
Tarcon, sous son épais feuillage
S'allongeant jusques au rivage,
Y campoit avec tous les siens,
A gauche des Étruriens ;
Æneas, pour sa bienvenue,
Vouloit le passer en revue,
Et le faire marcher au port,
Afin de revirer de bord.
Dame Vénus, sa bonne mère,
Lui paroissant dans l'atmosphère,
Jambe deçà, jambe delà,
Sur un nuage, lui parla
En ces termes pleins de tendresse :

« Mon cher fils, je tiens ma promesse ;
Point de chagrin, point de souci,
Ta bonne mère en ce lieu-ci
Va te nipper de bonnes armes,
Qui coûteront un jour des larmes
Aux ennemis de ton repos,
Qui ne feront pas de vieux os.
Si, malgré le Destin contraire,
Ils se font toujours une affaire
D'empêcher que chez le Latin,
Naturellement fagotin [2],
Tu ne puisses prendre racine,
Ni mettre en repos ton échine.
C'est mon époux le dieu Vulcain,
Qui forgea de sa propre main
Ce brillant attirail de guerre
Qui n'a pas son pair sur la terre.
Suis donc le conseil de Vénus,
Et va, mon fils, trouver Turnus ;
Avec lui combats et ferraille
Tête à tête, ou bien en bataille,
Sans craindre que ce gros vilain
Puisse jamais percer ton sein
Avec sa tranchante alumelle :
Va lui ravir cette pucelle,
Cette fille du roi Latin,
Malgré l'effort du Laurentin. »
  Après ces mots, d'une accolade,
Pour dire mieux, d'une embrassade,
Elle honora son digne fils ;
Puis, sous un chêne, vis-à-vis,
Elle attacha ces belles armes,
La cuirasse, la cotte d'armes,
Le casque avec le baudrier,
Le sabre et le grand bouclier,
Dont Æneas, par parenthèse,
En fut si fort transporté d'aise,
Que, sans savoir ce qu'il faisoit,
Il rioit, chantoit et dansoit
Une espèce de sarabande,
Qui, pour lors, fut de contrebande,
Tant et si mal il la dansa.
Dame Vénus, voyant cela,
Lui laissa passer sa folie,
Pour un général peu jolie.
  Après qu'Æneas eut dansé
A peu près comme un insensé,
Il prit ce casque si terrible,
Qui devoit être si nuisible

---

sternutatoire ou apéritive, dont rodeur enivre.
  à Fagotin, le fameux singe de Brioché, du nom duquel Moreau de Brasey fait

A ses ennemis les Latins,
Les Rutulois, les Laurentins :
Il portoit une grosse aigrette
Plus reluisante que sa brette,
D'un beau rouge imitant le feu,
Finissant par un ruban bleu ;
Je ne sais pas s'il fut céleste,
S'il fut turquin[1] : point de conteste
En ce que je ne sais pas bien,
Car mon Virgile n'en dit rien.
Il prit, après, la grande épée
Que Vulcain avoit bien trempée
Dans de bon vinaigre rosat,
Pour qu'elle eût couleur d'incarnat ;
Ensuite il vint à la cuirasse :
La peste ! c'étoit une masse
D'un airain tout des plus pesans,
Des mieux granés, des plus luisans,
Presque de couleur de nuage,
Dans lequel Phébus fait voyage,
Quand il veut priver les humains
De ses rayons doux et benins.
Il la prit avec sa bretelle,
Et la mit sur son escarcelle ;
Il examina les cuissards,
Les gantelets et les brassards,
Qu'il trouva de mode nouvelle,
Tirant sur couleur isabelle,
Fabriqués d'un riche métail
Et rehaussé partout d'émail.
Un peu trop lourde étoit la lance,
Quoiqu'elle eût fort belle apparence ;
Splendide étoit le baudrier ;
Mais l'ouvrage du bouclier
Étoit la huitième merveille,
D'une beauté, mais sans pareille,
Difficile à mettre en écrit,
A moins d'un transcendant esprit.
Vulcain de deviner se pique :
Aussi, dans sa vaste boutique,
Avoit-il sur ce bouclier,
Pour faire valoir son métier,
Mis l'arbre généalogique,
En ouvrage à la mosaïque,
De tous descendans d'Iulus,
A commencer par Romulus,
Ce bon et brave gentilhomme,
Qui fut le vrai parrain de Rome,
De Rome qu'on chôme aujourd'hui
Comme la nourrice et l'étui
De tant de braves capitaines,
De tant et tant de têtes pleines
De grand savoir, en bien, en mal ;
De Rome, cet original
De bonnes, de mauvaises choses,
Où des montagnes sont encloses,
Dont le grand et vaste circuit
Demande un jour, même une nuit
Des plus grandes qui soient au monde,
Pour en faire au juste la ronde.
Mais revenons au bouclier,
Qu'il faut ici versifier,
Pourvu pourtant que je le puisse,
Sans que mon esprit s'étourdisse,
Sans que j'en perde la raison,
Et que rime vienne à foison.
   D'abord paroissoit une louve,
Qui deux petits marmousets couve ;
Cette louve faisoit le tronc
De cet arbre si gros, si long,
Qui fait la généalogie
D'Ascagne, qui s'est élargie
D'une toise, voire de deux,
En hommes vaillans, généreux.
Ces deux marmousets, quoique frères
Furent cependant deux faux frères,
Différens d'esprit et d'humeur,
Et n'avoient pas le même cœur.
Le cadet fut nommé Romule ;
Il tenoit un peu de la mule,
Ce que l'on connut quand Rémus,
Son ainé, portant nez camus,
Fut par lui mis tout en javelle,
Au sujet de mince querelle
Entre eux deux pour les fondemens
D'une enceinte de bâtimens ;
Un docteur, qui feroit l'habile,
Diroit une enceinte de ville ;
Mais pour moi, qui ne le fais pas,
De bâtimens je fais grand cas,
Car sans eux il n'est point de ville,
Sans ville, l'homme est inutile,
Sans esprit, sans âme et sans voix,
Et ce n'est plus qu'un villageois,
Comme l'est et sera le maire
Noirot, cet homme atrabilaire,
Qu'après Châlons, en un seul mot,
Je définis du nom de sot.
Attenant, il avoit mis Rome
A peu près et quasi tout comme
Rome nous paroît aujourd'hui.
Là, l'enlèvement inouï

---

[1] Voir notre première note du VIIIe livre de Scarron.

De jeunes filles ses voisines,
Que pour lors on nommoit Sabines,
Se faisoit voir en grand relief,
Dont leur roi montra grand grief,
Si grand, que, quoique débonnaire,
Il voulut venger cette affaire,
Qui, pour le Romain, sonnoit mal,
Car il y parut animal,
Mais animal à toute outrance,
Dont il fut fort blâmé, je pense,
Et même en tous temps le sera
De qui cette histoire lira.
Onc ne fut telle effronterie
Ni si grande piraterie
Contre le sexe féminin,
Qui, pour le coup, ne fut pas fin ;
Car j'ai lu cette espièglerie,
Où j'ai vu que l'une s'écrie :
« Maman, on ravit mon honneur,
Arrêtez donc cet effleureur
Ou maraudeur de jeunes filles,
Qui déshonore nos familles. »
D'autres se servoient de leurs dents,
Des poings, des pieds, de juremens,
Donnoient tous les Romains au diable,
Traitoient leur roi d'abominable,
D'infâme, de poison d'honneur,
D'autoriser le suborneur.
La coquette en étoit bien aise,
Et crioit : « Fadaise ! fadaise !
Compagnes, faites comme moi,
Vous n'en mourrez pas, sur ma foi,
Puisque vos mères sont en vie [1].
Humanisez-vous, je vous prie,
Il n'en sera ni plus ni moins,
Si vous savez tenir vos coins. »
L'esclave, gentille et fringante,
En dansant des pas de courante,
Chantoit : « Liberté ! liberté ! »
Reprenoit un air de fierté,
Faisoit contorsions et mines,
Toutes aimables, toutes fines ;
Mais pères et frères hurloient,
Et déjà leurs armes prenoient,
Dont il s'ensuivit grosse guerre
Qui longtemps occupa la terre.
 Tout près de cet enlèvement
On voyoit faire le serment

D'une étroite et longue alliance,
Qui fut depuis de conséquence,
Entre les sujets du Sabin
Et ceux de ce fier carabin
De Romulus ou de Romule,
Qui fit lui-même la formule
D'un traité de bonne amitié
Dont je dirois bien la moitié
Du contenu, si plus ne passe,
Car depuis longtemps je ramasse
Les articles de bout en bout ;
Mais le temps, qui dévore tout,
M'en a privé d'une partie,
Lui qui n'est pas à garantie
Sujet en aucune façon.
N'est-ce pas une trahison
Insoufrable, même fort noire,
De nous enlever de l'histoire
Les plus sûrs et meilleurs lambeaux,
Dont tant et tant de grands cerveaux
Se sont dérangé la cervelle
A déterrer cette parcelle,
Qui, satisfaisant leurs esprits,
Auroit brillé dans leurs écrits ?
Les Romains gardèrent les filles
Avec le gré de leurs familles,
Mais ils les gardèrent sans bien :
La Sabine, pour dot, n'eut rien,
Ce qui, dans le temps où nous sommes,
N'accommoderoit pas les hommes,
Grands épouseurs, si gros argent
De la fille est le contingent.
 Là, plus haut, dans un réceptacle,
Paroissoit le triste spectacle,
Ordonné par Hostilius
Touchant le traître Métius,
Qui, sans rougir, tourna casaque
A ce Romain, dans une attaque,
Faisant la guerre aux Fidenats,
Les inventeurs des cadenats,
Dont il fut, par quatre haridelles,
Mis en quatre égales parcelles,
Qui le mirent au rang des morts
En partageant ainsi son corps.
 A gauche paroissoit l'histoire,
Que force gens ont peine à croire,
Du redoutable Porsenna,
Que, dans sa fureur, assena

---

[1] Cette pitoyable et inconvenante plaisanterie paraît imitée d'une chanson bien connue de Gaultier-Garguille :

    Si
Ma mère n'en est pas morte,
Je n'en mourrai pas aussi.

D'intention le fier Scévole :
Ce n'eût pas été poire molle **1**,
Si sa dague eût bien rencontré :
Il l'auroit du moins éventré,
Ce qui n'auroit, pour sa tripaille,
En vérité, rien fait qui vaille.
Il rebroussa pourtant chemin,
Emmenant avec lui Tarquin,
Dont on conte histoire plaisante,
A mon sens trop réjouissante
Pour ne la pas coucher ici
En détail un peu rétréci.
On conte donc qu'une Lucrèce,
Belle, mais faisant la diablesse,
La cruelle et revêche aussi,
Avoit à ce tyran transi
En plein donné dans la visière,
Contrefaisant la minaudière,
Et croyant que ce fier Tarquin
Du moule de son casaquin
Lui feroit, dans un hyménée,
Sentir le poids quelque journée.
Parbleu ! la belle mit auprès,
Dont s'ensuivit fatal décès,
A peu près de cette manière.
Soit qu'elle fît toujours la fière,
Chose rare dans ce temps-ci,
Où, pour un simple grand merci,
Souvent la plus fière donzelle,
Encor mieux que la moins cruelle,
De l'amour prend une leçon,
Et laisse comme à l'abandon
Aller au matou son fromage,
Ce qui dérange le ménage,
Met le désordre à la maison ;
Encor veut-on avoir raison
Et suivre des autres la trace,
Tant on a poussé loin l'audace,
Et tant le sexe féminin
Est devenu doux et bénin !
Bref, notre vestale Lucrèce
Fit ou ne fit pas la tigresse ;
C'est ce qu'on n'a pu bien savoir,
Comme bientôt vous l'allez voir.
Tarquin n'en voulut pour épouse,
Quoique de fois bien dix ou douze

Il lui parlât de son amour
Sans aucun espoir de retour.
Piqué de perdre son amorce,
Soit de gré, soit de vive force,
Ce tyran voulut, par honneur,
Cueillir le premier cette fleur
Dont Lucrèce faisoit parade,
Tant y a qu'elle eût bonne aubade
Peut-être bien qu'il l'effleura,
Car la belle se perfora,
Ou d'un couteau trancha sa vie,
Que ce Tarquin avoit salie
Par cet endroit déshonorant.
Si ce fut après ou devant,
C'est un point obscur dans l'histoire :
Ce que je sais, c'est qu'à sa gloire
Rome fit dresser des autels
Pour qu'à l'avenir les mortels,
Charmés d'un si sensible exemple,
Vinssent l'honorer dans son temple.
 Mais retournons à Porsenna :
Avec lui Tarquin s'en alla,
Ayant perdu toute espérance
De rétablir sa corpulence
Sur l'éclatant trône Romain,
D'où Rome l'avoit, en gredin,
Chassé, ne voulant plus de maître ;
Ce que Rome fit bien paroître,
Établissant le consulat
Qui se soutint avec éclat.
On voyoit là le brave Horace
Suivre de Porsenna la trace,
Faire sauter l'arche d'un pont
Dont ce Porsenna fit un bond,
Mais un bond partant de colère,
Qui lui rendit l'air tout sévère.
Il bondit donc bien autrement,
Quand il vit, presque au même instant,
L'intrépide et fière Clélie
A ses yeux faire la folie
De passer à nage dans l'eau,
Pour conserver sa belle peau
De la libidineuse rage
De ce tyran brute et sauvage,
Toujours prêt, comme le grivois,
De brusquer un friand minois.

---

1 On disait *ne promettre pas poires molles, ne point menacer de poires molles*, pour faire des menaces sérieuses qui devaient être suivies d'effet :

> Ils ont donc mes verres cassés ?
> Dit Jupin. Ah ! c'est trop d'audace ;
> Ah ! vraiment je ne les menace
> De poires molles.

(*Typhon*, I.)

Là, Porsenna lève le siége,
Et fait marcher son dru cortége
Chez lui, par le plus court chemin,
Pour conserver son parchemin.
  Sur le bouclier, vers la cime,
Le dieu Vulcain, savantissime
En l'art de buriner l'airain,
Avoit, de sa crasseuse main,
Mis Manlius au Capitole,
De Rome autrefois la boussole,
Qui le gardoit contre les Goths,
Les Gaulois ou les Visigoths :
N'est-ce pas tout un, je vous prie,
De peur que d'une menterie
L'on ne m'accuse en cet endroit,
Moi qui suis mon chemin tout droit ?
J'aurois vrai chagrin, je vous jure,
Si j'allois faire telle injure
A la savante antiquité
Sans demander la vérité.
Là paroissoit du roi Romule
Le donjon et son vestibule,
Le tout, couvert modestement
De chaume, mais si simplement,
Qu'il eût passé pour l'apanage
Au plus d'un vacher de village,
Encor dirai-je d'un hameau,
Tant ce donjon paroit peu beau.
Sur la face on voyoit une oie
Battant l'aile en signe de joie,
Ou de chagrin, de voir les Goths
Tous bien faits, bien sur leurs ergots,
Grands cheveux blonds, belle parure,
Sur leurs habits bonne dorure,
Tous des mieux taillés et plantés,
Bien armés, croupés et crêtés,
Portant en main la javeline,
Bonne cuirasse sur l'échine.
Ainsi ces rusés de Gaulois
Par les broussailles et les bois
Marchoient de nuit droit à la ville ;
Mais leur marche fut inutile,
Car, au cri des faibles oiseaux,
Le Romain courut aux faisceaux
Et s'empara de la muraille,
Où, s'étant là mis en bataille,
Il donna la chasse aux Gaulois,
Dont plus de cent de ces matois
Firent au fossé de la ville
La cane, s'ils ne firent gille [1].
  A côté droit, des Saliens
Et des prêtres Luperciens
On voyoit la grotesque danse,
Danse de grande irrévérence,
Puisque l'on y dansoit tout nu,
Chaque prêtre montrant son cul
Aux plus chastes dames Romaines,
Dont s'ensuivit Samaritaines.
  Plus bas les gouffres de Pluton,
Le triste séjour d'Alecton,
Et les demeures infernales,
Le vrai séjour des Saturnales,
Où l'on fait souffrir maints tourmens,
Où l'on voit grincemens de dents,
Où l'on entend force blasphèmes,
Où l'on fait de trop longs carêmes,
Où l'on ne voit que des crapauds,
Des dragons et des lionceaux,
Des chaudières d'huile bouillante ;
Où, par l'ordre de Radamanthe,
L'on sauce et ressauce les gens
Qui n'ont pas été bons vivans.
Là, l'un fait pitoyable moue,
L'autre toujours tourne une roue ;
Celui-ci se trouve dans l'eau,
Près de la bouche un bon morceau,
Sans pouvoir ni manger ni boire ;
Celui-là lit dans du grimoire ;
L'un est bouilli, l'autre roussi,
L'un est grillé, l'autre farci ;
Enfin c'est chose abominable,
Que voir la boutique du Diable,
Comme elle est sur ce bouclier.
Là, l'on y voit, tout le premier,
Catilina dans la détresse,
Mourant de peur ou de tristesse,
Pour avoir des mieux conjuré,
Et le nom Romain abjuré,
Même son sang, et sa patrie,
Ce qui sa gloire a fort flétrie.
Mais vous ne savez pas pourquoi ?
Le saurai-je donc mieux ? Ma foi,
J'ose avouer qu'en fait d'histoire
Je n'eus jamais bonne mémoire,
Surtout dans cette occasion.
Qui dit Romain, dit action
Belle et d'honneur, toujours de mise ;
Aussi sans feinte et couardise,
Ce peuple a toujours combattu
Pour la gloire et pour la vertu,
Fors donc ce traître à sa patrie,
Catilina, dont la folie

---

[1] Firent le plongeon, s'ils ne s'enfuirent pas. Voir notre note 1, p. 53.

Étoit d'avoir le consulat :
C'étoit donc bien pour lui, le fat!
Et parce qu'un autre eut sa place,
Ce lime-sourd, de race en race,
A laissé d'une trahison
L'exemple et la punition.
Sans y penser, voilà l'histoire,
Qui vaudroit bien un coup à boire,
Si l'on buvoit en rimaillant,
Comme l'on fait en travaillant ;
Car, en ouvrage d'exercice,
On boit, on mange, on cause, on pisse,
On fait l'amour, et quelquefois
On travaille à planter du bois,
Ce qui vulcaniser s'appelle,
Chez la moins coquette femelle.
  Mais, à propos du dieu Vulcain,
Je quitte souvent son burin.
Pourrois-je en bien trouver la trace ?
Qui peut occuper cette place,
A l'autre côté, vis-à-vis
De ces infortunés réduits ?
C'est le séjour de l'abondance,
Où l'âme vit sans repentance,
Sans chagrin, peine, ni douleur ;
Ayant toujours avec honneur
Su profiter de cette vie,
Sans se remplir de la folie
Qu'on nomme excès de vanité,
Et sans donner dans la fierté ;
Bref, sans avoir, dans sa jeunesse,
Témoigné la moindre faiblesse
Pour la donzelle ou pour le vin,
Nos ennemis, pour le certain,
En ce que tous deux nous font faire
Pour le plus souvent le contraire
De ce que faire nous devons,
Du moins de ce que nous pouvons.
Là, le sage Caton, bon juge,
Rend la justice sans grabuge,
Montrant qu'il faut être pieux,
Pour être au rang des bienheureux.
  Dans un cartouche de dorure.
Faisant du milieu la parure
De ce bouclier si vanté,
Vulcain avoit représenté
Une mer de vagues enflée,
Ou bien une onde boursouflée
Par le combat ou chamaillis
De deux mutins de vents-coulis.
On voyoit sur cette eau salée
Une magnifique assemblée
Des aquatiques habitans,
Des petits, médiocres et grands,
Tous attentifs à la curée
Qu'Auguste dans cette contrée
Leur préparoit, dans un combat
Où chaque poisson eut son plat.
Dans le centre, on voyoit les flottes
Où turbots firent matelotes
A la bataille d'Actium,
Dont chantèrent le Te Deum
Les Romains dans le Capitole ;
Où, sans donner dans l'hyperbole,
La musique qu'on y chanta
Mille fois mieux s'exécuta
Que cette fade mélodie
Qu'on pourroit nommer rapsodie,
Dont nous bercent les deux Campras
Avec leurs mauvais opéras.
Le vaisseau que montoit Auguste,
Dont l'apparence étoit auguste,
Paroissoit là, tout brillant d'or,
D'autant plus qu'il portoit encor
De Rome le Dieu domestique,
Le sénat, avec sa boutique,
A l'exception des greffiers,
Qui n'étoient nullement guerriers,
Ou qui ne jouoient de la hache
Que sur le plancher de la vache.
On voyoit Agrippa surtout,
Allant, courant, volant partout,
Faisant donner de l'eau-de-vie,
Vis-à-vis la flotte ennemie,
Pour se préparer au combat,
Où ce Romain avec éclat
Gagna couronne triomphale,
Que les Romains nommoient navale.
  Antoine, des lo'ntains climats
Ayant riflé [2] jusqu'aux goujats,
Croyant avoir le vent en poupe,
Paroît avec nombreuse troupe,
Comme voulant morguer César.
Sur son bord, comme un Jaquemar,

---

[1] André Campra (1660-1744) donna ses deux premiers opéras sous le nom de son frère, à cause de sa place de maître de musique à Notre-Dame. Ce fut, en dépit de la plaisanterie de Moreau de Brasey, le meilleur compositeur entre Lulli et Rameau, et l'œuvre poétique de notre officier est loin de valoir les opéras de celui-ci.

[2] *Rifler*, enlever, s'emparer par force.

Il se contemploit dans sa suite.
Là tout près paroît chattemite,
La reine des Égyptiens,
Des gueux, des filous, des vauriens [1],
L'incomparable Cléopâtre,
L'unique inventrice du plâtre,
De tous fards et décoctions,
Et des autres brimborions
Dont se sert la femme coquette,
Quand d'amans elle veut emplette,
Ce qu'elle voudroit en tous temps,
Dans son hiver, comme au printemps.
Antoine, suivi des Barbares,
Des Bactriens et des Tartares,
De ces gens noirs comme corbeaux,
Et de nombre d'Orientaux,
A César offrit la bataille;
Mais, pour ne faire rien qui vaille,
Il ne devoit pas se presser,
Ni mal à propos commencer.
Cependant l'une et l'autre flotte
Rudement se poussoient la botte,
Et faisoient si grand carillon,
Qu'on en vit pâlir un saumon;
Autant en fit une écrevisse.
Pendant ce cruel exercice,
On ne voyoit que dards en l'air
Partir plus vite que l'éclair;
Que feux volans brûler les toiles,
Les mâts, les cordages, les voiles;
Qu'hommes dans l'eau faisant effort,
Pour se garantir de la mort.
L'un luttoit contre une barbue;
L'autre fuyoit une morue;
Celui-ci, le sabre en sa main,
Se disputoit contre un dauphin.
Vaisseaux faisoient la cabriole,
Dont fort se gobergeoit la sole;
La mer en vit rougir son eau;
Antoine y perdit son chapeau,
Et sa donzelle Cléopâtre
Y perdit son beau teint d'albâtre,
Qui devint couleur de souci;
Elle y perdit son sistre aussi,
Dont elle ranimoit ses troupes,
Qui, ne pouvant dans leurs chaloupes
Manœuvrer comme dans un bord,
Alloient luttant contre le sort,
Voulant empêcher la baleine
De les nicher dans sa bedaine.

Là, les dieux des Égyptiens,
Tous des animaux, fors les chiens,
Sur leurs vaisseaux, tous en peinture,
Faisoient trop risible figure :
En effet, de voir un crapaud,
Brette au côté, plume au chapeau,
Rondache au bras, au poing la lance,
Sous Anubis, dont l'insolence
Osa s'attaquer à Vénus,
A Minerve, au dieu Neptunus,
C'est une vision grotesque
Qui rend notre Maron burlesque.
  Vulcain, au milieu des hasards,
Avoit buriné le dieu Mars,
Combattant d'estoc et de taille,
Pour faire gagner la bataille
A César, ce grand empereur.
On y voyoit, mais en fureur,
La Discorde assez délabrée,
Portant robe fort déchirée,
Semer la crainte et la terreur,
Le désordre avec le malheur,
Sur la flotte de Cléopâtre,
Cette princesse opiniâtre,
Que Bellone d'un air serein
Suivoit le fouet à la main.
Apollon, sur le promontoire,
Faisoit une action notoire :
Armé d'un arc et d'un carquois
A César il tailloit du bois,
Faisant des mieux jouer la flèche,
Au grand délice de la sèche
Et de ses confrères nageans,
Qui donnoient le bal à leurs dents.
Vulcain, lui, faisoit l'air austère,
Et faisoit partir de colère
Ses traits plus vite que le vent,
Dont on vit bouleversement,
Chacun cherchant à fond de cale
D'éviter sa main libérale.
La déroute chez l'Indien,
Chez le Maure et l'Égyptien,
Se mit d'une telle manière,
Qu'on quitta le front de bandière.
Tout fuyoit en confusion :
La reine, avec attention,
Vouloit, par une prompte fuite,
Se mettre à couvert, et sa suite.
Elle invoquoit les vents, les dieux,
Pour ne pas périr en ces lieux;

---

[1] L'auteur joue sur le double sens du mot *égyptien*, terme dont on se servait alors pour désigner les bohémiens et vagabonds.

Mais les dieux, et les vents contraires,
Avoient entre eux d'autres affaires
Que de la tirer d'embarras,
Ayant conclu que son trépas
Devoit suivre cette bataille,
Où les poissons firent ripaille.
Auguste enfin eut le dessus,
Et mit à sec Antonius ;
Ensuite il fut, en galant homme,
Reçu dans la ville de Rome,
Où de triomphe il en eut trois,
Et tous les trois, tous à la fois,
Dans lesquels il fit la folie
De vouer aux dieux d'Italie
Trois cents temples tout d'un seul coup,
Ce qui se fit de bout en bout.
 Enfin, là, Vulcain représente
Du Romain la joie éclatante,
Les jeux, les applaudissemens,
Et les autres amusemens,
D'un triomphe suite ordinaire,
Où chacun se fait une affaire
De signaler sa vive ardeur.
Pour faire à César tout l'honneur
Que méritoit telle victoire,
Les dames chantoient à sa gloire
Des hymnes au pied des autels,
Et les prêtres des Immortels,
Pour l'expiation des crimes,
Égorgeoient des bœufs pour victimes.
Bref, sur une selle à trois pieds,
Sans dais ni sans tapis de pieds,
On voyoit le maître de Rome,
Assis comme l'est un autre homme,
Même avec bien moins de façon,
Devant le temple d'Apollon,
Sans faire la moindre bévue,
Passer les présens en revue
Qu'apportoient et chefs et soldats
De tous pays, de tous climats.
 Figurez-vous la grande joie
Qu'eut le héros sorti de Troie,
Quand il eut tout considéré
Et ce tout longtemps admiré.
Au ciel il éleva sa vue,
Puis, soupirant sur la cohue
Qui devoit régner après lui,
Il prit Pallas pour son appui,
Et fut sur le port, où ses troupes
Par ordre montoient les chaloupes
Pour arriver dans les vaisseaux,
Dont il devoit, fendant les eaux,
Porter secours à son Iule,
Qui devoit être de Romule
Le père ou l'aïeul pour le moins ;
Ce qui fit qu'il prit de grands soins
Pour aller joindre sa séquelle,
Que Turnus de tous points harcelle

LE
VIRGILE TRAVESTI

LIVRE NEUVIÈME

Tandis que le pieux Énée
Vogue au gré de la destinée,
Qu'Évandre rumine à loisir
Sur le sensible déplaisir
Qu'il a de voir sa géniture
Prodiguer sa jeune fressure
Aux coups d'un terrible ennemi,
Pour servir son nouvel ami,
Mais un ami né sans ressource,
Sans feu, sans lieu, gîte ni bourse,
Sans équipage, sans valet,
Sans rosse, bourrique ou mulet,
N'étant suivi, pour tout potage,
Que d'Achate, de bon parage,
Qui fut en tout lieu son tenant,
Son bras droit, son ami constant ;
Tandis que toute l'Arcadie,
Le Mantouan, la Lombardie,
Les Cériens, Étruriens,
Les Toscans et les Phrygiens;
Enfin, tandis qu'en Italie
Chaque monarque a la folie
D'aller secourir le Troyen,
Junon sait trouver le moyen
D'exciter son bon ami Turne,
Tranchant pour lors du taciturne
Dans le bois d'un de ses aïeux,
Faisant le fond d'un vallon creux.
Junon, de la voûte azurée,
Fait descendre en cette contrée
L'aimable Iris portant beau teint,
Visage frais, air doux, serein,
Port de reine ou bien de Vestale,
Tant son port éclatant étale
De la pudeur le passe-port.
Mais laissons là son air, son port,
Afin d'écouter ce que chante
Cette ambassadrice touchante.
Sifflée, en pouvez-vous douter?
Que diantre auroit-elle à chanter ?
A moins que Junon, en furie,
Ne s'en serve en espièglerie
Contre le prudent Æneas ;
De le berner n'est-on point las ?
Iris tire droit au bocage ;
Est-ce pour vendre un pucelage
A ce Turnus de frais tondu,
Sur l'herbe assis, dessus son cul ?

Non, car, après la révérence
Nécessaire en telle occurrence,
Elle lui dit : « Mon beau monsieur,
Je suis fort votre serviteur,
Je veux dire votre servante ;
Junon, des cieux la présidente,
S'offense de votre repos,
Et veut que vous cassiez les os
A ce Troyen à face blême,
Qui depuis longtemps fait carême.
Il a quitté tous ses vaisseaux,
Son camp, ses troupes, ses drapeaux,
Et doit être à la cour d'Évandre :
Turnus, allez, courez le pendre ;
Prenez la poste, et, de ce pas,
Partez pour lui rompre les bras
Ou lui mutiler une jambe.
Vous êtes frais, dispos, ingambe,
Hardi, vigoureux et vaillant...
Mais non, allez brûler son camp,
Comme on fait un nid de chenilles ;
Saisissez-vous de ses guenilles,
De ses poulets, ses chapons gras... »
Turnus, alors, mit chapeau bas
Pour haranguer cette Lucrèce.
Elle, aussitôt, tournant la fesse
Vers la céleste région,
Fit, en partant, un demi-rond,
Et gagna la voûte azurée
Quasi comme une écervelée,
Tant elle partit brusquement.
Turnus, dans le même moment,
La connut pour l'ambassadrice,
Et le réservoir de malice
De la furieuse Junon.
« Arrêtez donc, petit trognon,
Lui dit le prince solitaire,
Vous qui de ce beau luminaire
De la terre comme des cieux,
Tenez cet éclat radieux
Qui vous fait, sur les autres astres,
De cette voûte les pilastres,
Briller d'un feu toujours nouveau.
Revenez donc, friand morceau,
Dire qui vous a fait descendre
Dans ce vallon pour me surprendre.
Est-ce la déesse Junon ?
Ou Jupin ? pour celui-là, non :
Ce seroit pour moi trop de gloire,
Si j'avois place en sa mémoire.
Venez donc, divin arc-en-ciel,
Venez me raconter sans fiel

Si je dois prendre à bon augure
Votre discours à ma figure.
A tout hasard, dans cet instant,
J'obéirai, mais promptement. »
Ces mots dits, il fit sa prière
A sa coutume, à sa manière,
Puis il fit marcher ses soldats,
Ses équipages, ses goujats,
Son suisse à barbe retroussée,
Fit aiguiser sa grande épée,
Tripoliser ses boucliers
Et décrotter ses deux souliers ;
De plus endossa sa cuirasse,
Pour épargner à sa carcasse
Coups d'estocs ou bien d'espadons.
Ensuite il vit ses bataillons
Et fit après marcher l'armée,
Tremblante, et de crainte alarmée,
D'aller à la gueule des loups
Risquer de gagner mille coups.
Messape menoit l'avant-garde,
Portant en main sa hallebarde ;
Les deux Thyrée alors étoient
Au corps de réserve, et marchoient,
Tous deux couverts de leurs rondaches ;
A l'arçon ils avoient des haches
Qui coupoient ce qu'elles voyoient,
Et qui personne n'épargnoient.
Partout éclatoit la dorure,
Le passement et la guipure,
Le clinquant et le gros velours,
Le peau de tigre et la peau d'ours.
Caïque, voyant la poussière,
Cria d'une voix meurtrière :
« Au voleur ! au feu ! mes amis ;
Troyens, voici les ennemis !
Sur ces murs faisons les soudrilles,
Et laissons là ces pauvres filles
A qui nous ramageons l'amour ;
Elles auront bientôt leur tour. »
Les uns, d'une mâle assurance,
Prirent, pour faire résistance,
Des broches, pelles et fourgons,
Pinces, chenets, fourches, fourchons.
D'autres, au lieu de pot en tête,
D'un poêlon faisoient une crête.
Ceux-ci, d'une arquebuse à croc,
Qu'autrefois ils eurent en troc
De quelque habitant de Carthage,
S'étoient armés pour faire rage.
On voyoit jusqu'aux margajats [1]
Prendre des faux, des coutelas ;

---

[1] *Margajats*, ici petits garçons. Ce mot désignait aussi un ancien peuple du Brésil, et l'on disait : *parler margajat*, pour parler un langage barbare et inconnu.

Tous marchèrent sur les murailles,
Et tracèrent les funérailles
Des Itales suivant Turnus,
Gens estimés moins que bibus[1].
Baste, les Troyens se postèrent,
Sur leurs remparts se retranchèrent,
Même pour garder leurs vaisseaux,
Firent des ouvrages nouveaux.
Turnus avec ses chefs s'avance;
Vingt cavaliers, porteurs de lance,
Marchoient après les commandants,
Faisant les braves, les fendans.
Or ce Turnus, ne vous déplaise,
Étoit monté, fort à son aise,
Sur un cheval marqué de blanc,
A petite tête, à gros flanc,
Vulgairement appelé pie,
Qu'il fit venir d'Éthiopie,
Et qu'un fripier à bon marché
Avoit de tout point harnaché.
Ce n'étoit pourtant qu'une rosse
Qui longtemps traîna le carrosse
De feu son oncle ou son cousin,
Tant y a qu'il étoit roussin.
Avec sa petite cohorte,
Que l'ardeur de voler emporte,
Il va jusqu'aux murs des Troyens
Pour essayer par quels moyens
Il pourroit entrer dans la ville;
Mais le commandant, homme habile,
En avoit bouché tous les trous,
De peur d'y voir ces loups-garous.
Lors Turnus, dans cette équipée,
Resta, dans la main son épée,
Au pied du mur, aussi piteux
Qu'une poule qui perd ses œufs.
Imaginez-vous, je vous prie,
Un loup près d'une bergerie,
Mourant de faim près d'un gibier
Restaurateur de son gosier
Et de son estomac avide;
Là, comme la faim est son guide,
Et qu'il ne peut la contenter,
On le voit hurler et gratter
Pour, s'il se peut, rompre le plâtre;
Il s'escamote aux yeux du pâtre,
Cherchant l'endroit le plus obscur
Pour se faire un jour dans le mur;
Mais, sa tentative étant vaine,

En hurlant il reprend la plaine
Ainsi le prince Rutulois,
De colère étant aux abois,
Pissa dans ses larges culottes,
En remplit une de ses bottes,
Puis l'ôta pour en renverser
Ce que d'eau s'y put amasser.
Il eut beau frapper à la porte
Et jurer « Le diable m'emporte,
Si je ne vous fais tous périr ! »
Au diable qui voulut ouvrir.
Ce Turnus, de honte et de rage,
Piqua des deux vers le rivage.
Pour mettre voiles en lambeaux
Et pour brûler tous les vaisseaux.
Aussitôt la cavalerie,
Se joignant à l'infanterie,
La torche en main ou le tison,
Alloit tout réduire en charbon.
    C'est ici, babillarde muse,
Que l'on va me croire une buse.
Si je ne fais bien le récit
De la cause qui suspendit
Dans ce temps si proche incendie,
Laquelle auroit privé de vie
Les Troyens et leur général,
De la ruse l'original,
Aimé de Dieu, craignant le diable,
Homme d'honneur et raisonnable :
C'est le dévot père Æneas,
Le roi des pieux, des béats,
Connu partout pour un cœur tendre,
Qui pour lors étoit chez Évandre,
Au-dessus du mont Palatin,
Ignorant que le Laurentin
Lui tailloit terrible croupière.
Muse, dis-moi donc la manière
D'entrer dans ce récitatif
D'un air contrit, d'un ton plaintif.
N'ai-je pas lu, petite belle,
Qu'autrefois madame Cybèle,
Mère des dieux, du grand Jupin,
Et protectrice du sapin,
Lui fit un jour cette harangue ;
Saurois-je dire en quelle langue ?
Non, car je ne le sais pas bien,
Ma foi, je n'en dirai donc rien :
« Mon fils, des cieux le roi, le maître,
Vous me voyez ici paroître

---

[1] C'est-à-dire moins que rien. Cette locution était très-usitée, surtout au dix-septième siècle, parmi les écrivains comiques et familiers. On disait des *raisons de bibus*, pour de peu de valeur, sottes, ridicules, etc.

Au pied de votre tribunal.
Ce n'est pas pour vous faire mal ;
Le mal que je vous veux m'arrive,
M'étant arrivé qu'il s'en suive
Que je sois accablé de maux,
D'ennuis, de soucis, de travaux !
Or sus, sans tant de préambule,
J'ai fait bâter exprès ma mule,
Pour venir dans votre palais
Implorer une grâce... Mais
Vous avez tout l'air d'un Jocrisse,
D'un homme outré de la jaunisse,
Vous êtes pâle et tout défait ;
Mon fils, qu'est-ce qu'on vous a fait ?
Vous avez la mine effarée.
Junon, de quelque échauffourée
Vous auroit-elle régalé,
D'un coup de son bec affilé ?
Auroit-elle, en femme jalouse,
Disputé les droits de l'épouse,
Ou bien contrôlé votre front
Au coin d'un insouffrable affront ?
Quand la femme a la carte blanche,
Souvent elle prend sa revanche ;
Si l'époux porte ailleurs ses vœux,
Elle sait éteindre ses feux,
Et l'on voit que, pour l'ordinaire,
Le premier venu fait l'affaire.
Reprenez donc un air plus doux,
Il est assez de fous sans vous ;
En faveur d'une bonne mère,
Laissez donc là votre colère,
Et, favorable à mon discours,
Écoutez-en bien tout le cours.
J'avois jadis sur éminence
Une forêt de conséquence,
De sapins, que j'aimai longtemps.
Par charité depuis un temps,
C'est-à-dire de cette année,
J'en fis un don au brave Énée,
Prince Troyen, grand amateur
De lauriers, de gloire et d'honneur.
De ces sapins (fors la calotte),
Il en fit bâtir une flotte
De plus de cinquante vaisseaux,
Pour se promener sur les eaux,
Et pour, de contrée en contrée,
Mener sa troupe délabrée
Chercher asile en quelque port,
Contre l'injustice du sort,

Et votre quinteuse d'épouse,
Qui voudroit dans une belouse [1]
Amasser Troyens sur Troyens,
Ou les mettre dans les liens.
Or donc, mon fils, je vous supplie
(En ce cas, ce n'est pas folie,
Mais c'est sagesse assurément)
Que jamais petit ou grand vent,
Que jamais la grêle et l'orage,
Que jamais longueur de voyage,
Que jamais écueils ni rochers,
Ne fassent tort à ses nochers
A ses vaisseaux, à ses cordages,
A ses voiles, à ses bagages,
Aux soldats qui seront dessus.
Que vous dirai-je enfin de plus ?...
— Parbleu, qu'auriez-vous à me dire ?
Lui dit Jupiter, dans son ire :
Vous demandez suffisamment,
Pour en avoir contentement ;
Cette demande m'embarrasse,
Me met en peine, et me tracasse.
Y songez-vous de bonne foi ?
Quelle estime aura-t-on de moi,
Si je vous fais cette corvée
Pour votre bon messire Énée ?
Quoi donc, les vaisseaux d'un mortel
Jouiront d'un droit d'immortel ?
Je mériterois qu'on me berne,
Si jamais telle baliverne
Échappoit à messer Jupin
En faveur de votre sapin.
Cependant, pour ne pas déplaire
A ma mère si débonnaire,
Je veux bien vous les conserver,
Et de danger les préserver :
Quand ils auront fini leur course,
Qui sera de l'une à l'autre Ourse,
J'en ferai des divinités
Pleines de grâces, de beautés,
Comme la nymphe Galatée,
Et Doto, fille de Nérée.
Faut-il jurer mon grand juron,
Par le fleuve du Tibre ? Non,
Mais par le Styx je ratifie
Ma promesse, et je certifie
A votre ami, sire Æneas,
Que ses vaisseaux seront là-bas
Un jour de fringantes pucelles,
Des Naïades, des demoiselles

---

[1] *Belouse, blouse.* Proverbialement, on dit qu'on a mis quelqu'un dans la blouse, quand on l'a mis en prison. (*Dict.* de Furetière.)

Du Tibre et du pays Latin,
En dépit du fier Laurentin. »
Ce discours dit tout d'une traite,
Jupin fut se mettre en retraite
Entre deux draps dans un bon lit,
Où je ne sais pas ce qu'il fit.
 Or voici donc cette journée
Tant promise au beau sire Énée.
Quand Cybèle aperçut Turnus,
Elle cria du ciel : « Abus ;
C'est bien à toi, pauvre figure,
De faire à mes sapins injure,
Toi, général des Myrmidons,
Des Rutulois, tous grands coïons !
Tu brûlerois, je t'en assure,
La mer, plutôt que ta brûlure
S'attache à ces vaisseaux sacrés,
De nos dieux mêmes révérés.
Vous Troyens, n'ayez plus d'alarmes,
Courage ! allons, laissez les armes :
Je vais ranger ces fiers-à-bras,
D'un seul mot je les mets à bas.
Je vous venge de leur injure,
Par une ample déconfiture
De leurs chefs et de leurs soldats,
De leurs marmitons, leurs goujats.
Çà ! pas tant de cérémonie ;
Vaisseaux, changez-vous, je vous prie,
En Naïades, dans ce moment,
Et m'obéissez promptement. »
Chaque vaisseau rompit son câble,
Quitta son ancre avec le sable,
Et parut Nymphe sur le port,
Ce qui Turnus étonna fort.
Il en eut mal à la poitrine,
Messape en retint son urine,
L'aîné Thyrée et son cadet,
Vidoient en ce temps le godet ;
Le godet en tomba par terre,
Avec un beau flacon de verre,
Lesquels se trouvant fracassés,
Ils en eurent un pied de nez.
Le Tibre en arrêta sa course,
Et remonta jusqu'à sa source ;
Bref, tout compté, tout rabattu,
Le camp en fut fort abattu.
Le seul Turnus, loin de s'abattre,
Excitoit ses gens à se battre
A peu près de cette façon :
 « Amis, il faut avoir raison
De cette vagabonde troupe,
Et la priver de manger soupe
Un jour dans le pays Latin.

Il faut se lever plus matin
Que ne fait leur bon père Énée,
Qui dort la grasse matinée
Chez Évandre, au mont Palatin,
Pour attraper le Laurentin.
Armez-vous, troupes Laurentines,
Rutuloises et vous Latines,
Allons noyer tous ces cafards,
Ces Troyens, ces francs Jaquemars.
Ces lâches n'ont plus d'espérance
De s'échapper en assurance :
Ils sont privés de leurs vaisseaux,
Et renfermés dans leurs travaux.
Allons en faire un cimetière,
Leur faire mordre la poussière,
Les chasser de leurs boulevards,
Les assommer sur leurs remparts.
Point de pitié, mais grand carnage,
N'épargnons le sexe, ni l'âge ;
Tuons, massacrons, violons,
Brûlons, saccageons et pillons.
Soyons donc tous leur rabat-joie,
Et montrons-leur, ainsi qu'à Troie,
Que, pour les régaler d'un bal,
Il n'est pas besoin de cheval,
Ni de s'enfermer dans son ventre :
C'est en plein jour qu'il faut que j'entre
Dans le fort de ces fanfarons,
De ces bannis, de ces larrons.
Qui d'entre vous m'aime me suive ;
Des Grecs c'est une récidive,
Pour ces scélérats, ces Troyens,
Plus que filous, plus que vauriens.
Mais la nuit vient, allez repaître,
Et demain, sans aucun peut-être,
Je leur donnerai tout de bon
Et l'aubade et le carillon. »
 Cependant le fameux Messape
Près du mur disposoit la sape ;
Par ploton il serra le fort,
Et se retrancha vers le port.
Quatorze Rutulois en nombre
Observoient les remparts à l'ombre ;
Chacun d'eux avoit cent soldats,
Aguerris et faits aux combats,
Tous habillés à la Romaine,
Mais maîtres en fait de fredaine ;
Ils se relevoient tour à tour,
Allant, à la gueule du four,
Prendre un petit pâté pour boire,
Afin d'étourdir leur mémoire
Sur les desseins du lendemain.
Ils se donnoient de main en main

Du meilleur vin à tasse pleine.
Ainsi réchauffoient leur bedaine,
Dans les ténèbres de la nuit,
Les Rutulois faisant grand bruit.
 La dolente troupe Troyenne,
Près de la région moyenne,
De ses remparts de haut en bas,
Des ennemis suivoit les pas.
Cependant le sage Mnesthée
Disposoit sa troupe hébétée
Sur les angles des boulevards,
Chacun dessous ses étendards.
D'autre côté, le fier Séreste,
N'ayant pour habit qu'une veste,
Pour être léger et dispos,
Ne se donnoit aucun repos.
Après avoir à la sourdine
Sous le donjon fait une mine,
Il mit ses soldats près des murs,
Dans les endroits les plus obscurs.
Le preux Nisus gardoit la porte.
Peste! il n'avoit pas la main morte :
S'il assaisonnoit un soufflet,
C'étoit bien pis qu'un gantelet ;
Il étoit friand de la lame,
Des Troyens gardoit l'oriflamme,
Et savoit lancer javelots
Bien mieux que tous les Lancelots [1].
Ida, la nymphe chasseresse,
L'avoit au Troyen, par tendresse,
Pour une reprise d'amour
Donné pour marque de retour.
Près de lui le jeune Euryale,
De qui la belle bouche exhale
Odeur qui vaut bien l'ambre gris,
Le baume qu'on fait à Paris,
Celui qu'on trouve en Allemagne,

A Rome, au pays de Cocagne,
Je veux dire dans le Pérou,
Ou dans la ville de Trévou,
Ville à présent de conséquence,
L'un des bureaux de la science,
Une boutique à beaux écrits,
Le réservoir des beaux esprits,
Et la célèbre Académie
Des sciences rimant en mie ;
Enfin, l'Athènes de nos jours [2].
Mais retournons à mon discours.
 Près de Nisus en sentinelle,
Étoit ce miroir de pucelle,
Ce mets délicat en amour,
Friand, dodu, mais fait au tour,
Et plus blanc qu'une jeune fille,
Peut-être héritier de famille.
Il étoit doux comme un mouton,
N'avoit point de barbe au menton,
Jouoit de la basse de viole
Plus vite que ne part Éole,
Du fifre, du psaltérion,
Du luth, du manicordion [3] ;
Il tiroit bien une arquebuse,
Savoit mieux boire à la Méduse,
Chanter, danser, fesser son vin [4],
Sans faire tort à son prochain.
L'un sous l'autre gardoit la porte,
De peur qu'aucun soldat ne sorte.
Cet Euryale et ce Nisus,
Tous deux ennemis de Turnus,
S'aimoient, dit-on, à la folie,
Et s'étoient pour toute la vie
Juré cette tendre amitié.
Considérant avec pitié
Le sort de leurs compatriotes,
Prêts à ne jamais porter bottes,

---

[1] Lancelot du Lac, l'un des douze chevaliers de la Table ronde, est le héros de l'un des romans les plus célèbres du moyen âge, écrit primitivement en latin par un anonyme. Son nom est devenu un terme générique.

[2] Trévoux était le siège d'une célèbre *académie* de pères jésuites. Louis-Auguste de Bourbon, prince de Dombes, y avait établi une imprimerie très-importante en 1695, et les révérends pères y publiaient, avec son aide, depuis 1701, un journal littéraire très-répandu, sous le nom de *Mémoires de Trévoux*, journal qui comptait parmi ses rédacteurs les pères Buffier, Bougeant, Castel, du Cerceau, de Tournemine, etc. On connaît les épigrammes de Boileau contre les journalistes de Trévoux, qui l'avaient attaqué en sous-ordre, à propos de ses nombreuses imitations des poëtes anciens. Une autre des principales publications de cette petite académie fut le *Dictionnaire de Trévoux*, 1704.

[3] Le psaltérion était un instrument de musique à treize rangs de cordes. Le manicordion ou manichordion, instrument de musique à clavier, et à soixante-dix cordes de laiton ou d'archal. Ce mot vient du grec μόνος, un, parce qu'il n'eut d'abord qu'une corde : le nom est resté, quoiqu'il soit maintenant un contre-sens.

[4] *Fesser*... se dit aussi de ce qu'on a bientôt expédié. (*Dict.* de Furetière.) Ce terme tombé en désuétude, signifie donc ici *boire à tirelarigot, à bouche que veux-tu*.

Prêts à ne plus manger de pain,
Prêts à mourir le lendemain,
A son ami, d'une voix forte,
Nisus parla de cette sorte :
« Je sens dans le fond de mon cœur
Certains transports, certaine ardeur,
Qui, sur ma foi, n'est pas de paille.
Je vois qu'il faut que je chamaille,
Et que je fasse aux Rutulois
Sentir un peu quel est le bois
Dont je me chauffe en ma colère.
Quoi ! ce Turnus nous vitupère !
Et, tout ainsi qu'un marmouset,
Nisus gardera le tacet ?
Non, non, je veux chez le Rutule
Faire aujourd'hui ferrer ma mule **1**,
Jouer du bâton à deux bouts **2**,
Et le percer de mille trous.
Son camp regorge de silence ;
D'ivrognes : ergo, sans défense :
Voici le temps, le lieu, le jour,
Que je dois faire un maître tour.
Nos Troyens demandent Énée :
Que je ferois bonne journée
Si je pouvois, par ce ravin,
Aller droit au mont Palatin !...
— Me prenez-vous pour un Jean-fesse,
Dit Euryale en sa détresse,
Pour un chétif cogne-fétu,
Pour un gars de crainte abattu,
Moi qui ferois le diable à quatre
Si tout seul vous alliez vous battre
Contre si maigres paladins
Pour la plupart George Dandins ?
Non, non, Nisus, mon digne père,
Aussi bien que ma belle-mère,
Ne m'ont pas donné ces leçons,
En me donnant des caleçons !
Ne m'ont-ils pas fait voir la guerre
Des Grégeois contre notre terre ?
Ai-je souffert un démenti
Depuis que je suis le parti
D'Æneas, notre capitaine
(Dont nos dieux gardent la bedaine) ?
Ne craignant la mort, ni les fers,

Avec vous j'irois aux enfers.
Mais attendez, que je ne mente,
Si, pour visiter Radamanthe,
Je me sens assez de valeur !
Parbleu, les diables me font peur !
Je crains surtout ce chien Cerbère,
Sa figure me désespère,
Et ses trois têtes me font peur !
Ma foi, c'est un porte-malheur
Qui me chagrine et qui m'altère :
Je le crains bien plus qu'un panthère,
Qu'un crocodile ou qu'un dragon
Du régiment de Fimarcon,
Qu'un rhinocéros en colère,
Qu'un scorpion ou qu'une vipère,
Qu'un chat-huant, qu'un escargot,
Enfin que la pâle Margot,
Quand, en plein jour ou sur la brune,
Le croissant ou la pleine lune
Vient lui décolorer son teint
En faisant fleurir son jardin.
Mais, baste, je veux bien vous suivre,
Et partout avec vous poursuivre
Ces infâmes Italiens
Si fort ennemis des Troyens.
Vous raisonnez fort à votre aise,
Et me prenez pour un Nicaise,
De me croire tel sentiment
Qui vise à votre détriment.
— Chez moi vous flairez comme baume **3**,
Lui dit Nisus, tenant son heaume,
Et vous y flairerez toujours
Jusques à la fin de vos jours.
Mais quel malheur pour votre mère,
Et quelle douleur plus amère,
Si l'on alloit occir son fils
En passant chez nos ennemis !
Si Turnus, de sa hallebarde,
En vous prenant pour une outarde,
Alloit mettre un si joli corps
Loin des vivans, au rang des morts !
Gardez-vous de cette folie,
Et conservez si belle vie
Pour vous voir un jour le soulas **4**
De notre bon père Æneas.

---

1 *Ferrer ma mule.* Cette expression, si elle n'est pas prise ici dans le sens propre, signifie *faire pillage*. On dit encore quelquefois aujourd'hui *ferrer la mule*, pour friponner, chercher un profit secret et illicite, *faire danser l'anse du panier*.

2 Bâton de trois à quatre pieds de long, ferré par les deux bouts.

3 *Chez moi vous flairez comme baume*, vous êtes en bonne odeur près de moi ; j'ai haute opinion de vous.

4 La joie, la consolation.

Pour moi, je vais faire curée,
Ou tout au moins galimafrée [1],
Parmi ces poltrons de Latins,
Associés aux Laurentins...
— Je crois que Nisus se brimbale [2]
Du pauvre petit Euryale,
Dit ce jeune homme ; sur-le-champ
Avec vous j'irai dans le camp
Malgré le fer, les pétarades,
Les horions, les mousquetades,
Malgré mère, malgré parens,
Malgré vous et malgré vos dents. »
Ils appellent du corps de garde :
D'abord parut un hallebarde,
Un sergent faisant l'important,
Pour les relever à l'instant.
Alors, dans la machine ronde,
Ou bien dans l'un et l'autre monde,
Chacun ne songeoit qu'au sommeil,
Attendant monsieur le soleil.
Là, Mnesthée et le fier Séreste,
Avec des généraux le reste,
S'étoient assemblés au réveil
Pour tenir entre eux le conseil.
Nos deux compagnons de fortune,
Brûlant d'une ardeur non commune
D'exercer leurs mains et leurs bras,
Se présentèrent chapeaux bas,
Introduits par le prince Iüle,
Ennemi juré du Rutule.
Le fils d'Hyrtace ainsi parla.
Hyrtace, dira celui-là,
Ce nom n'est pas sur ma tablette.
Étoit-il enfant de la brette,
Adroit dans l'art de s'escrimer ?
Savoit-il comme il faut gourmer
Un ennemi dans l'occurrence ?
Jouoit-il du dard, de la lance ?
D'honneur, je ne le connois pas,
Virgile erre donc dans ce cas...
Peste soit de cet homme ignare !
Importun n'est pas meuble rare,
Je le connois dans celui-là.
Le fils d'Hyrtace ainsi parla :
« Tout le camp a fait la débauche,
L'un dort à droite et l'autre à gauche,
Tous empiffrés de leur bon vin ;
On a beau sonner le tocsin,
Et beau crier : « Aux armes ! tue ! »
Diable l'un qui paroît en rue,
Tant ils sont tous ensommeillés !

Pour nous, qui sommes éveillés,
J'ai remarqué par où les prendre,
Et j'en veux tout au moins pourfendre
Un demi-cent avant soleil,
S'il plaît à messer le conseil.
Ne voyez-vous pas la fumée
Qui sert d'embuscade à l'armée ?
Laissez-nous prendre le devant ;
Tous deux vous répondons d'un cent,
Et du par-dessus, je vous jure,
Sans qu'on nous fasse aucune injure :
Ce n'est pas par témérité,
Messieurs, mais c'est la vérité.
Nous irons dedans Palantée,
Chargés de butin, près d'Énée,
Notre resplendissant Seigneur,
En qui gît bonne âme et bon cœur,
Après avoir fait grand carnage
De ces gens faits au brigandage,
De ces infâmes Laurentins,
De ces paltoquets de Latins.
— O dieux ! dit le bonhomme Aulète,
En son temps vigoureux athlète,
Dieux tutélaires des Troyens,
Bons soldats et bons citoyens,
Vous en voulez garder la race,
Pour qu'elle mette à la besace
Le roi Turne et ses Rutulois,
Plus grands sorciers que l'Albigeois,
Plus maudits, plus acariâtres,
Plus mutins, plus opiniâtres
Que ne furent jamais les Grecs,
Qui nous ont tant fait voir d'échecs.
Puisque gens si pleins de courage
Ne veulent pas rester en cage
Et demandent la clef des champs
Pour massacrer nombre de gens,
Braves enfans, notre défense,
Je vous promets pour récompense
A chacun un habit tout neuf
De drap d'Espagne ou bien d'Elbeuf,
A chacun deux pipes d'Hollande
Avec une belle houppelande,
Un chapeau garni de rubans,
Une paire de très-beaux gants,
Une magnifique cocarde
Avec deux barils de moutarde,
Mais de moutarde de Dijon,
Bonne à servir sous le pigeon,
Le bœuf et les autres volailles,
Si vous assommez ces canailles ;

---

[1] Textuellement, un salmigondis, une fricassée de vieux restes de viande.
[2] Se moque, se soucie peu.

Puis Ascagne point n'oubliera,
Quand une fois il se verra
Grand comme son père et sa mère,
De vous donner votre salaire. »
  Cela ne fut pas plutôt dit,
Que le prince lui répondit :
« Amenez-nous mon père Énée,
O jeunesse trop fortunée
D'avoir la bride sur le cou
Et de courir tout votre soûl !
Ramenez donc la révérence
De ce papa dont la présence
Fera miracle dans ces lieux,
Sera salutaire à nos yeux,
Nous empêchera de nous pendre ;
Nous sommes constipés d'attendre.
Deux godets d'argent vous sont *hoc* [1],
Et mon sabre gisant au croc ;
Deux trépieds, une tasse antique,
Deux talens de bonne fabrique,
Dont me fit présent autrefois
La reine des Carthaginois ;
Un bougeoir et des allumettes,
Des cure-dents, des castagnettes,
Un fusil qui tire deux coups,
Et d'un bon onguent pour les poux.
Si je possède l'Italie,
Vous aurez un plat d'ambroisie
Avec six bouteilles de vin
Du meilleur du pays Latin ;
De Turnus vous aurez la pie,
Plus une bonne baronie ;
Enfin, vous serez dans ma cour
Mon écuyer cavalcadour [2].
Pour vous, généreux Euryale,
Permettez que je vous régale
Pour lors d'un aimable tendron
Pour occuper votre brandon ;
Plus, d'un jeu complet de neuf quilles
Fait par autant de jeunes filles ;
Enfin, vous saurez mes secrets,
Mes aventures, leurs progrès,
Et vous aurez ma confidence,
Ou que je crève à la potence. »
Ce prince, pétri de bonté,

Prit son sabre de son côté,
Et de sa main tant libérale
Le mit au côté d'Euryale.
L'exemple valut à Nisus
Un éloge des plus diffus,
Avec de magnifiques armes
Qu'Aulète, qui fondoit en larmes,
Lui troqua, pour un cas pareil,
Tout au beau milieu du conseil.
Il eut encor deux baïonnettes,
Et pour sa barbe des pincettes,
Avec deux beaux et grands couteaux
Achetés dans Châtelleraux [3].
Après, il le prit par la tête,
Et d'un baiser lui fit la fête ;
Mais, pour le vin de l'étrier,
Au diable le moindre estafier
Qui vint leur présenter à boire
Avant de courir à la gloire !
Munis chacun d'un havre-sac,
D'une pipe et de bon tabac,
D'une gourde de Malvoisie,
D'une autre de fine eau-de-vie,
Tous deux, portant le nez au vent,
S'acheminèrent vers le camp
A la faveur d'une nuit sombre.
S'ils appréhendèrent leur ombre,
C'est ce que ne dit pas Maron,
Cependant il eût été bon
De savoir cette minutie
A fond comme en superficie,
Car la peur ne dénote pas
Un homme fait pour les combats.
Mais passons cette bagatelle,
Et suivons notre kyrielle.
Arrivés qu'ils furent au camp,
Dieu sait s'ils prirent le montant.
Rhamnès, dormant fort à son aise
Sur deux coussins dans une chaise,
Fut d'abord estramaçonné
Et tous ses gens espadonnés
Par le valeureux Euryale,
Qui de rang en rang se signale.
Un écuyer du grand Rhémus
Lui même, Lamyre et Lamus,

---

[1] Vous sont assurés. On trouve cette expression en ce sens même dans la Fontaine :
    Eh ! que n'es-tu mouton, car tu me serais *hoc*,
dit le loup en parlant du cheval dans la huitième fable du livre V. Cette locution pouvait venir, soit du mot latin, soit, plus directement, d'un jeu alors très-répandu, où l'on disait *hoc* en jetant sur la table les cartes gagnantes.

[2] L'écuyer cavalcadour, chez les rois et les princes, est celui qui commande l'écurie des chevaux servant à leur personne. (*Dict.* de Furetière.)

[3] Châtellerault, ville renommée, alors comme aujourd'hui, pour sa coutellerie.

Furent aussi, de compagnie,
Dans le pays de l'autre vie.
Hébèse, Abarys et Fœdus,
Suivis de Sarron et Rhétus,
Furent conduits dans la nacelle
De Caron, dont aucun n'appelle,
Et rendirent, avant mourir,
Le vin qui sut les étourdir.
Ce n'étoit que des dégueulades,
Des coups fourrés, des enfilades,
Des bras rompus, des haricots,
Autrement des brisemens d'os ;
Le tout se faisoit en cachette,
Tandis que Nisus, en vedette,
Examinoit si tout ce bruit
Troubloit le repos de la nuit
Que goûtoit la gent Rutuloise
Aux bons Troyens si discourtoise.
On ne vit jamais tel fracas
De jambes, de têtes, de bras.
Nos deux amis se faisoient route
En mettant le camp en déroute.
Messape n'en fut pas exempt,
Dont il ne fut pas trop content,
Car il y perdit une aigrette
Qu'il eut de la reine Gilette,
Son casque et ses deux brodequins,
Sans compter deux cent six sequins,
Comptés, rangés sur sa toilette ;
Plus, une belle cassolette.
Euryale avoit pris encor
Un baudrier enrichi d'or,
Qu'autrefois le riche Cédique
Avoit donné pour une antique
Au grand Rémule de Tibur.
Pour avoir bu son vin tout pur,
Ce Rémule, dans sa vieillesse,
Avoit pour signal de tendresse,
A son petit-fils fait un don
De ce baudrier de renom ;
Il fut après pris en bataille
Par la Rutuloise canaille.
 Nisus, voyant pointer le jour,
Et sachant bien que le retour
Vaut quelquefois mieux que matine,
Fit cette courte sabbatine [1]
A son fidèle compagnon :
« N'attendons pas notre guignon ;

Nous avons assez fait des nôtres,
Laissons le reste à faire aux autres,
Et cherchons le plus court chemin,
Afin d'aller prêter la main
A notre bon messire Énée,
Dont l'âme sera malmenée
Quand il saura le Laurentin
Prêt à lui ravir son fortin. »
Là-dessus se met en campagne,
Traversant ravin et montagne,
Notre couple de bons amis,
Dans leur dessein trop affermis.
Or trois cents chevaux de Laurente,
Troupe magnifique et fringante,
Venant au secours de Turnus,
De fort loin aperçut Nisus,
Et son camarade Euryale,
Qui faisoient les Jacques détale,
Tant ils se sauvoient promptement,
Pour tâcher de gagner le vent,
Afin d'escamoter leurs pistes
A ces diables de Latinistes.
Mais le mestre de camp Volcent,
Qui lui seul en vaut plus d'un cent,
Leur dit d'une voix de tonnerre :
« Qui vive ! en bons termes de guerre,
Où donc allez-vous si matin,
Picoreurs du camp Laurentin ? »
Comme un chien de Jean de Nivelle
Qui se sauve quand on l'appelle,
Nos deux jeunes braves Troyens
Se suivoient comme des ruffiens,
Poursuivis de Dame Justice
Pour quelque apparent maléfice ;
Ils se jetèrent dans les bois
Pour se dérober des grivois
Qui venoient leur donner la chasse,
Et se nantir de leur besace.
Nisus, son paquet sur son cou,
Couroit plus vite que le loup
Parmi les bois et la bruyère,
Si bien qu'il se trouva derrière
Les ennemis, sur le terrain
D'Albe, où le piteux roi Latin
Tenoit plus d'une bête à corne.
Il s'assit là sur une borne
Pour voir si son vaillant guerrier,
Son compagnon mâche-laurier,

---

[1] *Sabbatine*, terme de collège, thèse qu'on ne soutenait autrefois que le samedi ; mais depuis on a donné ce nom, par extension, à toutes les petites thèses que les écoliers soutiennent sans solennité, la première année de leur cours, en forme de tentative pour s'exercer. (*Dict.* de Furetière.) C'est à une origine analogue que se rapportent les mots de *mercuriale* et de *dominicale*. Ici *sabbatine* signifie tout simplement *harangue*.

Ne se trouveroit pas en plaine.
Mais il avoit bien autre peine :
Cet Euryale, ce mignon,
Dans le bois grattant son tignon,
Flairoit de son ami la trace,
Portant, outre sa calebasse,
Un sac rempli de bon butin
Fait sur l'endormi Laurentin.
Mais, par lui la trace perdue.
Il ne vit aucune avenue
Pour éviter ces fiers matois
Qui le galopoient dans le bois ;
Ne voyant plus son Euryale,
Nisus de son côté détale
Par la broussaille et le buisson,
Et tomba presque en pâmoison
Lorsqu'il vit cet autre lui-même,
Tout morne et d'une couleur blême,
Prêt de tomber sous le tranchant
De ce mestre de camp Volcent,
Ou bien de quelqu'un de sa troupe,
Qui lui serroit de près la croupe.
Ce pauvre diable étoit tombé,
Et sur-le-champ par eux gobé,
Oui, par cette maudite engeance
Dont il fit grande pénitence.
Diane Nisus invoqua,
Et dans ces termes s'expliqua :
« O toi, Déesse si commune,
Astre brillant, brillante Lune !
Qui des filles conduis les mois,
Et les déranges quelquefois,
Guide mon trait, ma javeline,
Contre cette troupe Latine
Qui remplit de meurtre ce bois,
Où souvent l'on entend la voix
De tes chiens, quand tu te délasse
Dans les doux combats de la chasse,
Ou près de ton Eudymion,
Suivant ta tendre affection,
Tu viens tenter, charmante Lune.
Quelque reprise sur la brune,
D'un certain jeu qui fait plaisir,
Calme souvent ardent désir,
Charme les sens, et donne en proie
L'âme et l'esprit tout à la joie. »
Aussitôt l'Itale Sulmon
Rendit l'âme par le poumon,
D'un trait lancé dans sa furie,
Ce qui fit grande fâcherie,
Quand de plus on vit que Nisus
Fit même régal à Tagus.
« Une telle déconfiture
Du jeu passe trop la mesure,
Dit Volcent, entrant en fureur.
Qu'on me darde ce suborneur,
Ce maraudeur de Feuillantines,
Cet effleureur de Laurentines,
Ce traître, ce lâche espion,
Cet eunuque, ce morpion. »
Il parloit du brave Euryale
Alors triste, pensif et pâle,
Ayant fait dans son culotin,
Ce que l'on fait de grand matin,
Quand on a le ventre trop libre.
Ce brutal habitant du Tibre
Alloit l'ouvrir de part en part,
Quand Nisus, toujours à l'écart,
Tout éperdu se mit à braire :
« Halte-là, dit-il, téméraire,
C'est moi qui mérite la mort,
Si tu crois que je t'ai fait tort,
En envoyant dans l'autre vie
Ces deux Latins de compagnie.
Épargne ce pauvre garçon,
S'il te reste de la raison,
Et sache que, s'il est des vôtres,
C'est pour avoir été des nôtres. »
Cet orgueilleux chef de Volcent
Traversa cet adolescent
D'un coup de sabre par l'échine,
Dont il fit pitoyable mine.
Sa chute réveilla Nisus,
Qui de crainte étoit tout perclus.
Aussitôt ce Troyen s'élance
Sur cet escadron porte-lance,
Et, s'attachant à ce brutal,
A cet ennemi capital,
La main encore ensanglantée
Du sang de cet ami d'Énée,
Il le prit et le culbuta,
Le perfora, le souffleta,
Puis lui tira l'âme par force,
De dessous l'armet, foible écorce,
Que ce pourfendeur champion
Portoit de crainte d'horion.
Nisus, ayant pris sa revanche,
Se sentit frapper à la hanche
D'un grand coup qui le débancha,
Et de ses jours le fil trancha.
Il se jeta sur Euryale,
Mais déjà son âme s'exhale,
Articulant, quittant son corps,
Le langage de tous les morts,
Dans l'instant qu'ils quittent la vie,
La plupart parlant en furie.

C'est ici que ton nourrisson
Muse, a besoin d'une leçon,
Voire de deux et davantage,
Pour chanter l'ardeur, le courage,
De ces deux glorieux héros,
Que vient de gober Atropos.
Heureux amis, vos destinées
En tout temps seront entourées
De plus de cent mille façons
Par tous les chanteurs de chansons,
Même dans le plus beau collége
De Louvain, Malines, Liége,
Vienne, Madrid, Londres, Paris,
Le séjour des Jeux et des Ris ;
On vous chantera dans Bruxelle,
Dans Orléans et dans Nivelle,
Dans Bourges, Narbonne et Rouen,
Dans Montpellier, Toulouse et Caen ;
Dans la ville et dans le village,
Chez le Maure et chez le sauvage,
Chez les princes et chez les rois
Et chez les habitants des bois.
Cette leste cavalerie,
Faite pour la piraterie,
Craignant le fer de l'ennemi,
Se débandoit presqu'à demi ;
Mais, ne voyant venir personne,
Elle se range, elle s'arçonne,
Et tremblante arrive aux travaux,
Où le sang couloit à ruisseaux
Du remu-ménage nocturne
Qu'avoient, pour faire enrager Turne,
Fait nos Troyens chez l'ennemi,
Pendant qu'il étoit endormi.
Onc ne fut si grande épouvante :
La plaie étoit encor saignante,
Et partout le sang bouillonnoit ;
Dans une tente on trépanoit,
Dans l'autre on coupoit une cuisse,
Ici l'on égorgeoit un Suisse
Pour lui reculer le trépas ;
Là-bas on recousoit un bras,
Ou l'on en mettoit un postiche.
D'onguent, Turnus n'étoit pas chiche,
On donnoit du supuratif

A corbeille, et du lénitif,
La confection de jacinthe,
La thériac, le vin, l'absinthe,
Le vrai baume, l'onguent divin,
Les sirops et le brandevin,
Même l'onguent miton-mitaine [1],
Tout se délivroit là sans peine.
Les uns prenoient des vomitifs,
Les autres des confortatifs,
Bref, les apoticuli-flaires
Faisoient de terribles affaires :
Jamais tant de décoctions,
Et jamais tant d'émotions.
Messape, ayant mis ses lorgnettes,
Reconnut et prit ses aigrettes,
Qu'il trouva parmi le butin
Qu'avoit l'affamé Laurentin
Fait sur ses deux compatriotes,
Dont ils avoient eu lourdes bottes.
De Rhamnès l'avide héritier
S'appropria son baudrier ;
Enfin chacun eut de la joie
De retrouver ainsi sa proie,
Et de reprendre ses bijoux,
Sans risquer de gagner des coups.
Au retour de la belle Aurore,
Belle ! la seroit-elle encore,
Depuis qu'on chante sa beauté,
Ses traits, sa gracieuseté ?
Je la croyois garde-boutique,
Ou du moins une belle antique ;
A son retour, sire Apollon
Darda son plus friand rayon
Sur la surface de la terre.
Pour lors on vit effets de guerre,
Dont Turnus se fâcha si fort,
Qu'en public il fit un effort ;
Par bonheur, il devint femelle,
Et ne fit point le philomèle,
Ou le rossignol, c'est tout un,
Dont l'air garde puant parfum.
Turnus et ses chefs s'assemblèrent,
S'étant assemblés, s'avisèrent
D'un spectacle digne d'effroi,
Qui surprit bien d'autres que moi.

---

[1] La confection de jacinthe ou d'hyacinthe était faite, suivant Furetière, de saphirs, hyacinthes, émeraudes, topazes, perles, corail rouge, feuilles d'or, avec du cœur de cerf et des simples, le tout mêlé de sirop d'œillet ou de limon. Je laisse au célèbre lexicographe la responsabilité de cette recette fantastique. Le *vrai baume ou baume blanc*, c'était le nom qu'on donnait à la liqueur découlant, en été, du tronc de l'arbre du même nom, à l'aide d'une incision. La thériaque était un remède contre les poisons, fort décrié par l'abus qu'en faisaient les charlatans et opérateurs. On appelait proverbialement onguent *miton et mitaine* celui qui ne pouvait faire ni bien ni mal.

Je veux brouter comme une chèvre,
Si je ne sens encor la fièvre,
En lisant le trait déloyal
De ce tyran, franc animal,
Ce qui le rendit méprisable,
Et des temps à venir la fable.
Cet étrange spectacle étoit
Du Rutulois le plus adroit
Une invention endiablée,
Pour emporter le fort d'emblée,
En intimidant les Troyens
Tous bons sujets, bons citoyens.
Sur deux piques on leur étale,
Et de Nisus et d'Euryale,
Les deux têtes, dont les tronçons
Étoient restés dans les buissons;
Où ces deux généreux gendarmes
Avoient subi le sort des armes.
En bataille on vit les soldats,
Au poing portant de fins damas,
Tous pris dans une débandade
De l'une ou de l'autre croisade :
Ils marchoient tous si fièrement,
Si gravement, si lentement,
Qu'on eût dit, voyant cette marche,
Qu'ils alloient tous entrer dans l'arche,
J'entends dans l'arche des Troyens.
Pour entrer, il faut les moyens,
Ou du moins la clef de la porte ;
Pour la forcer, elle est trop forte.
Ces reclus sont sur leurs remparts,
Armés de pierres et de dards,
De chaudières d'huile bouillante,
Et chacun d'une torche ardente,
Pour griller ceux des plus hardis
Qui voudroient forcer leur taudis,
Ou bien monter sur leurs murailles,
Pour pénétrer dans leurs tripailles.
C'est bien dommage que pour lors
Le canon n'étoit pas dehors
Encor du chaos de ce monde,
Mais en place on avoit la fronde,
Qui semoit de bons gros cailloux
Sans respect au travers des choux :
Cela valoit canons et bombes,
Et faisoit mille catacombes.
Sur des tours, près de leurs fossés,
Les uns paroissoient empressés
De venger ces têtes sanglantes
De leur désastre encor fumantes ;

D'autres, plus froids que des glaçons,
Se préparoient aux actions
Que leur annonçoit cette armée.
  Dans ce temps-là, la Renommée,
Cette fière bouche aux cent voix,
De ses cornemuses de bois
Ou de matière moins fragile,
Cornoit partout dans cette ville
Et vint jusques au coin du feu
De la veuve, mère de feu
Le vaillant héros Euryale.
Elle étoit pour lors sans sa cale [1],
A sa toilette se peignant,
Se décrassant, se minaudant.
A cette fatale nouvelle,
Qui ses déplaisirs renouvelle,
Elle sentit un grand frisson.
Apostrophant son nourrisson,
En hurlant jette sa quenouille,
Le baquet qui son filet mouille,
Et le fuseau sur le plâtras.
Que ne dit point, que ne fit pas
Cette mère tant forcenée !
Elle maudit cent fois Énée,
Le qualifia de cornu,
Le fesse-mathieu saugrenu,
De fiacre [2] et de poule mouillée.
Elle couroit, échevelée,
Par la ville et sur les remparts,
Faisant trembler les boulevards
Par ses hurlemens effroyables,
Et par ses sanglots pitoyables.
« Ah c'est donc là, mon cher enfant,
Dit-elle, sa tête voyant
De son corps ainsi séparée,
Dont elle étoit toute effarée,
C'est donc là le soutien tardif
Que ton bon père putatif
M'avoit laissé pour ma vieillesse,
Moi qui trépassois de tristesse
Quand ce joli papa mignon
Te relevoit ton cotillon
Pour te fesser dans ton bas âge,
Ce qui t'a fait si doux, si sage.
Tu me laisse à la gueule au loup,
Sans pitié, n'ayant pas un sou.
Et qui fera tes funérailles ?
Seroient-ce ces lâches canailles
Qui donnent ta tête aux corbeaux
Et ton corps aux autres oiseaux ?

---

[1] Sans son bonnet.

[2] Fiacre se disait alors pour cocher de fiacre, et il conserva longtemps cette signification. Appliqué à la voiture, le mot s'étendait, par mépris, à tout carrosse malpropre et mal fait.

Moi qui m'étois donné la peine
De te vêtir de tiretaine
Et d'étamine d'Amiens,
Où sont donc, hélas! mes soutiens?
Non, non, il faut que je te suive
Jusque sur l'infernale rive,
Et que je demande à Pluton
De te faire son marmiton,
S'il ne te veut chef de cuisine.
Hélas! mon désespoir me mine,
Mes yeux se troublent, mon cerveau
Et mon esprit sont à vau-l'eau.
O toi, des dieux le vrai monarque,
Fais que je voie cette barque
Où doivent passer les humains!
S'il ne faut que graisser les mains
De Caron pour voir l'autre vie,
Il me reste un sou d'Italie
Pour tout vaillant, pour tout mon bien;
Disons qu'il ne nous reste rien,
Le pré n'en vaut pas la fauchure,
Pour en étourdir la figure
Plus longtemps du maître des cieux,
Fais donc que je meure en ces lieux,
Et que, sur la rive infernale,
Je puisse embrasser Euryale.
Que faire parmi ces Troyens,
Puisque j'ai perdu mes soutiens?
Ce que ces chiens de trouble-fêtes
M'annoncent, exposant leurs têtes,
Ce qui me pénètre le cœur
D'ennui, de chagrin et d'horreur.
Encore un coup, lance-tonnerre,
Détache-moi de cette terre;
Et vous, citoyens malheureux,
Puissé-je mourir à vos yeux,
Vous qui me trouvez mère folle. »
Le prince Ascagne la console
Et lui fait présent d'un biscuit
Sortant du four de cette nuit;
Puis il dit au menin Idée,
Au jeune Actor, pis qu'Asmodée,
De la mener dans son taudis.
Là, se trouvant sur son pouillis,
Elle fit fort la délabrée,
La folle et la désespérée,
Maudissant, comme auparavant,
Les Troyens, le sort et le camp,
Donnant au diable sire Énée,
Priam, Pâris, Ilionée.
    Alors le cornet à bouquin,
La trompette et le tambourin,

Annonçoient par leurs sons terribles
Des décadences infaillibles.
L'air retentissoit de grands cris,
Auxquels les Troyens ébahis
Firent répondre la cohue.
Les Volsques, faisant la tortue,
Marchoient pour ébaucher l'assaut:
C'est là, morbleu, qu'il faisoit chaud!
Ils s'attachent aux palissades,
Aux murs à force d'escalades,
Cherchent à combler le fossé
Et mettre Troyens *in pace*,
Mais il en fallut bien rabattre,
Chaque Troyen en valut quatre;
Ils repoussoient à coups de crocs,
De dards, d'espontons [1] et d'estocs,
En docteurs passés à la guerre,
Tous ceux qui labouroient leur terre.
On ne voyoit que javelots,
Que flèches et qu'ardens brûlots
Chez les Rutulois les surprendre;
On leur jetoit aux yeux la cendre,
Et sur le dos de gros cailloux,
Ce qui les fit débander tous.
On lâche, bref, une machine
Qui culbuta plus d'une échine
Et mit bas nombre de soldats,
De têtes, de jambes, de bras.
Les Latins quittèrent la sape,
Aux cris du champion Messape,
Qui clabaudoit à pleine voix:
« A moi, mes amis Rutulois,
Çà, que l'on me donne une échelle,
Soit de corde ou bien de ficelle,
Afin d'escalader le mur,
Tandis que Mézence le dur
Lancera des torches ardentes
Bien moins à craindre qu'effrayantes. »
Mais, morbleu! quel est donc ce train?
Toujours même chant au lutrin?
Toujours une Muse en campagne?
Que Belzébut vous accompagne,
Sire Virgile, et votre esprit!
Pour le moindre petit écrit
Il me faudra, comme une buse,
Quêter le secours d'une Muse,
La prier de guider mes vers
Pour qu'ils n'aillent pas de travers?
Laissons, laissons cette salope,
Cette péteuse Calliope,
Ce grenier à vesse complet,
Sentant moins bon que serpolet.

[1] Esponton, sorte de de

A voir cet air guindé si grave,
Nécessaire dans un conclave,
Mais qui n'est, dans la vérité,
Ici d'aucune utilité,
On croiroit entendre merveille ;
Oui, s'il traitoit de la bouteille,
La bouteille nous égaieroit
Et le lecteur divertiroit.
Quoi ! pour conter une bataille,
Une escalade de muraille,
Il me faut faire le piteux,
Me donner pour un cul breneux
Plus froid qu'un âne qu'on étrille.
Pour me ressouvenir du drille,
Qui rit quand il monte à l'assaut,
Comme lui, rions, s'il le faut,
Et laissons dormir notre Muse
Au jouet de la cornemuse ;
Car elle aime cet instrument,
Parce qu'il n'est plein que de vent.
Fou qui vous croit, qui vous imite,
Maron, je marche bien plus vite ;
Dans mes travaux je prends Scarron
Pour ma muse et pour mon patron :
C'est le maître des pasquinades,
Des rébus, des turlupinades,
Le réveil-matin des désirs,
Le boute-en-train de tous plaisirs,
Du bon esprit le consistoire,
Et du bon sens la grande armoire,
Le prototype des humains,
L'antidote de tout chagrin
Et de gaieté le répertoire ;
Enfin, c'est... Mais parlons d'histoire.
 Une assez grosse tour étoit
Sur les remparts où commandoit
Hélénor, si je ne me trompe ;
Mais il faut que je m'interrompe
A cause de cet Hélénor
Que l'on ne connoit pas encor.
Il étoit fils de Lycimnie,
Esclave, non d'Esclavonie,
Mais du roi des Méoniens,
Grand protecteur de tous Troyens.
Il avoit fait à la sourdine
Cette esclave sa concubine,
Ce qu'époux, dans cette saison,
Font sans mystère et sans façon.
Certain Lycus, son camarade,
Maître jouteur en perforade,
Étoit avec cet Hélénor
En qualité d'aide major.
De cette tour, tour si pesante,

En ce que du moins cent cinquante
Troyens de bonne volonté,
Constans et pleins de fermeté,
Avoient, pour défendre la ville,
Pris cette tour pour domicile.
Les Itales, grands fanfarons,
Avoient juré leurs grands jurons
De se rendre maîtres du poste,
Malgré du Troyen la riposte,
Malgré la grêle de cailloux
Dont ils étoient moulus de coups.
Turnus en main prit une broche,
Sur laquelle il mit une torche ;
Autant en fit le Laurentin,
Le Rutulois et le Latin,
Et tous, de même compagnie,
Mirent avec cérémonie
Le feu dans ce grand bâtiment,
Comme on voit ordinairement
Un maire de petite ville,
Assez souvent un fat, un gille,
A peu près comme Tribolay,
Maire de Beaune et de Volnay,
Mettre avec piaffe, et d'un air grave,
A cent fagots, gibier de cave,
Le feu, d'un pas de président,
Tant ce maire fait le fendant ;
Quoiqu'il soit en esprit fort mince,
Fort méprisé dans sa province,
Il fait toujours de l'important.
Je reviens à l'embrasement.
C'est là que l'on vit des grillades,
Des boudins gras, des carbonnades ;
Maron, pourtant, m'a répondu
Qu'aucun Troyen de gras fondu
Ne périt dans cette brûlure.
Le feu redouble avec usure,
Grille les rats et les souris,
Et, s'attachant aux pilotis,
Mit bientôt cette tour en branle.
Elle chancelle, elle s'ébranle,
Et tombe avec si grand fracas,
Que l'on en trouva du platras
Jusqu'auprès d'Albe. Je vous jure
Que ce n'est pas une imposture,
Puisqu'à l'hôtel-de-ville on voit
Un livre où ce cas apparoît.
Cette tour, en tombant par terre,
Copia des mieux le tonnerre,
Tua deux Troyens et demi,
Et tout au plus un ennemi.
Après si belle dégringole,
Plutôt si lourde cabriole,

Hélénor, plus fier qu'un lion,
Se ramasse avec action
Et s'élance droit sur l'armée
De ce renversement charmée.
Maron ne dit ce qu'il devint,
S'il mourut, ou bien s'il parvint,
D'un pas léger autant qu'utile,
A se réintégrer en ville.
Lycus, plus jeune et plus léger,
Près du mur se vint héberger;
Se sauvant, au travers des armes,
Outrecuidé de mille alarmes,
Il fait ses efforts pour grimper,
Pour s'élever, pour attraper
La main d'un Troyen charitable,
Voulant sauver ce pauvre diable.
Mais, zeste, il se sauva donc bien,
Ce pauvre diable ne tint rien.
Turnus le saisit par l'échine,
D'un maître coup de javeline,
Puis de sa main il l'accrocha
Et d'auprès du mur l'arracha,
En lui tenant ce fier langage :
    Crois-tu d'échapper a ma rage,
Petit lanceron de Troyen,
Petit bâtard de Phrygien ?
A tes dépens reconnois Turne ;
Je vais, pour te mettre dans l'urne,
Après que je t'aurai mis nu,
Te pulvériser si menu,
Que la cendre n'est pas plus fine.
Ne dois-tu pas voir à ma mine
Que je suis pis qu'un guichetier,
Et qu'enfin je suis sans quartier ? »
Ensuite en l'air il tint sa proie,
Tout ainsi qu'un aigle fait l'oie.
De tous côtés ce sont des cris :
« Au meurtre! au meurtre! je suis pris.»
Dit l'un en voyant le Rutule !
« Ami, dit l'autre, qui recule,
Assommez donc ce Laurentin,
Ce fainéant, ce gros mâtin,
Qui me suit de près pour me prendre. »
On songeoit donc à se défendre?
A quoi Virgile a répondu,
Bien attaqué, bien défendu.
Muse, mettons-nous en dépense,
Approfondissons la défense,
Voyons ce que fait le Troyen,
S'il est bon, ou s'il ne vaut rien.
    Déjà le brave Ilionnée,
L'âme en déroute et forcenée,
Tient un bon caillou dans sa main,

Dont il attere ce vilain
De Lucetius porte-broche,
Qui s'étoit approché tout proch
De la porte pour l'enfoncer.
De cet autre côté Liger,
En servant son bon maître Énée,
Dame le pion à Corinée,
Abasourdit Émathion,
Grand archer et bon compagnon.
Cenée aussi tue Ortigie,
Mais le fier Turnus à Clonie,
Dioxipe, Ida, Sagaris,
Promulus, et le sage Itis,
L'un après l'autre ôta la vie.
Parbleu, c'est une litanie,
Au moins une procession,
Qui pérégrine vers Caron.
Capys assassine Piverne ;
Celui-là mérite la berne,
D'avoir quitté son bouclier,
Son sabre avec son baudrier,
Pour porter la main à la plaie
Qu'il gagna dans la fausse braie,
Ce qui droit sur le sombre bord,
Le fit courir après la mort.
Ce Capys joua bien son rôle,
Coupant le filet à ce drôle,
Pour l'apprendre à se désarmer,
Quand il est temps de s'escrimer.
Le fils d'Arcent, porte-casaque,
Prise autrefois sur le Cosaque,
Mais rebrochée à l'Espagnol,
Sur fond couleur de tournesol,
Fut par son père, au brave Énée
Envoyé sur sa haquenée,
Pour apprendre à battre le fer
Sous ce général de grand air.
Il éclatoit sur la muraille,
Portant sur lui cotte de maille,
La lance au poing, bien en arrêt,
A bien faire étant toujours prêt,
Quand Mézence prenant sa fronde
Arme sur laquelle il se fonde,
Après deux ou trois tours de bras,
Mettant casque et cuirasse à bas,
D'un coup accrocha sa calotte,
Et lui mit la tête en compote,
Dont mourut le seul fils d'Arcent :
Il en seroit bien mort un cent,
S'ils avoient eu telle blessure.
Voici bien une autre aventure,
Que ce que je viens de conter;
Suivons, pour qui veut m'écouter.

On dit... Mais l'on dit, c'est un doute.
Bran du prêcheur si l'on n'écoute
Ce qu'il dit quand il ne dit rien
Qui vaille, ou quand il dit fort bien :
C'est d'Ascagne, ou du jeune Iule
Avec Numan, nommé Rémule,
Qui venoit d'épouser la sœur
Du vain Turnus, grand giboyeur.
Ce Numan, adroit de la langue,
Aux Phrygiens fit la harangue
Que je dirai de bout en bout,
Si je me ressouviens de tout.
De truchement n'en fallut mie,
Bien étoit meublé son génie ;
Il savoit l'Allemand, le Grec,
Et parloit comme Abimélec.
Il étoit tout plein d'industrie,
Connoissoit la géométrie,
Savoit faire un salamalec
Et la guerre comme un Valdec [1].
Voici de bonne foi l'étoffe,
Dont se servit ce philosophe :
« Mourez de honte, ô vous Troyens !
Doubles chelmes [2] de Phrygiens !
Vous serez bientôt notre proie,
Comme des Grecs fut votre Troie !
Nous vous mettrons dans des mortiers,
Vous, vos casques, vos boucliers,
Pour vous piler tout à notre aise,
Le cul bien bouché d'une chaise.
C'est bien à vous, vrais paltoquets,
De vouloir brider nos mulets,
Et de croire dans nos familles
Effleurer nos femmes, nos filles,
Comme fit ce grand chienlit
Cet esturgeon, cet étourdi,
Ce Pâris auteur de nos peines,
Et des trous faits dans nos bedaines.
Parbleu ! vous en aurez menti,
Car vous changerez de parti.
Et quand ? Ce sera tout à l'heure,
Franche canaille, ou que je meure !
Ah ! que vous allez voir beau jeu !
En me trémoussant tant soit peu,
Je vous veux mettre en fricassée,
En hachepot, en chair hachée,
Même à la broche et sur le gril,
Et vous percer comme un baril.
Vous connoîtrez l'ardeur mutine
De notre nation Latine,
Belliqueuse *in omni gradu* ?
De mes jours je ne fus tondu,
Marque évidente de jeunesse,
Si ce n'est celle de sagesse ;
On en vaut mieux d'être un peu fou,
Quand on a de plaisirs son soûl.
Pour vous, préparez vos épaules
A mille et mille coups de gaules,
Coureurs d'estafe [3], enfans trouvés,
Et du grand Jupin réprouvés.
Cessez, cessez, proscrites rosses,
De vouloir mesurer vos forces
Avec nos drus Italiens
Toujours sur pied comme des chiens,
Qui passent leur vie à la guerre,
Qui lorsqu'ils labourent la terre,
Piquent d'une lance leurs bœufs,
Qui mangent pain, gobent des œufs,
Ne sont point sujets à leur bouche,
Ne grondent pas, quand on se couche,
Les servantes ni les laquais,
De ce que leurs lits sont mal faits,
Qui sont jeunes dans la vieillesse,
Plus que vous dans votre jeunesse,
Toujours même esprit, même cœur,
Mêmes chansons, linge et vigueur.
Mais vous, qui pour tout exercice,
Dansez, mangez du pain d'épice,
Qui portez toques de velours,
Et des ginjolins de peau d'ours ;
Qui couvrez d'une pourpre jaune
Votre honneur, à seize sous l'aune
Vous ! vous êtes des Phrygiens,
Fils de ces valeureux Troyens ?
Non, vous êtes des Phrygiennes,
Des garnemens, des vauriennes,
Des chauves-souris, des hiboux,
Enfin des flûtes à deux trous [1]. »

---

[1] Moreau de Brasey veut probablement parler ici du prince Georges-Frédéric de Waldeck (1620-1692), qui se signala, dans sa jeunesse, au service de la Hollande, puis, plus tard encore, après avoir été au service de l'Empereur. La même maison fournit d'autres capitaines illustres. Ce nom était ici de circonstance, puisque l'auteur publia sa suite en Hollande. (Amsterdam, chez Pierre Mortier, 1706.)

[2] Vieux mot qu'on ne trouve même pas dans la plupart des dictionnaires du dix-septième siècle, et qui signifie *rebelle*, *séditieux*, *fanatique*. Il est dans la *Satire Ménippée*.

[3] Coureurs de mauvais lieux. L'estafe était une certaine rétribution que les souteneurs et autres gens de cette espèce exigeaient des femmes de débauche.

Ce discours entendu d'Ascagne
Dit par cet échappé d'Espagne
Fils de garce et d'un Laurentin,
Comme son fils, fils de putain,
Lui fit envisager l'infâme
Avec de grands yeux tout de flamme.
Après avoir bandé son arc,
Présent d'un roi de Danemark,
Il fit à Jupin sa prière,
A peu près de cette manière :
« Grand Dieu, protecteur des enfans
Audacieux avant seize ans,
Protége ma première thèse,
Puisque d'ans je n'en ai pas seize.
Qui dit thèse, veut dire exploits
Pour tous les successeurs de rois.
Quand je serai de l'Italie
Possesseur, je fais la folie
Alors de te sacrifier
Deux moutons avec un bélier,
Un des plus gras veaux de rivière,
Un beau mulet, sa muselière,
Peut-être un fort bon épervier,
Des ciseaux de Langres d'acier,
Pour rafraîchir ta longue barbe
Qu'une nymphe qu'on nomme Barbe
Trouve fourchue ; elle a raison,
On en voit peu de sa façon. »
On sait de Jupin la tendresse
Pour l'audacieuse jeunesse ;
Ascagne tire, et voit son trait
Gâter l'original portrait
De ce fanfaron de Rémule,
Qui tomba roide aux yeux d'Iule,
Ironisant sur cette mort,
Assez haut et même assez fort,
Pour que la nation Latine
Entende sa voix enfantine.
« Va, dit-il, morguer les Troyens
Dans les enfers, et les liens
De Pluton et de Proserpine,
Fichu corps que la rouille mine !
Voilà comme les Phrygiens,
Répondent aux Italiens. »
Après ces mots femmes et filles,
Quittant l'ouvrage et les aiguilles,
L'enlevèrent à bras-le-corps,
Le portèrent dans les dehors,
En chantant des vers à sa gloire.

Il leur donna deux sous pour boire,
A chacune un petit gâteau,
Et de tourte un petit morceau ;
Puis il vint reprendre sa place,
Portant sur son front mâle audace.
Or il arriva qu'Apollon,
Quittant Pégase et son vallon,
Sur un pied tout comme une grue
Parut perché sur une nue,
Regardant d'un air de pitié,
Et l'assiégeant et l'assiégé,
Harangua le petit Iule,
Qui venoit d'assommer Rémule :
« Avorton fait du sang des dieux,
Qui doit un jour peupler les cieux,
Que ta valeur toujours s'augmente
Dans le calme et dans la tourmente ;
Et que ton trait porte-terreur
Soit toujours suivi de bonheur.
C'est la postérité, la race,
De notre confrère Assarace,
Qui par les ordres du Destin,
Doit faire la barbe au Latin.
Troie est pour toi franche bicoque,
Je te garde une autre breloque,
Où quelque jour tu régneras,
Et tu te dédommageras
Des rudes travaux de la guerre,
Que tu souffres sur cette terre,
Où, si je n'y tenois la main,
On te verroit quêter ton pain. »
Cela dit, et le tout pour cause,
Apollon se métamorphose,
Prenant la forme de Butes,
Écuyer du vieil Anchises,
Et que le vénérable Énée
Avoit mis près de sa lignée,
Pour en modérer les transports,
Les passions et les efforts.
Ce Dieu, sous cette ressemblance,
Approcha de la remembrance
D'Ascagne assis sur le rempart ;
Il le prit, le tire à l'écart,
Et lui dit ces mots à l'oreille :
« Ton premier coup a fait merveille,
C'est Apollon qui te le dit.
Va te reposer sur ton lit,
De peur que quelque taciturne,
Soit en plein jour, soit sur la brune ¹,

---

¹ C'est un terme de mépris facile à comprendre, les flûtes percées de deux trous seulement étant de qualité inférieure et au dernier rang. Mais peut-être faudrait-il à ce passage une explication plus grossière.

Aujourd'hui, peut-être demain,
Ne te prive de manger pain.
Ton ballot n'est pas de te battre,
De te faire tirer à quatre :
Encore une fois, sur ton lit
Va dormir, c'est moi qui l'ai dit. »
   Après ce conseil salutaire,
On vit partir le luminaire
De la terre, même des cieux,
En se manifestant aux yeux
Des chefs de la race Troyenne
D'une vapeur aérienne.
Par l'autorité d'Apollon,
On enleva comme un ballon
Ascagne, malgré son courage;
On le fut enfermer en cage,
Tandis que nos vaillants Troyens
S'ingénioient sur les moyens
De désarçonner le Rutule.
Ici l'on fait une bascule,
Là l'on raccommode un redan,
Les uns tendent un guet-à-pan,
Donnant le fil à leur épée;
Les autres font une pipée
Pour attraper les Laurentins.
On trace un godan [2] aux Latins,
Là-bas, dans cette demi-lune
Où l'activité non commune
Fait faire aux Troyens un effort.
Sereste y fait bâtir un fort,
Chacun de cul, comme de tête,
Cherche enfin à garder sa crête,
On recommence les combats,
Là haut, ici, comme là-bas :
La terre est couverte de flèches,
De javelots, de dards, de perches,
De rondaches et de brassards,
De morions et de cuissarts !
Telle à nos yeux paroit la grêle,
Quand elle tombe pêle-mêle,
Cassant vitres, tuiles, châssi :
Les javelots tombant ainsi,
Percent têtes, jambes, poitrines,
Ventres et bras, fessiers, échines;
Les casques et les boucliers,
Les cuirasses, les étriers,
Retentissoient du bruit des armes,
Et remplissoient le camp d'alarmes.
On eût dit un charivari

D'une veuve qui prend mari,
Où le peuple, avec bassinoires,
Poëles, lèchefrites, lardoires,
Pilon, casseroles, poêlon,
A sa porte fait carillon.
   Alors Bitias et Pandare,
Fils d'Alcanor, homme très-rare,
Et naturel du mont Ida,
Où gît, plus grande que Breda,
Ville autrefois de l'apanage
De déesse de grand parage;
Ces frères, nourris, dans les bois,
D'herbes, de pain, d'huile, de pois,
Par la bonne matrone Hière,
Femme champêtre, mais leur mère,
Étoient robustes, toutefois,
Courageux et de fins matois.
Pour brutaux, ils l'étoient de reste,
Même portoient un air funeste,
Avec la mine d'un chamois,
Mais grossiers comme Amiennois,
Gens forts sur la cérémonie,
A quoi se passeroit leur vie,
Sans la ressource du rébus,
Qui chez eux n'est pas un abus.
Nos deux garçons, gens à bagarre,
Gens à grand bruit, à tintamarre,
Ayant en main chacun un croc,
Sur leur casque plumes de coq,
Habits voyans, brillans panaches,
Rondache au bras, grandes moustaches,
Visière en l'air, sabre au côté,
Peigné, décrassé, vergeté,
Se confiant en leur courage,
Ouvrent la porte et font la rage.
L'un est à gauche, et l'autre à droit;
Chacun, planté debout et droit
Comme les chênes de l'Adige,
Attend de lui quelque prodige.
Des Rutulois environ cent,
Suivis d'Équicole et Quercent,
De Tmarus et d'Hémon le brave,
Plus vite que ne part le Drave,
Vinrent aux portes des Troyens;
On les y reçut comme chiens
Sont reçus dans un jeu de quilles :
Nos deux jeunes, mais maîtres drilles,
A coups de lance et d'espontons,
De javelines, d'hocquetons,

[1] La rime est fautive; nous verrons encore, dans la même page, l'auteur faire rimer *flèche* avec *perche* : ce ne sont pas les seuls exemples de ces licences, tant s'en faut, et on ne doit pas y regarder trop près avec Moreau de Brasey.

[2] *Godan*, piége, guet-apens.

De bâton et de pertuisane,
Leur firent faire à tous la cane ;
Je dis la cane et le plongeon,
Puisqu'ils en eurent tout du long
Et si long qu'avec infamie
Ils furent privés de la vie.
En vérité, pour cette fois,
Mal fut mené le Rutulois.
Turnus ailleurs faisoit carnage,
Mais, voyant qu'on perdoit courage
Et que l'on embrochoit ses gens,
Il vole, sans perdre de temps,
A la porte de Dardanie,
Où, sans autre cérémonie,
D'un coup il renverse Antipas,
D'un autre il avale [1] le bras :
Cet autre se nommoit Mérope,
C'étoit le bras droit de Driope
Et le bon ami d'Antipas.
Il entr'ouvre aussi Birias,
Homme d'humeur fort colérique,
Surtout dans ses temps de colique ;
Ce Bitias étoit fort grand,
Gras, gros, épais comme un géant :
Aussi, quand il tomba par terre,
Ce fut comme un coup de tonnerre.
Aphydne fut étendu mort,
Et Crimante eut le même sort.
Mais alors, enflant le courage
A ces flaireurs de brigandage,
Et ranimant les Rutulois
De la main comme de la voix,
On vit une déroute entière,
Et de Troyens un cimetière,
Tant rudement on les frappoit
A la porte où Pandare étoit,
Qui, conduit par une Furie,
Voyant son frère aîné sans vie,
Poussa la porte avec effort :
Comme il étoit robuste et fort,
Qu'il avoit une large épaule,
Il s'y tint ferme comme un môle,
Laissant Troyens, errant dehors,
Se battre en défendant leurs corps.
Mais ce benêt et ce gros âne
Avoit perdu la tramontane,
Car Turnus étoit enfermé
Dans la ville encor tout armé.
Ce geant d'estoc et de taille
De tous côtés combat, chamaille,

Donne partout avec fureur,
Et sème partout la terreur.
On voyoit briller ses aigrettes,
Ses armes luisantes et nettes,
Sans rouille ni crasse dessus ;
Enfin, partout brilloit Turnus,
Quand Pandare à lui se présente,
Outré de la perte récente
De feu son frère Bitias,
Qu'il avoit, d'un gros échalas,
Entr'ouvert auprès de la porte,
Et le raccroche de la sorte :
« Par Jupin, crois-tu, maraudeur
Venir ici nous faire peur ?
Crois-tu voir le palais d'Amate,
Ou trouver une casemate
Pour te cacher crainte des coups ?
Ne te souvient il plus des trous
Que tu viens de faire à mon frère,
Qui l'ont logé dans une bière ?
D'Ardée as-tu cru voir les murs,
Ou bien ces bords sombres, obscurs,
Qui forment l'infernale rive ?
Il faut, ventrebleu ! que je rive
Ton clou ; tu fais trop le pédant,
Le maître-ès-arts et l'impudent,
Voire même le Jean-Farine,
Dont tu portes la triste mine,
Et dont au besoin, animal,
Tu servirois d'original.
Allons, mesurons nos épées,
Écorneur de franches lippées !
— Aurois-tu bu du persico [2],
De l'ambrette ou de l'abricot,
Un peu plus qu'à ton ordinaire,
Pour parler ainsi, téméraire ?
Voyons ce que vaut ta valeur,
Ce qu'elle pèse, et si ton cœur
Est un cœur de bonne mesure,
Ou sujet à la flétrissure !
Tu pourras bientôt, à ton dam,
Signifier au roi Priam
Qu'il s'est trouvé dans cette ville,
Pour ton malheur, un autre Achille.
Commence et ne perds point de temps ;
C'est trop me tenir en suspens. »
A ces mots Pandare le darde
D'un coup de dard jusqu'à la garde
Mais ce beau joujou de Junon,
Dont Turnus était le mignon,

---

[1] Dans le sens primitif du mot, faire tomber, faire descendre.
[2] Liqueur de noyaux de pêche et esprit-de-vin.

L'escamotant à la bricole ¹,
Le fit entrer, sans hyperbole,
Dans la porte de plus d'un pié,
Ce qui d'un dard est la moitié.
Turnus, quittant sa hallebarde,
A Pandare ajusta nasarde,
Puis, d'un coup tout des plus bruyans
Fendit sa tête jusqu'aux dents.
Le coup en fit gronder la terre
Un ton plus haut que le tonnerre;
Elle en trembla, même s'ouvrit.
Jugez ce que le mort souffrit,
Car Jupin en branla la tête;
Mais Junon, cette bonne bête,
Au fond du cœur en ricana,
Comme Vénus en fulmina.
Ce coup valut la mort à trente,
Qui moururent tous d'épouvante;
Et si Turnus eût eu bon sens,
Et qu'il eût fait entrer ses gens,
Rompant d'abord les barricades,
Déracinant les palissades
Et tuant enfin les soldats
Qui gardoient les ouvrages bas,
Il eût du vénérable Énée
Fort étourdi la destinée ;
Car, prenant le fort des Troyens
Et sur-le champ logeant les siens
Dans les carrefours de la ville,
Il leur eût enlevé l'asile
Qu'ils avoient au pays Latin,
Mis en repos le Laurentin,
Gagné magnifique victoire,
A jamais assuré sa gloire
Et fait, au son du tympanum,
Pour sûr chanter un *Te Deum*.
Mais sa fureur pour le carnage
Lui valut tout le tripotage
Qu'il eut à quelques pas de là
Pour n'avoir pas fait tout cela.
De sa main mourut en cachette
Phalaris d'un coup d'escopette;
Gygès fut brusquement tronqué;
Et très-lourdement eunuqué.
Halys, Prytanis et Phégée,
Noémon, Alcandre et Lyncée
Prirent la poste au petit pas,

Pour aller gîter au trépas.
Ce fut une capilotade
Dégoûtante autant que maussade,
Qui mit en fuite le Troyen
Devant ce nécromancien.
Les Muses perdirent Brétée,
Dont la veine étoit peu goûtée,
Mais qui cependant, nuit et jour,
Chantoit pour leur faire sa cour :
Tantôt c'étoit une élégie,
Et tantôt une fantaisie ;
Pour l'une il faisoit un bouquet,
Pour l'autre c'étoit un sonnet,
A celle-ci une sonnette ² ;
Souvent il prenoit sa musette
Pour y souffler un madrigal,
Et sur sa lyre, à ton égal,
Il chantoit une chansonnette
Sur une gentille brunette
Qu'il rechercha fort autrefois.
Il avoit assez bonne voix,
Savoit même un peu de musique;
Mais, pour le coup, avec Amique,
Il fut chanter en faux-bourdon,
Une complainte chez Pluton.
Bientôt après l'adroit Clytie
Comme eux se vit privé de vie.
Les chefs, enfin, des Phrygiens
Ne savoient plus par quels moyens
Mettre fin à la tragédie
Qui menaçoit d'un incendie
Leurs tours, leurs murs et leurs travaux,
Où Turnus hachoit en morceaux
Tout ce que rencontroit son sabre,
Qu'un affranchi, né de Calabre,
Étant esclave, lui donna,
Dont maints Troyens il tronçonna.
Mnestheus, en courant, s'écrie :
« Où fuyez-vous donc, je vous prie ?
Êtes-vous ces oiseaux de nuit
Qui craignez le jour et le bruit ?
Avez-vous quelque autre retraite
Pour retarder votre défaite,
Pour vous défendre, que vos murs ?
Allez, vous êtes des cœurs durs,
Mais plus durs que n'est une roche;
Vous méritez qu'on vous décoche

---

¹ Par une ruse, par un mouvement de côté.
² Cette plaisanterie rappelle la réponse de Malherbe à Racan, qui lui reprochait ses sonnets irréguliers : « Eh bien ! si ce n'est pas un sonnet, c'est une sonnette. » (Tallemant des Reaux, éd. Techener, in-8° ; 1ᵉʳ vol., p. 294.) « Romans, vers, chansons, *sonnets et sonnettes*, s'écrie aussi le bonhomme Gorgibus, dans les *Précieuses ridicules* (sc. xxi), puissiez-vous être à tous les diables ! »

Un trait au milieu de ce cœur,
Sans vergogne et sans nul honneur.
Est-ce là servir notre Énée,
Maître de notre destinée ?
Se peut-il qu'un homme enfermé
De toutes parts ait désarmé
Notre plus fringante jeunesse,
Les soutiens de notre vieillesse ?
Lâches, vous méprisez nos dieux,
Pères, mères et vos aïeux,
Surtout notre pieux Énée,
Qui languit dedans Palantée,
En attendant de jour en jour
De vous quelque éclatant secours. »
 Ce discours, en tout laconique,
Les ramena dans la boutique,
Dans l'instant les fit rallier
Et reprendre leur bouclier.
Turnus, voyant gronder l'orage,
En homme de guerre très-sage,
Fit sa retraite vers les siens,
Et, tournant le dos aux Troyens,
Du Tibre il gagna la rive,
Plus que content du cariage 1
Que dans le fort il avoit fait.
Il prend pourtant encor un trait
Qu'il fit partir à l'aventure,
Croyant faire déconfiture
Du Troyen qui, dans cet instant,
Le conduisoit tambour battant
De son fort jusqu'à la rivière,
Voulant lui serrer la croupière
Sans qu'il pût trouver le moment
De pouvoir prendre le montant.
Junon n'osa ferrer la mule
Pour assister son cher Rutule :
Elle plaignoit son triste sort,
Et déjà murmuroit bien fort;
Mais Jupiter, des rois le maître,
Lui fit alors un coup de traître :
Par son ambassadrice Iris,
Qu'il détacha dans le pourpris
Du fort de la race Troyenne,
Qu'il vouloit aider dans sa peine,
Il fit faire un commandement
De détaler, mais promptement,
A ce fier ennemi d'Énée,
Dont il guidoit la destinée,
Et de se rendre dans son camp
Sans réplique et tout sur-le-champ ;
Ce que Turnus fit, l'âme empreinte
De chagrin, de souci, de crainte:
D'ailleurs, n'étant pas le plus fort,
Et voyant partir de ce fort
Grêle de dards, de javelines,
Qui buttoient sur sa longue échine,
Il s'élance armé dedans l'eau,
D'où, sortant comme un fier taureau,
Ne remportant qu'honneur pour proie,
Il fut reçu, mais avec joie.
Sur-le-champ il fut radoubé,
Car il étoit fort imbibé;
Puis l'on fit un grand feu de paille
Pour lui réchauffer sa tripaille ;
Sa perruque fut mise au four,
On lui remit nouvel atour,
Après qu'il eut fort à son aise
Dormi longtemps dans une chaise.
Enfin, il fut bien ressassé,
Savonné, frotté, repassé,
Même étrillé, c'est chose sûre,
Pour du sang ôter la rouillure ;
Car il étoit ensanglanté
Derrière, devant, à côté.
Bien lui prit de faire retraite,
Et de porter dans sa pochette
Pour le besoin de vieux écus ;
Cela, ma foi, sauva Turnus :
Donnant cet argent aux vedettes,
Il sut éviter les baguettes
Par lesquelles il eût passé
Et dont il seroit trépassé ;
Car cette rude camisade
Vaut encor moins que l'estrapade,
Les chevaux et les chevalets,
Que la rame et les osselets.

1 C'est ainsi que s'exprime l'édition originale, ce qui ne signifie rien, ou du moins pas grand'chose de bon (cariage veut dire une charretée, ce qui peut tenir dans une carriole) ; dans l'édition de Bruzen de la Martinière, in-12, 1737, on lit:
    Plus que content du grand carnage,
ce qui offre au moins un sens raisonnable.

LE
VIRGILE TRAVESTI

LIVRE DIXIÈME

Laissons Turnus sur le rivage,
Mettre l'ordre dans son ménage,
Donner du pain à ses valets
Et faire panser ses mulets.
Encor faut-il le laisser libre
Pour dégorger les eaux du Tibre,
Qu'il avala le traversant,
Pour éviter le trait perçant
D'un ennemi, dans sa poursuite
Ne cherchant qu'à demeurer quitte
Des croquignoles que Turnus
Avoit donnés, s'étant intrus
Dans le fort de la gent Troyenne,
Où, de son autorité pleine,
Il avoit sali tous les draps
Et bien mal mené les soldats,
Jusqu'à leur manger leurs éclanches.
Parlons d'autres paires de manches,
Et laissons là le Rutulois
Se délasser de ses exploits.
   Un Suisse à manteau d'écarlate,
A grande toque, à manche plate,
Qui ne fut onc un ventre à jeun,
Mais grand destructeur de petun,
De Jupiter le domestique,
Gardant la céleste boutique,
Autrement le palais des dieux,
L'ouvrit et fit voir à nos yeux
Un échantillon manifeste
De la Divinité céleste.
Mercure le porte-poulet,
Le maquignon et le valet
Du grand Jupin pour l'aventure,
La veille fut (c'est chose sûre)
De porte en porte chez les dieux
Les prier, d'un air gracieux,
De se trouver à l'assemblée,
Pour entendre la ratelée
Que son bon maître et son Seigneur,
En tout bien, même en tout honneur,
Leur destinoit pour maléfice,
Qu'aucuns d'eux avoient par malice
Commis contre les Phrygiens,
En les traitant comme des chiens,
Et leur faisant fatale guerre,
Tantôt sur mer, tantôt sur terre.
Jupin arriva le premier,
Fit, entrant, signe à son portier
D'ouvrir les battans de la porte
Pour que la divine cohorte

Entrât de front, non de biais,
Dans ce magnifique palais,
D'où Jupin, assis sur son aigle,
Remarquoit tous les tours d'espiègle
Des Troyens rangés dans leur fort,
Contre le téméraire effort
De la Rutuloise canaille,
Qui nuit et jour cherche et travaille
A chasser du pays Latin
Ce distillateur d'eau de plantain [1],
Ce vrai diminutif de Troie,
Ce picoreur, ce rabat-joie,
Et tous ces proscrits de Troyens,
Tous gens d'honneur, je le soutiens.
Les dieux ayant avec prestance
Dans leur place pris leur séance,
Jupiter cracha, se moucha,
De son mouchoir son nez torcha,
Où ce dieu logea ses lorgnettes,
Ses besicles ou ses lunettes,
Pour examiner si les dieux
S'étoient tous rendus dans ces lieux.
Voici le ton et le ramage
Qu'il tint à si noble assemblage :
« Mes amis et mes bons parens,
Mes confrères et mes enfants,
Car parmi vous de mon lignage
Je vois chez moi plus d'un plumage,
Je veux tous vous homéliser,
Un tantinet vous dépriser ;
Puis, d'un certain rapatriage,
Vous régaler après l'orage.
Pourquoi tant de fâcheux soupçons
Parmi vous et de trahisons ?
Tout ainsi qu'une bourgeoisie
Se divise par jalousie,
Pour se choisir maire ou consul ;
De même, selon mon calcul,
Je vous vois l'âme divisée,
Et, qui pis est, subtilisée
A traverser ces gens de bien,
Ces chétifs malheureux Troyens.
Mes desseins sont donc des sornettes,
Et mes défenses des gazettes ?
On se rit de mes actions ;
Plus de subordinations
Pour moi, Jupin, votre bon maître ?
Jarni coton, l'on va connoître
Si j'entends à me soutenir,
Et les mutins des mieux punir!
J'avois défendu sur la vie
Que l'on ravageât l'Italie,
Que l'on s'armât contre Æneas,
Des pauvres Troyens le soulas
Et je verrai Latine engeance,
Au mépris de cette défense,
Morguer les Troyens dans leurs forts,
Faire, par d'utiles efforts,
A ces bonnes gens pleine guerre,
Sans appréhender mon tonnerre !
Allez, je saurai quelque jour
Vous tous mettre au mastigadour [2] !
Et d'où vient donc cette discorde ?
Pourquoi gens de sac et de corde
Sont-ils par des dieux protégés,
Soutenus et même vengés ?
Dites-moi donc qui vous excite,
Qui vous divise, et qui suscite
Tant d'affreux et fréquens combats,
Quand Jupiter n'y consent pas ?
Je sais qu'un jour sur cette terre
On verra dangereuse guerre,
Quand un certain jeune animal,
Je me trompe, c'est Annibal,
Sortira des murs de Carthage,
Et se fera faire un passage
Tout au travers du mont Ceni,
Du l'Hotaret, du Mondovi,
Des Alpes, montagnes affreuses,
A passer toujours dangereuses,
En été tout comme en hiver,
Pour porter la flamme et le fer,
La mort, le désespoir, la rage,
Dans la ville et dans le village
Du Romain, ne s'attendant pas
A se trouver tant de tracas.
Alors je permets le ravage,
La discorde avec le pillage ;
Mais aujourd'hui je veux, morbleu!
Qu'on m'obéisse un petit peu.
Pas tant de remûment, de grâce,
Si l'on ne veut que je ressasse,
Au premier bruit, au premier vent,
Comme il faut le contrevenant.
Laissez ces échappés de Troie ;
Vivez en paix, vivez en joie,
Surtout fuyez ce vieux dictum,
Concordia rara fratrum [3].

---

[1] Ce pleurard. Le plantain est une plante marécageuse, bonne pour les yeux.

[2] Du grec μάστιξ, — mors pour faire écumer.

[3] « Les frères vivent rarement en concorde. »

Suivez l'exemple de vos pères,
Enfin vivez tous en bons frères :
Jupiter vous l'ordonne ainsi,
Et prétend que, pour grand merci,
Vous ferez que la destinée
De cet honnête homme d'Énée
Soit telle que j'ai résolu. »
Ce discours d'un ton absolu,
Mais prononcé tout d'une haleine,
Valoit, ce me semble, la peine,
Qu'avec un verre de vin frais
On eût rafraîchi son palais;
Oui, si monsieur son chef d'office,
De concert avecque le Suisse,
N'eût pas été en rendez-vous
Chez un gourmet, roi des filous,
Des empoisonneurs, c'est le même
Le cabartier l'est à l'extrême,
Car il fraude toujours son vin,
Dont il passe pour assassin.
    Vénus, donnant dans l'hyperbole,
Après Jupin prit la parole,
Et, sans tourner autour du pot,
Dit tous ses griefs mot à mot :
« Dieu tout-puissant, lance-tonnerre,
Auteur de la paix et de la guerre,
Sans qui tout homme ne peut rien,
Ni pour le mal ni pour le bien,
Je m'adresse à toi, non à d'autres;
Écoute donc mes patenôtres,
Puisqu'elles partent de mon cœur,
Tout à mon papa, mon Seigneur.
Tu vois comme le roi Rutule,
Sans conscience et sans scrupule,
Ne craint pas de nous offenser,
Puisqu'il fait sans pitié danser
Le branle de Polichinelle
A mes Troyens, à leur séquelle.
Non, non, c'est une indignité,
Une horreur, une lâcheté,
Mutiler la gent pacifique,
Gens passés docteurs en logique,
En droit civil, en droit canon,
Et non pas en droit d'esponton !
Ce Turnus, juché sur sa pie,
De sa fureur se glorifie,
Et d'aise léchant ses dix doigts,

Il médite encore une fois
D'entrer armé dans cette ville,
Qui sert aux Phrygiens d'asile,
Afin d'y tailler en pleins draps
Jambes et mains, cuisses et bras,
Voyez-vous déjà qu'il se botte,
Tandis qu'un goujat lui décrotte
La rouille de son bouclier,
Qu'il a souillé sur le gravier,
En sortant de cette eau bourbeuse,
Gluante et fort marécageuse ?
Ah ! c'en est fait, tout est perdu,
Il va larder l'individu
De mon cher petit fils Ascagne,
Qui dans le pays de Cocagne
Devoit se rendre incessamment
Pour y commander longuement
Un peuple ami de la pistole,
De la guinée et de l'obole,
Du louis d'or, du ducaton,
De la rose et du patagon [1].
Partout on assomme, on égorge :
Voyez le fossé qui regorge
Du sang de ces braves soldats,
On ne voit qu'assauts et combats
Sur les remparts, sur les courtines,
Dans les angles où sont les mines;
Sur les glacis, les parapets,
On n'entend que coups de mousquets
Écoutez les balles qui sifflent,
Même les mourans qui reniflent.
Arrêtez donc ce fier Turnus,
Ce grand fabriqueur de Malchus [2],
Aussi bien que ce Diomède
Qui le devance et le précède,
Et qui tous deux ont résolu
De mettre enfin un dévolu
Sur le bénéfice d'Énée...
Je frémis à cette pensée,
Il ne leur reste plus que moi,
Qui suis votre fille, grand roi.
Souffrirez-vous que l'on m'attaque ?
Que jusqu'en mon port ou baraque ?
Qu'on entre à grands coups d'aviron
Dans ma rade et dans mon giron ?
Que si notre pieux Énée
Architecte sa destinée

---

[1] Le *noble à la rose* est une ancienne monnaie d'Angleterre, en or, ainsi nommée parce qu'elle est marquée d'une rose.

[2] C'est-à-dire ce grand coupeur d'oreilles. On sait que Malchus, serviteur du grand prêtre, avait eu l'oreille coupée par saint Pierre. Voir les Évang. selon saint Marc, XIV ; selon saint Luc, XXII, et selon saint Jean, XVIII.

Pour la cheviller en ces lieux
Sans l'ordre du maître des dieux ;
Ah ! j'y consens, qu'on l'enchevêtre,
Qu'on le nasarde comme un traître,
Qu'il soit partout vilipendé
Et par ses Troyens lapidé ;
Enfin, que sa triste figure
Soit toujours sujette à l'injure ;
Que dans son fort, sur ses remparts,
Il soit accablé de brocards ;
Que sur mer il vogue sans voile,
Et qu'il couche à la belle étoile.
Mais, si l'oracle des destins,
Les dieux célestes, les marins,
Et ceux de ces royaumes sombres,
Tous faits pour tourmenter les ombres ;
Bref, si Jupin a résolu
Qu'il prendroit Latins à la glu,
Qu'il en seroit un jour le maître,
Qui de vous ose ici paroître
Réfractaire à sa volonté,
Sans commettre une impiété ?
Rappellerai-je la grillade
De ses vaisseaux dans une rade ;
Le froid qu'il eut pendant l'hiver,
Les périls qu'il courut sur mer,
Ou quand ce boursouflé d'Éole
Lui fit faire la cabriole ?
Alors je crus qu'un esturgeon
Le goberoit comme un vairon.
Rappellerai-je l'ambassade
De cette Iris, cette maussade,
Les fureurs de dame Junon
Complotant avec Alecton.
Cette impitoyable Furie
Qui met en cendre l'Italie,
A la besace les Troyens,
Et fait triompher ces vauriens ?
Si cette envieuse de pomme [1],
Cette Junon, je vous la nomme,
Ne consent pas que le Latin
Soit faufilé par le Destin
Avec cette race Troyenne,
Que voulez-vous qu'elle devienne ?
Mettez-la sous votre manteau,
Vous lui conserverez sa peau
Du moins, ou détournez l'orage
De la fureur et de la rage
De votre femme et votre sœur,
Pour mes Troyens porte-malheur.

Rendez-moi le petit Ascaigne :
Reine (du pays de Sardaigne,
Non), mais d'Amathonte et Papho,
De Cythère et non de Lesbos,
Soit là, soit dans mon Idalie,
Dans mon palais toute sa vie,
A lire et croquer le marmot
Je l'occuperai comme un sot,
S'il faut qu'il quitte la rapière
Et qu'il soit un la Dindonnière ;
Après que les Carthaginois,
Les Maroquins et les Chinois
Viennent de loin donner l'aubade
Aux Itales, gens à gambade,
Hypocrites tartufiés,
Modestement mortifiés.
A quoi sert à ma géniture
D'avoir conservé sa figure,
D'avoir évité les dangers
Des bancs de sable et des rochers,
D'Éole les fréquentes frasques,
Et des mers les tristes bourrasques,
S'il ne peut dans ce continent
Trouver place pour son ponent ?...
— Trêve, trêve de raillerie !
Répondit Junon en furie ;
C'est bien à vous de raisonner,
De commander et d'ordonner,
Vieille folle de suborneuse,
De soubrette, de raccrocheuse !
Attaquer la reine Junon
En face de son vieux barbon,
Est une punissable injure
Au moins digne de flétrissure.
Mais que vient chercher si matin,
Ton fils dans le pays Latin ?
Parce que la folle Cassandre
Lui fit jadis fort mal entendre
Qu'il y planteroit son piquet,
Y feroit trotter son criquet,
Comme un capitaine Fracasse,
Ce benêt d'Énée a l'audace
De faire la guerre à Turnus ;
De s'emparer comme un intrus
De la montagne et de la plaine,
Des terres son futur domaine ;
De venir voler ses chapons,
Ses bœufs, ses vaches, ses moutons,
De faire à ses troupeaux la guerre,
De couper tous ses grains sur terre,

---

[1] Allusion à la pomme d'or jetée sur la table par la Discorde aux noces de Théthis et de Pélée, et que Junon disputa à Minerve et à Vénus, parce qu'elle était destinée à la plus belle.

D'édifier un arsenal
Au milieu du pays natal
De ce pauvre prince Rutule,
Qui vit sans tache et sans macule ;
D'aller sur le mont Palatin,
Sonner le réveille-matin ;
Tandis que son cher fils Iule,
Tranchant déjà du fier Hercule,
Abat Rutulois et Latins,
Et fait bouquer les Laurentins !
 — Paix-là ! taisez-vous, bonne bête,
Dit Jupiter, hochant la tête,
C'est parler trop haut dans ces lieux :
Vous en incommodez les dieux ;
Je les entends tous qui mugissent.
Et même ces murs retentissent
De l'éclat de votre discours,
Duquel j'ai dû trancher le cours,
Pour vous donner la patience
D'entendre en repos ma sentence.
Or soyez donc tous attentifs,
Point endormis, et point pensifs.
Vulcain, faites taire l'enclume :
Elle m'étourdit et m'enrhume ;
Et vous, qu'on écrive, greffier,
De bonne encre et sur bon papier !
Puisqu'on ne peut faire alliance,
Lier aucune intelligence
Entre Troyens et Rutulois,
Sans recueillir ici les voix,
L'Altitonnant, comme un bon père,
Les traitera de la manière
Que d'eux-mêmes ils se traiteront ;
Par là, morbleu ! les choses iront
Comme elles pourront, je le jure
Par le Styx, sans être parjure.
Parafé, *ne varietur*. »
 Après ce jugement obscur,
Jupiter descendit d'un trône
D'ivoire peint en rouge et jaune ;
Puis tous les dieux firent les frais
De le mener dans son palais,
Où la nappe se trouva mise.
Là chacun en prit à sa guise,
But son vin à tirlarigot,
Toujours à l'aide du bon mot.
Mais quittons les dieux pour la terre,
Et voyons comme va la guerre.
 Tout est en feu ; le long des murs,
On n'entend que des cris obscurs,
Des blasphèmes et des injures,

Ce n'est que coups, qu'égratignures,
Sabres en l'air, clairs, reluisans,
Que tons plaintifs et languissans.
Les Troyens, privés d'espérance,
Déterminés à la défense,
Ainsi que des frères frapparts
Étoient rangés sur leurs remparts,
Attachés comme des punaises,
Bien éloignés d'avoir leurs aises.
Tymette, fils d'Icétaon,
Le vieux Tybris, Cassor, Hémon,
Asius, le seul fils d'Imbrasse,
Avec l'un et l'autre Assarace,
A la pâte mettoient la main,
Et faisoient présent du levain
A cette race Rutuloise,
Scélérate autant que sournoise.
Clarus, et les deux Tarpédons,
Tous deux maîtres porte-guignons,
Au premier rang avec rudesse,
Aussi bien qu'Acmon de Lyrnesse,
Jetoient, mais jetoient de bon cœur,
Des pierres d'énorme grosseur.
Ascagne avoit ôté son casque,
Portant en main tambour de basque,
Pour solliciter le soldat
A bien soutenir le combat.
Son teint frais comme la framboise,
Ses cheveux de couleur d'ardoise,
Attachés d'un anneau d'or trait,
Faisoient d'Adonis le portrait.
Près de lui le vaillant Ismare,
Décochant traits, criait : « Tarare !
Vous nous attraperez demain,
Mais ce n'est pas le plus prochain. »
A cette attaque étoit Mnesthée,
Fier de son ardeur effrontée,
D'avoir chassé, la fourche au cu,
Turnus, comme un franc lanturlu †.
Capis, fondateur de Capoue,
Au nez leur jetoit de la boue,
Éclaboussoit leurs bataillons,
Jonchoit de blessés leurs sillons,
Avec beaucoup d'irrévérence ;
Il étoit sur une éminence,
Commandant le camp ennemi,
Qu'il éborgna presque à demi.
Cet assaut pressant, redoutable,
Parut aux Troyens soutenable,
Et Maron, qui n'est pas un fat,
Sur cela dit : bon chat, bon rat.

† Comme un homme de rien, un de ceux qu'on envoie promener, en leur disant *lanturlu.*

Mais quel tracas sur la rivière,
D'où vient ce bruit, cette lumière ?
C'est une flotte, apparemment :
Je la connois au maniement
De la rame qui frappe l'onde.
Peste ! elle porte bien du monde,
Car le chamaillis est fort grand.
Quel est ce bruit ? il me surprend.
Ah ! Dieu vous gard', messire Énée ;
Vous quittez enfin Palantée,
Évandre et le mont Palatin,
Pour nous venger du Laurentin !
Vos gens vous croient sans vergogne
De leur laisser tant de besogne,
Tandis que, prenant vos ébats,
D'eux vous faisiez si peu de cas.
Vous trouverez bien du mécompte,
A votre dam, à votre honte,
Quand vous serez dans votre fort,
Contre qui l'on fait grand effort.
Dieu bénisse votre venue !
Vous venez de faire recrue ;
A-t-on pris parti de bon cœur ?
Parlez-nous en homme d'honneur :
L'enrôlement est-il valable ?
Avez-vous mis argent sur table,
Ou la pistole dans la main ?
L'auroit-on reprise sous main ?
Mais voyons un peu votre suite :
Elle est légère, et marche vite ;
Vous galopez dessus les eaux,
Mieux que si c'étoit sur chevaux.
Malpeste, je vois des bagages,
Des vaisseaux, voiles et cordages,
Des paquebots, des brigantins,
Des yachts et des Levantins.
N'auriez-vous pas quelques machines
A gros ventre, à longues échines,
Du fait d'un *quidam*, mais point sot,
Qui parut, non sans dire mot,
Même qui fit grand tintamarre,
Nul effet, petite bagarre,
Mais qui fit dire à Saint-Malo,
Sed libera nos à malo.
Si la mèche étoit éventée,
Qu'on feroit bonne picorée !
Ou si corsaire étoit Turnus,
Il vous rifleroit rasibus,
Ou brûleroit ribon ribène[1],
Et vos vaisseaux et leur antenne,
Et les avirons et les mâts,
Et les voiles et les soldats.
Chut, point de bruit : il est à terre,
Cherchant à mettre sous sa serre
Les Troyens et leurs ducatons.....
  Mais retournons à nos moutons,
Et voyons d'où notre bon Gille,
Ou notre piteux de Virgile,
Pour vous toujours fort complaisant,
Vous fait sortir pour le présent.
Comme il vous sait homme d'exemple
Il vous fera sortir d'un temple,
Peut-être d'un enterrement,
Pour vous y faire largement
Pleurer à votre fantaisie,
Puisque c'est là sa frénésie.
Seroit-ce d'un autel ? mais non,
C'est du camp du prince Tarcon,
Ce fameux roi de l'Étrurie,
D'où nous vient le mot d'écurie,
A cause de ses beaux haras,
D'où sortoient chevaux à poil ras
Grand, gros, gris, noir, alzan et pie,
Aïeux de ceux de Normandie,
Qu'on appelle chevaux Normands,
Pères des vrais chevaux Morvans,
D'où sans contredit vient la morve.
Mais comment rimer avec orve ?
Allons toujours notre chemin,
Nous rimerons bien mieux demain.
Ce Tarcon vous fit-il bien boire ?
Occupa-t-il votre mâchoire ?
Quand vous entrâtes dans son camp,
Parlâtes-vous bien hardiment ?
Aux yeux n'aviez-vous point de larmes ?
Le cœur étoit-il sans alarmes ?
Ne vous faisoit-il point tic-tac ?
Vous présenta-t-il du tabac ?
Demandâtes-vous alliance ?
Contre les efforts de Mézence,
Et contre ses préparatifs,
Qui sont presque tous relatifs
A notable déconfiture
De vos Troyens par la brûlure ?
Avez-vous bien dépeint Turnus,
Tranchant du fier Vitellius,
Qui ne garde pas poires molles
A vos vaisseaux, vos banderoles ?
Parlez donc, sire le béat,
Voulez-vous passer pour un fat ?
Votre raison dans le voyage
Auroit-elle bien fait naufrage ?

---

[1] « Terme populaire, vieux et burlesque, qui signifiait : à quelque prix que ce soit, nonobstant toute résistance et empêchement. » (*Dictionnaire comique* de Leroux.)

Un peu plus de civilité,
Et beaucoup moins de gravité !
Mais vous avez bien fait, je pense,
De vous être mis en dépense
D'aller mendier du secours,
Puisque Tarcon a pour toujours
Établi sous votre prudence,
Sagesse, force, expérience,
Un bon millier d'Étruriens,
Pour déconfire Italiens :
Ainsi l'avoit prédit l'oracle
De Jupin dans son tabernacle,
Sur son aigle à califourchon,
Les deux mains dedans son manchon.
Pour bien fêter votre venue,
Permettez qu'on passe en revue
Un si gentil convoi naval,
Troupes de pied et de cheval,
Les généraux, les blanchisseuses,
Ingénieurs et ravaudeuses,
Les vivandiers, les margajats,
Les fouille-aux-pots, semi-soldats.
 Le beau vaisseau que monte Énée !
Mais, pour la Méditerranée,
Il me paraît trop haut de bord.
Trop grand, trop gros, trop fier, trop fort.
Comment ! il est percé d'avance,
Pour soixante canons, je pense ;
Au moins je vois soixante trous,
Pour les mettre et les loger tous
A leur venue, à leur naissance.
C'est un vaisseau de conséquence.
Muse qui prenez vos ébats,
Ouvrez-moi ;... non, ne m'ouvrez pas,
De l'Hélicon la grande porte :
Quoi que je n'y sois qu'un cloporte,
Qu'un insecte, qu'une fourmi,
Demeurez dans votre pouilli [1] !
Prenez-vous-en à ce Virgile,
A ce béat, cet imbécile,
Qui vous assigne à tout moment,
Et vous fait un commandement
De venir au bout de sa plume,
Si peu cet écrivain présume
Tirer quelque chose de bon,
Pour faire fleurir son jargon.
Voyons pourtant ce qu'il demande
Par cette dernière légende :
N'est-ce pas les noms et les biens
De ces fameux Étruriens,
Grands amateurs de la guinée
Qui vinrent au secours d'Énée ?
Sans être sifflés du vallon,
Vous saurez la force et le nom
De ce qui tient telle boutique.
 Primo, c'est le prince Massique,
Flottant d'un air de majesté,
De valeur, d'intrépidité,
Sur les flots salés de Neptune,
Quoiqu'il ne marche qu'à la brune.
Le *Tigre* est le nom du vaisseau
Sur lequel il fend si bien l'eau.
Il est chargé de mille casques,
Portés par gens drus et fantasques,
Que Cozès avec Clusium
Ont donné pour Lavinium.
Abas montoit un gros navire
Peint en or, azur et porphyre,
Ayant en poupe un Apollon
Tenant en main un violon.
Il avoit de Populonie
Amené bonne compagnie
Le tout montoit bien à neuf cents,
Bien armés, en habits décens,
Portant baudrier de chenille [2],
Casaque brodée à l'aiguille,
Des brodequins faits de rubans,
Et de la frange sur les gants [3].
Asylas fut élu de Pise,
A cause de sa vaillantise,
Pour gouverner mille soldats,
Servis par autant de goujats
Qu'on appeloit porteurs de lance.
Cet Asylas eut connoissance
Des astres, du chant des oiseaux,
Des entrailles des animaux,
Quand la poule avoit la pépie,
Comme on arrêtoit la roupie,
Quand ses valets buvoient son vin
Et fatiguoient son guilledin [4];

---

[1] Peut-être *pouillié* ou *pouillé*, catalogue, inventaire, recueil des bénéfices. Voir, dans le dictionnaire de Furetière, la source et les étymologies de ce mot.

[2] Chenille, espèce de bout de passement ou ornement de soie qu'on met sur des habits et des baudriers, qui a la figure d'une chenille. (*Dictionnaire* de Furetière.)

[3] Les gants à franges étaient une des grandes modes du dix-septième siècle. Voir, dans les *Variétés histor. et littér.* de M. Éd. Fournier, le *Satyrique de la court* (III, p. 247), le *Gan de Jan Godard* (V, p. 184).

[4] Cheval hongre d'Angleterre, très-rapide.

Bref, il eut l'art de prophétie,
Et sut mieux la nécromancie.
Astur, surnommé le charmant
Par Maron, qui jamais ne ment,
Se confioit en son adresse,
Sa légèreté, sa vitesse ;
En député de Vaugirard,
Qui de quatre faisoit le quart[1],
Suivoit le dévot sire Énée
Pour apprendre à faire menée.
Les Cériens, Graviciens,
Les Pyrgiens, Lyguriens,
Faisoient entre eux petite troupe
E ne montoient qu'une chaloupe.
N'aurai-je donc pas bientôt fait ?
Peste ! j'oubliois le plumet
D'un certain drille de Cupave
Portant un teint de betterave,
Plumes de cygne à son bonnet,
Et le maintien d'un lansquenet.
Son vaisseau, nommé le *Centaure*,
Voguait sans crainde la rémore,
Monté par cent trente gaillards
Accoutumés à lancer dards.
Oenus n'avoit qu'une brigade
Bonne pour la carabinade,
Même pour les enfans perdus,
Tant ils étoient allègres, drus,
Et paroissoient d'humeur fort libre.
Cet OEnus étoit fils du Tibre
Et de la sorcière Manto ;
Mais, quoiqu'il n'eût pas un zéro,
Il donna des murs à Mantoue,
De limon, de bois et de boue ;
Pourquoi tourner autour du pot ?
De galandage c'est le mot.
Avec cette belle chemise,
Elle ne craignit plus la bise.
Du Mantouan sous Mincius,
Très-grand ennemi de Turnus,
Comme de son ami Mézence,
Cinq cents hommes porteurs de lance,
Vêtus de peaux de louveteaux,
Et tous couronnés de roseaux,
Marchoient avec effronterie,
Méditant quelque espièglerie
Ou quelques tours d'Italiens,
Pour venger ces pauvres Troyens.
Aulètes, à l'arrière-garde,
Avoit mis un bon corps de garde

Ambulant sur deux gros vaisseaux
Commandés par deux généraux.
Il avoit pris pour sa devise,
En poupe, un Triton sans chemise
Large d'épaule et fort velu
De la tête jusques au cu.
De par les dieux et les déesses,
Muse, sans chercher de finesses,
J'ai rangé les Étruriens,
Les Mantouans, les Cériens,
Suivant avec grande allégresse
Le réservoir de la finesse,
Ou le grand chef des Phrygiens,
Ce reconfort de tous Troyens.
Je croyois n'y pouvoir suffire,
Et j'étois près de me dédire
D'avoir morgué votre secours]
Dans un trajet de si long cours ;
Mais, serviteur, belle Uranie,
J'ai bien fini ma litanie.
Comptons à présent les vaisseaux :
Trente voiles fendent les eaux
Pendant la nuit, au clair de lune ;
S'ils sont soutenus de Neptune,
C'est ce que dans peu l'on saura,
Et que la suite nous dira.

Æneas routoit par le large,
Assez éloigné de la marge
Ou du rivage de la mer,
Ayant près de lui pour alfier[2]
Pallas, fils unique d'Evandre,
Qu'il parut étonné d'entendre
Badiner autour de son bord.
Il crut être dans quelque port
Quand il aperçut des Naïades
Faire sur mer mille gambades,
Danser autour de ses vaisseaux,
Et flûter sur des chalumeaux,
Avec beaucoup de mélodie,
Les plus beaux endroits de sa vie.
Ces Nymphes en chantant nageoient,
Et devant le convoi voguoient,
Quand la belle Cymodocée,
De vive éloquence douée,
En fit montre au bon Æneas,
De veiller, fatigué, fort las,
Comme de gouverner les voiles,
Les mâts, les cordages, les toiles : [nous ?
« Dormons-nous, prince, ou veillons-
Dit l'une ; nous connoissez-vous ?

---

[1] Allusion au proverbe d'alors : « Les députés de Vaugirard, qui viennent en corps et ne font qu'un. »

[2] Porte-enseigne.

Et savez-vous bien qui nous sommes?
— Parbleu! vous n'êtes pas des hommes,
Répondit Énée en courroux.
— De par Jupin, rassurez-vous,
Lui répliqua cette Naïade;
Nous avons manqué la grillade
Dont on a voulu nous régaler
Le Latin, voulant nous brûler
Avec de grands flambeaux de paille,
Qu'en main portoit cette canaille.
Cybèle, la mère des dieux,
Qui partout les suivoit des yeux,
Nous donna contre la brûlure
Vite cette aimable figure.
Qui fut trompé? ce fut Turnus;
Il en devint des plus camus,
Car il nous vit sur le rivage
Et nous entendit chanter rage,
A contre-poil psalmodier,
Et fièrement l'injurier.
Il nous appela des grivoises,
Des ponts-neufs, des fines matoises,
De ces filles, et cætera,
Qui, pour cinq sous, feroient cela.
Cependant ton petit Iule,
Prêt à tomber dans la bascule,
Dans ces murs est environné
Et du Rutule espionné.
Il a soutenu comme un diable
Un assaut presque insoutenable,
Où ces fendans, ces garnemens,
Ont tué force jeunes gens,
Dont il gagna grand mal de ventre;
Or ce mal ne vaut pas le diantre,
Et vaut encor moins que bibus,
Si c'est un *cholera morbus*.
Déjà l'on voit de l'Étrurie
La nombreuse cavalerie
Qui se joint aux Arcadiens
Pour le secours de tes Troyens.
Mais ce songe creux de Rutule,
Ce Turnus hardi comme Hercule,
Veut leur lâcher un lais courant
Pour les prendre tous au battant.
Va, dès que tu verras l'aurore,
Tandis qu'ils dormiront encore,
Arranger et mettre sur pied
Les troupes de ton allié.
Surtout prends ton invulnérable,
Ton bouclier impénétrable,
Qu'a forgé de sa noire main
Le dieu des forgerons, Vulcain.
Va! jamais le pieux Énée
Ne fera si bonne journée
Que celle qu'il fera demain. »
Après quoi, poussant de la main
Le vaisseau de ce capitaine,
Elle courut la pretentaine,
Fit quatre tours de baladin,
Parla, chanta périgourdin,
Dansa bien mieux qu'une Sirène
Des bords renommés de la Seine,
En levant son vertugadin;
Puis elle disparut soudain,
Prenant la route de Falaise,
Mais laissant le Troyen bien aise.
Son bord, plus vite que le vent,
Faisoit un mille en un moment,
Pendant qu'avec beaucoup de zèle
Il fit sa prière à Cybèle:
« O toi! dit-il, qui de sapin
Me régala, moi, galopin,
Quand je fis bâtir une armée
Pour la mer Méditerranée;
Toi, la mère de tant de fieux [1],
Dont les moindres sont semi-dieux,
Sauve-moi de ce labyrinthe;
Je te promets de payer pinte
A la première occasion,
Pour la boire à l'intention
De si généreuse Déesse.
Tu vois qu'on talonne et qu'on presse
Mon fils Ascagne dans son fort:
Sans doute il n'est pas le plus fort.
Fais que je prenne sa revanche;
D'une dinde grassette et blanche
Je régalerai ton docteur
Ou ton grand sacrificateur.
Pour toi, je te donne en mémoire
De cette future victoire,
Que je dois bientôt remporter,
Ce qu'un laquais pourra porter
(Avec l'appareil d'une offrande)
De bon tabac de contrebande,
De bergamote ou mille-fleurs,
Ou de quelques autres odeurs;
Plus, un demi-cent d'écrevisses,
De porcelaine deux services,

---

[1] Fils, — *patois* ou *familier*. On connaît le dicton picard rapporté par la Fontaine.
Biaux chires leups, n'écoutez mie
Mère tenchent chen fieux qui crie.
(Fabl. IV, f. 15.)

Des tablettes de vrai chagrin,
Une cage avec un serin.
Mais fais donc, puisqu'il faut me battre,
Et que l'on n'en veut rien rabattre,
Dans la boutique du Destin,
Que j'extermine le Latin,
Que je me transplante en sa place,
Que je remplume ma besace
Des restes ou des défructus [1]
De ce roitelet de Turnus ;
Permets que je le trousse en malle [2],
Ou qu'il soit mis à fond de cale. »
Maron dit que ce lime-sourd [3]
En cet endroit demeura court.

Cependant, fendant le nuage,
Apollon entroit en voyage,
Et commençoit à déboucher
Vis-à-vis l'endroit du coucher
Du grand falot de ce bas monde.
Déjà son char sortoit de l'onde...
Mais pourquoi prendre ce détour
Pour dire qu'il étoit au grand jour ?
« Soldats, dit le bonhomme Énée,
Voici cette grande journée
Où je dois cueillir des lauriers
Aux dépens de ces levriers.
Faites valoir votre courage ;
Surtout point de patelinage :
Défendez-vous en gens de bien,
Qui comme moi ne craignez rien.
Après, foi d'un homme d'épée,
Vous aurez la franche lippée,
De marauder permission
En pays de promission.
Tenez-vous prêts pour l'abordage,
C'est où sera le grand carnage.
Soyez tous fermes comme un roc,
Faute d'armes prenez un croc
Pour vous garantir des taloches
De ces vrais chercheurs d'anicroches.
Je vois déjà le camp Troyen,
Qu'en échec tient l'Italien,
Qui leur fait manger maigres soupes.
Amis, disposez vos chaloupes ;
Marchez en ordre, allez de front
Les forcer de faire faux bond.
C'est bien à la gente Rutuloise
De s'aviser de chercher noise
A tant de braves citoyens,
Sans feu, sans lieu, même sans biens ! »
Là-dessus il fait voir son casque,
Au Mantouan, au Bergamasque,
Et prend en main son bouclier,
Que lui portoit son écuyer.
Il fut aperçu des murailles,
Dont chacun faisoit des gogailles :
La femme en grisa son mari,
Pour mieux jouir du favori ;
Et la fille, dans ses goguettes,
En fit les bons tours des coquettes ;
On en dansa branle de Metz.
On en fit de fort bons banquets.
Tout s'en mêla jusqu'aux servantes,
Qui n'en furent que plus fringantes ;
Bref on en fit le conte bleu,
En s'épanouissant un peu.

Parlant du bouclier d'Énée,
Virgile en sa verve échauffée
Fait certaine comparaison,
Assez de mise et de saison,
Pour me divertir sans scrupule
Il en fait une canicule.
Mauvaise constellation,
Traînant toujours contagion,
Comme le pourpre ou bien la peste,
Ce qui me réjouit de reste,
Flatte, et me dilate le cœur,
Et relève ma belle humeur.

Turnus, au bruit de la fanfare,
Du remûment, du tintamarre
Qui charivarisait sur l'eau,
Aussitôt s'écria : « Tout beau !
De la mer est-ce donc la fête,
Pour que poissons lèvent la tête,
Fassent courbette et tant de bruit ?
Qui jamais tant en entendit ;
Quoi donc, sur l'aquatique rive
Est-ce qu'on lave la lessive ?
Oh ! parbleu ! monsieur le poisson,
Je veux vous mettre à la raison.

---

[1] On peut voir, dans le dictionnaire de Furetière, le sens tout particulier qu'il donne à ce mot, et le compléter par l'article de Quitard (*Dictionn. des proverb.*). On disait : *un bon defructu*, pour un bon régal, une bonne gratification.

[2] Maltraiter, enlever, faire périr, expédier promptement : « Dites-moy un peu qui vous avoit si bien troussée en malle ? » demande le docteur Thésaurus à sa fille, qui, enlevée par Lidias, avait été dépouillée par des Bohémiens. (*Coméd. des proverb.* d'Adrien de Montluc, scène dernière.)

[3] L'auteur met ici *lime-sourd* pour *lime sourde*, locution dont on se servait pour désigner un hypocrite, un sournois qui fait le simple et cache sa malice.

Comment! les turbots et les soles
Viendront nous donner croquignoles,
Et nous troubler dans nos travaux ! »
Mais, lorgnant, il vit des vaisseaux
Et connut, non sans fâcherie,
Que ce n'étoit pas raillerie ;
Car la flotte gagnoit le port,
Et commençoit à mettre à bord,
Ce qui le fit changer de note,
Et sur-le-champ prendre la botte.
Il fit filer ses piétons,
Le long du port vers les pontons
Qu'à bord faisoit jeter Énée,
Et fit à grands coups de cognée
Faire des abatis soudain,
Pour défendre tout le terrain
Qui du port étoit à la ville.
Peste ! c'étoit un homme habile,
Et qui savoit bien son métier.
 Dès qu'on eut vu le bouclier
Du chef de la nouvelle Troie,
Le Phrygien marqua sa joie,
Arrangé sur les garde-fous,
Par une grêle de cailloux,
De javelots, de dards, de flèches,
Dont une perça les calèches
D'un général Italien,
Ce qui ne leur fit pas grand bien.
Ils tracèrent un rigole,
D'où ces bonnes gens par bricole
Faisoient rouler des pots à feux,
Et mille ingrédiens sur eux.
Turnus avoit quitté sa tente,
Pour s'opposer à la descente,
Qu'il craignoit autant que la mort :
Aussi fit-il un grand effort ;
Il harangua sa soldatesque
D'une manière assez grotesque :
« Amis, il faut vaincre, ou mourir
Cent fois plutôt que de souffrir
Que ces gens, ces prétendus braves,
Nous rendent à jamais leurs esclaves.
Du rivage allez vous saisir,
Car vous n'avez pas à choisir.
Vite, que ses pas on redouble ;
Portons la terreur et le trouble :
Voici la grande occasion,
Et la décisive action
Qui doit terminer cette guerre ;
Après cela videz le verre,
Haussez le coude, et buvez bien,
Je ne vous demande plus rien. »
Cela dit, à la courte paille,

L'ardent Turnus, vaille que vaille,
Fit lors tirer les escadrons,
Les bataillons, les lancerons,
J'attends par là les porte-lance
Ou les lanciers, c'est même chance,
Pour aller défendre le port,
Et peut-être y gagner la mort ;
Car on ne va pas à la guerre,
A dessein de vieillir sur terre.
 Cependant messire Æneas
Pour son profit ne dormoit pas,
Il avoit la puce à l'oreille,
Puisque d'une ardeur sans pareille
Il fit mettre en mer ses pontons,
Et déballer ses bataillons.
Certains, imitant la grenouille
Qui sur les bords de l'eau farfouille,
Patrouilloient en gagnant le port,
Et tout mouillés venoient à bord.
Les uns s'élançoient sur les sables;
Les autres leur jetoient des câbles,
Qu'ils accrochoient à leurs vaisseaux,
Et se glissoient sans prendre d'eaux.
Là, chaloupe, barque et barquette,
Plate, bateau, planche et banquette,
Tout servit au débarquement,
Ce qui se fit en un moment.
Tarcon, connoissant la contrée,
Profita seul de la marée.
La fine lame que c'étoit !
Pendant qu'au port on débarquoit,
Il fit faire une revirade,
Qui servit alors d'estacade,
D'où l'on tira sur Rutulois
Drus et menus comme des pois,
Cela veut dire à la poignée ;
Dont il s'ensuivit la saignée
De maints soldats du Laurentin.
Soit que Tarcon eût trop matin
A son bord donné la poussée,
Ou que quelque maligne ondée,
A la requête d'un saumon,
L'eût frappé droit vers le poumon,
Il s'entr'ouvrit et vit son monde,
Au gré des vagues et de l'onde,
Flottant au milieu des débris.
En poussant en l'air de grands cris,
Turnus se déconforte et beugle,
A peu près tout comme un aveugle
Qui vient de perdre son bâton :
Appuyé sur son esponton,
Il fait sonner le boute-selle,
Fait serrer marmite et gamelle,

Abandonner tous les travaux,
Tourner tout court vers les vaisseaux ;
Et, fier comme un prince d'Orange,
Se jette au milieu de la fange,
Pour s'opposer par un effort
A la descente dans le port.
  De son côté, messire Énée
Bien commençoit sa matinée.
Le grand Théron (qui l'auroit cru?)
D'un grand coup de pied dans le cu
Fut atterré sur le rivage.
Lycas près de lui faisoit rage,
Mais un revers bien appliqué,
Et sur son nez des mieux flanqué,
Le fit suivre son camarade.
Gyas eut pareille accolade,
Cyssée à peu près même sort ;
L'un étoit grand, l'autre étoit fort,
Et donnoient à coups de massue
Aux débarquans bonne venue.
Æneas fit un meilleur coup :
D'un trait lancé de bout en bout
Il coupa le chemin des vivres,
Et mit Pharus dedans ses livres.
Ce Pharus étoit grand parleur,
Grand fanfaron, grand vétilleur,
Qui s'en faisoit beaucoup accroire ;
Jugez s'il n'eut pas grand déboire
De se voir couper le chifflet
Par un si vilain camouflet.
Cydon eût eu même piqûre,
Si, par une heureuse aventure,
Il n'eût été bien secouru,
Par les sept fils d'un lustucru [1],
Nommé Phorcus, de bon parage.
Ces sept grivois, visant l'image
De notre pieux Æneas,
De tout massacrer un peu las,
Lui lancèrent leur javeline,
Dont l'une auroit percé l'échine,
L'autre le cou, l'autre le cu,
Malgré sa force et son écu ;
Mais madame Vénus sa mère,
D'une main hardie et légère,
Sans paraître là toutefois,
Les escamota tous les trois.
Les autres, donnant sur son casque,
Ne firent ni frisque ni frasque.
Achate chamailloit des mieux ;
Chamaillant il dit au Pieux :
« Vous commencez bien la journée,
Mon très-révérend père Énée.
Ces traits rougis du sang des Grecs
Chez Turnus feront des échecs,
Servez-vous-en, je vous en prie.
  — Achate, je te remercie, »
Lui dit le bon prince Troyen ;
Puis, reprenant hardi maintien,
Ce ne furent que des ruades,
Des coups fourrés, des souffletades,
Des cris affreux ou languissans
Poussés par les agonisans.
Tout se mêla ; dans la mêlée
On vit briller messire Énée,
Lançant un grand dard sur Méon
Lequel perça comme un poinçon
Sa cuirasse, aussi sa rondache,
Et sa poitrine, dont il crache
Son âme avec ruisseaux de sang,
Ce qui le mit au même rang
De ceux qui vont dans l'autre monde.
Numitor, en qui force abonde,
Voulut, d'un coup d'estramaçon,
D'Æneas couper un tronçon ;
Mais il prit Gaultier pour Garguille,
Lui-même passa par l'étrille.
Clausus, jeune et vaillant soldat,
Qui dans sa tête avoit un rat,
Ce que nous appelons folie,
A Driope arracha la vie ;
Son âme, en sortant de son corps,
En cromornant prit ses essors,
Se dissipant comme en fumée,
Dont en trembla toute l'armée ;
Plus, embrocha trois Thraciens
Avec autant d'Ismariens,
Tous à la fois d'une enfilade,
Dont il fit plus d'une gambade :
Six embrochés de bout en bout
Méritoient bien qu'il bût un coup.
Les Arunciens, avec Halaise,
Et Messape, par parenthèse,
Se battoient en enfans perdus,
Traitoient Troyens en choux cabus,

---

[1] Ce mot, d'une signification un peu vague, s'employait tantôt pour *un quidam, n'importe qui ;* tantôt pour désigner un sot, un niais. Le terme avait été en grande vogue vers 1660, à ce point que Loret a divisé une des lettres de sa *Muse historique* (31 janvier 1660) en strophes finissant toutes par : *L'eusses-tu cru ?* et que l'abbé de Pure a intercalé dans la première édition de ses *Véritables prétieuses*, comédie (même date), le début d'une tragédie intitulée : *La Mort de Lusse-tu-cru, lapidé par les femmes.*

En faisoient des capilotades,
Des saupiquets [1], des marmelades ;
Enfin, partout on batailloit,
On rognoit, tranchoit et tailloit,
Ici, l'on se tape, et l'on tue ;
Là, l'on se trémousse et remue,
A qui maître demeurera
Du champ de bataille, et fera
A son concurrent faire gille,
Pour entrer en vainqueur en ville.
    Mais voici bien un autre cas :
Ce jeune blondin de Pallas,
Qui des premiers franchit la rade,
Non sans quelque estramaçonnade,
Dardant flèches et javelots,
De tous côtés brisant des os,
Vit ses rossignols d'Arcadie,
Belle et bonne cavalerie,
Qui fuyoient devant le Latin
Comme un loup devant un mâtin.
Ne pouvant, comme infanterie,
Éviter la trigauderie
De ce passefin de Turnus,
Plus rusé que ne fut Ninus,
D'une seule pantalonnade,
C'est-à-dire d'une passade,
Ou, pour parler correctement,
D'un pas s'élança brusquement,
Avec grand péril de sa vie,
En traversant troupe ennemie,
Tout au milieu de ces fuyards,
Criant : « Vous êtes des pendards.
Est-ce ainsi que mon père Évandre
Vous apprenoit à vous défendre,
Quand, dans son temps, il guerroyoit
Et qu'en bataille il vous menoit ?
Allons, allons, prenez courage,
Tâchez de vous faire un passage
Au travers de ce bataillon,
Blotti là-bas comme hérisson ;
Par ce chemin en Arcadie,
Notre pays, notre patrie,
Nous irons manger des pois verts,
Boire de nos vieux vins couverts,
Voir un tantinet nos donzelles,
Leur apprendre de nos nouvelles,
Avec elles batifoler,
Pleurer, rire, rossignoler,
Les mener à la comédie,
Et faire avec elles la vie.

Mais avant, à grands coups de poings,
Il faut balafrer ces sagouins
Leur en donner à dos, à ventre,
Et les envoyer dans le centre,
J'entends dans le Capharnaüm,
Per secula seculorum.
Vous n'avez point d'autre passage
Qu'en faisant grand remû-ménage
Chez ces malotrus, ces sournois,
Chez ces bigots de Rutulois,
A qui vous ferez mettre nappe
Sur table, malgré leur Messape
Et malgré leurs arrière-bans,
Furent-ils tous des Aldermans [2]. »
    Alors Pallas taille-besogne
Tranche partout, entaille et rogne,
Fait fort le cheval échappé,
Montre qu'il n'est pas éclopé,
En se démenant comme quatre,
Tant il appette [3] de se battre.
Ses gens le suivoient de fort près
Faisant à leur tour des progrès.
Lagus, avec sa valetaille,
Accroché dans une broussaille,
Fut atteint d'un coup dans le dos
Qui lui fracassa bien trois os,
Sans compter deux nœuds de l'échine
Hysbon, sur bête chevaline,
Reçut un coup dans le poumon
Qui lui fit mordre le limon.
Hélénus perdit la lumière
D'un coup qu'il eut dans la visière.
Achémole fut châtié
Pour avoir autrefois souillé
Le lit de madame sa mère,
Dont le front de monsieur son père
Fut ombragé, tant qu'il vécut,
D'un cimier qui fort lui déplut.
Pallas entroit des mieux en danse,
Tuant, portant mauvais chance.
Un Larys et Tymber, jumeaux,
Jeunes, dodus, vaillans et beaux,
Ressemblant à l'Amour tout comme,
Ce Tymber fut fait gentilhomme ;
D'un damas fin le fier Pallas
Lui fit voler sa tête à bas,
Ce qui fit dire, c'est dommage
D'assommer tel homme à son âge ;
Mais cela ne l'empêcha pas,
Pour le coup, de passer le pas.

[1] Mets assaisonné avec du sel et des épices, — toute espèce de sauce de haut goût.
[2] Officiers municipaux en Angleterre, réglant tout ce qui a trait à la police.
[3] Du latin *appetere*, désirer, brûler de...

Larys, pour le venger, se cabre,
Et, dans samain prenant son sabre,
Courut au meurtrier soudain,
Qui, d'un seul coup tronquant sa main
Avec une de ses oreilles,
Fit penser de lui des merveilles.
Après la mort de ces jumeaux,
Il courut à deux grands chevaux,
Traînant une chaise roulante,
Ou bien un char, que je ne mente :
Rhétée étoit monté dessus,
Il se sauvoit avec Ilus,
Et s'alloit cacher dans sa tente,
Presque à demi mort d'épouvante ;
Quand cet intrépide Pallas,
D'une main saisissant son bras,
Lui fit faire la dégringole,
Et lui fit passable rigole,
Par où son âme et son esprit
Sortirent, comme il est écrit
Dans le journal ou répertoire
Qui de ce fait apprend l'histoire.
Tout en fut : les Arcadiens,
Les Phrygiens, Étruriens,
Donnoient de terribles taloches
De leurs épieux et de leurs broches,
Et, comme de vrais carabins,
Ils menoient ces pauvres Albins
Sans leur parler, sans dire gare ;
Après cela sonnoient fanfare,
Et recommençoient de nouveau
A jouer des mains, du couteau.

Sur cela, notre bon Virgile,
Des poëtes le plus habile,
Fait certaine comparaison
N'ayant ni rime ni raison,
Que je tairai, ne vous déplaise.
D'autre côté le brave Halaise,
Couvert d'écailles de poisson,
Portant en main un saucisson
Fait comme une billevesée [1],
Le jeta comme une fusée
Au nez de Phérés et Ladon ;
Avecque ce grillant brandon,
Il leur grilla grande moustache,
Le poil des yeux, de la ganache [2],
La cuirasse et le gantelet,

Le casque avec un beau collet
D'un point rebroché dans Venise [3]
Enfin, la veste et la chemise,
Tout fut brûlé, tout y passa.
Un peu plus loin il redressa
L'épaule au fameux Démodoque,
Et lui fendit en deux sa toque,
Toque de valeur et de prix,
Piquée en or sur velours gris,
Par sa sœur fort aimable fille,
D'un beau plumage et très-gentille.
Pucelle ou non, qu'importe à nous ?
Fruit cultivé n'est que plus doux.
Strimon en fut pour la main gauche.
Thoas, qui fièrement chevauche
Jeune cheval Andalousin,
Entendit sonner le tocsin
Sur la ferraille de sa crête :
C'étoit d'un caillou sur la tête
Qu'Halaise lui jeta bien fort,
Dont il s'ensuivit promptement mort.
Pallas, voyant ce trouble fête,
Le prit par la manche et l'arrête,
En lui parlant de la façon :
« Un peu trop vite, mon garçon,
Vous menez de mon Arcadie
La fringante cavalerie.
Il faut, sans faire un grand effort,
Que j'apaise votre transport ;
Vous pourriez d'une pleurésie,
Mal aussi grand qu'épilepsie,
Gagner, étant en action,
La mortelle inflammation. »
Cela dit, ce Pallas farfouille
Dans le réservoir à l'andouille,
Aux boudins blancs, aux boudins noirs,
Puis dans les ténébreux manoirs
Le fait aller, comme en furie,
Dire combien de menterie
Il avoit dit étant ici.
Ismaon le suivit aussi,
Et comme lui perdit la vie,
Pour lui servir de compagnie.

Cependant le brave Lausus,
Grand général après Turnus,
Des Latins le grand patriarche,
D'abord fit une contre-marche,

---

[1] C'est-à-dire comme une balle enflée et pleine de vent. C'est de ce premier sens, aujourd'hui inusité, que découle celui que ce mot a habituellement aujourd'hui.

[2] Du menton. Ce terme désignait proprement la mâchoire inférieure du cheval, et, par extension, un homme d'esprit lourd.

[3] Voir sur la vogue, au dix-septième siècle, du point de Venise et des autres points d'Italie, une note de notre édition du *Roman comique*, I, p. 329.

En voyant les Italiens
Galvaudés [1] par Étruriens.
A bout portant d'une escopette
Il fit faire triste courbette
Aux preux Abas qui le bravoit,
Et qui déjà le bras levoit,
Pour lui faire grande saignée
Aux quatre ars [2] avec sa cognée,
Arme qui le suivoit toujours,
Sans qu'elle pût sauver ses jours.
Je ne sais si c'est raillerie,
Mais grande on nous fait la tuerie :
On ne voyoit qu'Arcadiens,
Que Rutulois et que Troyens,
Mourans ou morts à plate terre.
Les uns juroient contre la guerre,
Les autres demandoient du vin ;
Prières disoit le Latin,
Soit chapelet, soit le rosaire ;
L'autre baisoit son scapulaire ;
Celui-ci demandoit pardon,
L'autre demandoit du bonbon.
Pour le rossignol d'Arcadie,
Il faisoit triste mélodie.
Le Phrygien, à pleine voix,
Demandoit tous ses dieux de bois,
Ou dieux Pénates, c'est le même :
Comme je n'ai pas fait carême,
Je le dirai de bout en bout,
Et cela m'aidera beaucoup.
Enfin, jamais tel tripotage
Ne s'étoit vu sur ce rivage :
On bourdonnoit, on se plaignoit,
On mugissoit, on rechignoit ;
Et cependant, à force égale,
Chacun conduisoit sa cabale.
Pallas pressoit, mais vivement ;
Lausus s'opposoit fortement.
Ils étoient de la même année,
Et je crois de même journée.
Tous deux avoient le teint fort clair,
Et se mettoient du meilleur air ;
Mais, par malheur, leur destinée
A ce combat étoit bornée.
   Comme ces choses se passoient
Et que les Latins commençoient
De prendre poudre d'escampette,
L'histoire dit qu'une coquette,
Princesse au moins sœur de Turnus,

Lui vint recommander Lausus,
Et le prier avec instance,
En lui faisant la révérence
De voler vite à son secours,
Car en lui gisoit son recours.
Turnus étoit sur sa charrette,
Que traînoit très-maigre squelette ;
A force de coups d'aiguillons,
Il la fit franchir les sillons,
Et, tout suant, fendant la presse,
Il arrive, en grande détresse,
Éveillé comme émerillon,
Au milieu d'un gros bataillon :
« Latins, dit-il, faites retraite,
Je veux me battre tête à tête
Avec ce jeune fier-à-bras,
Ce petit morveux de Pallas,
Qui quitte exprès sa Palantée,
Et qui, d'une ardeur éventée,
Vient ici moudre à mon moulin,
Manger mon pain, boire mon vin.
Croyoit-il, quittant l'Arcadie,
Ici venir à l'étourdie
Jouer du bâton à deux bouts,
Nous perdre et nous abîmer tous ?
Va, va, bientôt pour ma dent creuse,
Tu vaudras moins qu'une macreuse !
Qu'Évandre n'est-il le témoin
Des coups que je vas, sagouin,
Appliquer sans miséricorde ! »
Après cette forme d'exorde,
On vit tracer [3] les Rutulois
Et les Latins à cette voix.
   Pallas, comme un sot, un grand âne,
Parut un moment en extase,
Regardant Turnus fixement,
Puis lui fit ce beau compliment :
« Penses-tu que tes incartades
Et tes lâches fanfaronnades
Intimident un ennemi
Qui ne te voit pas à demi,
Et qui fait consister sa gloire
A te mettre à bas la mâchoire,
Même à te dépouiller tout nu,
Comme un pierrot, un malotru ?
Que si le Destin, au contraire,
Veut que tu fasses l'inventaire
De mes tripes, de mes boyaux,
Et que, succombant sous ta faux,

---

[1] Injuriés, maltraités.

[2] Membres, — du latin *artus*.

[3] Terme de botanique : couler entre deux terres. Le chiendent et le fraisier : *tracent*.

Ainsi tu me barres la veine,
Je subirai mon sort sans peine;
C'est dont Jupin sera garant.
Mais finissons ce différend. »
Cela dit, au champ de bataille
Il entra couvert de ferraille.
Le fier Turnus, de son côté,
De sa charrette étant sauté,
Comme un lion tenant campagne,
Que toujours fureur accompagne
Quand il voit de loin le taureau,
Sur lui, l'épée hors du fourreau,
Se jetoit à bride abattue,
En guculant : Au meurtre ! au feu ! tue !
Pallas, au ciel levant les yeux,
Fit cette prière à ses dieux :
« O toi, victorieux Alcide,
Qui sur les conquérans préside,
En mémoire de ce festin,
Que fit, sur le mont Palatin,
Mon père Évandre à ton passage,
Faisant joyeux pèlerinage,
Où tu mangeas force bonbons,
Confitures et macarons,
Rôti doré, friand potage,
Où tu bus vin de l'Hermitage,
Protége mes premiers exploits,
Et conduis mon bras et mes doigts,
Pour que mon trait jusqu'à l'empenne
Entre dans la vaste bedaine
De cet avaleur de pois gris,
Qui voudroit de notre débris
Enrichir sa gent Rutuloise,
Moins brave qu'elle n'est sournoise. »
Alcide ces mots écouta,
En gémit, même en tremblota,
Et, qui pis est, versa des larmes.
Jupin lui dit : « Le sort des armes
Est un sort tout des plus douteux ;
Aujourd'hui l'on peut être heureux
Et demain se voir en disgrâce.
Hélas ! en si petit espace,
Un homme monte et puis descend :
D'exemples voulez-vous un cent ? »
    Après cet essai de morale,
Jupiter dit : « Je m'en brimbale.
Pallas vise droit à sa fin,
Il sera mort demain matin.
D'autres, issus du sang céleste,
Y sont restés : j'en ai de reste
A vous nommer dans mon loisir,
Pour contenter votre désir.
Souvenez-vous des murs de Troie,

De Sarpédon qui fit ma joie,
Qui ne vivoit que de biscuit;
Il y resta, dont bien m'en cuit.
Turnus même est très-près du terme
Où sa rude et brute épiderme
Doit être taillée en lambeaux,
A coups de hache ou de couteaux.
De chacun, selon sa portée,
Enfin la vie est limitée. »
Cependant le brave Pallas,
D'un dard grand comme un échalas,
Plus pointu que n'est une broche,
De toute sa force décoche
Un grand coup qui m'auroit fait peur
Mais qui n'attrapa, par malheur,
Turnus qu'au-dessus de l'épaule,
Lequel se saisit d'une gaule,
On entend bien d'un javelot,
Montrant qu'il n'étoit pas manchot.
En le lançant, il dit : « Prends garde
Je vise au baril de moutarde,
Avec un dard si pénétrant,
Qu'il va l'ouvrir dans ce moment.
Tu n'en feras pas davantage,
Enfant gâté qui n'es pas sage. »
Et sur cela lance le dard,
Qui fit comme un coup de pétard,
Étendit Pallas sur la terre :
Or, voilà les fruits de la guerre.
Toute l'armée en retentit,
L'Arcadien s'en émeutit,
Le Rutulois en dansa d'aise,
Le Latin en fit un dièse,
Pour accompagner son esprit,
Qui, sortant, comme on me l'a dit,
De son corps par cette rigole,
Fit deux ou trois tons de viole,
Et cinq ou six de clavecin,
Qui résonnèrent dans son sein
Quasi comme la symphonie
D'une leçon de Jérémie.
Turnus, étant grand dégoiseur,
Sur cette mort fit l'orateur,
Et, d'un ton de railleur à gage,
Il mit en œuvre son ramage
A peu près de cette façon,
Du goguenard prenant le ton :
« Arcadiens, tous gens à pendre,
Allez-vous-en trouver Évandre,
Rendez-lui son cher fils Pallas,
Et n'oubliez point les hélas
Que vous devez à votre maître,
Que je n'ai pas occis en traître.

Rendez-lui son corps. Pour ses biens,
Pour le sûr ils seront les miens ;
Puisque je garde sa goguille,
Son nœud de cravate jonquille,
Sa cuirasse et son baudrier,
Son casque et son gauche étrier,
Le droit étant dans la bataille
Demeuré dans cette broussaille.
Bref tout le reste je saisis. »
Aussitôt pris, aussitôt mis.
Ce qui fit dire à son grand page :
C'est Arlequin trousse-bagage.

Fort chagrin étoit le Troyen,
Aussi bien que l'Étrurien,
De voir telle fanfaronnade
Après une telle algarade ;
Mais, chut ! bientôt viendra le temps
Où l'on abreuvera les champs
Du sang de ce rude adversaire,
Du Latin l'ange tutélaire,
Le défenseur du Rutulois,
Et des princes le plus matois.

D'abord la prompte Renommée,
A babiller accoutumée,
Fut apprendre au bon Æneas
La culbute du beau Pallas.
Il partit comme un coup de foudre,
Pour tâcher d'en aller découdre
Avec ce fatal ennemi,
Qui le privoit d'un tel ami.
On voyoit couler sur ses armes,
En courant, un torrent de larmes
Qui ses belles armes rouilloient,
Et son rabat blanc lui mouilloient.
Ce qu'il trouva sur son passage
Fut mis à mort ou bien en cage.
Bref, il étoit si furieux,
Qu'il fut, mais d'un grand sérieux,
Donner du nez contre un gros chêne,
D'autres disent contre un grand frêne,
Qui l'envoya, du contre-coup,
A plus de cinq cents pas debout,
Dont il fit très-laide grimace.
Il se rajuste, il se ramasse,
Et n'eut qu'un œil au beurre noir,
Qui ne l'empêcha pas de voir
Assez clair pour se faire route,
Et pour causer de la déroute
Chez le Rutule et le Latin,
Dont il visita l'intestin.
Avec lui point de compérage :
Partout il faisoit grand ravage,
Foulant ses ennemis aux pieds
Et ralliant ses alliés.
Il ne songeoit qu'à la recherche
De ce géant, de cette perche,
Qui très-fort s'enorgueillissoit,
Tandis qu'Æneas gémissoit
De la perte du fils d'Évandre,
Qu'il ne pouvoit encor comprendre.
Onc ne se vit en tel détroit
En songeant à ce passe-droit,
Surtout après une alliance
Qui s'en alloit en décadence
Après tel bouleversement,
Songeant à part au traitement
Qu'il reçut dedans Palantée,
Ou du mort la sœur tant vantée
Lui fit une collation
Qui mérite relation :
Elle étoit d'un panier de fraises,
Et d'une perdrix dans les braises,
D'une compote d'abricots,
D'un salmigondis d'haricots,
D'une tourte toute friande,
Du thé de la façon d'Hollande,
Du parmesan, de bonnes noix,
Trois instruments, si belles voix,
Dont la délicate harmonie,
Mêlée avec la symphonie,
Fut, après la collation,
Sujet de récréation.
Ce souvenir, qui le chicane,
Lui faisoit faire à coups de canne
Ce qu'un autre à coups d'espadon
De dard, javelot et brandon,
Fait quand il est dans la mêlée.
Là, plus d'une bête épaulée,
Plus d'un borgne, plus d'un boiteux,
Plus d'un manchot, plus d'un cagneux,
Fut fait par le pieux Énée,
Qui, dans sa colère effrénée,
Cassa sa canne sur le dos,
Au détriment de quelques os,
De qui tomba dessous sa patte.
Il brisa plus d'une omoplate,
Prit les quatre fils de Sulmon
Dans filet ni sans hameçon,
Seulement par mâle aventure,
Et d'Ulfens la progéniture,
Consistant en quatre grands fieux,
Bien faits, posés, polis, pieux,
Qu'il garda pour un saint-office,
Ou bien pour faire un sacrifice
A la tête de ses soldats,
Après les assauts, les combats,

Voulant saupoudrer de leur cendre
Feu son ami, le fils d'Évandre.
Après, la baïonnette en main,
Il fut pour abattre soudain,
Foulant aux pieds droits de nature,
L'assommante et triste figure
D'un certain poltron de Magus,
Qui, de peur de se voir perdus,
Vint se jeter aux pieds d'Énée,
Lui disant : « De par ta lignée,
De par Ascagne, ce mouton,
De toi très-digne rejeton,
Ne plante pas ta hallebarde
Dans mon réservoir à moutarde ;
Laisse-moi dans ce monde-ci,
D'en sortir je n'ai pas souci,
N'ayant fait nulle pénitence
Pour paroître avec révérence
Devant Minos le clairvoyant,
Et Radamanthe l'effrayant.
Sauve le fils, sauve le père,
Tu feras plaisir à la mère,
Qui perdroit trop à mon trépas.
De tant tuer n'es-tu point las ?
Dans une maison magnifique,
D'ordre Ionique, ou bien Dorique,
Que j'ai dans un certain endroit,
Où je veux te mener tout droit,
Sans t'égarer, je te le jure,
Ni sans te faire aucune injure,
J'enterrai des talens d'argent,
Monnoyés (c'est mon contingent)
Avec un demi-cent de vases
D'or enrichi par des topazes,
Des améthystes, des rubis,
Presque tous remplis d'ambre gris.
En outre, j'ai deux cent cinquante
Gros, grands lingots, que je ne mente,
En métal, en argent, en or,
Ce qui compose mon trésor ;
Je te le donne, foi d'Itale.
Aux dents aurois-tu bien la gale [1],
Pour refuser si beau présent,
Et à ton Jule si décent ?
De tes Troyens la belle gloire
Ne peut croître par ma victoire ;
Un cœur de boue et de limon,
Peut-il assurer leur renom ?
— Pour qui me prends-tu, misérable ?

Lui repartit le vénérable
Æneas, dont tel harangueur
Venoit de tripler la fureur.
Crois-tu que j'aurai la faiblesse
D'accepter ainsi ta richesse ?
Conserve-la pour tes enfans :
Quand ils seront devenus grands,
Ils en feront de bons usages,
Si ce sont des enfans bien sages.
Turnus, en assommant Pallas....
(En cet endroit, d'un grand hélas !
Il montra le sûr interprète
De la douleur la plus parfaite
Qu'il sentoit, et même du cas
Qu'il faisoit de son cher Pallas...)
Turnus, le brisant comme un verre,
Rompt tout commerce dans la guerre
Et, puisqu'il la fait sans quartier,
Je veux faire même métier. »
Aussitôt, suivant sa bourrasque,
D'une main il ôta son casque,
Et de l'autre plongea soudain
Sa baïonnette dans son sein.
Près de là le grand Émonide,
De son métier prêtre invalide
De Diane, et du blond Phœbus,
Contant sornettes et rébus,
Revêtu de sa tavayolle [2],
De sa mitre et sa banderole,
Dans ses habits plus petillant,
Voire même bien plus brillant
Que n'est le doigt d'une bourgeoise
Portant le saphir, la turquoise,
En galopant de rang en rang,
Fut étonné de voir son sang
S'écouler par une fenêtre,
Que lui fit des Troyens le maître,
Au travers de son justaucorps,
Perçant de part en part son corps.
A ce coup perdant la lumière,
Il ne put voir si par derrière
Il paroissoit un ennemi
Qui ne le crût mort qu'à demi :
Il ne vit donc pas que Séreste
Vint le dépouiller de sa veste,
Et de tout le brimborion
Qu'il avoit autour du chignon,
Pour en établir un trophée
Au Dieu protecteur de l'armée

---

[1] On dit proverbialement d'un homme qui mange bien qu'il n'a pas la gale aux dents. C'est donc comme si l'auteur avait mis : serais-tu assez empêché pour ?...

[2] Ornement d'église, toile bordée de dentelles, et quelquefois toute de point.

D'Æneas et ses étendards ;
Pour couper court, c'est au dieu Mars.
　Notre prince échappé de Troie
Fit un conte à la Mère l'Oie,
Puis prit un peu de brandevin
Pour se tenir le cœur serein.
Ensuite, en franc oiseau de proie,
Le plus souvent vrai rabat-joie,
Il fondit sur le brave Anxur,
D'un vol rapide, mais trop dur,
Puisqu'il lui coupa la main gauche,
Main utile quand on chevauche,
J'entends chevauche un Limousin,
Semi-frère d'Andalousin ;
Car cette main conduit la bride,
Mène le cheval et le guide,
En plaine, par monts et par vaux,
Et partout où vont les chevaux.
D'Anxur il courut à Cécube,
Allongé presque comme un tube,
Lequel étoit fils de putain,
Si son père étoit ce Vulcain
Que Vénus ombrage de sorte,
Que tout mortel qui corne porte
S'appelle Vulcain parmi nous.
Ce nom me paroît assez doux :
Cocu, cornard, sont moins sonores,
Et sentent moins les métaphores.
Ce Cécube et certain Umbron,
Tranchant du maître Aliboron,
Croyoient réparer le désordre,
Mais ils avoient du fil à tordre,
Surtout pour de jeunes narquois,
Qui, malgré flèches et carquois,
Malgré javelots, javelines,
Eurent tous deux dans les tetines
Coup de dards assez bien placés,
Mais coup sur coup des mieux lancés.
Tarquite, avec grande secousse,
Venoit trottant à la recousse,
Portant casque comme un turban,
Sur ses ergots comme Artaban [1],
Eut au beau milieu de la panse,
Long de deux bons pieds d'une lance
Que portoit le preux Æneas,
Et le tout pour venger Pallas ;
Tirant sa lance avec furie,
Des flancs il lui tira la vie,
Qui fit, sortant, le même accord
Qu'on fait au moment de la mort.
Tarquite étoit fils légitime :
Faune l'eut sans faire de crime,
Et comme il habitoit les bois,
On ne le montra point aux doigts.
Ah ! pour le coup je m'équivoque,
Ce n'est pas une sûre époque
Pour la garde de son honneur :
Partout femme donne son cœur,
Et dans la ville et le village,
De cet aimable badinage
Le sexe se fait sûrement
Un très-sensible amusement.
Donc, en tous lieux le mariage
N'est pas exempt de cocuage ;
Aussi voit-on peu de maris
Qui d'être époux ne soient marris.
Faune eut donc ce fils de Driope,
Nymphe potagère et salope,
Comme les nymphes d'à présent,
Qui, quoiqu'on leur donne présent,
Sont toujours fort éguenillées,
Malpropres et fort dérangées.
Æneas fut moins narratif
Que boucher au superlatif :
Cependant, voyant ce Tarquite,
Qui de vivre paroissoit quitte,
Du pied le poussant rudement,
D'une apostrophe seulement
Il gracieusa son cadavre,
Efflanqué, livide et fort hâvre :
« Puisque j'ai su dans ton poitrail
Faire sinistre soupirail,
Pour en faire sortir, infâme,
Ton esprit, ta rage, et ton âme,
Désormais d'un épouvantail,
Dans les sillons pour le bétail,
Tu serviras, et de pâture
Aux oiseaux de mauvais augure,
Tels que corbeaux et cormorans
N'est-ce pas se moquer des gens,
Insulter le ciel et la terre,
Qu'un garde-bois fasse la guerre,
Tranche du petit général,
Quand on ne lui fait point de mal,
Qu'on chasse loin de son domaine,
De sa forêt et de sa plaine ?

---

[1] C'est un personnage de la *Cléopâtre*, roman de la Calprenède, qui, s'il n'a pas tout à fait donné naissance au proverbe : « fier comme Artaban, » l'a du moins répandu et popularisé.

Crois-tu pouvoir tout dans ces lieux,
Pour être fils d'un de nos dieux ?
Va ! double excrément de nature,
Tu n'auras point de sépulture,
Seras mangé des hannetons,
Et peut-être des brochetons,
Tout au moins des oiseaux de proies,
Des poulets, dindons, et des oies. »
  Sur-le-champ il grippa Lycas
D'un vilain coup de coutelas,
Qui lui fit abreuvoir à mouche,
Auprès de l'œil qu'il avoit louche,
Dont il perdit raison et sens,
Et mourut en grinçant les dents.
Là, tout près, bien à sa portée,
Il coupa la tête d'Anthée,
Grand architecte d'almanachs,
Olibrius à trois carats.
Là, le fils de Volscent, Carmerte,
Blond, blanc, beau, bon, plaisant, alerte,
L'un des plus grands princes Latins
Qui fût parmi les Laurentins,
Avec Numa faisant frairie,
Furent semer la zizanie
Dans le royaume de Pluton
Chacun par un coup d'hoqueton,
Assaisonné par notre Énée,
N'épargnant rien dans sa tournée.
En fin finale avec raison
Virgile fait comparaison
D'Æneas avec Briarée,
Qui jadis causa diarrhée,
Et fit aller à cloche-pied
Le grand Jupin sur son trépied.
Cent bras, cent mains, cinquante bou- [ches,
Faisoient d'étranges escarmouches,
Avaloient terribles morceaux,
Donnoient d'horribles chinfreniaux [1],
Car, pour aller chercher lippées,
Toujours en l'air cinquante épées,
(Au moins la Fable nous le dit,
Sans nous annoncer qui le vit,
Qui fut témoin de ces merveilles,
Et qui lui compta ses oreilles).
Il devoit en avoir un cent
Si de bras il avoit autant.
Ainsi conclut notre Virgile.
Æneas, pour chasser sa bile,
Dans la chaleur de ses combats,

Se trouvoit cent mains et cent bras ;
Si l'on ne le vouloit pas croire,
Ni s'en rapporter à l'histoire,
Je ne sais plus qu'un seul moyen
Pour honorer ce bon Troyen.
S'il étoit là, ma foi j'en jure,
Il le diroit, je vous assure,
Et ne nous mentiroit en rien,
Car il étoit homme de bien.
  Mais voici bien autre denrée !
Je veux parler de l'effarée [2]
Des quatre beaux chevaux du char
Que conduisoit cet égrillard
Ou cet Adonis de Nymphée,
Qu'embarrassa si fort Énée,
Qu'ils prirent tous le mors aux dents,
Et, de frayeur tous bondissans,
Fuyoient, mais fuyoient en arrière,
En renversant sur la poussière
Leur postillon ou conducteur,
Dont il pensa mourir de peur ;
Mais l'eau de la reine d'Hongrie
Pour le coup lui sauva la vie.
Lucage et son frère Lyger,
D'un air dispos, d'un pas léger,
Faisoient faire une caracole
A deux Danois sortant d'école,
Traînant un mauvais tombereau
Quand ils virent sur le carreau
Tomber leur allié Nymphée
Qu'alloit éventrer notre Énée,
Ils coururent à son secours,
Croyant interrompre le cours
De si sanglante boucherie.
Lyger, en arrivant, s'écrie :
« Quoi ! prétends-tu, dis, Jaquemar,
Fieffé cagot, vilain cafard,
Portant fistule lacrymale,
Établir ici ta cabale
Malgré nous et malgré nos dents ?
Y croyois-tu trouver les champs
De ta ville des mieux brûlée,
Et par les Grecs des mieux pillée ?
Dis-moi donc, fendeur de naseaux,
Ne cherches-tu point les chevaux
De ce fameux roi Diomède ?
Tu tranche ici du Nicomède [3],
Peut-être un peu mal à propos,
Pour ta santé, pour ton repos,

---

[1] Coups sur la tête, — dans le style burlesque.
[2] Ce mot est employé ici comme un substantif.
[3] Dicton mis à la mode par la pièce de Corneille. On devine aisément qui est synonyme de *faire le fier*.

Il faut punir ton insolence,
Mettre une borne à l'impudence
Avec laquelle, dans ce camp,
Tu crois mener tambour battant,
Avec tes gueux de rapsodistes,
Nos pisse-froid [1] de Latinistes.
Je dois, par Jupin notre Dieu,
Chasser la guerre de ce lieu.
Je veux te saigner sans lancette,
Que ce champ serve de palette,
Gâter en mille endroits ton corps,
Mais épargner ton justaucorps
Pour m'en illustrer dès Dimanche,
Avec une chemise blanche. »
 Un maître coup de javelot
De ce Lyger fut le ballot,
Ce qui troubla si fort Lucage,
Qu'il en perdit d'abord l'usage
De la voix, même des cinq sens,
Fors l'un de ces deux reluisans.
Il en trébucha sur le sable ;
Un second javelot l'accable,
Dans l'aine il entra brusquement,
Et, quoiqu'il n'y fût qu'un moment,
Il fit une grande ouverture
Par où sortit ce qui nature
Anime quand on est vivant.
Ce trou-là, peste ! étoit si grand,
Que par là toute sa colère
S'en alla dans son hémisphère,
Je veux dire dans les enfers,
Où Pluton la remit aux fers ;
Ce que voyant le sage Énée,
D'une langue morigénée
Il apostropha ce brutal,
Sur un vrai ton sacerdotal.
Lyger tomba dans une ornière,
Qui pour lui devint meurtrière,
D'un cran abaissa son caquet,
Lui fit emballer son paquet
Pour commencer le grand voyage
Ou l'éternel pèlerinage ;
Mais, comme il appréhendoit fort
Ce qui peut viser à la mort,
Les mains jointes, n'ayant point d'armes,
On le vit, les deux yeux en larmes,
Non pas d'un air *amabilis*,
Mais d'un air *lacrymabilis*,
Faisant une mine piteuse

Et montrant une âme peureuse,
Demander grâce à son vainqueur,
Disant du profond de son cœur :
« Prince sans pair, pieux Énée,
Qui, sous planète fortunée,
Viens ici faire les plats nets
Et nous priver de nos bonnets,
Par toi-même je te conjure
De laisser jouir ma figure,
Sans dire mot, à petit bruit,
Dix ans de mon bonnet de nuit.
Je conjure ta Révérence
De vouloir passer sous silence,
Que j'ai, de ma rage occupé,
Fait fort le cheval échappé.
Que feras-tu de ma fressure ?
Hélas ! Æneas, je te jure
Qu'elle ne vaut rien à bouillir,
Et bien moins encore à rôtir :
Je serois dur comme un coquâtre [2],
J'aurois moins de suc que de plâtre,
Enfin, je paroîtrois plus sec
Qu'un Troyen rongé par un Grec.
Pardonne-moi donc cette offense
Pour que je fasse pénitence. »
 En prenant le ton prévôtal,
Et quittant le sacerdotal,
Æneas, d'un grand coup d'épée,
Lui fit au cœur une croisée
Par où son âme, avec la peur,
S'en allèrent, non sans douleur,
Sur le chemin de la nacelle,
En chantant une kyrielle
De juremens séditieux
Contre les Troyens et les dieux.
 Tout ainsi, comme une tempête
Aux roseaux fait baisser la tête,
Fait concentrer de gros vaisseaux
A fond de cale dans les eaux,
Cause des villes ruinées,
Sait abattre les cheminées,
Arracher arbres, arbrisseaux,
Dans la plaine et sur les coteaux,
De même le bon sire Énée,
A coups de dards ou de cognée,
Sur les soldats du Rutulois,
Déjà n'ayant force ni voix,
Exploitoit sans rodomontade
Ces maîtres passés en gambade,

---

[1] C'est-à-dire, soit faible et sans vigueur, soit froid, sans vie, taciturne, mélancolique, de mauvaise humeur.
[2] Demi-coq.

Les assommoit à coups de pied,
De l'un avaloit la moitié,
De l'autre écrasoit la cervelle,
Là jouoit de la manivelle,
Ici du sabre et du couteau,
Avec l'épée hors du fourreau ;
Ou bien, en main sa javeline,
Il entamoit ventre et poitrine,
Dont s'ensuivoit toujours la mort,
Ce qui Turnus chagrinoit fort.
   Tandis que par le bon Énée
L'armée étoit si malmenée
(C'est celle de son ennemi,
Car pour la sienne, Dieu merci,
Elle faisoit le diable à quatre,
Tant elle savoit bien se battre) ;
Tandis qu'ainsi l'on chamailloit,
Les Troyens que l'on assiégeoit
Dans le fort, leur nouvelle Troie,
Tous d'un accord montrant leur joie,
Voulant avoir part au gâteau,
Ou du moins changer leur chapeau,
De leur côté, l'âme aguerrie,
Tranchant de la gendarmerie,
Ascagne pour leur commandant,
Prince pour son âge prudent,
Firent entre eux une sortie
Qui de tous points fut assortie.
   Jupiter, voyant dans les cieux
Ce qui se passoit sur les lieux,
A Junon tint ce doux ramage :
« Ma chère moitié, dont j'enrage,
Et ma sœur dessus le marché,
Qui m'a si mal endimanché ?
Est-ce Vénus, votre rivale,
Qui fait que le Latin détale
Devant ces reclus de Troyens ?
N'ont-ils pas trouvé les moyens
De paroliser [1] sur l'Itale
Et de le bien passer en gale ?
Ne sont-ils pas laborieux,
Sages, vaillans, industrieux,
D'humeur accorte et débonnaire ?
A la vérité sanguinaire ;
Mais, quand on se voit malheureux,
Et que l'on n'a ni feux ni lieux,

Il faut bien chercher à repaître,
Faire le valet ou le maître,
Ou bien le maître et le valet,
Comme étoit monsieur Jodelet [2] ;
Enfin se faire un patrimoine,
Soit en argent, soit en avoine,
Se raccrocher en quelque endroit
Où l'on puisse dire à bon droit :
J'ai travaillé pour ma fortune.
La chose me paroît commune ;
Qu'en pensez-vous, dame Junon ?
— Hélas ! mon cher poulet mignon,
Lui répondit cette déesse,
Turnus en aura dans la fesse,
Un autre diroit dans le cu ;
Puisque Jupin l'a résolu,
Que peut Junon que de se taire,
Ne pouvant pas se satisfaire ?
Près de vous j'étois en crédit,
Autrefois vous me l'avez dit ;
Mais aujourd'hui, quelle vergogne !
Au ciel je n'ai plus de besogne,
Et Vénus l'emporte sur moi !
J'en sais la raison, le pourquoi ;
A tout cela point de remède.
Ah ! s'il faut que le Latin cède
Sa femme, son chat et son chien
A ce maraudeur de Troyen,
Et que, par le sort de la guerre,
Le Rutule fasse un parterre,
Du moins conservez-moi Turnus,
Afin de le rendre à Daunus :
Il est d'origine immortelle,
Comme ce fils de maquerelle,
Ce grand benêt, ce lustucru,
Cet idiot, ce malotru
A face plus qu'efféminée,
Enfin, ce pleureur à journée
Que vous protégez bel et bien,
Et contre qui je ne puis rien.
— Oui-da ! j'y consens, bonne bête
Qui souvent as martel en tête,
Presque toujours mal à propos,
Pour mon plaisir et mon repos.
A m'écouter soyez donc prête,
J'appointerai votre requête,

---

[1] L'emporter. On disoit *faire paroli* pour *faire tête*, ne le céder en rien.

[2] Julien Geoffrin, dit Jodelet (1590-1660), commença, dit-on, par jouer en plein air, puis fit partie successivement des troupes du Marais et de l'Hôtel de Bourgogne. Son nom devint bientôt celui d'un type, et figura au nombre des personnages ordinaires de certaines comédies. Scarron, surtout, a beaucoup travaillé pour lui, et c'est à une de ses pièces et à un rôle qu'y jouait cet auteur (*Jodelet maître et valet*) que fait ici allusion Moreau de Brasey.

Et je reculerai le sort
Du prince que vous aimez fort.
Faites qu'il détale au plus vite,
Qu'il s'échappe et prenne la fuite,
Et que, dans un pays lointain,
Il aille rafraîchir son teint
Loin de ces échappés de Troie ;
Mais n'étendez pas la courroie,
Surtout n'en demandez pas plus,
Car je vous prépare un refus,
Mais un refus, dame ma mie,
Fondé sur notre prud'homie,
C'est-à-dire un refus tout court,
Qui, lâché, n'a point de retour. »
 Dès que le maître du tonnerre,
Lequel jamais ne se déferre,
Eut accordé cette faveur
A sa femme souffre-douleur,
Elle se couvrit d'un nuage,
S'y tint comme oiseau dans sa cage,
Fendit l'air en quittant le ciel.
Le cœur tout confit dans le fiel ;
Et, pour qu'on ne vit pas sa crête,
D'un bon surtout, fait de tempête,
Son nuage elle enveloppa,
A la sourdine décampa,
Et vint entre les deux armées
Qui lui parurent des pygmées,
Sortant de son appartement,
En descendant du firmament.
Arrivant, la bonne déesse
Fit un de ces tours de finesse
Dont on ne peut se défier :
A force de s'ingénier,
Elle contrefit un Énée
Qu'elle forma d'une nuée,
Et par un prodige nouveau,
Étonnant, rare, autant que beau.
Son armet fut à la Troyenne,
Sans doute à la grosse mordienne [1] ;
Elle le fit braire et parler,
Prendre du petun, renifler,
Chanter, sauter, danser et rire,
De son prochain beaucoup médire,
Jouer du luth, faire des vers,
A la vérité de travers,
A peu près, et quasi tout comme
Ceux que l'on verra dans ce tome,
Dont le sens est estropié,
Sans cadence, grâce, ni pié.

Tel paraît de nuit un fantôme,
Au rapport de l'auteur Brantôme ;
Ou tels sont tous les songes creux
Qu'on fait quand on ferme les yeux,
Quand on dort, ou quand on sommeille,
Et quand on croit tenir merveille,
Belle femme, ou des coffres-forts,
Force bijoux, riches trésors.
Tant y a que cette effigie
A Turnus dit : « Je te défie
De mener à bout ton rôlet,
Et de me prêter le collet.
Tu verras si je suis un drille,
Qui se mouche d'une guenille,
Et si je sais mal ferrailler,
Batailler, comme tirailler.
Allons, mets-toi donc en posture ;
Je veux te mettre à bas la hure,
Et t'égorger comme un goret,
Car je suis un coupe-jarret,
Qui des mieux sait jouer son rôle.
Voyez un peu le plaisant drôle ! » ...
Turnus, au lieu d'un compliment,
Lui lança son dard rudement,
Mais, au lieu d'attraper Énée,
Il se perdit dans la nuée,
Dont le fantôme rit beaucoup.
Turnus, ayant manqué son coup,
Fut aussi sot qu'une bécasse,
Qui se trouve dans la tirasse ;
Mais il fut encor bien plus sot,
Quand il vit partir le marmot
Qu'il croyoit le pleureur à gage,
Et qu'il couroit vers le rivage.
Alors, ne se connoissant pas,
Il dit, en poussant un hélas :
« Il s'enfuit donc, le brave Énée,
Ce larmoyant à la journée,
Ce visage d'enterrement
Qui fait si bien un compliment ?
Me trouves-tu si redoutable,
Que tu ne veuilles sur le sable
Décider par notre combat
Qui couchera dans mon grabat ?
Veux-tu quitter ta fiancée,
Et cette future épousée,
Qui t'apporte dans une main
Ce qui sur l'humide terrain,
Depuis un temps considérable,
Te fait errer en misérable ? »

---

[1] *Sans art, à la bonne franquette...* « Nous nous contentâmes d'apprêter tout à la grosse mordienne, » lit-on dans le *Francion* de Ch. Sorel.

Turnus ainsi complimentoit
Celui qu'Æneas il croyoit,
Ne l'estimant au fond de l'âme
Que comme un poltron, un infâme,
Qui fuyoit d'en venir aux mains
Avec la fleur des spadassins.
Il suit et pousse sa boutade,
Si bien qu'il trouve dans la rade,
Un navire près d'un rocher
Sans matelots, ni sans nocher :
C'étoit d'Ozinius le drille,
Riche en porteurs de souquenille,
Roi des corsaires Clusiens
Venus au secours des Troyens,
Le fantôme du fils d'Anchise,
Comme homme en hiver sans chemise,
Tout tremblotant fut s'y cacher.
Turnus grimpe et va le chercher :
De la poupe il vole à la proue,
Faisant très-pitoyable moue ;
Mais, pendant qu'il flairoit en vain,
Junon rompt le câble soudain,
Qui l'accrochoit sur le rivage ;
Puis, rentrant dedans son nuage,
Elle abandonne ce vaisseau
Au gré des vagues et de l'eau.
 D'autre côté messire Énée
Cherchoit, la gueule enfarinée,
Le roi Turnus pour le combat.
Chemin faisant, notre béat
Donna grands coups de sa lardoire,
Démeubla plus d'une mâchoire,
Fêla de têtes plus d'un cent,
Sans compter celle de Volscent,
Fit une brèche à deux échines,
Autant enrhuma de poitrines,
Escarmoucha plus d'un Latin,
Fit la barbe à plus d'un Albin.
 Mais retournons à ce navire,
Qu'un vent plus fort que n'est zéphire
Conduit par mer sans savoir où ;
Peut-être est-ce dans le Pérou.
Le fantôme, qu'il m'en souvienne,
Avoit assez bien fait la sienne ;
Mais à quoi bon se cacher tant ?
Aussi profita-t-il du vent,
Et, se mêlant dans un nuage,
A peu près de même plumage,

Il quitta casque et morions,
Ces fatras, ces brimborions,
Qui l'habilloient à la gendarme,
Toujours prêt à faire vacarme.
Turnus, errant dans le vaisseau,
Cherche sur pont, visite bau [1],
Va dans la chambre et dans la salle
Et descend jusqu'à fond de cale
Pour chercher le faux Æneas,
Qui partout ne se trouva pas.
Pour jurer, Turnus est le maître,
Et c'est ce qu'il fit bien paroître,
Quand il se vit si loin du port,
Du Phrygien et de son fort,
Quand il ne trouva que les armes,
La cuirasse, et la cotte d'armes,
Le brasselet, le gantelet
De l'insolent esprit follet.
 « O dieux ! dit-il, et vous, déesses,
Vous passerez pour des Jean-fesses,
Si vous protégez ces pillards,
Ces cogne-fétus, ces fuyards,
Enfin ces gens à triste mine.
Qu'ai-je donc fait qui vous chagrine,
Pour m'enlever de mes drapeaux,
Et pour devenir mes bourreaux ?
Vous êtes dieux, dieux pitoyables ?
Non, ma foi ! vous êtes des diables,
Mais diables pires que cafards,
Et plus noirs que des Savoyards.
Voyez un peu la belle gloire,
De procurer ainsi victoire
Aux restes d'un cheval de bois,
A des bandits, des Albigeois,
A leur général pleure-miche,
Plus propre à parer une niche
Qu'à venir gober mon gratin,
Et m'enlever tout mon fretin.
Où conduisez-vous ma figure,
Digne inventeur des turelure,
Des brin, bron, brac, des zons, zons, zons,
Des laridène et laridons,
De tout le long de la rivière,
Oh ! qu'il y va gai, ma bergère !
Et des toc mon tambourinet [2],
Que l'on chante sur tabouret,
En les vendant au coin des rues ;
Vous qui faites marcher les nues,

[1] Bau, ou barrot, solive mise en travers, qui affermit le bordage d'un vaisseau.

[2] Refrains de quelques chansons populaires de l'époque, dont plusieurs sont notés dans le Recueil de Maurepas : *Robin turelure* (Airs notés, II, f. 361) ; *Brin, bron, brac* (id., I, 115) ; *zon, zon, zon*, (II, 519). Les *flon, flon, larira don don*, y reviennent à chaque page.

Apollon, le père du jour,
Me réserve-t-on pour un four?
Me mène-t-on en Barbarie,
En Macédoine, en Tartarie,
Ou dans le signe du Cancer?
Non, non, je suis en pleine mer,
Éloigné de mes Latinistes,
Des Phrygiens les aubergistes,
Vents furieux et vents coulis,
Plongez-moi dans le margouillis [1]
De quelque caverne profonde!
Qu'irois-je faire dans le monde?
Puis-je y paroître avec honneur,
Si l'on me croit un roi sans cœur? »
    Tandis que Turnus se lamente,
Maudit les dieux et se tourmente,
Qu'il voudroit s'entr'ouvrir le corps
Pour s'enrôler parmi les morts,
Ce qui seroit un cas pendable,
Et de tout point non graciable,
Ou qu'il doit se jeter en mer,
Pour noyer le chagrin amer,
Et qu'il se dit : « Mais, misérable!
La mer ne fut jamais guéable!
Là, le poisson est le plus fort,
On n'y peut gagner que la mort; »
Son navire à force de voiles,
Le vent soufflant bien dans les toiles,
Conduit le clabaudeur Turnus,
Jusque chez son père Daunus,
Dans l'antique ville d'Ardée,
Détruite et fort dégingandée.
Ainsi la déesse Junon
Sut escamoter son mignon,
Et le garantir des secousses
Qu'Ænéas eût mis à ses trousses.
A peine arriva-t-elle au ciel,
Qu'elle envoya son arc-en-ciel
Avertir en secret Mézence
Que sur lui rouloit la défense
De l'Itale et du Rutulois,
Qui s'en alloient tout de guingois [2].
    Ce Mézence aussitôt détale,
Après avoir fermé sa malle,
Donné ses bas au ravaudeur,
Avoir pris, contre maux de cœur,
Un demi-setier d'eau-de-vie,

Et se perchant dessus sa pie,
Courant au milieu des Troyens,
Leur criant : « Vous êtes des chiens,
Chiens indignes de ma furie,
Qu'il faut mener à la voirie! »
Cela dit, il tourna tout court,
En frappant partout comme un sourd,
Taillant, faisant plus de besogne,
Que Galas n'en fit en Bourgogne [3],
Et que n'en fit le Sarrazin
Dans les terres du Limousin.
Un gros bataillon d'Étrurie,
Suivi de sa cavalerie,
Chantoit déjà laridondon,
Croyant gober ce myrmidon;
Mais lui, plus ferme qu'une roche,
Plus fier qu'un juge de Basoche,
Plus fort que ne fut un Samson,
Et plus fûté qu'un Brabançon,
N'ayant aux pieds que des galoches,
Apostrophoit tant de taloches,
Que ces braves Étruriens,
Ces rossignols Arcadiens,
Craignant de mordre la poussière,
Faisoient quatre pas en arrière,
Et n'en faisoient qu'un en avant.
Hebrus, portant le nez au vent,
Du fier Mézence eut par derrière
Ce que l'on appelle un clystère,
Assommant pour le pauvre Hebrus.
Autant en eut à jeun Palmus,
Qui se sauvoit avec Latage;
Ce dernier eut dans le visage,
D'une roche un grand coup fourré,
Dont son nez fut éclafourré.
Lausus, le seul fils de Mézence,
Voyant Palmus en décadence,
Fit un tour de maître fripon;
Il lui prit plumes de chapon,
Qu'il portoit en guise d'aigrette,
Son baudrier, avec sa brette,
Sa tabatière, et son réveil,
Même un cadran pour le soleil.
Cependant son père Mézence
D'Évante tira la substance;
Mit à mort le jeune Mimas,
Qui se trouva sous son damas,

---

[1] Pour ordure, lavure d'écuelles, ce qu'on donne ordinairement aux cochons. (*Dict. com.* de Leroux.)

[2] Tout de travers.

[3] Matthieu Galas, célèbre général des troupes de l'Empereur (1589-1647), voulut s'emparer de la Bourgogne en 1636, mais fut battu à Saint-Jean de Losne.

Que Théane, sa bonne mère,
Eut d'Amique, soit-disant père,
A la même heure que Pâris
Fit faire mille et mille cris
A la défunte reine Hécube,
Grande amatrice de jujube,
De raisiné, de cotignac,
De bon brandevin de Cognac,
D'anis de Verdun en Lorraine,
Dont on parloit alors à peine.
Un Grec, mais un Grec de renom,
Grand hallebardier, c'est Acron,
Au bout d'une large chaussée,
Faisoit une ample fricassée
D'Itales et de Laurentins,
Et des alliés des Latins,
Sur son casque fait à Mélinde
Flottoit panache de coq-d'Inde,
De couleur d'or et d'incarnat,
Éblouissant par son éclat.
Une écharpe de filoselle,
Que lui donna jeune donzelle,
Dont il avoit conclu marché,
Et dont il étoit entiché,
Lui servoit alors de ceinture,
Ce qui rehaussoit sa figure :
Elle étoit d'un beau gris de lin,
Pour témoigner amour sans fin.
Sans s'attacher à la cadence,
Acron des mieux menoit la danse,
Quand Mézence, en tigre affamé,
Là se trouvant à point nommé,
A coups de dague défigure
Le Grec Acron et sa parure,
Qui, mourant, un portrait baisa,
Sur son écharpe larmoya.
Écrivit lettre à sa future,
Lui mandant sa déconfiture,
Regrettant d'avoir peu vécu,
Et de ne pas mourir cocu
De sa façon, car, pour une autre,
Il n'eût pas dit tel patenôtre,
L'aimant du meilleur de son cœur ;
Chose rare que telle ardeur !
  Ce Mézence étoit incommode,
Témoin certain fuyard Orode
Qu'il courut comme on court un faon,
Et le fit baigner dans son sang,
Bain qui n'est pas, pour l'ordinaire,
Fort utile et fort salutaire.

Dès que son âme eut déniché
Sur son corps Mézence juché,
Comme un vendeur de mithridate [1],
Pour se désopiler la rate :
« Amis, dit-il, Orode est mort,
Lui que l'on estimoit si fort
Parmi la nation Troyenne.
Déjà la région moyenne
A vu galoper son esprit... »
Là, le soldat l'interrompit,
Sur-le-champ fit un feu de joie,
En mangea salade d'anchoie,
But pinte de bon vin d'Arbois,
Et mit en œuvre les hautbois.
Après un tour de sarabande,
Chacun au combat se débande.
Cédique égorge Alcathius,
Rapon tronque Parthénius,
Le riche Hydaspe en a dans l'aile,
Par Socrator trouble-cervelle.
Agis, arrivant quant et quant,
Par Valète le suffoquant
Eut, dans la veine jugulaire,
Un coup qui le fit sans suaire
Déloger de ce camp sans bruit,
Pour tomber dans l'affreuse nuit
Qui se trouve au bout de la vie.
Salius assomme Atronie,
Mais par Néalce, Salius
Fut d'abord des cinq sens perclus.
Enfin Messape, homme colère,
Fut fouiller dans le mésentère
D'Éricate, grand bandoulier,
Bon soldat et bon pistolier.
De même finit sa carrière
Et fut exempt d'entrer en bière
Clonie, adroit sur un cheval,
Du reste très-grand animal.
Ma foi, si la barbe n'en sue,
Dit Maron, de telle revue,
Comment, morbleu ! se souvenir
De ceux qu'on entendit honnir,
Jurer, bisquer, pleurer, maudire ?
L'esprit humain n'y peut suffire.
Jamais combat ne fut si long,
Si l'on s'en rapporte à Junon,
Et même à Vénus, sa rivale.
Toutes deux suivoient leur cabale,
L'encourageoient *incognito*,
A chaque pas disoient : *Presto*,

---

[1] Comme un charlatan, comme un vendeur de ce prétendu antidote, qu'on appelait mithridate, du nom de ce fameux roi du Pont qui, suivant l'histoire, avait trouvé le moyen de se rendre invulnérable au poison.

Relevoient l'un, redressoient l'autre,
Pour tous disoient la patenôtre.
Mais voyoient fort à contre-cœur
Tant de sang et tant de rumeur.
Junon si fort s'en formalise,
Qu'elle en pissa dans sa chemise,
Puis compissa son tapabor
De velours bleu galonné d'or.
Vénus, qui ne fut jamais buse,
Fut se masquer en cornemuse,
Pour Junon mieux dépayser,
Puis après fut cornemuser
A l'oreille de son Énée,
En lui lâchant une halenée
De civette et d'un ambre gris
Inventé par le beau Pâris,
Avec art et non pas sans peine,
Dont il se servit pour Hélène,
La première nuit qu'il coucha
Avec elle et qu'il l'approcha.
« Veux-tu laisser faire Mézence,
Qui rogne ta Troyenne engeance?
Dit-elle avec une action
Qui méritoit attention.
Dans ces sillons il se promène,
Se servant de sa grande alêne
Aussi fièrement qu'Orion,
Qui ne fut rien moins qu'embryon,
Puisqu'il sut se faire passage,
Tant il étoit grand de corsage,
A travers les flots de la mer :
Il eût servi de belvéder
Ou de beffroi, c'est chose sûre,
Tant grande étoit son encolure.
A ton tour va-t'en le gourmer,
L'atterrer et le déplumer;
Bref, qu'il ne soit plus de Mézence,
Que ta main farcisse sa panse
D'un fer qui soit bien affilé,
Et qu'il n'en soit jamais parlé. »
Æneas, après ce langage,
S'aperçut de remû-ménage
Qu'il faisoit dans un bataillon ;
Il courut à ce grappillon
Plus animé que le panthère,
Pour contenter sa bonne mère.
Mézence, en voyant le Troyen,
En s'écriant : « Tu ne tiens rien, »
D'un œil mesura son échine,
Puis, élevant sa javeline,
Il se mit à faire des vœux,
Qu'il assaisonna d'un : « Je veux
Que les cinq cents diables m'emportent,
Et dans le moment me rapportent
(Les marchés sont comme on les fait);
Si de ce dard je vois l'effet,
Je veux aller à pied dans Rome,
D'où méchant cheval et bon homme
N'ont jamais fait heureux retour [1],
Depuis que Phœbus fait le tour
De l'un ou de l'autre hémisphère. »
Ce Mézence après, en bon père,
Dit à son fils : « Mon cher Lausus,
Si je bouchonne cet intrus,
Si je désarme ce visage,
Ce qui doit être un bon présage,
Sur-le-champ, sans aucun retard,
Foi d'officier et de soudard,
Je fais à ta gloire un trophée
De sa dépouille éguenillée,
De son grand chapeau, mais pointu,
Et de ses bas chaussés à cru,
Qui pourroient bien sur ta toilette
Servir de triste cassolette;
Car, depuis qu'il erre les mers,
Son entretien va de travers. »
Aussitôt dit, son dard s'envole,
Fendant l'air plus vite qu'Éole,
Et va tomber, faisant grand bruit,
Sur son bouclier d'or enduit,
Qui, du retour, perça la côte
D'Anthor; mais ce fut par sa faute :
Pourquoi se trouvoit-il si près ?
Falloit-il là faire *flores*,
Le pimpant, le fendant, le brave ?
Croyoit-il gagner une épave
En risquant d'aller *ad patres* ?
Ce qu'il fit non *ad honores*,
Mais réellement, dont enrage
Le bon Troyen qui, dans sa rage,
D'un dard ou bien d'un javelot,
Fit à Mézence faire un rot,
Faisant un trou près sa bedaine :
Le pauvre diable en eut dans l'aine.
Son fils, qui l'aimoit tendrement,
Versa des pleurs abondamment,

[1] Je trouve dans le *Livre des proverbes françois* de M. Leroux de Lincy quelques dictons se rapportant à celui-là : « Jamais homme ni cheval n'amenda d'aller à Rome. » (Gomes de Trier, *Jardin de récréat.*, seizième siècle.) « Ceux qui viennent de Rome valent pis que devant. » (Prov. communs, quinzième siècle, réimprimés en 1839 par M. Silvestre.) Il y a encore : « Qui beste va à Rome, tel en retourne. » (Gabriel Meurier, *Trésor des sentences*, seizième siècle.)

Chanta piteuse litanie
Sur une telle tyrannie,
Appela le sort un faquin,
Jupiter fut un Maroquin,
Junon fut une péronnelle,
Vénus fut une maquerelle,
Et Mars un pied plat, un dourdier,
Mais Neptune un vinaigrier [1],
Des putains toutes les déesses
(Je crois qu'il dit même ivrognesses),
Des flagorneurs furent les dieux,
Et des Lucifers les pieux.
Mais que ne dit-il pas d'Énée
Et de sa valeur erronée ?
Il le traita de fagotin,
De malheureux pleure-sans-fin,
Dit qu'il ne valoit pas le pendre,
Enfin, à le voir, à l'entendre,
On jugeoit de son désespoir,
Même de son malin vouloir.
Alors, pour être quitte à quitte,
Ce Lausus au combat s'excite,
Prend pour un sou de brandevin,
Endosse l'armet de Membrin [2],
Court au galop à l'offensive.
Æneas, sur la défensive,
L'attend de pied ferme et lui dit :
« Quoi ! prétends-tu, petit chianlit,
Avec cette ardeur effrontée,
Te mesurer avec Énée,
Moi la perle des paladins,
L'unique inventeur des gourdins,
La terreur de tous les faux braves,
Et l'épouvantail des Bataves ? »
Mézence, pendant ce discours,
Clopinant, fut chercher secours
Dans son camp, près de la rivière.
Cependant une fourmilière
De traits tombe sur le Troyen.
Qui toujours, d'un même maintien,
Suivoit sa valeur et sa proie,
Et les suivoit même avec joie.
Enfin, joignant Lausus de près,
Sa fureur doubla d'un accès,
Surtout quand il vit l'impudence
De l'étourdi fils de Mézence,
Véritable tête à l'évent,

Qui juroit plus fort que devant
Contre les dieux et les déesses,
Contre les Parques, ces traîtresses,
Contre lui, contre les Troyens,
Les appelant toujours des chiens,
Dont les Parques bien enragèrent
Et tout aussitôt se vengèrent
En coupant le fil de ses jours,
Ce qui, fait, est fait pour toujours.
Æneas, de sa grande épée,
Plus fier que ne fut un Pompée,
Éventra le sac à boudin
De ce désespéré blondin.
Son habit fait en broderie,
Par sa mère toujours chérie,
En fut arrosé de son sang,
Qui, coulant tout le long du flanc,
Fit un ruisseau sur la poussière,
Qui bientôt fut une rivière.
Son âme, en grande affliction,
Après une telle action,
Partit en voiture un peu lente
Pour se trouver chez Rhadamante.
Ce ne fut pas sans sangloter,
Sans murmurer, ni sans pester ;
Mais à la mort point de ressources :
C'est une coupeuse de bourses,
Qui, quand une fois elle prend,
Ma foi, jamais elle ne rend.
  Énée, après un tel ouvrage
Qui rehaussoit son grand courage,
Pénétré d'un peu de pitié,
Fut moins fâché de la moitié,
Ce qui parut dans l'apostrophe
Que lui fit notre philosophe :
« Prince bien plus qu'infortuné !
Prince maltraité, tronçonné !
Qui de mourir étois avide,
Puisqu'à la mort, à toute bride,
Tu courois par ordre du sort,
Que te donner après ta mort,
Pour te faire oublier l'injure
Que fit ma main dans ta fressure ?
Désormais je donne mes soins
A tes parens dans leurs besoins ;
Plus, je chanterai ton courage,
C'est à quoi mon devoir m'engage

---

[1] Les vinaigriers, petits commerçants du dernier ordre, parcouraient alors les rues pour vendre leur marchandise. Il y a, dans le *Gage touché*, attribué à Le Noble (1696), une *Histoire du vinaigrier*, où Mercier a pris le sujet de son fameux drame, la *Brouette du vinaigrier*.

[2] L'armet enchanté du roi more Membrin rendait invulnérables ceux qui le portaient. (Voir Boïardo et l'Arioste.) On sait comment l'illustre chevalier de la Manche en fit la conquête. (*Don Quichotte*, Ire partie, liv. III, ch. XXI.)

Bien plus, je te fais un présent
(Sur ce pied j'en ferois un cent),
Je te laisse donc tes ferrailles,
Pour mieux chômer tes funérailles ;
La jouissance du tombeau,
Où jadis on serra la peau
De tes aïeux, de tes ancêtres,
Tous bons spadassins et vieux reîtres.
Dans les Enfers console-toi :
Si tu meurs, au moins, c'est par moi,
C'est par la main du grand Énée,
Que tu finis ta destinée,
Que tu remplis ton mauvais sort ;
T'en plaindre te feroit grand tort,
Car cette affreuse Tysiphone,
Qui toujours les ombres tisonne
Avec son grand trident de fer,
De toi feroit du mâchefer.
Adieu, j'ai grande impatience
De t'envoyer là-bas Mézence,
Le cher objet de tes regrets,
Le réservoir de tes secrets :
Sans t'ennuyer tu peux l'attendre,
Dans peu je saurai te le rendre,
Avec un paquet de ma main,
Écrit en rouge sur son sein. »
Ensuite vint la valetaille
De Lausus, qui crie et piaille,
Puis dans sa tente l'enferma,
De crainte qu'il ne s'enrhumât.

   Mézence, au bord de la rivière,
Assis sur un peu de bruyère,
Et contre un gros arbre appuyé,
Avoit lavé, bien essuyé
Sa plaie avecque de l'eau pure ;
Son casque, et toute sa parure,
Étoit sur l'herbe auprès de lui.
Là, plein de douleur et d'ennui,
Un écuyer fondant en larmes,
Vint en criant : « Courons aux armes ;
Lausus est mort, il est certain
Qu'Énée a dans son intestin
Fouillé comme dans gibecière.
Venez ordonner une bière,
Pour l'emballer avec honneur. »
Mézence en fut saisi d'horreur,
Et se fit porter dans sa tente,
Où voyant toute son attente
Au croc, par ce fâcheux revers,
Il en pleura tout de travers,

Même fit des extravagances,
Et proféra ces insolences :
   « Hélas !... c'est un commencement
D'une douleur asssurément.
Hélas ! dit-il, dans sa furie,
C'est donc moi qui tranche ta vie,
C'est moi qui porte dans ton sein
Un coup qui me rend assassin !
Je ne t'ai laissé dans ma place
Que pour me voir cette disgrâce
De te perdre pour un jamais !
Cher enfant, ce sont mes forfaits,
Ce sont mes tours de passe-passe,
Ces désirs de faire main basse
Sur tant de valeureux sujets,
Pour la plupart de vrais baudets ;
Ce sont les maux de ma patrie,
Qu'inventa mon espièglerie,
C'est ma lâche cupidité,
Et ma triste infidélité
Qui font aujourd'hui mon martyre.
Maraud que je suis, je respire !
Et je puis voir encor le jour !
Allons, peut-être qu'à mon tour
Je pourrai trouver bonne chance,
Puisqu'il s'agit d'une vengeance. »
Ensuite il appelle un trottin[1],
Fait amener son guilledin[2],
Orné d'une belle fontange,
Et d'une riche housse de frange,
Monte dessus, puis lui parla,
Et dans son discours faufila
Deux ou trois fines hâbleries,
Ce qui veut dire menteries :
   « Rhébé, roussin farci d'honneur,
Qui comme moi porte un bon cœur,
Depuis longtemps, chose évidente,
Nous n'avons qu'une même tente,
Nous ne mangeons qu'un même pain
Nous ne buvons..... je bois du vin,
Et toi de l'eau : la différence
N'est pas grande, à ce que je pense.
Rhébé, reprends ta belle humeur,
J'ai grand besoin de ta vigueur :
Ou je dois rapporter la tête
D'Æneas, ce vrai trouble-fête,
Ou la mienne doit y rester.
Rhébé, c'est à toi d'exploiter
Et de faire cette conquête,
La plus belle et la plus honnête

---

[1] Petit laquais.
[2] Cheval hongre qui va l'amble.

Que tu puisses faire en ces lieux,
Et la plus agréable aux yeux
Des Rutulois et des Itales.
Tu seras mis dans leurs annales,
L'histoire parlera de toi,
Si jamais elle songe à moi. »
Mézence ensuite s'enharnache,
Prend sa cuirasse et sa rondache,
Sa main pleine de javelots,
Puis s'en va, par bonds et par sauts,
Au milieu des troupes Troyennes,
Faisant fuir les Italiennes.
Il prend Æneas par l'écu,
Et dit : « Allons ! à coupe-cu [1] !
Voyons qui sera le plus brave ! »
Le Troyen d'un air plus que grave :
« Tope, dit-il, à qui va bien.
O dieux ! je ne demande rien,
Je suis au comble de ma joie,
Si vous faites triompher Troie,
Si je ferre des quatre pieds
Ce maître ès arts en passe-pieds [2] ;
Bref si je fais un sacrifice
De son boudin, de sa saucisse. »
Mézence, d'un air insolent
Dans sa tête ses yeux roulant :

« Va ! je ne crains ni Dieu ni diable,
Dit-il d'une voix effroyable ;
En vain tu veux les invoquer,
Dans ce moment tu vas bouquer,
Peut-être demander la vie.
Mais non, ma rage et mon envie
Veulent, aux dépens de ton sang,
Venger mon fils jusqu'en ton flanc. »
Un javelot comme la foudre
Partit, et fut réduit en poudre,
Se brisant sur le bouclier
De notre invincible guerrier.
A celui-là succède un autre.
Mais le pieux, le bon apôtre,
Lança son dard avec fureur,
Qui, s'envolant avec rumeur,
Sur le test du cheval s'acharne,
Lequel y fit une lucarne,
Qui le fit ruer, puis tomber,
Et sous son poids fit succomber
Le furieux et fier Mézence.
Æneas, le pied sur sa panse,
Lui fit dire un *mea culpa;*
Puis après son chiflet coupa,
D'où par le trou sortit son âme,
En jurant Dieu comme un infâme.

[1] Terme de jeu, qui signifie *sans revanche*, et ici, naturellement, *jusqu'à ce que mort s'ensuive.*

[2] Le passe-pied était une espèce de branle, en usage surtout dans la Bretagne. Il monta sur la scène de l'Opéra : ce fut alors une sorte de menuet très-vif à trois temps.

LE
VIRGILE TRAVESTI

LIVRE ONZIÈME

Phœbus, à la blonde crinière,
Commençoit déjà sa carrière,
Lorsque, s'éveillant en sursaut,
Æneas du lit fit un saut,
Prit le grand deuil, quitta panache,
Mit un crêpe sur sa rondache,
En entoura son bouclier,
Et fit bronzer son écuyer.
Puis, ayant quitté sa toilette,
Il fut honorer le squelette
De son défunt ami Pallas,
Non sans pousser nombre d'hélas !
Ensuite aux habitans célestes
Il fit présenter force zestes,
Confitures dont on fait cas,
Et dont il avoit fait amas
Dans la ville de Palantée,
Ville tout des plus haut plantée :
Ce présent fut fait par retour,
Pour avoir vaincu tout le jour.
De plus, il fit planter un chêne,
Aux branches duquel on enchaîne
Les dépouilles des ennemis,
Ce qui rassura les esprits
De ses tristes compatriotes :
Là, l'on attache les culottes,

La sangle et les deux étriers
De l'un de ces mâche-lauriers ;
Ici l'on voit pendre le casque,
Le dard et le tambour de Basque
D'un des plus fameux Laurentins ;
De ce côté, de deux Latins
On voit les brillantes aigrettes,
La dragonne et les castagnettes ;
En haut, les chaussons de Lamus ;
Au milieu, du défunt Lausus
On voyoit pendre la chemise,
Avec sa houppelande grise,
Son mouchoir, son bonnet de nuit,
Que l'on trouva, par cas fortuit,
Son javelot, sa sarbacane,
Son hausse-cou, sa pertuisane,
Son buffle, et deux vieux baudriers,
Et la forme de ses souliers.
En bas, on voyoit de Mézence
Deux dards brisés, avec sa lance,
Son casque orné d'ailes de coq,
Un carquois, six traits, et son croc,
Sa cuirasse toute froissée,
Même de douze trous percée,
Son large bouclier d'airain,
Qui tenoit encore à sa main,

Son caleçon, sa chemisette,
Sa belle écharpe et son aigrette,
Sa râpe à râper du tabac,
Son baril et son havre-sac,
Le tout en forme de trophée
Que le bon et pieux Énée
Avoit, avec des étendards,
Mis pour honorer le dieu Mars.
Là, voyant régner l'allégresse
Parmi sa plus belle jeunesse,
Même parmi ses généraux,
Qui regardoient tous ces lambeaux
Ou ces heureux fruits de la gloire
Que leur donnoit telle victoire,
Il crut leur devoir un discours,
Car il les haranguoit toujours,
Et pour la moindre bagatelle
Leur disoit une kyrielle :
« Mes amis, mes compartageans,
Tant de mes maux et mes tourmens,
Que de cet honneur impayable
De voir ici mordre le sable
A ces superbes Laurentins,
Ces Rutulois et ces Latins,
Comme moi criez : *Vivat* Troie !
Et donnez-vous tous à la joie.
Le plus mauvais temps est passé
Et l'ennemi bien repassé.
Voici les armes de Mézence
Et de son fils, dont l'insolence
A mérité ce triste sort.
Ma foi, sans faire un grand effort,
J'ai fouillé le fond de leur panse
Avec le fer de cette lance.
Ils croyoient nous prendre sans vert,
Avec leur tête de pivert,
De pivert ou bien de linotte,
Tant étoit lourde leur marotte :
Vous avez vu que, sans façon,
En enfant de bonne maison,
J'ai traité ce roi, ce barbare ;
Non que j'en fasse ici fanfare,
Le sort ainsi l'a résolu,
Et le grand Jupin l'a voulu.
La mort de ce grand capitaine
Nous rend les maîtres de la plaine :
Avant d'y faire nos choux gras,
Il faut jouer du coutelas,
Par la porte ou par la fenêtre
Entrer en conquérant, en maître,

La lance au poing bien en arrêt,
Le dard à lancer toujours prêt,
Dans la superbe capitale
De ce fameux roi de l'Itale,
Qui prétend nous prendre au filet
Et nous régaler du stylet.
Chargeons nos armes à barbette [1],
Que chacun de son escoupette
Ote la rouille et le moisi ;
Sans perdre de temps courons-y.
Là j'autorise le pillage,
Le vol, même le brigandage,
Et tout ce qui peut enrichir
Gens qui savent si bien servir.
En attendant l'heureux présage
Qui doit ranimer mon courage,
Allez rendre un dernier devoir
A ceux qui du sombre manoir
Ont entrepris le grand voyage,
Pour nous établir une cage
Où nous pourrons, en liberté,
Manger le jambon, le pâté,
Boire du bon vin d'Italie,
Faire la cour à Lavinie,
Et rétablir notre Ilium
En élevant Lavinium.
Pour moi, je vais, dans une bière,
Faire, par mon hospitalière,
Emballer le corps de Pallas,
Pour l'envoyer, tout de ce pas,
Au bonhomme son père Évandre,
Qui de douleur pourra se pendre,
Ou du moins gagner un transport,
Quand il verra son seul fils mort,
Mais, mort dans le lit de la gloire,
Ayant ébauché la victoire
Que nous venons de remporter,
Mais comme je dois raconter
Par écrit cette noble histoire
(Qu'à grande peine on pourra croire),
Et l'envoyer dans ce moment,
Je vous quitte sans compliment. »
Ce qu'il ne put dire sans braire
Et sans mouiller son luminaire :
Ce fait ne paraît pas nouveau,
Aquatique étant son cerveau.
   Notre fils d'Anchise chemine,
Faisant toujours piteuse mine,
A la porte où Pallas étoit,
Et qu'Acète le vieux gardoit.

---

[1] On entend par barbette une plate-forme sans épaulement, d'où on tire le canon à découvert. Moreau de Brasey, qui se souvient, en écrivant, de son titre d'officier, multiplie les locutions militaires.

Cet Acète, écuyer d'Évandre
(Ce qu'il est bon de vous apprendre,
Même nécessaire en ce cas),
Avoit élevé ce Pallas
Depuis qu'il quitta la bavette
Jusqu'à ce qu'il fût fait cornette ;
Alors on le fit, par honneur,
Son écuyer, de gouverneur.
Près du défunt, non dans la joie,
Paroissoient les dames de Troie,
La larme à l'œil ou le mouchoir,
Pour étaler le désespoir
Ou pour pleurer à la sourdine,
Du moins pour en faire la mine,
Car la femme en ce monde ici
Pleure quand on veut, Dieu merci.
Elles étoient échevelées,
Faisoient des mieux les désolées ;
Grimaces ne manquèrent pas,
Suite ordinaire du trépas.
On vit aussi le domestique
De l'infortuné fils unique
Autour du corps en sanglotant,
Force prières récitant,
En se meurtrissant la poitrine,
De voir trébucher la cuisine.
On entendoit des cris affreux
Poussés par des estomacs creux,
Qui se répandoient dans les rues
Et s'alloient perdre dans les nues.
Æneas prit le goupillon
Pour l'arroser à sa façon,
Et, dans cette action célèbre,
Il fit une oraison funèbre
A peu près dans ce sens ici,
Que je rapporte en raccourci,
Pour captiver la bienveillance
De mon attentive audience :
« Jeune guerrier, mais malheureux,
Qui n'eus jamais le cul breneux,
Dit-il, le cœur plein de tristesse,
Je regrette fort ta jeunesse,
Ta bravoure aussi, ce grand cœur,
Que tu perds dans le lit d'honneur.
Faut-il te voir quitter la vie,
Quand je dois régir l'Italie,
Commander aux Italiens,
Les tenir tous dans mes liens,
Les élever à la brochette
Et les gouverner à baguette ?
Tu devois retourner vainqueur
Chez Évandre, que la douleur
Va suffoquer, voyant la bière

Où cette Parque meurtrière,
En tranchant le fil de tes jours,
Vient de t'enfermer pour toujours.
Il va dire que je l'enjôle,
Ayant juré sur ma parole
De te renvoyer sauf et sain
Te ravitailler dans son sein.
Ce coup fâcheux me désespère,
Je plains le fils, je plains le père,
L'un et l'autre me font pleurer ;
Mais pourquoi se désespérer ?
Tu n'es pas mort comme un infâme ;
D'ailleurs, je jure sur mon âme
Que je vengerai cette mort,
S'il plaît à monseigneur le Sort.
J'y perds le plus, au bout du compte,
Je le dis à ma propre honte :
Mon cher petit Ascagne et moi,
Nous perdons tous de bonne foi. »
Après ces douloureuses plaintes,
Il prit ses armes de sang teintes,
Les saupoudra, puis les baisa,
Les sauça, même ressauça
Dans la bedaine ou dans la panse
De ce défunt tyran Mézence.
Pour accompagner le convoi,
Mille soldats de bon aloi,
Charmés de revoir l'Étrurie
Et d'éviter telle tuerie,
Furent commandés sur-le-champ
Parmi les plus lestes du camp.
Son corps fut mis dans des orties
Par deux mères des Repenties,
Crainte de putréfaction ;
Après on vint à l'onction
Avec du baume d'Arabie,
Peut-être de Fontarabie,
Peut-être étoit-il du Pérou ;
Ma foi je ne sais pas bien d'où.
Pour finir la cérémonie
Dont Æneas souffre agonie,
Il fit apporter deux habits,
L'un de pourpre, l'autre de gris,
Tous deux de belle tiretaine,
Que Didon avoit pris la peine
De broder de sa belle main,
Quand l'Amour, d'un trait assassin,
Lui mit dans le cœur flamme ardente
Dont elle ne fut pas contente,
Et dont elle se désola,
Jusque-là qu'elle s'en brûla.
Le triste fils de la Déesse
A belle cuisse, à blanche fesse,

De son ami para le corps
De l'un de ses deux justaucorps,
De la culotte, de la veste,
L'assortissant de tout le reste
Comme de bas et de souliers,
De bottes neuves, d'étriers,
D'un beau casque et de son aigrette,
D'une lance et d'une lancette,
D'un magnifique baudrier,
D'un grand sabre et d'un bouclier,
D'une cuirasse à cotte d'armes,
Enfin de toute sorte d'armes
Que lui portoient les officiers
D'un escadron de cuirassiers.
 Après qu'on eut battu la marche,
Tout le convoi se mit en marche,
Marchant en ordre à petit bruit,
Avec des flambeaux pour la nuit.
Tous les soldats fondoient en larmes,
Portant tous à rebours leurs armes ;
Même Maron nous dit ici
Que son cheval pleuroit aussi,
Cet Aton, cheval de bataille,
Qui, dans la plaine et la broussaille,
Dans les bois et dans les buissons,
Dans les marais et sur les monts,
Dans la paix comme dans la guerre,
N'avoit pas son pair sur la terre,
Trente chevaux des moins rétifs,
Avec cent trente-deux captifs
Pris dans différentes batailles,
Accompagnoient ces funérailles,
Marchant poings liés sur le dos,
Deux à deux, et le reste en gros.
Des soldats, au bout de leurs piques,
Portoient les marques héroïques
Des ennemis morts de sa main,
Dont les noms, par un écrivain,
Écrits en très-gros caractère,
Chacun selon son baptistère,
Sur leurs armes se faisoient voir.
Douze tambours drapés de noir,
Quatre trompettes, deux timbales,
Portoient banderoles égales,
Aussi bien que les tabliers,
Et les deux maîtres timbaliers.
Cette marche étoit terminée
Par l'envoyé de notre Énée,
Chargé de faire un compliment
En haut ou bien bas allemand.
Six chars attelés de six mules,
Colorés du sang des Rutules,
Chargés de fastueux présens
Utiles autant que plaisans,
Et réjouissans à la vue,
Faisoient la fin de la cohue.
 Inventorions à présent
En quoi consiste le présent :
Primo, l'œil du grand Polyphème,
La quenouille et le diadème
De la reine Sémiramis,
La houlette du beau Pâris ;
Plus, un très-beau chapeau de paille,
Avec une cotte de maille,
Un ceinturon piqué d'argent,
De javelots un demi-cent,
Un grand bassin, une seringue,
Un jeu complet de taupe et tingue [1],
De Didon le pot à pisser,
Avec un bon maître à danser,
Un cheval natif de Sardagne,
Six bâtons de cire d'Espagne,
Une pagode, deux Chinois,
Deux ou trois grands barils d'anchois,
Deux autres de bonnes olives,
Une femme pour les lessives,
De la farine pour six mois,
Et douze bons joueurs d'hautbois ;
Un grand tableau de Michel-Ange,
Qui représentoit un mélange
De toute sorte d'animaux,
Habitant la terre ou les eaux
Somme totale, une chemise
De très-belle toile de Frise,
Six bonnets de nuit, six mouchoirs,
Une trousse avec six rasoirs,
Un cabaret, sa cafetière,
Enfin une très belle aiguière,
Le tout rangé, bien emballé,
Et par emballeur cordelé.
 Ænéas, suant de détresse,
Ces mots entrecoupés adresse
A son ami le feu Pallas :
« Hélas ! jeune guerrier, hélas !
J'ai, je te jure, un grand déboire
De te voir passer l'onde noire ;
Mais j'en aurois de bien plus grands,
Si je me trouvois des partans,

---

[1] Je ne sais s'il y avait un jeu qui portât réellement ce nom ; mais la locution *tope tingue* (des verbes : *je tope* et *je tingue*, c'est-à-dire *je tiens*) était fort usitée dans jeux. (Voir *Dictionn.* de Trévoux, à ces mots.)

Car j'ai peine à quitter la vie,
Que je sais ma meilleure amie.
Nous allons, dans d'autres malheurs,
Chercher d'autres sujets de pleurs.
Adieu ! puisse le chien Cerbère
Devenir pour toi moins sévère !
Embrasse tous nos bons Troyens,
Qui sont là-bas dans les liens ;
Surtout dis à mon défunt père
Que j'ai soin du fils de ma mère,
Et qu'il ne lui manquera rien,
Tant que je me porterai bien.
Enfin, pour le remettre en joie,
Dis-lui que je relève Troie. »

A peine eut-il dit ces trois mots,
Qu'on vit voler des javelots,
Tirer de la mousqueterie,
Recommencer la boucherie,
Assaillir, comme auparavant,
Son fort aussi bien que son camp ;
Ce qui le fit enfin résoudre
De brûler aussi de la poudre,
Et de se joindre à ses soldats,
Pour les préparer aux combats.

Dans ce temps, fameuse ambassade
Vint lui présenter l'accolade
De la part du roi des Latins,
Disons plutôt des passe-fins,
Plus fins qu'échappés de Gascogne,
Même que niais de Sologne [1] :
Cette ambassade vint au fort,
Montrant, par un ardent transport,
La paix peinte sur les visages
Des députés moins que sauvages.
Ils portoient des chardons bénis ;
Parbleu ! c'étoient des malappris,
Des gens qui n'avoient point de crâne !
Est-ce qu'Æneas est un âne,
Pour lui présenter des chardons ?
Voyez un peu ces Myrmidons !
Une branche d'olive, passe,
Quand l'ambassade exige grâce !

Juste elle étoit dedans le cas :
Peut-être n'y songeoient-ils pas.
La grâce étoit de leur permettre
De faire des trous, et d'y mettre
Tout ce qu'on trouveroit de corps :
Ils vouloient enterrer les morts ;
Bon cela, c'est comme il faut dire.
En outre, ils prioient de souscrire
Le Troyen que, par sa bonté,
Aucun acte d'hostilité
Ne fût fait pendant cette guerre,
A ceux qu'ils alloient mettre en terre,
Comme aux vivants faits prisonniers,
Soit soldats, dragons, cavaliers.
Lui qui les appeloit ses frères,
Ses hôtes, même ses beaux-pères :
« Allez, je vous jure ma foi,
Que vous serez contens de moi,
Dit Æneas, je suis bon diable,
Fort doux, caressant, pitoyable,
Je mets le passé sous les pieds ;
Mais soyez tous mes alliés.
Qu'avoit à faire l'Italie,
D'aller donner dans la folie
Du plus grand poltron des humains,
Qui, craignant d'en venir aux mains,
Et de trouver mauvaise chance,
Dédaigne de rompre une lance ?
Je veux parler de ce Turnus,
Qui croit avec ocus-bocus [2],
En faisant tourner sa baguette,
Me faire faire une courbette.
Parbleu ! c'est pour ce pantalon [3],
Ce visage, ce violon,
Que Jupin garde la victoire !
Vous le verrez, oh ! vraiment voire !
Vous le verrez donc bien toujours !
Quand votre roi pour son secours
Armeroit toute l'Italie,
Comme lui-même le publie,
Il ne prendra jamais qu'un rat [4]
Et ne sera jamais qu'un fat.

---

[1] On appelait *niais de Sologne* le faux bonhomme qui faisait l'ingénu pour attirer les gens, qui se trompait à son profit : « Quel niais de Sologne ! tu te trompes à ton profit. » (Comédie des *Proverbes*, II, 3.)

[2] *Otus bocus tempora bonus*, termes magiques dont on se servait pour faire tourner la baguette divinatoire, et qui se sont conservés jusqu'aujourd'hui dans les tours de passe-passe de la magie blanche. On peut voir les secrets relatifs au premier de ces arts dans le *Secret de la baguette divinatoire, tiré du Grand Grimoire*, p. 87, et dans le *Dragon rouge*, p. 83.

[3] On désignait par là un homme qui joue toute sorte de rôles et fait toute sorte de figures pour en arriver à ses fins. On connaît aussi le Pantalon du théâtre italien.

[4] C'est-à-dire, il n'arrivera à rien, il ne réussira pas. On disait même : *ce fusil a pris un rat*, pour marquer que le chien s'était abattu sans que le coup partît.

Si chez vous j'ai porté la guerre,
Si j'ai désolé cette terre,
C'est par l'ordre du dieu Jupin,
Qui n'est rien moins qu'un Turlupin,
Qui, quand il a dans sa caboche
De faire marcher comme un coche
Une grande maison sur l'eau,
Tout obéit à son cerveau,
Et la maison, et la rivière,
L'un portant l'autre, lui défère ;
Qui d'un si peut faire du ciel,
S'il le veut, une ruche à miel,
De cette terre une raquette,
D'une vestale une soubrette ;
Enfin qui peut, en cet instant,
De vous faire un moulin à vent,
De vos épouses des Harpies,
Et de vos filles des toupies. »
 L'ambassade, après ce discours,
Qu'elle ne prit pas à rebours,
N'eut pas un petit mot à dire ;
Chacun le regarde et le mire,
Tant il parut plein d'onction
Et leur fit satisfaction.
Le chef enfin de l'ambassade,
Qui n'étoit pas le plus maussade,
Lui fit une péroraison,
Sans arrangement, sans façon,
Sans figure de rhétorique,
Et sans ces grands mots dont se pique
Le savant, comme l'ignorant,
Le pédant, comme le régent.
Voici, je pense, la manière
Dont ce chef tourna sa matière :
« Grand prince, tes fameux exploits,
Chantés par la bouche aux cent voix,
Bouche qui tient à deux oreilles,
Mais bouche qui dit des merveilles,
Quand surtout merveille se fait
(Par-ci, par-là va son caquet ;
A la ville et dans le village
Elle étourdit par son ramage,
Et ne cesse de trompetter,
Quand elle a lieu de caqueter) ;
Tes exploits, tes hauts faits de guerre,
Sont plus connus que le tonnerre,
Et nous sommes embarrassés,
Dirai-je encor fort tracassés,
De savoir comment nous y prendre
Pour te louer, et pour te rendre
Les trois quarts de ce qui t'est dû ;
Car je n'ai jamais prétendu
Que cette ambassade ordinaire

Puisse te payer le salaire
Que ta victoire mérita,
Sans qu'il s'en manque un iota.
Parlerons-nous de ta clémence,
Et de cette noble constance
A faire bien, et jamais mal,
Qui nous montre en original,
D'un jour à venir notre maître,
Ou celui qui voudroit bien l'être ?
De ce pas je vas dire au roi,
Et j'en serai cru sur ma foi,
Ce que tu nous as voulu dire :
Cela ne doit que trop suffire,
Pour nous unir et lier tous.
Peste ! c'est du lard dans tes choux,
Et dans ceux de la gent Troyenne,
Que Jupiter conduise et mène !
Il est vrai que ce roi Turnus
Devroit aller faire chorus
En quelque lointaine contrée,
Sans venir à l'échauffourée
Incendier notre pays,
Faire nos filles des Laïs,
Attirer chez nous le grabuge,
Par un ennemi qui nous gruge.
Dès que nous serons alliés,
Avec plaisir, des mains, des pieds,
Nous travaillerons aux murailles,
Bastions, courtines, tenailles,
Chemin de ronde, parapets,
Demi-lunes, fossés, retraits,
A l'angle, à la gorge, à la face,
Dehors, même dedans la place ;
Bref, ce que nous aviserons,
Et ce que faire nous pourrons
Sera fait, mais à l'amiable,
Et moyennant rançon valable. »
 Le vieux Drance en demeura là.
Sur-le-champ un grand brouhaha
Se répandit dans l'assemblée,
Qu'interrompit messire Énée.
On accorda la paix aux morts,
Et l'on en enterra les corps,
Ce qui dura douze journées,
Des deux partis bien avinées.
Dieu sait si l'on fit dans le fort
De nos Troyens un grand effort,
Pour tâcher d'établir frairie,
Et même fonder confrérie,
Chez ces bonnes gens, ces Albins,
Pour la plupart de vrais Dandins.
L'un d'un côté fut fait compère,
L'autre guignoit une commère ;

Celui-ci parloit de contrat,
L'autre demandoit un grabat,
Tant il avoit en abondance
Farci de vin sa large panse.
On commença par doux larcin,
Sur la bouche, l'œil et le sein,
Et tout eût été dans la joie,
Si, content de la petite oie [1],
On eût réglé ses mouvemens,
Ses transports, ses déportemens.
On ne vit que scélératesse,
Débordemens, tours de souplesse,
Des Italiennes surtout,
Qui les savent de bout en bout.
L'une disoit : « J'ai la migraine, »
Pour mieux courir la prétentaine ;
D'autres chantoient à leurs maris :
« Ah ! j'endors le petit, mon fils. »
L'on s'en donnoit à dos et ventre ;
Celui-ci sort, quand l'autre rentre.
Certains, aux pieds des chênes verts,
Faisoient voir la feuille à l'envers.
Æneas, songeant à l'utile,
Faisoit ravitailler sa ville,
De blé, de farine, de bois,
De bœufs, de veaux, de lard, de pois,
De vin, de biscuit, d'eau-de-vie,
Et d'autres besoins de la vie.
Là, l'on réparoit le pavé,
Et d'autre part, à cul levé,
Chacun travailloit avec zèle
A dérouiller son alumelle,
Teinte du sang de l'ennemi.
D'autres chantoient, la, sol, fa, mi,
Pour témoigner l'ardente joie
Qu'ils avoient de voir briller Troie.
Ici, l'on raccommode un mur ;
Là, l'on refait un contre-mur ;
En haut s'assemble le chapitre ;
En bas l'on remplace une vitre ;
Là l'on trace un grand ravelin ;
Ici l'on relève un moulin,
Et l'on prend d'une terre inculte,
Pour l'établir sur une butte.
Bref, on voit jusqu'aux généraux
Mettre la main à ces travaux :

C'est à qui rétablira l'ordre
Qu'avoit causé si grand désordre.
  Tandis qu'en paix l'on respiroit,
Et que chacun s'amélioroit,
Cette vieille jaseuse à gage.
Toujours dans le grimelinage [2],
S'en va sur le mont Palatin
Corner, mais de très-grand matin,
Dans la ville de Palantée,
La perte de l'ami d'Énée.
Sans garder de formalité,
Elle entre d'un air effronté
Jusque dans le palais d'Évandre,
Ne fait que monter et descendre,
Vole de la cave au grenier,
Sans avoir congé du portier.
Elle descend dans la cuisine,
Mise comme une gourgandine,
Dans l'office, dans le cellier,
Et dans le four du pâtissier.
Là, débitant sa marchandise,
Elle récite la main mise
Que Turnus, à coups d'échalas,
Avoit fait sur le beau Pallas ;
De là, passant dans l'antichambre,
Elle fait deux tours dans la chambre
De ce monarque Arcadien,
Et là, d'un hardi maintien,
Elle raconte la bataille,
En disant : « Prince, tout coup vaille [3],
Ton fils unique est trépassé,
Requiescat donc *in pace.* »
Ensuite elle va par la ville,
Où de mensonge elle dit mille,
Trois contes à dormir debout,
Puis va tomber chez Jean-fait-tout,
Gazetier de la jeune Troie,
Le paye de même monnoie,
De là passe dans les couvens,
Où les petits, comme les grands,
Le profès, comme le novice,
Furent instruits du maléfice,
Ce qui causa grande rumeur,
Excita d'abord la fureur,
Ensuite la pitié, les larmes,
Pour la perte de tant de charmes :

[1] Les petites faveurs :
> Menus détails, baisers donnés et pris,
> La petite oie, enfin ce qu'on appelle
> En bon françois, les préludes d'amour.
>   (Contes de la Fontaine, l'*Oraison de saint Julien.*)

[2] Petit jeu, petit trafic, petite intrigue.
[3] Locution reçue, pour dire *arrive que pourra.*

Virgile en compte bien deux cents,
Tant en cœur, qu'esprit et bon sens.
On n'eut pas besoin de pleureuses,
Ces lugubres appareilleuses :
Tous les Arcadiens hurloient,
Et toutes les femmes gueuloient.
Le beffroi, voyant la lumière
Qu'obscurcissoit grande poussière,
Fit un lugubre carillon
Qui mit tout en émotion.
On sortit avec la bannière ;
La maîtresse et la chambrière,
Le financier, le magistrat,
L'apothicaire, l'avocat,
L'usurier, la vieille punaise,
La belle, blanche et fraîche fraise,
Tout fut au-devant de Pallas,
Sentant déjà le faguenas ¹.
Enfin les Troyens arrivèrent,
Qui leurs tristes sanglots mêlèrent
Avec ceux de ces habitans
Qui fourmilloient parmi les champs.
Mais quelques soins que l'on pût pren-
On ne put empêcher Évandre   [dre,
De courir comme un insensé,
Pour voir son fils le trépassé ;
Entouré d'une serpillière,
Il se jeta dessus la bière,
Adressant ces mots au cercueil :
« Hélas ! je ne suis pas en deuil,
Mais, mon fils, ce n'est pas ma faute ;
Je ne croyois pas qu'un tel hôte
Viendroit en si sombre appareil
M'annoncer si fatal réveil.
Peste soit du reste de Troie,
Qui met au croc toute ma joie,
Me fait la victime du sort,
Me porte le coup de la mort,
Et dérange l'économie
D'une si belle et longue vie !
Que ne t'ai-je fait un poltron ?
Du moins, gardant le décoron,
On n'auroit pu te dire au juste
Si tu fus vaillant ou robuste.
Foin de la guerre et d'Æneas,
Puisque je perds mon cher Pallas !
Falloit-il, pour un peu de gloire,
Pour une apparente victoire,
Un peu de fumée après tout,
Que mon fils me portât le coup,
Mais un coup sinistre et funeste,

Qui, loin de me produire un zeste,
Me fait quitter, bien malgré moi,
Et ma couronne et mon emploi ?
Peste encore une fois d'Énée,
Et de son ardeur saugrenée !
Que ne demeuroit-il chez lui !
Et pourquoi chercher un appui
Aux dépens de mon fils unique,
Qui gît dans l'affreuse boutique
Du redoutable et fier Pluton,
Des sombres bords le factoton ?
Ah ! que ta mère, mon épouse,
Depuis long-temps dans la belouse,
A bien fait de passer devant !
Mais moi, qui suis le survivant,
Prêt à tomber dans la bascule,
Puis-je te voir par le Rutule
De moi séparé pour toujours ?
J'en verrai la fin de mes jours
Une heure plus tôt, à ma honte,
Dont on te fera rendre compte
Là-bas, au séjour ténébreux,
Séjour funeste et même affreux.
Tu fus plus heureux en carnage
Chez le Volsque, où tu fis gagnage ²,
Où tu fis nombre de mourans,
Où tu défis tes concurrens,
Que chez l'Itale, dont j'enrage,
Qui te met pour jamais en cage. »
  Puis il laissa couler ses pleurs,
Qui, mêlés avec ses douleurs,
Faisoient pitoyable harmonie
Et très-lugubre symphonie,
Puisqu'en parlant il sanglotoit
Si fort, qu'on crut qu'il radotoit.
Ce qui redoubla les alarmes.
Après la chute de ses larmes,
Il adressa sa triste voix,
Qu'on interrompit maintes fois,
Au chef de ce convoi funèbre,
Convoi magnifique et célèbre.
« Allez ! lui dit-il, et volez,
A votre Æneas étalez
Ce que telle déconfiture
Coûte de maux à ma nature !
Pourvu qu'il puisse, après Lausus,
Abattre l'orgueil de Turnus,
Le désarmer de sa rapière,
Bref, le priver de la lumière,
Évandre sera satisfait,
C'est le comble de mon souhait. »

---

¹ Odeur fade, corrompue, écœurante, comme celle qui s'échappe des corps malpropres
² Gagnage, goignage, mot de la vieille langue, pour gain, profit.

Ensuite il entra dans la ville,
En conduisant, d'un pas débile,
La pompe jusques au tombeau
Où devoit reposer la peau
De feu son fils, dont l'encolure
Sembloit encore être en nature.
On attacha dans les caveaux
De sa gloire tous les lambeaux,
Puis on fit la triple décharge,
En quoi le soldat parut large.
Ainsi fut le guerrier Pallas
Mis en chemin d'aller là-bas
Faire sa cour à Proserpine,
Comme parent de Méluzine.
   Quand tout cela fut achevé,
L'escorte reprit le pavé,
C'est-à-dire se mit en marche,
Sans faire une fausse démarche.
Or, tandis qu'elle revenoit,
Que vers le camp elle marchoit,
On vit Tarcon et notre Énée
Donner leurs soins, cette journée,
A faire brûler tous les corps
De ceux qui furent trouvés morts.
De grands bûchers sur les rivages,
Ornés de fleurs et de feuillages,
Furent élevés le matin ;
Autant en faisoit le Latin.
Là, l'on mit les corps et les armes,
Les cuirasses, les cottes d'armes,
Les dards, les flèches et les faux,
Les chars, charrettes, tombereaux :
Tout fut de la cérémonie.
On voyoit chaque colonie
Faire trois tours autour des feux,
Marchant d'un pas lent deux à deux.
Autant en fit l'infanterie,
Et même la cavalerie.
Puis on éventra des cochons,
Des bœufs, des veaux et des moutons,
Dont on fit très-grand sacrifice,
Afin que Pluton fût propice
A ces malheureux de Troyens
Partis pour les Élysiens.
Le Laurentin et le Rutule,
Tous, dans un conciliabule,
Ordonnèrent que les autels
Fumeroient pour les immortels,

Si bien qu'on ne vit que grillades
De boudins gras, de carbonnades,
Pour les grands sacrificateurs,
Leurs prêtres et leurs serviteurs,
Ce qui causa grande fumée
Autour de l'une et l'autre armée,
Et de part et d'autre des feux
Pour calciner ces malheureux,
Qui, dans cette grande journée
Si glorieuse pour Énée,
Avoient, aux dépens de leur sang,
Mis les Troyens, de but en blanc,
Dans la paille jusques au ventre [1].
Là, se trouvant dedans son centre,
Et ne songeant qu'à s'agrandir,
Æneas laissa refroidir,
Trois jours entiers, les tristes restes
De ces holocaustes funestes,
Pour pouvoir, après leur malheur,
Leur faire de l'urne l'honneur.
Bref, la quatrième journée,
Notre pieux et sage Énée,
D'un air sauvage et refrogné,
Et dans son crêpe embéguiné,
Vint dévotement prendre
Et ramasser toute la cendre,
Que l'on mit dans des pots vernis,
Des peaux de boucs et de roussis [2],
Et partout où l'on en put mettre ;
Puis après on fut la remettre
A l'Hôtel de ville en dépôts,
Avec deux ou trois grands sacs d'os
Qui n'avoient pu faire poussière,
Attendant l'honneur de la bière,
Ou d'un célèbre enterrement
Qui se devoit précisément
Faire après la fin de la guerre,
Dans l'endroit où l'on prendroit terre.
   De son côté le prince Albin,
Prince tranquille, mais peu fin,
Faisant en grande compagnie
Une égale cérémonie,
Fut assailli de tous côtés
Par vingt ou trente députés
Des plus affligés des Itales,
Qui maquignonnoient des cabales
Contre la guerre et ses abus,
Et contre l'hymen de Turnus.

[1] Être dans la paille jusqu'au ventre, ou jusqu'aux yeux, c'est être à son aise, dans l'abondance de toutes choses. On disait aussi, dans le même sens, être comme rat en paille.

[2] Le *roussi* était une espèce particulière de cuir qu'on appelait ainsi par corruption : *cuir de roussi,* pour cuir de Russie.

Là, les belles-filles, les frères,
Les orphelins et les beaux-pères,
Fondant en pleurs, crioient : La paix !
Menaçant d'aller au palais
Casser les portes, les vitrages,
Abattre murs et galandages [1],
Brûler l'étable et les mulets,
Même égorger tous les valets.
Un, entre autres, de conséquence,
Faisant très-fière contenance,
Dit qu'il falloit que ce Turnus,
Ce roitelet, ce nez obtus,
Vint chercher, dans un tête-à-tête,
De mettre fin à la tempête
Qui s'élevoit dans le pays,
Dont les habitans ébahis,
Chagrins de voir telle phalange
Venir chez eux faire vendange,
Vouloient s'allier aux Troyens,
Et qu'ils en savoient les moyens.
Drance, arrivé de l'ambassade,
D'un grand point rehaussa l'aubade,
Parla contre le Rutulois
Et pour la paix tout à la fois.
La populace le seconde,
Contre Turnus murmure et gronde,
Et, sur l'étiquette du sac,
Veut d'abord piller son bissac,
Le chasser comme un misérable
Qui les ronge et qui les accable.
La reine, sur un ton plus doux,
Eut beau dire : « A quoi songez-vous ?
Gardez-vous si peu de mémoire
De mon cousin et de sa gloire ?
Quoi, deux galeux et trois tondus,
Fraîchement de ce monde exclus,
Vous font sitôt tourner casaque
Et renvoyer chez le Cosaque,
Un prince qui, dans votre ennui,
Fut votre bras droit, votre appui ?
Allez, vous êtes des Jocrisses,
De misérables écrevisses
Qui rétrogradez en bon sens ;
Vous turlupinez-vous des gens ? »
    Pendant si fâcheux intermède,
Les envoyés à Diomède

Arrivèrent *incognito*,
Et s'en allèrent *subito*
Trouver le roi, joindre la reine.
Après salut ou droit d'aubaine
Tel qu'on le doit faire à son roi,
Vénule, sur son quant à moi [2],
Fit ce discours tout d'une pièce,
Qui n'augmenta pas l'allégresse
Dans les cœurs et dans les esprits
« Ma foi, dit-il, nous sommes frits ;
Ce pisse-froid de Diomède,
A faire plaisir toujours tiède,
Avec son air emmitouflé,
Sur votre lettre a reniflé.
Peu s'en est fallu d'aventure
Qu'il n'ait poussé plus loin l'injure,
Car il auroit craché dessus,
A l'épaisseur près d'un écus,
Si je n'eus retiré la lettre
Que je venois de lui remettre.
La peste ! il n'est pas indigent ;
Il a méprisé votre argent,
En me disant : « Crois-moi, délate,
Je connois l'argent de l'Itale.
En gambade, en contorsion,
En fausse et feinte affection,
En coups fourrés, en embrassades,
En amitiés, puis en ruades,
Toujours par cinquante, ou par cent,
Ton bon maître paye comptant.
Je veux bien le payer de même,
Je m'en fais un plaisir extrême ;
Mais de lui donner des soldats,
Pour faire danser entre-chats
A cette nation Troyenne,
Que plutôt soldat je devienne !
Assez, et même trop longtemps,
J'ai galvaudé ces pauvres gens :
Avec eux n'ayant plus de guerre,
Je ne cherche plus qu'à leur plaire,
Qu'à nous entretenir amis,
N'en voulant point pour ennemis. »
    Sur ce rapport le roi rumine ;
En ruminant, sa vieille échine,
Sujette à grande pâmoison,
De fièvre eut un cruel frisson.

---

[1] Galandages ou galandises, cloisons de briques.
[2] *Tenir son quant à moi*, c'est garder un air de dignité et de fierté, faire le renchéri :

    ..... Quantité tiennent *leur quant à moy*,
  Qui, loin de refuser une affaire semblable,
  Moyennant force écus, épouseroient le diable.
              (HAUTEROCHE, le *Deuil*, sc. IV.)

Ensuite il tombe en défaillance ;
Mais avec un peu d'assistance,
Prompt secours, et bon brandevin,
On vit renaître tout soudain
Son lard déjà sentant le rance,
Et ranimer sa corpulence.
D'abord conseil fut assemblé
Sur la place, au marché du blé,
Au palais n'étant point de salle
Si grande qu'étoit cette halle.
Là, les milords, les courtisans,
Les gros dos, et les semi-gods,
Les bourguemestres, les notables,
Les nobles et les gens taillables,
Les hauts et les bas officiers,
Les prêtres et les marguilliers,
Ayant voix délibératives,
Parurent avec les archives,
Pour y voir quel fut le fracas,
Qui se fit en tel embarras.
Chaque membre y trouva sa place,
Qu'il occupa de bonne grâce.
Le roi se mit tout au milieu,
Sur un fauteuil de satin bleu,
Dans lequel, étant à son aise,
Il dit tout haut : « Que l'on se taise !
Et vous, Vénule, racontez
Les indignes déloyautés
Et les mépris de Diomède,
Que de mon chef je dépossède.
— Seigneur (après salamalec),
Voulez-vous que je parle Grec,
Albin, Hébreu, Troyen, Rutule ?
Lui dit l'ambassadeur Vénule,
Je sais sur le bout de mes doigts
Toutes ces langues à la fois.
— Parlez Latin, dit le monarque,
Afin que des mieux l'on remarque
En quel état nous nous trouvons,
Et ce que faire nous pouvons :
Au fait, et point de préambule.
— J'y consens, répondit Vénule.
Or sus, le prince Étolien
Méprise fort l'Italien :
Quand on le feroit roi de Perse,
Il ne veut point lier commerce,
Ne veut pas prêter ses soldats,
Ni pour nous purger ses États ;
Dit que nous méritons la corde,
Pour avoir reçu la discorde,
Et chassé de chez nous la paix,
Dont nous paierions tous les faux frais :
Que ceux qui désolèrent Troie

Du malheur ont été la proie :
Verbi gratia Ménélas,
Que fit-il, ou ne fit-il pas ?
Près des colonnes de Protée,
Sa flotte se vit arrêtée.
Ulysse vit le mont Etna,
Chez ses Cyclopes séjourna,
A cause d'une maladie
Qu'il gagna dans la Lombardie.
Pyrrhus fit le Juif errant,
Tandis que plus d'un conquérant
Vouloit souiller son épousée,
Et la maison d'Idoménée,
Dont le triste renversement
Arriva par un très-grand vent.
Que penser du roi de Mycènes,
Dont la femme fit des fredaines ;
Qui, débarquant dans son palais,
Gros, gras, dispos, gaillard et frais,
De la main cruelle et barbare
De sa moitié, chose peu rare,
Fut brutalement poignardé,
Et mort, encor vilipendé ?
Voyez l'amant de Clytemnestre,
Qui, profitant de son semestre,
Avec le secours du poison,
Fit culbuter Agamemnon.
Les Locriens, dans la Libye,
N'ont-ils pas gueusé pour leur vie ?
Et moi, les dieux m'ont-ils permis
De retrouver tous mes amis,
De voir encor ma chère femme,
L'objet d'une constante flamme
Et d'une ardente passion ?
Ai-je aussi vu ma Calydon ?
Cette ville toute charmante,
Comme le clinquant transparente,
Belle dedans, belle dehors,
Où n'habita jamais recors,
Ni de grapignant de finance ;
Ville faite pour l'abondance,
Pour les plaisirs et les amours,
Ville qui produisit toujours
Nombre de charmantes donzelles,
Toujours fringantes, toujours belles
Toutes employant bien le temps,
Attendant la chute des ans ;
Ville sans cafards, sans dévotes,
Où les femmes, quoique vieillottes,
Ne mettent pas leur charité
A médire de leur beauté,
Ne connoissant la jalousie
Que sur le pied d'une ennemie.

Hélas! je me vois poursuivi
Par des spectres jusques ici,
Et mes gens, par métamorphose,
Ont à présent la bouche close :
Ce sont d'infortunés oiseaux
Qui volent le long des ruisseaux,
Et font retentir le rivage
De leur très-discordant ramage.
Voilà, monsieur l'ambassadeur,
Ajouta-t-il, tout le bonheur
Qui vous attend vous et les vôtres ;
Prenez exemple sur les nôtres,
Et ne m'excitez pas en vain,
Je vous le dis d'un esprit sain.
Faites-vous votre destinée :
Allez offrir au bon Énée
Ces présens de votre bon roi ;
Je les refuse tous, ma foi.
C'est, vous le savez, à l'ouvrage
Et non pas à l'apprentissage
Que l'on connoît un ouvrier ;
A moi, vous devez vous fier :
Ce n'est pas un homme en détrempe,
C'est un héros de bonne trempe,
Fort habile en l'art du fleuret ;
Non pas un chevalier Milet [1],
Qui de la langue fait merveilles,
A qui l'on tire les oreilles
Quand il en vient au dégainé,
Tant il ressemble son aîné ;
C'est le héros de la gourmade,
Devant qui vous ferez cacade ;
Il nous l'a fait faire avant vous.
Allez! croyez-moi, filez doux.
Voilà, dit l'envoyé Vénule,
Le discours, mais sans préambule,
De ce prince sur son fumier,

De son temps le moins tracassier. »
　A peine eut-il rendu ce compte
Qu'on se regarda, non sans honte,
Sans regret, même sans chagrin,
De voir partout fatal destin,
Malgré les soins et la dépense
De la Latine Révérence.
Chaque membre, sans dire mot,
Comme le roi parut fort sot.
Un murmure, après le silence,
Fut ce qui ranima la danse ;
Le roi rappela son bon sens
Et kyriélisa ses gens.
Après toutefois le dédale
D'une longue oraison mentale,
Qu'il adressa de tout son cœur
A Jupin le porte-bonheur,
Pour qu'infusion lui fût faite,
De la grâce entière et parfaite,
De prendre en cette occasion
Valable résolution.
« N'est-il pas bien temps, je vous prie,
Dit-il à cette compagnie,
De s'assembler pour réfléchir
Et pour ne faire que blanchir [2],
En faisant de l'eau toute claire
Sur la plus importante affaire
Qui puisse nous avoisiner ?
Le moyen de patrociner,
Quand l'ennemi nous tient aux chausses,
Quand parmi nous des pièces fausses
Ou traîtres peuvent se trouver,
Ce qui peut fort bien arriver ?
Pour moi, je ne puis plus me taire,
Tant je suis las de cette guerre,
Qui ne peut rien nous apporter
Que de nous faire maltraiter,

---

[1] Voir Ménage, le Origini della lingua italiana, au mot *millantare*, « Millantare, gloriarsi, vantarsi, vanagloriarsi. Forse da *millanta*, dice la Crusca. E cosa certissima. » Et il cite à l'appui un passage de Varchi, dans son Dialogue sur la langue. Cela vient de ce que les fanfarons et les vantards ont toujours le mot *mille* à la bouche. De là la locution italienne : *Star' in sul mille.* Nous disons en français, d'un hâbleur : « Il ne parle que par millions. » On voit quelle est l'origine du nom. Mais ces mots : le *chevalier Milet*, semblent faire allusion à un personnage passé en type dans la littérature. Je n'en connais pas d'autre que l'un des héros du roman en prose *Milles et Amys*, rédigé, vers 1503, d'après deux romans en vers du treizième siècle (l'*Histoire des nobles et vaillans chevaliers Milles et Amys*, petit in-4o gothique). Mais ce ne peut être à ce personnage que Moreau de Brasey a voulu faire allusion, car Milles n'a rien du matamore vantard et peureux. — On jugera peut-être plus simple de s'en tenir à la note que je trouve en cet endroit, dans l'édition Bruzen de la Martinière (in-16, t. X, p. 185) : « Bourgeois de province, grand fanfaron, aussi bien que son frère. » Et, de fait, nous avons déjà vu plusieurs allusions semblables dans Moreau de Brasey. Voir p. 304, en haut de la 2e colonne ; plus loin, il nous parle de Tribolay, maire de Beaune et de Volney.

[2] N'aboutir à rien, — même sens que le vers suivant.

Que de voir manger notre crème,
Et nos ennemis boire à même
Nos excellens tonneaux de vin,
A nos filles donner farcin,
A nos jeunes gens la poussée,
A vous très-maigre fricassée,
A moi douleur de bout en bout,
Puisque j'ai la peine de tout.
Or à qui, mais sans complaisance,
Avez-vous affaire, je pense ?
Peste ! c'est à des semi-dieux,
Qui de se battre sont joyeux,
Qui ne cherchent que plaie et bosse,
Et qui regardent un colosse
Comme un nain ou comme un fétu,
Enfin, qui sont armés à cru.
Je crois, pour moi, voir un orage
Faire chez nous la male rage,
Quand je vois ces braves Troyens,
Ces redoutables Phrygiens,
Régir la montagne et la plaine,
De nos biens farcir leur bedaine,
Faire de nos pauvres calins [1]
Comme des choux de leurs jardins.
Savez-vous quelque prompt remède ?
Car vous voyez que Diomède
Refuse tout plat son secours,
Que nous allons tous à rebours,
Que bientôt va finir la trêve
Dont, sur mon honneur, j'en endève,
Puisque nous touchons au moment
D'un étonnant accablement.
Ce qui plus l'âme me chiffonne,
Je ne puis m'en prendre à personne :
Vous avez fait votre devoir,
Mis en œuvre votre pouvoir,
Défendu vos biens et vos vies,
Sauvé l'honneur de vos Sylvies ;
Je veux le croire et je le croi :
Voulez-vous que j'en jure, moi ?
Mais il me vient une pensée
Qui me paroit bonne et sensée ;
Redoublez votre attention
Et suivez mon intention.
Au delà, près des bords du Tibre,
Une campagne belle et libre,
Au couchant des Sicaniens,
Que cultivent Arunciens,
Où leur bétail cherche à repaître,
Pourroit aujourd'hui trouver maître.
Une montagne de sapin,
Que protége le dieu Jupin,
Embellit fort cette contrée.
Offrons le tout à maître Énée,
Faisons alliance avec lui,
Qu'il bâtisse là son étui,
Et, puisqu'il faut parler et dire,
Qu'il partage avec nous l'empire ;
Qu'il y fasse ville et châteaux
Pour y loger tous ses vassaux,
S'il en a tant la fantaisie ;
Ou, s'il avoit la frénésie
D'aller en quelque autre pays
(Dont je serois fort ébahi),
Faisons-leur bâtir une escadre,
Si votre bon sens au mien cadre ;
Enfin, pour couper au plus court,
Mon avis est que, dès ce jour
(Ce n'est pas une gasconnade),
On compose belle ambassade
De cent des plus grands de ma cour,
Qu'ils soient jeunes et faits au tour,
Poudrés, nymphés, sur leur beau lustre,
Surtout du sang le plus illustre :
Cette ambassade portera
Présens qu'elle lui donnera,
Portant en main rameau d'olive,
Afin que bonne paix s'ensuive,
Car du symbole de la paix
L'olivier fait tous les frais ;
Le laurier n'est que pour la gloire
Acquise par une victoire.
Or voilà mes intentions ;
Écoutez quels seront les dons
Que je destine au bon Énée :
Ma grande et grasse haquenée,
De l'ivoire et des talens d'or
Que je prendrai dans mon trésor ;
Un gros coussin, ma belle chaise,
Pour qu'il soit assis à son aise ;
Une robe de velours vert,
Bonne pour le froid dans l'hiver ;
Un grand manteau doublé d'hermine,
Brodé de couleur argentine ;
Un sceptre et mon bandeau royal,
Avec le cérémonial,

---

[1] Je ne sais trop quel peut être au juste le sens que Moreau de Brasey donne à ce mot. Comme substantif, il désignait alors une espèce de métal, formé d'un alliage de plomb et d'étain ; comme adjectif, il était synonyme de niais, indolent, fainéant. On le trouve même dans Cotgrave, avec la signification absolue de vagabond, mendiant, etc.

Ou le centre de la folie
Des cours de toute l'Italie :
Cela sera pour Æneas.
Pour son fils, ne l'oublions pas,
Deux ou trois caisses de dragées,
Autant de vestes orangées ;
Une écharpe à frange d'argent,
Plus une dose d'entregent.
Or sus, bannissons la tristesse,
Soudons l'État dans sa foiblesse,
Dévouons-nous à son secours,
Et machinons-nous de beaux jours. »
   Après cette longue tirade,
Drance, donnant dans l'enfilade,
Ne parla qu'à bâtons rompus
Contre son ennemi Turnus.
Drance savoit bien son affaire,
D'humeur étoit atrabilaire,
Poltron, mais au superlatif,
Plus hardi gesticulatif ;
De bon conseil, fort en cabale,
Surtout dans cette capitale,
A cause de sa parenté,
Dont tout le lustre et la beauté
Venoit du côté de sa mère,
Obscure étant celle du père.
Ce Drance parla le premier,
Et remit au calendrier
Grec ou latin, que nous importe,
Turnus plus petit qu'un cloporte.
« Seigneur, dit-il au roi Latin,
Voulez-vous pour ce carabin,
Pour ce fier Alcide en détrempe,
Qui sort du combat et décampe
Comme le plus vil galopin,
Qu'on prenne notre saint crépin [1] ;
Qu'on nous sasse et qu'on nous ressasse ;
Qu'on nous réduise à la besace,
Qu'on nous mette les osselets,
Qu'on nous fourrage nos poulets,
Enfin qu'on fasse à Lavinie
Quelque assommante vilenie,
Ou bien quelque incongruité
Indigne de sa qualité ;
Qu'on couvre son front d'un outrage,
En lui volant son pucelage ?
Non, non, je connois votre cœur,
Il fut toujours confit d'honneur,
Et ne suivit que la justice.
Pour nous rendre Jupin propice,

Qui se déclare le soutien
De cet honnête homme Troyen,
Qui seul conduit sa destinée
Dans ce pays, cette contrée,
Emballez, avec ces présens
Que vous devez dans peu de temps
Envoyer au pieux Énée,
Emballez, dis-je, une épousée
Pour ce prince si généreux,
Que les dieux veulent rendre heureux.
Faites donc partir Lavinie,
D'une brillante cour suivie,
Conduite par ambassadeur
Qui fasse à nos Latins honneur.
Ne donnez plus dans la folie
Du héros de la zizanie,
De Turnus qui nous fit armer ;
Il est facile à désarmer :
Æneas suffit et de reste,
C'est ce que sa valeur atteste.
Par là cimentez le repos
Que vous devez à nos travaux.
Que peut vous produire un tel gendre
Que de voir votre ville en cendre,
Les Troyens *ab hoc et ab hac*
Faire du palais un micmac,
Brider cheval et seller mule ?
Laissez-lui dorer la pilule,
Vous verrez qu'il l'avalera,
Et qu'il en faudra venir là
Avant que la semaine passe.
Or, je vous demande la grâce
De faire à votre volonté
Bonne alliance et bon traité.
Que, s'il vouloit mordre à la grappe,
Et voir comme le Troyen frappe,
Qu'il aille droit à son rival
Payer intérêt, principal,
Des biens qu'il nous a fait répandre,
Ou qu'il aille se faire pendre,
Ce poltron, ce godelureau
Qui vient faire ici l'hobereau. »
   Turnus fut enflammé de rage,
A ces mots dits à son visage ;
Il en tressauta de fureur,
Et tira du fond de son cœur
Tout sur-le-champ cette riposte,
Qu'il ne lui prêta pas à poste :
« Tu fus toujours grand discoureur,
Drance, au bruit de l'avant-coureur

---

[1] Tout ce que nous possédons. On dirait aujourd'hui dans ce sens : *notre saint frusquin.*

D'un combat ou d'une bataille ;
C'est le lot de la maraudaille,
Qui comme toi vit sans honneur,
Et de son ombre a toujours peur.
Dans le conseil, ton éloquence
Brille avec beaucoup d'affluence,
Quand on y veut traiter de paix ;
Pour lors tu ne taris jamais ;
Mais tu parois la gueule morte,
Dès que l'on frappe à notre porte,
Ou qu'Æneas sur ses remparts
Nous répond à bons coups de dards.
N'aurois-tu pas besoin de fées,
Pour nous étaler les trophées,
Érigés à la noble ardeur
Qu'a manifesté ta valeur ?
Va ! Patelin, tu n'es qu'un fiacre,
Qu'un grommeleux, qu'un vilain poacre,
Qui n'est brave qu'en sots discours,
Qu'en arrogance et qu'en détours.
D'un air pincé de chattemite,
Tu m'imputes honteuse fuite :
Lâche, j'atteste Bitias,
Le vaillant Pandare, et Pallas,
Le Tibre enflé du grand carnage
Que ma main fit sur son rivage !
Va demander quel fut l'effort
De ma bravoure dans leur fort !
Va, malheureuse chanterelle,
Va-t'en jouer de la prunelle
Chez l'Arcadien, le Troyen,
Le Mantouan, l'Étrurien,
Et compte combien d'escarcelles
Ont laissé là leurs péronnelles,
Par les coups qu'a portés mon bras,
Dans les horreurs de nos combats.
Point de salut dans cette guerre ;
A ton sens on doit perdre terre,
Même courir le guilledoux
Jusque chez les Topinamboux !
Ne crois-tu pas qu'Achille tremble,
Qu'Æneas le va mettre à l'amble,
Qu'il va seller, brider le Grec,
Et que d'un seul coup de son bec
Il va dompter Latine engeance ?
Sommes-nous rentrés en enfance ?
Sommes-nous devenus perclus ?
Mais, Drance, ne te trouble plus !
Va, je veux te laisser, infâme,
Jouir encor de ta belle âme,
La laisser animer ton cœur,
Pétri de fange et de tiédeur.
Maintenant je viens à vous, Sire,
Et je réponds à votre dire,
Comme à ce galimatias,
Qui nous met tous entre deux as
La crainte, dans votre cervelle,
Vous fait déjà voir l'alumelle
Des sabres de ces francs trigauds
Fouiller le fond de nos boyaux.
Eh bien ! si le roi Diomède,
Et l'Étolien, et le Mède,
Vont avec nous tous à rebours,
Et nous refusent leurs secours,
Nous aurons la fière Camille
(Elle seule en vaut plus de mille),
Le fortuné Tolumnius,
Messape, et moi le roi Turnus,
Tous de grands casseurs de raquettes,
Point fanfarons, mais bons athlètes,
Qui vous mèneront les Troyens,
Comme les loups mènent les chiens.
Que si cette indigne mazette,
Cet Æneas, en main la brette,
Veut s'escrimer dans un combat,
Que ne parle-t-il donc, le fat ?
Ne savez-vous pas que ma vie
A vos intérêts est unie,
Pour un toujours, pour un jamais,
En guerre, comme dans la paix ? »
  Pendant que ce parleur à gage
De Drance repoussoit l'outrage,
S'amusoit à baguenauder,
Qu'il leur en donnoit à garder,
Parlant avec rodomontade,
Un député d'une bourgade,
Qu'incendioit notre Æneas,
Vint au palais doublant le pas,
Et dit qu'à la désespérade,
On avoit fait carabinade,
A l'approche du camp Troyen,
Ce que voulut un citoyen ;
Mais qu'Æneas par la grillade
Avoit fait passer la bourgade,
Qu'il marchoit au travers des blés,
Des autres graines et des prés,
Ce qui détruisoit la pâture,
Aussi bien que leur nourriture.
Second conseil fut assemblé,
De gens moins vifs fut affublé,
Tandis que chacun en tumulte
Mettoit en œuvre catapulte,
Pour bien régaler l'ennemi,
Qui n'étoit rien moins qu'endormi.
L'écolier et l'académiste,
Le fainéant et le légiste,

Le petit-maître et son valet,
De peur de garder le mulet [1],
Et de ne pouvoir trouver place,
S'étoient saisis d'une terrasse.
Leurs parents pleuroient largement,
Et crioient par redoublement
Qu'on n'avoit pas besoin de guerre,
Que la paix étoit nécessaire.
Les mères embrassoient leurs fils,
Disant : « Tout va de pis en pis, »
A tous venans faisoient la nique,
Imitant de près la musique
D'un cygne qui se sent mourir ;
Toutes ne pouvant s'aguerrir,
Souffrant au delà de nature,
Du départ de leur géniture.
Turnus au milieu du conseil,
Étincelant comme un soleil,
Dit, partant, cette gasconnade :
« Je vais préparer la civade [2]
A mon rival, à ses Troyens,
Tandis que, cherchant les moyens
De faire avec eux alliance,
Vous tomberez en décadence. »
Il sortit comme un furieux,
Jurant et blasphémant des mieux,
Et, trouvant sous sa main Voluse,
Qui nettoyoit son arquebuse,
Il l'envoya tout de ce pas
Chercher ces avaleurs de bras,
Qui, chargeant toujours à cartouche,
Sont dangereux à l'escarmouche,
Mais, fiers comme des Écossois,
Tant ils ont grand air sous le bois.
C'étoit le Volsque et le Rutule,
Gens adonnés à la crapule,
Beaux soldats, mais mauvais guerriers,
Bons poltrons, meilleurs casaniers.
Coras, son frère, avec Messape,
Contrefaisant le chien qui jappe,
Toujours chantant même refrain,
Dans la plaine marchant bon train,
Allongeoient leur cavalerie,
Et doubloient leur infanterie,
Tandis que Turnus occupoit
Les tours, et les fortifioit,
Faisant le tour de la muraille,
Avec un gros dragonnaille,
Dont il farcissoit les recoins,
Pour s'en servir dans les besoins.
  Le roi sortit de l'assemblée,
L'âme en désarrois et troublée,
Regrettant d'avoir aux Troyens
Refusé droits de citoyens.
Enfin toute la populace
Vole, va, vient, court et tracasse ;
Les uns dépavent leur quartier,
D'autres occupoient l'armurier,
Les béats faisoient des neuvaines,
Et les vieillards tendoient les chaînes.
On voyoit dans les carrefours
Battre incessamment les tambours,
Sur timbales rouler baguettes,
Fifre jouer, sonner trompettes,
Beffroi tocsiner carillon,
Laquais, cocher et chambrillon,
Portiers, enfants, femmes et filles,
Petites et grandes familles,
Lords du pays, et gens obscurs,
Courir comme au feu sur les murs,
Armés de frondes et de pierres,
D'huile dans de larges chaudières,
De tuiles, carreaux et plâtras,
De cendres, et de mort-aux-rats.
La reine même, accompagnée
D'une foule assez mal menée,
Fut dans le temple de Pallas,
Portant corbeille sous son bras
Pleine d'excellentes pastilles,
Pour en encenser les guenilles
De la Déesse des beaux-arts,
Des décrotteurs, des Savoyards,
Gagne-petits, porte-boutiques,
Et des autres arts mécaniques ;
Pour l'encenser, point d'encensoir :
La reine prit le pot au noir,
Tant son âme étoit chiffonnée,
Et par la crainte lutinée.
Ensuite elle encensa l'autel
D'un air qui n'eut rien du mortel,
Ce qui, noircissant la Déesse,
N'augmenta pas peu la détresse
De la foule qui la suivoit.
Près d'elle Lavinie étoit,

---

[1] Se morfondre à attendre :
  Et par frayeur, ou pour s'esbattre,
  Me firent garder le mulet.
    (SARRAZIN.)

[2] La civade est un poisson de mer, ou d'étang de mer, qui se rattache à l'espèce des crangons. C'est ici comme si Turnus disait : Je vais préparer à dîner, je vais servir un plat de ma façon.

Qui fit une grande risée
De voir la Déesse bronzée,
Dont sa bonne maman pleura,
Et de son estomac tira
Cette harangue entrecoupée :
« Puissante Pallas, occupée
A nous garantir de tout mal,
Je quitte mon palais royal,
Pour venir à la dérobée
Te prier d'arrêter Énée,
De lui briser son espadon,
Son carquois, et son esponton,
Son javelot, sa javeline,
Son dard, avec sa carabine,
Plutôt que de le voir entrer
Dans Albe, nous enchevêtrer
De sa figure efféminée,
Et presque en tout temps embrenée. »
 De son côté l'ardent Turnus,
Sortant du temple de Janus,
Parut devant la populace,
Armé de sa belle cuirasse,
En forme d'écaille d'airain,
Ayant un visage serein,
Tressaillant déjà de courage
Comme un jeune cheval sauvage,
Courant de la ville au château,
Monté sur un vrai mornandeau.
Les Volsques, conduits par Camille,
Arrivèrent près de la ville,
Où cette belle fille entra,
Et devant Turnus se montra,
Tenant très-fière contenance,
Portant en sa main bonne lance,
Sabre au côté, carquois au cou,
Montant beau cheval sans licou :
« Je viens, dit-elle, avec ma troupe,
Dîner chez toi; vite la soupe,
Puis après nous en découdrons,
Ou plutôt nous nous essaierons
Contre cette leste canaille,
Qui vient droit à cette muraille.
Avec mes gens tout de ce pas,
Je veux ranger ces scélérats,
Et montrer au bonhomme Énée
Ce que peut fille garçonnée :
Je veux attaquer les Troyens,
Et même les Étruriens,
Leur donner à tous sur la gueule ;
Ma troupe suffit toute seule.

Pour vous, avec vos fantassins,
Vos Rutulois, vos spadassins,
Gardez les murs de cette ville,
Ailleurs je me crois plus utile.
J'ai plus d'une once de valeur,
Peut-être un peu moins de pudeur,
Mais elle n'est pas nécessaire
Dans le désordre de la guerre.
C'est assez croquer le marmot :
De vin faites venir un pot,
Et sans faire tant de grimace
Faites-moi remplir une tasse,
Et buvons vite à qui de nous
Fera ce jour les plus beaux coups.
 — J'en vais faire un, je vous assure,
Lui dit Turnus, baissant la hure,
Dont les Itales parleront,
Et que les Latins chanteront
A gorge amplement déployée,
Tant ma valeur bien employée
Fera des siennes cette fois
Avec mes braves Rutulois.
Ce bigot me croit une buse,
S'il croit pouvoir mener sa ruse
Au gré de son intention ;
Ma foi, je vais gager que non,
Ayant découvert par moi-même
De ce rival le stratagème,
Qui voudroit me damer le pion
Avec son triste escofion [1].
Voici, damoiselle ma mie,
De son dessein l'anatomie
(L'analyse seroit mieux dit,
Nous dira quelque bel esprit ;
Mais de cela je me brimbale,
Si l'expression est égale).
Vous saurez donc qu'un espion,
Entier à ma dévotion,
Ce grand dessein m'a fait connoître ;
Il s'en mordra les doigts, le traître,
L'écervelé, le gros goulu,
Qui croit sans peine hurlu brelu,
Nous vergeter notre étamine [2].
Il faut avoir une autre mine,
En savoir même un peu plus long,
Et mieux jouer de l'espadon.
Sa plus belle cavalerie
Doit avancer dans la prairie,
Pour marauder dans les hameaux
Et mettre nos bourgs en lambeaux,

---

[1] Sorte de coiffe de femme, de bonnet de nuit.
[2] Battre notre étamine à coups de vergettes, — nous épousseter.

Tandis qu'avec toute l'armée,
D'illusions bien empaumée,
Cet Æneas marche au travers
Des monts, pour gagner le revers
De la ville et pour nous surprendre.
Oh! jugez s'il sait bien s'y prendre,
Et si, savant dans le métier,
Je laisserai ce flibustier
Nous apporter le chat en poche
Sans lui dresser quelque anicroche.
Je sais là-bas un chemin creux
Bien ombragé, marécageux,
Où je vais établir mon poste
Pour être prêt à la riposte.
Pour vous, joli petit trognon,
Mieux couverte que n'est l'oignon,
Qui venez, comme une amazone,
Commander vous-même en personne
Une centaine de galeux
Animés du feu de vos yeux,
Qui portez dans votre valise
Grand courage et blanche chemise,
Venez partager le danger
Que nous trouverons à venger
Le roi d'Albe et le roi Rutule ;
Mais n'allez pas ferrer la mule,
Vous battre chiquet à chiquet,
Ni vous ménager un torquet².
Joignez vos cavaliers aux nôtres :
Messape en conduit assez d'autres
Pour nous soutenir au besoin.
Surtout de nos gens ayez soin ;
Faites-leur dire, comme aux vôtres,
Soir et matin leurs patenôtres,
Et prenez bien garde surtout
De vous mettre à la gueule au loup.
Talonnez de près la brigade
De ces gens faits pour la saccade ;
Enfin repassez ces Troyens
Et ces grelus de Tyrrhéniens.
Pour moi, prenant cette vallée,
J'en vais dire une râtelée,
Embusqué dans ces bois touffus,
Où j'en ferai plus d'un perclus
De l'odorat ou de l'ouïe,
Parmi cette race éblouie
De quelque succès clandestin
Que leur accorda le Destin,
Quand cette troupe basanée

Fut, par ce godenot d'Énée,
Conduite du mont Palatin
Au débarqué chez le Latin. »
   Turnus, et la belle Camille,
Chacun de son côté fit gille ;
Mais, tandis que gille ils faisoient
Et que les partis agissoient,
Diane appela cette nymphe,
De sa suite le paranymphe,
La petite mignonne Opis,
Portant à son doigt beau lapis
Et lui tint ce triste langage :
« Ma chère aimable Opis, j'enrage!
Camille marche à l'ennemi ;
J'en pleurerois presque à demi,
Tant cette bravade me gêne !
Si jamais elle en a dans l'aine,
Ma belle enfant, ah! c'en est fait,
Il faudra pleurer tout à fait.
Mais connois-tu cette Camille?
De sa mère elle fut la fille,
Car son père est fort incertain
Parmi le Volsque et le Latin.
Cependant un certain Métabe,
Maître tyran, faux astrolabe,
La reconnut, fut son appui ;
C'est assez la mode aujourd'hui :
Telle a garçon et belle fille,
Qui, comme un sot, un imbécile,
Croit en être le putatif,
Quand il n'est que nominatif.
Ce tyran sortit de Priverne,
Menacé d'essuyer la berne,
Portant sa fille sur son cou,
Traversant, comme eût fait un fou,
Son ennemi qui l'environne,
Et qui dit qu'il la paiera bonne
Si jamais il a le dessus,
Ce qu'il voudroit pour des écus
(Peut-être en donneroit-il trente
Pour lui voir danser la courante).
Par des hauts, des bas et des bois,
Il passe, et Camille à la fois,
Jusque sur le fleuve Amazène,
Qui pour lors inondoit la plaine
Par un cruel débordement,
Ce qui retarda d'un moment.
Une chose fort singulière,
C'est le moyen et la manière

---

¹ N'allez pas nous tromper comme les servantes qui attrapent leurs maîtresses *en ferrant la mule*, vous battre pour rire et du bout des doigts — (*chiquet* signifie petite parcelle); ni nous ménager une échappatoire, nous donner le change.

Dont le tyran fit passer l'eau
A si joli friand morceau.
Qui dira que c'est hâblerie
N'aura qu'à lire, et je l'en prie,
Notre scrupuleux de Maron,
Qui pour le vrai tint toujours bon,
Ne dit jamais de gasconnade ;
Aussi fut-il, sans rebuffade,
Reçu dans le sacré vallon
Par notre bon maître Apollon.
Il prit sa grande javeline,
L'attacha le long de l'échine
De cet innocent rejeton,
Puis il la lança tout d'un bond
Avec vigueur sur l'autre rive.
« Fassent les dieux que je te suive, »
Dit-il en soupirant bien fort.
Après cela, faisant effort,
Pénétré de peur et de rage,
Lui-même se jette à la nage,
Et nagea si bel et si beau,
Que sans aide il traversa l'eau.
Dès qu'il fut à l'autre rivage,
Il se décrassa le visage,
M'offrit de bon cœur sur-le-champ
Cette Camille encore enfant,
Qu'il détacha de la machine
Qui lui conserva son échine ;
Puis il fit sécher ses habits
De gros de Tours ou de tabis [1].
Ensuite il fut dans la colline,
Où trouvant bête chevaline,
Sa Camille en suça le lait
Jusque dans un âge un peu fait.
Dès lors qu'elle lui parut grande,
Il me réitéra l'offrande
De cette charmante dondon,
L'apprit à porter l'espadon,
De peau de tigre fit sa robe,
Du fort d'un bois sa garde-robe,
Sa nourriture de pain sec,
Et, pour lui rafraîchir le bec,
Un peu d'eau de claire fontaine,
Quelques gouttes de vin d'aubaine,
Qu'il attrapoit dans les hameaux
En courant par monts et par vaux.

Tous les jours allant à la chasse
De la pantaine ou la tirasse [2],
De la fronde ou bien de l'épieux,
Il l'instruisit on ne peut mieux
A cette sorte d'exercice :
Tantôt elle tuoit génisse,
Tantôt un merle, un écureuil,
Un hérisson, jeune chevreuil,
Un cailleteau, grasse bécasse,
Une sarcelle, une limace ;
Toujours quelque chose apportoit,
Que Métabe sacrifioit
D'abord à mon honneur et gloire,
Dont j'ai gardé bonne mémoire.
Voilà, ma chère fille Opis,
Quelle est cette Griselidis [3],
Peut-être l'unique pucelle
Qui soit de Rome à la Rochelle.
Son destin la presse si fort,
Que je crains beaucoup pour sa mort.
Prends ce carquois et cette flèche,
Mets deux mouches à ta calèche,
Mais de ces fiers et bros bourdons,
Du suc des fleurs les vrais larrons,
Enfin de celles dont la graisse
Te paraîtra la plus épaisse,
Et les fais voler promptement
Au milieu de cet armement,
Ou dans l'endroit où l'on travaille
A des mieux mener la bataille,
Et là, quiconque blessera
Camille ou du mal lui fera,
Soit un Troyen, soit un Itale,
Opis, qu'on me le passe en gale ;
Sur-le-champ qu'on lui lance un trait
Pour me venger de ce forfait.
Surtout dans un épais nuage
Cache ton petit équipage. »
    Sitôt que Diane eut parlé
Et qu'Opis eut dégringolé,
On entendit un tripotage
Approchant d'un remû-ménage,
Dans les airs, même aux environs,
Qui fit chevrotter les poltrons.
Cependant la cavalerie
Des Troyens et de l'Étrurie,

[1] Le gros de Tours ou de Naples était une étoffe de soie au grain croisé et paraissant gros et enflé, d'où son nom ; le tabis, une espèce de gros taffetas.
[2] Espèces particulières de filets.
[3] Voir l'histoire de Griselidis, la patiente marquise de Saluces, dans le *Décaméron* de Boccace (journ. X, conte x^e), dans les *Contes* de Perrault, etc. Cette légende populaire se retrouve partout. Elle a été mise en latin par Pétrarque.

Sous leurs chefs faisant de grands cris,
Comme des Rominagrobis [1],
Avançoit droit à la muraille,
Faisant résonner la clinquaille,
Croyant faire chez le Latin
Bonne trouvaille et bon butin.
Messape et la belle Camille,
Embusqués tout près de la ville,
Détachèrent les deux Coras,
Qui, comme deux vrais Quinolas,
Se tenant sur la défensive,
Furent au trot, criant *qui vive ?*
Pour de réponse, au diable zot [2]
Si l'on leur répondit un mot.
D'abord marcha la javeline,
Le javelot, la carabine,
Le dard, le trait, le mousqueton,
La catapulte et l'hoqueton,
La hallebarde, aussi la fronde,
Mère nourrice de la sonde,
Je veux dire du chirurgien
Et de son attirail de chien.
Dans l'air on voyoit une grêle
De flèches tombant pêle-mêle,
Qui fêlèrent quelques cerveaux,
Défigurèrent les museaux
Des combattants de part et d'autre,
Qui se battoient en bon apôtre.
Tyrrhène, du parti Troyen,
A la tête du Tyrrhénien,
Attaqua le brun Acontée
Qui se trouvoit à sa portée ;
Il entama son fier cheval
Un peu plus haut que le poitrail,
Ce qui lui fit faire un parterre
A sa durée un peu contraire :
L'un et l'autre mourut du coup,
Car le maître, du contre-coup
Qu'il prit en tombant dans la tête,
Dans le moment baissa la crête.
Les Latins lâchèrent le pied,
Le Troyen fit le contre-pied,
Les talonnant d'une dégaine
Qui ne leur fit pas peu de peine.
Asylas, frappant tout de bon,
Fit à dépêche-compagnon [3],
Et, le fer au cul dans la porte,
Les conduisit, non de main morte,
Quand l'Itale, reprenant cœur,
Fit volte-face par honneur,
De sa manœuvre l'âme émue,
S'élançant à bride abattue
Sur Asylas et ses Troyens,
Qui reprirent le trot des chiens.
Le Toscan, d'une ardeur guerrière,
Du Rutule prit le derrière,
Et le reconduisit deux fois
En lui chargeant le dos de bois.
Telle paraît l'onde écumante,
Dans le milieu d'une tourmente :
Un flot par l'autre est repoussé,
Le même après est enfoncé.
Ce fut à la troisième charge
Que la fureur se vit au large :
Chaque parti s'entre-mêla,
S'étant mêlé se régala
De mille coups, non d'étrivière,
Mais d'une lame meurtrière,
Dont rouloient grands ruisseaux de sang
Sur le sable, et dans chaque rang
De soldats formant la bataille,
Où malgré chemise de maille,
Beaucoup y finirent leur sort,
Voulant se montrer le plus fort.
De loin le vaillant Orsiloque,
Sur son casque portant breloque,
A Rémule lance un grand trait,
Croyant l'assommer tout à fait ;
Mais il en fit un cure-oreille
A sa jument la nompareille,
Qui de douleur en écuma,
S'en éleva, s'en gendarma,
Puis sous elle comme une gaufre,
Son maître Rémule elle encoffre.
Catille abasourdit Iolas.
De tous côtés, en haut, en bas,
On ne voit que du sang répandre,
Gagner des coups, et puis les rendre.
Camille en prêta plus de cent ;
Partout cette fille pourfend,
Perce avec dards, tranche avec hache,
Ouvre le ventre, abat ganache.

[1] On sait que c'est un des nombreux surnoms donnés par la Fontaine aux chats de ses fables (voir l. VII, f. xvi), d'après Rabelais, qui s'est servi de ce nom pour désigner un vieux poëte.

[2] Jurement très en usage dans nos vieux auteurs comiques : « Au diablezot, croyez-moi, vous serez sauvé. » (*Coméd. des Proverbes*, III, ii.) « Au diablezot, je suis un drôle. » (Chevalier, *Désolat. des Filous*, sc. ii.) — « Diable zot, si j'ai pu savoir votre séjour. » (*Amant douillet*, I, v.)

[3] On disait se *battre à dépêche-compagnon*, pour se battre sans quartier.

S'il faut quelquefois reculer,
Elle le fait sans sourciller,
En lançant toujours par derrière
Quelque apostrophe mortifère ;
Puis, profitant d'un contre-temps,
Elle revient sans perdre temps,
Gouspiller à la débandade
Ceux qui de bon, ou par bravade,
Viennent l'appeler au combat.
Près d'elle avec beaucoup d'éclat,
Les nymphes Tarpéi, Larine,
Et Tulla portant javeline,
Toutes du bon pays Latin,
D'un air déterminé, mutin,
Aux Phrygiens donnoient la chasse,
Comme on vit jadis dans la Thrace,
Sur les rives du Thermodon
Combattre le gros bataillon
De ces vaillantes amazones,
Dignes de porter des couronnes.
J'entends couronnes de laurier,
Pour avoir tranché du guerrier.
Ah! qui pourroit, belle Camille,
Avoir l'esprit assez fertile,
Pour pleinement litaniser
Ce qui peut immortaliser
Votre valeur et votre gloire,
Mériteroit une bajoire [1].
   Comment nommer tous ces vaincus
Vingt cus ! me dira-t-on, vingt cus !
Ce sont, ma foi, quarante fesses,
Qui ne seront plus des traîtresses,
Et qui seront sans fonction
Se trouvant dans l'inaction.
Les nommer, c'est la mer à boire ;
Je laisse aux filles de Mémoire
D'en tracer un récit diffus.
Comptons pour un Eumenius,
Qui par-devant eut son estafe,
Fut enterré sans épitaphe,
Et fut là-bas comme un marmot
Chez Pluton faire l'idiot ;
Joignons à celui-là Pégase,
Que sous son cheval elle écrase,
Aussi bien que le fier Lyris
Qu'elle entr'ouvrit sans bistouris.

Harpalice, Amastre et Térée,
Furent mis en galimafrée.
Chaque coup occit un Troyen,
Ou mit à mort Tyrrhénien,
Témoin le beau chasseur Ornite,
De Tyr et la fleur et l'élite,
Le parfait attrape-minon [2],
Montant barbe de grand renom,
Quoique léger, assez fantasque,
Portant tête de loup pour casque,
Sur l'épaule peau de taureau,
En sa main dard d'un arbrisseau,
Au poing une belle rondache,
Couverte d'une peau de vache ;
Cet Ornite fut repoussé,
Réellement contumacé
Tout au beau milieu de sa troupe,
Tant elle avoit le vent en poupe.
Voyant son escadron épars,
Elle lui mit cinq ou six dards
Dans le poitrail tout d'une tire,
En lui chantant cette satire :
« Pensois-tu donc, Tyrrhénien,
Aboyer comme fait un chien,
Qui broussaille quelque vieille hase [3] ?
Vas ! tu n'es, jarni, qu'un franc aze !
Une fille a su te dompter,
Va, chez Minos, le raconter
Aux mânes de tes père et mère.
L'honneur de mordre la poussière
De la main d'un jeune tendron,
Doit satisfaire un fanfaron,
Ne lui laisser aucun scrupule
De se voir pris dans la bascule
Qui conduit au fameux bateau,
Qui jour et nuit fait passer l'eau
A tous ceux qui sont las de vivre ;
Point d'ennui : dans peu je te livre
Pour voyager, bon compagnon. »
   Ce ne fut point du galbanon [4],
Car Orsiloque et certain Bute
Firent dans l'instant la culbute,
Et prirent le même sentier,
Qu'Ornite avoit pris le premier.
Bref, elle les mit dans la nasse,
Leur disant: « Morbleu! je m'en casse [5] ! »

---

[1] Pièce de monnaie, médaille à deux profils.

[2] Hypocrite, Tartufe, comme Grippeminaud, le *bon apôtre*, des fables de la Fontaine ! quelquefois aussi un filou.

[3] Femelle du lièvre et du lapin.

[4] Un mensonge. Dans le style comique, donner ou vendre du galbanum, signifiait en *donner à garder, conter des bourdes.*

[5] *Je m'en bats l'œil*, pour traduire cette locution burlesque en style correspondant. On disait plus souvent : *je l'en casse*, pour *vraiment oui, compte là-dessus.*

Puis de sa hache sépara
Ces deux Troyens par-ci, par-là,
Et, quoiqu'elle eût coupé leur trame,
Des mieux elle chanta leur gamme.
Là le belliqueux fils d'Annus,
Que protégeoit dame Vénus,
Courant partout à tire-d'aile,
Vison-visu [1] de la donzelle
Se trouva par un cas fortuit.
D'aise son cœur en fit du bruit,
Ou du moins palpita de sorte,
Que sa troupe s'en déconforte.
Il habitoit sur l'Apennin,
Y vendoit des peaux de conin [2],
Quoiqu'il fût lord de Ligurie ;
Et sa mère de l'eau-de-vie.
Son père, basset et courtaud,
Étoit, dit-on, un franc trigaud,
Fort savant en l'art de magie,
Ce qu'on nomme trigauderie.
Fuir le combat seroit affront
Très-déshonorant pour son front,
Étant harcelé par Camille,
Qui du Volsque étoit le mobile,
L'arc-boutant, même le bras droit,
Tant le trognon étoit adroit
A savoir bien prendre sa bisque,
Pour leur éviter tout le risque.
Annus s'avisa de ce tour :
Quand elle eut sur lui tourné court,
Et qu'ils se virent en présence,
Il lui dit avec insolence,
Et même avec témérité,
Ces mots dictés par la fierté :
« Trouves-tu donc si belle gloire
A nous disputer la victoire,
Sur ton cheval qui fend les airs ?
Mets pied à terre, ou d'un revers
Je vais t'ébranler la mâchoire !
Descends ! car, pour d'échappatoire,
Tu n'as pas le temps d'en chercher ;

Il faut tous deux nous accrocher,
Et disputer pour la maîtrise,
Sans feinte et sans papelardise.
Elle descendit aussitôt,
De son cheval ne fit qu'un saut,
Prit son bouclier, son épée,
Et courut comme une échappée
Avec vigueur sur son rival,
Qui, tournant tout court son cheval,
Donna des deux, prenant la fuite,
Galopant d'un pas un peu vite ;
Mais ce fut inutilement :
Elle l'atteint dans le moment,
De son barbe saisit la bride,
En lui disant : « Traître ! perfide !
Plus trigaud que n'est farfadet,
Avec moi tu fais le guinguet [3] ?
Tu m'injurie et te goberge ?
Oh ! parbleu, tu n'auras d'auberge
Que celle du subdélégué
De Pluton, déjà fatigué
De recevoir toutes les ombres
Qui partent pour les rives sombres,
Avec passe-port de ma main,
Bien écrit sur leur parchemin ! »
Après ces mots, à coups de sabre
Le pauvre diable elle délabre ;
Puis reprit son air jovial,
Et remonta sur son cheval
D'un air délibéré, tranquille.
 Ainsi se démenoit Camille,
Quand Jupin du plus haut des cieux
Vit ce grabuge de ses yeux,
Ayant sur son nez ses lunettes.
Sans perdre le temps en sornettes,
Il rassura le grand Tarcon
En lui parlant de la façon,
(Il faut que ce soit à l'oreille) :
« Est-ce ainsi que tu fais merveille,
Que tu sais rassurer tes gens ?
Quoi, Camille peut, à vingt ans,

---

[1] Vis-à-vis, face à face. « — Ne saurois-tu me dire où est le chat-huant? — *Vous voilà tout vison-visu.* » (CHAMPMESLÉ, la *Rue Saint-Denis*, sc. XI.)

[2] *Conin*, ou *connil*, vieux mot qui signifie lapin : « Tu fais des rêts et des poches à prendre les conins. » (RABELAIS, l. II.)

 . . . . Deux perdrix et deux cailles,
Un connil, etc.
       (BELLEAU, la *Reconnue*, IV, sc. II.)

[3] Le mot *guinguet* désignant à la fois de petits camelots très-légers, et un méchant vin vert (d'où *guinguette*), comme celui qui se recueille aux environs de Paris. Ce dernier sens surtout peut servir à déterminer celui de ce passage. Le mot *guinguet* entrait encore dans la composition de quelques autres proverbes ; ainsi, en parlant d'un mauvais petit vin quelconque, on disait : « Il est parent d'un roulier d'Orléans nommé Guinguet. (OUDIN, *Curios. franç.*

Dans tes soldats semer la crainte,
Quand tu te trouve à boire pinte?
N'as-tu pas plus d'empressement
D'écarter l'assoupissement
Qui te rend inhabile à boire ?
Mais, quand il faut vivre de gloire,
Aller affronter les combats,
Tarcon ne se réveille pas !
Il se laisse aller, fait la cane,
Perd la tête et la tramontane,
Et ne paraît fier, vigoureux,
Que dans les plaisirs et les jeux
Du puissant Dieu de la barrique !
Va, cours, aux Latins fais la nique!
Range-moi cet escoßon,
Fais-lui faire exhibition,
Et n'abandonne plus ta gloire,
Qu'après une entière victoire ! »
  A ces mots le brave Tarcon
Part plus vite que le faucon,
Et va tomber droit sur Vénule,
Qu'il prend sans autre préambule,
Le désarçonne, et, devant lui,
Faisant servir l'arçon d'appui,
L'enlève et l'arrache à la vue
De Messape et de sa cohue :
Comme l'aigle enlève un dragon,
(Pour suivre de tout point Maron),
Et, l'accrochant avec ses serres,
Le becquette et lui fait ulceres,
Quoiqu'il siffle ou fasse des cris,
Qu'il se tortille en mille plis,
L'aigle se sauve avec sa proie ;
Ainsi Tarcon fuit avec joie,
Portant Vénule à ses arçons,
Coupant toujours quelques tronçons
Sur son corps ou sur son visage,
Ce qui rassura le courage,
Surtout chez les Tyrrhéniens,
Qui, joignant les Étruriens,
Vont s'acharner à l'improviste
Sur cet escadron Latiniste.
On se remêla de nouveau,
Et l'on fit agir le couteau,
Le tranchelard et la serpette,
Et la cognée, et l'escoupette.
Aronce alors fut le premier
Qui se résolut d'essayer

S'il pourroit enclouer Camille :
Il n'étoit pas trop mal habile,
Même passoit pour vieux routier,
Tant il savoit bien son métier.
Le dard en main, la fine mouche,
D'un air d'une sainte nitouche,
Suit Camille et gagne son coup :
Cette Amazone étoit à tout,
Faisant, à la désespérade,
Aux Troyens bonne estafilade ;
On la voyoit de rang en rang,
Faire une effusion de sang,
Causer maintes hémorragies,
Dont les terres étoient rougies,
Faire briller son coutelas
Aux dépens de nombre de bras,
Faire voler nombre de têtes,
Abattre de brillantes crêtes,
Houssiner force Phrygiens,
Et bouchonner Étruriens.
Un certain drille de Corée,
Avec chevelure dorée,
Prêtre de la mère des dieux,
Devinant ce que ses deux yeux
Lui faisoient voir dans l'occurrence,
Faisoit terrible décadence
Chez le Volsque et le Rutulois :
Il étoit armé d'un carquois
Plein de grands traits faits à Cortine,
D'un arc traversant son échine,
Souple à la main, rehaussé d'or.
Ses habits valoient un trésor :
Ils étoient de pourpre étrangère,
Brodés de la main d'un Ibère ;
Tirant sur la blancheur des lis,
Sa veste ondoyoit par ses plis ;
Il portoit, au lieu de ceinture,
Brillante écharpe de dorure,
Casque bronzé, plumes de paon,
Surtout grand faiseur de cancan.
Il montoit cheval d'Italie,
Qui passoit pour être amphibie,
Harnaché de lames d'argent,
Portant un peu la tête au vent.
Il fut ainsi vu de Camille,
Qui pour la grippe [1] en valoit mille
Elle le poursuivoit alors
Pour lui voler son justaucorps,

---

[1] Pillage, filouterie :
    Sçachez que je ne suis pas niais,
    Et que je sçay bien tous les biais
    Desquels on se sert pour la *grippe*.
        (CHEVALIER, *Désolat. des Filous*, sc. 11.)

Et, s'enfonçant fort dans l'armée,
Elle suivoit de près Corée,
Afin de le défrusquiner.
Comme elle alloit le trépigner,
Aronce, étant en embuscade,
Lui porta funeste estocade,
En adressant ainsi ses vœux
Au falot de l'homme et des dieux :
« Dieu de la lyre et de la harpe,
Fais qu'au lieu d'aller en écharpe,
Mon trait tout droit perce le sein
De ce trognon, franc assassin.
Concluons à présent ce pacte,
Grand protecteur du mont Soracte,
Toi qui, d'un culte singulier,
Fus toujours en particulier
Si bien chômé de ma famille,
Fais que j'atterre cette fille
Qui camisade mon parti,
Dont le courage est ralenti.
Je ne veux point de sa dépouille,
Que mange la crasse et la rouille ;
Ce sera pour moi trop d'honneur,
Si je puis embrocher son cœur
Ou chasser d'ici cette peste.
Au surplus je cède le reste
De la gloire à qui la voudra,
Que tout aille comme il pourra.
Je puis après aller en poste
Chez moi, crainte de la riposte.
Vous le pouvez, être divin,
Père des mouches et du vin. »
Phœbus partagea sa harangue,
Et lui dit en latine langue :
« Occis Camille, j'y consens ;
Mais, pour remporter tes cinq sens
Sains et saufs jusque dans ta ville,
Ma foi ! quand je t'en saurois mille,
Les mille resteront ici.
Crois-moi ! n'en ai point de souci ! »
  Le cœur content, messire Aronce,
Après cette courte réponse,
Qu'il entendit d'un air abstrait,
Sur son arc ajusta son trait,
Puis, le bandant jusqu'à l'échine,
Lâche le coup dans la poitrine
De ce jeune soldat fendu,
Dont il seroit tout étendu
Tombé du coup sur la poussière,
Mais on la soutint par derrière.
Aronce gagna le taillis,
Tandis qu'on s'arrêtoit aux cris

De ses compagnes éperdues,
Qui pénétroient jusques aux nues.
« La peste soit du chamaillis !
J'en extravague et j'en pâlis,
Disoit Tulla dans sa colère.
Hélas ! que nous dira son père ?
Il va sur nous se goberger...
Mais où pourroit-il héberger
L'assassin de si belle fille ?
Qu'il se montre donc, qu'on l'étrille !
Mon cœur en fait déjà flic flac.
Allons ! Volsques, faites un trac !
Cherchez ce dépendeur d'andouille,
Que jusqu'en sa tente on farfouille,
Qu'on perce dans le fort des bois,
Qu'on le fasse sommer trois fois
A la tête de son armée.
Morbleu ! je suis tant animée,
Que, si ce traître se montroit,
Dans le moment il passeroit
Par l'étuvée ou la grillade,
La croque-au-sel ou la salade. »
Ainsi parloit cette Tulla,
Que sa douleur arrêta là.
  Cependant Aronce s'échappe,
De peur d'attraper son étape,
Comme un loup, ou bien un taureau,
Qui vient d'éventrer pastoureau,
Va se cacher dans les collines,
Cherche les bois ou les ravines,
Serre sa queue et gagne au pié,
Crainte d'être justicié ;
Aronce ainsi, d'un pas agile,
Va reprendre son chef de file,
S'y tient et conserve son rang,
Pour ne pas payer sur-le-champ
Si déloyale camisade,
Dont le Troyen faisoit gambade,
Battoit des mains, crioit : « *Vivat*
Notre Aronce et notre béat ! »
  Cependant la belle Camille,
Voyant que tout son sang défile,
Et qu'on ne sauroit l'arrêter,
Malgré ce qu'on put apporter
De soins pour arrêter sa course,
Et pour lui servir de ressource,
Voyant ses yeux sans mouvement,
Attachés sur le firmament,
Bien près de perdre la lumière,
Qu'enfin elle tire à la bière.
Prenant son temps, mais sonica [1]
Sa seule confidente Acca

---

[1] C'est un terme de jeu, pris dans un sens adverbial : justement, à point nommé.

Elle apostropha de la sorte :
« Ma chère Acca, toujours accorte,
Fermez-moi la bouche et les yeux,
Et me recommandez aux dieux,
Quand mon corps ne sera que glace,
Et que j'aurai fait volte-face
A mes amis, à mes parens,
Que je connois pour bonnes gens.
Jusqu'à présent j'ai pu combattre ;
Mais ce trait qui vient de m'abattre
Et me prendre en flagrant délit,
Me fait sortir à petit bruit,
Par une mort un peu subite,
De cette funeste guérite
Où ce morfondu de Destin
Renferme le peuple Latin.
Je sens comme une cornemuse
Dans mon gosier, ou je m'abuse,
Qui me fait sur un vilain ton
Voir l'avant-coureur de Pluton.
Il faut sans suite et sans bagage
Partir pour le sombre rivage.
Ma chère Acca, ma foi, tant pis,
J'approche fort du margouillis
Ou des rives de l'onde noire.
N'aurois-tu pas un coup à boire
Pour un peu rassurer mon cœur,
Qui palpite déjà de peur
D'entreprendre si grand voyage ?
Sur mon honneur, si je n'enrage
D'être forcée à le quitter,
Ce cœur qui sut se délecter
Aux dépens de Troyenne engeance.
Tu ne ferois pas mal, je pense,
D'en aller avertir Turnus,
Qui de ma mort sera perclus
De plus du tiers de sa figure,
Qui peut-être en perdra sa hure,
Car, pour le bon sens, il est *hoc*
Qu'il est depuis longtemps au croc.
Mais dis-lui qu'il prenne ma place,
Que tous nos gens l'on contumace,
Que les Rutules, les Latins,
Dans peu n'auront pas des patins.
Adieu pour jamais, ma fidèle ;
Si je puis t'envoyer nouvelle
De ce qui se fait chez Pluton
Ou de ce que dit Alecton,
Tu le sauras, ma tourterelle. »
Alors de sa jeune escarcelle

Sortit son âme en grand délit,
Qui fit sortant un petit bruit,
Fort approchant du doux murmure
De petite chute d'eau pure :
Ainsi Camille trépassa.
 La bataille recommença,
Mais avec plus grande furie,
Chacun visant à la tuerie.
D'Évandre les chevau-légers,
Soutenus par des cuirassiers,
Secondés des troupes Troyennes,
Des légions Étruriennes,
Des Pyrgiens, des Mantouans,
Des Tyrrhéniens et des Toscans,
Marchent serrés droit aux Itales
Pour leur lâcher des décrétales [1] ;
Les rabrouer sur leur palier,
Les enterrer dans leur fumier,
Et, les suivant jusqu'en leur ville,
Les envoyer après Camille.
Opis, ayant vu le trépas
Qui du roi faisoit l'embarras,
Dont ses sujets perdoient le crâne,
Se souvint alors de Diane.
Soupirant trois fois de douleur,
Elle dit ces mots de bon cœur :
« Ah ! nymphe si belle et si blanche,
Vous en tenez donc dans la hanche !
Quoi ! pour avoir escarmouché,
Peut-être de trop près mouché
Quelques chefs des troupes d'Énée,
Vous en serez donc mal menée,
Vous en perdrez tous ces attraits,
Cet embonpoint et ce teint frais
Qui font les plaisirs de Diane !
On vous mettra dans une manne
Pour aller boire à sa santé
Un peu d'eau du fleuve Léthé,
Afin de perdre la mémoire
De l'immortelle et belle gloire
Qu'a mérité votre valeur.
Parbleu ! j'aurai bien du malheur
Du guignon ou de la disgrâce,
Si Jupin ne me fait la grâce
De me venger à plein collier
De ce drôle d'aventurier.
Si l'assassin n'en a dans l'aile
D'une manière assez cruelle,
Je dis nargue de tous les dieux,
Et demain je quitte les cieux

---

[1] Allusion aux décrétales des papes, rescrits lancés pour faire quelque règlement ou décider quelque point de discipline.

Pour me venger de cet outrage,
Dussé-je perdre un pucelage
(La fille en a toujours trop d'un ;
L'avoir est un fait peu commun :
Il faut faire comme les autres),
Disons de bonnes patenôtres,
Pour que l'infâme meurtrier,
Qui brusquement vient de souiller
Sa main du sang de cette fille,
Périsse aux yeux de sa famille.
Mais chut ! j'aperçois le gaillard
Qui s'est écarté par hasard ;
Il va trouver de la besogne,
Ou je veux être une carogne. »
 Près de là, dans un vert coteau,
Étoit de Dercène un tombeau,
Du Laurentin l'un des monarques,
Ce que l'on reconnut aux marques
Qui d'épitaphes lui servoient,
Et dans le caveau paroissoient.
Du premier vol cette déesse
Sur ce tombeau posa la fesse,
Guettant Aronce qu'elle vit,
A qui tout d'abord elle dit :
« Viens vers Opis, approche, infâme,
Qui viens d'une si belle trame
De couper pour jamais le fil !
Si tu vois jamais ton chenil,
Je veux reprendre chair humaine,
Et de mourir être en la peine.
Camille périt sous tes coups,
Mais ton sort n'en est pas plus doux.
Va barboter dans la poussière,
Traître, de la même manière
Que cette fille barbota,
Quand ta fureur la culbuta. »
A ces mots, prenant une flèche,
Dans l'instant elle la dépêche
Tout au travers de ses boyaux ;
Ce qui de ses esprits vitaux
Dérangea toute l'harmonie,
Déconcerta l'économie,
Bref le mit au rang des défunts,
Le séquestra des importuns
Dont l'affluence dans ce monde
Est grande, et dans tous lieux abonde.
Après ce coup détale Opis
Pour se rendre dans son taudis,
Toujours dans la même voiture
Et reprenant la même allure.
 De Camille les cavaliers
Prirent la fuite les premiers ;
Le reste fut dans le désordre,
Et ne put se remettre en ordre,
L'ardent Atinas consterné,
Le gros des troupes mutiné,
Tous se débandent vers la ville,
Et laissent le Troyen tranquille
Faire montre de sa valeur.
On ne voit partout que fureur,
Que désespoir et que carnage
Que morts, que clameurs et que rage.
La poussière sur les sillons
Vole à gros et noirs tourbillons,
Puis va s'engouffrer dans la ville,
Où l'on pleure et l'on plaint Camille.
Tous ceux qui bordoient les remparts,
Voyant venir tous leurs fuyards,
Faisoient des cris pleins d'épouvante.
Rien ne prouve mieux la tourmente
Qu'Éole fait en pleine mer,
Surtout au milieu de l'hiver,
Que ce qui se vit dans la plaine :
Les Latins, à perte d'haleine,
Gagnent les portes pour entrer,
Et pour un peu se calfeutrer
Contre la colère et la rage
Des Troyens faisant grand ravage
Dans leurs timides escadrons,
Alors composés de poltrons ;
Mais zeste, point de complaisance,
On les laisse là sans défense,
Crainte qu'on a que le Troyen
N'entre par le même moyen.
Les femmes jettent des murailles,
Brandons ardens, rouges ferrailles,
Cendres en feu, pièces de bois,
Huile bouillante et force poix :
On entend bien qu'elle est fondue,
Au moins faudroit-il être grue,
Pour ne pas se l'imaginer.
Mais on a beau se démener,
Les vaillans réchappés de Troie
Parmi les feux cherchent leur proie,
Foncent partout avec vigueur,
Et partout vont semant la peur.
Turnus en reçoit la nouvelle
Par la messagère fidèle
De Camille, la triste Acca.
D'abord il entonne un grand ah !
« Ah ! j'en aurai raison, j'en jure,
Ou qu'on me mette à bas la hure.
Courons servir mon allié !
Détalez donc, vous gens de pié,
Et laissez là votre embuscade ;
Aux Latins on donne saccade,

Allons ! volons ! sans barguigner,
Voyons s'ils oseront guigner
Turnus secondé du Rutule.
Ne craignez pas cette crapule !
Vous les rangerez, je le dis,
Et je veux, si je m'en dédis,
Qu'à vos yeux la peste me tue.
Allons, soldats, qu'on s'évertue ! »
Turnus aussitôt décampa,
Et tout au plus court il coupa
Pour aller secourir l'Itale,
Pour lors dans un triste dédale,
Morts ou mourans, pris ou perdus,
De leurs membres d'aucuns perclus
Et tout en gros passés en gale.

Mais, pendant que Turnus détale,
Quitte l'embuscade et s'en va,
Le pieux Æneas entra
Dans les buissons et la ravine,
Gagna les fonds, puis la colline,
Se rendit maître des hauteurs,
Sans perdre que deux maraudeurs,
Qui, broussaillant pour faire bâfre¹,
Attrapèrent une balafre
Qui les assomma tous les deux
Dans le plus fort du chemin creux.
D'un air hardi marchoit Énée
Pour investir, cette journée,
La ville du roi des Latins,
A la barbe des Laurentins,
De Turnus et de sa séquelle
Qui s'en alloit tout en javelle,
Et que Tarcon menoit des mieux,
Giter où gîtent leurs aïeux.
Tout en gémit, les fils, les pères,
Les cousines, tantes et mères.
Æneas, et l'ardent Turnus,
De fort loin s'étant aperçus
Marchant en ordre de bataille,
Sans bagage ni valetaille,
A vaincre tous deux animés,
Sur-le-champ se seroient gourmés,
Si la nuit n'eût tendu ses toiles,
Tiré ses rideaux et ses voiles,
Ce qui leurs désirs arrêta,
Et pour un temps les détracta.

Ma foi ! tandis que dans sa tente
Chacun, au gré de son attente,
Va prêter ses yeux au sommeil
Jusques au retour du soleil,
Il faut, pour renforcer nature,
Que je prenne un peu de pâture,
Et que je boive quatre coups.
Autant, lecteur, en feriez-vous,
S'il vous en prenoit une envie.
Morbleu ! des besoins de la vie
Je ne puis non plus me passer,
Que femme de pot à pisser.

¹ Le mot *bâfrer* est resté dans la langue populaire pour *manger goulûment*.

LE
VIRGILE TRAVESTI

LIVRE DOUZIÈME

Si Turnus reposa la nuit
Doucement sans faire de bruit,
Ou s'il eut la puce à l'oreille
Du tintamarre de la veille,
C'est ce que je ne sais pas bien ;
Quand je dirois : je n'en sais rien,
Ce seroit la vérité pure.
Au surplus je ferois gageure
Que dans son lit, plus d'une fois,
Turnus a rongé ses dix doigts ;
Que son bonnet a, dans sa tête,
Connu qu'il n'étoit pas en fête,
Et que l'on trouva son grabat
Le matin en terrible état.
La preuve en est claire et certaine,
Si l'on veut bien prendre la peine
D'examiner en raccourci
Quel fut son dévorant souci
Quand il vit les troupes d'Énée,
Pendant le cours de la journée,
Galvauder Rutule et Latin
Plus mal qu'on ne fait un trottin
Qui manque de faire un message
Nécessaire pour le ménage :
Alors la main, comme le pié,
Fait un trottin estropié.

Aussi, tandis qu'Énée en raille,
Qu'il s'approche de la muraille,
Et qu'il profite de la nuit
Pour s'en rendre maître sans bruit,
Ce qui suit le gain des batailles,
Turnus bisque dans ses entrailles,
Et cherche de nouveaux moyens
Pour surmonter des Phrygiens
Et la valeur et la fortune.
Pardi ! la chose est peu commune :
Être brave, et de plus heureux,
Est moins des hommes que des dieux.
Le Latin donc mis en compote,
Dans son cerveau dérangé trotte ;
Les peuples en sont consternés,
Et tous les soldats mutinés.
Comme il est cause du désordre,
On le charge d'établir l'ordre.
Que faire en cette extrémité ?
Se pendre, c'est déloyauté ;
Se noyer, ce seroit folie ;
S'enfuir, c'est quitter Lavinie
Et la céder à son vainqueur,
Ce qui redoubla sa fureur
D'une once au moins, je vous assure ;
Pour peu qu'on veuille, j'en jure :

Mais non, j'ai tort, ne jurons pas,
Les sermens sont pour d'autres cas.
Tel est un lion de l'Afrique
Qui sent qu'un javelot le pique ;
Son sang, qui coule, et sa douleur,
Augmentent si fort sa fureur,
Qu'on le voit, frémissant de rage,
Ne respirer que le carnage ;
Turnus ainsi, tout furieux,
Frappe des pieds, roule ses yeux,
Jure un grand mort...pousse une plainte,
Montre sa rage et puis sa crainte,
Rompt la dentelle d'un collet,
Donne un soufflet à son valet,
Renverse sa chocolatière,
Nomme putain sa chambrière,
Fait un soleil à son miroir,
Sans s'étonner, sans s'émouvoir ;
Puis à grands pas il se promène
Partout où son chagrin le mène,
Ne parle pas, parle en courroux,
Tantôt reprend un air plus doux ;
Enfin, dans son inquiétude,
Il ne trouve point d'attitude
Qui convienne à son désespoir,
Tant il lui paroît triste et noir.
   Dans cet état, il se présente
Au roi Latin plein d'épouvante,
Lui parlant le cœur ulcéré
Et par ses soucis déchiré.
Comme il voulut ouvrir la bouche,
Un bourdon, une grosse mouche,
Entra dans son vaste gosier,
Et détourna ce vieux routier,
Un moment, d'étaler sa rage,
Ce qui, pour un mauvais présage,
Fut pris par le bon roi Latin,
Déconcerté, fort incertain :
« Seigneur, lui dit ce taciturne,
Ce digne frère de Juturne,
Qui peut empêcher Æneas,
Le roi des poltrons, des béats,
De mettre à bout son entreprise ?
Faut-il le servir à sa guise ?
A genoux mendier la paix ?
Le ratifier pour jamais ?
Aux Troyens servir de victime,
Afin d'acquérir votre estime ?
J'y consens, et veux de ce pas,
Pour eux, me livrer au trépas.
Faites venir cette génisse,
Faisons ce fatal sacrifice ;
Je soupire après le moment

Qui doit précéder le serment
Qui va serrer votre alliance.
S'il sait danser, eh bien ! qu'il danse.
Il en aura, mais tout son soûl,
Même de quoi charger son cou.
Allez, donnez-vous patience :
Vous me verrez mettre en défense ;
Oui, je vous réponds de sa mort,
Fût-il cent mille fois plus fort.
Que je vais de bons coups d'épée
Farcir cette rare poupée,
Ce fugitif, ce pleure-pain,
Qui semble nous prêcher la faim.
S'il n'est pas ce soir à la table
De Pluton, je veux que le diable
Me fasse souper avec lui,
Sans me sortir de mon étui.
J'y vais de cul comme de tête.
Oh ! qu'il va trouver bonne fête,
S'il n'a point de peur, ce transi,
Cet efféminé, ce moisi !
Que si Jupiter veut qu'il rogne
A moi Turnus de la besogne,
Qu'il soit le réveille-matin
Du Rutule et du Laurentin,
Qu'il me débauche Lavinie,
S'il faut qu'il m'arrache la vie,
Alors, seigneur, nous serons deux,
Et nous jouerons au plus heureux :
Non pas au jeu de croix et pile,
Le jeu que demande ce gille,
Ou bien celui de pair ou non ;
Mais c'est au jeu de l'espadon,
A coups de dards, de javelines,
Aux dépens de nos deux échines.
Que si, par un heureux destin,
Il peut fouiller mon intestin,
Et de sa lame meurtrière
Me fait perdre la lumière,
Je cède comme le moins fort
Aux ordres des dieux et du sort. »
   Cette oraison si pathétique
Rendit le roi mélancolique ;
En effet il en sourcilla,
Et deux fois sa tête en branla.
Après une petite extase,
Il répondit avec emphase :
« Seigneur, autant vous êtes preux,
Actif, vigilant, courageux,
Autant je dois, moi qui vous parle,
Et qui, quand je le veux, déparle,
Mettre de l'eau dedans mon vin,
Et toujours tenir bride en main.

our m'épargner du moins la crainte
De trouver du vide en ma pinte.
C'est vous répondre en bon Latin
Que je veux garder mon fretin,
Et prendre ma bisque assez juste
Pour me conserver votre buste.
Ne possédez-vous pas l'État
De votre père, un très-grand fat,
Révérence parler, beau Sire?
Pourquoi cherchez-vous donc à frire
Votre lard rance à mes dépens?
N'est-ce pas vous moquer des gens?
Nous prendre pour des coccigrues,
Et nous faire passer pour grues?
Vous pouvez vous apparier
Avec filles à marier,
Où vous voudrez, si bon vous semble;
Pour moi vous allez trop bien l'amble,
Et je marche trop lentement
Pour vous, Turnus, assurément.
J'ai de l'argent, des pierreries,
Des cassines, des métairies,
Nombre de bons et gras troupeaux,
Des meubles neufs, de beaux tableaux
Des troupes, mais très-délabrées
Par vos chiennes d'échauffourées;
Avec cela l'on pourroit bien
Vous établir, pour votre bien,
Parmi les princesses Latines,
Comme parmi les Laurentines:
J'en connois plus d'une à louer,
Vous pouvez les amadouer,
Mais renoncez à Livinie.
C'est à moi grande vilenie,
Je la connois trop, à mon dam;
Même l'exemple de Priam
Devoit un peu me faire sage,
Et mieux user de mon lignage.
Qui ne sait que Jupin, les dieux,
Et les habitans de ces lieux,
Ne veulent pas votre assemblage?
Cependant, Turnus, je m'engage
A vous servir d'affection;
Je cède à la tentation
De vous voir quelque jour mon gendre.
Ma femme, au vrai, vouloit vous prendre;
A cause de la parenté,
Du sang, et de l'affinité
Qui vous unit à sa famille,
Elle vous destinoit ma fille;

Mais moi je n'y consentois pas
Æneas avoit plus d'appas,
Me paroissoit plus débonnaire,
Et faisoit bien mieux mon affaire.
Pour vous je rompis le traité
Qu'il m'offrit par civilité,
Et contre lui je pris les armes,
Voyez quelles sont mes alarmes,
Vous qui causez tous mes malheurs,
Qui, bien loin d'en verser des pleurs,
M'étourdissez de vos bravades,
Comme de vos rodomontades,
Qui fuyez lorsque l'on vous suit,
Et qui faites beaucoup de bruit,
Mais en effet fort peu d'ouvrage.
Vous en dirai-je davantage?
On nous a ressassé deux fois;
Voilà notre ville aux abois,
Moi bien près de ma dernière heure,
Et vous voulez que je demeure
Constamment dans votre parti?
Foi de roi, vous aurez menti,
Car ou je quitte la partie,
Ou vous quitterez Lavinie.
Faites mieux, recueillez les voix;
Que penseroient vos Rutulois,
Et que me diroient mes Itales!
C'est pour lors que les Saturnales
Iroient le galop, non le trot,
Si l'on me voyoit, comme un sot,
Mettre au hasard votre bedaine
De boudins et d'andouilles pleine,
Vous qui voulez de ma maison
Épouser le seul rejeton.
Par la ventre-saint-gris j'en jure,
Je garderai votre figure
De malencontre et d'accident,
Contre Énée et son ascendant.
Ayez pitié de votre père;
Doit-il payer la folle enchère
Des caprices d'un étourdi,
Qui va se perdre tout brandi [1]? »
    A laver la tête d'un âne
Le sage perd la tramontane;
Aussi le roi trouva-t-il bien,
Qu'avec lui l'on ne gagnoit rien
Soit intérêt, ou bien tendresse,
Turnus poussa loin la faiblesse,
Car, dès qu'il vit jour à parler,
Il commença par houspiller

---

[1] De vive force : « L'Olive..... le prit *tout brandi*, comme l'on dit à Paris, le jeta sur le lit, etc. (*Roman comique*, II, ch. VII.)

Le roi sur sa crainte panique :
« Craignez donc pour votre boutique,
Lui dit-il d'un air insolent ;
Mais paroissez plus indolent
Pour Turnus, je vous en conjure,
Ou vous me ferez une injure,
Très-difficile à pardonner,
Turnus seroit fou de donner
Dans votre sens fort invalide ;
Non, non, je veux un autre guide,
Et, malgré les dieux et le sort,
Ou mettre mon rival à mort,
Ce qui n'est pas si difficile,
Ou que le traître me mutile,
Et me donne en proie aux corbeaux.
Nous connaissons de tels travaux,
Avec un pareil adversaire ;
Je le sais trop loin de sa mère,
Pour qu'il puisse nous échapper.
Par ma foi ! je vais l'écharper,
Et le semer par la broussaille,
Pour qu'il nourrisse la volaille
Qui fend les airs, et perche aux bois,
Même mourroit sans mes exploits.
Je périrois ! à d'autres, Sire !
Parbleu ! vous ne savez que dire,
Ou pour nous vous avez bien peur.
Adieu, vous me verrez vainqueur,
Avant que ce grand jour se passe.
Je crois que, sans me faire grâce,
Vous me pouvez attendre, moi ;
Croyez-m'en donc de bonne foi,
Dans peu je reprendrai ma place.
Qu'on mette le vin à la glace,
Pour que je puisse, à mon retour,
Boire rasade à mon amour ;
Vous voyez que c'est Lavinie,
Pour qui j'aventure ma vie. »

    La femme du bon roi Latin
Quitta son lit dès le matin,
Ce jour, pour voir la destinée
Du combat du pieux Énée
Avec son cher parent Turnus,
Car elle tenoit à Daunus,
Mais en ligne collatérale.
Turnus se trouvant dans la salle,
La reine sur lui larmoya,
Puis son éloquence employa,
Pour lui faire quitter la brette.

Elle lui dit donc en cachette :
« Je te conjure par mes pleurs,
Par mes sanglots, par mes douleurs,
Par mon sang et par ma vieillesse,
Par ton amour, par ta maîtresse,
Par ma couronne et mon bandeau,
Par ce magnifique tombeau
Où tes aïeux réduits en cendre
S'ennuient à force d'attendre
Que l'on me descende auprès d'eux,
Pour y pouvoir couver mes œufs,
Par la colique qui me presse,
Par mon cœur que tu mets en presse,
Par Amate, femme du roi,
Enfin par toi, par lui, par moi,
De ne plus chercher à combattre
Un ennemi qui sait abattre
La poussière d'un justaucorps,
Et qui pourroit parmi les morts
Faire passer mon espérance.
Peste ! il entend la manigance,
Et me paroît plus fort que toi.
Du moins, mon cher, tremble pour moi,
Qui n'ai pas une once de vie,
Qui de douleur par trop saisie,
Pourrois bien te laisser ici,
Sans sépulture, à la merci
De cette race Phrygienne.
Que faudroit-il que je devienne,
Si l'on t'alloit de part en part
Percer par un coup de hasard ?
Non, je ne pourrois te survivre.
Et j'aimerois bien mieux te suivre,
Que de voir un jour mon enfant
Devenir le lot d'un pédant,
D'un baladin, d'un escogriffe,
D'un batteur d'estrade et d'antiffe [1],
D'un franc amateur de pois gris [2],
Enfin du roi des étourdis.
Je chéris trop ma Lavinie,
Pour souffrir si grande avanie.
Elle épouseroit un Troyen !
Non, jamais il n'en sera rien. »
    Cette fille suivoit la reine,
Ne levant ses beaux yeux qu'à peine ;
Sur son teint parut incarnat,
Qui lui donnoit nouvel éclat,
Ce qui plut à notre compère.
Alors, transporté de colère,

---

[1] Antiffe, terme d'argot. Batteur d'antiffe a tout à fait la même signification que batteur d'estrade : *Et sur le grand trimard* (chemin) *aller battre l'antiffe.* (GRANDVAL, poème de *Cartouche*.)

[2] Comme *avaleur...*; charlatan, glouton.

D'ardeur, d'amour et cætera,
Ces mots tout haut il digéra :
Eh ! de grâce, arrêtez vos larmes !
Pourtant tant de fausses alarmes ?
Tout net, vous me portez malheur,
De me témoigner tant de peur.
Oui, je prends à mauvais augure
Votre larmoyante figure.
Je veux disputer le tendron,
Dût-il m'en coûter mon chaudron,
Ma cuirasse avec ma rapière.
Vous allez passer pour ratière [1],
Si l'on vous voit pleurer ainsi.
Je ne vous dis pas grand merci,
Car d'une lame meurtrière
L'un de nous doit sur la poussière
Laisser le moule du pourpoint ;
Je vous le dis, et ne crains point
Que le destin me soit contraire,
Si bien je ferai mon affaire.
Adieu, ma reine, et vous, mon cœur,
Rencognez donc votre douleur,
Je vais finir vos doléances ;
Comptez fort sur ces assurances. »

Après, il sort et trouve Idmon,
Bon lévrier, bon compagnon ;
Il lui dit : « Va-t'en chez Énée,
Dans son camp fais une tournée
Dis-lui que, dès qu'il sera jour,
Je lui ferai faire un beau tour,
Et que, nonobstant sa bravoure,
Je veux avec mon tirebourre,
Lui tirer l'âme de son corps
Sans lui percer son justaucorps.
Que ses soldats posent les armes,
Autant en feront nos gens d'armes ;
Ils verront si ce sera lui
Qui sera vainqueur aujourd'hui.
Il faut enfin finir la guerre,
De Troyens purger cette terre,
Et que ce soit au champ de Mars,
A l'ombre de nos étendards,
Où j'épouserai Lavinie
Avec grande cérémonie. »
A peine eut-il dit tout cela,
Que ses chevaux on lui sella,
Ce que l'on fit en sa présence.
On leur mouilla les crins d'essence,
Puis on les meubla d'un harnois

Noir, liseré d'un beau chamois.
Ensuite il prit sa cotte d'armes,
Son beau corset, ses belles armes,
Son sabre jadis si vanté,
Qui par Vulcain fut présenté
Au vieux Daunus toujours bon père,
Que mal à propos vitupère
Ce méchant fils, ce fier-à-bras
Ce fanfaron à six carats.
Puis il prit en main une lance
D'une magnifique apparence,
Laquelle venoit de bon lieu.
En la prenant par le milieu,
Il dit : « Belle lance, ma mie,
Tu me paroîtrois si jolie,
Si tu voulois pour le présent
Me défaire d'un faux plaisant,
D'un forestier plein de lui-même,
Qui croit, avec sa mine blême,
Me faire garder le mulet,
Me mettre au bout de mon rôlet [2],
Enfin m'enlever Lavinie.
Venge-moi de cette avanie,
Toi qui servis si bien Actor,
Quoi qu'il ne fût qu'un gros butor.
Fais donc que je terrasse Énée,
Que sa mince et longue échinée
Succombe dans ce chamaillis,
Et reste dans le margouillis. »
Après ces mots, le roi Rutule
Tonne, menace et gesticule,
Va ranimer les courtisans,
Et rassurer les habitans.
Ses yeux étinceloient de rage ;
Elle enflammoit tout son visage,
Il en étoit tout coloré.
Puis, montant sur un char doré,
Il va, d'une ardeur affamée,
Rendre visite à son armée.

Comme un taureau dans sa fureur
Montre sa force et sa vigueur
Quand il se voit prêt à combattre,
Ainsi faisoit le diable à quatre
Énée au milieu de son camp,
Se préparant d'entrer au champ
Pour y moissonner de la gloire.
Déjà tout fier de la victoire,
Il met les armes de Vénus,
Joyeux d'apprendre que Turnus

---

[1] Capricieuse, fantasque.
[2] Me mettre à quia, à bout de ressources : « Faut-il que l'invincible Fier-à-bras soit maintenant au bout de son roolet ! » (Coméd. des Proverbes, II, vi.)

Veut bien mettre au croc cette guerre
Et laisser en repos la terre
Où règne ce bon roi Latin.
Alors il fait voir du Destin
Les décrets et les ordonnances ;
Et, pour calmer les doléances
De son cher petit Iulus,
Il lui donna cinq carolus.
Ensuite il donna des otages
Destinés pour servir de gages
De la parole qu'il donnoit
Touchant la paix qu'on demandoit.
 Le lendemain, la belle Aurore
Venoit-elle à peine d'éclore,
Que le Rutule, en liberté,
Et le Troyen, de son côté,
Mesurent le champ de bataille
Sous les remparts, près la muraille
De la ville où la cour étoit,
Et où d'aise chacun chantoit,
Là l'on dressa, le cœur en joie,
Des autels pour les dieux de Troie
Comme pour les dieux des Latins,
Des Rutules, des Laurentins.
Les foyers pour les sacrifices
Furent faits sous d'heureux auspices.
Des Troyens en robe de lin,
Couronnés de pampre et de thym,
Portaient de bonne eau dans des cruches;
D'autres portaient en main des bûches,
Ceux-ci portoient brandons de feu,
Ceux-là se dilatoient un peu
En jouant à la climusette [1],
Aux osselets, à la bûchette [2],
Faisant ronfler le flageolet,
Imitant le rossignolet.
Les habitans sortent en foule,
Dans le camp tenant pied à boule [3],
En attendant que le roi vînt
Et que sa parole il leur tînt.
Là, l'on voyoit les deux armées,
De la paix toutes deux charmées,
Mais tous armés de pied en cap,
Pour n'être pas échec et mat.
Les généraux, tout brillans d'aise,
Couroient les rangs, ne vous déplaise,
Habillés tous d'or et d'azur,
Portant corsets d'un clair obscur,
Rubans tombans sur l'omoplate,
Belles aigrettes d'écarlate,
Brodequins des mieux figurés
Et des sabres bien récurés,
Montant chevaux à cabriole,
Tout frais émoulus de l'école,
Bonne rondache dans le bras,
Bonne lance et bon coutelas,
Des boucliers de filigrane,
Casques dorés couvrant leur crâne ;
Enfin finale ils étoient bien,
Puisqu'à tous il ne manquoit rien.
Ils avoient tous la barbe faite
Et mis des couleurs de toilette,
Rabats blancs et de beaux poignets,
Mais armés comme lansquenets,
Pour faire honneur à cette fête,
Qui devoit conserver leur tête.
Mnesthée et le fier Attila,
Plus drus [4] que ne sont Quinolas,
Voltigeoient au travers des files,
En gens experts, hardis, habiles,
Redressant les Tyrrhéniens,
Les alignant sur les Troyens.
D'autre côté parut Messape,
Emmitouflé comme un satrape,
Allant par-ci, trottant par-là,
Marchant toujours cahin, caha.
Les femmes, même la canaille,
Étoient épars sur la muraille,
Sur la tour, la porte et les toits ;
Là, les vieillards montraient aux doigts
Leurs fils, leurs petits-fils, leurs gendres,
La plupart, tous de vrais esclandres,
Encor tout fatigués des coups
Dont les Troyens, chargé leurs cous [5],
Leur avoient prêté d'abondance
Avec très-grande irrévérence.
 Dans ce temps-là, dame Junon,
Véritable attrape-minon,
Quittant les cieux, vint sans compagne,
Sur la crête d'une montagne
Qu'aujourd'hui l'on appelle Alban ;
Là, debout, sans chaise ni banc,
Elle voit le champ de bataille
Où brilloit des plus la clinquaille,

---

[1] Cligne-musette. On connaît ce jeu encore en usage.
[2] Probablement à la courte-paille, ou à *petit bonhomme vit encore*, avec une bûchette enflammée.
[3] Restant sans bouger, fixes et attentifs.
[4] Alertes, vifs, hardis.
[5] *Sic.* Passage gramaticalement indéchiffrable.

Presque au pied du palais Latin,
Comme pour morguer le Destin,
Même son vieux lance-tonnerre,
Qui vouloit finir cette guerre.
Du doigt elle appela la sœur
De ce Turnus, grand giboyeur,
Lui dit ce que l'on peut apprendre,
Si l'on veut lire un récit tendre,
Que vous verrez ici complet,
Bien dodu, solide et replet.
Auparavant d'entrer en danse,
Quelqu'un pourroit (si bien je pense)
Demander quelle est cette sœur ;
Ah ! morbleu, je le sais par cœur,
Et vous le saurez tout à l'heure,
Curieux, ou que je demeure
Court en si beau, si grand chemin ;
Je reprendrai mon train demain.
Juturne est son nom de famille,
Et, comme elle étoit encor fille,
Jupiter en fit l'amoureux
Et poussa vivement ses vœux ;
Il les poussa si loin, je pense,
Qu'il en vint à la complaisance
De lui donner dans son cabat
Deux leçons du noviciat
De ce qu'on appelle hyménée,
Dont la belle, d'une fournée,
Eut à la fois deux embryons
Qui sont de vaillans champions.
Le bon Jupin, pour récompense,
Lui fit don d'une présidence,
Car il en eut, ma foi, la fleur :
De fille de roi, c'est honneur
Qui vaut une éclatante aubaine.
La charge en valut bien la peine,
Puisque Juturne présida
Sur les étangs du mont Ida,
Sur les ruisseaux, sur les rivières,
Sur les fontaines des bruyères
Comme sur celles des jardins
Des monarques et citadins.
Voilà de Juturne l'histoire ;
Mais je reviens à mon grimoire.

« Chère Nymphe, lui dit Junon,
Qui portez si friand trognon,
Dont je ne fus jamais jalouse,
Quoi qu'un jour, sur une pelouse,
Je t'ai prise en flagrant délit,
Comme tu t'en servois de lit,
S'en t'en paroître courroucée,
Puisque c'est moi qui t'ai placée
Au-dessus des Nymphes des eaux,

De Turnus je plains les travaux ;
Il doit tôt finir sa carrière.
Je vois la Parque meurtrière
Tenant dans sa main ses ciseaux,
Pour terminer des jours si beaux.
Par ma foi, ce n'est pas ma faute,
Si cette fois ton frère saute ;
Je ne puis rien sur le Destin,
Ni sur l'esprit de mon Jupin.
Ces fichus dieux opiniâtres,
Incomplaisans, acariâtres,
M'ont cent fois refusé tout net
Et m'ont donné ce camouflet,
Sans seulement me faire excuse.
Va-t'en mettre en œuvre la ruse ;
Pour lui, fais ce qu'il se pourra
Et ce que bon te semblera.
Sommes-nous donc sans espérance,
Et dans nos maux sans allégeance ?
Souvent, après de longs malheurs,
On voit régner de grands bonheurs. »
Junon se tut. D'abord les larmes
Firent éclipser tous les charmes
Qu'avoit Juturne en son minois,
Puis sur son sein deux ou trois fois
Elle se donne des taloches,
Cherche à Junon des anicroches,
Lui dit que la reine des cieux
Peu autant que celle des gueux ;
Qu'elle devroit mourir de honte
De ne paroître pas plus prompte
A servir son frère Turnus
Contre sa rivale Vénus.
Puis d'eau tomboit une rivière
Des endroits par où la lumière
A tous les mortels se fait voir ;
Elle en mouilla tout son mouchoir,
Sa robe, même sa chemise,
Ce que Junon nomme sottise,
Ne voulant pas dire vapeurs :
« Ce n'est pas là le temps des pleurs,
Lui dit-elle d'un air sévère,
Tant elle parut en colère
De cet apostrophant discours.
Si tu veux conserver les jours
De ton Turnus, tu le peux faire,
Va-t'en renouveler la guerre,
Et briser leur traité de paix ;
Mais qu'on ne m'en parle jamais.
Adieu ! Junon te le conseille. »
Juturne avoit prêté l'oreille
A cet agréable récit ;
Aussi quitta-t-elle sans bruit

Et la montagne et la colline.
　Cependant la royale échine,
Maître et monarque des Latins,
Peuples rusés et fort mutins,
Suivi d'une cour à l'antique,
Des nobles et gens de boutique,
Marchoit d'un pas grave aux autels
Pour des juremens solennels.
Le bon monarque, pour son âge,
Marchoit en très-leste équipage,
　Traîné par quatre grands chevaux
Jetant du feu par les naseaux,
Tant leur ardeur étoit extrême.
On lui voyoit un diadème
A douze fleurons, tout pareil
Au diadème du Soleil,
Qu'on disoit être son grand-père
Et le mari de sa grand'mère,
Ou son père étoit un bâtard ;
Car Phébus est un égrillard,
Un picoreur, un maître drille,
Un effleureur de jeune fille,
Oui, dans cet aimable métier,
Ne leur donnoit point de quartier.
Par deux chevaux plus blancs que neige,
Mais bons écoliers de manége,
Le fier Turnus étoit tiré
Dans un grand char partout doré.
Affectant une ardeur mutine,
Il agitoit sa javeline
Pour intimider le Troyen.
N'étoit-ce pas là le moyen
De faire peur au bon Énée ?
Lui qui, d'une seule halenée,
Auroit mis bas ce Turlupin,
Sous le bon plaisir de Jupin,
S'entend ; car, pardi! dans ce monde,
Où le proverbe en foule abonde,
On dit qu'il faut à tout seigneur
Rendre le devoir et l'honneur :
Or, comme il est des dieux le maître,
Ergo des humains il doit l'être ;
Raisonnement qui va son train,
Et, selon moi, court et certain.
D'autre côté parut Énée,
Avec sa troupe combinée,
Armé de la main de Vulcain,
Ayant un air doux et serein.
Tout près de lui étoit Ascagne,
Monté sur échappé d'Espagne,
Qui, comme Æneas, quelque jour,
Doit cimenter Rome à son tour.
Un grand prêtre à blanche tunique,

Montant sur fringante bourrique,
Portant en tête un capuchon,
Traînoit d'une main un cochon,
De l'autre brebis non tondue,
Grasse à larder, jeune et dodue
Fille d'un mouton de Beauvais,
Qu'Æneas conduisoit exprès,
Pour ce planturcux sacrifice,
Avec une blanche génisse.
Mais ce qui fait mon embarras,
C'est que Maron ne nous dit pas
Comment il conduisoit la bride :
Bête quintense veut un guide,
Car ce seroit passer pour fou
Que la lui laisser sur le cou.
Droit aux autels le prêtre avance,
Descendant avec nonchalance
De sa monture à juste prix.
Dès qu'on le vit on fit des cris,
Pour le coup de réjouissance,
Mais on en fit en abondance.
Sur la victime il fit des vœux,
Puis il alluma tous les feux.
　Alors le dévot sire Énée,
Tenant sa lame dégaînée,
Debout reposant sur l'autel,
D'un air qui n'a rien de mortel,
Pas même la moindre apparence,
D'une mâle et fière assurance
Apostrophe ainsi tous les dieux,
Levant dévotement les yeux,
Regardant la voûte azurée :
« Ce n'est pas une paix plâtrée,
Soleil errant et vagabond,
Qui marches par saut et par bond,
Mais une paix consolidée
Que le Latin m'a quémandée,
Et que j'accorde à son besoin
Gratis. Soleil, soit donc témoin
Des sermens que je veux bien faire.
Vous, Jupiter lance-tonnerre,
Et vous, implacable Junon,
Qui de vos jours n'avez dit non,
Quand il s'est agi de me nuire,
De m'abimer et me détruire ;
Vous, le dieu du soudrille, ô Mars,
Qui veillez sur nos étendards,
Qui du grivois gardez la panse,
Qui lui procurez l'abondance,
Et qui toujours du maraudeur
Avez protégé la valeur,
Dieux des ruisseaux, Dieux des rivières,
Dieux des forêts, Dieux des bruyères,

Enfin, vous grands et petits dieux,
Qui toujours perchez dans les cieux,
Je veux que, si dame Victoire,
Peut-être à force de trop boire,
Se trouve assez peu de raison
Pour vouloir que, comme un oison,
Turnus devant vous me canarde,
M'entrefessonne et me nasarde,
Enfin, qu'il se trouve vainqueur
De moi, jurant sur mon honneur
(C'est jurer sans beaucoup de risque)
Qu'en ce pays frasque ni frisque
Ne restera de mes Troyens ;
Qu'ils partiront avec leurs biens
Pour se retirer près d'Évandre ;
Qu'Iulus ne pourroit prétendre
De régir le bandeau royal,
Et, sans faire le déloyal,
Il tirera d'ici ses chausses,
Chausses pleines de pièces fausses,
Tant qu'à présent c'est vérité ;
Plus, avec la latinité,
Signera paix des mieux conçue
Et par mes gens des mieux cousue.
Que si, pour remplir mon espoir,
Je reste maître du pressoir
Et que Turnus en ait dans l'aile,
Je veux, par une loi nouvelle,
Établir la fraternité,
Et, sans supériorité,
Faire entre nous bourse commune;
Plus, que chacun dans sa tribune,
C'est-à-dire son tribunal,
Juge le bien comme le mal ;
Que le Troyen et que l'Itale
Seront en tout, fors de la gale,
Uns et communs dorénavant,
Et vivront comme auparavant,
Indépendamment l'un de l'autre.
J'aurai soin de la patenôtre,
Et de faire ériger nos dieux
Dans tous les temples de ces lieux,
Pour que nos Troyens, ces Nicaises,
Les fumant, les fassent bien aises,
Et farcissent bien leurs autels
De mets propres aux immortels,
Quoique jamais les dieux n'en tâtent ;
Mais leurs grands-prêtres s'en empâtent;
Donnant à leurs clercs le restant,
Gens d'un appétit dévorant.
Tandis que Latin, mon beau père,

Aura soin que l'État prospère,
Fera la barbe à ses voisins,
Encavera des plus fins vins,
Fera marcher lochet [1], pioche,
Veillera sur le tourne-broche,
Sur la cuisine et le ragoût,
Et se chargera du bon goût,
Fera lessiver ma chemise,
Serrer du bois contre la bise,
Enfin, tant dedans que dehors,
Il aura le soin de nos corps.
De son côté, race Troyenne,
Passablement comédienne,
Commencera dès aujourd'hui
A me bâtir un bon étui
Qu'elle entourera d'une ville
Exempte à jamais d'ustensile,
Qu'on nommera Lavinium.
Ce n'est, ma foi! pas un dictum,
C'est un serment que sire Énée
Fait aux dépens de l'échinée,
Que vous autres dieux, bonnes gens,
Conservez depuis quarante ans,
Contre la mauvaise influence
Des lieux où gît ma Révérence,
Ou bien contre l'air empesté
Qui pourroit troubler ma santé. »
Dès qu'il eut dit sa râtelée,
Prenant la parole à volée,
Le bon vieillard, roi des Latins,
Sur ses pieds, en levant ses mains,
Dit : « Je vous jure, ô sire Énée,
Par la mer et la belle Astrée,
Par la lune et par le soleil
Que je révère à mon réveil,
Par les deux enfans de Latone,
Par le protecteur de l'automne,
Par les deux faces de Janus,
Par le gros, gras et grand Turnus,
Plus, par cette énorme puissance
De cette vile et noire engeance
Qui préside dans les enfers
Et qui met les méchans aux fers ;
Par Junon, cette rabroueuse,
Par ta mère, la raccrocheuse,
Par ma couronne et mon bandeau
Par mon état et mon serdeau [2],
Par ma brillante Lavinie,
Plus aimable qu'Iphigénie,
Plus transparente que cristal,
Plus éclatante qu'un fanal,

---

[1] Sorte de bêche étroite.
[2] Officier de bouche du roi.

Plus tendre qu'une tourterelle
Qui chante comme Philomèle,
Qui sait jouer du clavecin,
Qui conduit des mieux un tocsin,
Bref, qui sait la fable et l'histoire,
Rire, chanter, danser et boire;
Enfin, par le grand dieu Jupin,
Qui de pouvoir a plus d'un brin,
Qui signe à bons coups de tonnerre
Tous les traités qu'on fait sur terre;
Je jure donc par tout cela...
Je ferois mieux d'en rester là,
Comme de ne pas passer outre.
Non, dussé-je contre une poutre
Me casser la jambe et le bras,
Là je n'en demeurerai pas.
Je jure donc paix, alliance,
A si pieuse Révérence,
Et je la jure tout de bon,
Sans mettre de restriction,
Souhaitant qu'elle ait bonne chance,
Mettant au pis toute puissance
De m'insinuer le dessein
De troubler l'eau de mon voisin,
Comme le lait de ma nourrice,
Par quelque malin artifice,
Quand cette puissance une fois
Feroit tout aller de guingois
Sur la terre et dans la nature,
Dût-elle encor, par aventure,
Confondre le ciel et l'enfer,
Mêler la terre avec la mer;
En donnant jour aux cataractes,
Dût-elle changer les épactes,
Faire de mon sceptre un sifflet,
Enfin, comme un esprit follet,
Faire chez moi le batelage,
Et partout du remû-ménage. »
   Ainsi chacun, par des sermens
Accompagnés de juremens,
Juroit la paix et l'alliance
Sans qu'il parût de discordance.
On égorge alors, dans les feux,
Le cochon en faisant des vœux,
Qui, portant grains de pourriture,
Fut trouvé de mauvais augure.
Pendant que cela se passoit,
Chez le Rutule on devisoit
Sur la triste et morne figure
De leur roi, grand outre mesure,
Qui, pendant le temps des sermens,
Baissoit toujours ses yeux ardens.
D'une marche dégingandée,

Par le Troyen vilipendée,
On le vit marcher à l'autel :
Chacun crut voir Pantagruel,
Tant ce prodigieux colosse
Dans cet instant leur parut rosse.
De s'affliger il eut raison ;
On le bridoit comme un oison,
On lui ravissoit sa maitresse,
L'unique objet de sa tendresse,
Sans que ce malheureux garçon
En eût le moindre échantillon,
Je veux dire la courte joie,
Qui chez nous est la petite oie.
Le Rutulois en murmura,
Et le Phrygien s'en carra;
Ce que voyant dame Juturne,
Prête à servir son frère Turne,
Elle vint tomber dans le camp,
Et prit la forme, au même instant,
D'autres diroient la ressemblance,
Peut-être aussi la remembrance,
De Carmette, homme de valeur,
Grand en naissance comme en cœur,
Et de rang en rang la donzelle
Fut tocsiner le boute-selle,
Où par un discours factieux
Leur jeta de la poudre aux yeux :
« O Rutulois ! mourez de honte,
Si vous souffrez qu'on nous affronte,
Et si vous exposez Turnus
Aux coups de ce fils de Vénus.
Êtes-vous donc las de vous battre,
Et faut-il que je voie abattre
Votre roi pour nous sauver tous ?
Aux ennemis tâtons le pouls,
Et voyons ce qu'ils ont dans l'âme.
Déjà dans la ville on nous blâme,
On nous accuse de tiédeur ;
Soldats, avez-vous donc du cœur ?
Parbleu ! c'est en cette rencontre
Où chacun doit en faire montre.
Aiguisons nos sabres, nos faux,
Il nous faut jouer des couteaux ;
Et qu'il soit dit que le Rutule
N'eut jamais au talon la mule
Quand il fallut tout hasarder
Pour son ennemi nasarder,
Pour se soustraire à sa puissance
Et pour faire tourner la chance.
Nous sommes de plus deux contre un
Donnons dessus, ils sont à jeun,
Et n'auront force ni courage.
Je vous réponds de l'avantage,

Si vous ne perdez point de temps. »
　Ce discours sur les jeunes gens,
Et sur les troupes Laurentines,
Aussi bien que sur les Latines,
Leur fit dire *videbimus*,
Après petit *gaudeamus*;
Au vent mettre d'abord flamberge,
Dont la Juturne se goberge;
Puis, les voyant fort ébranlés,
Fort drus et fort recoquillés,
Petillant d'en aller découdre,
Se déterminer, se résoudre,
A leurs brettes donner le fil,
En un mot, aller de droit fil,
Elle leur fit voir un présage,
D'un aigle privé dans sa cage,
Qui, sortant, vit nombre d'oiseaux
Seulement habitant les eaux;
Sans parler, sans faire aucun signe.
L'aigle s'élança sur un cygne,
Et dans ses serres l'enleva,
Faisant en l'air grand brouhaha.
Dans l'instant on vit tous les autres
Crier : « On enlève un des nôtres ! »
Ce qui réveillant leur courroux,
S'ameutant ils suivirent tous,
En forme d'un épais nuage,
Ce picoreur sorti de cage.
Il fut mené si vivement,
Que l'aigle n'eut que le moment
De lâcher sa prise et sa proie.
Ce présage apporta la joie,
A bon augure il fut reçu,
Comme avec plaisir il fut vu.
Tolumnius en grand volume,
Qui de son art beaucoup présume,
Adroit au jeu du corbillon,
Prêt à demander : Qui met-on ?
Devinant, non choses futures,
Fort, mais très-fort sur les injures,
A parler s'offrit le premier,
Et se mit d'abord à crier :
« Tremblez, Troyens, à ce présage !
Soldats, allons en garouage [1] !
Les dieux se déclarent pour nous,
Il nous faut vaincre ou mourir tous.
Qu'aucun ne fasse ici la bête !
Je vais me mettre à votre tête,
Où je ferai voir du pays
Aux Phrygiens fort ébahis
De voir si grand patelinage :

Je ne donne pour tout potage,
A ces échappés de brandons,
Que des ronces, que des chardons.
A pâturer toute leur vie,
Si, dans ce jour, ma bonne amie
La Victoire ne me fait voir
Courir vers le sombre manoir
Tous les Troyens de compagnie,
Que moi devin j'excommunie
De toute mon autorité,
Parce que leur chef a traité
D'une alliance que je casse,
Comme faite par âme basse,
Et contraire au bien des Latins,
Des Rutules, des Laurentins,
Choquant la majesté suprême,
Extorquée avec stratagème,
De notre roi mourant de peur,
Et trop vieux pour avoir du cœur ;
Sans autre façon je la casse,
Et je la remets dans la nasse.
Serrez donc bien vos bataillons,
Et comme de noirs tourbillons
Engouffrez-vous dans leur armée,
Où la terreur est imprimée :
Leurs chefs en ont l'air tout transi,
Et, pour tout dire en raccourci,
Leurs soldats sont tous des pagnottes,
Des rodomonts, des frotte-bottes,
Plus propres à panser mulets,
Qu'à venir manger nos poulets.
Combattez pour votre défense !
Faites comme moi, je commence ! »
　Là-dessus ce mauvais falot
Lança si fort un javelot,
Que l'air en retentit sur l'heure :
Il se trouva qu'à la malheure,
Neuf jeunes gens Arcadiens,
Venus au secours des Troyens,
Tous enfants d'un certain Gilipe,
Et d'une certaine guenipe,
Sage pourtant, si l'on en croit
Virgile, qui ne la connoit
Que pour être une Étrurienne ;
Bref cette troupe Arcadienne
S'entretenoit tout en un tas,
Quand ce coup vint faire fracas
Dans le ventre d'un ap frer
Ce qui troubla tous leurs confrères
Tant les Troyens, qu'Étruriens,
Que Mantouans, que Phrygiens.

---

[1] En divertissement, en partie de plaisir.

Les huit autres prirent les armes,
Firent au camp de grands vacarmes,
Et commencèrent en fureur,
Un choc qui fut l'avant-coureur
D'une très-sanglante bataille,
Où chacun des partis travaille
A se mettre au-dessus du vent,
Afin de gagner le montant,
Et de mettre la décadence
Parmi la noble pétulance
D'un ennemi qui donne bien,
Et qui marque ne craindre rien.
Morbleu! ce n'est plus raillerie:
On recommence la tûrie,
Même on renverse les autels,
Au grand mépris des immortels.
Le roi Latin court à la ville,
Honnêtement pourvu de bile,
De voir son alliance au croc,
Et lui chassé comme un escroc,
Tandis que le fougueux Messape
De tous côtés renverse et frappe,
Avec grande déloyauté,
Espérant rompre le traité,
Et par là remplir son attente.
Il court, s'agite, et se tourmente,
Ne fait partout aucun quartier,
Ce dont il fit toujours métier.
Là, trouvant le monarque Aulète,
Bon soldat, vigoureux athlète,
Avec ses ornemens royaux,
Assez bien munis de joyaux,
D'un javelot il le traverse,
Le fait tomber à la renverse,
Droit sur le débris de l'autel,
Dont il trépassa sans appel,
Sans pousser murmure ni plainte,
Ni témoigner aucune crainte
De se voir réduit à son tour,
D'aller dans si sombre séjour.
Messape après lui chante pouille,
Pendant qu'un autre le dépouille.
Corinée, un tison en main,
Que sur l'autel allant son train
Il avoit pris dans la mêlée,
Au brave Ébuse fit frisée:
Comme il lui portoit un grand coup,
Il le grilla de bout en bout.
Podalyre avoit pris à tâche,
Quoique naturellement lâche,
D'atterrer le pasteur Alsus;
Mais, par un trop juste reflux,

Alsus, d'une ardeur intrépide,
Tout court sur lui tournant la bride,
D'un coup de revers à propos
Lui déplaça cinq ou six os,
Et lui démeubla la mâchoire,
Dont Podalyre eut grand déboire,
Car il tomba dans le sommeil
Qui n'est suivi d'aucun réveil.
 Æneas, l'âme fort émue,
Par les rangs couroit tête nue,
Levant les mains, criant bien fort:
« Par la jarni-bleu! par la mort!
Eh! quelle est donc votre folie?
Dites-moi, mes gens, je vous prie,
Ne viens-je pas, dans ce moment,
De faire à vos yeux le serment
De notre traité d'alliance,
Avec cette Latine engeance?
Les articles sont arrêtés,
Et pourquoi rompre nos traités?
Quoi donc! pour une bagatelle
Vous recommencez la querelle?
Un homme de plus ou de moins,
N'est pas ce qui fera mes soins.
Parbleu! c'est à moi de combattre,
Puisque Turnus veut bien se battre,
Sans vous hasarder aujourd'hui;
Je vous réponds d'eux et de lui. »
Disant ces mots, flèche rapide,
Dont on n'a jamais su le guide,
Ni le bras qui l'avoit lâché,
Ce dont Æneas fut fâché,
Vint interrompre sa harangue,
Imposer silence à sa langue,
Apporter des douleurs au trot:
C'est bien fait, car il parloit trop.
Le béat du coup fit la moue,
Ce qu'il fit en enflant la joue;
De plus il en grinça les dents,
Même querella tous ses gens,
Jeta son beau casque par terre,
Maudissant si fatale guerre,
Fit des ha, des hi, des ho ho,
Et debout resta tout de go [2].
Ses gens, troublés de sa grimace,
L'auroient laissé dessus la place,
Si son jeune fils Iulus
N'eût promis ses cinq carolus
A cette indigne valetaille,
Qui ne méritoit pas la maille;
Tout aussitôt on l'emporta,
Et sur son lit on le jeta,

---

[1] *De go* ou *tout de go*, se disait pour *tout à coup*, *sans préparation*, *sans façon*

Jurant contre sa destinée.
　　L'ardent Turnus, voyant Énée
Quitter le camp et s'en aller,
Ne songea plus qu'à batailler.
Il pousse avec grande vitesse
Son char où lui parut la presse,
Le fait voler sur les sillons
Et passer sur les bataillons.
D'abord il assomme, il écrase,
Fait aux Troyens mordre la vase,
De morts ou mourans fait un tas,
Et porte partout le fracas.
Aux uns il prend la javeline,
Et la leur darde dans l'échine.
Il court au brave Sthélénus
Qu'il joint à Tamire et Polus;
Puis il s'en va forcer Eumède,
Devant qui tout plie et tout cède,
De se mesurer avec lui;
Il lui fit bientôt son étui.
Dès qu'il le vit sur la poussière,
De son sang faire une rivière,
Il lui dit : « Troyen, te voilà,
Selon mon compte, assez bien là.
Mesure donc notre Italie,
L'unique objet de ta folie,
Plantes-y des navets, des choux,
Et même des topinamboux.
Est-ce ainsi, pour un homme habile,
Que tu veux fonder un ville?
Ton calcul est fort incertain,
Puisque dans l'affreux souterrain
Je viens d'emboîter ta figure,
Pour un toujours, je t'en assure. »
De là, passant au blond Darès,
Qui bisquoit contre ses Lares,
De ce qu'il voyoit que sa troupe
Aux ennemis montroit la croupe,
Il le mit d'un revers de main
Dans le sentier du souterrain.
Butte, Sybaris et Clorée
Lui servirent tous de curée;
Malgré valeur, fallut partir,
Et pour un jamais s'amortir.
Mais de loin voyant Thersiloques,
Qui de Latins tronquoit breloques,
D'un dard lancé dans sa fureur,
Il sut arrêter son ardeur.
Il surprit, en passant, Timette,
Et lui dénoua l'aiguillette,
D'un coup qui de son intestin
Fit sortir très-puant butin.
Enfin l'intrépide Phégée,
Voyant sa brigade affligée,
Même au point de se débander,
Sans paraître s'intimider,
S'arrêta près de la charrette
De ce dénoueur d'aiguillette [1],
Voulant détourner ses chevaux,
Écumant de leurs fiers travaux;
Mais étant surpris de la roue,
Il fut renversé dans la boue,
Où Turnus le décapita,
Et son tronc après insulta.
　　Tandis que Turnus se démène,
Et que si mal Troyens il mène,
Voyons ce qu'ils font dans leur camp;
Même pénétrons quant et quant
Qu'est devenu le brave Énée,
Qu'Ascagne et le fier Mnesthée
Ont emporté couvert de sang,
Reposer sur son lit de camp.
Près de lui son intime Achate
Voudroit tirer de l'omoplate
Le fer qui cause sa douleur
Et des Troyens tout le malheur.
Japis, savant en médecine,
Architecte en térébenthine,
En rhubarbe, en casse, en séné,
Voyant Æneas, forcené,
Grincer les dents, faire grimace,
Lui jeter au nez sa cuirasse,
Remplir sa tente de gâchis
Et se fâcher contre son fils;
Voyant cela, quitte sa robe,
La pose dans sa garde-robe,
Puis visite en vrai médecin,
Je pourrois dire en assassin,
L'endroit qui suscitoit la rage
De si renommé personnage;
Puis, avec des pinces de fer,
Ébranle et veut tirer le fer
De cette flèche infortunée
Qui fait pester le bon Énée.

---

[1] L'expression : *couper l'aiguillette*, s'employait dans le sens de détruire les dernières ressources, peut-être par allusion à l'usage où étaient les archers, etc., de couper l'aiguillette des criminels, afin que leur haut-de-chausses, en tombant au moindre mouvement, les empêchât de se sauver. (*Anc. théâtre*, éd. Jannet, X, 16.)
　　Ce coup a coupé l'esguillette...
　　D'espérance je n'en ay plus.
　　　　(BELLEAU, la *Reconnue*, III, sc. V.)

Mais rien n'y fit le médecin :
Il prit du baume avec du vin,
Et fit onguent miton-mitaine,
Dont il frotta ribon-ribaine,
En médecin de Lucifer,
L'os où gîtoit ce fichu fer.
Æneas, d'un cri effroyable,
Donna le médecin au diable,
Surtout quand il sut que Turnus,
Au camp Troyen comme un intrus,
Donnoit de terribles gourmades,
Et faisoit gloire des saccades
Qu'il ajustoit aux Phrygiens,
Aux Toscans, aux Arcadiens,
Enfin à toute son armée,
Aux échecs point accoutumée.
 Vénus, souffrant de voir son fils
Prêt à perdre tous ses esprits,
S'en va, le désespoir dans l'âme,
Vite lui cueillir du dictame,
Toujours courant bredi, breda [1],
Sur la crête du mont Ida.
Cette racine est barbelée,
Et porte fleur rouge engrêlée,
A même goût que chicotin,
Et sert d'onguent au chevrotin
Quand il a la moindre blessure.
Elle la met dans de l'eau pure,
Avec herbes de bonne odeur,
Dont elle fait une liqueur
Qu'elle apporte dans un nuage,
Pour mieux dérober son voyage.
Japis la prit et la goûta,
Puis l'endroit doucement frotta,
Ce qui du sang finit la course,
Et de ces maux calma la source.
Le fer en tomba sur-le-champ,
Ce qui rétablit dans le camp
Et la valeur et l'allégresse.
Japis, le cœur tout en liesse,
S'écria : « Troyens, marchez donc ! »
Au diable l'un qui lui dit non,
Tant une guérison si prompte
Avoit au loin mis toute honte :
« Allez, reprit-il, au combat ;
Ce n'est pas moi (quoique moins fat
Que ce maître gourmet d'urine)
Qui viens de relever l'échine
De notre bon sire Æneas,
Qui peut-être eût passé le pas
Sans ce secours, je vous assure :

Un Dieu sans doute a fait la cure,
Et notre maître est réservé
Pour commander à cul levé,
Après le roi, sur les Itales. »
Ce Japis, dans les intervalles,
En dit autant à tous venans,
Ce qui parut de très-bon sens.
Mais notre impatient Énée,
Qui méditoit cette journée
De conduire sa boule au but,
Leur fit signe que l'on se tût,
De peur de lui rompre la tête ;
Ensuite il prit son arbalète,
Mit sa cuirasse et ses brassards,
Ses brodequins et ses cuissards,
Tout brillans d'or ou de dorure ;
Puis, embrassant sa géniture,
Il lui fit exhortation
Avec grande componction,
Avec vigueur et d'un ton mâle,
Ayant quitté sa couleur pâle
Et même son air de pleureur
Pour faire à son Iule honneur :
« Veux-tu, dit-il, passer pour sage ?
Avec l'honneur fais compérage,
Ne quitte jamais la vertu,
Ou pour un vrai cogne-fétu
Tu t'établirois dans le monde,
Où déjà chacun daube et fronde
Celui qui, content de son bien,
Pour son propre honneur ne fit rien ;
Ce qui de la zone torride
Se voit à la zone frigide.
Tu n'as qu'à te mouler sur moi
Et me suivre de bonne foi,
Sans t'en aller à l'égarée
Donner dans quelque échauffourée.
Sereste doit mener tes pas ;
Mon fils, ne me quitte donc pas :
Je te ferai, cette journée,
Assommer plus d'une araignée.
Je me sens déjà le bras lourd.
Et je vais frapper comme un sourd.
Crois-moi, taille et frappe de même,
Pour pousser ta gloire à l'extrême ;
Et, par notre témérité,
Mettons-nous tous en sûreté
Surtout il faut agir de tête :
Sous Sereste va prendre en crête
Ces envieux de ma valeur,
Fonce partout avec fureur,

[1] Avec précipitation, comme un hurluberlu.

Et ne regarde pas derrière
Si quelque lame meurtrière
Vient terminer tout à la fois
Ta vie et tes naissans exploits.
Il faut qu'en flanc le preux Mnesthée,
Suivi de l'intrépide Anthée,
Fasse danser le Laurentin
Et dégringoler le Latin.
Pour moi j'en veux au roi Rutule,
Qui va tranchant la clavicule
A nos valeureux citoyens,
Comme à nos fiers Étruriens.
En attendant, avec Achate,
Je vais mettre en œuvre ma patte
Au corps de réserve, où je croi
Que je ferai parler de moi.
Allons, marchons, mon cher Ascagne :
Pour ce bon pays de Cocagne
Chamaillons de tout notre cœur ;
Mais fais voir qu'un jour ta valeur,
Sous une étoile fortunée,
Égalera celle d'Énée
Et celle de ton oncle Hector,
Dont les hauts faits, en lettres d'or,
Feront un jour de notre histoire
Tout l'honneur et toute la gloire. »
 Chacun après se dispersa,
Et vivement bouleversa
Du roi Latin la maraudaille.
Ce fut alors que la bataille
Parut dans toute sa fureur.
Turnus étoit sur une hauteur,
Examinant, en homme habile,
L'ennemi qui, d'un pas agile,
Venoit l'attaquer par trois corps.
Le repentir parut alors
Dans le cœur de Latine engeance,
D'avoir détourné l'alliance
Qu'elle avoit depuis si longtemps
Vu pour son bonheur en suspens.
Les cœurs furent glacés de crainte,
Et ressentoient déjà l'atteinte
Qu'alloit leur porter à foison
Si gros et si noir caveçon [1].
Cette marche étonna Juturne,
Craignant de voir entrer dans l'urne
Ce frère qu'elle chérissoit,

Dont si grand cas elle faisoit.
Elle courut, tout éperdue,
Toujours se cachant dans sa nue,
Et galopant après Turnus,
Dont elle s'étoit fait l'Argus.
 Dans ce temps les troupes de Troie,
Au bruit d'une éclatante joie,
Débouchèrent de trois côtés,
Ou bien des deux extrémités,
Et du centre de forte ligne.
Déjà chaque troupe trépigne ;
Le chevaux même en trépignoient,
Mais les Latins en rechignoient.
D'abord Ozyris par Thymbrée
Eut sa carcasse balafrée.
Gyas étourdit Épulon,
En lui lâchant d'un tortillon [2]
Avec vigueur sur sa caboche,
Dont cette petite bamboche [3]
Cracha sa cervelle et ses dents.
Achate fouilla les dedans
Du malheureux, mais brave Usente,
En lui faisant mortelle fente
Dans un lieu qui ne se dit pas,
Parce qu'il est placé trop bas.
Dans son coin le rude Mnesthée
Faisoit de morts une chartée :
Il écorna Archétius,
Déginganda Tolumnius
Qui venoit de rompre la trêve ;
Pour sa peine il mordit la grève,
Disant : « Latins, tout est perdu ;
Vous n'avez qu'à tourner le cu
Devant si fatal adversaire.
Je ne vis jamais tel corsaire :
Il ne se sert que d'un tricot
Pour assommer sans dire mot. »
Après ces mots vint la déroute
Du Latin qui fit banqueroute
A la gloire comme à l'honneur,
Tant cette chute leur fit peur.
Tout fuit de nouveau vers la ville ;
Tout fut suivi d'un vol utile
Aux Troyens qui les poursuivoient,
Et qui de trop près les suivoient,
Pour ne pas jouer de la lance
En si notable décadence.

[1] Littéralement, une espèce de muselière qu'on met sur le nez du cheval pour le dompter ou le dresser.

[2] Torchon tortillé en rond.

[3] Ce petit homme : — du peintre Bamboche, qui peignait de petites figures caricaturales, auxquelles on donna son nom. On sait que certaines marionnettes ont conservé cette désignation.

Jamais ne fut tel embarras,
Tel chamaillis et tel fracas ;
J'en frémis encor quand j'y pense.
 Æneas, en cette occurence,
Portant en son cœur un calus [1],
S'attachoit à chercher Turnus.
Mais la belliqueuse Juturne,
Quittant monsieur le vent Vulturne
Qui conduisoit partout ses pas,
Prit le justaucorps et les bas,
La casaque avec la parure,
Le bonnet garni de dorure,
Le corps, le visage et la voix
Du cocher de ce fin matois,
Que l'on nommoit, je crois, Métice ;
Et, par ce prudent artifice,
Elle eut la conduite du char
Que gouvernoit ce Jaquemart,
Et sur lequel étoit son frère.
Ainsi, devenant sa cochère,
Elle voltigeoit sur les flancs,
Passoit fort loin des combattans,
Surtout de l'intrépide Énée,
Qui, dans sa rage forcenée,
Auroit pu, sans beaucoup d'effort,
Finir la guerre par sa mort.
Ainsi, comme on voit l'hirondelle,
A ses petits toujours fidèle,
Voler par-ci, voler par-là,
Prendre deçà, comme delà,
De quoi leur servir de pâture,
Ainsi voltigeoit la voiture
De Turnus au loin des Troyens.
Croyant leur barrer les moyens
De pouvoir l'aborder en face,
Juturne faisoit volte-face
D'un air content, doux et serein,
Ce qui se voyoit sur son teint.
D'autre côté, le fils d'Anchise,
Ne le trouvant pas à sa guise,
Quoiqu'il se présentât partout,
Bisquoit de ne pas faire atout
Sur si monstrueuse figure,
Lui gardant bonne fourbissure
En cas d'accroc ou d'action ;
Mais cette noble intention
N'étoit pas celle de Juturne,
Qui déroboit son frère Turne
Au ressentiment d'Æneas,
 Quand il lui tomboit sur les bras.
 Dans ce temps, le fougueux Messape,
Toujours machinant quelque attrape,
Crut, s'il atterroit le Pieux,
Que le combat iroit des mieux
Pour sa Rutuloise canaille,
Qui, se sauvant par la broussaille,
Donnoit le temps aux Phrygiens
De lui préparer des liens ;
Sur ce, lui lança javeline,
Mais Æneas, courbant l'échine,
Para le coup adroitement.
Ce fut dans ce fatal moment
Qu'on le vit, comme une Furie,
Crier, comme un furieux crie :
« Point de quartier, nous les tenons ;
Mes citoyens, tambourinons !
Je vous réponds de la victoire,
Et pour chacun deux coups à boire.
Puis il attesta Jupiter ;
Ensuite il mit son sabre à l'air,
Lâcha la bride à sa colère,
Prit sa lance la mortifère,
Fit grand carnage et grand butin
Chez le Rutule et le Latin,
Sans distinction de personne.
La peste ! il la leur bailla bonne !
Quel Dieu fera pour moi des vers,
Ou de fil droit, ou de travers,
Nous dit Maron avec emphase,
Comme s'il sortoit d'une extase :
Oui, quel Dieu me fera des vers,
A l'endroit ou bien à l'envers.
Avec les points, et les mesures,
Les pieds, les pouces, les césures,
Qui nous apprennent, nom par nom,
Ceux du commun et de renom
Que Turnus et messire Énée
Assommèrent cette journée ?
Quoi ! les dieux auroient-ils voulu
Que ces deux furieux goulus
Se fissent si cruelle guerre,
Au lieu d'être en repos sur terre,
Et d'établir entre eux la paix,
A deux de jeu de tous les frais,
Par une alliance éternelle ?
Pardi, vous me la contez belle !
Si Jupin ne l'avoit voulu,
Et dans son conseil résolu,
Æneas seroit dans sa Troie,
Et le Rutulois hors de proie.
Ainsi concluons hardiment
Qu'ainsi le veut l'Altitonnant

---

[1] Un endurcissement, une rancune impitoyable.

Cependant, dans sa frénésie,
Le fils d'Anchise fit túrie:
Il accrocha le fort Sucron,
Par le milieu du paturon ¹,
Dont il fit drôle pirouette,
Tournant comme une girouette,
Puis au centre des Rutulois,
Fut, en zigzag et de guingois ²,
Renifler sur un peu de paille
Son esprit, qui de la marmaille
Étoit un hardi rejeton ;
En trépassant il fit un ton,
Tenant du cri d'oiseau nocturne,
Qui fit éternuer Juturne,
De Turnus gronder les boyaux,
Et cabrer ses deux fiers courtaux.
Talus, Tanais et Céthége
Servirent tous trois de cortége
A cet infortuné Sucron,
Pour passer la barque à Caron,
Onyte, fils de Péridie,
Mourut de même maladie,
Et l'illustre prince Murran
Eut d'Æneas un vilain cran,
Qui fit rejaillir sa cervelle
Sur le troussequin de sa selle,
Dont il tomba sous ses chevaux,
Qui firent les provinciaux,
Foulant aux pieds Monsieur leur maître,
Ne voulant pas le reconnaître ³ ;
Mais ce prince, en passant le pas,
Leur dit: « Vous êtes des ingrats ! »
Cupente après reçut sa dose,
Faisant laide métamorphose,
Puisque le Troyen tout d'abord
D'homme vivant en fit un mort,
Enfin de sa fine alumelle
Partout il emportoit rouelle,
Ce qui mit le Latin à sac.
Turnus ailleurs faisoit un trac,
Dans lequel Amicle et Diore
Firent une fin peu sonore :
Tous deux furent décapités,
Et leurs têtes aux deux côtés
De l'avant-train de sa charrette,
Pour servir de noble étiquette
Aux Phrygiens de sa valeur.
Il fut de là porter malheur
A quatre frères de Lycie :

Tous quatre y perdirent la vie.
Il éreinta le fort Hylus,
Épaula Menette de plus,
Et retourna la camisole
Du riche et redoutable Éole,
Qu'Achille, ni même les Grecs
Ne purent voir dans les échecs
Que souffrit la brûlante Troie.
Quand des Grecs elle fut la proie.
Comme on voit marcher un torrent,
Entraînant avec son courant
Tout ce qui se trouve en sa route ;
De même on vit grande déroute
Chez le Rutule et le Troyen,
Le Laurentin. l'Arcadien,
Par nos deux héros en gourmades
En croquignoles, en cassades,
Turnus et le fier Æneas,
Qui d'assommer n'étoient point las.
On ne vit jamais de bataille,
Où de part et d'autre on ferraille
Avec tant de brutalité :
On ne voit qu'animosité,
Qu'estropiés, que gens sans têtes,
Sans jambes, bras, casques ni crêtes,
Que Quinze-vingts, que balafrés,
Que tronqués, que défigurés.
Alors, le pieux fils d'Anchise
Méditoit funeste entreprise
Pour le trône du roi Latin,
Dans lequel il veut sans gradin
Monter, pour y régir l'Itale :
Aux dents c'est n'avoir pas la gale.
Comme il cherchoit l'ardent Turnus
Il fut inspiré de Vénus
De marcher tout droit à la ville.
En effet, la trouvant tranquille,
Jouissant d'un calme profond,
Sur elle à l'improviste il fond
Mais avant, appelant Sereste,
Ascague, Mnesthée et Sergeste,
Il leur ouvrit d'abord son cœur,
Les conduisit sur une hauteur,
D'où ce chef leur fit voir ses vues
Et les plus sûres avenues
Pour déloger de son palais
Le roi Latin à peu de frais.
Pour les animer, notre Énée,
D'une langue bien affinée,

---

¹ Ce terme désigne proprement une certaine partie de la jambe du cheval.
² Tout de travers, sans règle.
³ Allusion aux révoltés de plusieurs provinces contre l'autorité royale.

D'où couloient le sucre et le miel,
Dans un discours pétri du fiel
Qu'il avoit contre cette engeance.
Leur étala son éloquence :
« Or suivez tous, mais promptement,
Mes ordres, et voici comment,
Dit Æneas d'une énergie
Qui de l'effet fut tôt suivie.
Avant que de battre le fer,
Je vous réponds de Jupiter :
Agissez donc sur ma parole,
Elle n'est rien moins que frivole,
Puisque je veux dès aujourd'hui
Me coucher dans le lit d'autrui,
M'emparer de la lèchefrite,
Du poêlon et de la marmite
Du roi de la Latinité,
Dans sa capitale ou cité,
Où mes lois seront approuvées,
Où je lui taille des corvées.
Partout et la flamme et le sang,
Sans garder mesures ni rang,
Joueront leur jeu d'une dégaine,
Qui du Latin sera la peine.
Dans son palais à mon gogo,
Je vais m'héberger tout de go.
Vous autres, faites dans la ville
Élection de domicile,
Et cherchez-vous le meilleur coin :
Vous n'en aurez que trop besoin,
Comme de faire un peu ripaille,
Après le gain de la bataille,
Après laquelle, toutefois,
Je dois joindre le Rutulois,
L'abattre, si je puis le faire,
Et de ce cruel adversaire
Me délivrer pour un jamais,
Afin de jouir de la paix,
Cependant, marchez à la ville :
Elle me paraît le mobile
Des entreprises de Turnus ;
Allez la brûler rasibus,
Et, prenant en main torche ardente,
Sur leurs maisons faites descente,
Ou faites-leur garder la foi
De leur traité fait avec moi.
Je veux que mon cher fils Iule
Avec vous trois s'immatricule,
Tandis que je vais au palais,
Vous faire bouillir des œufs frais,
Ordonner qu'on mette à la broche,
Qu'on fasse cuire une brioche,
Qu'on mette au four un bon pâté,

Et qu'on vous prépare du thé,
Pour vous remettre des fatigues
Que vous causeront les intrigues
De ces malheureux passefins,
Les Rutulois et les Latins. »
　Ces mots dits, les troupes Troyennes
Se joignant aux Étruriennes,
Chacun, l'échelle d'une main,
Vers les murs la dresse soudain,
Monte à l'assaut, y fait merveille,
Sans se faire tirer l'oreille.
Les uns vers les portes couroient,
Tuant ceux qui s'y rencontroient,
Très-bien couverts de leur rondache,
Faisoient agir des mieux la hache,
Poussant, à force de leviers,
Les lourds et les bruyans béliers
D'autres, attroupés pêle-mêle,
Lançoient dans la ville une grêle
De javelots, pour contenir
Ceux qu'on voyoit aller, venir,
Afin d'éviter la main mise
D'une ville d'assaut surprise,
Tandis qu'Énée, au premier rang,
Attaquoit cette ville en flanc,
Attestant les dieux qu'on le force
De brûler encore une amorce,
Puisque c'est la seconde fois
Que le prince des Rutulois
Rompt le traité d'une alliance
Qui faisoit naître l'espérance
Aux deux partis de voir la paix,
Les accouplant pour tout jamais.
　Cependant on presse la ville,
Et déjà l'on voit plus de mille
Des habitans hors de combat.
Déjà le Troyen, bon soldat,
Brûle maison, court au pillage,
Met à la mode le veuvage,
Gagne places et carrefours,
Les caves, cuisines et fours,
Se rend maître de la boutique,
De la femme et de la bourrique,
Met à quartier carrosse et char ;
Enfin, plus fier qu'un hospodar,
De la ville il fait feu de joie,
Comme les Grecs firent à Troie.
Les plus notables habitans
En conseils perdoient tout leur temps ;
Les uns vouloient ouvrir leurs portes
D'abord aux Troyennes cohortes ;
D'autres vouloient sur leurs remparts
Défendre encor leurs boulevards ;

Tant y a que l'on vit désordre,
Auquel on ne put mettre d'ordre.
Le roi, se montrant sur le mur,
Crioit : « Latins, il est bien dur
De voir une telle bagarre ! »
Puis il entonna par bécarre,
Par bémol, ou par F ut fa,
Par G ré sol, par A mi la,
Lamentations Jérémiques,
Chagrins, soucis, combats tragiques,
Plaintes et douleurs à foison,
Ce qui ne fut pas guérison.
 La reine vit d'abord Énée,
Suivi du brave Ilionée,
Se rendre maître des remparts,
Et passer sur tous les hasards
Qui suivent le sort de la guerre.
Elle en jeta son sceptre à terre,
Surtout ne voyant point Turnus
Donner la chasse à cet intrus.
A gorge aux trois quarts déployée :
« Venez donc, je suis dévoyée,
Dit-elle, mon Turnus est mort !
Quoi ! lui que je croyois si fort,
Si vigoureux et si robuste !
Ah ! maudit Sort ! Destin injuste !
Vous m'enlevez mon échalas !
Hélas ! mon cher cousin, hélas !
Quelle infortune pour Amate !
Encor si d'une casemate
Je pouvois me faire un tombeau,
Pendant que ce godelureau
Vient si près nous tondre la laine,
J'aurois de moitié moins de peine !
Moi qui cause tous nos malheurs,
Ces tintamarres et nos pleurs,
Qui suis la source criminelle,
De ce qu'on nous met en javelle. »
Alors faiblirent ses esprits ;
Elle déchire ses habits,
Brûle son tignon, sa fontange,
Se plâtre le museau de fange,
Parle d'Æneas, de Turnus
En termes obscurs et diffus,
Casse son miroir de toilette,
Sonne brusquement sa sonnette,
Appelle femmes et valets,
Qui, pour le coup, furent muets.
Cherche le puits et la citerne
Pour s'y jeter, craignant la berne,
Fait, marchant, force ricochets,
Et prend trois ou quatre lacets,
Dont elle bâtit une corde

Qui servit, après tel exorde,
A cette reine d'instrument
Pour se livrer au monument.
Enfin, pour mieux me faire entendre
Cette reine aima mieux se pendre,
Et s'étrangler tout à la fois,
Que de survivre au Rutulois.
Un peu trop tard vint Lavinie,
Qui, voyant telle ignominie,
S'en prend d'abord à ses cheveux
Fait mille cris infructueux,
Dit des Troyens la male rage,
Met les ongles dans son visage
Et sa cornette en un tapon,
Vole sans jupe et sans jupon
(Il vaut bien mieux dire en chemise),
Sans craindre le froid ni la bise,
Chercher valets et marmitons,
Femmes de chambre, chambrillons,
Trouve les dames de sa suite,
Qu'elle fit marcher au plus vite,
Voir Amate qui pendilloit.
Chacun près d'elle piailloit
Et faisoit étrange musique.
Aussitôt une peur panique
Se répandit chez le bourgeois :
Les uns pleuroient en tapinois,
Les autres hurloient par la ville.
Le roi, d'un pas foible et débile,
Du sort de la reine alarmé,
Couroit les murs tout enflammé,
Si grande fut sa frénésie,
Que la tremblante bourgeoisie
Vouloit, sans aucunes raisons,
Le mettre aux petites-maisons.
On le vit se salir de boue,
Se déchirer, faire la moue,
Semer par loques son manteau,
Fouler à ses pieds son bandeau,
Prendre son sabre à la poignée,
Faire bâter sa baquenée,
S'asseoir après comme un marmot,
Être un instant sans dire mot.
Ensuite, reprenant sa rage,
Se mettre en sang tout le visage.
Se meurtrir le sein et les flancs,
Arracher ses beaux cheveux blancs,
Enfin, se condamner lui-même
A faire vingt ans de carême,
Pour avoir rompu pour jamais
Les traités d'hymen et de paix.
 Cependant la belle Juturne
Loin du combat promenoit Turne,

Qui, pénétré des cris confus
Qui venoient par flux et reflux
Du côté des murs de la ville.
Un moment fut comme immobile,
Prêtant l'oreille à si grand bruit :
« Hélas ! où serois-je réduit ?
Dit-il en frappant sa poitrine.
Que ferais-je de mon échine,
Si mon ami le roi Latin
Alloit perdre tout son fretin
Aussi bien que ma Lavinie ?
Ce seroit grande vilenie,
Si j'allois manquer ce tendron,
Moi qui fais tant le fanfaron. »
A ces mots il hausse la bride,
Arrêtant l'ardeur intrépide
Des deux coursiers traînant son char :
« Halte-là ! de par Jupin, car
Je ne puis, sans mourir de honte,
Souffrir qu'ainsi le Troyen dompte
Mes alliés les bons Latins,
Mes Rutulois, mes Laurentins. »
　Alors la déesse Juturne
Lui dit : « A quoi songez-vous, Turne ?
Suivez-moi ! je sais les moyens
De vous livrer tous les Troyens.
Près d'ici j'ai fait une attrape
Qu'on appelle une chausse-trappe,
Dans laquelle votre Æneas
Va se trouver entre deux as.
A la ville montrez la croupe,
Et suivez, avec votre troupe,
Juturne, votre bonne sœur,
Qui veut vous tirer du malheur
Qui vous attend, si tête à tête
Vous prétendez faire conquête.
— Moi ! que j'évite le combat,
Dit-il, me prends-tu pour un fat ?
Mauvaise sœur, je t'ai connue,
Quand tu vins à la boulevue [1],
Par un coup de témérité
Mettre à néant notre traité.
Quel Dieu, mais non, quelle Déesse
A nos grands travaux s'intéresse ?
N'as-tu fait un si grand effort

Que pour venir pleurer ma mort ?
Mais, madame la mijaurée,
Qui tranche ici de la sucrée
Et qui me faites les yeux doux,
A ce qui se fait pensez-vous ?
Vous êtes-vous donc énivrée ?
Que fais-je dans cette contrée ?
Puis-je me flatter d'échapper,
Si le Troyen peut occuper
Du roi Latin la capitale,
Et donner le tour à l'Itale ?
N'ai-je pas vu mourir Murran,
Sous les coups de ce fier tyran,
Aussi bien que l'ardent Usente,
Qui du sort a suivi la pente ?
Je souffrirois donc qu'à mes yeux
Æneas désole ces lieux !
Non, je veux à bons coups de lance,
Repousser du fanfaron Drance
Les reproches qu'en plein conseil
M'a faits ce poltron sans pareil.
Quoi ! tu voudrois que cette terre
Vit Turnus éviter la guerre,
S'enfuir devant ses ennemis,
Et comme un ver, une fourmis [2],
Se cacher devant cet Énée,
Lui qui veut de mon hyménée
Effrontément rompre le cours ?
Si chers ne me sont pas mes jours,
Pour n'oser mettre à l'aventure
Ma triste et piteuse figure.
Dieu des enfers ! oh ! vous Pluton,
Venez ! mais non pas à tâton,
Protéger le malheureux Turne,
Que le grand Jupin dans une urne,
Veut entasser en raccourci,
Ce qui me met en grand souci. »
　Ces mots furent lâchés à peine,
Que Sagès, galopant en plaine,
Et traversant les ennemis,
Vint lui rendre compte des cris
Que l'on entendoit dans la ville :
« Prince, courez, soyez habile,
Lui dit-il, tout est à vau-l'eau !
Allez faire le pied de veau [3]

---

[1] A l'étourdie.
[2] Ce mot pouvait s'écrire, à une époque antérieure, avec une s au singulier, quoique ce ne fût pas l'usage. La Fontaine l'a écrit ainsi, dans la douzième fable du livre II :

　　Quand, sur l'eau se penchant, une *fourmis* y tombe,
　　　Et dans cet océan l'on eût vu la fourmis...

Nous avons déjà vu d'autres exemples de licences analogues, moins autorisées que celle-là. Moreau de Brasey traite un peu la grammaire en officier de cavalerie.

[3] Faire la cour, faire le chien couchant :

A cette face efféminée,
A ce cafard, ce bel Énée,
Qui déjà s'est mis sous le dais
De notre roi dans son palais,
Pour qu'il épargne de l'Itale
Le monarque et la capitale.
Les bourgeois, ces lâches oisons,
Ont abandonné leurs maisons :
Déjà le feu sort des fenêtres,
Sans qu'il paroisse que nos reitres
Veuillent, dans cette extrémité,
S'exposer pour notre cité.
Le roi sur le choix de son gendre
Chancelle, et ne sait plus qui prendre ;
Pour la reine, vous croyant mort,
Elle a déjà brusqué son sort,
Puisque, sans corde ni ficelle,
Elle a pendu son escarcelle.
Messape et le seul Attinas,
Sinon recrus [1], du moins bien las,
Soutiennent d'une ardeur étrange
De vos ennemis la phalange,
Tandis qu'allant par-ci, par-là,
Turnus se moque de cela.
Descendez de votre charrette,
Et faites-vous voir un athlète,
Brave soldat, bon allié,
Digne de l'aimable moitié
Pour qui vous soutenez la guerre.
Que faites-vous sur cette terre ?
Je n'y vois point nos ennemis :
Seroit-ce contre des fourmis
Que vous chercheriez à combattre ?
Allons morbleu ! allons nous battre !
Montez sur ce cheval de main,
Il est sûr, et va très-bon train. »
 Ce discours assez ironique
A Turnus fit faire la nique.
Il en pâlit ; si c'est de peur,
C'est ce que ne dit pas l'auteur,
De plus je n'en sais rien, j'en jure ;
Mais, branlant assez fort la hure,
Sur terre il attacha ses yeux,
Déjà troubles et furieux,
Pleins d'emportement et de honte,
De voir une chute si prompte.
Saisi d'une ardente fureur,
On voyoit palpiter son cœur.

Dont l'impétueuse faiblesse
Ne montroit que trop sa tendresse.
Son visage six fois changea,
Et sa raison se dérangea,
Tant cette affreuse rêverie
Avoit excité sa furie.
D'un pas peu sûr et chancelant
Il circule, les bras branlant,
Entre les dents dit des paroles,
Qu'on peut nommer des faribolles ;
Attaque l'eau, l'air et le feu,
Entre cuir et chair peste un peu,
Maudit parfois sa propre terre,
Se donne au diable avec la guerre,
Et tout à coup, portant aux cieux
Ses regards toujours furieux,
Il semble de son effarée
Accuser la voûte éthérée.
Enfin, reprenant ses esprits,
Sa raison et son coloris,
Il tourne ses yeux pleins de rage
Sur la ville où se fait carnage,
Et vit sortir comme d'un four,
Du plancher d'une grosse tour,
Torrent de flammes ondoyantes,
Portant étincelles brillantes
Jusqu'au faîte du firmament.
Turnus s'écrie en ce moment :
« Laisse-moi, sœur infortunée,
Suivre ma triste destinée !
Il faut lutter contre le sort,
Et chercher mon arrêt de mort.
Je suis las de vivre en infâme,
Partons, je me sens tout de flamme,
Puisqu'il faut en venir aux mains,
Pour plaire à nos dieux inhumains.
Va ! je te laisse ma brouette,
Mon char, si tu veux ma charrette.
C'est trop suspendre ma fureur,
Il faut calmer cette rumeur,
Jouer des poings, faire conquête,
Vendre des plus cher notre tête,
Montrer que, loin d'être poltron,
Je sais parer mon large front
De lauriers passés en couronne.
Oui, de ma lenteur je frissonne !
Et j'en ai même, chère sœur,
Dans l'âme une si grande horreur

Il me donne la terrine
Et me fait le pied de veau.
(*Parnasses des Muses.*)

[1] Brisés de fatigue

Qu'elle m'accable et m'assassine. »
　D'abord il prend sa javeline,
Court au galop sur l'ennemi,
Qu'il n'étrilla pas à demi,
Laissant sa sœur fort affligée,
Et de son dessein outragée.
Il entre dans des bataillons,
Qu'il disperse sur les sillons,
Comme un roc qui d'une montagne
Se sépare, et dans la campagne
Entraîne tout en son chemin ;
Ainsi Turnus, le dard en main,
Pénétré d'horreur et de rage,
Renverse tout sur son passage,
Abreuve la terre de sang,
Vers la ville, de rang en rang,
En traversant toute la plaine,
Court et vole à perte d'haleine.
Alors il élève sa voix,
Et s'écrie : « O vous, Rutulois !
Et vous Troyens, quittez les armes !
Je viens pour finir vos alarmes.
Qu'il paroisse ce rodomont !
Ce fugitif ! ce vagabond !
Qu'il vienne éprouver sa ferraille,
Avec moi dans une bataille !
Il faut consommer le traité
Dont ce pisse-froid s'est flatté,
Et qu'un de nous deux sur la place
Laisse de sa lourde cuirasse
Le moule, pour avoir la paix,
Et pour qu'elle dure à jamais,
Au moins pour ce qui me regarde,
Car, si je meurs, je n'aurai garde
De venir troubler le repos,
Que la perte de mes gros os
Doit, en finissant cette guerre,
Faire régner sur cette terre. »
　Aussitôt on fut, à grands pas,
Avertir le bon Æneas
Que Turnus en vouloit découdre.
Sans perdre temps à se résoudre,
Il prit ses armes, les baisa,
Surtout sa brette il caressa ;
Ensuite ce pieux Énée
Recommanda sa destinée
A sa bonne mère Vénus,
Et, pour joindre l'ardent Turnus,
De lui-même il quitte la ville ;
Puis dans le camp, d'un pas agile,
Il va tâter le Rutulois,
Des armes, comme de la voix.
Les deux partis sont aux écoutes ;

Même le roi, malgré ses gouttes,
Voulut se rendre spectateur,
Pour mieux s'assurer du vainqueur.
Les dames de cour, les bourgeoises,
Les coquettes fines matoises,
Venoient, courant de tous côtés,
Pour voir ce miroir de fiertés,
Cet ennemi, ce personnage,
Partout chanté pour le plus sage,
Même le plus religieux,
Qui fut sous la cale des cieux.
Nos champions dans cette lice,
Loin de marcher en écrevisse,
Entrèrent tous deux fièrement,
En se regardant brusquement
Du coin de l'œil par la visière,
Portant en leur main la rapière,
Sans révérence, ni salut,
Chacun en tête même but.
Ils commencent cruelle guerre :
Plus d'une fois frémit la terre
Des coups affreux qu'ils se portoient.
Pièces d'armes partout voloient,
Tant des casques que des aigrettes,
Si rudement tranchoient leurs brettes !
Figurez-vous deux fiers taureaux,
Jetant le feu par les naseaux,
Disputant tous deux une vache :
Ainsi du sabre, ou de la hache,
Nos deux combattans, animés,
Tenoient leurs partis alarmés.
Jupiter du ciel empyrée
Tenoit balance équilibrée,
Dans laquelle étoient les destins
De ces deux maîtres diablotins,
Qui se disputoient pour la gloire
De si magnifique victoire,
Laissant à décider le sort
Sur lequel penchera la mort.
Alors, faisant une gambade,
Turnus voulut donner cassade
A son rival bien sur ses pieds,
Pour réjouir ses alliés ;
Mais il ne fit qu'une entamure
A deux bons pieds dessous la hure
Du vigoureux sire Æneas,
De la pointe d'un échalas
Les Troyens crièrent alarmes ;
Vouloient se servir de leurs armes ;
Autant en firent les Latins,
Les Rutules, les Laurentins.
Cependant de cette équipée
Turnus vit casser son épée,

Dont sa bravoure le laissa,
Et de peur son sang se glaça.
Dans ce moment il prit la fuite ;
Æneas se mit à sa suite,
Et d'un pas certain et léger
Cherche un coin pour le ramager.
Comme un limier, en pleine chasse,
Au cerf effrayé donne chasse,
Le suit en plaine et dans les bois,
Le gueulant toujours de la voix ;
Énée ainsi sur le Rutule,
Qui toujours fuit, ou bien recule,
Fond en homme qui veut punir
Qui sa gloire a voulu ternir.
Turnus, s'enfuyant par courbette,
A ses gens demandoit sa brette,
Qu'il avoit, comme un Jaquemar,
Laissé, partant, dessus son char,
Ayant pris celle de Métisse,
Ce qu'il ne fit pas par malice :
Mais point de brette et point de gens,
Dont il perdit presque le sens,
 Là près, un olivier sauvage
Avoit naguère fait ombrage ;
A Faune il étoit consacré
Et du matelot révéré,
Lequel, échappé d'un naufrage,
Venoit là lui rendre un hommage ;
Par des danses et par des jeux,
Par des présens et par des vœux.
Le Troyen, qui rien ne néglige,
En avoit fait sauter la tige,
Pour mieux voir le Latin de front ;
Ce n'étoit plus qu'un mauvais tronc
Dans lequel avoit par méprise
Le vénérable fils d'Anchise
Lancé son dard, croyant bien fort
Du coup mettre Turnus à mort.
Æneas se courbe et s'empresse,
Pour tirer son dard de la presse,
Afin de le mieux ajuster,
Et par là de tarabuster
Ce Turnus si fier à la course,
Qui, pressé, fit, pour sa ressource,
Au dieu Faune cette oraison,
Qui fut alors fort de saison :
« O toi, Divinité puissante,
Écoute ma voix languissante ;
Je demande de tout mon cœur
Qu'un jour tu sois mon protecteur.
Mais ai-je l'esprit en écharpe ?
Suis-je brochet, ou suis-je carpe ?
J'ai besoin, dans cette action,

De ta douce protection.
Et toi, belle et charmante plante,
Dont la feuille est toujours brillante ;
Cher olivier mis à néant
Par ce Troyen, ce fainéant,
Qui, comme un foudroyant tonnerre,
Pour s'amuser te mit par terre,
Par le respect que j'ai pour toi,
Retiens ce dard, fais-le pour moi,
Car, si ce garnement d'Énée
Y met sa patte fortunée,
Cher olivier, adieu ma peau :
De ce dard je vais au tombeau. »
Sa prière fut exaucée,
Dont Turnus en rit en pensée.
 Mais, tandis que notre Æneas
Se donnoit beaucoup de tracas
Pour obliger cette racine
De lui rendre sa javeline,
Juturne, sous l'air et l'habit
De Métisse, comme on l'a dit,
A son frère donne en cachette.
Comme il fuyoit, nouvelle brette,
Dont Vénus beaucoup s'indigna,
Et même à part soi rechigna
De voir une telle licence :
Dans son nuage elle s'avance
D'un air pincé, mais égrillard,
Et du tronc arrachant le dard,
A la bonne ou male aventure,
Elle en arma sa géniture,
Qui, se voyant le dard en main,
Poursuivit cet ultramontain,
Qui lui faisoit si grand ombrage,
Avec vigueur, avec courage.
Enfin, pour finir leur débat,
Il recommencent le combat.
 Pendant cet effrayant spectacle,
Jupiter, de son tabernacle,
Avisa madame Junon,
Sur un rivage en rang d'oignon,
Pour observer cette bataille,
Où des mieux chacun se chamaille.
Laissant là son ton souverain,
Il l'aborda d'un air serein,
Et lui dit : « Petite poulette,
Avec votre mine doucette,
Que guignez-vous dans ce réduit ?
Minuteriez-vous quelque bruit
Pour mon paisible domestique,
Selon votre bonne pratique ;
Ou contre le désir des dieux,
Venez-vous encore en ces lieux

Troubler notre confrère Énée?
Car vous savez sa destinée,
Et qu'il doit un jour parmi nous
Être agrégé pour son air doux.
Machinez-vous quelque bagarre,
Ou quelque nouveau tintamarre?
Falloit-il qu'un Dieu comme lui,
Dont je me déclare l'appui,
Fût blessé par le mortel Turne?
Falloit-il que votre Juturne,
Qui d'honneur n'eut jamais un grain,
Rendît à ce prince forain
Une si tranchante alumelle,
Puisque, sans nous, que pourroit-elle?
Que pourroit-elle, cette sœur,
Sans votre infructueuse ardeur?
Pour le passé, je vous dispasse,
Et dès à présent je m'en casse,
Mais, s'il vous plaît, pour l'avenir,
Junon, il faut vous contenir.
Vous avez par mer et par terre
A cet Æneas fait la guerre,
En tout traversé ses projets,
Fait périr ses meilleurs sujets,
Parce que Pâris, ce bon homme,
Ne vous donna point une pomme:
Belle raison, pleine de sens,
Pour tourmenter ainsi les gens,
Et leur donner, comme par grâce,
De pays en pays la chasse!
C'en est assez, retirez-vous,
Et, croyez-moi, filez plus doux.
Par vos soins la maison royale
De son ami, roi de l'Itale,
A des noces mêle des pleurs,
Et se confît dans les douleurs.
Eh! fi! pourquoi ce tripotage?
Que peut vous valoir votre rage,
Qu'à vous attirer mon courroux?
Encore un coup, filez plus doux!
Votre conduite me chiffonne,
Entendez-vous bien, ma mignonne?
C'est votre mignon qui le veut.
Qui l'ordonne, et même qui peut
Se venger de votre constance
A passer sur mon ordonnance. »
  Ces mots, lâchés d'un air hautain,
Firent un effet si certain,
Qu'on en vit Junon plus soumise
Touchant le sort du fils d'Anchise.
« Seigneur, dit-elle à Jupiter,
Quoique Turnus me soit fort cher,
A son destin je l'abandonne;

Sans cela j'irois en personne,
Semer la crainte et la terreur
Dans les bataillons du vainqueur.
Il est vrai qu'abandonnant Turne,
J'approuvai que sa sœur Juturne
Fît tout ce qu'un autre auroit fait,
Pour lui conserver son paquet,
Fors d'en venir, à force ouverte,
Causer aux Troyens quelque perte
Comme au Pieux que vous aimez
Et qu'en effet vous estimez:
Mais, comme elle a passé mes ordres,
Je consens à tous les désordres.
Allez, j'abandonne Turnus,
Mon cher, je n'y retourne plus;
J'en jure, parbleu! par la source
Du Styx, en serment ma ressource,
Même celle de tous les dieux,
Comme moi, jurant à vos yeux.
Maintenant j'abhorre la guerre,
Et ne demande sur la terre,
S'il vous plaît, mon cher libertin,
Qu'une grâce pour le Latin,
Sans violer la destinée
De ce futur confrère Énée.
Je voudrois bien pour tout jamais,
Quand vous accorderez la paix
Aux Phyrgiens comme à l'Itale,
Et que d'une main libérale
Vous ferez un don au Pieux
Du grand air et des deux beaux yeux
De son infante Lavinie,
Je voudrois donc que l'Italie
De votre gré garde son nom,
Ses coutumes et son jargon,
Ses habits, sa même parure,
Ses agrémens, sa bigarrure;
Que jamais les Italiens
Ne soient appelés des Troyens;
Qu'enfin, pour me remettre en joie,
Puisque les Grecs ont brûlé Troie,
Ce nom soit comme trépassé
Et du livre des noms cassé.
Daignez, mon mignon, y souscrire. »
  Jupiter se mit à sourire,
Et, pour la sortir de ce lieu,
Il dit : « Quoi! la fille d'un Dieu,
La sœur et la femme d'un autre,
Une déesse à patenôtre,
Et, pour tout dire, une Junon,
Aura les soins d'une guenon,
Se mettra toujours en colère,
Malgré son époux et son frère?

Allez ! calmez votre fureur,
Si vous voulez être mon cœur,
Mon amour, ma vie et mon âme,
Ma bonne sœur, ma chère femme.
Je vous réponds que vos Latins
Presque tous vrais Georges Dandins,
Feront leurs discours, leur harangue,
Dans tous les temps, en même langue ;
Qu'Italiens sera leur nom,
Et Romains un jour leur surnom ;
Qu'ils auront de grosses marmites,
Passeront pour grands hypocrites,
Pour charlatans, pour bateleurs,
Pour gens mondains, hardis parleurs,
Et savans en l'art de médire ;
Qu'ils établiront leur empire
Aux dépens de tous potentats,
Qu'ils envahiront leurs États,
Les dénicheront de leurs villes,
Sous quelques prétextes utiles
A leurs desseins ambitieux ;
Qu'ils seront des plus pointilleux,
Et pour la moindre bagatelle
A leurs voisins feront querelle ;
Que ces Troyens si méprisés
Par leurs filles seront prisés,
Et qu'ils en feront leur épouse,
Dussiez-vous en être jalouse.
Tout bien compté, bien rabattu,
Ils pratiqueront la vertu,
Élèveront de fameux temples,
Y donneront de bons exemples,
Feront leur cour aux Immortels,
En faisant fumer leurs autels.
Après cela, soyez contente,
Et montrez-vous reconnoissante. »
 Ce discours plut fort à Junon,
Qui, sur-le-champ, sans dire non,
Même sans faire la sucrée,
Reprit de la voûte azurée
Brusquement le plus court chemin,
Abandonnant le parchemin
De son bon ami le roi Turne
Pour être emballé dans une urne.
Le grand Jupin, après cela,
Ne pouvant en demeurer là,
Médite à part, dans sa caboche,
Contre Turnus quelque anicroche,
Pour alarmer son foible cœur
Et le plonger dans le malheur.
Deux pestes ou bien deux Furies,
De la nuit toutes deux sorties,
N'ayant que Mégère pour sœur,

Servoient à porter la frayeur
Quand, de quelque accident funeste,
Comme la mort, la faim, la peste,
Jupiter vouloit affliger
Ceux dont il vouloit se venger,
Et faire servir de victimes,
Pour les punir de tous leurs crimes.
Sur son trône étoit leur séjour,
Et servoient ce Dieu tour à tour
Dans le moment il en dépêche
Une plus vite qu'une flèche,
Qui, prenant forme des oiseaux
Habitant toujours les tombeaux,
Ne chantant que dans les ténèbres,
Et n'allant qu'aux pompes funèbres,
Fut, d'un vol rapide et bruyant,
Sans chercher aucun faux-fuyant,
Passer devant le gros visage
De ce Turnus faisant la rage.
Même en passant et repassant,
Elle frappa, toujours hurlant,
Son bouclier du bout de l'aile,
Ce qui, sur sa lourde escarcelle,
Répandit engourdissement
Qui l'effraya dans le moment.
Que devint la belle Juturne
A l'aspect de son frère Turne,
Qui, demeuré sans mouvement,
Visoit à son trébuchement,
Surtout connoissant sa furie ?
La déesse aussitôt s'écrie :
« Hélas ! où chercher du secours,
Turnus, pour conserver tes jours ?
Par quel salutaire artifice
Éviteras-tu la malice
D'un monstre qui me fait horreur,
Et qui sert de porte-malheur
Au grand Jupin dans l'Empyrée ?
Vois-tu sa plume bigarrée,
Son bec de cornet à bouquin,
Son col fait en villebrequin,
Ses yeux d'où distille une colle
Plus à craindre que la vérole ;
Ses cris lugubres, ténébreux,
Ses ongles crochus, longs, affreux,
Enfin cette horrible figure,
Digne, par sa propre nature,
D'épouvanter tout l'univers,
De mettre les mortels aux fers
Et de semer partout la rage ?
Regarde donc cet assemblage,
Mon cher Turnus, regarde bien
Ce maudit signal ne vaut rien

Il vise à ta déconfiture,
A la perte de ta fressure,
De ton bandeau, de ton frusquin,
Du moule de ton casaquin.
O toi, Jupin lance-tonnerre,
Qui vins me débaucher sur terre,
Me ravir une belle fleur
Qui fut longtemps de bonne odeur,
Et qui flaireroit comme baume,
Si tu n'eusses quitté royaume
Pour m'enlever cet ornement,
De l'honneur le seul truchement ;
Est-ce donc là la récompense
De ma fatale complaisance ?
Croyois-tu faire mon bonheur,
Pour avoir été mon vainqueur,
De m'ériger en immortelle ?
Jupin, si ta croyance est telle,
Tu te trompes fort lourdement
Et t'équivoque assurément.
Si je disposois de ma vie,
Du moins au gré de mon envie,
Je la donnerois pour Turnus,
Malgré le Pieux et Vénus.
Adieu, je sens que je m'accable.
Sans toi, rien ne m'est agréable,
Mon cher frère ; il faut nous quitter,
Mais il le faut sans disputer :
Ainsi le veut la destinée
De ce fils de putain d'Énée,
Qui doit dans peu régner ici,
Sans chagrin, sans aucun souci. »
Telles furent les tristes plaintes
Et les douloureuses empreintes
De l'aquatique Déité
Qui, couvrant sa divinité
D'un voile couleur d'espérance,
Quitte son frère, et puis s'élance
Et se plonge au milieu des eaux,
Pour y noyer tous ses travaux.
   Aussitôt le superbe Énée,
Voulant forcer la destinée
A se manifester pour lui,
Se sentant d'ailleurs bon appui,
Et voyant Turnus immobile,
Tout prêt encore à faire gille,
Il lui dit, d'un air de fierté,
Non pas sans incivilité :
« A quoi penses-tu, dis-moi, prince,
Dont la valeur paroit si mince,
Après l'avoir pris sur le ton
Du plus redouté fanfaron ?
Voudrois-tu rendre encor la fuite

Et t'échapper, pour être quitte,
Des coups que je dois de ma main
Apostropher jusqu'en ton sein ?
Mets donc ta valeur en usage !
Il faut en faire ici parage,
Puisque, dans cette occasion,
Tout consiste dans l'action
Et non dans ta coyonnerie,
Mets en œuvre ton industrie,
Ou pour t'élever jusqu'au cieux
En te plaçant parmi les dieux,
Ou pour te cacher dans la terre,
A l'abri du sort de la guerre,
Dont, pauvre petit roitelet,
Tu vas devenir le jouet.
— Tu ne seras pas si terrible,
Lui dit Turnus, assez sensible
A ce discours plein de fierté ;
C'est pousser loin ta vanité
Que de croire que ta menace
M'épouvante seule et me glace.
Ce sont Jupiter et les dieux
Qui me font pâlir à tes yeux. »
Après ces mots, le roi Rutule,
Sans faire plus grand préambule,
Aperçut à son côté droit
Un rocher qui, dans cet endroit,
Servoit depuis longtemps de borne.
Alors, d'un air pensif et morne,
Il se saisit de ce rocher,
Croyant pour le moins d'ébrancher
Le vénérable et sage Énée.
Mais la puissante Destinée
En ordonna tout autrement,
Car il perdit dans ce moment
Ce qu'il pouvoit avoir de force,
Ce qui fut une triste entorse
Pour le monarque Rutulois,
Qui, perdant l'esprit et la voix,
Tomba dans une défaillance
Trop funeste à son espérance,
Puisque, dans ce pressant besoin,
Le rocher ne put aller loin.
   Souvent l'homme voit dans un songe
Son âme que le souci ronge,
Faire en vain efforts sur efforts,
Mettre en œuvre tous ses ressorts,
Quand, se trouvant en défaillance,
Elle croit perdre l'espérance
De rappeler la vive ardeur
De sa force et de sa vigueur :
Pour lors elle est comme immobile,
Et sa voix tremblante et débile ;

Ainsi ce misérable oiseau,
Cet avant-coureur du tombeau,
Avoit assoupi le courage
Du fier Turnus, qui, dans sa rage,
Regarde la ville et le camp,
S'arrête au beau milieu du champ,
Le cœur troublé, l'âme interdite,
Ne sachant s'il doit, dans la fuite,
Chercher un salut incertain,
Ou s'il doit, le sabre à la main,
Charger son cruel adversaire.
Mais Æneas, plus téméraire,
Voyant Turnus sans mouvement,
Darda dans le même moment
Son implacable javeline
Tout au travers de son échine,
Qui fit en l'air un sifflement
Qui mit le camp en mouvement,
Renversa son rival par terre,
Et finit cette longue guerre.
Le roi Turnus, humilié,
D'un air tout réconcilié,
Sur son vainqueur portant la vue,
Lui dit ces mots, sa tête nue :
 « Mon pleureur de contemporain,
Æneas, donne-moi la main,
Soyons amis, je te pardonne ;
Mais épargne un peu ma personne,
Ne me fais pas comme à Murran,
Sous la gorge un si vilain cran,
Ou bien, comme au bon drille Ufente,
Dans la panse une large fente.
Ce seroit offenser les dieux,
Si tu m'assommois à leurs yeux,
Moi qui me trouve sans défense
Sous la main de ta Révérence,
Ne vas pas couronner mon front
D'un si malencontreux affront,
Et rappelle ta conscience,
Avant de faire telle offense.
Eh bien, j'ai mérité la mort,
Parce que je suis le moins fort:
Je t'en fais une confidence,
Te voilà maître de ma panse,
Tu peux l'ouvrir si tu le veux.
Serois-tu si peu généreux,
Toi que je reconnois pour maître,
De m'aller éventrer en traître ?
Rends cet inutile Turnus
A la vieillesse de Daunus.
Je te promets, foi d'honnête homme,
Que je ne pense plus à Rome,
A l'Itale, à l'Italien,
Et que je les laisse au Troyen.
Que je sois mort ou bien en vie,
Je ne saurois te faire envie.
Rends-moi vivant, ou rends-moi mort,
Pour toi ce n'est pas grand effort.
Parce que Jupin t'est propice,
A présent en titre d'office
Te voilà vainqueur des Latins,
Des Rutulois, des Laurentins,
Bientôt maître de Lavinie,
Par conséquent de l'Italie :
Que te faudroit-il donc de plus ?
Occir le malheureux Turnus,
L'envoyer sur les rives sombres,
Se promener avec les ombres ?
Non. J'en atteste tous les dieux,
J'aime mieux jouir dans ces lieux
Du bien de voir ton hyménée
Couronner dans cette journée,
Tes fiers et pénibles travaux,
Et finir pour jamais les maux
De tous tes échappés de Troie,
A qui Dieu donne bonne joie,
Que d'aller dans le souterrain,
Où jamais on ne boit de vin,
Où jamais on ne mange soupe,
Où chagrins sont toujours en croupe.
Oh ! ne fais donc pas le méchant,
L'emporté, ni le turbulent ;
Ne me refuse pas la vie,
Puisque c'est toute mon envie. »
 Après ce discours ennuyeux,
Æneas attacha ses yeux
Sur ce rival hors de défense.
Dans son cœur déjà la clémence
Commençoit à parler pour lui ;
Quand, parcourant, dans son ennui
Cette colossale figure,
Il aperçut par aventure
Le baudrier de feu Pallas,
Dont Turnus, après son trépas,
Se para pour marquer la gloir
Qu'il tiroit de cette victoire.
Ce triste objet frappa son cœur,
Rappela toute sa douleur
Et réveilla son fier courage.
Alors, n'écoutant que sa rage :
« Quoi ! dit-il, tu m'échapperas,
Toi qui m'as privé de Pallas,
Et dont l'injuste barbarie,
En l'arrachant de cette vie,
L'a dépouillé de ses bijoux ?
Qu'auroient fait de plus des filoux

Tu sais donc jouer de la harpe,
Puisque je vois sa belle écharpe,
Son casque de lames d'acier,
Et son éclatant baudrier,
Te servir encor de trophée
D'avoir vaincu l'ami d'Énée ?
Pallas, mon cher ami Pallas,
Je t'immole cet échalas.
A tes mânes je puis sans crime
Offrir cette illustre victime :
Puisse-t-elle te faire honneur,
Calmer d'Évandre la douleur,
Donner la paix à cette terre,
Et pour jamais finir la guerre !
  A ces mots, l'ardent Æneas,
Faisant briller son coutelas,
Lui fit avec irrévérence
Un grand trou dans sa vaste panse,
Par où son âme ayant pris vent,
Elle s'envola dans l'instant,
Et dans une nuit éternelle
Laissa sa hideuse escarcelle
Ainsi mourut ce fanfaron,
Ainsi finit monsieur Maron.

ADDENDA

Page 62, note 3. — Nous avons trouvé après coup l'explication du *veau Mongane*, ou plutôt M. J. M. V. Leclerc, le savant doyen de la Faculté des lettres de Paris, que nous aurions dû consulter plutôt, l'a trouvée pour nous, et a bien voulu nous la communiquer. « Le meilleur veau, lit-on dans le *Ménagiana* (édit. de 1729, t. III, p. 129), est celui d'Italie, car là on le nourrit de lait et de jaunes d'œuf, et l'on ne souffre point qu'il mange de l'herbe. Ce sont particulièrement ceux que l'on appelle à Rome *vitelle Mongane*. » — En outre, Ménage, dans ses *Origini della lingua italiana*, nous apprend que ce mot vient du verbe inusité *mulgo*, pour *mulgeo*, — *sucer*, *teter*, et il trace la filiation de son étymologie. On disait *vitel mongano*, et par ellipse, *mongana*, veau de lait. Nous avons encore de vieilles enseignes au *Veau qui tête*. — Le président de Brosses a parlé aussi du veau Mongane dans ses *Lettres sur l'Italie* : » Quelle langue assez éloquente pourrait dignement célébrer les louanges des pigeons et du veau de Sorrento ?... Pour le *veau* Mongana, *si vanté, si gras, si blanc et si dur*, faites-moi l'honneur d'être persuadé que ce n'est qu'un fat à côté de celui de Sorrento.» (*Lettre* XXX, t. I, p. 376, de l'édit. de le Vavasseur, in-8º, 1836.)

Page 123, note 1. — Loret vient de nous donner la date de la mort de Henri de Mesme, dont les biographies n'ont pas jugé à propos de s'occuper :

> La mort fière, camarade et blesme,
> Du sage prezident de Mesme
> A fini les soins et travaux.
>   (*Muse hist.*, l. II, let. ı, 1ᵉʳ janvier 1651.)

C'est donc à la fin de décembre 1650 qu'est mort le président, plus d'un an après avoir reçu la dédicace du livre III du *Virgile travesti*.

TABLE

Du Burlesque en France, et, en particulier, du *Virgile travesti*.......... v

A la Reine... 45
Au lecteur.. 47
A Monsieur l'abbé Scarron. — Ode, par Scudéri... 47
A Monsieur l'abbé Scarron. — Épigramme, par Tristan L'Hermite....... 48
A Monsieur l'abbé Scarron. — Stances, par Boisrobert................. 48
A Monsieur l'abbé Scarron, par Dupin................................... 49
A Monsieur l'abbé Scarron, par La Motte le Vayer..................... 50
A Monsieur l'abbé Scarron, par I. R. S. C............................. 51
In Gallicam Scarronis Æneidem ludicro carmine scriptam. — C. Feramus. 51
In Æneida mimicam et jocosam Pauli Scarronis. — Atticus Secundus.. 52
Scarroni ex patre nepoti. — Scarron Patruus........................... 52

Livre premier... 53
A Monseigneur Séguier, chancelier de France........................... 87
Livre deuxième 89
A Monseigneur le président de Mesme.................................... 123
Au lecteur.. 124
Livre troisième... 125
A Monsieur et Madame de Schomber....................................... 151

Livre quatrième...	153
A Monsieur Deslandes-Payen, conseiller au parlement de la grand'chambre, prieur de la Charité-sur-Loire et abbé du Mont-Saint-Martin, etc.......	183
Livre cinquième...	191
A Monsieur et Madame le comte et la comtesse de Fiesque................	225
Livre sixième...	227
A Monsieur de Roquelaure, duc et pair de France.....................	262
Livre septième..	265
Livre huitième..	295

CONTINUATION PAR MOREAU DE BRASEI.

A Son Altesse électorale de Bavière...............................	305
Avertissement...	306
Livre huitième (suite)..	307
Livre neuvième..	319
Livre dixième...	341
Livre onzième...	371
Livre douzième..	399
Addenda...	435

FIN DE LA TABLE.

GARNIER FRÈRES, Libraires-Éditeurs

6, rue des Saints-Pères. — Paris

Envoi FRANCO *contre mandat ou timbres-poste joints à la demande.*

EXTRAIT
DU
CATALOGUE GÉNÉRAL

Nous tenons également à la disposition des personnes qui nous en feront la demande les Catalogues ci-après :

Catalogue général de librairie Française.	Livres classiques.
Librairie Espagnole.	Livres pour distributions de prix.
Librairie Portugaise.	Ouvrages du docteur Garnier.
Fonds Migne.	

Pour faciliter l'acquisition des ouvrages importants, nous accordons, sur références sérieuses, des facilités de paiement par versements mensuels de *trois, cinq* ou *dix* francs. L'ouvrage est livré complet à la réception du bulletin de souscription accompagné du premier versement.

NOUVEAU DICTIONNAIRE NATIONAL OU DICTIONNAIRE DE LA LANGUE FRANÇAISE.

par BESCHERELLE aîné.

Répertoire encyclopédique des lettres, de l'histoire, de la géographie, des sciences, des arts et de l'industrie, contenant : 1° la nomenclature la plus riche et la plus étendue que l'on puisse trouver dans aucun dictionnaire ; 2° l'étymologie de tous les mots de la langue, d'après les recherches les plus récentes ; 3° la prononciation de tous les mots qui offrent quelque difficulté sous ce rapport ; 4° l'examen critique et raisonné des principaux dictionnaires ; 5° la solution de toutes les difficultés d'orthographe, de grammaire et de style, appuyée sur l'autorité des auteurs les plus estimés ; 6° la biographie des personnages les plus remarquables de tous les pays et de tous les temps ; 7° les noms de tous les peuples anciens et modernes, de tous les souverains, des institutions publiques, des ordres monastiques ou militaires, des sectes religieuses, politiques, philosophiques ; les grands événements historiques, sièges, batailles, etc. ; 8° la géographie ancienne et moderne, physique et politique.

Le *Nouveau Dictionnaire National de Bescherelle* se compose de 508 feuilles. Il forme quatre magnifiques volumes in-4° en caractères neufs et très lisibles, contenant 4.064 pages ou 16.256 colonnes qui représentent la matière de 400 volumes in-8°.

Broché.................... **100 fr.**
Relié 1/2 chagrin........... **120 fr.**

Souscription permanente, 184 livraisons à 50 centimes.

Ouvrage honoré d'une souscription du Ministère de l'Instruction publique.

DICTIONNAIRES

Dictionnaire classique de la langue française, par M. Bescherelle aîné, auteur du *Dictionnaire National*. 1 vol. gr. in-8 jésus, de 1.500 pages, contenant 1.200 gravures dans le texte, 40 cartes ou gravures d'ensemble.
Broché.................. 12 fr
Relié 1/2 chagrin............ 16 fr.

Dictionnaire usuel de la langue française, par MM. Bescherelle aîné et A. Bourguignon. 1 vol. gr. in-18 jésus, relié toile.. 6 fr.

Grammaire nationale ou grammaire de Voltaire, de Racine, de Bossuet, de Fénelon, de J.-J. Rousseau, de Buffon, de Bernardin de Saint-Pierre, de Chateaubriand, de Casimir Delavigne, par Bescherelle aîné. 1 vol. in-8 jésus, broché. 10 fr.
Relié 1/2 chagrin............ 14 fr.

Petit dictionnaire national, d'après le nouveau Dictionnaire National de M. Bescherelle aîné. 1 vol. in-32, élégamment relié............ 1.50

Dictionnaire des synonymes de la langue française, par MM. Bourguignon et Bergerol. 1 v. in-32, relié. 5 fr.

Dictionnaire étymologique de la langue française, par A. Bourguignon et E. Bergerol. 1 vol. in-32, relié 5 fr.

Nouveau dictionnaire encyclopédique illustré, rédigé d'après le *Nouveau Dictionnaire de* Bescherelle. 1 vol. in-18, cartonné............ 3 fr.
Relié toile pl............ 3.50

Dictionnaire usuel de tous les verbes français, tant réguliers qu'irréguliers, par MM. Bescherelle frères, 3e édit. 2 forts vol. in-8 à 2 col., brochés.................. 12 fr.
Reliés 1/2 chagrin............ 16 fr.

Petit dictionnaire d'histoire, de géographie et de mythologie, par J.-P. Quitard, faisant suite au *Petit Dictionnaire National* de M. Bescherelle. 1 vol. in-32, broché............ 1.50
Relié toile................ 2 fr.

Nouveau Dictionnaire des rimes, par Quitard. 1 vol. gr. in-32.
Broché.................. 2 fr.
Cart. toile................ 2.50

Nouveau dictionnaire de géographie ancienne et moderne, par Grégoire. 1 v. gr. in-32 jés., r. 2.50

Dictionnaire encyclopédique d'histoire, de biographie, de mythologie et de géographie, par Maurice Wahl. 1 vol. gr. in-8, broché... 20 fr.
Relié 1/2 chagrin............ 25 fr.

Dictionnaire général des sciences théoriques et appliquées, par MM. Jules Gay et Louis Mangin. Le *Dictionnaire des sciences*, forme quatre volumes in-8 jésus, composés sur deux colonnes en caractères neufs, d'environ 4.000 pages.
Chaque volume se vend séparément broché.................. 10 fr.
Relié 1/2 chagrin............ 14 fr.
Le même, en deux volumes.
Chaque volume broché...... 20 fr.
Relié 1/2 chagrin............ 25 fr.

Dictionnaire complet des Communes de la France, de l'Algérie et des Colonies, 1 vol. in-32, relié toile 5 fr.

NOUVELLE GÉOGRAPHIE GÉNÉRALE DE LA FRANCE, ALGÉRIE ET LES COLONIES FRANÇAISES.

Comprenant : la Géographie Physique, Politique, Historique, Agricole, Industrielle, Commerciale, d'après les documents les plus récents, par Maurice Wahl.

2 volumes illustrés gr. in-8° jésus d'environ 1,500 pages, gravures et portraits, 180 cartes Plans de Villes, Types, Costumes, etc. Chaque volume se vend séparément. Broché........ 15 fr.
Relié toile, plaque spéciale... 19 fr.
Relié 1/2 chagrin, tr. dorées.. 21 fr.

EN VENTE SÉPARÉMENT :

La France.
Grand in-8°, jésus broché...... 20 fr.
Relié toile, plaque spéciale... 24 fr.
Relié 1/2 chagrin, tr. dorées... 26 fr.

L'Algérie et les colonies françaises, par Henri Vast. (*Cet ouvrage a été couronné par l'Académie française*) (*Prix Audiffred*).
Grand in-8° jésus, broché...... 8 fr.
Relié toile, plaque............ 10 fr.
Relié 1/2 chagrin, tr. dorées... 16 fr.

LA PLUS GRANDE FRANCE
Bilan de la France coloniale

par Henri Vast, 1 volume in-8°, avec cartes en couleurs hors texte. Broché. 6 fr.

GRANDS DICTIONNAIRES EN DEUX LANGUES
Avec la prononciation figurée.

Dictionnaire anglais-français et français-anglais, par Clifton et Adrien Grimaux, 2 vol. gr. in-8 jésus, d'environ 2.200 pages à 3 colonnes, brochés.................. 20 fr.
Reliés 1/2 chagrin............ 28 fr.

Dictionnaire français-allemand et allemand-français, par H.-A. Birmann, professeur à l'école Polytechnique. 2 forts vol. in-8, brochés...... 20 fr.
Reliés 1/2 chagrin.... 28 fr.

Dictionnaire espagnol français et français-espagnol, rédigé d'après les matériaux réunis par D. Vicente Salva, et les meilleurs dictionnaires anciens et modernes, par F. de Noriéga et Guim, 1 fort vol. gr. in-8 jésus, d'environ 1.600 pages à 3 col., br... 16 fr.
Relié 1/2 chagrin............ 20 fr.

Dictionnaire italien-français et français-italien, par MM. Ferrari et Caccia. 1 vol. gr. in-8 jésus à 3 col. de 1.600 pages, broché......... 20 fr.
Relié 1/2 chagrin. .... 25 fr.

Diccionario francez-portuguez e portuguez-francez, par Joao Fernandes Valdez. 1 vol. gr. in-8 jésus, relié toile....................... 16 fr.
Relié 1/2 chagrin............ 19 fr.

Dictionary spanish-english and ingles-español, par MM. J.-M. Lopez et E.-R. Bensley. Refondu et augmenté, 1 vol. grand in-8 relié demi-chagrin...................... 20 fr.

Diccionario de la lengua castellana, extractado del *Diccionario Enciclopedico* compuesto por E. Zerolo, M. de Toro y Gómez E Isaza, 1 tomo en 4.° de más de 2.000 páginas. Relié 1/2 chagrin.................... 15 fr.

Diccionario inglez-portuguez e portuguez-inglez, par Joao-Fernandez Valdez. 2 vol. in-16 reliés toile 14 fr.

Nouveau dictionnaire français-latin, par Henri Goelzer. 1 vol. in-8°, relié toile pleine .... 10 fr.

Dictionnaire latin-français, par MM. Eugène Benoist et Henri Goelzer. 1 fort vol. grand in-8°, relié en toile pleine...................... 10 fr.

Dictionnaire grec-français, par M. A. Chassang. 1 fort vol. grand in-8°, relié en toile pleine.............. 12 fr.

Abrégé du dictionnaire français-grec, par M. Courtaud-Divernéresse. 1 vol. grand in-8°, 1,025 pages à 3 colonnes, relié .... 12 fr.

Nouveau lexique français-latin, par Henri Goelzer. 1 vol. in-8°, relié en toile pleine.................. 6 fr.

Nouveau lexique latin-français, par MM. Goelzer et Martel. 1 vol. in-8°, relié toile................. 6 fr.

NOUVEAUX VOCABULAIRES EN DEUX LANGUES.

Avec la prononciation figurée dans les deux langues, contenant les mots usuels de la vie pratique, à l'usage des voyageurs. 44 vol., format elzévir, reliés toile, sont en vente. Le volume.................................... 2 fr.

Français-Anglais, par Laughlin.
Français-Allemand, par Birmann.
Français-Italien, par Angeli.
Français-Russe, par Tkatcheff.
Français-Espagnol, par Rozzol.
Français-Polonais, par de Veys-Chabot.
Français-Portugais, par Fonseca.
Français-Néerlandais, par Van Cuyck.
Français-Danois, par Desmoineaux.
Français-Roumain, par Rizo.
Deutsch-Franzœsisch, par Birmann.
Deutsch-Spanisch, par Enenkel.
Deutsch-Englisch, par Blum.
Deutsch-Italienisch, par Enenkel.
Allemão-Portuguez, par Mesquita.
Allemand-Russe, par Wassiliew.
English-French, par Laughlin.
English-Italian, par Cardin.
English-German, par Blum.
English-Spanish, par J. Perez.
English-Portuguese, par Mesquita.
Anglais-Russe, par Wassiliew.
Italiano-Portoghese, par Mesquita.
Italiano-Francese, par Angeli.
Italiano-Inglese, par Cardin.
Italiano-Spagnuolo, par Angeli.
Italiano-Tedesco, par Angeli.
Italien-Russe, par Lourie.
Español-Francés, par Rozzol.
Español-Alemán, par Enenkel.
Español-Inglés, par J. Perez.
Español-Italiano, par Angeli.
Español-Portuguez, par Mesquita.
Portoghese-Italiano, par Mesquita.
Portuguez-Allemão, par Mesquita.
Portugues-Francez, par Fonseca.
Portuguez-Inglez, par Mesquita.
Portuguez-Español, par Mesquita.
Russe-Français, par Tkatcheff.
Russe-Allemand, par Tkatcheff.
Russe-Anglais, par Wassiliew.
Néerlandais-Français, par Van Cuyk.
Danois-Français, par Desmoineaux.
Roumain-Français, par Rizo.

DICTIONNAIRES EN DEUX LANGUES
Format in-32, dit Cazin.

Nouveau dictionnaire anglais-français et français-anglais, donnant la prononciation figurée, dans les deux langues, par M. Clifton. Nouvelle édition, revue et augmentée, par M. E. Fenard. 1 vol. relié............ 5 fr.

Nouveau dictionnaire français-allemand et allemand-français, par K. Rotteck. Edition revue par G. Kister. 1 vol. relié................. 5 fr.

Dictionnaire italien-français et français-italien, donnant la prononciation figurée, dans les deux langues, par C. Ferrari. 1 vol. relié....... 5 fr.

Nouveau dictionnaire français-espagnol et espagnol-français, avec la prononciation dans les deux langues, par Vicente Salva. 1 fort vol. rel. 5 fr.

Nouveau dictionnaire portugais-français et français-portugais, avec la prononciation figurée dans les deux langues, par Souza Pinto. 1 fort vol. relié................. 6 fr.

Nouveau dictionnaire français-russe et russe-français, suivi d'un abrégé de la grammaire russe, par Sokoloff. 2 vol. reliés................ 10 fr.

Nouveau dictionnaire latin-français, par de Suckau. 1 vol. relié...... 5 fr.

Nouveau dictionnaire français-latin, par E. Benoist. 1 vol. relié..... 5 fr.

Nouveau dictionnaire grec-français, par A. Chassang. 1 vol. relié... 6 fr.

Nouveau dictionnaire grec moderne français et français-grec moderne, contenant les termes de la langue parlée et de la langue écrite, par Emile Legrand. 2 vol. reliés........ 12 fr.

Diccionario español-inglés y inglés-español portatil, con la pronunciación en ambas lenguas, por F. C. Bustamente. 2 tomos............. 6 fr.

Diccionario español-aleman y aleman-español, por Arturo Enenkel. 1 v. enc.................... 6 fr.

Diccionario español-italiano e italiano-español, con la pronunciación en ambas lenguas. Compuesto por D.-J. Caccia. 1 tomo relié......... 5 fr.

New Dictionary of the english and italian languages, by Alph. de Birmingham. 1 vol. relié........... 6 fr.

Dictionnaire anglais-portugais et portugais-anglais, donnant la prononciation figurée de tous les mots anglais et portugais dans tous les cas incertains et difficiles, par Castro de Lafayette. 1 vol. relié........ 6 fr.

Diccionario portuguez-hespanhol e hespanhol-portuguez, com a pronuncia figurada em ambas as linguas pelo Visconde de Wildik. 2 vol. rel. 6 fr.

Dictionnaire italien-allemand et allemand-italien, par A. Enenkel. 1 vol.................... 6 fr.

Dictionnaire portugais-allemand et allemand-portugais, avec la prononciation figurée dans les deux langues, par Enenkel et Souza Pinto. 1 vol. relié...................... 6 fr.

Novo diccionario portuguez-italiano et italiano-portuguez, com a pronuncia figurada em ambas as linguas, composto segundo os melhores diccionarios por Art. de Rozzol. 1 vol. 6 fr.

GUIDES POLYGLOTTES

Manuels de la conversation et du style épistolaire, à l'usage des voyageurs et des écoles. 29 vol. gr. in-32, format dit Cazin, papier satiné, reliure élégante, sont en vente. Le volume.. 2 fr.

Français-Russe, 1 vol.
Français-Anglais, 1 vol.
Français-Allemand, 1 vol.
Français-Espagnol, 1 vol.
Français-Italien, 1 vol.
Français-Portugais, 1 vol.
English and French, 1 vol.
English and Spanish, 1 vol.
English and Italian, 1 vol.
English-Russian, 1 vol.
Deutsch-Französich, 1 vol.
Deutsch-Englisch, 1 vol.
Español-Francés, 1 vol.
Español-Inglés, 1 vol.
Español-Alemán, 1 vol.
Español-Italiano, 1 vol.
Español-Portugués, 1 vol.
Italiano-Francese, 1 vol.
Italiano-Tedesco, 1 vol.
Italiano-Portoghese, 1 vol.
Italien-Russe, 1 vol.
Portuguez-Francez, 1 vol.
Portuguez-Inglez, 1 vol.
Hollandsch-Fransch, 1 vol.
Russe-Français, 1 vol.
Russe-Italien, 1 vol.
Russe-Allemand, 1 vol.
Français-Roumain, 1 vol.
Grec moderne-Français, 1 vol.

GUIDES POLYGLOTTES
AVEC LA PRONONCIATION FIGURÉE

33 vol., format in-16, reliure élégante, sont en vente. Le volume........ **3 fr.**

Français-Anglais, 1 vol.
Français-Allemand, 1 vol.
Français-Espagnol, 1 vol.
Français-Italien, 1 vol.
Français-Portugais, 1 vol.
Français-Russe, 1 vol.
English and French, 1 vol.
English and Spanish, 1 vol.
English and Italian, 1 vol.
English and Portuguese, 1 vol.
English and Deutsch, 1 vol.
Deutsch-Franzœsisch, 1 vol.
Deutsch-English, 1 vol.
Deutsch-Italienisch, 1 vol.
Deutsch-Spanisch, 1 vol.
Deutsch-Portugiesisch, 1 vol.
Español-Francés, 1 vol.
Español-Inglés, 1 vol.
Español-Alemán, 1 vol.
Español-Italiano, 1 vol.
Español-Portugués, 1 vol.
Italiano-Francese, 1 vol.
Italiano-Inglese, 1 vol.
Italiano-Tedesco, 1 vol.
Italiano-Spagnuolo, 1 vol.
Italiano-Portoghese, 1 vol.
Portuguez-Francez, 1 vol.
Portuguez-Inglez, 1 vol.
Portuguez-Allemão, 1 vol.
Portuguez-Hespanhol, 1 vol.
Portuguez-Italiano, 1 vol.
Russe-Français, 1 vol.
Russe-Italien, 1 vol.

GRAMMAIRES DE LANGUES ÉTRANGÈRES

Petite méthode d'anglais pratique et facile, à l'usage des commençants, par M. LAUGHLIN, 1 vol. in-18 jésus, relié toile............ **1.25**

Grammaire de la langue anglaise, par CLIFTON et MERVOYER. 1 vol. in-18 cartonné............ **2 fr.**

Grammaire allemande, par H.-A. BIRMANN. 1 vol. in-18............ **1.50**

Cours d'espagnol, par M. TH. ALAUX. *Cours élémentaire :* 1 vol. in-18 jésus, cartonné............ **2 fr.**
Cours moyen : 1 vol. in-18, cart. **3 fr.**
Cours supérieur. — 1er fascicule. 1 vol. in-12, broché............ **1 fr.**
2e fascicule, broché............ **1 fr.**

Grammaire espagnole-française de Sobrino. Édition refondue par A. GALBAN, professeur d'espagnol. 1 vol. in-18, relié............ **4 fr.**

Nouvelle grammaire espagnole-française, par A. GALBAN, professeur d'espagnol. 1 vol. in-18............ **2 fr.**

Nouvelle grammaire russe à l'usage des Français, par N. SOKOLOFF. 1 vol. in-18............ **3.50**

Nouvelle grammaire française à l'usage des Russes, par J. DE LEWSKI, 1 v. in-18, relié toile. *en préparation*

Grammaire italienne en 25 leçons d'après VERGANI, corrigée et complétée par G. FERRARI. 1 vol. in-18, cartonné............ **2 fr.**

Grammaire portugaise, raisonnée et simplifiée, par M. PAULINO DE SOUZA. 1 fort vol. gr. in-18, cartonné.. **6 fr.**

Abrégé de la grammaire portugaise de P. DE SOUZA. 1 vol. in-18, cartonné......... **3 fr.**

Méthode pratique et progressive de langue hova, avec une carte idiomatique de Madagascar (1re année), par M. A. DURAND. 1 vol. in-18 jésus contenant des photographies de types des races de Madagascar, rel. toile. **4 fr.**

Grammaire grecque moderne, avec une introduction et des index, par HUBERT PERNOT. 1 vol. in-8°...... **5 fr.**

NOUVEAUX DICTIONNAIRES EN DEUX LANGUES

Avec la prononciation dans les deux langues.
Format in-18 jésus.

Nouveau dictionnaire anglais-français et français-anglais, par CLIFTON et Mc LAUGHLIN. 1 vol. in-18 jésus de 1.370 pages, relié toile...... **6 fr.**

Nouveau dictionnaire italien-français et français-italien, par FERRARI LACOMBE et ROUÈDE. 1 vol in-18. *En préparation.*

Nouveau dictionnaire anglais-italien et italien-anglais, par BIRMINGHAM ENENKEL et Mc LAUGHLIN. 1 vol. in-18 relié toile............... **6 fr.**

Nouveau dictionnaire français-allemand et allemand-français, par M. K. ROTTECK. *Nouvelle édition* entièrement refondue par M. G. KISTER, 1 v. in-18, 1.154 pages, relié toile. **6 fr.**

BIBLIOTHÈQUE D'OUVRAGES DE LUXE
GALERIE DE PORTRAITS

in 8° jésus, magnifiquement illustrés de gravures sur acier
d'après les meilleurs artistes
Le volume, **20 fr.** — 1/2 chagr. pl. toile, tr. dorées, **26 fr.**

Galerie des portraits littéraires, écrivains politiques et philosophes tirés des *Causeries du Lundi*, par SAINTE-BEUVE.

Galerie de portraits historiques. Tirée des *Causeries du Lundi*, par SAINTE-BEUVE.

Galerie des grands écrivains français. Par LE MÊME, 1 vol.

Nouvelle galerie des grands écrivains français. Tirée des *Portraits littéraires* et des *Causeries du Lundi*, par LE MÊME, 1 vol.

Galerie des femmes célèbres. Tirée des *Causeries du Lundi* des *Portraits littéraires*, des *Portraits de Femmes*, par LE MÊME, 1 vol.

Nouvelle galerie des femmes célèbres. Par LE MÊME, 1 vol.

Poésies d'André Chénier. Avec notice et notes par M. L. MOLAND, 1 vol. *Par exception* .... **10 fr.**

Lettres choisies de Mme de Sévigné. Avec une magnifique galerie de portraits, sur acier. 1 vol.

Les Femmes de la Bible. Principaux fragments d'une *Histoire du peuple de Dieu*, par Mgr DARBOY, 2 volumes. Chaque volume, formant un tout complet, se vend séparément.

Les saintes femmes. Texte par LE MÊME. Collection de portraits, gravés sur acier, des femmes remarquables de l'histoire de l'Eglise. 1 vol.

Histoire de France. Depuis la fondation de la monarchie, par MENNECHET, illustrée de 20 gravures sur acier. 1 vol.

La France guerrière. Récits historiques d'après les chroniques et les mémoires de chaque siècle, par C. D'HÉRICAULT et L. MOLAND, 1 vol.

Dante Alighieri. *La Divine Comédie*, traduite en français par le chevalier ARTAUD DE MONTOR, édition illustrée, par YAN'DARGENT, 1 fort vol.

Galerie illustrée d'histoire naturelle. Tirée de l'édition Buffon, annotée par FLOURENS, gravures sur acier, coloriées avec le plus grand soin, 1 fort vol.

Nouvelle galerie d'histoire naturelle. Tirée des œuvres complètes de Buffon. Gravures sur acier, coloriées, 1 fort vol.

Contes et nouvelles de la Fontaine. Edition illustrée, environ 110 vignettes et 40 grandes gravures hors texte ; introduction de L. MOLAND, 1 magnifique vol.

La femme jugée par les grands écrivains des deux sexes. La femme devant *Dieu*, devant la *Nature*, devant la *Loi* et devant la *Société* ; par D.-J. LARCHER, 1 magnifique vol.

Les femmes d'après les auteurs français. Par E. MULLER. Ouvrage illustré des portraits des femmes les plus illustres, 1 vol.

Lettres choisies de Voltaire. Précédées d'une notice, accompagnées de notes explicatives, par M. L. MOLAND, ornées de portraits historiques. 1 fort vol.

LES MILLE ET UNE NUITS

Par GALLAND. — Gravures dans le texte et hors texte.
1 vol. gr. in-8° jésus........... **15 fr.** | Demi-reliure dorée............. **21 fr.**

LES FIANCÉS

Par MANZONI. — Illustrée de dessins de G. STAAL.
1 fort vol. grand in-8° jésus.... **10 fr.** | Relié doré.................. **15 fr.**

LES CONTES DE BOCCACE. — LE DÉCAMÉRON

Edition illustrée de 42 grandes grav., et d'un grand nombre de dessins dans le texte.
1 magnifique vol. gr. in-8° jésus. **15 fr.** | Relié 1/2 chagrin, tr. dorées.... **20 fr.**

MYTHOLOGIE DE LA GRÈCE ANTIQUE

Par PAUL DECHARME. — Ouvrage orné de 180 gravures et de chromolithographies d'après l'antique.
1 vol. grand in-8° raisin.......... **12 fr.** | 1/2 rel. soignée tr. dor......... **16 fr.**

CHEFS-D'ŒUVRE DE LA LITTÉRATURE FRANÇAISE

In-8° cavalier, imprimés avec luxe, ornés de gravures sur acier.
Dessins d'après les meilleurs artistes. — 60 volumes sont en vente.
Chaque volume broché..... **7.50** | Relié 1/2 veau, tr. peigne..... **10.50**
Reliure 1/2 chagrin.... **12 fr.** | Amateur..... **15 fr.**

Œuvres complètes de **Molière**, édition très soigneusement revue sur les textes originaux, par L. MOLAND. 12 vol.

Œuvres complètes de **J. Racine**, par M. SAINT-MARC GIRARDIN, de l'Académie française. 8 volumes.

Œuvres complètes de **La Fontaine**, nouvelle édition, par M. LOUIS MOLAND. 7 volumes.

Essais de **Michel de Montaigne**, nouvelle édition, par M. J.-V. LECLERC, 4 vol. avec portrait.

Œuvres complètes de **La Bruyère**, nouvelle édition, par A. CHASSANG, 2 vol.

Œuvres complètes de **La Rochefoucauld**, nouvelle édition, par A. CHASSANG, 2 vol.

Œuvres complètes de **Boileau**, par GIDEL. Gravures de STAAL. 4 vol.

André Chénier. Œuvres poétiques. Nouvelle édition, vignettes de STAAL. 2 volumes.

Œuvres complètes de **Montesquieu**, par EDOUARD LABOULAYE, 7 vol.

Lettres de **Pascal**, nouvelle édition, par J. DÉROME. 2 vol.

Œuvres choisies de **Pierre de Ronsard**, par M. L. MOLAND. 1 vol. avec portrait.

Œuvres de **Clément Marot**, annotées par CHARLES D'HÉRICAULT, 1 vol. avec portrait.

Œuvres de **Jean-Baptiste Rousseau**, avec un nouveau travail de M. ANTOINE DE LATOUR. 1 vol. avec portrait.

Histoire de **Gil Blas de Santillane**, par LE SAGE; notice par SAINTE-BEUVE, 2 volumes.

Chefs-d'œuvre littéraires de **Buffon.** Introduction par M. FLOURENS, de l'Académie française. 2 vol. avec portrait.

L'**Imitation de Jésus-Christ** par M. LAMENNAIS. 1 vol.

Œuvres choisies de **Massillon**, accompagnées de notes, notice par M. GODEFROY. 2 vol. avec portrait.

RABELAIS, illustré par GUSTAVE DORÉ, 60 grandes compositions, 250 en-têtes de chapitre, environ 240 culs-de-lampe et nombreuses vignettes dans le texte. 2 vol. in-4°..... **70 fr.**
Reliés toile, tranches ébarbées..... **80 fr.**
Demi-chagrin, fers spéciaux..... **90 fr.**
— coins tête dorée..... **100 fr.**
Il a été tiré 50 exemplaires numérotés sur chine..... **200 fr.**
Même ouvrage. *Première édition.* 2 vol. in-folio colombier, imprimés sur papier vélin..... **200 fr.**
200 exemplaires numérotés sur papier de Hollande (50 ont été détruits).... **300 fr.**

LES CONTES DROLATIQUES, par le sieur DE BALZAC. Edition illustrée de 425 dessins, par GUSTAVE DORÉ. 1 magnifique vol. in-8° papier vélin, broché **7 fr.**
Relié toile tranches ébarbées, plaque spéciale amateur..... **9 fr.**
Relié 1/2 chagrin ou 1/2 veau.. **11 fr.** | Relié amateur..... **13 fr.**
Même ouvrage, 2 volumes. Chaque volume se vendant sépar. broché... **3.50**

JULIE OU LA NOUVELLE HÉLOÏSE

Par JEAN-JACQUES ROUSSEAU, 38 gravures hors texte, vignettes dans le texte.
1 vol. gr. in-8° jésus........ **15 fr.**
Relié 1/2 chagrin, tr. dorées.. **20 fr.**

ŒUVRES COMPLÈTES DE VOLTAIRE

Nouvelle édition. Conforme pour le texte à l'édition de BEUCHOT, 52 *volumes in-8°, y compris* 2 *vol. de table.*
Le volume............... **7 fr.**
Reliure demi-veau, gardes et tranches peigne, genre antique. **2.50** par volume.

LES CONFESSIONS

Par JEAN-JACQUES ROUSSEAU, suivies des *Rêveries du promeneur solitaire.* Vignettes par TONY JOHANNOT, KARL GIRARDET, etc. 1 vol. gr. in-8° jésus **15 fr.**
Relié 1/2 chagrin, tr. dorées.. **20 fr.**

ŒUVRES COMPLÈTES DE DENIS DIDEROT

Par J. ASSÉZAT. — 20 vol. in-8° cavalier.
Le volume................ **7 fr.**
Reliure demi-veau, gardes et tranches peigne genre antique. **2.50** par volume.

ŒUVRES COMPLÈTES DE ALFRED DE MUSSET

Nouvelle édition, revue, corrigée et complétée de documents inédits, par EDMOND BIRÉ, illustrée de 26 héliogravures d'après les dessins de MAILLART (Grand prix de Rome), exécutées par BRÉAUD.

Édition en 9 volumes in-18 jésus avec gravures.
Chaque volume broché.......... 3.50
— relié 1/2 veau, genre antique.... 5.50
— relié 1/2 chagrin, plats toile, tranches dorées...... 5.50

Même édition sans gravures.
Chaque volume broché.......... 3 fr.
— relié 1/2 veau, genre antique .. 4.50
— relié 1/2 chagrin, plats toile, tranches dorées..... 5 fr.

Même ouvrage en un volume in-8° jésus (1000 pages) imprimé à 2 colonnes, orné de 26 héliogravures d'après les dessins de MAILLART.
Broché. 15 » | Relié 1/2 chagrin, plats toile, tranches dorées.......... 21 fr.

Edition de luxe.
En 8 volumes in-8° cavalier avec gravures.
Chaque volume broché.......... 6 fr.
— relié 1/2 veau, genre antique... 9 fr.
— relié 1/2 chagrin, tranches dorées.. 10 fr.

ŒUVRES COMPLÈTES DE CHATEAUBRIAND

Nouvelle édition, par SAINTE-BEUVE, 12 *très forts volumes in-8° cavalier*, 42 gravures par STAAL, le volume... 6 fr.

On vend séparément avec titre spécial.

Le Génie du Christianisme, 1 vol.
Les Martyrs, 1 vol.
L'Itinéraire de Paris à Jérusalem, 1 vol.
Atala, René, Le dernier Abencérage, Les Natchez, Poésies, 1 vol.
Voyage en Amérique, en Italie, en Suisse, 1 vol.

Le Paradis perdu, littérature anglaise, 1 vol.
Histoire de France, Vie de Rancé, 1 vol.
Etudes historiques, 1 vol.
Chaque vol. avec 3, 4 ou 5 gravures 6 fr. Rel. 1/2 chagr., tr. dor.. 10 fr.

Mémoires d'Outre-Tombe par CHATEAUBRIAND. Nouvelle édition, par EDMOND BIRÉ, 6 *volumes in-8° cavalier*, ornés de 48 magnifiques gravures sur acier. Chaque volume broché, 6 fr. Relié 1/2 chagrin, tranc. dor. 10 fr

Les dernières années de Chateaubriand (1830-1848). Par EDMOND BIRÉ.
1 volume in-8°...................... 6 fr.

ŒUVRES DE GRANDVILLE

6 volumes grand in-8° jésus, brochés.. 75 fr.
Reliure 1/2 chagrin, tranches dorées, par volume........................ 6 fr.

Fables de LA FONTAINE, illustrées de 248 gravures, un sujet pour chaque fable, 1 volume grand in-8° jésus. 12 fr.
Les Fleurs Animées. Texte par ALPHONSE KARR, TAXILE DELORD et le comte FOELIX. 2 vol. grand in-8° jésus, 50 gravures coloriées, nombr. vignettes dans le texte............... 25 fr.
Les Métamorphoses du Jour, 70 gravures coloriées, par M. JULES JANIN. 1 magnifique volume gr. in-8° jés.,

70 sujets coloriés............. 18 fr.
Les petites Misères de la Vie humaine. Illustrées. Texte par OLD-NICK. Edition ornée d'un beau portrait de GRANDVILLE. 1 fort volume grand in-8° jésus................... 10 fr.
Cent Proverbes. Illustrés, gravures coloriées par TROIS TÊTES DANS UN BONNET. Nouvelle édition, revue et augmentée pour le texte, par M. QUITARD, 1 fort volume grand in-8° jésus. 10 fr.

MÉMOIRES DE JACQUES CASANOVA

Ecrits par lui-même, suivis de fragments *des mémoires du Prince de Ligne*, 8 vol. in-8°. Le volume.. 7.50

LES AMOURS DE CHEVALIER DE FAUBLAS

Par LOUVET DE COUVRAY. — 2 vol. in-8°............................... 15 fr.

COLLECTION DES COMPACTES
ÉDITION GARNIER

Grands in-8° jésus à 2 col., ornés de gravures sur acier, chaque vol..... **12 50**
Relié demi-chagrin, tr. dorées.. **18 fr.**

Molière. *Œuvres complètes.* Dessins de G. STAAL. 1 vol.
P. et Th. Corneille. *Œuvres.* Nouvelle édition ornée de gravures sur acier. 1 vol.
J. Racine. *Œuvres.* 13 vign., d'après STAAL. 1 vol.
Boileau. *Œuvres complètes.* Illustr. de grav. sur acier, d'après STAAL. 1 vol.
Beaumarchais. *Œuvres complètes.* Gravures sur acier, dessins de STAAL.
Casimir Delavigne, de l'Académie française. *Œuvres complètes.* Théâtre. — Messéniennes. — Œuvres posthumes. Édition illustrée. 1 vol.
Moralistes français. — Pascal, La Rochefoucault, La Bruyère, Vauvenargues, avec portraits. 1 vol.
La Fontaine. *Œuvres complètes.* Nouvelle édition avec gravures sur acier, d'après STAAL. 1 vol.
Le Sage. *Œuvres. Gil Blas, Guzman d'Alfarache, Théâtre.* Vignettes sur acier, dessins de G. STAAL. 1 vol.
Plutarque. *Vie des hommes illustres.* 14 gravures sur acier. 1 vol.

ÉDITIONS MORIZOT ET SANCHEZ (1re SÉRIE)

Grands in-8° jésus à deux colonnes, magnifiquement illustrés. — Gravures, Costumes coloriés avec soin à **18 fr.**
1/2 reliure soignée tr. d., **24 fr.** — Rel. 1/2 ch., dos et coins, tête d., tr. éb., **28 fr.**

Beaumarchais. *Œuvres complètes.* Ornées de 20 magnifiques dessins par Emile BAYARD. 1 vol.
N. Boileau. *Œuvres complètes.* Illustrées de 20 dessins en couleur par M. Emile BAYARD.
Chefs-d'œuvre dramatiques du XVIIIe siècle. *Lesage, Destouches, Piron, Sedaine, Gresset*, etc. Choix de pièces les plus remarquables. 1 volume orné de 20 portraits en pied, coloriés avec soin, dessinés par M. GEFFROY.
Pierre Corneille. *Théâtre complet.* Nouvelle édition imprimée d'après celle de 1682, ornée du portrait en pied colorié du principal personnage des pièces les plus remarquables, dessiné par GEFFROY. 1 vol.
Thomas Corneille. *Théâtre complet.* Dessins en couleur et fac-simile de gravures du XVIIe siècle. 1 vol.
Marivaux. *Théâtre complet.* Orné de 20 dessins en couleurs, par BERTALL. 1 vol.
Molière. *Œuvres complètes.* 1 vol.
J.-B. Picard. *Théâtre.* Orné de dessins coloriés représentant les acteurs qui ont joué l'original. 1 vol.
J. Racine. *Œuvres complètes.* Nouvelle édition, ornée du portrait en pied colorié des principaux personnages de chaque pièce, dessiné par MM. GEFFROY et H. ALLOUARD. 1 vol.
Regnard. *Œuvres complètes.* Ornées de 20 magnifiques dessins par MM. Emile BAYARD et Maurice SAND. 1 vol.
Le théâtre français au XVIe et au XVIIe siècles (1550 à 1650). Ou choix des Comédies les plus remarquables antérieures à Molière. Dessins par MM. Maurice SAND et H. ALLOUARD. *Ouvrage couronné par l'Académie française.* 1 vol.
Le théâtre inédit au XIXe siècle. Recueil de pièces de divers auteurs, précédé d'une introduction de M. A. LAPLACE. 1 volume orné de 14 magnifiques eaux-fortes.
Voltaire. *Théâtre complet.* Nouvelle édition, ornée de 20 portraits, par M. GEFFROY, coloriés avec soin. 1 vol.

ŒUVRES COMPLÈTES DE BUFFON

Nouvelle édition, formant 12 vol. gr. in-8° jésus, illustrés de 150 planches, 400 sujets coloriés, gravés sur acier, d'après les dessins originaux de MM. TRAVIÈS ET GOBIN.. **150 fr.**

ŒUVRES COMPLÈTES DE CUVIER

Suivies de celles du COMTE DE LACÉPÈDE, complément aux œuvres complètes de BUFFON. Annotées par M. FLOURENS. 4 forts vol. grand in-8° jésus, illust., 150 sujets coloriés... **50 fr.**

ŒUVRES COMPLETES DE BÉRANGER

9 vol. in-8º, format caval., magnifiquement imprimés, papier vélin satiné, contenant :

Les œuvres anciennes, illustrées de 33 gravures sur acier, d'après CHARLET, JOHANNOT, RAFFET, etc. 2 vol.. **28 fr.**

Les œuvres posthumes. Dernières chansons (1834 à 1851), illustrées de 13 gravures sur acier, de A. DE LEMUD. 1 vol.................. **12 fr.**

Ma biographie, illustrée de 8 gravures. 1 vol................... **12 fr.**

Musique des chansons, airs notés anciens et modernes, illustrée de 80 gravures, d'après GRANDVILLE et RAFFET. 1 vol.................. **10 fr.**

Même ouvrage, sans grav..... **6 fr.**

Correspondance de Béranger. Edition ornée d'un magnifique portrait gravé sur acier. 4 forts vol. contenant 1.200 lettres et le catalogue analytique de 150 autres.................. **24 fr.**

Les chansons de Béranger, publiées pour la première fois avec musique et accompagnement de piano, par FRANCIS CASADESUS. Formant un fort beau volume grand in-8º jésus avec gravures.................. **15 fr.**

Chansons grivoises et bachiques de Béranger, suivies des **Chansons de BÉRAT**, publiées pour la première fois avec accompagnement de piano, par FRANCIS CASADESUS. 1 vol. in-8º jésus.................. **5 fr.**

Chansons de Béranger, anciennes et posthumes. Nouvelle édition populaire, illustrée de 161 dessins inédits, 1 vol. grand in-8º jésus....... **10 fr.**

Musique des chansons de Béranger, airs notés, anciens et modernes. 1 vol. grand in-8 illustré de 120 gravures sur acier.................. **10 fr.**

Collection de gravures pour les œuvres de Béranger. Pour les anc. chansons, 53 grav............ **18 fr.**

Pour les œuv. posthumes, 23 grav. **12 fr.**

Le Béranger des écoles. 1 vol. in-18 broché, par M. LEGOUVÉ, de l'Académie française.................. **1.50**

Relié pleine toile.................. **2.50**

CHANTS ET CHANSONS POPULAIRES DE LA FRANCE

Nouvelle édition, *avec musique*, illustrée de 338 belles gravures sur acier, 3 vol. grand in-8º.................. **36 fr.**

CHANTS ET CHANSONS POPULAIRES DES PROVINCES DE FRANCE

Accompagnement de piano par J.-B. WECKERLIN. Illustrées. 1 vol. grand in-8º.................. **12 fr.**

CHANSONS NATIONALES ET POPULAIRES DE LA FRANCE

Accompagnées de notes historiques et littéraires, par DUMERSAN et NOEL SÉGUR, 2 vol. gr. in-8º illustrés. **20 fr.**

L'ANCIENNE CHANSON POPULAIRE EN FRANCE

Aux seizième et dix-septième siècles, par J.-B. WECKERLIN, 1 vol. in-18.. **5 fr.**

Il a été tiré 50 exemplaires numérotés sur papier de Hollande....... **10 fr.**

CHANSONS ET RONDES ENFANTINES

Album illustré, format in-8º colombier, avec notices et accompagnement de piano, par J.-B. WECKERLIN. Ouvrage enrichi de chromotypographies par HENRY PILLE. Nombreux dessins de J. BLASS, TRIMOLE, STEINHEIL. Gravés par LEFMAN, relié étoffe riche.................. **10 fr.**

NOUVELLES CHANSONS ET RONDES ENFANTINES

Musique de WECKERLIN, dessins de LANDEZ, POIRSON, etc. Album in-8º colombier, illustrations en typochromie. Elégamment relié étoffe, tranches dorées. **10 fr.**

CHANSONS ET RONDES ENFANTINES DES PROVINCES DE LA FRANCE

Par J.-B. WECKERLIN. Album illustré, format in-8º colombier, avec notices et accompagnement de piano. Ouvrage enrichi de 8 dessins en chromotypographie, par F. LIX et de nombreuses vignettes. 1 vol. gr. in-8º, relié étoffe riche. **10 fr.**

LA GUERRE DE 1870-71
FRANÇAIS ET ALLEMANDS
Histoire anecdotique de la guerre de 1870-71

Par Dick de Lonlay. — Format grand in-8° jésus. — Chaque vol. contient de nombreux dessins, plans de batailles et 120 gravures en couleurs. Broché. **12 fr.**
Relié plaques spéciales tranches dorées............................. **16 fr.**
Demi-chagrin, tranches dorées....................................... **18 fr.**

1er Volume. — Niederbronn, Wissembourg, Frœschwiller, Châlons, Reims, Buzancy, Bazeilles, Sedan.
2e Volume. — Sarrebrück, Spickeren, La Retraite sur Metz, Pont-à-Mousson, Borny.
3e Volume. — Gravelotte, Rezonville, Vionville, Mars-la-Tour, Saint-Marcel, Flavigny, les Lignes d'Amanvillers, Saint-Privat, Sainte-Marie-aux-Chênes, les Fermes de Moscou et de Leipsick, le Point du Jour.
4e Volume. — L'investissement de Metz. La journée des Dupes, Servigny, Noisseville, Flanville, Nouilly, Coincy, le Blocus de Metz, Peltre, la Capitulation.

Même ouvrage, en 6 vol. in-8° carré, dessins en noir.
Chaque vol. broché. : .... **3.50** | Relié, doré, plaque spéciale...... **6 fr.**

1er Volume. — Niederbronn, Wissembourg, Frœschwiller, Châlons, Reims, Buzancy, Bazeilles, Sedan. 50 dessins de l'auteur.
2e Volume. — Sarrebrück, Spickeren, la Retraite sur Metz, Pont-à-Mousson, Borny. Dessins de l'auteur. — Cartes et plans de batailles.
3e Volume. — Gravelotte, Rezonville, Vionville, Mars-la-Tour, Saint-Marcel, Flavigny. Dessins de l'auteur. — Cartes et plans de batailles.
4e Volume. — Les Lignes d'Amanvillers, Saint-Privat, Sainte-Marie-aux-Chênes, Les Fermes de Moscou et de Leipsick, Saint-Hubert, le Point-du-Jour. Dessins. — Cartes et plans de batailles.
5e Volume. — L'Investissement de Metz, la Journée des Dupes, Servigny, Noisseville, Flanville, Nouilly, Coincy. Dessins. — Cartes et plans de batailles.
6e Volume. — Le Blocus de Metz, Peltre, Mercy-le-Haut, Ladonchamps, la Capitulation. Dessins de l'auteur. — Cartes et plans de batailles.

N.-B. — Chaque volume forme un tout complet et se vend séparément.

L'ARMÉE DE L'EST
Par Grenest. — Relation anecdotique de la campagne 1870-71. Illustrée de 120 gravures en couleurs. — La Bourgonce, Dijon, Nuits, Villersexel Héricourt, La Cluse.
1 vol. gr. in-8°, broché......... **12 fr.**
Rel. toile. **16 fr.** | 1/2 chagrin. **18 fr.**
Même ouvrage, en 2 vol. in-8° carré, dessins en noir.
Chaque vol. broché **3.50**
Relié toile, tranches dorées...... **5 fr.**
1re Partie. — La Bourgonce, Dijon, Nuits, 1 vol.
2e Partie. — Villersexel, Héricourt, la Cluse, 1 vol.

NOTRE ARMÉE
Par Dick de Lonlay. — Histoire populaire de l'Infanterie française, depuis les Gaulois jusqu'à nos jours, illustré de nombreux dessins en couleur dans le texte par l'auteur, 1 vol. in-8° jésus. **12 fr.**
Relié toile......................... **16 fr.**

LA CAVALERIE FRANÇAISE
Par le capitaine Henri Choppin. — 1 vol. grand in-8°, illustré de nombreux dessins dans le texte et de 16 aquarelles.
Broché........................... **12 fr.**
Relié, toile, plaque spéc., tr. dor. **16 fr.**

L'ARMÉE DE LA LOIRE
Par Grenest. — Relation anecdotique de la campagne 1870-71. Illustrée de 120 gravures en couleur. — Orléans, Châteaudun, Coulmiers, Loigny, Vendôme, Le Mans.
1 vol. gr. in-8°, broché... ..... **12 fr.**
Rel. toile **16 fr.** | 1/2 chagrin. **18 fr.**
Même ouvrage, en 2 vol. in-8° carré, dessins en noir.
Chaque vol. broché **3.50**
Relié toile, tranches dorées...... **5 fr.**
1re Partie. — Tours, Orléans, Coulmiers, Beaune-la-Rolande, Villepion, Loigny, 1 vol.
2e Partie. — Beaugency, Vendôme, Le Mans, Sillé-le-Guillaume, Alençon, 1 v.

LES ARMÉES DU NORD ET DE NORMANDIE
Par Grenest. — Relation anecdotique de la campagne de 1870-71. 1 vol. in-8° carré, illustré par L. Bombled.
1 vol. in-8° carré, broché......... **3.50**
Relié toile, tranches dorées...... **5 fr.**

LES ANNIVERSAIRES DE 1870
D'après Français et Allemands, avec préface, notes et documents, par H. Galli.
1 fort vol. in-8° carré ill., broché. **3.50**
Relié toile, tranches dorées...... **5 fr.**

ŒUVRES DE WALTER SCOTT

Traduction de M. Defauconpret, édition de luxe revue et corrigée avec le plus grand soin, illustrée de 59 magnifiques vignettes et portraits sur acier d'après Raffet. 30 vol. in-8° cavalier, papier glacé et satiné.................. **150 fr.**
Chaque volume.. **5 fr.**

Demi-reliure **2.50** en plus par volume.

Tomes.
1. Waverley.
2. Guy Mannering.
3. L'Antiquaire.
4. Rob-Roy.
5. Le Nain noir. Les puritains d'Ecosse.
6. La prison d'Edimbourg.
7. La Fiancée de Lammermoor. L'officier de fortune.
8. Ivanhoë.
9. Le Monastère.
10. L'Abbé.
11. Kenilworth.
12. Le Pirate.
13. Les Aventures de Nigel.
14. Peveril du Pic.
15. Quentin Durward.
16. Eaux de Saint-Ronan.
17. Redgauntlet.
18. Connétable de Chester.
19. Richard en Palestine.
20. Woodstock.
21. Chronique de la Canongate.
22. La jolie Fille de Perth.
23. Charles le Téméraire.
24. Robert de Paris.
25. Le Château périlleux. La Démonologie.
26. 27. 28. Histoire d'Ecosse.
29. 30. Romans poétiques.

Edition publiée en 30 vol. in-8° carré, avec gravures sur acier. Chaque volume contient au moins un roman complet et se vend....................... **3.50**

Reliure demi-chagrin, **2 fr.** en plus par volume.

ŒUVRES DE J. FENIMORE COOPER

Traduction de Defauconpret, avec 90 vignettes d'après les dessins de MM. Alf. et Tony Johannot. 30 v. in-8°.. **150 fr.** — On vend séparément ch. vol. **5 fr.**
Reliure demi-chagrin, **2.50** en plus par volume.

Tomes.
1. Précaution.
2. L'Espion.
3. Le Pilote.
4. Lionel Lincoln.
5. Les Mohicans.
6. Les Pionniers.
7. La Prairie.
8. Le Corsaire rouge.
9. Les Puritains.
10. L'Ecumeur de mer.
11. Le Bravo.
12. L'Heidenmauer.
13. Le Bourreau de Berne.
14. Les Monikins.
15. Le Paquebot.
16. Eve Effigham.
17. Le lac Ontario.
18. Mercédès de Castille.
19. Le Tueur de daims.
20. Les deux Amiraux.
21. Le Feu Follet.
22. A Bord et à Terre.
23. Lucie Hardinge.
24. Wyandotté.
25. Satanstoë.
26. Le Porte-Chaîne.
27. Ravensnest.
28. Les Lions de mer.
29. Le Cratère.
30. Les Mœurs du jour.

Edition publiée en 30 volumes in-8° carré, avec gravures sur acier. Chaque volume contient au moins un roman complet et se vend.................... **3.50**

Reliure demi-chagrin, **2 fr.** en plus par volume.

LA GUERRE A MADAGASCAR

Par H. Galli. — Histoire anecdotique des expéditions de 1885 à 1895. 2 vol. grand in-8°, contenant environ 240 gravures en couleurs, portraits, cartes et plans.
Chaque volume broché........ **8 fr.** | Relié toile, plaque spéciale..... **12 fr.**

LA GUERRE EN EXTRÊME-ORIENT.
Russes et Japonais.

Par H. Galli. — Illustrations de L. Bombled, Malespine, etc.

1er vol. : De Tchemulpo à Liao-Yang. — 2e vol : Port-Arthur, Moukden, Tsoushima, Portsmouth. — Chaque vol. grand in-8° broché................. **12 fr.**
Relié toile, plaque spéciale..... **16 fr.** | Relié 1/2 chag. tranche dorée.... **18 fr.**

LE MÉMORIAL DE SAINTE-HÉLÈNE
Par le comte de Las Cases.

2 vol. grand in-8° jésus, illustrés de 240 grav. en couleurs. Chaque vol. broché.................... **12 fr.** | Relié toile, plaque spéciale..... **16 fr.**

SOUVENIRS DU CONSULAT ET DE L'EMPIRE
Par Marco de Saint-Hilaire, ancien page de Napoléon 1er.

Nouvelle édition illustrée, 248 gravures et vignettes d'après Raffet, Charlet, H. Vernet, Bellangé, Philippoteaux, etc.
1 fort volume grand in-8° jésus, broché .... **12 fr.**
Relié toile, plaque spéciale..... **16 fr.** | Relié 1/2 chagrin, tranches dorées. **18 fr.**

ŒUVRES DE TOPFFER

Premiers voyages en Zigzag. Magnifiquement illustrés, d'après les dessins de l'auteur, 1 vol. gr. in-8° jésus... **10 fr.**
Relié, doré sur tr... **16 fr.**
Nouveaux voyages en Zigzag, splendidement illustrés d'après les dessins originaux de Topffer, 1 volume grand in-8° jésus, glacé satiné.......... **10 fr.**
Relié, doré sur tranches .... **16 fr.**
Les Nouvelles Génevoises. Illustrées, d'après les dessins de l'auteur.
1 vol. gr. in-8° jésus......... **10 fr.** | Relié, doré sur tranches........ **16 fr.**

ÉDITION GRAND IN-18 ILLUSTRÉE
Le vol. broché............ **2.50** | Relié toile rouge, doré sur tranches. **3.50**

Premiers Voyages en zigzag, magnifiquement illustrés, d'après les dessins de l'auteur. 2 vol.
Les Nouvelles genevoises. Illustrées de nombreuses gravures dans le texte, d'après les dessins de l'auteur, gravées par Best, Lelqir, Hotelin, etc. 1 vol.

Nouveaux voyages en zigzag, splendidement illustrés de nombreux sujets dans le texte, d'après les dessions originaux de Töpffer. 2 vol.
Rosa et Gertrude. Nouvelle édition. 1 volume.
Le Presbytère. 1 vol.

ALBUMS TOPFFER
Formant chacun un gr. vol. in-8° jésus oblong. br. à .... **5 fr.**
Relié toile, plaque spéciale, doré sur tranches, le vol................. **7.50**

Monsieur Jabot. 1 vol.
Monsieur Vieux-Bois. 1 vol.
Monsieur Crépin. 1 vol.
Monsieur Pencil. 1 vol.

Le docteur Festus. 1.
Histoire d'Albert. 1 vol.
Histoire de M. Cryptogame. 1 vol.

COLLECTION D'OUVRAGES ILLUSTRÉS POUR LES ENFANTS

Jolis volumes in-18 anglais à **2.50**, reliés en toile rouge, dorés sur tranche, **3.50**

Andersen. La Vierge des Glaciers, etc. 1 vol.
— Histoire de Valdemar Daæ. 1 vol.
— Le Camarade de voyage. Illust. 1 v.
— Le Coffre volant. 1 vol.
— L'Homme de neige, le Jardin du Paradis, les deux Coqs, etc. 1 vol. illustré.
Bartolomé. Histoire de la Vie et des astuces du Rustique Bertoldo. 1 v. in-18 jésus illust.
Bayard (Histoire du bon chevalier sans peur et sans reproches, le gentil seigneur de), composée par Le Loyal

Serviteur. Introduction et notes par M. Moland. 2 vol. illustrés.
Belloc (Louise Sw..). 7 vol. illustrés par Staal, etc.
— La tirelire aux histoires. 2 vol.
— Histoires et contes de la grand'mère. 1 vol.
— Contes familiers, par Maria Edgeworth. 1 vol.
— Grave et gai. — Rose et gris. 1 vol.
— Lectures enfantines. 1 vol. illustré.
— Contes pour le premier âge. 1 vol.
Bernardin de Saint-Pierre. Paul et Virginie. Chaumière indienne. 1 vol.

Berquin. *L'Ami des enfants et des adolescents*, illustré de vignettes dans le texte. 1 vol.
— *Sandfort et Merton.* Illust. par Staal. 1 vol.
— *Le petit Grandisson.* Illust. de vignettes. 1 vol.
— *Théâtre choisi.* Illustré de vignettes. 1 vol.
Bochet. *Premier livre des enfants.* 1 vol.
Bouilly (Œuvres de J.-N.). Édit. de Magnin, 7 v.
— *Contes à ma fille.* 1 vol.
— *Conseils à ma fille.* 1 vol.
— *Les encouragements de la jeunesse.* 1 vol.
— *Contes populaires.* 1 vol.
— *Contes aux enfants de France.* 1 v.
— *Causeries et nouvelles causeries.* 1 vol.
— *Contes à mes petites amies.* 1 vol.
Buffon (Le petit) illustré. 1 vol.
— *Morceaux* extraits par Humbert. 1 v. illustré.
Campe. *Histoire de la découverte et conquête de l'Amérique.* 1 vol.
Contes et historiettes, par un papa. 1 vol. illustré (*gros caractères*).
Cozzens. *Voyage dans l'Arizona*, traduction de W. Battier. Illust. de Yan' Dargent. 1 vol.
— *Voyage au Nouveau-Mexique.* Illustrations de Yan' Dargent. 1 vol.
Demesse (Henri). *Zizi, histoire d'un moineau de Paris.* 1 vol. illustré.
Desbordes-Valmore (Mme). *Contes et scènes de la vie de famille.* Illustrés. 2 vol.
— *Les poésies de l'enfance.* 1 vol.
Du Guesclin (*La vie de*), par L. Moland. 2 vol.
Fénelon. *Aventures de Télémaque.* 8 grav. 1 v.
Florian. *Fables.* 1 vol.
— *Le Don Quichotte de la jeunesse.* 1 vol.
Foe (de). *Aventures de Robinson Crusoé.* 1 vol.
Fournier. *Animaux historiques.* 1 v.
Gaudelette. *La patrie à l'école* (guerre de 1870-71) illustrée. 1 vol.
Genlis. *Les Veillées au Château.* 2 vol. illustrés.
— *Adèle et Théodore* ou *Lettres sur l'éducation.* 2 beaux vol. ornés de 16 gr. hors texte.
Grimm. *Contes.* 1 vol. illustré.
Héricault et **L. Moland.** *La France guerrière.* 4 vol. illust. se vendant séparément.

— *Vercingétorix à Du Guesclin.* 1 vol.
— *Jeanne d'Arc, Henri IV.* 1 vol.
— *Louis XIV, La République.* 1 vol.
— *Rivoli à Solférino.* 1 vol.
Hérodote. *Récits historiques.* 1 vol.
Hervey. *Petites histoires.* Illustrations. 1 vol.
Jacquet (l'abbé). *L'Année chrétienne. La vie d'un saint pour chaque jour de l'année*, 3 vol.
La Fontaine. *Fables.* Illustrées. 1 vol.
Lambert. *Lectures de l'enfance.* 1 v. 200 grav.
Leprince de Beaumont. *Le Magasin des enfants.* 2 vol. illustrés.
— *Contes des fées.* 1 vol.
Loizeau du Bizot. *Cent petits contes pour les enfants bien sages.* Illustrés de 625 grav. 1 vol.
Maistre (de). *Œuvres complètes.* 1 vol. illustré.
Manzoni. *Les Fiancés.* Hist. milanaise. 1 vol.
Mille et une nuits des familles (Les). Illustrées. 2 vol. se vendant séparément.
Mille et une nuits de la jeunesse (Les). Contes arabes. Illustrations de Français. 1 vol.
Montigny (Mlle de). *Grand'mère chérie.* 1 vol.
Nodier (Charles). *La Neuvaine de la Chandeleur. Le génie Bonhomme*, etc. 1 vol. illustr.
Pellico (Silvio). *Mes prisons*, suivies des *Devoirs des hommes*, trad. de H. de Messey. 1 v.
Perrault. Mme **d'Aulnoy.** *Contes des fées.* 1 v.
Plutarque. *Vie des Grecs célèbres.* 1 vol. — *Les Romains illustres.* 1 v.
Sachot. *Inventeurs et inventions.* Illust. 1 vol.
Schmid. *Contes.* Illustr. 4 vol. vendus séparément.
Sévigné (Mme de). *Lettres choisies*, notes explicatives et observations littéraires par Sainte-Beuve. 1 vol.
Swift. *Voyages de Gulliver.* Illustrations de Grandville. 1 vol.
Théâtre de l'enfance et de la jeunesse. Pièces choisies. 1 vol.
Vaulabelle. *Ligny, Waterloo.* 1 vol. illustré.
Wiseman. *Fabiola* ou *l'Église des catacombes.* Trad. de Nettement. 1 v. illustré.
Wyss. *Robinson Suisse.* 2 vol. illustr.

PARIS SOUS LOUIS XIV, *monuments et vues*, texte par Aug. Maquet, 1 vol gr. in-4° illustré de 150 gravures, broché.................................. **15 fr.**
relié toile, plaque spéciale, tranches dorées. **20 fr.** | Amateur.......... **25 fr.**

ALBUMS POUR LES ENFANTS

16 albums, format in-4°, imprimés en chromo, cart., dos toile, couverture chromo 6 fr.
Relié toile, tranches dorées, plaque spéciale. .... 8 fr.

Fées des fleurs, des bois et des eaux. Illustrations en couleurs par Edouard Zier. 1 vol.
Les dernières merveilles de la science, par Bellet. Gravures en chromolitho de Lasellaz. 1 vol.
La légende du Juif Errant. Dessins de Gustave Doré gravés sur bois. Poème par Pierre Dupont. 1 vol.
Je serai soldat. Alphabet militaire, orné dans le texte de nombreuses gravures chromotypographiques, par L. Bombled. 1 vol.
Je saurai lire. Nouvel alphabet méthodique et amusant, illustré par Lix. Grav. chromo. 1 vol.
Je sais lire. Contes et historiettes, grav. chromo, par Lix. 1 vol.
Voyages de Gulliver à Lilliput et à Brobdingnag. Ouvrage illustré de chromotypographies. 1 vol.
Choix de fables de La Fontaine. Gravures chromo, par David, vign. par Grandville. 1 vol.

Animaux sauvages et domestiques. Nombreuses illustrations et gravures chromo. 1 vol.
Contes de Perrault. Gravures chromolithographie de Lix. 1 vol.
Robinson Crusoé. Gravures chromolithographie, illustrations. 1 vol.
Nouveau voyage en France, instructif et amusant, sur la science et l'industrie, par un Papa. Illustré de gravures en couleurs. 1 vol.
Le Dirigeable « Cage à Mouches n° 1 ». Album in-4° raisin avec planches en couleurs par O'Galop. 1 vol.
Don Quichotte. Gravures chromo. 1 v.
Les héros du siècle. Récits militaires anecdotiques, par Dick de Lonlay, gravures chromo, 1 vol.
Histoire de Jeanne d'Arc, par Louis Moland. Gravures en chromo, 1 vol.
Contes de Madame D'Aulnoy. 1 magnifique album orné de nouvelles illustrations en chromo.

LE CAPITAINE DES CRANEQUINIERS

Par O'Galop et J. Rosnil. — 1 volume (*pour paraître en Novembre*)

Ecoutez-moi. Album in-4° cavalier, 56 dessins de Benjamin Rabier, prix. 4 fr.
Le fond du sac. Album in-4° cavalier, par Benjamin Rabier. Prix..... 4 fr.
Ménagerie. Album in-4° oblong, 50 planches, par Benjamin Rabier, relié toile, tranches dorées............ 7.50
Petites misères de la vie des animaux. Album in-4° oblong, 50 planches, par Benjamin Rabier, relié toile, tranches dorées............ 7.50

Scènes de la vie privée des animaux. Album in-4° oblong, 50 planches par Benjamin Rabier, relié toile (*pour paraître en Novembre*).
L'enfant dans la famille. Album format in-4° cavalier, illustré de 32 figures coloriées de Morin, Raffin, etc. 2.50
La plus belle des histoires, vie de l'Enfant Jésus racontée à un enfant, par Mlle Nettement. Illustr. de Yan D'Argent. 1 vol. in-8° cart........ 4 fr.

ALBUMS POUR LES PETITS ENFANTS

Richement illustrés et imprimés en coul. Gr. in-8 jésus, cartonné......... 2.50
Relié doré... 3.50

Jeux de l'enfance, par un Papa, dessins de Le Natur. 1 vol.
Alphabet des animaux. Dessins de Traviès et Gobin. 1 vol.
Alphabet des oiseaux. Dessins de Traviès. 1 vol.

Voyage du haut mandarin Ka-li-ko et de son fidèle secrétaire Patchou-li, par Eugène Le Mouel. 1 album in-4 oblong, 32 grav. en chromotypographie, relié plaque spéciale.

COLLECTION ENFANTINE

12 albums in-4° imprimés en plusieurs couleurs contonant 8 belles gravures. 0.50

Premier Livre des petits enfants.
Deuxième Livre des petits enfants.
Troisième Livre des petits enfants.
L'Ange gardien.
Le bon Frère.
Le Chat de la Grand'Mère.

Jacques le petit Savoyard.
Le Chapeau noir.
Le Pôle nord.
Les Aventures d'Hilaire.
Murillo et Cervantès.
Le dernier Conte de Perrault.

COLLECTION DE
45 BEAUX VOLUMES ILLUSTRÉS

In-8° raisin, brochés **7 fr.** — Reliés dorés, fers spéciaux, **10 fr.**
Demi-reliure en maroquin, plats toile, dorés sur tranches, le volume **11 fr.**

Andersen. *Contes Danois.* Traduits par MM. MOLAND et E. GRÉGOIRE. Illustrés par YAN D'ARGENT. 1 vol.
— *Nouveaux Contes Danois*, traduits par les mêmes. Illustrés par YAN D'ARGENT, 1 vol.
Bayard (*La très joyeuse, plaisante et récréative histoire du gentil seigneur de*), composée par LE LOYAL SERVITEUR. Introduction par L. MOLAND, grav. de M. TOFANI. 1 vol.
Belloc. *Le fond du sac de la grand'mère*, contes et histoires. Illustré par STAAL. 1 vol.
Bellot (J.-R.). *Voyage aux mers polaires à la recherche de Franklin.* Illustré. 1 vol.
Berthoud. *Les Féeries de la Science.* Dessins de YAN D'ARGENT. 1 vol.
— *Contes du docteur Sam.* Illustrés, vignettes par STAAL. 1 vol.
Buffon des familles. Histoire et description des animaux, extraits des Œuvres de *Buffon* et de *Lacépède*. Illustré de 450 vignettes. 1 fort vol.
Florian. *Le Don Quichotte de la jeunesse.* Illustré vignettes. Dessins de STAAL. 1 vol.
— *Fables.* Illustrées par GRANDVILLE. 1 vol.
Foé. *Aventures de Robinson Crusoé.* Illustré par GRANDVILLE. 1 beau vol.

Galland. *Les Mille et une Nuits des familles.* Contes arabes, choisis et revisés. Illustrés. 1 vol.
Genlis. *Les veillées du Château*, ou cours de morale à l'usage des enfants. Illustré par STAAL. 1 vol.
Jacquet (l'abbé). *Vie des Saints les plus intéressants et les plus populaires*, 1 fort vol. illustré.
Leprince de Beaumont. *Le Magasin des enfants.* Edition revue par Mme S.-L. BELLOC, illustrée par STAAL. 1 vol.
Lonlay (Dick de). *Au Tonkin.* Récits anecdotiques. Dessins de l'auteur. 1 v.
Maistre (de). *Œuvres complètes du Comte Xavier*). Préface par SAINTE-BEUVE. Illustrées par STAAL. 1 vol.
Old Nick. *La Chine ouverte*, nombreuses illustrations par A. BORGET. 1 vol.
Perrault, D'Aulnoy, Leprince de Beaumont et Hamilton. *Contes des fées.* Illustrés par STAAL et BERTALL. 1 vol.
Schmid. *Contes.* Traduction de l'abbé MACKER. 2 beaux vol. illustrés. Dessins de G. STAAL.
Swift. *Voyages de Gulliver*, dessins de GRANDVILLE.
Wiseman (S. Em. le Cardinal). *Fabiola ou l'Eglise des Catacombes.* Illustrations de YAN D'ARGENT. 1 vol.
Wyss. *Robinson Suisse.* Illustré de 209 vign. 1 vol.

2° Série

Andersen. *Les souliers rouges et autres contes*, traduits par les mêmes. Illustrés par YAN D'ARGENT. 1 vol.
Belloc. *La tirelire aux histoires.* Lectures choisies, vignettes de G. STAAL. 1 vol.
Bernardin de St-Pierre. *Paul et Virginie* suivi de la *Chaumière indienne*, illustré. 1 vol.
Berquin. *L'ami des Enfants.* Illustré de dessins par STAAL et GÉRARD SÉGUIN. 1 vol.
— *Sandford et Merton*, illust. 1 vol.
Berthould (*Œuvres de S. Henry*).
— *La Cassette des sept amis*, illustré par YAN D'ARGENT de 125 vign.
— *Les Hôtes du Logis.* Illustrés de 150 vignettes, dessins de YAN D'ARGENT, 1 vol.
— *Soirées du docteur Sam.* Illustrations par YAN D'ARGENT, 1 vol.
— *Le monde des Insectes.* Illustré. Dessins de YAN D'ARGENT. 1 vol.
— *L'homme depuis cinq mille ans.* Illustré de vignettes. Dessins de YAN D'ARGENT. 1 vol.
Cozzens. *La Contrée merveilleuse.* Voyage dans l'Arizona et le Nouveau-Mexique. Illustrations de YAN D'ARGENT. 1 vol.
Du Guesclin (*Histoire de*). Introduction par LOUIS MOLAND. Gravures, dessins de TOFANI. 1 vol.
Fabre. *Histoire de la bûche*, récits sur la vie des plantes. Illust., 200 vign. de YAN D'ARGENT. 1 vol.
Fénelon. *Aventures de Télémaque.* Illust. par TONY JOHANNOT, CÉLESTIN NANTEUIL. 1 vol.
Levaillant. *Voyages dans l'intérieur de l'Afrique.* Gravures et vign. 1 vol.
Nodier. *Le génie Bonhomme.* — *Séraphine.* — *François-les-bas-bleus.* — *La Neuvaine de la Chandeleur.* — *Trilby.* — *Trésor des Fèves et Fleur des Pois.* Dessins de STAAL. 1 vol.
Pellico (Silvio). *Mes prisons*, suivies des *Devoirs des hommes.* 1 vol. Illust. Dessins de STAAL.

BIBLIOTHÈQUE
DE MÉMOIRES HISTORIQUES ET MILITAIRES
SUR LA RÉVOLUTION, LE CONSULAT ET L'EMPIRE

Chaque volume : Format grand in-18, 3.50 — Reliure demi-veau, tr. peigne, 5.50
Format in-8° cavalier, 6 fr. — Relié demi-veau, genre antique, 8 fr.

Chaque volumes se vend séparément

Mémoires de Napoléon. Ecrits à Sainte-Hélène sous sa dictée par les généraux qui ont partagé sa captivité. 5 vol. in-18 jésus.

Histoire des Montagnards, par Alphonse Esquiros. Edition illustrée. 1 vol. in-18 jésus.

Guerre des Vendéens (1792-1800), par Désiré Lacroix. 1 volume in-18, orné de gravures, portraits et cartes.

Mémoires politiques et militaires du général Doppet, avec des notes et des éclaircissements historiques. 1 volume in-18 jésus.

Mémoires de Mme la duchesse d'Abrantès. 10 volumes in-18 jésus.
Le même ouvrage, 10 vol. in-8° cavalier.

Histoire des salons de Paris, par Mme la duchesse d'Abrantès. 4 vol. in-18 jésus.
Le même ouvrage, en 4 vol. in-8° cavalier.

Mémoires du duc de Rovigo, pour servir à l'histoire de l'empereur Napoléon, par M. Désiré Lacroix. 5 vol. in-18 jésus.

Mémoires de Bourrienne, sur Napoléon le Directoire, le Consulat, l'Empire et la Restauration, par M. Désiré Lacroix. 5 vol. in-18 jésus.

Le Mémorial de Sainte-Hélène, par le comte de Las Cases. 4 vol. in-18.

Napoléon en exil. Complément du *Mémorial de Sainte-Hélène*, relation contenant les opinions et les réflexions de Napoléon, recueillies par le docteur Barry E. O'Meara; 2 vol. in-18.

Derniers moments de Napoléon, par le Dr Antommarchi. Edition nouvelle, annotée par M. Désiré Lacroix. 2 vol. in 18, ornés de gravures.

Mémoires de Constant, premier valet de chambre de l'Empereur, sur la vie privée de Napoléon Ier, sa famille et sa cour. 4 vol. in-18 jésus.
Le même ouvrage, en 4 vol. in-8° cavalier.

Mémoires de Mlle Avrillon, première femme de chambre de l'impératrice sur la vie privée de Joséphine, sa famille et sa cour. Edition annotée et illustrée de 32 vues et portraits. 2 vol. in-18 broch.
Le même ouvrage, 2 vol. in-8° cavalier.

Histoire de Napoléon, par Désiré Lacroix, petit-fils d'un officier de la Grande-Armée. 1 fort volume in-18 de 700 pages, richement illustré d'après des dessins de Raffet, Horace Vernet, etc.
Le même ouvrage, in-8° cavalier, broché............................ 6 fr.
rel., fers spéc.................. 9 fr.

Bonaparte en Egypte (1798-1799), avec cartes par Désiré Lacroix. 1 vol. in-18.

Roi de Rome et duc de Reichstadt (1811-1832), par Désiré Lacroix, port., grav. et autogr. 1 vol. in-18.

Les maréchaux de Napoléon, faisant suite au *Mémorial de Sainte-Hélène*, par Désiré Lacroix. 1 vol. grand in-18, illustré de 54 portraits et batailles.
Le même ouvrage, in-8° cavalier.
Honoré de souscriptions du Ministère de l'Instruction publique.

Mémoires du général Rapp, aide de camp de Napoléon, écrit par lui-même. Edition illustrée avec des notes, par Désiré Lacroix, 1 volume in-18 jésus.
Le même ouvrage, in-8° cavalier.
Honoré de souscriptions du Ministre de l'Instruction publique.

Mémoires militaires du baron Séruzier, colonel d'artillerie légère, mis en ordre et rédigés par Lemière de Corvey, avec une introduction de Jh. Turquan. 1 vol. in-18.

La vie militaire sous le 1er Empire, par Elzéar Blaze, 1 vol. in-18 jésus illustré, broché.

Quinze ans de haute police, sous le Consulat et l'Empire, par P.-M. Desmaret. 1 vol. annoté par L. Grasilier et A. Savine.

Lettres de Napoléon à Joséphine, pendant la première campagne d'Italie, le Consulat et l'Empire et lettres de Joséphine à Napoléon et à sa famille. 1 vol. in-18 illustré de grav. et portraits.
Le même ouvrage, in-8° cavalier.

Émile Ollivier (de l'Académie française). — **L'Empire libéral**, *études, récits, souvenirs* 14 vol. in-8° brochés.
Le même ouvrage, 14 vol. in-8° brochés.

COLLECTION DES MEILLEURS OUVRAGES FRANÇAIS ET ÉTRANGERS

Format grand in-18, dit anglais, papier jésus vélin. Cette collection est divisée par séries. La première série contient, sauf quelques exceptions, des volumes à **3 fr. 50**; la deuxième à **3 fr.** le vol.

PREMIÈRE SÉRIE. — Volumes grand in-18 à.......................... **3.50**
Reliure 1/2 chagrin **2 fr.** — 1/2 veau **1.50** en plus par volume.

Arnault. *Souvenirs d'un sexagénaire.* 4 vol.
Bourgoin. *Les maîtres de la critique.* 1 vol.
Boutet. *Pasteur et ses élèves.* 1 vol.
Canonge (Général). *Trois Héros*, 1 vol.
Chansons de geste; *Roland, Aimeri de Narbonne, Couronnement de Louis.* Trad. CLÉDAT.
Chateaubriand. *Mémoires d'outre-tombe*, édition annotée par EDMOND BIRÉ. 6 vol.
— *Dernières années*, par BIRÉ. 1 vol.
P. Commelin. *Nouvelle Mythologie grecque et romaine.* 1 vol. in-18 j. avec nombreuses grav.
A. Comte. *Philosophie positive.* 1 v.
Darboy (Mgr), *Les Femmes de la Bible.* 1 fort vol., vignettes de STAAL.
De Brosses (Ch.). *Lettres familières*, écrites d'Italie, en 1739 et 1740. 2 vol. in-18.
Dupont (Pierre). *Chansons et poésies.* 1 vol.
Etchegoyen. *Les Contes de ma giberne.* 1 vol. illustré par MALESPINE.
François de Sales (Saint). *Choix de Lettres.* 1 vol.
Garnier (Le Dr P.). 10 vol. Catalogue spécial.
Geruzez. *Essai de littérature française.* 2 vol.
1er vol. *Moyen Age et Renaissance.*
2e vol. *Temps modernes.* 3e édition.
Gomez Carrillo (E.). *Terres lointaines.* Traduit de l'espagnol par CH. BARTHEZ. 1 vol.
Grandville. *Les fleurs animées.* 52 planches coloriées. Texte par ALPH. KARR, T. DELORD et le comte FOELIX. 2 vol.
La Fontaine (*Fables*). Illustrées par GRANDVILLE. 1 vol.
Lamartine. *Révolution de 1848.* 2 vol.
Lamennais. *L'Imitation de Jésus-Christ.* Belle édition, frontispice en couleur, grav. 1 vol.
Las Cases (M. le comte de). *Le Mémorial de Sainte-Hélène.* 4 vol.
Le Faure (Amédée). *Histoire de la guerre franco-allemande* (1870-1871), illustrée de 110 portraits et 32 cartes et plans. 4 vol.
Marot (Clément). *Œuvres choisies.* Etude, notes et glossaire, par EUGÈNE VOIZARD. 1 vol.
Mennechet (*Œuvres de* Ed.). 6 vol.
— *Matinées littéraires.* Cours complet de littérature moderne. 4 vol.
— *Histoire de France.* dep. la fondat. de la monarchie. 2 vol.
Morand (Le Dr). *Le Magnétisme animal.* 1 vol.
Musset (Alfred de). *Œuvres complètes.* 9 vol.
Necker de Saussure. *Education progressive ou Etude du cours de la vie.* 2 vol.
Ollivier (E.), de l'Académie française ;
— *L'Empire libéral.* 14 vol. in-18.
— *Marie-Magdeleine* (récits de jeunesse). 1 vol.
— *La Révolution.* 1 vol.
— *Michel-Ange.* 1 vol.
— *L'Eglise et l'Etat au concile du Vatican.* 2 vol.................. **8 fr.**
Pardieu (M. le Comte Ch. de). *Excursion en Orient, l'Egypte, la Palestine, la Syrie.* 1 vol.
Prévost (l'abbé). *Manon Lescaut.* Notice par J. Janin. 150 gravures par TONY JOHANNOT. 1 v.
Ricard (Adolphe). *L'Amour, les Femmes et le Mariage.* Pensées et réflexions, 4e édit. 1 vol.
Rochel. *Théâtre espagnol.* 2 vol.
Ronsard. *Œuvres choisies*, notices, notes et glossairs, par VOIZARD. 1 vol.
Saint Augustin. *La Cité de Dieu.* Trad. MOREAU. 3 vol.
Sainte-Beuve (*Œuvres de*). 20 vol.
— *Causeries du lundi.* 16 vol.
— *Portraits littéraires et Derniers portraits*, suivis des *Portraits de Femmes.* Nouv. édition. 4 v.
— *Extraits des causeries du lundi*, par ROBERT et PICHON. 1 vol.
— *Extraits des causeries du lundi, Portraits littéraires et Portraits de Femmes.* Avec une introduction, par J. LANSON. 1 vol. in-18.

Sainte-Bible, trad. p^r Lemaistre de Sacy. 2 forts vol.
Blanche Sari-Flégier. *L'Humaine Détresse.* Avec préface de Henry de Goudourville. 1 vol.
Sienkiewicz. *Quo Vadis ?* 1 v. illust., par Toffani.

Tallement des Réaux. *Historiettes.* 5 vol. avec portraits.
Varennes (Henri). *Un an de Justice* (1900-1901). 1 vol. (1901-1902). 1 vol. (1902-1903). *L'Affaire Humbert*, 1 vol. (1903-1904). 1 vol.
Voragine (J. de). *La Légende dorée.* 2 vol.

Deuxième série

Volumes in-18 jésus à... 3 fr.
Reliés demi-veau, tranche peigne genre antique...... 4.50 1/2 chagrin.. 5 fr.

Arioste. *Roland furieux.* Traduction nouvelle, par Hippeau. 2 vol.
Auriac.(D'). *Théâtre de la Foire*, avec un essai historique. 1 vol.
Bachaumont. *Mémoires secrets*, revus et publiés avec des notes. 1 fort vol. de 500 pages.
Barthélemy. *Némésis.* Nouvelle édition, collationnée sur les éditions de 1833, 1838. 1 vol.
Basselin (Olivier). (*Vaux de Vire de*), poète normand du xve siècle, et *Jean de Houx*, poète virois. Notice et notes par Charles Nodier. 1 vol.
Baumarchais. *Mémoires.* 1 vol. *Théâtre.* 1 vol.
Beecher-Stowe. *La Case de l'Oncle Tom.* Traduit par Michels. 1 vol.
Béranger (*Œuvres complètes*), avec gravures, 4 vol. comprenant : *Chansons anciennes* avec grav. 2 vol. *Œuvres posthumes. Dernières chansons* (1834 à 1851). Illustrées, 1 v. *Ma Biographie. Œuvres posthumes de Béranger*, suivies d'un appendice. Illustrées, 1 vol.
Béranger des familles. Vignettes sur acier. 1 vol.
Bernardin de Saint-Pierre. *Paul et Virginie*, suivi de la *Chaumière indienne*, avec vignette, 1 vol.
Beroalde de Verville. *Le Moyen de parvenir*, contenant la raison de ce qui a été, est et sera. Notes, notices, table analytique. 1 vol.
Berthoud. *Les Petites Chroniques de la Science*, années 1861 à 1872. 10 vol. - *Légendes et traditions surnaturelles des Flandres.* 1 vol. - *Les Femmes des Pays-Bas et des Flandres.* 1 vol.
Boccace. *Contes*, tr. par Sabatier de Castres. 1 vol.
Boileau. (*Œuvres de*) avec notice de Sainte-Beuve et notes de tous les commentateurs, annotées par Gidel. 1 vol.
Bonaventure des Périers. *Le Cymbalum mundi*, précédé de Nouvelles Récréations et de Joyeux Devis. Nouvelle édition revue. 1 vol.
Bossuet. (*Œuvres de*). 13 vol. comprenant : *Discours sur l'histoire universelle.* 1 vol. - *Elévations à Dieu* sur les mystères de la Religion. Edition revue. 1 vol. - *Méditations sur l'Evangile.* Revue sur les manuscrits originaux. 1 vol. - *Oraisons funèbres*, panégyriques. 1 vol. - *Sermons* (Edition complète), revue avec beaucoup de soin. 4 vol. - *Sermons choisis.* Nouvelle édition. 1 vol. - *Traité de la Connaissance de Dieu et de soi-même* 1 vol. - *Traité de la concupiscence.* Maximes et réflexions sur la Comédie. La logique. Traité du libre arbitre. 1 vol. - *Histoire des variations des Eglises protestantes.* 2 v.
Bourdaloue. *Chefs-d'œuvres oratoires.* 1 vol.
Brantome. *Vie des dames galantes.* Notes historiques. 1 vol. - *Vie des Dames illustres françaises et étrangères*, Notes par L. Moland. 1 vol.
Brillat-Savarin. *Physiologie du goût*, suivie de la *Gastronomie*, par Berchoux. 1 vol.
Bussy-Rabutin. *Histoire amoureuse des Gaules*, suivie de la France galante. 2 vol.
Byron (*Œuvres complètes de lord*). Traduction de A. Pichot. 15e édition, augmentée de notices et de pièces inédites. 4 vol.
Camoens. *Les Lusiades.* Trad. nouv. avec notes et commentaires, précédée d'une étude sur la vie et les œuvres de Camoëns, par Ed. Hippeau. 1 vol.
César-Cantu. *Abrégé de l'Histoire universelle.* Traduit de l'italien, par L. Xavier de Ricard, avec un portrait de l'auteur. 2 vol.
Casanova (*Mémoires de J.*). Suivis de *Fragments des mémoires du prince de Ligne*, écrits par lui-même. 8 vol.
Cent nouvelles nouvelles, texte revu avec beaucoup de soin. 1 vol.
Cervantès. *Don Quichotte.* Trad. par Delaunay, 2 vol.
Charpentier. *La littérature française au dix-neuvième siècle.* 1 vol.

Chasles (Philarète). *Etudes sur l'Allemagne.* 1 vol. - *Voyage. Philosophie et Beaux-Arts.* 1 vol. - *Portraits contemporains.* 2 vol. - *Encore sur les contemporains.* 1 vol.

Chateaubriand. *Œuvres.* 10 vol. comprenant : *Génie du Christianisme*, suivi de la *Défense du Génie du Christianisme.* Avec notes, 2 vol. *Les Martyrs ou le Triomphe de la Religion Chrétienne.* Nouv. édit. revue. 1 vol. *Itinéraire de Paris à Jérusalem.* 1 vol. - *Atala. - René. - Le Dernier des Abencérages. - Les Natchez*, etc. 1 vol. - *Voyages en Amérique, en Italie et au Mont-Blanc.* 1 vol. - *Paradis perdu. Littérature anglaise.* 1 vol. - *Etudes historiques.* 1 v. - *Histoire de France. Les quatre Stuart.* 1 vol. - *Mélanges historiques et poétiques*, suivis de la *Vie de Rancé.* 1 vol.

Chénier (André). *Œuvres poétiques.* 2 vol. - *Œuvres en prose.* Nouv. édit., 1 vol.

Collin d'Harleville. *Théâtre.* Introduction par L. Moland. 1 vol.

A. Comte. *Catéchisme positiviste.* 1 vol.

Confucius *ou les quatre livres de philosophie morale et politique de la Chine*, traduits du chinois, par G. Pautier. 1 vol.

Corneille. Edition collationnée sur la dernière, publiée du vivant de l'auteur, avec notes. 2 vol. - *Théâtre* - Nouvelle édition. 1 vol.

Courier. *Œuvres.* Précédées d'un Essai sur la vie et les écrits de l'auteur, par Carrel. 1 vol.

Cousin. (V.) de l'Académie française *Instruction publique en France* (1830-1848). 2 vol. - *Enseignement de la médecine.* 1 vol.

Créquy (la marquise de). *Souvenirs.* (1718-1803). Nouvelle édition, revue, corrigée et augmentée. 10 tomes, en 5 vol., avec 10 portraits sur acier.

Cyrano de Bergerac. *Histoire de la Lune et du Soleil.* 1 vol. - *Œuvres comiques galantes et littéraires.* Nouv. édit. avec notes de P.-L. Jacob. 1 vol.

Dante (Alighieri). *La Divine Comédie.* Traduction par Artaud de Montor. 1 vol.

Dassoucy. *Aventures burlesques.* Nouvelle édition avec préface et notes par Emile Colombey. 1 vol.

Delaclos. *Les Liaisons dangereuses :* Lettres recueillies dans une société et publiées pour l'instruction de quelques autres. 1 vol. in-18 jésus.

Delavigne (C.). *Œuvres complètes.* 3 vol.

Demoustier. *Lettres à Emile sur la mythologie.* Notice de l'auteur. 1 vol.

Désaugiers. *Théâtre choisi.* Notice et étude d'ensemble sur son théâtre, par Moland. 1 vol.

Descartes. *Œuvres choisies. Discours sur la méthode. Méditations métaphysiques.* 1 vol.

Diderot. *Œuvres choisies.* Précédées de sa vie, par Mme de Vandeuil - *La religieuse, Lettres sur les aveugles, Entretiens, Petits chefs-d'œuvre, Le Neveu de Rameau, Le Père de famille, Salons, Correspondance avec Mlle Voland.* 2 vol. *Jacques le Fataliste et son maître.* Notice et notes, par J. Assézat. 1 vol. - *Les Bijoux indiscrets.* Notice et notes par J. Assézat. 1 vol.

Donville. *Mille et un calembours et bons mots. Histoire du Calembour*, 1 vol.

Dupont (Pierre). *Muse juvénile*, vers et prose. 1 vol.

Du Puget (Mlle). *Romans de famille*, traduits du suédois, sur les textes originaux suédois, 19 vol. comprenant : *Les Voisins*, 4e édit., 1 vol. - *Le Foyer domestique ou Chagrins et Joies de la famille*, 2e édit., 1 vol. - *Les Filles du Président.* 3e édition, 1 vol. - *La Famille H...*, 2e édition, 1 vol. - *Un Journal*, 1 vol. - *Guerre et Paix, Le Voyage de la Saint-Jean*, 1 vol. - *Abrégé des voyages de Mademoiselle Bremer, dans l'ancien et le nouveau monde*, 1 vol. - *La Vie de famille dans le nouveau monde*, lettres écrites pendant un séjour dans l'Amérique du Nord et à Cuba. 3 vol. - *Les Cousins*, par Mme la baronne de Knorring, traduit du suédois, 2e édit., 1 vol. - *Une femme capricieuse*, par Mme Emilie Carlen, traduit du suédois. 2 vol. - *L'Argent et le Travail*, tableau de genre, par l'Oncle Adam, traduit du suédois, 1 vol. - *La Veuve et ses enfants*, par Mme Schwartz. Charmant roman d'éducation. 1 vol. - *Histoire de Gustave-Adolphe II*, par A. Fryxell, traduit du suédois. 1 vol. in-16. - *Fleurs scandinaves*, choix de poésies. 1 vol. - *La Suède depuis son origine jusqu'à nos jours.* par Agaroh. 1 vol. - *Chroniques du temps d'Erick de Poméranie.* par Carl Bernhardt, traduit du danois. 1 vol.

Dupuis. *Abrégé de l'origine de tous les cultes*, 1 vol.

Favre (Jules), de l'Académie française. *Conférences et discours littéraires*, 1 vol.

Fénelon. *Œuvres choisies. De l'existence de Dieu. Lettres sur la Religion*, etc., 1 vol. - *Dialogues sur l'éloquence. De l'éducation des Filles. Fables. Dialogues des morts.* 1 vol. - *Aventures de Télémaque*, notes géographiques, littéraires, 3 grav. 1 vol.

Fléchier (*Voy.* MASSILLON).

Fleury. *Discours sur l'histoire ecclésiastique. Mœurs des Israélites. Traité des chrétiens.* 2 vol.

Florian. *Fables,* suivies de son Théâtre, notice par SAINTE-BEUVE. Illustr. de GRANDVILLE. 1 vol. *Don Quichotte de la jeunesse,* vignettes, dessins de Staal, 1 vol.

Flourens (*Œuvres de*). 10 vol. comprenant : *l'Unité de composition* et du *Débat entre Cuvier et Saint-Hilaire.* 1 vol. - *Examens du livre de M. Darwin sur l'origine des espèces.* 1 vol. - *Ontologie naturelle.* 1 vol. - *Psychologie comparée.* Raison, Génie, Folie. 1 vol. - *De la Phrénologie.* 1 vol. - *De la longévité humaine.* 1 vol. - *Histoire des travaux et des idées de Buffon.* 1 vol. - *Éloges historiques,* 2ᵉ et 3ᵉ séries, 1 vol. - *De la Raison et de la Folie,* 1 vol. - *Des manuscrits de Buffon,* des fac-similés. 1 vol.

Fontenelle. *Éloges,* introduction et notes par P. P. BOUILLIER. 1 vol.

Fournel (Victor). *Curiosités théâtrales.* 1 vol. — *Ce que l'on voit dans les rues de Paris.* 1 vol.

Furetière. *Le Roman bourgeois.* Ouvrage comique. Notices et notes, par M. F. TULOU. 1 vol.

Gentil-Bernard. *L'Art d'aimer.* - *Les Amours,* par BERTIN. - *Le Temple de Cnide,* par LÉONARD. - *Les Baisers,* par DORAT. - *Zélie au bain,* par PEZAY. - *Pièces des Poètes érotiques.* Notices et notes, par F. DE DONVILLE. 1 vol.

Gilbert. *Œuvres.* Nouvelle édition. Notice historique, par CH. NODIER. 1 vol.

Gœthe. *Faust* et le second *Faust,* choix de poésies de Gœthe, Schiller, etc., traduits par GÉRARD DE NERVAL. 1 vol. - *Werther,* suivi de *Hermann et Dorothée,* 1 vol.

Goldsmith. *Le Vicaire de Wakefield.* Traduction avec texte et vie de l'auteur. 1 vol.

Gresset. *Œuvres choisies.* 1 vol.

Hamilton. *Mémoires de Grammont.* Préface de SAINTE-BEUVE. 1 vol.

Héloise et Abélard. *Lettres.* Traduites par O. GRÉARD. 1 vol.

Heptaméron (L'). *Contes de la reine de Navarre.* Nouvelle édition, 1 vol.

Héricault. *Maximilien et le Mexique.* Histoire de l'Empire mexicain. 1 vol.

Hoffmann. *Contes, Récits et Nouvelles.* Tirés des Frères de Sérapion, avec une préface et des notes éclairant le texte, par LEMOINE. 1 vol. - *Contes fantastiques.* Notes par le même, 1 vol.

Jacob (P.-L.), bibliophile. *Curiosités infernales.* Diables, Bons Anges, Elfes, Follets et Lutins, Possédés et Ensorcelés. Revenants, etc. 1 vol. - *Curiosités des sciences occultes.* Alchimie, Talismans, Amulettes, Astrologie, Chiromancie, Physiognomonie, Prédictions, Présages, Onéirocritie, Cartomancie, Secret d'Amour, etc. 1 vol. - *Curiosités théologiques* Légendes, Miracles, Superstitions, Prédicateurs bizarres, Brahmanes, Boudhistes, Mahométans, Diables, Mormons. 1 vol. *Paris ridicule et burlesque* au XVIIᵉ siècle, par Claude Lepetit, Berthod, Scarron, Colletet, etc. 1 vol. - *Recueil de Farces,* soties et moralités du XVᵉ siècle. Maître Pathelin, le Nouveau Pathelin, Moralité de l'Aveugle et du Boiteux, la Farce du Munyer, la Condamnation de Bancquet. 1 vol.

Jasmin. *Las Papilhotos.* Poème, odes, épîtres et satires. 2 vol.

La Bruyère. *Les Caractères de Théophraste* ou *les mœurs de ce siècle.* Notice de SAINTE-BEUVE. 1 vol.

Lafayette (Mᵐᵉ de). *Romans et Nouvelles.* - *Zaïde.* - *Princesse de Clèves.* - *Princesse de Montpensier.* - *Comtesse de Tendre.* 1 vol.

La Fontaine. *Fables,* avec des notes philologiques et littéraires, illustrées de 8 grav. 1 vol. - *Contes et Nouvelles.* Nouv. édit. revue avec soin et accompagnée de notes explicatives. 1 vol.

Lamennais, 9 vol. comprenant : *Essais sur l'indifférence en matière de Religion.* 4 vol. Le 1ᵉʳ volume se vend séparément. - *Paroles d'un Croyant. Le Livre du Peuple. Une voix de prison. De l'esclavage moderne.* 1 vol. - *Affaires de Rome.* 1 vol. - *Les Évangiles,* traduction nouvelle, avec des notes et réflexions. 1 vol. - *De l'Art du Beau,* tiré de «l'Esquisse d'une Philosophie», 1 vol. - *La Société première, ses lois, la religion.* 1 vol.

La Rochefoucauld. *Réflexions, Sentences et maximes morales,* suivies des *Œuvres choisies de Vauvenargues,* notes de Voltaire. 1 vol.

Le Sage. *Histoire de Gil Blas de Santillane.* 1 vol. - *Le Diable boiteux.* 1 vol. - *Gusman d'Alfarache.* 1 vol.

Lespinasse. *Lettres,* précédées d'une notice de SAINTE-BEUVE et suivies des autres écrits de l'auteur et des principaux documents qui le concernent. 1 vol.

Louvay de Couvray. *Les amours du Chevalier de Faublas.* Nouvelle édition. 2 vol.

Machiavel. *Le Prince.* Traduction GUIRAUDET, Maximes extraites des œuvres de MACHIAVEL. Introduction, notes, par L. DÉROME. 1 vol.

Mahomet. *Le Koran,* traduction française, accompagnée de notes, précédée de la vie de Mahomet, par M. SAVARY. 1 vol.

Maistre (Xavier de), *Œuvres complètes*. nouv. édit. *Voyage autour de ma chambre, Expédition nocturne, Lépreux de la cité d'Aoste, la Jeune Sibérienne*. Préface par SAINTE-BEUVE. 1 vol.

Maistre (J. de). *Les soirées de Saint-Pétersbourg*. 2 vol. - *Du Pape*. 1 vol.

Malebranche. *De la recherche de la vérité*, notes et études de François BOUILLIER, 2 vol.

Malherbe. *Œuvres poétiques*, vie de Malherbe, par RACAN, lettres choisies. Préface par MOLAND. 1 vol.

Manava-Dharma-Sastra. *Lois de Manou*, comprenant les institutions religieuses et civiles des Indiens, traduites du sanscrit et accompagnées de notes explicatives, par A. LOISELEUR-DESLONGCHAMPS. 1 vol. in-18.

Manzoni. *Les Fiancés*. 1 fort vol. illustré.

Marivaux. *Théâtre choisi*. Introduction par M.-L. MOLAND. 1 fort. vol.

Marmier (Xavier). *Lettres sur la Russie*, 2e édit. entièrement refondue. 1 vol.- *Voyages et littérature*. 1 vol.

Marot (Clément). *Œuvres complètes*. 2 vol.

Martel. *Recueil de proverbes français*, origine, signification des proverbes, commentaires, partie anecdotique. 1 vol.

Martin (Mme CHARLOTTE DE LA TOUR). *Le langage des fleurs*, gravures coloriées. 1 vol.

Martinez Sierra (G.) *Jardin ensoleillé*, traduit de l'espagnol, par Pauline GARNIER. 1 vol.

Massillon. *Petit Carême*. Sermons divers. Observations littéraires par LA HARPE. 1 vol.

Massillon, Fléchier, Mascaron. *Oraisons*. 1 vol.

Merlin Coccaie. *Histoire macaronique* prototype de Rabelais, plus l'*Horrible bataille advenue entre les mouches et les fourmis*. Notes sur la poésie macaronique. 1 vol.

Meslier. *Le bon sens du curé Meslier*, suivi de son *Testament*, 1 vol.

Mille et un jours. Contes orientaux traduits par PIERRE DE LA CROIX. 1 vol.

Mille et une nuits. Contes arabes par GALLAND. Nouv. édit. revue avec soin.

Millevoye. *Œuvres*. Précédées d'une notice sur l'auteur, par M. SAINTE-BEUVE. 1 vol.

Mirabeau. *Lettres d'amour*. Etude sur Mirabeau, par MARIO PROTH. 1 vol.

Moland. *Vie de J.-B.-P. de Molière*, histoire de son théâtre et de sa troupe. 1 vol.

Molière. *Œuvres complètes*. Nouvelle édit., avec des remarques nouv., par M. Félix LEMAISTRE, précédée de la vie de Molière, par Voltaire. 3 vol.

Montaigne. *Essais*, avec les notes de tous les commentateurs. 2 vol.

Montesquieu. *L'Esprit des Lois*, avec notes de Voltaire, de Crevier, de La Harpe. 1 vol. - *Lettres persanes*, suivies de *Arsace et Isménie*, de *Pensées*, et du *Temple de Cnide*. 1 vol. - *Considérations sur les causes de la grandeur des Romains et de leur décadence*, 1 vol.

Moreau (Hégésippe). *Œuvres*, contenant le *Myosotis*, etc. 1 vol.

Musset (Œuvres de). 9 vol.

Ninon de Lenclos (Lettres de). Mémoires sur sa vie. Edition revue. 1 vol.

Nisard (Charles). *Des chansons populaires chez les Anciens et chez les Français*. Essai historique, étude sur la chanson des rues contemporaine. 2 vol.

Ovide. *Les Amours. L'Art d'aimer, le Remède d'amour, les Cosmétiques*. Traduction de MM. LANGEARD et HEGUIN DE GUERLE, précédée d'une étude sur Ovide et la poésie amour., par J. JANIN. 1 vol.

Parny. *Œuvres*, élégies et poésies modernes. Préface de SAINTE-BEUVE. 1 vol.

Pascal (Blaise). *Pensées sur la Religion et quelques autres sujets*. Edition conforme au véritable texte contenant les additions de Port-Royal. 1 vol. - *Lettres écrites à un provincial*, précédées d'un Essai sur les *Provinciales*. 1 vol.

Pellico (Silvio). *Mes Prisons*, suivi des *Devoirs des Hommes*, trad. du comte H. DE MESSEY. 1 vol.

Pétrarque. *Œuvres amoureuses*. Sonnets, triomphes, traduits en français, texte en regard. Notice sur la vie de Pétrarque, par GINGUENÉ. 1 vol.

Picard. *Théâtre*. Notes, notices par M.L. MOLAND. 1 vol. - I. *La Petite Ville. - Duhautcourts. - Les Marionnettes. - Les Deux Philibert*. - II. - *Les Ricochets. - La Vieille Tante. - M. Musard. - Le Vieux Comédien. - Les Deux Ménages. - Les Visitandines*.

Piron. *Œuvres choisies*, analyse de son Théâtre, par TROMBAT, notice de SAINTE-BEUVE. 1 vol.

Pogge (Les Facéties de), suivies de la description des *Bains de Bade au XVe siècle* et du dialogue : *Un vieillard doit-il se marier ?* Traduction nouvelle et intégrale, précédée d'une étude sur *Pogge et son œuvre* par Pierre DES BRANDES. 1 vol.

Quinze Joyes de Mariage notice et notes. 1 vol.

Quitard. *L'Anthologie de l'Amour*. Choix de pièces érotiques des poètes français.

1 vol. - *Proverbes sur les Femmes, l'Amour, l'Amitié, le Mariage.* 1 vol.
Rabelais. *Œuvres complètes.* Collationnées sur les textes originaux, vie de l'auteur, bibliographie, glossaire, par M. L. MOLAND. 1 fort vol.
Racine. *Théâtre complet.* Remarques littéraires, notes classiques, par LEMAISTRE. 1 fort vol.
Regnard. *Théâtre.* Notes et notice. 1 vol.
Regnier (Mathurin). *Œuvres complètes.* Edition augmentée d'un grand nombre de pièces. 1 vol.
Ronsard. *Œuvres choisies.* Notice, notes et commentaires, par SAINTE-BEUVE. Edition revue par M. MOLAND. 1 vol.
Rousseau (J.-J.). *Les Confessions.* Nouv. éd. 1 vol. - *Emile.* Nouv. édit., revue. 1 fort vol. - *La Nouvelle Héloïse.* Nouv. édit. 1 fort vol. - *Contrat social.* 1 vol. - *Rêveries d'un promeneur solitaire*, précédées de : *Le Devin du village, Lettres écrites de la Montagne et Rousseau juge de Jean-Jacques.* 1 vol. - *Lettres à d'Alembert sur les spectacles*, avec notes par M. FONTAINE, professeur à la Faculté des lettres. 1 vol.
Runeberg (J.-J.). *Le Roi Fialar*, précédé de : *Le Porte-Enseigne Stole, La Nuit de Noël, Hanua*, etc. Traduits par VALMORE. 1 vol.
Saint-Evremond. *Œuvres choisies.* Précédées d'une Etude sur la vie et les ouvrages de l'auteur par A.-Ch. GIDEL. 1 vo'.
Satyre Menippée, par Ch. MARCILLY. 1 vol.
Scarron. *Le Roman Comique.* 1 vol. - *Le Virgile travesti en vers burlesques*, avec la suite de Moreau de Brazy. Edition revue, annotée, introduction par M. Victor FOURNEL. 1 vol.
Schiller (*Œuvres dramatiques de*). Traduction de M. DE BARANTE. Nouvelle édition revue et complétée par M. de SUCKAU, avec une étude sur Schiller, des notices sur chaque pièce et des notes. 3 vol.
Sedaine. *Théâtre.* Introd. par M. L. MOLAND. 1 vol.
Sévigné (Mme de). *Lettres choisies*, accompagnées de notes explicatives sur les faits et les personnages du temps et précédées de quelques observations littéraires, par SAINTE-BEUVE. 1 vol.
Shakespeare. *Œuvres complètes.* Traduction de M. GUIZOT. Nouv. édition complètement revue. 8 vol.
Sorel. *La vraie histoire comique de Francion.* Nouv. édit., avec notes. 1 vol.
Spinoza. *Œuvres complètes.* 3 vol.
Staël (Mme de). *Corinne ou l'Italie*, observations par Mme NECKER DE SAUSSURE et SAINTE-BEUVE, 1 vol. - *De l'Allemagne.* Edition revue avec soin. 1 vol. - *Delphine.* Nouv. édit. revue. 1 vol. - *Dix ans d'exil*, observations par M. Désiré LACROIX. 1 vol.
Stendhal. *L'Amour* précédé de notes et commentaires, par SAINTE-BEUVE. 1 vol. - *Le Rouge et le Noir.* Chronique du XIXe siècle. 1 vol. - *La Chartreuse de Parme.* 1 vol.
Sterne. *Tristhram Shandy. Voyage sentimental.* Nouv. édition. 2 vol.
Tabarin (*Œuvres de*) avec les *Adventures du capitaine Rodomont*, la *Farce des Bossus* et autres pièces tabariniques, préface et notes par D'HARMONVILLE. 1 vol.
Tasse (Le). *Jérusalem délivrée*, traduction en prose. 1 vol.
Théâtre espagnol. Traduction nouvelle par Louis DUBOIS et François OROZ. - GUILLEN DE CASTRO : *La Jeunesse du Cid. Les Prouesses du Cid* ; L.-F. DE MORATIN : *La Comédie nouvelle.* Le J-R. DE ALARCON : *La Vérité Suspecte.* 1 vol.
Théâtre de la Révolution - *Charles IX.* - *Les Victimes cloîtrées.* - *L'Ami des lois.* - *Madame Angot.* - *Madame Angot dans le sérail de Constantinople.* Introduction et notes par M. L. MOLAND. 1 vol.
Thierry (*Œuvres d'Augustin*). Edition définitive revue par l'auteur et augmentée d'un 7e récit des temps mérovingiens. 9 vol. comprenant : *Histoire de la conquête de l'Angleterre*, 4 vol. - *Lettres sur l'Histoire de France*, 1 vol. - *Dix ans d'Etudes historiques.* 1 vol. - *Récits des Temps mérovingiens.* 2 vol. - *Essai sur l'histoire du Tiers-Etat.* 1 vol.
Topffer. *Premiers voyages en zigzag.* 2 vol. illustrés. - *Nouveaux voyages en zigzag.* 2 vol. illustrés. - *Nouvelles Genevoises.* 1 vol. illustré. - *Rosa et Gertrude.* 1 vol. - *Le Presbytère* 1 vol.
Touchard-Laffosse. *Chroniques de l'Œil-de-Bœuf*, des petits appartements de la Cour et des salons de Paris, sous Louis XIV, la Régence, Louis XV et Louis XVI. Nouvelle édit. augmentée du règne de Louis XIII. 5 vol.
Ugarte (Manuel). *Contes de la Pampa*, traduct. de Pauline GARNIER. 1 vol.
Vadé. *Œuvres.* Précédées d'une notice sur sa vie et ses œuvres, par Julien LEMER. 1 vol.
Vallet (de Viriville). *Chronique de la Pucelle* ou *Chronique de Cousinot*, documents inédits relatifs aux règnes de Charles VI et Charles VII, etc. 1 vol.
Varennes. *De Ravachol à Caserio.* 1 vol.

Vauquelin de la Fresnaye (*Œuvres poétiques de*). Texte conforme à l'édition de 1605. Notice, commentaire, par Georges PÉLISSIER. 1 vol.

Villon (François). *Poésies complètes*, notes par M. L. MOLAND. 1 vol.

Voisenon. *Contes et poésies fugitives.* Précédés d'une notice sur la vie de VOISENON. 1 vol.

Volney. *Les Ruines. - La loi naturelle. - L'Histoire de Samuel.* Edition revue. 1 vol.

Voltaire. 11 vol. comprenant : *Théâtre*, contenant tous les chefs-d'œuvre dramatiques. 1 vol. - *Le Siècle de Louis XIV.* Nouv. édit. revue. 1 vol. - *Siècle de Louis XV, histoire du Parlement.* 1 vol. - *Histoire de Charles XII.* Edit. revue. 1 vol. *La Henriade.* 1 vol. - *Epitres, contes, satires, épigrammes.* 1 vol. - *Lettres choisies.* Notice et notes explicatives sur les faits et sur les personnages du temps, par M. Louis MOLAND. 2 vol. - *Pucelle d'Orléans.* Poème. 21 chants. 1 vol. - *Romans et Contes* en vers. 1 vol. - *Le Sottisier*, suivi des remarques sur le *Discours sur l'inégalité des conditions* et sur le *Contrat social* de J.-J. ROUSSEAU. 1 vol.

Warée. *Curiosités judiciaires.* 1 vol.

Weckerlin. *Musiciana.* Anecdotes, etc. 1 vol. - *Nouveau Musiciana.* 1 vol. *Dernier Musiciana.* 1 vol.

Ysabeau (Docteur). *Le Médecin du Foyer. - Guide médical des familles.* 1 vol.

BIBLIOTHÈQUE GRECQUE-FRANÇAISE
Réimpression des classiques Grecs

Traduction par les meilleurs auteurs — Volumes, format in-18 jésus, brochés, à 3 francs.

Aristophane. *Théâtre.* Traduction de BROTTIER, complètement refondue, avec une notice sur chaque pièce, par L. Louis HUMBERT, professeur au lycée Condorcet. 2 vol.

Aristote. *La Politique.* Traduction de THUROT, revue par M. BASTIEN, agrégé de l'Université, ancien proviseur, précédée d'une introduction par M. E. LABOULAYE, membre de l'Institut. 1 vol.
— *La Poétique et la Rhétorique.* Traduction nouvelle de M. RUELLE. 1 vol.

Démosthène. *Discours politiques.* Trad. nouvelle avec arguments et notes. Couronnée par l'Académie française. Par C. POYARD, prof. hon. de rhétorique au lycée Henri IV. 1 vol.
— *Discours judiciaires*, avec des extraits d'Eschine, etc. Traduit par C. POYARD. 1 vol.

Epictète. — Voir Marc-Aurèle.

Eschyle. *Théâtre.* Traduction de J. DE LA PORTE DU THEIL, avec une introduction par Louis HUMBERT, professeur au lycée Condorcet. 1 vol.

Euripide. *Théâtre.* Traduction par Louis HUMBERT, professeur au lycée Condorcet. 2 vol.

Hérodote. *Histoire.* Traduction de LARCHER, revue et augmentée d'un nouvel index, par M. Louis HUMBERT. 2 vol.

Homère. *Iliade.* Traduction de DACIER, revue par M. CROUSLÉ, professeur à la Faculté des lettres de Paris. 1 vol.
— *Odyssée.* Traduction de DACIER. 1 vol.

Lucien. *Œuvres complètes.* Traduction de BELIN DE BALLU, revue, corrigée et complétée avec une introduction, des notes et un index, par Louis HUMBERT. 2 vol.

Marc-Aurèle Antonin. *Pensées*, précédées de la vie de cet empereur et suivies du *Manuel d'Epictète et du Tableau de Cébès.* Traduction par P. COMMELIN. 1 vol.

Pindare, *et les lyriques grecs.* Traduction par M. C. POYARD. Nouvelle édition augmentée d'*Anacréon*, de *Sapho* et de *Erinna.* 1 vol.

Platon. *Apologie de Socrate, Criton, Phédon, Gorgias*, précédée d'une notice par M. PELLISSIER. Traduction par M. BASTIEN. 1 vol.
— *La République et l'Etat.* Traduction par LE MÊME. 1 vol.

Plutarque. *La Vie des hommes illustres*, traduites par PICARD. Nouvelle édition, revue. 4 vol.

Poètes moralistes de la Grèce. Hésiode, Théognis, etc.

Romans Grecs. *Les Pastorales*, de Longus, ou *Daphnis et Chloé*, traduction d'Amyot, refondue par PAUL-LOUIS COURIER. *Les Ethiopiennes* d'Héliodore, ou *Théagène et Chariclée*, traduction de Quenneville, revue par M. Louis HUMBERT, précédée d'une *Etude sur le roman grec*, par M. A. CHASSANG, inspecteur.

Sophocle. *Tragédies*, par L. HUMBERT.

Théocrite. Traduction de Ch. BARBIER. 1 vol.

Thucydide. Traduction LOISEAU. 1 vol.

Xénophon. *Cyropédie et Retraite des Dix Mille.* Traduction de GAIL. Edit. revue et abrégée par M. HUMBERT. 1 vol.

BIBLIOTHÈQUE LATINE-FRANÇAISE
Réimpression des Classiques Latins

Volumes, format in-18 jésus. — Textes latins et traductions revues avec le plus grand soin.

6 volumes à 4.50 (par exception).

Abélard et Héloïse (*Lettres d'*). Traduction nouvelle de M. Gréard. 1 f. v.

Claudien. *Œuvres complètes*, traduites en français par M. Héguin de Guerle, ancien inspecteur de l'Université. 1 vol.

Ovide. *Les Métamorphoses.* Traduction française de Gros, refondue par M. Cabaret-Dupaty, précédée d'une Notice sur Ovide par M. Charpentier. 1 volume.

Saint-Jérôme. *Lettres choisies.* Traduction nouvelle par M. J. Charpentier. 1 vol.

Térence. *Comédies.* Traduction nouvelle par Victor Bétolaud, docteur ès lettres. 1 fort vol.

Spinoza. *L'Ethique.* Traduction nouvelle avec texte latin et notes par Appuhn. 1 vol.

BIBLIOTHÈQUE LATINE-FRANÇAISE (Suite)

Volumes in-18 jésus à 3 fr. — Chaque volume se vend séparément

Apulée. *Œuvres complètes*, traduites par Victor Bétolaud. 2 vol.

Aulu-Gelle. *Œuvres complètes.* Nouvelle édition revue par MM. Charpentier et Blanchet. 2 vol.

Catulle, Tibulle et Properce. *Œuvres*, traduites par Héguin de Guerle, Valatour et Genouille. Edition revue par Valatour. 1 vol.

César. *Commentaires sur la Guerre des Gaules et sur la Guerre civile*, trad. par M. Artaud. Nouvelle édition, revue par M. Félix Lemaistre, notice par M. Charpentier. 2 vol.

Cicéron. *Œuvres complètes*, avec la traduction française améliorée et refaite en grande partie par MM. Charpentier, Félix Lemaistre, Gérard, Delcasso, Cabaret-Dupaty, Crépin, etc. 20 vol.

Cornelius Nepos. Traduction nouvelle par M. Amédée Pommier. — **Eutrope.** Abrégé de l'Histoire romaine, traduit par Dubois. 1 vol.

Horace. *Œuvres complètes*, traduction française revue par M. Félix Lemaistre, précédée d'une Etude sur Horace, par M. H. Rigault. 1 vol.

Jornandès. *De la Succession du Royaume et du Temps.* Traduction de Savagner. 1 vol.

Justin. *Œuvres complètes.* Abrégé de l'Histoire universelle de Trogue-Pompée, traduction française par Pierrot et Boitard. Edition revue par M. Pessonneaux. 1 vol.

Juvénal et Perse. *Œuvres complètes*, suivies de fragments de *Turnus* et de *Sulpicia*, traduction de Dussaulx, édition revue par Pierrot et Félix Le Maistre. 1 vol.

Lucain. *La Pharsale.* Traduction de Marmontel, revue et complétée par M. H. Durand. Etude sur *la Pharsale*, par M. Charpentier. 1 vol.

Lucrèce. *Œuvres complètes*, avec la traduction française de Lagrange, revue par M. Blanchet. 1 vol.

Martial. *Œuvres complètes.* Traduction de MM. Verger, Dubois et J. Mangeart. Edition revue par Lemaistre. 2 vol.

Ovide. *Œuvres.* — *Les Amours.* — *L'Art d'aimer*, etc. Edition revue par M. Félix Lemaistre, *Etude sur Ovide et la Poésie amoureuse*, par M. Jules Janin. 1 vol.

— *Les Fastes, Les Tristes.* Nouvelle édition, revue par M. Pessonneaux. 1 vol.

— *Les Héroïdes.* — *Le Remède d'Amour.* — *Les Pontiques.* — *Petits Poëmes.* Edit. soigneusement revue par M. Charpentier. 1 vol.

Pétrone. *Œuvres complètes*, traduites par Héguin de Guerle. 1 vol

Phèdre. *Fables*, suivies des Œuvres d'Avianus, de Denis Caton, de Publius Syrus, traduites par Levasseur et J. Chenu. Edition revue. Etude sur Phèdre, par M. Charpentier. 1 vol.

Plaute. *Théâtre.* Traduction nouvelle de M. Naudet, membre de l'Inst. 4 vol.

Pline le Naturaliste. *Morceaux extraits.* Traduction de Guéroult. 1 vol.

Pline le jeune. *Lettres*, trad. par M. Cabaret-Dupaty. 1 vol.

Poetæ minores. Arborius, Calpurnius, Eucheria, Gratius Faliscus, Lupercus, Servastus, Nomesianus, Pentadius, Sabinus, Valerius Cato, Vestritius, Spurinna et le *Perviligium Veneris*, traduction de Cabaret-Dupaty. 1 vol.

Quinte-Curce. *Œuvres complètes.* Traduction par MM. Auguste et Alphonse Trognon. Edition revue par M. E. Pessonneaux. 1 vol.

Quintilien. *Œuvres complètes.* Traduction de M. C.-V. Ouisile. Edition revue par M. Charpentier. 3 vol.

Saint-Augustin. *Confessions.* Traduction française d'Arnaud d'Andilly. Introduction par M. Charpentier. 1 vol.

Salluste. *Œuvres complètes* avec la traduction française de Durozoir, revue par Charpentier et Félix Lemaistre. 1 vol.

Sénèque le Philosophe. *Œuvres complètes.* Nouvelle édition, revue par MM. Charpentier et Lemaistre. 4 vol.

Sénèque. *Tragédies.* Traduction française par E. Greslou. Edition revue par M. Cabaret-Dupaty. 1 vol.

Sénèque le rhéteur. *Controverses et Suasoires.* Traduction nouvelle, texte revu par M. Henri Bornecque, ancien élève de l'Ecole normale supérieure, Docteur ès lettres, maître de conférences à l'Université de Lille. 2 vol.

Suétone. *Œuvres.* Traduction française de La Harpe, refondue par M. Cabaret-Dupaty. 1 vol.

Tacite. *Œuvres complètes.* Traduction de Dureau de Lamalle et Charpentier. 2 vol.

— *Œuvres complètes.* Traduct. Burnouf. 2 vol.

Tacite. *Les Annales.* Traduction nouvelle, par L. Loiseau. 1 vol. *Les Histoires.* 1 vol.

Tite-Live. *Œuvres complètes,* traduites par MM. Liez, Dubois, Verger et Corjet. Nouvelle édition, revue par E. Pessonneaux, Blanchet et Charpentier, et précédée d'une *Etude* sur Tite-Live, par M. Charpentier, 6 vol.

Valère Maxime. *Œuvres complètes.* Traduction française de C.-A.-F. Frémiod. Edition revue par M. Charpentier. 2 vol.

Virgile. *Œuvres complètes,* traduites en français. Nouvelle édition, refondue par M. Félix Lemaistre, précédée d'une *Etude* sur Virgile par M. Sainte-Beuve. 2 vol.

Velleius Paterculus. Traduction de Després, refondue avec le plus grand soin par M. Gréard. — **Florus.** *Œuvres,* traduites par M. Rafon. Notice sur Florus, par M. Villemain. 1 vol.

BIBLIOTHÈQUE
PATRIOTIQUE, INSTRUCTIVE ET AMUSANTE

Format in-8° carré, richement illustré

Le volume broché. 3 fr. 50. — Relié toile, tranches dorées. 5 fr.

Les Français au XVIIe siècle, par Ch. Gidel, 1 vol.

Les généraux de vingt ans, par Tulou, dessins de Dick de Lonlay.

L'armée russe en campagne, par Dick de Lonlay, 1 vol.

Les Français en Allemagne (campagne de 1806), par Galli, 1 vol.

L'Allemagne en 1813, par Galli, 1 vol.

Bêtes et plantes, par Santini, 1 vol.

Originaux et beaux esprits, par Sainte-Beuve, 1 vol.

Journal d'un aumônier militaire, pendant la guerre franco-allemande, par M. l'abbé de Meissas, 1 vol.

Les Romains illustres, tirés de Plutarque, par Louis Humbert, 1 vol.

Lettres de Madame de Sévigné, notice par Sainte-Beuve, 1 vol.

A travers la Bulgarie, souvenirs de guerre et de voyage, par Dick de Lonlay, 1 vol.

L'homme et les bêtes, études morales, par Oscar Comettant, 1 vol.

Derniers récits, par Mme Belloc. Une Nuit terrible, Orléans en 1829, Malemort, La Grève, Josette et Joson, 1 vol.

Les leçons d'une jeune mère, contes et récits, par Mme Belloc, 1 vol.

La Case de l'Oncle Tom, par Mistress Beecher-Stowe, 1 vol.

Galerie des Enfants célèbres, par François Tulou, 1 vol.

Nouvelle galerie des Enfants célèbres, par F. Tulou, 1 vol.

Les Marins français, depuis les Gaulois jusqu'à nos jours, par Dick de Lonlay, 1 vol.

Les Soirées de Saint-Pétersbourg, par Joseph de Maistre, 2 vol.

Nos petits Rois, par Henri Jousselin, fables et poésies enfantines, 1 vol.

La Russie inconnue, par Mme Simonof, 1 vol.

En Asie centrale à la vapeur, par N. Ney, 1 vol.

ÉDITIONS MORIZOT ET SANCHEZ

Collection de beaux volumes in-18, ornés de gravures coloriées,
et supérieurement imprimés

Le vol. br., **3 fr.** — Rel. veau **4.50** — Demi-chag., tr. dor., **5 fr.** — Rel. amat., **6 fr.**

Beaumarchais (*Œuvres de*). Nouvelle édition, ornée de 4 portraits coloriés. 1 vol.

Boileau. *Œuvres.* Introduction, notes par E. Fournier. 1 vol., 4 dessins coloriés.

Boursault. *Théâtre choisi*, notice par Victor Fournel. 1 vol., 4 dessins en couleur.

Chefs-d'œuvre dramatiques du XVIIIe Siècle. 2 vol., 8 portraits en couleur.

Collin d'Harleville. *Théâtre complet*, notice par Thierry. 1 vol., 4 portraits en couleur.

Pierre Corneille. *Théâtre choisi.* 1 vol., 4 dessins en couleur.

Thomas Corneille. *Théâtre choisi.* Introduction par M. Ed. Thierry. 1 vol., 4 portraits en couleur.

J. de Crébillon. *Théâtre choisi*, notice par Vitu. 1 vol., 4 portraits en couleur par Allouard.

Dancourt. *Théâtre choisi*, notice par M. Francisque Sarcey. 1 vol., 4 port. coul., par Allouard.

Destouches. *Théâtre choisi*, notice par Thierry, 1 vol., 4 portraits en couleur, par Allouard.

Léon Dumoustier. *Molière*, auteur et comédien, sa vie, ses œuvres. 1 vol.

Escrich (don Enrique, Perez). *Le martyr du Golgotha*, traduit de l'espagnol par l'abbé H. Rivalland. 1 vol., 4 gravures.

Edouard Fournier. *Etude sur la vie et sur quelques ouvrages de Molière*, d'après les notes recueillies par M. Paul Lacroix (bibliophile Jacob). Introduction par M. A. Vitu. 1 vol.

Edouard Fournier. *Le Théâtre Français au XVIe et au XVIIe siècle* ou choix des comédies les plus remarquables antérieures à Molière avec une introduction et une notice sur chaque auteur, avec 8 portraits en couleur, *ouvrage couronné par l'Académie française*. 2 vol.

Edouard Fournier. *Souvenirs poétiques de l'Ecole romantique*, recueillis, mis en ordre, notice biographique. 1 vol., 4 gravures sur acier.

La Bruyère. *Les Caractères.* Notice de Sainte-Beuve. 1 vol. illustré de 4 gravures coloriées.

La Fontaine. *Œuvres, Comédies et Fables.* Nouvelle édition. 1 vol., 4 gravures en couleur.

Marivaux. *Théâtre.* Nouvelle édition. 1 vol., 4 portraits en couleur dessinés par Bertall.

Picard. *Théâtre choisi*, notice par Edouard Fournier, 4 portraits couleur, par Allouard. 1 vol.

P. Quinault. *Théâtre choisi*, notice par Victor Fournel. 1 vol., 4 dessins en couleur.

Regnard. *Œuvres.* Nouvelle édition. Introduction par Ed. Fournier. 2 vol., 4 portraits en couleur.

Rotrou. *Théâtre choisi*, notice par M. Félix Hémon. 1 vol., 4 dessins en couleur.

Scarron. *Théâtre complet*, 1 vol., 4 portraits coul., par MM. Sand, E. Bayard et Louis Fournier.

Voltaire. *Théâtre.* Nouvelle édition, 1 vol., 4 portraits coloriés.

COLLECTION DE 6 BEAUX VOLUMES IN-18 JÉSUS

Magnifiquement illustrés de gravures sur acier coloriées.

Molière. *Œuvres complètes.* Nouvelle édition. La seule complète en 2 vol. in-18, de plus de 800 pages chacun, ornée de 10 portraits en pied coloriés. **7 fr.**
Reliés demi-veau, ou demi-chagrin, tranches dorées............... **11 fr.**
Reliés amateurs............... **13 fr.**

Racine. *Théâtre complet.* Précédé d'une Vie de l'auteur. Edition ornée de 4 portraits en couleur, 1 vol. in-18... **3.50**

Relié demi-veau ou demi-chagrin, tranches dorées.................. **5.50**
Relié amateur............... **6.50**

Pierre Corneille. *Théâtre complet.* Précédé d'une Vie de l'auteur. Nouvelle édition ornée de 21 portraits en couleur, 3 vol. in-18. Chaque volume.... **3.50**
Reliure demi-veau ou demi-chagrin, tranches dorées. Chaque volume.... **5.50**
Reliure amateur................ **6.50**

BIBLIOTHÈQUE D'UTILITÉ PRATIQUE

AGRICULTURE
HORTICULTURE
ARBORICULTURE
JARDINAGE

Cours complet d'agriculture, par MM. le baron de Morogues, Mirbel, Payen, Mathieu de Dombasles, etc. 20 vol. br. en 19 gr. in-8 à 2 c., env. 7.000 fig. .... **75 fr.**

Traité pratique de chimie agricole, par A. Larbalétrier. 1 vol. in-18 broché...................... **2 fr.**

Machines agricoles, *Semailles et Labours*, par A. Poussart, 1 vol. in-18 br., nombreuses gravures **3.50**

Traité pratique des engrais, *Origine, Utilité, Emploi*, par A. Bedel. 1 vol. in-18 broché................. **3.50**

Le nouveau jardinier de tout le monde. Nombreuses figures dans le texte, par Louis Batillat. 1 vol. in-18 broché........................ **4.50**
Relié toile..................... **5 fr.**

Nouveau traité pratique du jardinage, par A. Ysabeau. 1 vol. in-18 broché................. **2 fr.**

Conduite des arbres fruitiers, par Du Breuil. 1 vol. in-18 jésus, illustré de 207 fig., broché........... **2.50**

Le jardin des appartements ou la culture des plantes et des fleurs, dans les salons, sur les fenêtres, balcons et terrasses, par Mlle Crudet, 1 vol. in-18 broché............ **1.50**

Le nouveau jardinier fleuriste, par Hippolyte Langlois, environ 258 fig. dans le texte. 1 fort vol. in-18 jésus, broché...................... **3.50**

Nouvelle flore française, par M. Gillet, et par M. J.-H. Magne. 1 beau vol. gr. in-18 jésus, 97 planches comprenant plus de 1.200 fig., 7e édit., broché...................... **8 fr.**

ARCHITECTURE ET CONSTRUCTION

Traité élémentaire pratique d'architecture ou étude des cinq ordres, d'après Jacques Barozzio de Vignole. Ouvrage divisé en 72 planches, comprenant les cinq ordres, avec l'indication des ombres nécessaires au lavis, par J.-A. Leveil, architecte, et gravé par Hibon...................... **10 fr.**

Guide du sondeur ou traité théorique et pratique des sondages, par MM. Degoussée et Ch. Laurent, ingénieurs civils. 2 forts volumes in-8, avec grav. et accompagnés d'un atlas de 62 pl. grav. sur acier, broché. ...... **30 fr.**

La construction moderne pratique, par Henry Guedy. 1 vol. in-18 jésus de 520 p. orné de 190 grav. broché. **4 fr.**
Relié toile souple élégante, tranches rouges...................... **4.50**

Manuel des constructions rurales, par T. Bona. 1 vol. in-18, accompagné de 200 fig. Reliure élégante..... **2 fr.**

Manuel des poids et métaux employés dans la construction, par Arnould. 1 vol. relié toile..... **2.50**

Guide pratique du charpentier, par François, entrepreneur. 1 vol. in-18 illustré, broché............. **3.50**

Traité de couverture, *Ardoises, Tuiles, Zinc, Chéneaux, Tuyaux*, par Magné. 1 vol. in-18 jésus, broché. **3 50**

Traité pratique du maçon, du terrassier, du paveur, et du conducteur de travaux, par Marius Bousquet. 1 vol. in-18 illustré broché. **4.50**
Relié toile élégante.............. **5.50**

Traité de menuiserie, par MM. Poussart et Caillard.
Ire *partie*. — Notions de géométrie et d'architecture. 1 vol. in-18 jésus, illustré de 760 fig., broché........ **3.50**
2e *partie*. — Menuiserie de bâtiment. 1 vol. in-18 jésus, illustré de 274 fig., broché...................... **3.50**

La peinture en bâtiment, *Décor et Décoration*, par Paul Fleury. Honoré de souscriptions du Ministère de l'Instruction publique et du Ministre du Commerce. 1 vol. in-18, illustré de 9 grav. en couleurs et de figures en noir, broché................... **4 fr.**

ART CULINAIRE — PATISSERIE

Le cuisinier moderne, *ou les secrets de l'art culinaire*, par Gustave Garlin, de Tonnerre, ouvrage complet, illustré de 60 planches et 330 dessins, comprenant 5.000 titres et 700 observations. 2 vol. in-4, brochés... **36 fr.**
Reliés demi chagrin.......... **48 fr.**

Le petit cuisinier moderne, *ou les secrets de l'art culinaire*, par Gustave Garlin, de Tonnerre. 1 vol. in-8, de 940 pages, orné de nombreuses gravures, relié toile.............. **8 fr.**

Le pâtissier moderne, *suivi d'un traité de confiserie d'office*, par Gustave Garlin, auteur du *Cuisinier moderne*, ouvrage illustré de 262 dessins. 1 vol. gr. in-8, relié toile.......... **20 fr.**

La bonne cuisine, comprenant 880 titres avec observations et 70 gravures à l'appui, par Gustave Garlin, auteur du *Cuisinier moderne*. 1 vol. in-18 jésus, relié toile...................... **4 fr.**

Cuisine ancienne, par Garlin, de Tonnerre, auteur du *Cuisinier moderne*. 1 vol. in-8, illustré, broché..... **4 fr.**

Carte illustrée, par Garlin, contenant 320 dess. grav., par Blitz. 1 v. in-4. **4 fr.**

Le nouveau cuisinier européen, par Jules Breteuil, ancien chef de cuisine. Nouvelle édition entièrement refondue par Nilrag, ancien chef de cuisine. 1 fort vol. gr. in-18, illustré d'environ 300 grav. et de 4 planches en couleurs, permettant de reconnaître la bonne qualité des différentes viandes. 784 p., reliure élégante............... **5 fr.**

Le cuisinier Durand, cuisine du Nord et du Midi, 9e édit., revue et augmentée, par Ch. Durand, petit-fils de l'auteur. 1 vol. in-18, illustré de 160 fig., broché................ **3.50**
Reliure élégante............ **4 fr.**

Le conservateur, ou *livre de tous les ménages*, par L. Krebs. 150 gravures. 1 vol. in-18 broché........... **3.50**

Le trésor de la cuisinière et de la maîtresse de maison, par Périgord, 7e édit., revue, corr. 1 vol. in-18. **1.50**

La conserve alimentaire, *Traité pratique de fabrication*, par Aug. Corthays, 1 vol. gr. in-8 jésus, avec nombreuses figures dans le texte, broché.. **10 fr.**

Traité pratique de la pâtisserie, 2e édit., 16 planches hors texte coloriées, par H. Guerre. 1 vol. in-8, broché. **4 fr.**
Relié toile...... **5 fr.**

Le pâtissier confiseur et le liquoriste, par E. Petit. 1 vol. in-18, illustré, broché............... **2 fr.**

La pâtissière en chambre, par Mlle Berthe Gill. 1 vol. in-18, broché. **1.50**

L'art de la cuisine française au XIXe siècle, par Carême et Plumery. 5 vol. in-8. Les trois premiers volumes sont rares et épuisés.
Les tomes IV et V, composés par M. Plumery, chef des cuisines de l'ambassade de Russie, à Paris, se vendent séparément et contiennent les entrées chaudes, les rôts en gras et en maigre, les entremets de légumes. 2 vol. in-8, brochés............ **16 fr.**

Le maître d'hôtel français, par Carême, nouvelle édition. 2 vol. in-8, ornés de 10 gr. planches, brochés. **8 fr.**

Le cuisinier parisien, par Carême, 3e édit. 1 vol. in-8, orné de 25 planches, broché................ **3 fr.**

Le pâtissier national parisien, par Carême, ou *Traité élémentaire et pratique de la pâtisserie ancienne et moderne*. 2 forts vol. brochés. in-18. **8 fr.**

Le pâtissier pittoresque, par Carême. 1 vol. gr. in-4, 126 planc., broché. **6 fr.**

Traité de l'Office, par L. Berthe. Revu et augmenté par Nilrag, auteur culinaire. 1 vol. in-18, broché..... **3.50**

ARTS D'AGRÉMENT

La broderie. — Historique de la broderie à travers les âges et les pays, par Mme de Brieuvres. 1 vol. in-18, orné de modèles et dessins de Mme Songy, broché................ **2 fr.**

La dentelle. — Traité théorique et pratique à l'usage des dames et des demoiselles, suivi de l'historique de la dentelle à travers les âges et les pays, par Mme de Brieuvres. 1 vol. in-18, orné de modèles et dessins de Mme Songy, broché................ **2 fr.**

La tapisserie. — Historique de la tapisserie à travers les âges et les pays, par Mme de Brieuvres. 1 vol. in-18, orné de modèles et dessins de Mme Songy, broché................ **2 fr.**

Le crochet, le tricot historique à travers les âges et les pays, par Mme de Brieuvres. 1 vol. in-18, orné de modèles et dessins de Mme Songy, broché. **2 fr.**

Traité usuel de peinture, *à l'usage de tout le monde*, par Camille Bellanger. Nouvelle édition revue et augmentée, contenant 220 dessins et 42 planches en couleur. 1 vol. in-18, sous couverture artistique, broché... **5 fr.**
Ouvrage honoré de souscriptions du Ministère de l'Instruction publique.

L'art du peintre, par le même. Traité pratique de dessin et de peinture, 1re partie, le Dessin. 1 vol. in-18, illustré................ **2.50**

Le guide du pianiste, par Mlle Poussart ; ouvrage orné de 440 gravures. 1 vol. in-18, broché............ **3.50**

Les grands maîtres de l'art, par Émile-Bayard. (*En préparation.*)

Traité de la peinture à l'eau, aquarelle, gouache, miniature, par Mlle de Sérignan. 1 vol. in-18, illustré de nombreuses gravures, broché...... **3.50**

Traité élémentaire de photographie pratique, par G.-H. Niewenglowski. 1 vol. in-18 jésus, de 240 pages, 189 figures, broché............ **3 fr.**
Relié toile................ **4 fr.**

Traité complémentaire de photographie pratique, par Le Même. 1 vol. in-18, broché................ **3 fr.**
Relié toile................ **4 fr.**

Les applications de la photographie, par Le Même. 1 vol. in-18, broché. **3 fr.**
Relié toile................ **4 fr.**

BANQUE — BOURSE

Guide manuel du capitaliste, ou comptes faits d'intérêts à tous les taux, pour toutes les sommes, de 1 à 366 jours, par Bonnet. 1 vol. in-18, broché. **3 fr.**
Relié toile souple, élégante, tranches rouges................ **3.50**

Manuel du capitaliste, ou comptes des intérêts au taux de 1 à 60/0, pour toutes les sommes de 1 à 366 jours, par Casimir Bonnet. Nouvelle édition précédée d'une notice sur l'intérêt, l'escompte, etc., par M. Joseph Garnier, revue, mise à jour, complétée et augmentée de nouveaux tableaux, par M. et A. Meliot. 1 vol. in-8, broché. 6 fr.
Relié toile souple, élégante, tranches rouges............................. **7 fr.**
Relié 1/2 chagrin.................. **8.50**
Traité élémentaire des opérations de banque, et des principes du droit commercial, suivi d'un dictionnaire des expressions usuelles de banque, de commerce et de droit, par Victor Richard. 1 vol. in-18................... **7.50**
Relié toile souple, élégante, tranches rouges............................ **8.50**
Traité des opérations de bourse et de change, par Alphonse Courtois, 13e édition entièrement revue et mise à jour, par Emmanuel Vidal. 1 vol. gr. in-18, broché................... **5 fr.**
Relié toile souple, élégante, tranches rouges............................ **5.50**
Banque, Courses, Jeux, *l'art de ne pas être volé,* par Emile André. (*En préparation.*)

BOISSONS

Fabrication des eaux-de-vie, par Charles Steiner, 50 fig. dans le texte. 1 vol. gr. in-18 broché......... **3.50**
L'art de reconnaître les fruits de pressoir, *Pommes et Poires,* par A. Truelle. 1 vol. in-18 broché.... **4 fr.**
Boissons économiques et liqueurs de table, par Léon Krebs. 1 vol. in-18 broché........................... **3.50**
Fabrication du cidre, du poiré et de ses dérivés, par M. Tritschler. 1 vol. in-18, avec gravures, broché... **3.50**
Fabrication des liqueurs et des vins dits d'imitation, par A. Bedel. 1 vol. in-18 broché................. **3.50**
Les nouvelles méthodes de la culture de la vigne et de la vinification, par A. Bedel. 1 vol. in-18, orné de nombreuses gravures, broché. **3.50**
Traité théorique et pratique de la brasserie, par A. Bedel. 1 vol. in-18, avec nombreuses gravures, broché. **3.50**
Traité complet de manipulation des vins, par A. Bedel. Nouvelle édition. 1 beau vol. in-18, avec gravures, broché........................... **3.50**
Le sucrage des vendanges, dans la vinification et la production des vins de seconde cuvée, la fabrication des vins de raisins secs, par A. Bedel. 1 vol. in-18 broché............. **0.70**

CHASSE ET PÊCHE

Le chasseur au chien d'arrêt, par Elzéar Blaze. 1 vol. in-18 broché. **3.50**
Le chasseur au chien courant, par E. Blaze. 1 vol. in-18 broché... **3.50**
Le chasseur conteur, par Elzéar Blaze. 1 vol. in-18 broché...... **3.50**
Le chasseur aux filets, par E. Blaze. 1 vol. in-18, orné de nombreuses gravures, broché............... **3.50**
Guide du chasseur au chien d'arrêt, par Ferdinand Cassassoles. 1 vol in-18, gravures, broché......... **3.50**
La pêche à toutes lignes des poissons d'eau douce, par John Fischer. 1 vol. in-18 jésus, illustré de nombreuses gravures, broché........... **2 fr.**
Le pêcheur à la mouche artificielle et le pêcheur à toutes lignes, par Charles de Massas. 4e édition, revue et corrigée, par Albert Larbalétrier, 80 vignettes. 1 vol. in-18 broché. **2 fr.**
Chasses et pêches anglaises, variétés de pêches et de chasses. 1 vol. in-8 broché............................. **3 fr.**
La pêche en mer et la culture des plages, par Albert Larbalétrier. 1 v. in-18, 140 gravures, broché. **3.50**

CORRESPONDANCE FRANÇAISE

L'orateur populaire. — Recueil de discours à l'usage de tous ceux qui sont appelés à prendre la parole en public, par L. Filippi. 1 v. in-18 broché. **3.50**
Relié toile souple, élégante, tranches rouges............................. **4 fr.**
Le secrétaire universel. — Modèles de lettres sur toutes sortes de sujets, modèles d'actes sous seing privé, par Armand Dunois. 1 beau v. broc. **2 fr.**
Le secrétaire des familles et des pensions, par Dunois. 1 vol. in-18 broché............................. **2 fr.**
Le secrétaire des compliments, par Dunois. 1 vol. in-18............ **2 fr.**
Le petit secrétaire français, par Dunois. 1 vol. in-18, couv. coloriée, broché........................... **1.50**

ÉCONOMIE DOMESTIQUE
HYGIÈNE — SAVOIR-VIVRE

Les mille trucs *pour conserver ou réparer les mille objets d'un ménage,* par Poussart.
1 vol. in-18 de 340 pages, illustré, broché............................. **3.50**
Relié toile souple élégante, tranches rouges............................ **4 fr.**
Guide pratique des ménages, par le docteur Elget.
1 vol. in-18 broché.............. **3**

En attendant le médecin, par le docteur PABLO MANDOZA. 1 vol. in-18 jésus, illustré broché.......... 2 fr.
Le Dentiste du foyer. Hygiène de la bouche et des dents, par le Dr RICHER. 1 vol. in-18, broché........... 2 fr.
1 — relié toile........ 2.50
Traité pratique des savons et des parfums, par ALBERT LARBALÉTRIER, 1 vol. in-18.................. 2.50
Traité de chauffage et d'éclairage domestique, propreté, économie, par ALB. LARBALÉTRIER. 1 vol. in-18. 2 fr.
Hygiène à l'usage des gens du monde, par le docteur CARVALHO, ex-interne des hôpitaux. 1 vol. in-18 broché............ 3 fr.
Ce que les maîtres et les domestiques doivent savoir, par Mlle DUFAUX DE LA JONCHÈRE. 1 v. in-18 3.50
Le savoir-vivre dans la vie ordinaire et les cérémonies civiles et religieuses, par ERMANCE DUFAUX. 1 vol. in-18................. 3 fr.
Relié toile souple élégante, tranches rouges............ 3.50
La politesse. — Manuel des bienséances et du savoir-vivre, par E. MULLER. 1 vol. in-18................ 2 fr.
Petit traité de la politesse française. — Codes des bienséances et du savoir-vivre, par E. MULLER. 1 vol. in-18................... 1.50
L'enfant, *hygiène et soins médicaux pour le premier âge;* par ERMANCE DUFAUX DE LA JONCHÈRE. Nombreuses gravures. 1 vol. in-18................. 3.50
L'art du bon goût, étude théorique et pratique de la beauté mise à la portée de tous, par EMILE BAYARD, 1 vol. in-18 broché, sous couverture artistique. 3.50
Le bréviaire de la femme, par Mme la comtesse de TRAMAR. 100e édit. 1 vol. in-18 broché, couverture illustrée 3.50
L'étiquette mondaine, par LA MÊME. 12e édit. 1 vol. in-18 broché, illustré de nombreuses gravures...... 3.50
La jeune femme chez elle, par LA MÊME. 1 vol. in-18 broché...... 3.50
La mode et l'élégance, par LA MÊME. 1 vol. in-18 broché, couverture illustrée................... 3.50

ÉCONOMIE INDUSTRIELLE ET COMMERCIALE

Comptabilité. — Correspondance, etc.

La tenue des livres, apprise sans maître, par LOUIS DEPLANQUE, 24e édit., refondue et mise à jour par MM. CHARIOT et CAMELIN, experts comptables à Paris, 1 fort vol. in-8, broché.. 7.50
Relié toile souple élégante, tranches rouges............... 8.50
Relié 1/2 chagrin, tr. jaspées.. 10 fr.
La tenue des livres rendue facile, par EDMOND DEGRANGE. Édition revue avec soin par LEFEBVRE.
1 vol. in-8 broché............ 5 fr.
Relié 1/2 chagrin............ 7.50
Tenue des livres rendue facile, par un ANCIEN NÉGOCIANT. 1 vol. in-18 broché................... 3 fr.
Relié toile souple élégante, tranches rouges...................... 3 50
Nouveau guide de la correspondance commerciale, par H. PAGE. 1 vol. in-8................ 6 fr.
Relié toile souple élégante, tranches rouges.................. 7 fr.
Relié 1/2 chagrin, tr. jaspées..... 8.50
Le secrétaire commercial, par HENRI PAGE. Extrait de la *Correspondance Commerciale*. 1 vol. in-18 broc. 3 fr.
Relié toile souple élégante, tranches rouges.......................... 3.50
Nouveau correspondant commercial en français et en anglais, par M. J. MC LAUGHLIN, 1 fort vol. in-18 broché................... 3.50
Élégamment relié percaline anglaise. 4 fr.
Dictionnaire des termes commerciaux français-anglais, par J.-MC LAUGHLIN, 1 vol. gr. in-18 jésus, relié toile................... 3.50
Le secrétaire français-allemand commercial, par L. MENSCH, 1 vol. broché.................... 3.50
Relié percaline................ 4 fr.
Clef de la correspondance commerciale anglaise, française et espagnole, par J.-B. L'HERMITTE, 1 vol. in-18 broché................ 3 fr.
Relié.................... 3.50
Traité pratique de sténographie, par CH. LEJEUNE, 1 vol. in-18, relié toile souple................. 2.50
Barème universel, par P. E. DE DONCKER, comptable, et HENRY, géomètre. 1 vol. in-8 broché.......... 8 fr.
Le livre de barème ou comptes faits. — Comptes faits depuis 0 fr. 02 jusqu'à 100 fr., par M. E.-P. PONS. 1 vol. in-18 broché............. 3 fr.
Relié toile souple élégante, tranches rouges..:............... 3.50
Barème ou comptes faits.. 1 vol. in-32................ 1.50
Tarif du cubage des bois, par J.-A. FRANCON, 1 fort vol. in-18 broc. 3.50
Relié toile souple élégante, tranches rouges.................. 4 fr.
Tarif pour cuber les bois en grume et équarris, par ÉTIENNE PRUGNEAUX, 1 vol. in-18 broché........... 2 fr.

Dictionnaire complet des communes de la France, de l'Algérie, des Colonies et pays de protectorat, par M. GINDRE DE MANCY; nouvelle édition (1908), 1 v. in-32 jésus, relié. **5 fr.**

ÉLECTRICITÉ

Traité pratique d'électricité, par ALFRED SOULIER, ing. 1 vol. in-18, avec de nombreuses figures, broc. **2 fr.**
Relié toile... **2.50**
Manuel de l'électricien, par LE MÊME. — *Traité pratique des machines dynamo-électriques*. 1 vol. in-18 illustré de 400 gravures, broché... **2 fr.**
Relié toile... **2.50**
Les grandes applications de l'électricité, par LE MÊME. 1 vol. in-18 jésus illustré, broché... **2 fr.**
Relié toile... **2.50**
Ouvrage honoré d'une souscription du Ministre de l'Instruction publique.
Traité de galvanoplastie, par LE MÊME. 1 vol. in-18 illustré, broc. **2 fr.**
Relié toile... **2.50**
Installations électriques, par LE MÊME. 1 vol. in-18 illustré. (*En préparation*).
Transformateurs et appareils de mesure, par LE MÊME. 1 vol. in-18 illustré. (*En préparation*).

ÉLEVAGE

Manuel de l'éleveur de bétail *et de tous les animaux domestiques*: par L. PAUTET. 1 vol. in-18 jésus, broc. **3.50**
Relié toile souple élégante, tranches rouges... **4 fr.**
Traité pratique de l'élevage du porc *et de charcuterie*, par AUG. VALESSERT, par ALB. LARBALÉTRIER, 1 beau vol. in-18, orné de gravures, broché... **3.50**
Traité pratique de médecine vétérinaire, par M. H.-A. VILLIERS et A. LARBALÉTRIER, 1 fort vol. in-18 orné de 35 fig., broché... **3.50**
Relié toile souple élégante, tranches rouges... **4 fr.**
Les vaches laitières, par ALBERT LARBALÉTRIER, 1 vol. in-18, 36 fig., broché... **2 fr.**
Prairies et élevage du bétail, *guide pratique de l'éleveur*, par A. BEDEL, 1 vol. in-18 illustré de nombreuses vignettes, broché... **3.50**
Hygiène vétérinaire appliquée, par J.-H. MAGNE. 3e édition, avec gravures.
Races chevalines et leur amélioration. 1 vol. gr. in-18 jésus, broc. **8 fr.**
L'éleveur de lapins, par PAUL DEVAUX. 1 vol. in-18 illustré, broché... **1.50**

Manuel pratique de l'achat et de la vente du bétail, par HENRI VILLIERS, et ALBERT LARBALÉTRIER. Nombreuses gravures. 1 vol. in-18 broché... **2.50**
L'abeille domestique, *son élevage et ses produits*, par M. ICHES, 1 vol. illustré de 134 figures, broché... **3 fr.**
Les animaux de basse-cour, par ALBERT LARBALÉTRIER, 1 vol. in-18 illustré broché... **3.50**
L'art d'élever et d'instruire les oiseaux, par L.-E. CHAMPAIME. 1 vol. in-18, avec de nombreuses vignettes, broché... **3.50**
Manuel pratique de l'amateur de chiens : par ALBERT LARBALÉTRIER, 1 vol. in-18 broché... **2 fr.**
Le chien d'appartement et d'utilité, par JEAN ROBERT, 1 vol. in-18 jésus broché... **2 fr.**
Causeries chevalines, por A. GAUME, 1 vol. gr. in-18 broché... **3.50**
Le cheval, *traité complet d'hippologie*, par E. SANTINI. Nombreuses figures. 1 vol. in-18 illustré broché... **3.50**
Le cheval, par un HOMME DE CHEVAL. 1 vol. in-18 jésus illustré... **2 fr.**

INDUSTRIE
ARTS INDUSTRIELS

L'art appliqué à l'industrie, par A. BROQUELET. 1 vol. in-18 jésus illustré, broché... **2 fr.**
Manuel pratique d'automobilisme, par M. ZEROLO. 1 vol. in-18 jésus, illustré de 150 figures, relié toile... **5 fr.**
Comment on construit une automobile. — Guide pratique du constructeur d'automobiles, par M. ZEROLO, 3 vol. de 400 p. environ chaque vol. relié toile... **5 fr.**
Motocyclettes et tricars, par LE MÊME. (*En préparation.*)
Le guide du chauffeur, par M. COUDERT. 1 vol. in-18 broché... **2 fr.**
Relié toile... **2.50**
Traité de galvanoplastie, par A. SOULIER, ingénieur-électricien. 1 vol. in-18 illustré, broché... **2 fr.**
Relié toile... **2.50**
Traité complémentaire de photographie pratique. 1 vol. in-18 de 412 pages, 172 figures, broché... **3 fr.**
Relié toile... **4 fr.**
Les applications de la photographie. 1 vol. in-18 de 460 pages, 180 figures, broché... **3 fr.**
Relié toile... **4 fr.**
Photographie des couleurs, par LE MÊME. (*En préparation.*)
Traité pratique de l'art lithographique, par MAUROU et BROQUELET. 1 vol. in-18 jésus illustré, relié toile. **5 fr.**

— 33 —

Manuel de l'imprimeur lithographe, par BROQUELET et BRÉGEAUT. 1 vol. in-18 illustré, relié toile. 5 fr.
Traité de typographie, par H. FOURNIER, revue et augmentée par A. M. VIOT. 1 vol. in-18 jésus broché. 3.50
L'art du cuir : Maroquinerie, cuir d'art, par A. BROQUELET. 1 vol. in-18 illustré, broché.............. 3.50
Traité pratique et complet des ateliers de sellerie, bourrellerie civils et militaires, par M. GUSTAVE BRAY. 1 vol. in-18 de 630 pages, 135 figures, broché................ 4.50
Relié toile.................... 5 fr.
Manuel méthodique de l'art du teinturier-dégraisseur, etc., par A.-F. GOUILLON. 1 vol. in-18 jésus de 652 pages et 120 gravures, broché.. 4.50
Relié toile.................... 5 fr.
Traité méthodique de la fabrication des encres et cirages, par LE MÊME. 1 vol. in-18 illustré broché..... 4.50
Traité d'ébénisterie et de marqueterie, par PAUL FOURNIER, 1 vol. in-18 jésus illustré de 318 figures, broché........................ 3.50
Traité classique du peintre décorateur, par P. FLEURY, 1 vol. in-18 jésus illustré broché.............. 4 fr.
Traité encyclopédique de la peinture industrielle, par P. FLEURY, 1 vol. in-18 jésus broché.......... 4 fr.
Traité pratique et scientifique de la coupe des chemises et spécialités du tailleur-chemisier, par MARCEL DESSAULT. 1 vol. in-18 jésus br... 4 fr.
Relié toile.................... 5 fr.
Traité pratique de coupe et confection des vêtements, par LE MÊME.
Hommes et enfants. 1 vol. in-18, 275 figures, broché.............. 4 fr.
Relié toile .... 5 fr.
Dames et enfants, 1 vol. in-18 broché, 364 figures, broché,............ 5 fr.
Relié toile.................... 6 fr.
Traité pratique de coupe et essayage, par LE MÊME, 1 vol. in-18 jésus, broché................... 3.50
Relié toile.................... 4 fr.
Traité pratique de retouches, par LE MÊME, 1 vol. in-18, broché.. 3.50
Relié toile.................... 4 fr.
L'art du tourneur, par POUSSART. 2 vol. in-18 illust. chaque vol. broché. 3.50
Traité pratique de la dorure sur bois, par PAUL FLEURY. 1 vol. in-18 jésus, illustrations en chromolithographie, broché................ 2 fr.
Guide du sculpteur sur bois, par POUSSART et WAGNER. 1 vol. in-18 jésus illustré broché.............. 3.50
L'art de bien chausser, méthode de coupe et de patronage, par M. SAUZAT, 2e édit. 1 v. in-18 jésus, avec gr. 4 fr.

Traité pratique de meunerie et de boulangerie, par M. LÉON HINDOUX. 1 vol. illustré................ 5 fr.
Traité pratique de la laiterie : lait, beurre, fromages, par ALBERT LARBALÉTRIER, 1 vol. in-18, orné de 73 grav. broché...................... 2 fr.

JEUX

Jeux de société, par L. de VALAINCOURT. 1 vol. illustré de nombreuses vignettes, broché.............. 3.50
Le jeu de trictrac. Comprenant les règles et des tables servant à calculer facilement les chances. 2 vol. in-18 brochés................... 15 fr.
Le gai boute-en-train, par DUCRET, 1 vol. in-18 broché............. 1.50
Pour rire en société, par DUCRET, couverture coloriée. 1 vol. in-18 br. 2 fr.
Les mots pour rire, par DUCRET, 1 vol. in-18 broché.............. 2 fr.
Règles simplifiées des jeux de salon, par Louis BIARS. 1 vol. in-18 jésus broché...................... 1.50
Les gais et curieux tours d'escamotage, par G. ROBERT. 1 vol. in-18, 74 fig. explicatives, couv. en coul., broché........................ 1.50
Les passe-temps intellectuels. — Récréations mathématiques, géométriques, physiques, etc., par DUCRET, 1 vol. in-18 illustré, broché......... 2 fr.
Académie des jeux, contenant l'historique, la marche, les règles, conventions et maximes des jeux. 1 vol. in-32 illustré, broché.............. 2 fr.
Nouvelle Académie des jeux, par JEAN QUINOLA. 1 vol. in-18 br.. 3 fr.
Analyse du jeu des échecs, par A.-D. PHILIDOR. 1 fort vol. in-18, nombreuses planches, broché............ 5 fr.
L'art de gagner au bridge, préceptes et conseils, par HENRI DE GIZAGUET, 1 élégant vol. de poche in-18 br. 2.50
Cent patiences et réussites, la plupart inédites, par POUSSART, 1 vol. in-18 illustré, broché.......... 2 fr.

LÉGISLATION - JURISPRUDENCE
ADMINISTRATION

Codes et lois usuelles classés par ordre alphabétique et contenant la législation jusqu'à ce jour, par MM. AUGUSTIN ROGER et ALEXANDRE SOREL. 41e édition imprimée en caractères neufs, entièrement refondue et considérablement augmentée. 1 vol. gr. in-8 d'environ 1.500 pages, broché..... 20 fr.
Relié 1/2 chagrin................ 25 fr.
On vend séparément :
Les codes, 1 vol. gr. in-8 jésus, broché..................... 10 fr.
Relié 1/2 chagrin................ 13 fr.

Lois usuelles, 1 vol. gr. in-8 jésus,
broché........................ **12 fr.**
Relié 1/2 chagrin............... **15 fr.**
Cette édition est tenue au courant de la législation par un Supplément qui paraît chaque année au mois d'octobre.
Le même ouvrage, édition portative, *format gr. in-32 jésus*, en deux parties,
1re Partie. **Les codes**, 1 vol. broché............................ **4 fr.**
Relié 1/2 chagrin............... **5.25**
2e Partie. Les **Lois usuelles**, 2 vol. brochés............................ **8 fr.**
Reliés 1/2 chagrin.............. **10 50**
Codes séparés : édition in-32. *Code civil*, 1 vol. *Code de procédure civile*, 1 vol. *Code de Commerce et Sociétés*, 1 vol. *Code d'Instruction criminelle, pénal et forestier*, 1 vol.
Chaque volume broché.......... **1.50**
Relié toile.................... **2 fr.**
Répétitions écrites sur le Code civil, par Mourlon, 12e édition, revue et mise au courant, par M. Ch. Demangeat, 3 vol. in-8.............. **37.50**
Chaque examen, formant un vol. se vend séparément................. **12.50**
Précis de droit usuel, nouvelle édition mise au courant des lois les plus récentes, par A. Grenier, 1 vol. in-18 relié toile .... **2 fr.**
Guide pratique des maires, des adjoints, des secrétaires de mairie et des conseillers municipaux, par Durand de Nancy. Nouvelle édition mise au courant de la jurisprudence et des lois les plus récentes, par Ruben de Couder. 1 fort vol. in-18 broché......... **8 fr.**
Relié toile souple, élégante, tranches rouges .... **9 fr.**
L'orateur populaire. — Recueil de discours à l'usage de tous ceux qui sont appelés à prendre la parole en public, par L. Filippi. 1 vol. in-18 broché. **3.50**
Relié toile souple, élégante, tranches rouges .... **4 fr.**
Dictionnaire de droit commercial, industriel et maritime, par M. J. Ruben de Couder. 6 forts vol. in-8. **60 fr.**
Reliés 1/2 chagrin, tranches jaspées........................... **72 fr.**
Supplément au Dictionnaire de droit commercial, industriel et maritime, d'après MM. Gouget et Berger, par M. Ruben de Couder, 2 vol. in-8. Le volume broché... **10 fr.**
Relié 1/2 chagrin, tranches jaspées. Le vol .... **12 fr.**
Nouveau guide en affaires. — *Le droit usuel ou l'avocat de soi-même*, par Durand de Nancy. 1 fort vol. gr. in-18 de 600 p. (édit. 1909), broché. **4.50**
Relié toile souple, élégante, tranches rouges .... **5 fr.**

Loi municipale du 5 avril 1884, 1 vol. in-18 br. Nouvelle édit... **1.25**
Relié toile souple, élégante, tranches rouges **1.75**
Guide des commis et employés et de leurs patrons, par P. Guignard, 1 vol. in-18 jésus.............. **3 fr.**
Nouvelle loi militaire de 1905. 1 vol. in-18 broché............. **2 fr.**
Guide pratique des gardes champêtres et des gardes particuliers, par M. Marcel Grégoire. 1 vol. in-18 jésus, broché........................ **2 fr.**
Relié toile souple, élégante, tranches rouges **2 50**
Honoré d'une souscription du Ministre de l'Intérieur.
Guide du gendarme, par le capitaine Igert. 1 vol. in-18 jésus, broché. **3.50**
Guide pratique des propriétaires, locataires ou fermiers, par A. Deglos. *Nouvelle édition entièrement revue et corrigée*, par Ruben de Couder. 1 vol. in-18, broché...... **4.50**
Relié toile..................... **5 fr.**

MÉCANIQUE ET MACHINES

Machines à vapeur, *ce qui se passe dans le cylindre, distribution*, par A. Poussart. 1 vol. in-18 jésus de 280 pages, 249 figures, broché...... **3.50**
Traité élémentaire de mécanique, par A. Poussart, ancien élève de l'Ecole polytechnique, ancien officier de marine.
1re Partie. — *Mécanique théorique et cinématique, mécanismes*. 1 vol. in-18 jésus de 500 pages, illustré de nombreuses figures, broché.............. **3.50**
2e Partie. — *Moteurs*. — *Opérateurs*. 1 vol. in-18 jésus de 500 pages, illustré de nombreuses figures, broché. **3.50**
Les mécanismes, par H. Leblanc, ingénieur-mécanicien. 1 vol. in-18 jésus de 500 pages environ, illustré de nombreuses figures. Nouvelle édition revue et mise à jour. Prix, relié toile. **5 fr.**
Ouvrage honoré d'une souscription du Ministre de l'Instruction publique.
Aéroplanes et ballons dirigeables, par G. Besançon, directeur de *l'Aérophile*. 1 vol. in-18 illustré, broché (*en préparation*).

SCIENCE HÉRALDIQUE
BLASON

Abrégé méthodique de la science des armoiries, par M. Maigne. Nouvelle édition, remaniée et augmentée, illustrée. 1 vol. in-8.............. **10 fr.**
Imprimé à 154 exemplaires numérotés sur papier de Hollande........ **20 fr.**

— 35 —

Nobiliaire de Normandie, publié par une société de généalogistes, avec le concours des principales familles nobles de la province, sous la direction de E. DE MAGNY. 2 vol. gr. in-8... **40 fr.**

SCIENCES MATHÉMATIQUES

Nouvelles orientations scientifiques, par FERNANDO ALSINA; ouvrage traduit du catalan par J. PINY-SOLER. 1 vol. in-8 illustré, relié toile... **3.50**

Traité pratique d'arpentage, par POUSSART.
1re PARTIE. — *Nivellement.* — *Levé de plans.* 1 vol. in-18 jésus illustré de nombreuses gravures broché... **3 fr.**
2e PARTIE. — *Opérations à grande portée.* — *Tachéométrie.* 1 vol. in-18 jésus illustré de nombreuses gravures, broché ...... **3 fr.**

Tables de logarithmes à cinq décimales. Avec un Supplément et un Formulaire rédigés par M. CHOLLET. 1 vol. in-18, relié toile souple, cartonné toile... **3 fr.**

Eléments de géométrie, comprenant quelques notions générales sur les courbes, par J. RICART. 2 vol. in-8 avec nombreuses figures dans le texte. Chaque volume broché... **3 fr.**

Cours d'algèbre à l'usage des candidats au baccalauréat ès sciences et aux écoles du gouvernement, par M. A. BEZODIS, prof. au lycée Henri IV. 1 vol. in-8 broché... **6 fr.**

Cours de géométrie descriptive à l'usage des candidats au baccalauréat ès sciences et aux écoles du gouvernement, par M. A. BEZODIS. 1 vol. in-8, broché... **5 fr.**

Cours de géométrie élémentaire à l'usage des aspirants au baccalauréat ès sciences et aux écoles du gouvernement, par M. COLAS, professeur de mathématiques au lycée Henri IV.
1re partie. — Géométrie plane. 1 vol. in-8 broché... **6 fr.**
2e partie. — Géométrie dans l'espace, courbes usuelles, 1 vol. in-8, broché... **3 fr.**

Traité d'astronomie, par EMM. LIAIS. 1 fort vol. gr. in-8 cavalier broché... **7.50**

Petit traité de géométrie pour la résolution des problèmes de construction, par PRÉVOST, 1 vol in-18 jésus cartonné... **1.50**

Traité élémentaire de topographie, par M. TRIPON, 1 vol. in-4, relié. **7.50**

SCIENCES OCCULTES

Les mystères de la main, par A. DESBAROLLES, 23e édition, avec figures. 1 fort vol. gr. in-18 de 324 pages, broché... **5 fr.**

Graphologie ou les Mystères de l'écriture, par DESBAROLLES et JEAN HIPPOLYTE; nombreuses autographies. 1 vol. in-18 broché... **4 fr.**

La sybille moderne ou le trésor du beau sexe, comprenant: le *Lavater des dames*, le *Langage des dames*, et l'*Explication des songes*. 1 vol. in-18 broché... **2 fr.**

Le charlatanisme dévoilé, ruses, trucs, supercheries des saltimbanques, par DUCRET. 1 vol., couverture en couleur, in-18 broché... **2 fr.**

Le manuel du magicien, contenant: la poule noire, le grand grimoire et la clavicule de Salomon, par DUCRET. 1 vol. in-18 broché... **1.50**

Le bréviaire du devin et du sorcier, contenant: la bague divinatoire, le dragon rouge, les secrets du petit Albert, l'Enchiridion du pape Léon XIII, par DUCRET. 1 vol. in-18 broché. **1.50**

Les secrets admirables du grand Albert, comprenant les influences des astres, les vertus des végétaux, minéraux et animaux, par DUCRET. 1 vol. in-18 broché... **1.50**

Le grand interprète des songes, par le dernier des descendants de CAGLIOSTRO. 1 vol. in-18 broché... **1.50**

Manuel de cartomancie ou l'art de tirer les cartes, mis à la portée de tous, par ESMAEL. 132 figures. 1 vol. in-18 broché... **1.50**

L'art de tirer les cartes, 150 gravures, par MAGUS. 1 vol. in-18 broché. **2 fr.**

Le grand livre des oracles, par MERLIN. 1 vol. in-18... **2 fr.**

Les petits mystères de la destinée, illustré, par BALSAMO. 1 vol. in-18 broché... **1.50**

L'oracle complet et infaillible du beau sexe (zodiaque magique), par ASMODÉE. 1 vol. in-18 broché... **2 fr.**

Le langage des fleurs, par Mme AIMÉ MARTIN. 1 vol. in-18. broché... **1.50**

Le livre des oracles, par ALBERTUS MERLIN. 1 vol. in-18, broché... **1.50**

SCIENCES PHYSIQUES ET NATURELLES

Dictionnaire général des sciences théoriques et appliquées, par MM. JULES GAY, et LOUIS MANGIN. (*Voir page 2.*)

Leçons de chimie, à l'usage des classes préparatoires aux écoles du gouvernement, par M. CADOT. 5 vol. in-18.
1er VOLUME. — Phénomènes physiques et chimiques, combinaisons, thermochimie, fonctions chimiques. 1 vol. in-18 broché... **4 fr.**

2e VOLUME. — Hydrogène, fluor, chlore, brome et iode. 1 vol. in-18 broché .... **4 fr.**
3e VOLUME. — Oxygène, soufre. 1 vol. in-18 broché .... **4 fr.**
4e VOLUME. — Azote, phosphore, arsenic. 1 vol. in-18 broché .... **4 fr.**
5e VOLUME. — Carbone, silicium et bore, classification et généralités. 1 vol. in-18 broché .... **4 fr.**
Cours élémentaire d'histoire naturelle. 3 forts vol. in-18, ornés de plus de 2.000 figures, comprend :
Zoologie, par M. MILNE-EDWARDS, 1 vol. broché .... **6 fr.**
Botanique, par A. DE JUSSIEU, 1 vol. broché .... **6 fr.**
Minéralogie et géologie, par F.-S. BEUDANT. 1 vol. broché .... **6 fr.**
La géologie seule. 1 vol. broché... **4 fr.**
Eléments de géologie, par sir CH. LYELL, traduit de l'anglais par M. GINESTOU, 2 beaux vol. in-8 broch. **20 fr.**
Abrégé des éléments de géologie par sir CHARLES LYELL, traduit par M. JULES GINESTOU. Ouvrage illustré de 644 gravures. 1 fort vol. gr. in-18 jésus broché .... **10 fr.**
Guide pratique pour les herborisations et les herbiers, par CLOTAIRE DUVAL. 1 vol. in-18 jésus broché. **1.50**
Introduction à la géologie ou première partie des éléments d'histoire naturelle inorganique, par J.-J. D'OMALIUS D'HALLOY. Paris, Levrault, 1833. 1 fort vol. in-8, 900 pages, broché .... **12 fr.**
Introduction à la minéralogie, par M. AL. BRONGNIART. 1 vol. in-8 br. **2 fr.**
Principes de géologie, par CHARLES LYELL, traduit par JULES GINESTOU. 2 vol. in-8 broché .... **25 fr.**

SPORTS

Manuel pratique d'équitation à l'usage des deux sexes, par CH. LE BRUN-RENAUD, ouvrage orné de 45 figures. 1 beau vol. in-18 .... **2 fr.**
Relié toile .... **3 fr.**
Manuel de boxe, lutte pratique et de canne, par M. E. ANDRÉ. 1 vol. in-18 jésus illustré de 73 gravures, broché .... **2 fr.**

La science des armes. par GORGES ROBERT. 1 vol. grand in-8 jésus, avec 7 grands tableaux, broché ...... **8 fr.**
Manuel pratique d'escrime, par M. EMILE ANDRÉ. 1 vol. in-18 jésus, broché **3.50**
Sports athlétiques, par ERN. WEBER. 1 vol. in-18 jésus illustré de nombreuses figures, broché **3.50**
Relié toile souple, élégante, tranches rouges .... **4 fr.**
Massage sportif, par COSTE, masseur. 1 vol. in-18 illustré broché..... **2 fr.**
La natation ou l'art de nager, appris seul en moins d'une heure, avec figures, par BRISSET. 1 vol. in-32 cart. **0.50**
Traité pratique de natation et de sauvetage, par L. BLACHE. 1 vol. in-18 jésus illustré de nombreuses figures, broché .... **2 fr.**
Jeux et sports du jeune âge, par E. WEBER, 1 vol. in-18 illustré, broché. (*En préparation.*)
La danse, par RAOUL CHARBONNEL, illustré de 8 aquarelles, 38 planches en noir, et de 150 gravures, 1 magnifique vol. in-8 jésus, broché .... **12 fr.**
Belle reliure, fers spéciaux, tranches dorées .... **16 fr.**
Traité théorique et pratique de la danse, par EDMOND BOURGEOIS. 1 vol. in-18 jésus illustré, broché..... **3.50**

DIVERS

Pour se marier, par A. CLAIR. 1 vol. in-18 jésus, broché **3 50**
Guides pour le choix d'une profession, par F. DE DONVILLE.
A l'usage des jeunes gens. — Nouvelle édition entièrement revue et mise à jour avec une préface par ROBERT DOUCET. 1 vol. in-18 jésus, broché. **3 fr.**
A l'usage des jeunes filles et des dames. — Nouvelle édition entièrement revue, mise à jour et augmentée, avec une préface par GEORGES BROQUELET. 1 vol. in-18 jésus, broché .... **3 fr.**
Manuel du garçon limonadier, de restaurant et de marchand de vins, par CATUSSE. 1 volume in-18 broché **3.50**

Albums de MM. **F. Bac, A. Guillaume, Gerbault, Léandre**, etc.
Œuvres de MM. **Auguste Germain, Michel Corday, Willy, Zamacoïs,** Guy de Téramond, Acker, Veber, Landay, Camille Pert, Séverine, Crozière, Marguerite Roland, d'Alméras, etc. (*Fonds Simonis Empis*).

DEMANDER LE CATALOGUE GÉNÉRAL

Paris. — Imp. E. Desfossés, 13. quai Voltaire. — 38119. 6-09.

www.ingramcontent.com/pod-product-compliance
Lightning Source LLC
Chambersburg PA
CBHW070821250426
43671CB00036B/638